Studs Terkel

»Der gute Krieg«

Amerika im Zweiten Weltkrieg
Zeitzeugen sprechen

Aus dem Amerikanischen übertragen von
Christiane Buchner, Brigitte Gerlinghoff,
Nora Jensen, Leopardi & Eckstein,
Regina Rawlinson und Rainer Schmidt

Schneekluth

CIP-Titelaufnahme der Deutschen Bibliothek

»Der gute Krieg«: Amerika im Zweiten Weltkrieg;
Zeitzeugen sprechen / Studs Terkel. –
München: Schneekluth, 1989
Einheitssacht.: »The good war« ‹dt.›
ISBN 3-7951-1133-1
NE: Terkel, Studs Mitverf. ; EST

Die amerikanische Originalausgabe erschien unter dem Titel
»THE GOOD WAR«
An Oral History of World War Two bei Pantheon Books, New York

ISBN 3-7951-1133-1

Satz: SatzStudio Pfeifer, Gräfelfing
Gesetzt aus der 10/12 Punkt Garamond Mediäval
Druck und Bindung: Ebner Ulm
Printed in Germany 1989

Für James Cameron,
Meister seines Fachs

Hinweis

Der Titel dieses Buches wurde von Herbert Mitgang vorgeschlagen, der den Zweiten Weltkrieg als Kriegsberichterstatter erlebte. Es ist eine Phrase, die von seiner und meiner Generation oft benutzt wurde, um diesen Krieg von anderen zu unterscheiden – erklärten und nicht-erklärten.

Die Anführungszeichen wurden nicht gesetzt aus einer Laune heraus oder als redaktioneller Kommentar, sondern weil das Adjektiv ›gut‹ für das Wort ›Krieg‹ so widersinnig ist.

Studs Terkel

Inhalt

Einleitung

»Ich kann mit dem Zweiten Weltkrieg nichts anfangen. Er kommt in den Schulbüchern vor, und das ist alles. Schlachten, die gewonnen wurden, Schlachten, die verloren wurden. Oder Kostümdramen, die man im Fernsehen sieht. Es ist nur eine Geschichte aus der Vergangenheit. So weit weg, so abstrakt. Ich kann mich darüber nicht aufregen.« Dies sagte mir eine dreißigjährige Frau, die in Washington, D.C. wohnt.

Es scheint, daß das Nicht-Erinnern an den Zweiten Weltkrieg ebenso beunruhigend ist wie das Vergessen der Großen Depression. Der Zweite Weltkrieg, ein Ereignis, das die Psyche und das Antlitz der Vereinigten Staaten und der Welt verändert hat.

Von der Erinnerung des Soldaten handelt dieses Buch, und von der seiner unverhofften Kameraden, blindlings zusammengewürfelt, und auch von der Erinnerung der Männer, Frauen und Kinder an der Heimatfront, die wußten oder nicht wußten, was es mit all dem Geschrei auf sich hatte. Und von der Erinnerung vereinzelter Akteure aus anderen Welten, zufällig entdeckt. Und von Leben, die verloren, und Dollars, die gefunden wurden. Und von einem Augenblick in der Geschichte, da – wie ein *Ex-Corporal* sich erinnert – „die Kumpels das Gefühl hatten, daß sie wichtiger waren, bessere Menschen, die mehr zählten als heute. Das ist eine kostbare Erinnerung.«

An einem Tag im September 1982 trinken Hans Göbeler und

James Sanders in Chicago einander zu. Mr. Göbeler war Maat auf einem deutschen U-Boot, U-505. Mr. Sanders war der Zweite Flugoffizier auf der U.S.S. ›Guadalcanal‹. Vor achtunddreißig Jahren hat der eine nach Leibeskräften versucht, das Schiff des anderen etwa zweihundert Meilen vor der westafrikanischen Küste zu versenken. Und jetzt erinnern sie sich voller Wehmut.

»Jeder Mensch, vor allem der junge Mensch, kann manipuliert werden«, sagt Mr. Göbeler. »Je öfter man zu ihm sagt, dies ist der American Way of Life oder die deutsche Art, desto fester glaubt er daran. Ohne daß er schlechter wäre als ein anderer. Darin liegt immer eine große Gefahr.« Mr. Sanders nickt. »Die Menschen kann man täuschen. Das Gedächtnis ist kurz.«

Ich sitze Hans Göbeler und Jim Sanders am Tisch gegenüber und denke an den neunzehnjährigen Infanteristen. »Die Sonne schien, und es war still. Wir kamen an den Deutschen vorbei, die wir getötet hatten. Wenn man die toten Deutschen einzeln sah, hatte jeder eine Persönlichkeit. Sie waren keine Abstraktionen mehr. Es waren nicht mehr die Deutschen mit den viehischen Gesichtern unter den Helmen, wie wir sie in der Wochenschau sahen. Die waren genauso alt wie wir. Sie waren Jungs wie wir.«

Jungs, ›Boys‹ – das war das Wort, das die Kombat-Protagonisten dieses Buches ausnahmslos benutzten. Sie benutzten es für die feindlichen Soldaten wie auch für unsere eigenen. Mit der SS war es natürlich eine andere Sache. Auch die Sanftmütigsten und Nachsichtigsten unserer GIs fanden hier nur selten ein versöhnliches Attribut. Ebenso wenig wie für den Berufskrieger des Kaiserlichen Japan. Was den japanischen Bürgersoldaten angeht, soll ein kurzsichtiger, bebrillter amerikanischer *Corporal* (heute ein hervorragender, kurzsichtiger, bebrillter Ökonom) berichten: »Auf Guam habe ich meinen ersten toten Japaner gesehen. Er sah jämmerlich aus mit seiner dicken Brille. In der Tasche hatte er ein Bündel Briefe. Er sah aus wie ein unbeholfener Junge, der von daheim geradewegs an diesen elenden Ort gebracht worden war.«

Paul Douglas, der Liberale aus Illinois, meldete sich mit fünfzig freiwillig, »um mir einen Japsen zu holen«. Freilich, seinem späteren Wahlkampf für den Senat der Vereinigten Staaten hat das nicht geschadet. Es war nichts Ungewöhnliches an Mr. Douglas' Äußerung. »Japsen« war ein gebräuchliches Wort in unserem Alltagsvokabular. Er war ein höchst aufgeklärter Mann, der vom Kriegsfieber ebenso wie von glühendem Eifer erfaßt worden war. Es war der Doyen der amerikanischen Journalisten, der nachdrücklich die Internierung aller Niseis mitsamt ihren Eltern empfahl.

Für den typischen amerikanischen Soldaten war es allen perversen Kinopredigten zum Trotz nicht der Wunsch, »noch einen Japsen« oder »noch einen Nazi« zu erledigen, was ihn an die Front trieb. »Man stürmt die Strände dort nicht aus Patriotismus oder aus Tapferkeit«, sinniert der lange Infanterist. »Man spürt, daß man seine Kumpels nicht im Stich lassen will. Es gibt da ein besonderes Gefühl der Verwandtschaft.«

Eine Erklärung dafür kommt von einem alten Folksänger, der zu einer Luftabwehrbatterie der 66. Artillerie gehörte: »Da hatte man fünfzehn Burschen, die zum erstenmal im Leben nicht in einer Konkurrenzgesellschaft lebten. Wir waren in einer Art Stammessituation, wo wir einander ohne Angst helfen konnten. Ich wußte, daß es die Abwesenheit aller hohlen Maßstäbe war, aus der dann das erwuchs, was ich an der *Army* liebte.«

Und noch etwas anderes erlebten die GIs zum erstenmal. Junge Burschen, die nie über die Grenzen ihres heimatlichen Stadtviertels oder ihrer Kleinstadt oder der Farm ihres Vaters hinausgekommen waren, begegneten nun exotischen Orten und exotischen Menschen ebenso wie ihren Kameraden, die ihnen nicht minder exotisch vorkamen. »Als ich das erstemal morgens im Truppentransport auf dem Bahnhof in Fulton, Kentucky, aufwachte, dachte ich, ich wäre in Timbuktu. Natürlich hob Europa mich völlig aus den Latschen: Die Burgen, die Kathedralen, die Alpen. Das waren lauter Wunder für einen Neunzehnjährigen.«

Natürlich lernten sie auch Lieder, die sie von ihren Müttern nie gehört hatten. Und das Fluchen. Und das Rauchen. »Man sagte uns, daß wir am nächsten Morgen beim Angriff dabeisein würden. Inzwischen hatte ich mir das Rauchen angewöhnt, und ich fragte mich, was meine Mutter wohl davon halten würde, wenn ich zurückkäme. Mir war flau, mir war kalt, und ich hatte Angst. Und ich konnte nicht mal eine letzte Zigarette bekommen.«

In schweren Situationen, in der Gefangenschaft oder unter Belagerung oder beim Warten auf Godot, war das, was die Soldaten am meisten beschäftigte, nicht der Gedanke an Frauen oder an Politik oder an die Familie oder, was das angeht, an Gott. Es war das Essen. »Im Lager«, erinnert sich einer, der in japanischer Gefangenschaft war, »sprach man als erstes über das, was man in den Bauch bekommen wollte. Die Kerle erzählten, wie ihre Mutter dies und jenes kochte. Und dann saßen die Männer da und hörten aufmerksam zu. Das war andauernd Thema Nummer eins. Ich erinnere mich noch lebhaft an diesen alten Polacken. Irgendeiner wollte immer, daß er erzählte, wie seine Mutter diese Kohlrouladen machte, die golabki. Er hatte es raus, davon zu erzählen, daß man sie fast riechen konnte. Man konnte dann sehen, wie ein paar von den Jungs sich wirklich die Lippen leckten. Die schmeckten's richtig. Verstehen Sie?«

Essen. Angst. Kameradschaft. Und Verwirrung. Im Kampf war Unordnung oft an der Tagesordnung. Wieder und wieder erinnern sich Überlebende, grauhaarig, spitzbäuchig oder kadaverdürr, an das Chaos.

Der große Rothaarige aus der 106. Infanteriedivision kann sein Trauma nicht vergessen. »Ich spaziere also da rum, und die ganze deutsche Wehrmacht schießt auf mich, und ich habe nichts als eine 45er Automatic. Aber überall, wo man hinkam, lagen tote Soldaten. Hauptsächlich Amerikaner. Zu irgendeinem Zeitpunkt hatte ich, glaube ich, jede Waffe mal in der Hand, die für die U.S. *Army* hergestellt wurde. Wenn einem die Munition für das Ding ausging, warf man es weg und suchte sich was Neues.«

Der Lieutenant hatte das gleiche Erlebnis ungefähr fünf Tage nach *D-Day*, dem Tag der Invasion. »Wir hatten uns wie die Füchse eingegraben, in einer sehr durchmischten Stellung. Wir hatten Deutsche vor uns und Deutsche hinter uns. Und drüben, vor den Deutschen, wieder Amerikaner. Es gab keine gerade Frontlinie. Es war ein übles Durcheinander.«

Durcheinander unter den Lebenden vielleicht. Unter den Toten herrschte eine gewisse Ordnung. Zumindest bei den Deutschen. Ein Stalingrad-Veteran wird immer wieder von der Erinnerung an jenen Augenblick heimgesucht: »Ich schlief auf den Leichen gefallener deutscher Soldaten. Die Deutschen waren sehr ordentliche Leute. Wenn sie merkten, daß sie keine Zeit hatten, diese Leichen zu begraben, legten sie sie äußerst sauber und ordentlich nebeneinander. Ich habe schnurgerade Reihen gesehen, wie Stapelholz. Ganz exakt.«

Zwischen Winter 1941 und Sommer 1945 wurden Willie und Joe, Infanterieschützen, und ihre diversen Kumpels Hals über Kopf erwachsen. Sie bekamen nicht nur Kugeln zu schmecken, sondern auch den Apfel vom Baum der Erkenntnis. Mancher verlor draußen seine Unschuld. »Als ich loszog, war ich ein dünnes, schlaksiges Mamasöhnchen mit staunenden Augen«, sagt der Infanterist. »Nach meiner Rückkehr war ich viel umsichtiger in meinem Urteil über andere. Und über Regierungen.«

Andere rührte es weniger an. »Ich hab nur noch ein Auge. Mein Fuß hängt runter. Ich hab einen zerschmetterten Wirbel im Kreuz. Meine Schulter war gebrochen. Fühlen Sie mal den Knoten hier.« Der Gardesoldat aus Kentucky läßt eine Litanei von Kriegsverletzungen ablaufen, aber er ist ungebeugt. »Noch heute würde ich wieder für mein Land kämpfen. Darauf können Sie Gift nehmen. Sofort würde ich losziehen, Junge.«

Sie sind alle wieder nach Hause gekommen. Alle – bis auf vierhunderttausend.

Nach dem epochalen Sieg über den Faschismus kehrten die Jungs nach Hause zurück, um ihr normales Leben wieder aufzunehmen. Aber das Land war ein anderes als das, welches sie verlassen hatten.

»1945 erbten die Vereinigten Staaten die Erde... Zum Ende des Zweiten Weltkriegs kam das, was von der westlichen Zivilisation übrig war, auf das Konto Amerikas. Der Krieg hatte das Land überdies dazu gebracht, eine wundersame Wirtschaftsmaschine zu erfinden, die anscheinend ebenso viele Wünsche erfüllte, wie man an sie stellte. Der Kontinent der Vereinigten Staaten war der Pest des Krieges entronnen, und so war es für die Erben ganz leicht zu glauben, sie seien die Gesalbten Gottes.«[1]

[1] L. H. Lapham, »America's Foreign Policy: A Rake's Progress«, *Harper's*, März 1979.

In den dreißiger Jahren hatten wir uns kaum für die Gesalbten Gottes gehalten. Die Große Depression war für uns das verheerendste Erlebnis seit dem Bürgerkrieg gewesen. Irgendwo unterwegs hatte unsere Geldmaschine einen Getriebeschaden erlitten.

Ein Weiser aus der Wall Street, Berater bei vier Präsidenten, bot folgende Nicht-Erklärung: »Der Crash war wie ein Donnerschlag. Alle waren wie gelähmt. Niemand wußte, was los war. In der Wall Street herrschte allgemeine Verwirrung. Die Leute dort verstanden es nicht besser als irgendwo anders. Sie erwarteten eine Bekanntmachung.« Er versäumte mir zu sagen, von wem.

Die sechzehn Millionen Amerikaner draußen in der Kälte griffen nach den alten Zeitungen auf den Parkbänken, überblätterten – wer hätte das gedacht? – den Sportteil und blätterten fieberhaft nach den Stellenanzeigen. Ein weitgereister Überlebender erinnert sich an die Reaktion auf eine Anzeige der Zuckerraffinerie Sprekkels in San Francisco: »Eintausend Mann prügelten sich wie eine Meute Schlittenhunde, um durchzukommen. Man wußte ja verdammt genau, es gab nur drei oder vier Jobs.«

Die deutsche Invasion in Polen im Jahre 1939 änderte alles. Der Abschied an eine jammervolle Dekade war mehr als eine Formsache: 1939 war das Ende und der Anfang. Harte Zeiten verwandelten sich wie durch eine Art Alchimie des zwanzigsten Jahrhunderts in gute Zeiten. Der Krieg war unser Paracelsus.

Gewiß, der New Deal hatte Jobs geschaffen und Millionen von Amerikanern ihre Selbstachtung zurückgegeben. Aber immer noch waren zehn, elf Millionen auf der Straße, fuhren auf den Güterzügen durchs Land, hilflos, verzweifelt. Das alles änderte sich unter dem lastenden Himmel des Zweiten Weltkriegs. Ein bis dahin psychisch wie geographisch isoliertes Land war mit der Plötzlichkeit eines Blitzkriegs befaßt mit fernen Unruhen. Und mit naheliegenden Triumphen.

Unsere gewaltige Industriemaschine legte einen neuen Gang ein. Um es mit einem umgekehrten Bibelwort zu sagen: Pflugscharen wurden zu Schwertern geschmiedet (oder zu dem, was ihnen im zwanzigsten Jahrhundert entsprach: Panzer, Mörser, Flugzeuge, Bomben). Wie Präsident Franklin D. Roosevelt sagte: An die Stelle des »Dr. New Deal« war »Dr. Win the War« getreten.

Thomas Corcoran, einer der Wunderknaben des Finanzministeriums, erinnert sich, wie er ins Oval Office gerufen wurde: »›Tommy, hören Sie auf mit diesem *New Deal*-Zeug. Es ist hart, einen Krieg zu gewinnen.‹ Er hatte mit den Leuten gesprochen, die Panzer und anderes Kriegsmaterial produzieren konnten. Als Gegenleistung verlangten sie, daß mit dem, was sie ›*New Deal*-Unfug‹ nannten, Schluß gemacht werde.«

James Rowe, damals junger Berater im Weißen Haus, erinnert sich: »Die ›*New Deal*‹-Leute waren aufgebracht. Wir hatten ein großes staatliches Sozialbauprogramm. Roosevelt nahm einen dikken Batzen von dem Geld weg und gab ihn der Marine, damit sie Schiffe bauen konnte. Ich war entsetzt. Eine große Zahl von Geschäftsleuten trat in Regierungsdienste. Roosevelt suchte Hilfe, wo er sie kriegen konnte. Der Umschwung zur Kriegswirtschaft ging im Handumdrehen vonstatten.«

Und die Konjunktur blühte. Der Krieg brachte – ›Boom!‹ – den Aufschwung.

Für den alten Farmer in Iowa war es etwas anderes. O ja, er erinnerte sich an die Depression, und was sie den Farmern angetan hatte: Hypothekenpleiten, verbrannte Getreideernten, Mais zu minus drei Cent den Scheffel, Verzweiflung überall auf dem Land. O ja, das änderte sich mit dem Krieg. »Da kam der wirkliche Aufschwung. Der Krieg ...« Seine Stimme stockt. Er sackt in seinem Schaukelstuhl zusammen. Seine Frau starrt auf die Tapete. Lange ist es still; man hört nur das Ticktack der Großvateruhr. »... er macht was mit dem Land. Er macht was mit dem Menschen. Ich hatte einen Nachbarn zu Anfang des Krieges. Wir hatten einen Jungen, der bereit war, zum Militär zu gehen. Dieser Nachbar sagte, was wir brauchten, wäre ein verdammt guter Krieg; dann wären die Probleme der Landwirtschaft schon gelöst. Und ich sagte: ›Ja. Ich fänd's bloß gräßlich, wenn ich dafür mit meinem Sohn bezahlen sollte.‹ Haben wir aber. (Er weint.) Das ist ein zu hoher Preis.«

Der pensionierte Rotkreuz-Mitarbeiter verschwendet keine Worte: »Der Krieg war ein Spaß für Amerika. Ich spreche nicht von den armen Seelen, die Söhne und Töchter verloren haben. Aber für uns andere war der Krieg ein Höllenspaß. Farmer in

South Dakota, denen ich Spenden gebracht hatte, erstklassiges Rindfleisch und vier Dollar die Woche, damit sie ihre Familien ernähren konnten, waren eine Viertelmillion Dollar schwer, als ich nach Hause kam, nicht wahr? Das ist heute vergessen.«

Es liegt eine exquisite Ironie darin, daß der Militärdienst die Frauen aus der privaten Welt von »Küche, Kinder, Kirche« befreite. »Ich weiß noch, wie ich sonntags einmal zu einem Essen ging, zu dem mich eine der älteren Frauen eingeladen hatte«, erzählt die ehemalige Lehrerin. »Sie und ihre Schwester saßen am Eßtisch und unterhielten sich darüber, wie sie ihren Bohrer in der Fabrik am besten scharf hielten. Ich hatte so etwas noch nie im Leben gehört. Es war einfach wundervoll. Aber selbst da wurden wir verladen. Immer wieder redeten sie uns ein, daß die Frau, die arbeiten ging, dies tat, um ihrem Mann zu helfen, und wenn er dann zurückkam, hüpfte sie fröhlich wieder heim an den Herd.«

Obwohl man diese neugeborenen werktätigen Frauen zum Ende des Krieges bedrängte, in Erfüllung ihrer patriotischen Pflicht in der Heimat, ins Haus zurückzukehren, wohin sie »naturgemäß« gehörten, und die Arbeitsplätze für die Jungs zu räumen, die ihre patriotische Pflicht »im Felde« erfüllt hatten, vergaßen sie doch den Geschmack der Unabhängigkeit nie mehr. Wie bei »Wrigley's«-Kaugummi, das sich im Gepäck eines jeden GI fand, war dieser Geschmack »langanhaltend«. Wie immer die offizielle Verfügung lauten mochte, für Millionen amerikanischer Frauen war das Heim nie wieder ein Puppenheim.

Die harschen Erfordernisse des Krieges wirkten sich auch auf andere aus: auf die Schwarzen. In den Jahren zwischen den beiden Weltkriegen hatte sich nicht viel verändert.

Wie schon 1917 waren die schwarzen Soldaten fast ausschließlich in Arbeitsbataillonen zu finden: Sie beluden Schiffe, putzten, arbeiteten in den Küchen, hatten dieses und jenes zu graben. Sie waren das Gesinde, draußen wie zu Hause. Die Mythologie hatte sich längst eingeschliffen: Den Schwarzen war in der Schlacht nicht zu trauen. Dazu hatte Coleman Young eine verschmitzte historische Anmerkung zu bieten: »Die schwarze 10. Kavallerie war mit Ted Roosevelt bei San Juan Hill. Sie rettete ihm den Arsch.« Als der Krieg seinen Lauf nahm und die Verluste alarmierend anstiegen, wurden schwarze Soldaten an die Front geschickt. Widerstrebend erlaubte man ihnen, im Kampf ihr Leben zu riskieren. Lieutenant Charles A. Gates erzählt vom 761. Panzerbataillon. Lauter Schwarze. »Wir waren sehr diszipliniert und gut ausgebildet. Die deutsche Wehrmacht war verwirrt. Sie begriffen nicht, wie wir an so vielen Orten gleichzeitig sein konnten.« Verblüffung herrschte aber auch bei unseren Generälen. Es hat fünfunddreißig Jahre gedauert, bis das 761ste eine präsidentiale Bataillonsbelobigung erhielt.

Dergleichen Abenteuer waren für schwarze GIs im Zweiten Weltkrieg indessen eine Seltenheit. Ein Lehrer erinnert sich an seine Zeit als Sergeant beim Versorgungscorps: »Dahin tat man die meisten von uns. Wir bedienten die diensttuende Truppe. Wir sorgten für Verpflegung, Kleidung, Ausrüstung. Wir mußten auch die Gewehre laden. Eigentlich waren wir Stewards und Diener.«

Zu Hause lagen die Dinge ein wenig anders. Wie nach den Frauen, rief man jetzt auch nach den Schwarzen. Ihre Muskelkraft und ihre Fertigkeiten, sonst stets übersehen, wurden in den Rüstungsfabriken benötigt. Der perverse Imperativ des Krieges gebar relativ gut bezahlte Jobs für schwarze Männer und Frauen, die man sonst nicht einmal mit gutmütiger Vernachlässigung angeschaut hatte. Vielleicht wäre es nicht einmal dazu gekommen, wäre nicht der beständige Druck aus der schwarzen Bevölkerung gewesen.

Die Kriegskonjunktur war dann in eine belebende Periode des Nachkriegswohlstandes übergegangen. Die Vereinigten Staaten waren industriell wie militärisch die mächtigste Nation der Welt geworden. Ihre Exporte waren jetzt ebenso buchstäblich weltumspannend wie ihre Politik. Für den heimkehrenden GI war es eine ganz neue Gesellschaft. Und ein neuer Anfang.

»Ich war in den drei Jahren da draußen gereift«, sagte jemand aus dem mittleren Management eines großen Unternehmens. Er stammt aus einer Arbeiterfamilie und aus einer Arbeiterstadt. »Ich wollte es zu etwas Besserem bringen als, sagen wir, zu einem Job in der Fabrik zu Hause. Zum Glück kriegte ich beim Militär eine Ausbildung. Das war ein Segen. Als wir zurückkamen, hatte der Krieg unsere gesamte Vorstellung von dem, was wir in Zukunft machen wollten, umgekrempelt. Wir hatten uns ziemlich hohe Ziele gesetzt. Wir alle wollten einen besseren Lebensstandard. Ich gehöre jetzt zu dem, was man wohl Mittelklasse nennen würde.« Eine neue Mittelklasse war entstanden. Bis dahin hatte sich die große Masse, selbst vor der Depression, von einem Zahltag zum nächsten hangeln müssen. »Wenn man zum Arzt ging«, erinnert sich die Frau aus Kalifornien, »dann kostete das vielleicht zehn Dollar. Aber das war ungefähr ein Drittel dessen, was mein Vater als Milchmann verdiente«.

»Der amerikanische Mythos war lebendig«, entsinnt sich jemand aus Sioux Falls. »Erinnern Sie sich an die 49er Autos im ›National Geographic‹? Nachkriegsautos. Neues Design, neuer Karosseriestil. Auf den bunten Comicseiten der Sonntagsblätter waren immer Anzeigen für die neuen Autos. Wir fuhren damals Grandpa Hermans alten Vorkriegs-Chrysler. Es war das einzige Auto in unserem Block. Nicht jeder hatte eins. Oh, das war schon aufregend.«

Es war in der Tat eine andere Welt, in die Telford Taylor aus Deutschland zurückkehrte. Er war bei zwölf der dreizehn Nürnberger Prozesse oberster amerikanischer Ankläger gewesen. »Als ich 1949 heimkehrte, war ich schon Anfang vierzig. Ich war sieben Jahre nicht zu Hause gewesen, und ich hatte politisch den Anschluß verloren. Ich dachte, Washington sei immer noch so, wie ich es 1942 verlassen hatte. Aber 1949 war es ein völlig veränderter Ort. Ich hatte Washington zu einer Zeit verlassen, da es noch von Roosevelt geprägt gewesen war, von Liberalismus, sozialem Handeln und dergleichen. Als ich gegen Ende der vierziger Jahre zurückkam, gab es das *Dies-Komitee*... den kalten Krieg. Ich war wie ein Säugling in der Wildnis. Ich wußte gar nicht, was da über mir zusammenschlug.«

Der kalte Krieg. Auch ein Vermächtnis des Zweiten Weltkriegs.

In dem Jahr, als Telford Taylor in die Staaten zurückkam, schrieb Archibald MacLeish einen einzigartig vorausschauenden Essay:

»Niemals in der Geschichte der Welt wurde ein Volk von einem anderen intellektuell und moralisch so vollständig beherrscht wie das Volk der Vereinigten Staaten vom russischen Volk in den Jahren zwischen 1946 und 1949. Die amerikanische Außenpolitik war ein Spiegelbild der russischen Außenpolitik: Was immer die Russen taten, taten wir im umgekehrten Sinn. Die amerikanische Innenpolitik vollzog sich unter einer Art von umgekehrtem Russenveto: Niemand konnte in ein öffentliches Amt gewählt werden, wenn nicht aktenkundig war, daß er die Russen verabscheute, und kein Vorschlag, ging es nun um einen Friedensplan oder im Gegensatz dazu um einen Militäretat, war durchführbar, wenn sich nicht darlegen ließ, daß er den Russen nicht gefallen würde. Die politische Auseinandersetzung in Amerika war eine Auseinandersetzung nach russischer Melodie; linke Bewegungen attackierten rechte Bewegungen nicht wegen amerikanischer Streitfragen, sondern wegen russischer Streitfragen, und rechte Bewegungen antworteten mit den gleichen Argumenten, nur umgekehrt...

All das ... begab sich nicht in etwa einer Zeit der nationalen Schwäche oder des Verfalls, sondern ausgerechnet in dem Augenblick, da die Vereinigten Staaten soeben einen unglaublichen Triumph errungen und einen glänzenden Sieg im größten aller Kriege erkämpft hatten und nun auf dem höchsten Punkt der Weltmacht angelangt waren, den je ein einzelner Staat erklommen hatte.«[1]

Der Ex-Admiral sagt es auf seine Weise: »Der Zweite Weltkrieg hat unsere heutige Sicht der Dinge verzerrt. Wir betrachten die Dinge nach den Kategorien dieses Krieges, der in gewissem Sinn ein guter Krieg war. Aber die verzerrte Erinnerung an ihn ermutigt die Männer meiner Generation, willens, ja, beinahe erpicht darauf zu sein, überall auf der Welt militärische Gewalt anzuwenden.«

In einem kleinen Landstädtchen im Mittelwesten gibt es eine Großmutter, sanft und gütig, die sicher ist, für die meisten Leute aus der Stadt zu sprechen: »Die Leute hier finden, wir hätten in Vietnam einmarschieren und sie erledigen sollen, statt uns zurückzuziehen, wie wir es getan haben. Ich nehme an, dieses Gefühl ist vom Zweiten Weltkrieg zurückgeblieben, als wir Hitler erledigten. Ich weiß, daß die älteren Männer, die in diesem Krieg gekämpft haben, es so empfinden.«

Big Bill Broonzy hat es anders ausgedrückt. Es kam ganz unab-

[1] MacLeishs Aufsatz von 1949: »The Conquest of America«, findet sich als Nachdruck im *Atlantic Monthly*, März 1980.

sichtlich eines Abends in einem Chicagoer Nightclub. Er hatte einen Countryblues über einen Zinsfarmer gesungen, dem sein Maultier gestorben war. Die Story war von ihm. Während seines Auftritts verließen vier schicke junge Leute unter großem Aufsehen das Lokal. Ich arbeitete an diesem Abend als Ansager, und ich war wütend. Big Bill lachte. Er lachte immer in solchen Augenblikken. Vielleicht lachte er, um nicht zu weinen. »Was wissen denn diese Kids von 'nem Maultier? Die haben noch nie 'n Maultier gesehen. Was soll man denn für etwas empfinden, das man nicht kennt? Als ich in Europa war, überall, Milano, Hamburg, London, da hab ich ausgebombte Städte gesehen. Die Leute erzählen mir von den Bombenangriffen. Was weiß ich von 'ner Bombe? Das einzige Mal, daß ich 'ne Bombe gesehen hab, war im Kino. Die Leute haben Angst, sie weinen. Verlieren ihr Heim. Aber was weiß ich davon? Auf mich ist noch nie 'ne Bombe gefallen. Mit diesen Kids ist es genauso. Denen ist noch nie 'n Maultier eingegangen. Die wissen gar nicht, wovon, zum Teufel, ich da eigentlich rede.«

In diesem Augenblick formulierte Big Bill die bedeutsamste und zugleich unstatthafteste aller Herausforderungen: Muß eine Gesellschaft das Grauen erleben, um das Grauen zu verstehen? Unser Land hatte als einziges unter allen Kombattanten des Zweiten Weltkriegs keine Invasion und keinen Bombenangriff erlebt. Unsere Städte waren als einzige nicht in Schutt und Asche gelegt worden. Unser Willie und unser Joe waren an der Front gewesen, aber wir anderen waren in Sicherheit geblieben, umschlossen von zwei Ozeanen. Was unsere Alliierten und unsere Feinde betraf: Zivilisten wie Militärs hatten irgendwann an der Front gestanden: Die Briten, die Franzosen, die Russen (zwanzig Millionen Tote – vielleicht dreißig Millionen, sagt Harrison Salisbury), aber auch die Deutschen, die Italiener, die Japaner. Ganz zu schweigen von den Slawen der entlegeneren Gegenden. Und natürlich von den europäischen Juden. Und den Zigeunern. Und den ›Untermenschen‹ aller Art.

Freilich, ein unstillbarer Schmerz lag über den Familien derjenigen Amerikaner, die nach dem Triumph der Alliierten gefallen oder verstümmelt waren. Plätze, Straßen und Brücken hat man benannt nach diesen jungen Helden, den besungenen und den unbesungenen. Aber der lässige Abgang der vier schicken jungen Leute in dem Chicagoer Nightclub ist vielleicht die brutalste und furchtbarste Metapher, die wir zu entziffern haben.

Der altgewordene japanische *hibakisha* (Überlebender der Atombombe) betrachtet den Tag, an dem die Bombe auf Hiroshima fiel. Er war damals ein neunzehnjähriger Soldat auf dem Weg durch die Stadt. »Die Kinder schrien: ›Bitte nehmt uns diese Maden vom Körper.‹ Für mich, einen einzelnen Soldaten, war es unmöglich, so vielen Menschen zu helfen. Der Doktor sagte: ›Wir können nichts machen. Sterilisiert die Wunden mit Salzwasser.‹ Wir nahmen einen Besen, tauchten ihn in Salzwasser und bestrichen damit die Körper. Die Kinder sprangen auf: ›Ich renne weg. Ich muß rennen.‹« Der Dolmetscher korrigiert ihn. »Im lokalen Dialekt bedeutet das ›Danke‹.«

Der große junge Infanterist begreift das Grauen. Er war, nachdem er in Europa um ein Haar davongekommen war, erneut in der Ausbildung zur Invasion Japans, als die erste Atombombe abgeworfen wurde. »Für uns war auf halbem Weg über den Pazifik Schluß. Wie viele von uns wären auf dem Festland ums Leben gekommen, wenn es keine Bombe gäbe? Einer wie ich hat solche Alpträume.« Auch sein damaliger Kumpel. »Wir sitzen am Pier in Seattle und schleifen unsere Bajonette, als Harry diese wundervolle Bombe wirft. Das Größte, was je passiert ist. Jeder, der damals mit am Pier saß, würde da zustimmen.« Der schwarze Kriegsberichterstatter sieht es ein wenig anders: »Ist Ihnen klar, daß die meisten Schwarzen glauben, die Bombe auf Hiroshima wäre nicht abgeworfen worden, wenn die Stadt weiß gewesen wäre?« Augenzeugen der Brandbombenangriffe auf Dresden werden dieser Auffassung vielleicht widersprechen.

Die krönende Ironie lag im Zweiten Weltkrieg selbst. Es war ein Krieg von anderer Art gewesen. »Er war nicht wie eure anderen Kriege« reflektierte ein Diskjockey im Radio laut. In dieser Banalität lag eine wilde Art von verrückter Wahrheit. Es war kein brudermörderischer Krieg. Es war, davon waren die meisten von uns zutiefst überzeugt, kein »imperialistischer« Krieg. Unser Feind war ganz offenkundig obszön: der Schöpfer des Holocaust. Es war ein Krieg, den viele, die sich gegen »eure anderen Kriege« gestellt hätten, voller Enthusiasmus unterstützten. Es war ein »gerechter Krieg«, wenn es ein solches Tier gibt. In einer Zeit der nuklearen Bewaffnung ist dies die Sprache eines Wahnsinnigen. Aber der Zweite Weltkrieg ...

Er endete in einer hoffnungsvollen Tonart, wie sie in der Geschichte ohne Beispiel war. »On a Note of Triumph« nannte Norman Corwin sein beredtes Rundfunkprogramm, das am Tag des Sieges in Europa, am 8. Mai 1945, von Küste zu Küste zu hören war.

Eine Frau von der Westküste erinnert sich aus einer Reihe von Gründen an den Tag dieser Sendung. »*V-E Day*. Oh, was für eine Freude! Und San Francisco war auserwählt, Schauplatz der ersten Sitzung der Vereinten Nationen zu sein. Ich war in Ekstase. Stalin, Churchill und Roosevelt trafen zusammen, und irgendwie würde es nie wieder einen Krieg geben.« Sie war Platzanweiserin im War Memorial Opera House, als die UN im Juni '45 zu ihrer ersten Sitzung zusammenkamen. »Ich war noch in meiner kleinen ›Miss Burke School‹-Uniform. Halblange Jacke und Rock. Ich war ein Teil des Ganzen. Und ich war so stolz. Als die Überlebenden des Holocaust herauskamen, hatte ich das Gefühl, daß wir sie befreit hatten. Als die GIs und die russischen Soldaten sich begegneten, da waren es lauter Ritter in glänzenden Rüstungen, die die Menschheit retteten.« Sie lacht leise. »Aber es ist nicht so einfach. Der Zweite Weltkrieg war einfach eine unschuldige Zeit in Amerika. Ich war unschuldig. Meine Eltern waren unschuldig. Das Land war unschuldig. Ich glaube, seit dem Zweiten Weltkrieg habe ich einen objektiveren Blick auf das, was dieses Land wirklich ist.«

Studs Terkel

Erstes Buch

Ein Sonntagmorgen
Zufällige Begegnung
Geschichten aus dem Pazifik
Die Frauen daheim
Die Jungs aus der Nachbarschaft
Nachdenken über Machismo

Ein Sonntagmorgen

John Garcia

Ein hünenhafter Mann, ähnlich gebaut wie ein Sumo-Ringer. In Los Angeles verwaltet er einen Block von Mietshäusern. Man könnte ihn sich durchaus auch als Rausschmeißer vorstellen. Mit den verschiedenen Krankheiten, die ihn plagen, findet er sich ab; er hat ein unbekümmertes Wesen. »In meinem Alter und bei meiner Liebe zum Essen wird man eben zuckerkrank und so.« Er ist Hawaiianer.

Ich war sechzehn Jahre alt und machte in Pearl Harbor auf der Marinewerft eine Lehre als Rohrleger. Am 7. Dezember 1941, ach, so gegen 8 Uhr morgens, hat meine Großmutter mich geweckt. Sie hat mir erzählt, daß die Japaner Pearl Harbor bombardieren. Ich sagte: »Das ist bloß eine Schießübung.« Sie meinte, nein, es wäre ernst, und im Radio hätten sie durchgegeben, daß sich alle Angestellten von Pearl Harbor am Arbeitsplatz melden sollten. Ich ging raus auf die Veranda, und da sah ich das Flugabwehrfeuer am Himmel. Ich konnte nur noch sagen: »Oh, Mann.«

Ich war vier Meilen weit weg. Ich habe mich auf mein Motorrad geschwungen, und nach fünf, zehn Minuten war ich drüben. Es war ein heilloses Durcheinander.

Ich habe damals auf der U.S.S. ›Shaw‹ gearbeitet, die lag im Schwimmdock. Sie stand in Flammen. Ich wollte gerade meinen Werkzeugkasten aus der Werkstatt holen, als schon wieder eine japanische Angriffswelle anrollte. Ich bin unter einer Betontreppe in Deckung gegangen, bei dem Trockendock, wo das Schlachtschiff ›Pennsylvania‹ lag. Da kam ein Offizier vorbei und meinte, ich sollte in die ›Pennsylvania‹ rein und versuchen zu löschen. Eine Bombe hatte das Mannschaftsdeck durchschlagen, und das lag drei Decks weit unten. Da drunter waren die Magazine: Munition, Pulver, Granaten. Ich habe gesagt: »Da bringen mich keine zehn Pferde runter.« Es konnte schließlich jeden Augenblick in die Luft fliegen. Ich war jung, erst sechzehn, aber nicht blöd, jedenfalls nicht für zweiundsechzig Cents die Stunde. (Er lacht.)

Eine Woche später haben sie mich vors Marinegericht gebracht. Es wurde festgestellt, daß ich nicht beim Militär war und deshalb auch keine Befehle befolgen mußte. Damals gab es noch kein Kriegsrecht. Weil ich erst sechzehn war und ins Wasser gesprungen bin, wurde die ganze Sache fallengelassen.

Ein anderer Offizier hatte zu mir gesagt, ich sollte ins Wasser springen und die Soldaten rausholen, die von den Schiffen gefegt worden waren. Manche waren bewußtlos, manche tot. Also bin ich mit ein paar anderen Hawaiianern den Rest des Tages im Hafen rumgeschwommen. Ich weiß nicht, wie viele ich rausgefischt habe, wie viele Lebende, wie viele Tote. Jemand anders hat sie in die Krankenwagen gesteckt, dann wurden sie weggebracht. So ging das den ganzen Tag.

Am Abend habe ich einen Lastwagen mit *Marines* ins Palolo Valley gefahren, weil irgendwer gemeldet hatte, daß da japanische Fallschirmjäger gelandet wären. Und wegen der Verdunkelung kannten sich die Fahrer von den *Marines* nicht mehr aus. Wir mußten zwei Meilen fahren. Da waren keine Fallschirmjäger. In dem Tal hatte irgend jemand Licht brennen, und die *Marines* haben das Haus beschossen. Da ist das Licht ausgegangen. (Er lacht.)

Ich bin dann wieder zurück zu meiner Betontreppe, weil ich da schlafen wollte. Irgendeiner auf der ›Pennsylvania‹ ist am Rand von der Panzerung herumgelaufen. Er hat sich eine Zigarette angesteckt. Plötzlich wurde er von allen Seiten beschossen. Ich weiß nicht, ob es ihn erwischt hat.

Am nächsten Morgen bin ich mit meinem Werkzeug zur ›West-Virginia‹ gegangen. Die war umgeschlagen, lag mit dem Kiel nach oben. Wir haben noch ein paar Männer darin gefunden. Die ›Arizona‹ war total hinüber, die ›Utah‹ genauso. Da steckten auch noch Männer drin. Ungefähr einen Monat lang haben wir die Aufbauten von der ›West Virginia‹ auseinandergenommen und sie wieder auf Kiel gedreht. Nach achtzehn Tagen waren noch etwa dreihundert Mann, die wir da rausgeschnitten haben, am Leben.

Wie hatten sie überlebt?

Keine Ahnung. Wir hatten keine Zeit, sie danach zu fragen. (Er lacht.) Zwei Wochen hat es gedauert, bis die ganzen Brände gelöscht waren. Drei Tage haben wir rund um die Uhr geschuftet. So eine Aufregung, so ein Durcheinander. Ein paar von unseren Matrosen schossen mit 5-Zoll-Geschützen auf die japanischen Flugzeuge. Aber mit einem 5-Zöller kannst du einfach kein Flugzeug runterholen. Die Dinger landeten dann in Honolulu, die Blindgänger. Die haben eine Reichweite von zehn Meilen. In der Stadt haben sie eine Menge Leute verletzt und getötet.

Als ich nach dem dritten Tag heimkam, erfuhr ich, daß eine Granate das Haus von meiner Freundin getroffen hatte. Wir waren gut drei Jahre miteinander gegangen. Sie wohnte nur ein paar Blocks von mir entfernt. Damals hat man mir gesagt, es war eine japanische Bombe. Später haben wir dann erfahren, daß es eine amerikanische Granate war. Sie wurde getötet, als sie sich gerade für den Kirchgang fertigmachen wollte.

Meine Nachbarn sind zu mir gekommen. Es waren hauptsächlich Japaner. Wir haben alle angefangen zu weinen. Wir hatten keine Ahnung, was los war oder was noch auf uns zukommen würde.

Das Kriegsrecht wurde ausgerufen. Alle mußten zwölf Stunden am Tag arbeiten, von sechs bis sechs. Nach sechs Uhr abends durfte kein Mensch mehr auf die Straße, vor sechs Uhr morgens auch nicht. Das Militär beherrschte die Inseln total. Wenn du bei der Arbeit gefehlt hast, stand die Polizei vor deiner Tür, und du wurdest verhaftet. Irgendwas mußte jeder machen, Sandsäcke füllen oder so. Es wurden keine Ausnahmen gemacht. Wenn du dich krank gemeldet hast, kam eine Krankenschwester zu dir nach Hause und hat dich überprüft. War man dann nicht daheim, oder hat man nur blaugemacht, landete man im Gefängnis. Alle Grundrechte waren außer Kraft gesetzt worden.

Von meinen Bekannten war keiner ein Verräter. Sicher gab es auch Spione, aber das waren alles Mitarbeiter der japanischen Botschaft. Wenn man die normalen Japaner verhaftet hätte, hätte es in Pearl Harbor nicht mehr genug Arbeitskräfte gegeben. 130 000 Japaner lebten auf den Inseln. Dann hätte es keine Läden mehr gegeben, keine Hotels, rein gar nichts. Dann hätte man die ganze Stadt dichtmachen können. Sie haben sich viele Beleidigungen gefallen lassen müssen, besonders von den Soldaten. Aber sie haben alles weggesteckt, ohne sich zu mucksen.

Ich wollte auch Soldat werden, aber ich durfte nicht. Meine Arbeit war kriegswichtig. Ich wurde zum Vorarbeiter befördert und kam von 32 auf 125 Dollar die Woche. Aber ein ganzes Jahr lang habe ich versucht, zum Militär zu kommen. Schließlich habe ich Präsident Roosevelt einen Brief geschickt. Ich habe ihm geschrieben, ich wäre wütend über den japanischen Bombenangriff und hätte dabei ein paar Freunde verloren. Er war einverstanden, daß man mich nimmt. Ich kam also zum Militär und kam wieder runter auf 21 Dollar im Monat. (Er lacht.)

Meine Großmutter mußte für mich unterschreiben, weil ich erst siebzehn war. Sie hat gesagt, sie würde mich im Leben nicht mehr wiedersehen. Sie sollte mit ihrer Vorahnung recht behalten, denn sie starb einen Tag, bevor ich wieder nach Hause kam. Im Januar 1946.

Sie wollten mich zur Ausbildung nach Texas schicken. Ich habe mich dahintergeklemmt und noch mal an den Präsidenten geschrieben. Ich hatte keine Lust auf Texas, ich wollte kämpfen. Vom Weißen Haus kam die Antwort, daß man mich in eine Kampfeinheit stecken soll. Dreißig Tage mußte ich deswegen Teller waschen, weil ich den Dienstweg nicht eingehalten hatte. (Er lacht.)

Als ich zum Militär kam, haben sie mich gefragt: »Zu welcher Rasse gehören Sie?« Ich hatte keine Ahnung, was sie meinen, weil für uns auf Hawaii die Rasse eines Menschen keine Rolle spielt. Sie fragten: »Woher kommen Ihre Eltern?« Ich antwortete, sie wären auf Hawaii geboren. »Und Ihre Großeltern?« Sie stammten auch von Hawaii. »Und wie steht es mit Ihren Urgroßeltern?« Ich habe gesagt, sie kämen aus Europa, ein paar aus Spanien, ein paar aus Wales. Sie meinten: »Dann sind Sie Kaukasier.« Ich habe gefragt: »Was soll denn das sein?« Sie antworteten: »Sie sind ein Weißer.« Ich habe mir meine Haut angeschaut. Die war ziemlich dunkel, von der Sonne verbrannt. Ich habe gesagt: »Das soll wohl ein Witz sein.« (Er lacht.) Sie haben mich als Kaukasier eingestuft und von den anderen Hawaiianern getrennt.

Ein paar von meinen neuen Kumpels haben gesagt, ich soll mit drei bestimmten Männern nicht reden. Ich wollte wissen, warum nicht. Sie haben gesagt: »Das sind Juden.« Ich habe gefragt: »Und was ist ein Jude?« Sie meinten: »Weißt du das denn nicht? Die haben doch Jesus Christus umgebracht.« Ich sagte: »Was denn, die Kerle da? Die sehen mir gar nicht alt genug dafür aus.« Sie meinten: »Du bist wohl ein ganz Schlauer, was?« Ich sagte: »Nein. Aber soweit ich weiß, wurde er doch wohl vor ungefähr neunzehnhundert Jahren getötet.«

Ich kam noch rechtzeitig zum Angriff auf Kwajalein in den Marshallinseln zur Siebenten Infanteriedivision. Nach sechs Tagen hatten wir es eingenommen. Dann ging es nach Hawaii zurück. Ich wußte nicht, worauf wir uns vorbereiteten, aber wir mußten schwimmen, schwimmen und schwimmen üben, ich und noch ein paar andere Hawaiianer. Ich habe gemeint: »Wahrscheinlich kommt Eleanor uns besuchen.« Da wurde ich nach Honolulu zum FBI gebracht und gefragt, woher ich wüßte, daß der Präsident kommt. Ich habe gesagt, davon wüßte ich gar nichts. Die meinten: »Sie haben doch gesagt, daß Eleanor kommt.« Ich antwortete: »Naja, ich dachte mir bloß, daß bestimmt irgendein hohes Tier kommt, weil wir jetzt schon seit zwei Monaten diese Show üben müssen.« Sie sagten: »Okay, aber behalten Sie es für sich.«

Plötzlich sagt man uns eines Tages, daß es eine Schwimmvorführung geben soll. Wir haben Öl ins Wasser gekippt, es angesteckt und sind hineingetaucht. Dann mußten wir uns anziehen und für die Parade fertigmachen. Wir wurden alle nach Munition durchsucht. Keiner durfte Patronen im Gewehr haben, und Taschenmesser waren auch verboten. Aber wir hatten Bajonette. (Er lacht.)

Als wir an der Tribüne vorbeimarschierten, sahen wir General MacArthur und Präsident Roosevelt.

Wir wußten, daß irgendwas im Busch war, aber wir hatten keine Ahnung, wohin man uns schicken würde. Wir haben munkeln hören, daß wir nach Afrika sollen, hinter Rommel her. Der Hauptteil der Siebenten war zwar in der Mojavewüste ausgebildet worden, kam aber dann auf die Aleuten. Die hatten mit Afrika gerechnet. Also waren wir ziemlich sicher, daß für uns Afrika auf dem Programm stand. Wir bekamen Marschbefehl für den Pazifik. Ab zur Insel Yap.

Damals war ich schon zum Sergeant befördert worden, weil wir nämlich eine Dschungelausbildung bekamen und ich mich in den Tropen auskannte. Also haben sie mich nach Alaska verfrachtet. Nach drei Wochen mußten sie mich zurückschicken, so habe ich gebibbert. Es war saukalt da. (Er lacht.)

Ein paar Nächte später hörten wir Tokio Rose im Radio: »Guten Abend, Männer der Siebenten Infanteriedivision. Ich weiß, daß es für euch bald losgeht auf die Philippinen.« Sie hatte recht. (Er lacht.) Da waren wir von Oktober '44 bis März '45. Ständig im Einsatz.

Ich habe sehr vorsichtig gekämpft, mich nie zu weit vorgewagt. Wir hatten ein paar japanische Jungs dabei, unsere Dolmetscher, die waren ein bißchen heldisch. Wenn ein japanischer Panzer vorbeikam, sind sie raufgeklettert, haben angeklopft, etwas auf Japanisch gesagt, und sobald die Luke aufging, haben sie eine Handgranate reingeworfen – rumms!

Danach waren wir in Okinawa. Am ersten April 1945 sind wir gelandet. Keine Gegenwehr. Ein paar Tage später haben wir erfahren, daß Präsident Roosevelt gestorben war. Das hat uns alle ziemlich umgehauen – rumms! Wir hörten, ein Mann namens Truman wäre jetzt an seiner Stelle. Ich sagte: »Wer ist Truman?« Da unten waren wir zweiundachtzig Tage. Ich habe getan, was ich tun mußte. Wenn ich einen Japaner sah, habe ich auf ihn geschossen und bin in Deckung gegangen. Schießen und in Deckung gehen, sonst habe ich nichts gemacht. Ich hatte die ganze Zeit Angst, bis wir Hill 87 eingenommen hatten.

General Ushijima und seine Männer haben wir in einer Höhle begraben. Das war das Schlimmste am ganzen Krieg, das fand ich am übelsten an Okinawa. Die haben sich andauernd in Höhlen verkrochen, Frauen, Kinder, Soldaten. Wir sind den Abhang hochgeklettert, haben Benzinfässer runtergelassen und in Brand geschossen. Die sind dann in die Luft geflogen und haben sie lebendig begraben.

Ich selber habe eine Japanerin erschossen, weil sie nachts über ein Feld kam. Wir haben immer wieder Flugblätter abgeworfen, daß sie nachts nicht über das Feld gehen sollten, weil wir nicht unterscheiden konnten, ob sie Soldaten waren. Wir haben eine Grenzlinie gezogen. Auf alles, was sich davor bewegte, haben wir geschossen. Diese eine Nacht habe ich geschossen, und dann bei Tagesanbruch lag da eine Frau, die ein Baby auf den Rücken gebunden hatte. Die Kugel war glatt durch sie hindurch gegangen und auf dem Rücken von dem Kind wieder herausgekommen.

Das macht mir immer noch zu schaffen, das verfolgt mich bis heute. Ich fühle mich immer noch wie ein Mörder. Du siehst eine Gestalt im Dunkeln, eine gebückte Gestalt. Du weißt einfach nicht, ob es ein Soldat ist oder ein Zivilist.

Ich habe jeden Tag ungefähr einen Liter Whiskey getrunken. Manchmal selbstgebrannten, manchmal gekauften. Anders hätte ich nicht töten können. Ich hatte japanische Freunde, und jedesmal, wenn ich auf einen Mann schießen mußte oder den Flammenwerfer in ein Erdloch gehalten habe, dachte ich: Was wird die Familie von diesem Menschen denken, wenn er nicht wieder nach Hause kommt? Er hat eine Frau, Kinder, irgendwen bestimmt.

Man hat uns Filme gezeigt. Die japanischen Frauen haben nicht geweint. Sie nahmen die Asche ihrer Männer ungerührt entgegen. Aber ich wußte es besser. Sie sind nach Hause gegangen und haben geweint.

Jeden Tag bin ich aufgestanden und habe getrunken. Wie hätte ich sonst den Krieg überstehen sollen? Mal haben wir den Schnaps selbst gemacht, mal haben wir ihn von der *Navy* gekauft. Die Matrosen haben ihn ihren Offizieren geklaut. (Er lacht.) Manchmal hat uns die Flasche fünfundsiebzig Dollar gekostet, manchmal eine japanische Flagge. Man nahm sich ein Stück Fallschirmseide, malte einen Kreis drauf, machte ein paar Einschüsse rein und gab es denen von der *Navy*, dafür kriegte man eine Flasche Whiskey.

Mein letztes Glas habe ich, glaube ich, am Abend des 14. August 1945 getrunken. Als wir im Schwedischen Radio hörten, daß die Japaner sich mit den Amerikanern in Verbindung setzen wollten, um den Krieg zu beenden, sind wir völlig ausgerastet. Jeder Soldat hat sich ein Gewehr geschnappt und losgeballert. Ich bin in meinen Schützengraben gesprungen und nicht mehr herausgekommen, weil überall die Kugeln durch die Luft flogen. Von unserer Einheit wurden in dieser Nacht zweiunddreißig Mann durch verirrte Kugeln getötet.

Seither habe ich keinen Tropfen mehr angerührt. Ich war auch vorher kein Trinker. Das fing auf den Philippinen an, als ich die Leichen von Männern, Frauen, Kindern und vor allem von Babys gesehen habe, die von den Bomben getötet worden waren. Sie lagen am Straßenrand, und wir sind mit den Panzern darübergerollt.

Ach, ich kann heute noch manchmal nachts nicht schlafen, wegen der Frau, die ich erschossen habe. Oft kann ich nicht schlafen. Ich träume immer noch von ihr. Vor vielleicht zwei Wochen habe ich noch davon geträumt... (Er atmet tief aus; es klingt aufgewühlter als ein bloßer Seufzer.)

Aaaahh, ich finde, wenn es schon Krieg geben muß, dann sollen sich die Länder eine einsame Insel suchen, auf der sie ihre Soldaten absetzen, da können sie sich dann gegenseitig umbringen. Oder noch besser, nur die Politiker hinschicken, sollen die es doch unter sich auskämpfen.

Ja, und dann dieses blöde Wettrüsten im Moment mit den Atomwaffen. So viel Geld wird ausgegeben, um Menschen zu töten, und so wenig, um ihnen zu helfen. Eine verrückte Welt.

Fünfzehn Jahre lang habe ich in Washington, D.C. als Polizist gearbeitet. Wenn ich mit einer Geiselnahme zu tun hatte, habe ich nur abgewartet. Am Ende hat der andere ja doch aufgegeben. Dafür braucht man nicht den Revolverhelden zu spielen und mit gezogener Waffe hineinzustürmen. Ich habe immer in Schwarzenvierteln gearbeitet. Nicht ein einziges Mal habe ich geschossen, immer nur geredet, geredet, geredet. Einmal hatten sich zum Beispiel drei Männer verschanzt. Ich habe meine Waffe abgelegt und bin zu ihnen reingegangen. Ich habe gesagt: »Ihr könnt mich umbringen, aber entkommen könnt ihr nicht, weil draußen zu viele auf euch warten. Ihr könnt mir eure Knarren geben, rausgehen und landet für ein paar Jahre hinter Gittern, aber wenigstens nicht im Sarg.« Sie meinten: »Mann, du spinnst wohl.« Ich habe geantwortet: »Ich glaube nur nicht, daß ihr Spinner seid.« Dann haben alle drei mir ihre Waffen gegeben, und wir sind rausmarschiert. Ich bin nun mal kein Killer.

Peter Ota

Ich denke an das zurück, was geschehen ist – und frage mich manchmal: Woher komme ich?

Er ist ein siebenundfünfzigjähriger Nisei. Sein Vater war 1904 aus Okinawa eingewandert, seine Mutter kam aus Japan. Er ist Buchhalter. Sein Vater hatte auf Farmen und in Kohlebergwerken in Mexiko gearbeitet. Nachdem er im Laufe von siebenunddreißig Jahren einen Frucht- und Gemüsehandel aufgebaut hatte, war er zu einem erfolgreichen und angesehenen Geschäftsmann in seiner Gemeinde geworden. Er war Vorsitzender der japanischen Handelskammer von Los Angeles.

Am Abend des 7. Dezember 1941 war mein Vater auf einer Hochzeit. Er trug einen Smoking. Als der Empfang vorüber war, warteten die FBI-Agenten vor der Tür. Sie trommelten mindestens ein Dutzend der Hochzeitsgäste zusammen und brachten sie ins Bezirksgefängnis.

Wir wußten nicht, was passiert war. Tagelang hörten wir nichts. Als wir es herausgefunden hatten, gingen meine Mutter, meine Schwester und ich zum Gefängnis. Noch heute erinnere ich mich an das Warten im Vorraum. Als mein Vater durch die Tür kam, war meine Mutter entsetzlich gedemütigt. Sie sagte nichts. Sie weinte. Er trug Sträflingskleidung, eine Jeansjacke mit einer Nummer auf dem Rücken.

Unter der Scham und Demütigung brach sie zusammen. Meine Mutter stand voll in der japanischen Kultur. Sie war eine Blumensteckerin und spielte die *biwa*, ein japanisches Saiteninstrument. Schande war in ihrer Kultur schlimmer als der Tod. Gleich nach diesem Tag wurde sie schwerkrank, sie bekam Tuberkulose. Sie wurde in ein Sanatorium eingewiesen, und wir mußten sie zurücklassen, als wir evakuiert wurden. Sie war zu krank, um verlegt zu werden. Sie blieb dort, bis sie starb.

Mein Vater wurde nach Missoula, Montana, verlegt. Wir erhielten Briefe von ihm – natürlich zensiert –, in denen stand, daß es ihm gutginge. Jetzt gab es nur noch meine Schwester und mich. Ich war fünfzehn, sie zwölf. Im April 1942 wurden wir evakuiert und nach Santa Anita gebracht. Zu dem Zeitpunkt wußten wir weder, wohin wir gingen, noch wie lange wir fortbleiben würden. Wir wußten nicht, was wir einpacken sollten. Eine Zahnbürste, Toilettenartikel, ein paar Kleidungsstücke. Nur, was man tragen konnte. Dann zogen wir mit einer Karawane fort.

Santa Anita ist eine Rennbahn. Die Pferdeställe waren zu Wohnquartieren umgebaut worden. Meine Schwester und ich hatten das Glück, in einer Baracke zu wohnen. Die Leute in den Ställen mußten den Gestank aushalten. Alles war gemeinschaftlich, wir hatten absolut keine Privatsphäre. Selbst die Benutzung der Toilette war gemeinschaftlich. Das war sehr beschämend, besonders für die Frauen. Die Eltern verloren die Kontrolle über ihre Kinder. Ich hatte keine Eltern, also machte ich, was ich wollte. Wenn ich mir überlege, was aus der japanischen Familie geworden war ...

Wir sollten Santa Anita im September 1942 verlassen. Wir wußten nicht, wohin es gehen sollte. Kurz bevor wir aufbrachen, stieß mein Vater zu uns. Er wurde zusammen mit anderen, die aus Missoula entlassen worden waren, ins Lager gebracht, auf der Ladefläche eines Lastwagens. Dieses Bild werde ich nie vergessen, wie sie da wie Vieh oder wie eine Herde Schafe auf der Ladefläche des Lastwagens zusammengepfercht waren. Wir befanden uns in der Nähe des Lagertores und sahen, wie er ankam. Er entdeckte uns. Es war ein traurig-glücklicher Augenblick, denn wir waren über ein Jahr lang getrennt gewesen.

Mein Vater hat seine wahren Gefühle nie gezeigt. Das hat mich erstaunt. Er war niemals nachtragend, ließ keinen Ärger erkennen über das, was man mit ihm gemacht hatte. Ich kann das nicht verstehen. Ein Mann, der so hart für das, was er sich erworben, gearbeitet und dann über Nacht alles verloren hatte. Im Japanischen gibt es einen sehr starken Ausdruck: *gaman*. Er bedeutet: ausharren. Die Alten prägen es der jüngeren Generation immer wieder ein. Sei beharrlich. Nimm's, wie es kommt, reagiere nicht.

Er war ein sehr kontaktfreudiger, enthusiastischer Mann gewesen. Mir hatte seine Art, die Geschäfte zu führen und mit Menschen umzugehen, immer imponiert. Als ich ihn in Santa Anita wiedersah, war er ein anderer Mensch.

Wir wurden in einen Zug gesetzt, wir drei und noch viele, viele andere. Er war brechend voll. Die Rolläden waren heruntergezogen. Während der Fahrt fragten wir uns, was sie wohl mit uns machen würden. Wir Niseis hatten großes Vertrauen in unsere Regierung. Sie würde nichts Schlimmes mit uns tun. Mein Vater hatte sein ganzes Vertrauen in dieses Land gesetzt. Dies war sein Land.

Es dauerte Tage. Endlich kamen wir in Amache, Colorado, an. Das war ein Erlebnis für sich. Wir befanden uns ganz in der Nähe der Grenze nach Kansas, eine trostlose, flache, einsame Gegend. Außer den Baracken gab es nichts. Keine Bäume, keine Spur von einer landschaftlichen Gestaltung. Es war wie ein Gefangenenlager. Wenn man aus unserer Umgebung kam, war es einfach verheerend.

Die Lagerschule war ein Witz. Na ja, sagen wir, sie war locker. Wenn man etwas lernen wollte, gut. Wenn nicht, auch gut. Ein paar Lehrer waren sehr gewissenhaft, die meisten nicht. Eines der Grundfächer war amerikanische Geschichte. Sie redeten die ganze Zeit von der Freiheit. (Er lacht.)

Nach einem Jahr wurde ich nach Utah geschickt, um zu arbeiten. Sie beschäftigten mich auf den Zuckerrübenfarmen. Man mußte einen Job oder einen Auftrag haben, um das Lager verlassen zu dürfen. Die Bezahlung war symbolisch. Wir hatten einen Arbeitsaufseher, und der Farmer ließ uns durch ihn bezahlen. Es war Akkordarbeit. Während der Erntesaison arbeiteten zirka fünfzehn von uns dort. Als die Saison vorbei war, gingen wir wieder ins Lager zurück.

Wenn man irgendwo einen Job hatte, der auf einen wartete, durfte man in eine andere Stadt umsiedeln, vorausgesetzt, daß sie nicht im Bereich der westlichen Verteidigungszone lag. Ich hatte einen Job in Chicago als Lagergehilfe in einer Bonbonfabrik. Dort verdiente ich fünfundsiebzig Cents in der Stunde. Ich war nur ein Jahr im Lager. Meine Schwester blieb dort, bis die Lager dreieinhalb Jahre später demontiert wurden. Mein Vater war insgesamt vier Jahre in verschiedenen Lagern gewesen.

Ein Jahr lang wanderte ich von Job zu Job. Dann hatte ich das Wehrpflichtigenalter erreicht und mußte mich registrieren lassen. Es war eine ironische Situation. Hier stand ich nun und wurde in die Armee eingezogen, während mein Vater und meine Schwester in einem Konzentrationslager saßen und auf das Kriegsende warteten.

1944 war ich bei der Reserve, also noch nicht eingezogen, als ich ein Telegramm von meinem Vater erhielt. Meiner Mutter ging es sehr schlecht. Ich verließ Chicago sofort und fuhr zunächst nach Amache, um vom Kommando der westlichen Verteidigungszone eine Unbedenklichkeitserklärung zu bekommen. Das dauerte mehrere Tage. Während ich darauf wartete, starb meine Mutter.

Da wir sie in dem Lager beerdigen wollten, in dem mein Vater und meine Schwester sich aufhielten, fuhr ich nach Kalifornien, um ihren Leichnam zu überführen. In Needles, Kalifornien, wartete auf dem Bahnsteig ein *FBI*-Agent auf mich. Er war mir zugeteilt worden. Während meines ganzen Aufenthaltes blieb er an meiner Seite. Nachts, wenn ich ins Bett ging, oder wenn ich mal aufs Klo mußte, immer war er bei mir.

Kaum war ich in Los Angeles Union Station aus dem Zug gestiegen, traten Beamte von der Küstenpatrouille und Militärpolizei neben mich. Sie eskortierten mich durch den Bahnhof. Es war eins der schlimmsten ... (Er hat Schwierigkeiten zu sprechen.) Ich weiß nicht, wie ich das beschreiben soll. Es konnte sich jetzt nur noch um Tage handeln, bis ich in derselben Uniform diente wie diese Männer, die mich bewachten. Als sie mich durch den Bahnhof führten, wurde man darauf aufmerksam, daß ich Orientale bin, und hielt mich entweder für einen entlaufenen Gefangenen oder einen Spion. O ja, sie riefen Schimpfworte. »Dreckiger Japs« konnte ich ganz deutlich hören.

Im Hotel angekommen, erklärte der *FBI*-Agent dem Militär, daß sie nun nicht mehr benötigt würden. Aber er mußte bei mir bleiben. Auch ihn ekelte die ganze Situation an. Er wußte, daß ich amerikanischer Staatsbürger und bei der Reserve war, und er sah keinen Grund, warum er mich bewachen sollte, aber er war im Dienst. Wir sprachen über persönliche Dinge. Seine Frau bekam gerade ein Kind, und er konnte nicht bei ihr sein. Er fand das Ganze lächerlich.

Ich wurde einer Panzerdivision in Fort Knox zugeteilt. Wir wurden zur Einschiffung nach Fort Mead geschickt, als der Krieg in Europa zu Ende ging. Jetzt wußten sie nicht, was sie mit uns japanischen Amerikanern anfangen sollten. Wir hatten unsere eigenen Einheiten. Sollten sie uns auf die Pazifikseite rüberschicken? Dann wären sie vielleicht nicht mehr in der Lage zu erkennen, wer der Feind ist und wer nicht. (Er lacht.)

Als der Krieg aus war, befand ich mich in Fort McDowell in San Francisco Bay, dem Ort, in dem japanische Kriegsgefangene in Empfang genommen worden waren. Von dort fuhr ich mit einer ganzen Bootsladung von ihnen zurück. Ich war unsicher, wie sie auf mich reagieren würden. Ich wurde überrascht. Die Berufssoldaten, die während der ersten Kriegstage in Guadalcanal, Saipan, gefangengenommen worden waren, wollten nicht glauben, daß der Krieg zu Ende sei. Immer wenn das Thema hochkam, behaupteten sie, das sei reine Propaganda. Die Wehrpflichtigen waren ganz anders, mit ihnen kamen wir gut aus. Sie waren noch sehr jung – *Boheitai*, Jungsoldaten. Wir konnten mit ihnen reden wie mit Kindern. Sie hatten Angst. Ihnen war nichts geblieben, wohin sie zurückkehren konnten. Okinawa war verwüstet. Viele hatten ihre Familie verloren.

Ich verbrachte meine Urlaube im Lager, um meinen Vater und meine Schwester zu besuchen. Ins Lager zu fahren, war für mich, wie nach Hause zu fahren, um meine Familie mal wiederzusehen. Wir machten das Beste aus dem, was uns blieb. Weihnachten feierten wir auf die amerikanische Art. Wir versuchten, unser Leben ruhig und entspannt laufen zu lassen.

Nach Kriegsende kehrten wir nach Los Angeles zurück und dachten, daß für uns nichts anderes in Frage käme, als Amerikaner zu sein. Unsere japanische Kultur hatte uns entmutigt. Ich hatte zu der Zeit immer das Gefühl, daß ich mich beweisen müßte. Ich weiß nicht warum. Ich war ein Ex-GI, geboren und aufgewachsen in diesem Land, und hatte trotzdem das Gefühl, daß ich mich beweisen müßte. Es ging uns allen so. Wir mußten beweisen, daß wir Amerikaner waren.

Meine Eltern hatten mich auf eine japanische Schule geschickt, die uns die alte Kultur beigebracht hat. Meine Frau und ich haben mit unseren Kindern nichts dergleichen getan. Wir sind in eine kleine Gemeinde in der Nähe von Los Angeles gezogen, eine typische amerikanische Vorstadt. Wir wurden amerikanischer als die Amerikaner, sehr konservativ. Meine Frau und ich sprechen sehr oft darüber. Wir haben geglaubt, daß wir dies unbedingt tun mußten, daß wir uns mit der Gemeinschaft vermischen mußten, um ein Teil des weißen Amerika zu werden.

Wir haben unseren Kindern eine Menge von der Geschichte vorenthalten, die mit uns passiert war. Wenn ich jetzt an die ganzen vierzig Jahre des Schweigens denke ... ich glaube, das rührt von einer weiteren japanischen Charaktereigenschaft her: Wenn einem Schande widerfährt, versucht man, sie zu verbergen. Wir wurden ins Lager gesteckt, wir wurden zu Opfern, wir hielten das für unseren eigenen Fehler. Wir verbargen es.

Meine älteste Tochter Cathy wollte in ihrem Abschlußjahr im College eine Seminararbeit über die Lagererfahrungen schreiben. Sie fragte uns, ob wir Leute kannten, die sie befragen könnte. Es ist seltsam, daß viele Leute auch heute noch nicht darüber reden wollen. Einige, mit denen sie gesprochen hat, brachen zusammen. Weil es das erste Mal war, daß sie ihre Geschichte erzählten. Mir ist es genauso gegangen. Als ich das erste Mal in die Einzelheiten ging, hat es mich völlig fertiggemacht. Doch als es draußen war, fühlte ich mich wieder wohl. Es war etwas, das lange in mir gegärt hatte, das ich schon seit langer Zeit hatte sagen wollen.

Wie denken die Sensei – die Generation Ihrer Tochter – darüber?

Sie sind sehr zornig. Immer wieder fragen sie: »Warum seid ihr gegangen? Warum habt ihr euch nicht gewehrt?« Sie können es nicht verstehen. Sie sind nicht in unserer Kultur erzogen worden. Heute würde ich bestimmt Widerstand leisten, aber damals war es eine andere Situation. Das haben wir unserer Tochter zu erklären versucht. Wenn das heute wieder passieren würde, würde die Mehrheit der Japaner sich, glaube ich, wehren.

Wenn ich an meine Mutter und an meinen Vater denke, an das, was sie stillschweigend erduldet haben ... es ist schwer zu erklären. (Er weint.) Mein Vater, dem nie ein böses Wort herausgerutscht ist. Der sein Leben lang gearbeitet hatte, um seinen Traum zu verwirklichen, dem man alles genommen hatte – und nicht ein nachtragendes Wort. Sein Geschäft war mehr als hunderttausend Dollar wert gewesen. Er verkaufte es für fünftausend. Als er aus dem Lager kam, leistete er mit dem bißchen Geld, das ihm noch übriggeblieben war, eine Anzahlung auf ein Mietshaus. Es lag mitten in einer Pennergegend, ein alter Kasten. Er glaubte, indem er die geringen Mieten einnahm und dort wohnte, überleben zu können. Meine Schwester arbeitete als Hausmädchen in einer Familie. Er hatte Angst um sie in dieser Gegend. Als er starb, war er ein gebrochener Mann.

Meine Frau und ich schweben gerade im siebten Himmel. Unsere Tochter hat die Prüfung vor der kalifornischen Anwaltskammer bestanden, und raten Sie mal, was sie jetzt macht. Sie arbeitet für die Wiedergutmachungsinitiative[1] in San Diego. Wie finden Sie das?

[1] Auf die Initiative von japanischen Amerikanern hin, die während der Kriegsjahre interniert gewesen waren, wurde eine Wiedergutmachungsbewegung ins Leben gerufen.

Zufällige Begegnung

Robert Rasmus

Mein Leben gliedert sich in achtunddreißig Jahre nach dem Krieg und ungefähr zwanzig Jahre davor. Für mich heißt es v. Kr. und n. Kr. – vor dem Krieg und nach dem Krieg. Und so geht es bestimmt vielen. In meinem Beruf stehe ich oft vor verzwickten Problemen, die mir schlaflose Nächte bereiten, aber dann sage ich mir: Komm, im Vergleich zu einer Flußüberquerung unter schwerem Beschuß ist das doch lächerlich. (Er lacht.)

Er ist mindestens 1,90 m groß, die Haare werden langsam grau. Er arbeitet in gehobener Position in der Nähe von Chicago. Offensichtlich hält er sich gut in Form. Er hat eine liebenswürdige, unkomplizierte und gelassene Art.

Manchmal kommt mir alles so vor wie ein weltweites Theaterstück, bei dem ich mitspiele. Im September '39, als die Deutschen in Polen einmarschierten, war ich vierzehn. Ich weiß noch, wie meine Mutter geunkt hat: »Bob, dich ziehen sie noch ein.« ›Na hoffentlich‹, dachte ich mir. In dem Alter freut man sich auf Glanz und Glorie – man hat ja keine Ahnung von den Greueln.

Tja, ich fand mich nicht nur bei der *Army*, sondern ausgerechnet bei der Infanterie wieder. Schritt für Schritt führte die Logistik unsere Division zum Einsatz. Und dann bist du schließlich bloß noch in einem Trupp, und zwar ganz vorn dran. Auf dich kommt es jetzt an. Was hab ich hier draußen verloren – bei diesem Weltuntergangs-Drama – an vorderster Front? (Er lacht.)

So was sah man im Film und in der Wochenschau. Aber wir waren ja schon volljährig, als unser Land noch nicht mal in den Krieg eingetreten war. Es kam einem so unwirklich vor. Plötzlich bist du mitten im Getümmel, um dich herum sterben Menschen, und du machst in die Hosen vor Angst, daß es dich erwischt. (Er lacht.)

Mir war völlig klar, daß ich, als Gewehrschütze, mit hoher Wahrscheinlichkeit fallen würde. Einerseits: die nackte Angst. Ich durfte gar nicht dran denken. Andererseits hatte ich diese ungeheure Abenteuerlust. Mann, über den Ozean fahren, die Armeen sehen, das war doch unheimlich aufregend. Ich hatte es geschafft.

Den meisten ging es da sicher anders, aber ich war ein mickriges Bürschchen, ein Muttersöhnchen. Ich wollte endlich meinen Mann stehen. Da konnte ich bestimmt ein für allemal meinen Komplex loswerden, daß ich nicht so robust war. Ich wollte beweisen, daß ich tapfer und Manns genug für den Krieg sei. Da kam so vieles zusammen – ich fühlte mich als Vertreter der westlichen Welt, und ich war Bobby Rasmus, der spindelige Neunzehnjährige, der es allen zeigen will. (Er lacht.)

Ich kann mich noch gut an meine 30 Tage Heimaturlaub erinnern. Meine Mutter kam aus dem Weinen nicht mehr heraus. »Bob, du mußt deinem Hauptmann unbedingt sagen, daß du für einen Gewehrschützen zu groß bist«, das war ihre fixe Idee. (Er lacht.) Sie gab erst Ruhe, wenn ich versprach, »ich sag's ihm, Ma.« Was ich natürlich nie getan habe.

Meine Ausbildung erhielt ich in Fort Benning, Georgia. Wenn man krank wurde und mehr als eine Woche versäumte, wurde man aus seinem Bataillon herausgenommen. Ich bekam Grippe und mußte acht Tage aussetzen. Da haben sie mich aus meiner Einheit versetzt, weg von allen Kameraden. Ich war todunglücklich.

Meine ehemalige Gruppe ging zur 106. Division und wurde in der Ardennenoffensive überwältigt. Ich weiß noch, wie die Briefe an meine Freunde zurückkamen mit: Vermißt. Gefallen. Das waren die Achtzehnjährigen. Nur wegen dieser Grippe war ich nicht dabei.

Als ich zur *Army* ging, war ich noch nie über Wisconsin, Indiana und Michigan hinausgekommen. Beim ersten Aufwachen auf dem Truppenzug in Fulton, Kentucky, kam ich mir vor wie in Timbuktu. Von Europa war ich natürlich vollkommen überwältigt – die Schlösser, die Kathedralen, die Alpen. Mit offenem Mund stand ich davor. Ich hatte alle Hände voll zu tun, um zu überleben und meinen Job zu erledigen, aber insgeheim beschäftigten mich die herrlichen deutschen Wälder und die mittelalterlichen Glockentürme. Mit neunzehn sieht man die Welt noch mit frischem Blick.

In Fort Benning habe ich zum ersten Mal einen New England-Akzent gehört. Auch ein Südstaatler war für mich ein exotisches Wesen, dann die Farmerssöhne, und dann die mit allen Wassern gewaschenen Kids aus New York. Eine unglaubliche Mischung aus allen Schichten war hier vertreten. Und wir waren in einem Alter, wo man Freunde am allernötigsten braucht. Ich treffe mich immer noch mit einer ganzen Reihe von ihnen. Wir haben so ein ganz eigenes Zusammengehörigkeitsgefühl.

Man kämpft nicht fürs Vaterland oder aus Tapferkeit. Man kämpft, weil man seine Kameraden nicht im Stich lassen will. Daß ich wegen meiner Erkältung diese Gruppe verlassen mußte, hat mir wahrscheinlich das Leben gerettet. Aber für mich, den jungen Burschen, war es eine Katastrophe.

Kurt Vonnegut schildert in ›Schlachthof 5 oder Der Kinderkreuzzug‹ die Bombardierung Dresdens und den Kriegsgefangenenzug in Deutschland. Viele meiner Kameraden, die in Gefangenschaft gerieten, befanden sich in diesem Zug. Das habe ich erst vor drei Tagen erfahren, als mich ein Herr mit weißen Haaren auf der Straße ansprach: »Hey, bist du nicht Bobby Rasmus?« »Bist du nicht Red Prendergast?« fragte ich zurück. Er war in meiner ersten Ausbildungseinheit gewesen, kam zur 106. Division, mußte nach Deutschland und fuhr in dem Truppenzug, den sie zerbombt haben. Ich hatte vielleicht fünf Monate mit ihm zusammen verbracht, und seitdem hatte ich ihn nie wieder gesehen. Ich war auch nur sechs Wochen im Einsatz, aber ich kann mich noch an jede Stunde, ja an jede einzelne Minute in diesen zweiundvierzig Tagen erinnern.

Im Bostoner Hafen bekamen wir zum ersten Mal ein sichtbares

Kriegszeichen vor Augen: Ein australischer Kreuzer lag neben dem Truppentransporter vertäut. In seinem Bug klaffte ein riesiges, gezacktes Loch. Ein kleiner Vorgeschmack auf das, was uns erwartete. Wir gaben uns betont munter und machten Witze.

Frankreich, das hieß für uns, die wir in den 30er Jahren aufgewachsen waren: französische Mädchen, französische Pudel, Leichtlebigkeit und Frivolität. Da staunten wir nicht schlecht über die Bauern, die bedächtig mit ihren Pferden den Acker pflügten. Das Gebiet, in dem wir uns befanden, war noch nicht vom Krieg betroffen. Ich war überwältigt von der unverdorbenen Schönheit der Landschaft, der kleinen Dörfer und Kirchen. So wie die Impressionisten gemalt haben.

Von dem Weg zur Front erinnere ich mich an die Städte in Belgien: Liège, Namur. Wir kamen durch Dörfer und Städte, wir hingen aus den Waggonfenstern und hockten auf den Dächern. Wir hatten diese vielen Süßigkeiten aus den Extrarationen und warfen sie einfach den Kindern draußen zu. Ein Siegesgefühl lag in der Luft. Sie waren ja schon befreit worden, sie waren bester Dinge.

Plötzlich änderte sich die Stimmung. An der Grenze hieß es aus dem Zug aussteigen, in dieser kleinen Ecke Holland vor Deutschland. Wir befinden uns ganz in der Nähe von Aachen, das die Alliierten dem Erdboden gleich gemacht hatten. Trümmer, nichts als Trümmer. Das historische Aix-la-Chapelle, ein einziges Trümmermeer. 48 Stunden lang hatten wir das Gefühl genossen, zur Siegerarmee zu gehören. Jetzt war Schluß mit den Flausen. Ein paar Meilen weiter ist die Front. Du mußt vom Zug in den Lastwagen umsteigen. In der Ferne hörst du Artilleriefeuer.

Wir wachten sehr schnell auf. Ein paar Meilen weiter wieder eine Stadt, Düren – vollkommen ausradiert. Das war die mit am gründlichsten ausgebombte Stadt in Deutschland. Jetzt gehen wir zu Fuß weiter.

Wir wurden an eine sogenannte ruhige Front gebracht. Unsere Division besetzte eine Frontbreite am Rhein, südlich von Köln. Wir lösten einfach eine andere Division, die achte, dort ab. Wir bezogen dieselben Schützenlöcher. Du merkst, daß du jetzt ganz nah dran bist. Es ist immer noch irgendwie aufregend. Bis jetzt gab es noch keine Toten. Ich fand es interessant, wegen der Architektur.

In der Ferne konnte ich den Kölner Dom mit seinen Zwillingstürmen sehen.

Wir übernachteten in ausgebombten Häusern. Es war fast surreal. Da hast du den Querschnitt durch ein vierstöckiges Gebäude, wo alle Zimmer an der einen Seite ins Freie gehen, und dann ist da ein Zimmer noch intakt. In ganz Europa war das so.

In der allerersten Nacht fand unsere Gruppe ein komfortables Quartier. Auf einer Seite fehlte die Wand, aber auf der anderen Seite gab es Betten und Küchen und was-weiß-ich noch alles. Es war wie im Theater. Da die Deutschen ja der Feind und damit böse waren, hatten wir nie ein schlechtes Gewissen, daß wir in fremder Leute Wohnung hausten. Wir führten uns eher noch auf und warfen zum Beispiel das Geschirr zum Fenster hinaus, denn das geschah ihnen gerade recht. Was wir zum Essen und Trinken fanden, nahmen wir uns auch.

Wir hatten so ein altes Grammophon dabei, das ganze Melodien spielen konnte. Wir besaßen zwei Platten, ›Stille Nacht‹ und ›We Gather Together to Ask the Lord's Blessing‹. Ich kam aus einer typisch lutherisch-frommen Familie, und da saß ich nun, hörte Weihnachtslieder und ein Kirchenlied, bei dem ich selber in der Kirche oft mitgesungen hatte.

Diese ganze Zeit lang kam ich mir irgendwie schizophren vor. Ich war mittendrin und außer mir vor Angst. Gleichzeitig sah ich aber in aller Schärfe, wie unwirklich und surreal alles war.

Nach drei Tagen zogen wir ab, überquerten den Rhein und brachen einen deutschen Kessel auf. Als wir die halb abrasierten Häuser dort verließen, blühten in den Höfen gerade die Obstbäume. Und unsere Mörser donnerten quer über den Fluß. Ich hatte schemenhaft Gestalten herumlaufen gesehen. War das eine Sickertruppe oder nur ein Busch und meine Einbildung? Und dann lugte zwischen den Trümmern wieder der Kölner Dom hervor.

Jetzt haben wir schon ein wenig vom Krieg mitbekommen. Wir haben gesehen, wie Flugzeuge drüben am anderen Ufer Bomben abgeworfen haben. Wir haben Spähtrupps losgeschickt und Gefangene gemacht. Aber selbst waren wir noch nicht wirklich dabeigewesen. Es war immer noch ganz lustig und spannend. Als wir mit dem Lastwagen von Köln aus nach Süden fuhren und durch

Bonn kamen, hieß das für mich: Ui, Beethovens Geburtsstadt! Aber als wir eine Pontonbrücke überquerten und ich einen riesigen Feuerball sah, wurde mir klar, daß jetzt erst der richtige Einsatz bevorstand. Ich hatte plötzlich das Gefühl, daß wir unter direkten Beschuß geraten würden und daß einige von uns fallen würden. Aber ich war auch regelrecht ergriffen von der wunderbaren Landschaft, von den sanften Hügeln und endlosen herrlichen Wäldern. Man konnte förmlich Wagner hören. Ich war hin- und hergerissen – einerseits: Mensch, ich will nicht sterben, und andererseits: schau doch, was für ein prächtiges Land.

Unsere Uniformen waren noch sauber, wir waren immer noch die ahnungslosen Neulinge. Ganz anders die kampferprobten Truppen. Verdreckte Uniformen, Bärte, und es stand ihnen ins Gesicht geschrieben, was sie durchgemacht hatten. Ihre Mienen verhießen so etwas wie: Ihr werdet es auch noch sehen. Eine Mischung aus Mitleid und Verachtung für die Grünschnäbel.

Wir sahen unsere ersten Toten, Deutsche. Unweigerlich zog man die Schlußfolgerung: Wenn da tote Deutsche lagen, waren irgendwann auch Amerikaner dran. Es wurde dunkel, und wir waren nur noch ein paar Meilen von der Stelle entfernt, wo es brenzlig wurde. Wir passierten unsere Artilleriestellungen. Unablässiges Feuer. Es war beruhigend, daß wir so viel Artillerie hatten, aber erschrekkend, diese vielen gefallenen Deutschen zu sehen. Ich hatte noch nie einen Toten gesehen, außer in einer Leichenhalle.

Wir bekamen Befehl, am nächsten Morgen bei dem Angriff mitzumachen. Hundekalt war es. Inzwischen hatte ich mir das Rauchen angewöhnt – wenn das meine Mutter wüßte! (Lacht.) Ich fühlte mich elend, mir war kalt, und ich hatte Angst. Und nicht mal eine letzte Zigarette war zu ergattern.

Vor dem Morgengrauen wurden wir geweckt. Ich weiß ehrlich nicht, ob ich das geträumt habe oder ob es wirklich so passiert ist. Ich habe Kameraden gefragt, die ich nach dem Krieg getroffen habe: Weißt du noch, die ganzen Krankenwagen, und wie die Stabsärzte ihre Ausrüstung aufbauten? Ich sehe es bis ins letzte Detail vor mir, aber niemand sonst kann sich daran erinnern. Es war auch wie in einem Traum: einfach Ärzte hantieren zu sehen, die sich auf ihre Arbeit vorbereiten. Dabei waren wir noch unversehrt, und bis zum eigentlichen Gefecht waren es noch ein oder zwei Stunden hin. Mir kam es vor wie Vorboten fürs Allerschlimmste.

Unser 30 Mann starker Zug sollte ein größeres Dorf einnehmen. Ich war zu der Zeit Panzerabwehrsoldat. Nie werde ich vergessen, wie unwirklich mir alles vorkam, als wir durch den Wald auf dieses Dorf zuschlichen, das ein paar hundert Meter vor uns lag. Schafe weideten auf den Wiesen. Jetzt wurde geschossen: Maschinenpistolen, Schützenfeuer, Mörsergranaten.

Man verlor die Orientierung. Das war ja keine kontinuierliche Front, sondern hier ein Vorstoß, da eine Sondierungsmission. Man nahm eine Stadt ein, dann ab über den Fluß und die nächste. Das hier war unsere erste. Jetzt sah ich schon, wie einzelne Mörsergranaten in der Wiese landeten. Deutsche 88er. Sie schlugen auf die Ziegeldächer der Häuser und Scheunen auf. Meine erste Reaktion: Die machen ja gar nichts kaputt. Na ja, ein paar Ziegel kullern herunter, aber es ist immer noch ein herrlich sonniger Tag. Die Wiese liegt wunderhübsch da. Wir befinden uns in einer mittelalterlichen Stadt. Das dauerte ungefähr drei Sekunden. Dann wurden die Schafe langsam getroffen. Man sah Blut. Sofort denkst du: Wir werden auch gleich so zerfetzt wie diese Tiere. Dir kommen all die einzelnen Stadien, durch die du schon gegangen bist. Und jetzt (er lacht), ist der Vorhang oben, und du bist wirklich mittendrin.

Wir haben diese Stadt ohne Todesopfer erobert. Wahrscheinlich waren die deutschen Truppen schon abgezogen. Langsam faßte ich wieder ein bißchen Mut. Hey, wir hatten eine Stadt eingenommen, ohne auch nur von ferne einen Deutschen zu sehen. Am selben Nachmittag rückten wir noch auf eine weitere Stadt zu. Uns kommt das nicht geheuer vor. Wir haben anscheinend den Funkkontakt zu den anderen Schützenkompanien verloren. Ich spüre eine gewisse Beklommenheit bei unseren Offizieren.

Plötzlich erspähten wir eine Gruppe von deutschen Soldaten, an die 50 etwa, in einer Senke. Wir verteilten uns, und zwar gleich mehrere Züge. Wir lagen auf dem Boden, sprangen auf Kommando auf und feuerten mitten in diese Gruppe von Deutschen. Und haben sie anscheinend wirklich überrascht. Sie ließen mit ihrer Antwort nicht auf sich warten und schossen sofort zurück – mit

Maschinenpistolen und Gewehrfeuer. Unsere Kompanie war weit in der Überzahl, bestimmt 240 Mann. Es hieß vorwärts und Feuer, vorwärts und Feuer. Das war ein neues Manöver, das wir bei der Ausbildung nie geübt hatten. Wir lernten es schnell. Ich merkte, daß einige von unseren Männern getroffen wurden. Es dauerte alles nur ein paar Minuten. Wir töteten fast alle Deutschen. Ein paar sind vielleicht davongekommen, aber wir haben sie fertiggemacht. Von uns hat es auch welche erwischt. Ironischerweise als ersten unseren Zugführer.

Sie müssen die Struktur unserer Kompanie verstehen. Die meisten unserer Gefreiten kamen vom College. Man hatte sie en masse in diese Infanteriedivisionen verfrachtet. Der Stamm der Unteroffiziere bestand aus alten Hasen. Die meisten waren ungebildet und stammten vom Land, viele aus den Südstaaten. Zwischen Unteroffizieren und Gefreiten herrschte ein ziemlich gesundes gegenseitiges Mißtrauen. Dieser Unteroffizier war besonders verhaßt. Einer von den Neunzehnjährigen war einmal bei einer Übung am Rande der Tränen vor Wut über diesen Mann, der sich so unmöglich benahm. »Wenn wir je in ein Gefecht kommen, bring ich ihn um. Als allererstes«, hatte er verkündet. Und wer fällt als erster? Dieser Unteroffizier. Es war sicher eine feindliche Kugel. Ich wette mein Leben drauf. Die Typen, die davon quatschten ihn umzubringen, waren zu Tode erschrocken, daß ihr Wunsch in Erfüllung ging.

Mein bester Freund lehnte an einem Baum. Wir warteten auf weitere Befehle. Er grinste so verschlagen, ich war völlig entsetzt. Nicht im Traum hatte ich daran gedacht, daß es einer von uns hätte gewesen sein können. Ganz sicher war es keiner. »Den bring ich um« rutscht einem doch leicht heraus. Zu dem Entsetzen über unseren ersten Gefallenen kam noch, daß es ausgerechnet den traf, den wir alle so haßten.

Unsere Kompanie war bestimmt typisch. Wir hatten so-und-soviele Selbstverstümmelungen. Ohne mit der Wimper zu zucken, schoß man sich den eigenen Zeh ab, um von der Front wegzukommen. Manche verliefen sich auch. Diese Kampfsituationen sind so verwirrend, daß man leicht in die falsche Richtung läuft. Angenommen, man verläuft sich, wird krank oder verwundet. Bis man zu seiner Einheit zurückfindet, dauert das schon ein paar Tage.

Man denkt immer nur an diese Beispiele von ganz normalen Menschen, die sich als unglaubliche Helden herausstellen. Aber es gibt nun einmal im Durchschnitt – im zivilen Leben ja auch – in jeder Gruppe von Menschen Feiglinge und Drückeberger. Unser Funker zerschoß sein Funkgerät: Er dachte, wir werden gleich überwältigt. Eine Panikreaktion. Ich wurde zum Panzerabwehrschützen, weil unser Mann seine Panzerfaust wegwarf und sich aus dem Staub machte.

Unser Hauptmann befahl: »Nehmt die Leichen mit. Wir überlassen unsere Gefallenen nicht dem Feind.« Wir sind jetzt abgeschnitten und müssen wieder zu unserem Bataillon zurück. Wir mußten Tragen improvisieren. Ich zog meine Feldjacke aus und stülpte die Ärmel um. Durch diese steckten wir Gewehre und bastelten eine Trage. Wir hievten den Unteroffizier hinauf, und, mein Gott, der Kopf war halb weggeschossen und das Gehirn rann heraus, mir über Hände und Uniform. Da steht das Muttersöhnchen aus der Sonntagsschule und steckt jetzt wirklich mittendrin.

Ich weiß noch, wie ich nachts in dem zerrissenen Mantel lag. Ein Alptraum. Jetzt hatte ich gesehen, wie ein Toter ausschaut, wie ihm die Farbe aus dem Gesicht weicht. Ich glaube, jeder einzelne aus meinem Trupp träumte dasselbe. Bei Tagesanbruch rückten wir in eine andere Stadt vor. Seit vierundzwanzig Stunden kannten wir uns jetzt aus.

Wer wirklich an der Front war, in der Normandie, bei den großen Kämpfen, der lacht vielleicht über dieses bißchen Einsatz, aber für mich ... Wir kamen an unserer Ablösung vorbei. Einen Tag lang hatten wir jetzt mitgemischt. Die Uniformen strotzten inzwischen vor Dreck und Blut, und die Gesichter wirkten, als wären wir seit Wochen dabeigewesen. Jetzt dachten *wir*: Ihr habt ja keine Ahnung.

Wir schafften es nicht, die Leichen mit zurückzubringen. Das Granatfeuer wurde zu heftig. Am nächsten Morgen mußte unser Trupp zurück und die Toten bergen. Die Sonne schien, und es war still. Wir kamen an den Deutschen vorbei, die wir getötet hatten. Wenn man die einzelnen gefallenen Deutschen sah, wurden sie plötzlich zu Individuen. Sie waren nicht mehr irgendwas Abstraktes. Diese da gehörten nicht mehr zu den Deutschen mit den brutalen Gesichtern und den Helmen, die man bei uns in den Nachrichten zu sehen bekam. Sie waren so alt wie wir. Genau solche Jüngelchen wie wir.

Besonders an einen kann ich mich erinnern. Einen Rotschopf. Bis heute sehe ich diesen jungen deutschen Soldaten vor mir sich an einen Baum lehnen. Der Kampftrupp hatte wohl gerade Rast gemacht und versucht zu entkommen. Die ganze Aktion hätte vermieden werden können, wenn wir nur etwas erfahrener gewesen wären und ihnen auf Deutsch zugerufen hätten, daß sie sich ergeben sollen. Das hätten sie bestimmt bereitwillig getan. Statt dessen, aus lauter Angst, dieses unnötige Gemetzel. Es hat doch den Beigeschmack von Mord, oder?

Was ich von diesem Tag behalten habe, ist nicht so sehr der Schock über unsere beiden Gefallenen, sondern die Erkenntnis, daß wir in einer bestimmten Weise konditioniert waren. In diesem Stadium verabscheuten wir die Deutschen nicht nur wegen dem Bösen, dem Militarismus, sondern wir haßten wirklich jeden einzelnen Deutschen. Sobald der Helm ab ist, siehst du einen Teenager, einen Halbwüchsigen wie dich. Freilich mußt du weitermachen. Es kommen noch viele, viele andere Gefechte.

Ein paar Tage darauf sind wir in Lüdenscheid, nahe am Ruhr-Kessel. Zwei alliierte Armeen hatten den Rhein fünfzehn Meilen entfernt überquert. Es war eine Zangenbewegung, mit der sie 350 000 Deutsche einkesselten. Unter Feldmarschall Model, glaube ich. Über Nacht geben die nicht einfach auf. Die wollen es austragen. Unsere Aufgabe war es, so schnell wie möglich mit Lastwagen und Panzern vorzurücken, bis wir auf Widerstand stießen. Manche Städte fielen kampflos. Andere leisteten ziemlichen Widerstand. Man war auf das Schlimmste gefaßt.

Wir standen immer hinter der Kampflinie und stießen dann vor. Du gingst durch deine Artilleriestellungen und wußtest, du kommst immer näher. Bald lichteten sich die Reihen. Noch vor einer Stunde wimmelte es nur so von GIs. Wenn man näher ans Gefecht kam, war da nur noch der eigene Zug, und dann der eigene Trupp vor den anderen beiden. Und du warst der vorderste Posten.

›Das kann doch nicht wahr sein‹, dachte ich mir. ›Da haben wir diese Massen von Truppen, von Quartiermeistern und Fahrern und

Panzern und Verstärkung, und dann ist es plötzlich so einsam.‹ (Er lacht.) ›Du stehst an der Spitze von dem ganzen Apparat.‹

Wir blickten von oben auf Lüdenscheid herunter. In der Stadt herrschte Totenstille, außer daß uns plötzlich deutsche Sanitätsautos mit dem großen roten Kreuz auf dem Dach auffielen. Wir wußten nicht, ob das ein Trick war. Irgend etwas stimmte nicht. Dann läuteten auch noch die Glocken in der Stadt. Was sollte das heißen? War das der Auftakt zu einer größeren Schlacht, oder zogen sie sich zurück? Man leistete fast keinen Widerstand, und wir nahmen die Stadt ein.

Jetzt dämmerte mir allmählich, was es in Deutschland noch für Schrecken gab. Wir sahen sehr deutlich, daß die Deutschen Polen, Franzosen und andere Kriegsgefangene zur Zwangsarbeit auf Bauernhöfen und in Fabriken verpflichtet hatten. Mit jeder eroberten Stadt befreiten wir Slawen, Polen, Franzosen, alle möglichen Landsmänner. Oft spielten sich ergreifende Szenen ab. Von den Vernichtungslagern hatten wir immer noch keinerlei Ahnung. Ich kann mir das jetzt überhaupt nicht mehr vorstellen. Bei der Einnahme von Lüdenscheid übernachtete unser Zug in einem Saal, der als Bierzelt, Theater und Festsaal zugleich diente, mit einer Bühne und einer großen Tanzfläche. Mitten auf dieser Tanzfläche lag ein Kleiderberg. Inwzischen weiß ich, daß sie diese Kleidung vermutlich Menschen abgenommen hatten, die nach Dachau oder in ein sonstiges Lager abtransportiert wurden. Wir machten uns damals überhaupt keine Gedanken über die Herkunft dieser Sachen. Daß das nicht einfach die Kleidersammlung der Heilsarmee war, wußten wir. Ich kann mich noch gut daran erinnern, weil an dem Tag Roosevelt starb.

In jeder Stadt gab es Zwangsarbeiter. Je nachdem, ob es in der Stadt Industrie gab, waren das eine Handvoll oder mehrere Hundert. Unsere letzte Eroberung an der Ruhr war die Stadt Letmathe. Da lebte eine ganze Menge von italienischen Arbeitern, die in einer Fabrik schufteten. Außerdem gab es relativ viele Russen. Die Militärregierung war noch nicht eingezogen. Ich weiß noch, wie die Russen die Pferde nahmen und mit ihnen die Straße auf und ab rannten, damit der Kreislauf in Schwung kam und man sie töten und essen konnte. Ein Russe wollte gerade sein Pferd mit einem

Beil erschlagen. Ich riß mich nicht darum, das Pferd zu erschießen, aber ich lieh ihm meine Pistole. Wir sahen, wie verhungert sie waren, und daß sie zu den äußersten Mitteln greifen mußten.

Manchmal gab es diese spontanen Aufstände, wenn die Zwangsarbeiter und Kriegsgefangenen der Deutschen in einer Stadt plötzlich das Heft an sich rissen. Da herrschte dann das Chaos.

Einmal kam ich dazu, wie ein Russe im Keller von unserem Haus gerade einen Deutschen erdrosseln wollte. Jetzt mußte ich Farbe bekennen. Ich war immer noch der Auffassung, daß jeder einzelne Deutsche ein schlechter Mensch sei und die Russen unsere Verbündeten wären. Irgendwie hatte ich den Eindruck, daß der Russe sich rächen wollte. Er behauptete, der Deutsche hätte seinen Freund umgebracht. In der allgemeinen Verwirrung konnte man nicht sagen, ob das stimmte oder ob er eine alte Rechnung begleichen wollte oder was sonst. Ich überlegte nicht lang, sondern hielt ihn ab. Der Russe brach in Tränen aus, als ich ihn den Deutschen nicht umbringen ließ. Er schluchzte nur noch. Später habe ich mir überlegt, daß er wohl die Wahrheit gesagt hat. Aber ich konnte es einfach nicht zulassen.

Wir waren uns bewußt, daß die Russen enorme Verluste an der Ostfront erlitten hatten, daß erst sie den Deutschen das Rückgrat gebrochen hatten. Auf unserer Seite hätte es unsägliches Leid und unzählige Opfer mehr gegeben, wenn sie nicht gewesen wären. Wir standen ihnen sehr freundlich gegenüber. Ich weiß noch, wie ich gesagt habe, falls wir uns einmal mit ihnen zusammenschließen sollten, würde ich sie ohne mit der Wimper zu zucken abküssen.

Ich habe nie russenfeindliche Sprüche gehört. Wir schätzten die Lage wohl realistisch in, daß wir aus einem Kampf gegen sie als die Zweitbesten hervorgehen würden. Von der Atombombe hatten wir noch nicht einmal gehört. Wir mußten annehmen, daß sich Riesenarmeen gegenüberstehen würden und sie bereit wären, Millionen von Soldaten zu opfern. Wir wußten, daß unsere Befehlshaber unsere Leben schonen wollten. Jemand mußte die Dreckarbeit in der Infanterie erledigen, aber die Befehlshaber versuchten immer, den Feind zuerst mit Panzern und Artillerie zu überwältigen, bevor sie die Infanterie hineinschickten. Soweit das möglich war, auf jeden Fall.

Ich denke oft darüber nach, warum Leute in meinem Alter und mit meinen Erfahrungen nicht spontan für eine Begrenzung der Atomwaffen auf dem Status quo eintreten wollen. Es liegt an diesem Gefühl, daß die Deutchen bereit waren, Millionen Menschenleben zu opfern. Was sie dann auch mußten. In jedem deutschen Haus, das wir betraten, gab es diese schwarz umrandeten Bilder von Söhnen und Angehörigen. Man sah, daß die meisten an der Ostfront ums Leben gekommen waren. Und die Russen verloren 20 Millionen Menschen.

Später waren wir dann wieder in den Staaten und wurden auf die Invasion in Japan vorbereitet. Die erste Atombombe wurde abgeworfen. Auf halbem Weg durch den Pazifik drehten wir um. Wie viele von uns wären auf dem Festland wohl umgekommen, wenn es die Bombe nicht gegeben hätte? Jemand wie ich malt sich so etwas aus.

Bei der letzten Offensive bis hinunter nach Bayern waren wir Pattons Armee zugeteilt. Patton meinte, wir sollten doch gleich weitermarschieren. Für mich war das völlig undenkbar. Die Russen hätten uns niedergemetzelt, weil sie selber so große Verluste hingenommen hatten. Ich glaube nicht, daß die große Masse der GIs die geringste Lust auf einen Kampf gegen die Russen hatte. Durch Presse und Wochenschauen waren wir gut genug informiert, um über Stalingrad Bescheid zu wissen. Ich habe die Beweise gesehen: diese schwarz umrandeten Bilder in sämtlichen deutschen Familien, die ich je zu Gesicht bekam. Schwarzer Rand, Ostfront, neun von zehn.

Ich mißbillige den Kommunismus heute mehr denn je. Ich glaube schon, daß unsere Regierung für den ›Uncle Joe‹ gut Wetter zu machen versucht hat. Die Konvois nach Murmansk. Wir hatten dabei gemischte Gefühle: Puh, gut, daß die den Löwenanteil auf sich genommen haben, die überwältigende Mehrheit der Todesopfer, und daß sie das Rückgrat der deutschen Armee gebrochen haben. Und die einzelnen Menschen für sich sind bestimmt gar nicht so schlimm. Auf alle Fälle wollen wir nicht gegen sie kämpfen. (Er lacht.)

Gegen den Vietnamkrieg aufgebracht hat mich eine Nummer des ›Life Magazine‹ 1968. Auf dem Titelfoto waren die hundert

Männer abgebildet, die in Vietnam in der Woche gefallen waren. Genug, habe ich gesagt. Ich will hier nicht als Veteran aus dem Zweiten Weltkrieg dastehen und mich brüsten, daß wir irgendwie eine bewunderungswürdige Position vertreten hätten. Wir sind genau wie alle anderen, wenn wir nicht unabhängig denken und uns eine eigene Meinung bilden. Wir haben den Krieg befürwortet, solange es nach einem schnellen Sieg aussah. Als es wirklich brenzlig wurde, wägten wir noch einmal ab.

Der Zweite Weltkrieg war etwas völlig anderes. Er hat mich in vielerlei Hinsicht beeinflußt. Ich bin mit meinem Urteil über andere Menschen vorsichtiger. Ich falle nicht so leicht auf Äußerlichkeiten herein. In kürzester Zeit machte ich die gewaltigsten Erfahrungen, die einem das Leben nur gönnen kann: Angst, Jubel, Elend, Hoffnung, Kameradschaft und die endlose Spannung, die Dramatik dabei. Ich bin ehrlich dankbar, daß ich bei diesem monumentalen geschichtlichen Ereignis Zeuge sein durfte – und auf eine ganz bescheidene Weise auch Teilnehmer.

Richard M. (Red) Prendergast

Ich ging auf der Straße, und da sah ich ihn. Er war gut einen Meter fünfundneunzig groß und kam mir irgendwie bekannt vor. Ich tippe ihm auf die Schulter und sag: »Entschuldigung, waren Sie nicht 1943 in Fort Benning?« Und er sagte: »Klar, und du bist Red Prendergast.« Neununddreißig Jahre ist das her, und ich habe ihn auf Anhieb erkannt. Er hat sich kein bißchen verändert. Er ist immer noch groß und schlank.

Er war während der ganzen Grundausbildung praktisch mein Bettnachbar. Aber wie das Schicksal so spielt: Bob wurde eine Woche, bevor wir eingeschifft wurden, krank. Er war untröstlich. Aber wie sich herausstellte, war es das beste, was ihm überhaupt passieren konnte. (Er lacht.) Meine ganze Gruppe kam zur 106ten Infanterie-Division, die bei der Ardennenschlacht völlig aufgerieben wurde.

Prendergast ist groß, breit gebaut und stämmig, die Haare werden allmählich grau. Er sieht aus, als wäre er früher Footballspieler gewesen. Er ist Vizepräsident und Verkaufsmanager eines Chicagoer Kaufhauses.

Ich war bei der Artillerie. Die schweren Geschütze sind immer vier-, fünfhundert Meter hinter den Linien. Ich hatte einen 81-Millimeter-Mörser. Da haben sie meistens die kräftigeren Jungs genommen, weil das wirklich schwere Geräte sind. Du hast ständig an die zwanzig Kilo Metall auf der Schulter. Dazu noch die normale Ausrüstung.

Wir brachten Ersatz für die Zweite Division, die ›Indianhead‹-Division. Sie hatten einiges durchgemacht und praktisch dreihundert Prozent Verluste. Die Gefallenen wurden ständig ersetzt. Aber die Neuen hielten meistens auch nicht allzu lange durch. Wir saßen in Bunkern, die in die falsche Richtung zeigten. Sie standen alle auf der Siegfried-Linie, deutsche Bunker, und sie zeigten nach Frankreich. (Er lacht.) Für uns war das gar nicht gut.

Wir hatten zwei Regimenter auf einem Frontabschnitt von vierzig Kilometern verteilt, und das war zuwenig. Sie sagten uns, macht euch darüber keine Sorgen. (Er lacht.) Wir machten uns keine Sorgen. Jeden Morgen feuerten wir drei Salven ab, und am späten Nachmittag noch mal drei. Nachts schickten wir Patrouillen aus. Ich ging bei einigen mit, aber da passierte nicht viel. Ab und zu machten wir Gefangene. Die meisten waren Polen und Ungarn, die von den Deutschen in ihre Armee gesteckt worden waren. Sie waren nicht gerade begeistert bei der Sache. Sie erzählten uns, die Deutschen hätten starke Kräfte zusammengezogen, und überall wären Tanks. Wir gaben die Informationen weiter, aber es schien niemand zu interessieren.

Am Morgen des 16. Dezember standen wir plötzlich unter heftigem Sperrfeuer. Alle Tanks von Europa kamen über den Hügel, alle Panzer der Welt. Wir hatten überhaupt keine Tanks. Es gab auch keine Luftunterstützung, wegen des schlechten Wetters. Sie fuhren über unsere Schützenreihen, als wären sie überhaupt nicht vorhanden. Wir waren völlig abgeschnitten und eingekreist. Wir rannten durch die Hügel und feuerten wild in der Gegend herum.

Ich schätze mal, wir waren zwei Züge, vielleicht sechzig Mann. Mitten in den Ardennen, in der Schnee-Eifel. Wir waren auf der Flucht. Wir hatten keine Verpflegung, keine Fahrzeuge, keine Munition. Wir wußten nicht, wo wir hinsollten, sie kamen von allen Seiten. Als wir einen kleinen Fluß überquerten, sagte ich: »Warum werfen wir die Mörser nicht in den Fluß? Die nutzen uns doch nichts mehr.« Ein Offizier sagte: »Nein, wir dürfen Regierungseigentum nicht zerstören.« (Er lacht.) Also habe ich meinen beim nächsten Fluß, an den wir kamen, einfach abgestellt, wahrscheinlich aus Gründen der militärischen Disziplin.

Ich wanderte also in der Gegend herum, die ganze deutsche Armee ballerte auf mich, und ich hatte nur meine 45er Automatik. Aber ich hatte reichlich Gelegenheit, mich zu bewaffnen. Überall, wo du hinkamst, lagen die Leichen von Soldaten herum. Die meisten waren Amerikaner. Ich glaube, nach und nach hatte ich alle Waffen in der Hand, die je in der Army benutzt wurden. Wenn mir bei einer die Munition ausging, warf ich sie weg und holte mir eine andere. Einmal hatte ich sogar eine Maschinenpistole, das erste Mal, daß ich so ein Ding benutzte.

Ein großes Problem waren die Heckenschützen. Wenn wir in ein Gebiet kamen, das vorher von den Deutschen besetzt gewesen war, blieben immer ein paar von ihnen in den Bäumen zurück. (Er lacht.) Sie schossen einen Major ab, der direkt neben mir ging. Das war auch so ein Fall von militärischer Disziplin, der untergeordnete Dienstgrad mußte immer links vom Offizier gehen, und darauf bestand der Major. (Er lacht.) Er sagte: »Du bist jetzt mein Leibwächter.« Natürlich wußte jeder in der deutschen Armee, daß der untergeordnete Dienstgrad immer links ging. (Er lacht.) Der Major wurde direkt in den Hals getroffen.

Irgendwann stießen wir auf eine größere Gruppe der unsrigen. Vor uns lag ein kleines Dorf. Jemand gab den Befehl anzugreifen. Wir bildeten eine Schützenlinie. Es gab keinen Schutz, keine Dekkung, kein gar nichts. Es gab nur offenes Land, und wir griffen an. Wir bekamen schweres Gegenfeuer und warfen uns zu Boden. Plötzlich hißte jemand die weiße Flagge, und wir besetzten das Dorf. Wir hatten auf die eigenen Leute geschossen. Es herrschte totale Verwirrung. Gott sei Dank hatte es kaum Verluste gegeben.

Wir hatten unsere Verwundeten dabei, es waren eine ganze Menge. Wir waren etwa 150 Mann und hatten seit Tagen nichts mehr gegessen. Plötzlich waren wir eingekreist, oben auf so einem schneebedeckten Hügel. Da lagen wir, im Schnee, und die Deutschen überall um uns rum schossen auf alles, was sich bewegte. Sie feuerten mit kleinen Geschützen, 20- oder 40-Millimeter. Wir konnten das Feuer nicht erwidern, weil es keine Munition mehr gab. Wir hatten uns zwar einen Mörser zusammengebaut, aber nichts mehr zum Schießen. Also nahmen wir das Ding auseinander, und ich stellte die Schutzplatte auf, die wie ein Waffeleisen aussieht. Ich legte mich dahinter. Einer unserer Kanoniere, ein Junge aus Pennsylvania, fragte, ob er rüberkommen und sich auch dahinter verstecken könnte. Klar, sagte ich. Er lag keine fünf Minuten neben mir, da schossen sie ihm das Bein ab. Ich glaube, er verblutete. So war's einfach damals.

Dann war der neunzehnte. Wir waren schon einige Zeit in diesen Hügeln herumgerannt und hatten nichts erreicht. (Er lacht.) Die Sonne ging unter, es war so gegen halb vier, da wurde mit der Parlamentärsflagge gewunken, und ein deutscher Offizier kam zu uns herauf. Sie hatten weiße Uniformen an. Das waren die Cracks, die Elitetruppen der deutschen Armee. Er sagte in perfektem Englisch zu unserem Colonel: »Sie sind jetzt schon eine ganze Weile da oben und haben seit Mittag keinen einzigen Schuß abgefeuert. Wir nehmen stark an, daß Ihnen die Munition ausgegangen ist. Wenn Sie in zwanzig Minuten nicht herunterkommen, kommt keiner von Ihnen mehr herunter.« Unser Befehlshaber dachte ungefähr drei Minuten darüber nach (lacht), und dann sagte er: »Also gut, Leute, macht die Waffen unbrauchbar.« Meine schöne 45er, ich hatte sie wie einen Schatz gehütet. Ich zerlegte sie und warf die Einzelteile in den Schnee.

Dann kamen die Deutschen rauf. Sie nahmen uns die Uhren ab, die Füllfederhalter und alles, was sie an Zigaretten fanden.

Als die Ardennenschlacht noch nicht begonnen hatte und wir im Bunker lagen, hatte jeder Mann pro Tag eine Schachtel Zigaretten bekommen. Und als klar war, daß wir da raus mußten, füllten wir alle unsere Taschen mit Zigaretten. Wir trugen Stiefel und Kampfjacken. Ich steckte mir je vier Packungen Zigaretten links und rechts in die Uniformhosen. Quasi bis zum Hosenaufschlag. Mann, waren die scharf auf die Zigaretten. Im *Stalag*, in das wir kamen, hieß es, für hundert Päckchen Zigaretten würden dich die Wachen bis zur holländischen Grenze bringen. Ich weiß nicht, ob das stimmt, weil natürlich niemand hundert Päckchen hatte. (Er lacht.) Die in meinen Hosen fanden sie nicht. Als wir ins *Stalag* kamen, waren wir halbe Millionäre, meine Kumpel und ich.

Die Deutschen waren wütend, weil wir unsere Waffen zerstört hatten. Ihre P-38er und Luger waren eigentlich die besseren Pistolen, aber sie hätten gerne die 45er als Souvenir gehabt. Sie nahmen mir die Überschuhe weg, das schlimmste, was einem passieren konnte. Sie reichten sie herum, aber sie waren zu groß, sie paßten niemand – ich habe Größe 48. Also nahmen sie ein Messer und zerschnitten sie, so daß keiner sie mehr anziehen konnte. Dann marschierten wir eine sehr, sehr lange Strecke unter Bewachung. Ich spüre die Erfrierungen heute noch in den Füßen. Von Oktober bis Mai fühle ich überhaupt nichts in den Zehen. So was bleibt einem sein Leben lang.

Dieser Typ, der mit mir zusammen Mount Carmel absolviert hatte, hätte bei der Infanterie eigentlich gar nichts zu suchen gehabt. Er hatte große, dicke Brillengläser und Senkfüße. Ich traf ihn auf der Straße, nachdem sie uns gefangengenommen hatten. Ich sagte zu ihm: »Halt dich immer an mich. Ich weiß zwar nicht, wie das Ganze hier ausgeht, aber wenn überhaupt einer am Leben bleibt, dann bin ich's. Also häng dich an mich dran, uns wird nichts passieren.«

Wir mußten immer im Straßengraben schlafen. Ich legte meinen Regenmantel auf die Erde und breitete meinen Mantel drüber. Dann legten wir uns hin. Mit seinem Regenmantel und seinem Mantel deckten wir uns zu. Das hielt uns warm. Eines Nachts wachte ich zitternd auf. Er war weg, und die Mäntel waren auch weg. Ich habe ihn nie wieder gesehen. Als ich nach Hause kam, fand ich heraus, daß er verhungert war.

Der Marsch im Schnee dauerte zwei oder drei Tage. Mir kam es vor, als wären es hundert Meilen. Dann wurden wir auf Züge verfrachtet. Die Waggons waren für vierzig Mann und acht Pferde gebaut. Sie steckten sechzig von uns hinein. Wir fuhren nur in der Nacht, weil die amerikanischen und britischen Bomber tagsüber alles unter Beschuß nahmen, was sich bewegte. Bevor wir losfuhren, bekamen wir eine Tüte Kekse und einen Kanten Käse. Das war die ganze Ration, die uns zustand. Die Zugfahrt sollte eigentlich nur kurz dauern, aber es kam anders. Die Alliierten bombardierten ununterbrochen die Gleise. Ständig waren Reparaturtrupps unterwegs. (Er lacht.)

Die Waggons waren nicht als Kriegsgefangenentransport gekennzeichnet. Der Zug sah wie ein gewöhnlicher Truppentransport aus. Und wer kommt prompt angeflogen, die *RAF* bei einem ihrer berüchtigten Nachtangriffe. Sie werfen Leuchtraketen und sehen unseren Zug, ein wunderschönes Ziel. Sie haben uns ganz fürchterlich unter Beschuß genommen. Wir kamen aus den Waggons nicht raus. Es gab nur ein Fenster, und das war mit Stacheldraht verhängt. Schließlich gelang es einem, den Stacheldraht mit Gewalt wegzureißen. Dabei zerschnitt er sich bös die Arme. Ein paar von uns sprangen raus und rannten einen Hügel hinauf, genau auf die angreifenden Bomber und Kampfflugzeuge zu. An die fünfhundert Mann sind in dieser Nacht gefallen. Alliierte Bomber töten alliierte Gefangene. Auch wieder so ein idiotischer Fehler, wie sie so oft im Krieg passieren. Ich sprang nicht aus dem Fenster, weil ich meine Schuhe nicht finden konnte. Ich rieb mir die erfrorenen Füße.

Ungefähr am dreiundzwanzigsten sind wir in den Zug eingestiegen. Ausgestiegen sind wir einen Tag vor Silvester. Sieben Tage. Durst war das große Problem. Und die Kälte. An die Kälte erinnere ich mich noch sehr gut. An einem Ende des Waggons standen zwei Bänke und ein Kanonenofen. Natürlich gab es nichts zum Heizen. Als sie uns dann rausließen, waren sie wahnsinnig wütend, daß wir ihre Bänke verfeuert hatten. Mein Gott, was hätten wir denn tun sollen? (Er lacht.)

Als wir im *Stalag* 4-B ankamen, haben sie uns als erstes entlaust. Ich kannte diese ganzen Horrorgeschichten über die Konzentrationslager, wo sie die Juden und die politischen Gefangenen hinbringen und zu ihnen sagen, okay, geht da rein und duscht euch erst mal. Sie gehen in den Duschraum und werden vergast. Und zu uns sagten sie jetzt das gleiche. (Er lacht.) Wir kamen in einen riesigen gekachelten Raum, in dem fünfzig bis sechzig Duschen waren. Au weia, dachte ich, genauso hab ich's mir vorgestellt. (Er lacht.) Es war aber wirklich eine heiße Dusche. Das hatte auch seine Nachteile. Wir hatten uns seit Wochen nicht gewaschen. Das heiße Wasser öffnete alle Poren. Wir mußten zwanzig Minuten bis zu den Baracken marschieren, und ich holte mir eine Erkältung.

Wir kamen in die Baracken. Die Briten tobten nicht gerade vor Begeisterung. Sie hatten sich alles so nett eingerichtet, mit kleinen Vorhängen an den Fenstern. Die meisten trugen Zivilkleidung. Sie hatten regelmäßig Postverbindung mit England und sogar einen Wäscheservice. Ihre dreckigen Klamotten schickten sie immer nach England. Es war wirklich verrückt. Sie waren seit Dünkirchen da und hatten sich schon gut eingewöhnt. Sie hatten einen Beschwerdeausschuß und eigene Fluchtkomitees. Ständig arbeiteten sie Fluchtpläne aus. Sie hatten alles im Griff.

Und die Tür geht auf, und die ganzen Gefangenen von der Ardennenschlacht platzen herein. Sie wußten nicht, was sie mit uns anfangen sollten. Trotzdem waren sie sehr hilfsbereit. Je zwei Mann mußten sich eine Pritsche teilen. Es gab nicht genug.

Jeden Morgen hatten wir Namensappell. Es war einfach lächerlich. Sie nahmen das unheimlich wichtig, sie wollten immer wissen, wie viele Leute in den Baracken waren.

Wenn ein russischer Soldat gefangengenommen wurde, haben ihn die eigenen Leute abgeschrieben. Es war allgemein so, daß die Gefangenen nach dem Krieg nicht mehr zurück nach Rußland wollten. Dort hätte man sie sofort nach Sibirien geschickt. Es wurde als Schande betrachtet, sich gefangennehmen zu lassen.

Sie wurden fürchterlich behandelt. Sie bekamen überhaupt nichts. Wir bekamen auch nicht viel, aber wir standen unter dem Schutz der Genfer Konvention und des Roten Kreuzes. Sie hatten niemanden auf ihrer Seite, weil die Russen das Rote Kreuz nicht anerkannten. Die Deutschen gaben ihnen absolut nichts. Wenn ein, zwei von ihnen während der Nacht starben, nahmen die Russen sie am nächsten Morgen zum Appell mit nach draußen. Sie stellten sie hin und zählten für sie mit. So viele Essensrationen hat es dann gegeben. Statt dreihundert Teller Suppe haben sie dreihundertzwei Teller bekommen, zwei für die Toten. Nach der Essensausgabe haben sie die Leichen dann rausgeworfen.

Dreiundzwanzig Mann von uns wurden aus dem *Stalag* 4-B abgezogen und zu einer Chemiefabrik geschickt, Byk-Gulden-Werk, etwa fünfzehn Kilometer von Dresden entfernt. Kein guter Platz, wie sich herausstellte. Unsere Hauptaufgabe bestand darin, zehn, zwölf Stunden am Tag Kohlen zu schaufeln. Sie hatten riesige Öfen, um die Chemikalien zu erhitzen. Wir bekamen dafür am Tag einen Teller Rübensuppe und ein Siebentel Laib Brot. Ersatzbrot. Seither kann ich keine Rüben mehr sehen. Vor dem Krieg war ich auch nicht besonders scharf auf Rüben, aber dadurch ist es mir endgültig vergangen.

Wir hätten jederzeit fliehen können, das war kein Problem. Aber wir sprachen kein Deutsch, wo hätten wir schon hin sollen? Hunderte von Meilen zwischen uns und dem nächsten vertrauten Gesicht. Und alle waren sie bewaffnet, jeder Briefträger, jeder Straßenbahnschaffner. In einer Februarnacht – es war bitterkalt, etwa zwanzig Grad unter Null – sind zwei von uns geflohen. Sie wurden von einem Trupp Pfadfinder aufgegriffen, die haben sie halbtot geschlagen. Sie wurden auf der Tragbahre zurückgebracht. Das hat uns von weiteren Fluchtversuchen abgehalten. (Er lacht.)

In der Nacht, als sie flüchteten, war es so kalt, daß die Wachen nicht rausgehen wollten und nur einen Wachhund rausschickten. Ein großer, bösartiger Schäferhund. Wir haben ihn getötet und gegessen. (Er lacht.) Wir hatten einen kleinen Ofen, darauf haben wir den Köter gebraten. (Er lacht.) Um die Knochen haben wir gelost. Ich bekam den Kiefer – mit ein paar Zähnen dran.

Wie hat es geschmeckt?

Super. Wie ein T-bone Steak. Aber das Problem war, daß wir die Klauen und die Zähne und das Fell loswerden mußten. Das war verdammt schwierig, aber wir haben es schließlich geschafft. Sie haben nie herausgefunden, was mit dem Hund passiert ist. Der Zaun war zwölf Meter hoch, und der Hund wäre nie im Leben da rübergekommen. Und oben war ringsum Stacheldraht.

In der Fabrik arbeitete eine alte Putzfrau, eine Deutsche. Sie hieß Anna. Sie hatte Mitleid mit mir und schmuggelte mir einen Apfel zu. Aber dann gab es auch ein übles Schwein von Vorarbeiter. Sein Sohn war Kriegsgefangener bei den Amerikanern, und die deutsche Propaganda hatte ihn davon überzeugt, daß sein Sohn bei uns gefoltert wurde. Er hat uns das Leben zur Hölle gemacht. Er hat sich einen von den Jungs rausgepickt, Murphy, und ihn fertiggemacht.

Es gab einen kleinen alten Mann, Alf, Alfred Winkler. Das war ein Hansdampf in allen Gassen. Alf war der größte Drückeberger, den die Welt je gesehen hat. In der ganzen Fabrik hatte er Verstecke. Sie schrien immer: »Alf Vinkler, vere are you«, und nach einer Stunde oder so kam er angetrippelt: »Hat jemand nach mir gefragt?« Sie beschlossen, mich zu Alfs Gehilfen zu machen. Genau das hatte er gebraucht, einen eins-neunzig großen Rotschopf als Gehilfen. (Er lacht.) Ich habe einfach nicht in seine Verstecke gepaßt. Der Arme war absolut frustriert. Sie haben ihn immer gefunden, weil sie mich gesehen haben.

Sie brauchten alle einsatzfähigen Männer an der Front, ob in Rußland oder an der Westfront, deswegen waren alle unsere Wachen verkrüppelt oder steinalt. Einer von den Wachen war Lehrer und auch eingezogen worden, er muß mindestens fünfundsechzig gewesen sein. Der hat bestimmt keine Bäume mehr ausgerissen, der hat nicht mal mehr 'ne Waffe halten können. Dann gab es noch einen mit Holzbein. Und einen, der ganz gut Englisch konnte, sein Kopf war eine einzige Operationsnarbe. Er kam immer an und erzählte uns, daß wir verrückt wären, gegen die Deutschen zu kämpfen. Wir sollten alle zusammen mit den Deutschen gegen die Russen kämpfen.

Im *Stalag* haben sie versucht, mit den alliierten Gefangenen eine sogenannte Sankt-Georgs-Legion aufzustellen. Wir sollten uns der Legion anschließen und an der Ostfront gegen die Russen kämpfen. Sie wollten Amerikaner und Engländer rekrutieren. Ich kannte wirklich niemanden, der sich dafür gemeldet hat. Die Engländer sagten, alles Blödsinn, eine Schnapsidee von irgendeinem Spinner.

Ich glaube, es war am Ostersonntag. Unsere Hemden waren völlig abgetragen, und wir bekamen deutsche Armeehemden. Wir lagen im Hof herum, und aus dem Nichts tauchten plötzlich sechs amerikanische P-38 auf. Sie fliegen im Tiefflug über uns weg und sehen die deutschen Armeehemden. (Er lacht.) Sie machen natürlich sofort kehrt und fangen an, auf uns zu feuern. Sie bombardierten die Fabrik.

Ein paar Tage später kam gegen Mitternacht eine Wache zu uns. Der Mann sagte: »Die Zivilbevölkerung ist sehr unruhig. Sie wollen euch lynchen, weil ihr Amerikaner seid.« Dann sagte er: »Die Russen sind nicht mehr weit weg. Was haltet ihr von dem Vorschlag, zusammenzupacken und mit uns zu den amerikanischen Linien zu fliehen?« Und weiter: »Ihr braucht uns, um nicht von den Leuten gelyncht zu werden, und wir brauchen euch, wenn wir zu den Amerikanern kommen. Da könnt ihr dann erzählen, daß wir euch gut behandelt haben.« Wenn die russischen Gefangenen sie je in die Hände gekriegt hätten, na dann gute Nacht.

Wir brachen mitten in der Nacht auf, um zu den amerikanischen Linien durchzukommen. Wir trafen eine Gruppe englischer Soldaten, auch unter Bewachung. Am nächsten Tag dreißig oder vierzig Franzosen. Eine Gruppe Bulgaren, Polen. Bald war unser Dreiundzwanzig-Mann-Trupp ziemlich groß geworden. Hitlers letzter Befehl lautete, alle Gefangenen umzubringen, aber offensichtlich dachte niemand im Traum daran. Nach Hitlers Selbstmord im Bunker hatte Admiral Dönitz den Oberbefehl übernommen, und sein erster Befehl lautete, die Hände von den Gefangenen zu lassen, weil das der einzige Trumpf bei den Waffenstillstandsverhandlungen war. Nach einem anstrengenden Tagesmarsch erreichten wir die amerikanischen Linien. Und geraten mitten in eine amerikanische Offensive. Wir marschieren zurück zu den Russen. Und geraten in eine russische Offensive, also wieder zurück zu den Amerikanern. Ich bin, glaube ich, sechsmal durch Meißen gelaufen. Ich kannte die Stadt in- und auswendig. (Er lacht.)

Wir hörten Schüsse hinter uns, die Russen waren schon ganz nahe. Die Wachen trieben uns auf einem großen Feld zusammen. »Ihr bleibt hier!« sagten sie, und wir: »Oh, nichts lieber als das.«(Er lacht.) Sie zogen die Uniformen aus, Zivilkleidung an, dann sprangen sie auf die Fahrräder und – ab die Post – zu den Amerikanern.

Da standen wir also, irgendwo mitten in Deutschland. Mein

Gott, wir waren inzwischen mindestens zwei-, dreihundert Mann. Mir taten die deutschen Bauern wirklich leid. Wir kamen über sie wie die Ameisen. Als die Bauern sahen, wie diese Horde von Gefangenen über den Hügel kam, schüttelten sie nur den Kopf, weil wir alles aßen, was wir fanden. Jedes Stück Vieh. Wir rissen die Scheunen und Zäune nieder, um Feuer zu machen. Sie hatten bergeweise Saatkartoffeln, die sie im nächsten Jahr pflanzen wollten. Von wegen! Wir haben das Zeug wie Popcorn verschlungen. (Er lacht.) Wir haben bestimmt die ganze Kartoffelernte von 1946 gefuttert.

Wir waren also wieder frei. Damals hatte ich einen roten, struppigen Vollbart. Und dreckig waren wir, wir sahen wie Piraten aus. Wir wußten nicht, was wir tun, wo wir hingehen sollten. Die meisten von uns machten sich in kleinen Gruppen auf den Weg.

Meine zwei Kumpel und ich standen immer noch da, als die Russen eintrafen. Auf Pferden und Motorrädern donnerten sie in die Stadt. Und alle waren sie betrunken. (Lacht.) Keiner von ihnen hatte eine Uniform an. Viele von ihnen waren Mongolen, sie konnten sich kaum untereinander verständigen. Sie nahmen die Stadt auseinander, sie haben alles zerstört.

Wie haben sie euch behandelt?

Sehr gut. Sie kamen auf uns zu und gaben uns Waffen. Sie sagten: »Los, gehen wir. Wir wollen diese Wachen noch einfangen.« Wahrscheinlich haben sie ein paar von den Langsameren auch noch erwischt. Ich sagte: »Ich bin eigentlich gar nicht so wild drauf, die Kerle zu verfolgen.« Ich sagte: »Wichtiger ist was zu essen.« Dann zogen wir drei los.

Die meisten von uns gingen auf die amerikanischen Linien zu, sie wollten einfach zurück. Das taten wir schließlich auch, aber wir ließen es langsam angehen. Wir wollten auf der Straße bleiben, und wenn ein Deutscher, sagen wir in einem Volkswagen, vorbeikäme, würden wir ihn mit vorgehaltener Waffe anhalten lassen. Dann wollten wir ihm das Auto abnehmen und so lange damit fahren, bis das Benzin alle wäre. Dann wollten wir es anzünden. (Er lacht.)

Wir wollten so lange gehen, bis wir an ein Haus kämen. Dort

würden wir an die Tür klopfen, alle Leute rausschicken, hineingehen und alles aufessen, was uns unter die Finger käme. Wenn die Leute nett wären, würden wir sie in Ruhe lassen, wenn nicht, würden wir ihnen die Bude anzünden. Wir waren richtig üble Burschen.

Am 7. Mai lagen wir in einer Scheune, und ein hübsches, kleines Mädchen mit strohblonden Zöpfen kam herein und sagte: »Der Krieg ist vorbei.« Ich sagte: »Du kleines Biest, geh nach Hause.« Ich glaubte ihr nicht. Aber der Krieg war tatsächlich vorbei.

Wir blieben in der Stadt und warteten darauf, ausgeflogen zu werden. Meine zwei Kumpel und ich fanden ein verlassenes Wohnhaus, das noch in ziemlich gutem Zustand war. Wir warfen unsere Schlafsäcke auf den Fußboden. Ich hatte immer noch meine 32er Automatik. Wir lagen da, und plötzlich hörte ich, wie die Tür sich knarzend öffnete. Ich dachte, oh jeh, und zog die 32er. Ich war gerade dabei abzudrücken, da blitzte, knapp über dem Boden, eine Taschenlampe auf. Ich fragte: »Wer da?« Es war ein kleiner Junge, ungefähr sechs Jahre alt. Ich sagte: »Was willst du?« oder so ähnlich – ich sprach ein bißchen deutsch. Er sagte: »Meinen Teddybär.« Der Junge wohnte in dem Haus. Ich hätte ihn fast erschossen.

Sie flogen uns ins Camp Lucky Strike nach Frankreich. Es gab riesige Lager für die Leute, die aus der Gefangenschaft heimkehrten. Endlose Schlangen, Tausende von entlassenen Gefangenen. Man konnte sich den Sold nachzahlen lassen und bekam zwei Wochen Urlaub in London, wenn man wollte. So machten wir es auch, meine zwei Kumpel und ich. Dort gelang es uns, auf ein Lazarettschiff zu kommen, das uns zurück in die Staaten brachte. Wir mußten in der Küche arbeiten, weil alle anderen auf dem Boot bewegungsunfähig waren.

Sie brachten uns nach Camp Shanks. An der Essensausgabe arbeiteten deutsche Gefangene. Wir stellten uns in die Schlange, und der Fallschirmjäger, der vor uns drankam, ein Hüne von einem Kerl, wollte zwei Tüten Milch haben. Man kennt ja die militärische Disziplin der Deutschen, irgend jemand hatte ihnen was von einer Tüte pro Mann erzählt. Also sagte der Deutsche nein. (Er lacht.) Wir gingen natürlich sofort auf ihn los und prügelten die Deutschen grün und blau. Am nächsten Tag kam ein Regiment von Nisei-Truppen, Japsen, die in Italien sehr tapfer gekämpft hatten. Sie blieben auch im Lager und wurden zur Küche eingeteilt.

Jeder von uns bekam sechzig Tage Urlaub. Ich erhielt jede Menge Soldnachzahlungen und Entschädigungen. Die deutsche Regierung zahlte mir um die 350 Dollar für meine Armbanduhr und verschiedene andere Dinge, die sie mir weggenommen hatten. Nach den sechzig Tagen sollte ich mich in Hot Springs melden, dem Rehabilitationszentrum. Massagen, Bäder, alles, was ich wollte. Die Stadt war langweilig, aber damals tat mir ein bißchen Langeweile ganz gut.

Dann bekam ich neue Order: Fort Lawton, Seattle, Washington. Einsatz bei der Invasion in Japan. Wir saßen am Pier und wetzten die Bajonette, als *Harry* diese wunderbare Bombe abwarf. Das Beste, was je passiert ist. Das würde jeder, der damals mit mir am Pier saß, unterschreiben.

Ich wollte mich eigentlich weiterverpflichten. Sie boten mir einen Posten als Sergeant Major an, der höchstbezahlte Unteroffiziersposten in der Army. Wie alt war ich damals – vielleicht zwanzig? Ich hätte mit siebenunddreißig in den Ruhestand treten können. Ich habe mir das wirklich überlegt. Ich erzählte meiner Mutter davon. Sie sagte: »Vergiß es. Ich habe dich im College angemeldet.«

Durch die *GI-Bill* hatten sich für mich alle Dinge grundlegend geändert. Ein College hätte ich mir sonst nie leisten können. Ich hätte wahrscheinlich irgendwo einen Job angenommen. Aber bestimmt nicht den, den ich jetzt habe.

Wenn ich an den Krieg zurückdenke, war es trotz der wirklich schlimmen Geschichten die aufregendste Zeit meines Lebens. Wie heißt es bei ›Terry and the Pirates‹ doch so schön: ›Die letzte Klappe fiel im ersten Akt.‹ Ich sehe es so: Wir hatten schon in jungen Jahren den höchsten Gipfel erreicht. Danach konnte es keine Steigerung mehr geben.

Geschichten aus dem Pazifik

E. B. (Sledgehammer) Sledge

Halb versteckt im hügeligen Grün am Ende einer kurvenreichen Landstraße steht das Haus, das er selbst mitgebaut hat. Es steht auf dem Campus der Universität von Montevallo, fünfundvierzig Autominuten von Birmingham, Alabama, entfernt.

An der Wand neben dem offenen Kamin – sehr angenehm an diesem ungewöhnlich kühlen Tag – hängt eine Plakette mit dem bekannten Guadalcanal-*Abzeichen: »Eugene B. Sledge gewidmet. Wir, die Männer von der Kompanie K, 3. Bataillon, 5. Regiment, 1. Marine-Division, verleihen voller Stolz diese Auszeichnung als Ausdruck unserer großen Bewunderung und tief empfundener Wertschätzung an einen außergewöhnlichen Soldaten, der seinen Kriegskameraden große Ehre zuteil werden ließ, weil er ihren heldenhaften Kampf in seinem Buch ›With the old breed at Peleliu and Okinawa‹ verewigte. Gott sei mit dir, Sledgehammer. 1982.« Es ist seine bemerkenswerte Biographie, die mich zu ihm führte.*

Er ist schmal gebaut und schlank, hat ein angenehmes Auftreten und ist Biologieprofessor. »*Mein Hauptinteresse gilt der Ornithologie. Schon seit meiner Kindheit in Mobile habe ich Vögel beobachtet. Finden Sie, daß das ein Widerspruch ist? Ein* Marine *an der Front, der sich für Vögel und Natur interessiert? Die Leute halten Vogelkundler nicht gerade für Machos.«*

Der Krieg hatte überhaupt nichts mit macho zu tun. Wir waren ein Haufen verängstigter Jungs, die ihren Job tun mußten. Die Leute sagen, ich würde mich nicht wie ein *Ex-Marine* benehmen. Wie soll sich denn ein *Ex-Marine* benehmen? Die Leute haben ein typisches Hollywoodklischee im Kopf. Nein, ich bin kein John Wayne. Wir wollten alles so schnell wie möglich hinter uns bringen, um wieder nach Hause zu kommen und das zu tun, was uns wirklich wichtig war.

Ich war neunzehn und war im Juni 1944 bei der Reserveeinsatztruppe. Achtzig Prozent der Division im Guadalcanal-Feldzug waren unter einundzwanzig. Wir waren viel jünger als die anderen Armeeeinheiten.

Für mich gab es zwei verschiedene Kriege. Da war einmal der Krieg von den Jungs an der Front. Da kamst du nicht weg, höchstens verwundet oder tot. Oder du wurdest, wenn du Glück hattest, abgelöst. Und zum anderen gab es die Versorgungseinheiten. Im Pazifik kamen auf einen Frontsoldaten neunzehn Mann in der Etappe. Sie erlebten den Krieg ganz anders als ich. An der Front riskierst du tagaus, tagein dein Leben – eine hoffnungslose Situation.

Das einzige, was dich da noch aufrecht hielt, war das Vertrauen in deine Kumpels. Es war nicht nur eine Frage der Freundschaft. Ich habe nie davon gehört, daß sich bei uns jemand eine Verwundung selbst beigebracht hat. Soldaten von anderen Einheiten erzählten, sie hätten das in Europa erlebt. Mann, wie oft habe ich mir so einen Freifahrschein nach Hause gewünscht. (Er lacht leise.) Ich hätte mir zum Beispiel einen Zeh abschießen können. Aber das Gefühl, deine Kameraden im Stich zu lassen, war schlimmer als der Tod. Die Kameradschaft war wichtiger als Fahne und Heimat.

Die Japaner griffen Tag und Nacht an. Sie schlichen sich durch unsere Linien, tauchten plötzlich auf und warfen Handgranaten. Oder sie rannten mit dem gezückten Bajonett oder Säbel auf uns zu. Sie waren die ganze Nacht aktiv. Wenn dein Kumpel eingenickt ist, hast du Wache gehalten, dann warst du an der Reihe. Tag für Tag das gleiche Spiel. Es ging ums pure Überleben. Wenn du das ganze überstehen wolltest, mußtest du sie töten, sonst hätten sie dich getötet. Der Krieg, den ich kennenlernte, war die reinste Barbarei.

Die Japaner kämpften nach ihren eigenen Regeln. Ihr Prinzip hieß *bushido*: Ein Soldat ergibt sich nicht. Das kapierst du erst, wenn du gegen Leute kämpfst, die sich in einer völlig ausweglosen Situation befinden und trotzdem nicht aufgeben. Wenn du einem Japaner helfen wolltest, zündete er normalerweise eine Handgranate und tötete sich selbst und dich mit. Gefangengenommen zu werden war eine Schande. Für uns war es genauso unmöglich, denn wir wußten, was in Bataan passiert war.

Gegen Ende des Okinawa-Feldzuges stießen wir auf die Trümmer eines Feldlazaretts. In einem Unterstand fanden wir einen völlig ausgezehrten Japaner. Wir waren auf Patrouille. Es hatte zwei Wochen sintflutartig geregnet. Die Schützengräben waren voll Wasser. Der Japaner hatte nur noch einen Lendenschurz an. Er wog vielleicht neunzig Pfund. Ein Bild des Elends. Mein Kumpel hob ihn hoch und trug ihn raus. Er legte ihn in den Schlamm, sonst gab es nichts, wo er ihn hätte hinlegen können.

Wir setzten uns auf unsere Helme und warteten auf den Sanitäter. Der Japaner war sehr schwach. Er konnte nicht mehr aufstehen. Plötzlich zog er eine Handgranate aus dem Lendenschurz. Er riß den Stift raus und schlug sie auf seine Faust, um sie zu zünden. Er wollte aus uns allen Hackfleisch machen. Ich schrie: »Paß auf!« Und mein Kumpel sagte: »Du Scheißkerl, wenn das der Dank ist...« Er zog seine 45er und schoß ihm genau zwischen die Augen.

Mit so was waren wir ständig konfrontiert. Ich mag Gewalt nicht, aber es gab Situationen, da konntest du nicht anders. Ich mag keine Fernsehfilme, in denen Gewalt vorkommt. Ich hasse es, wenn jemandem Angst eingejagt wird. Ich hatte so oft Angst, daß ich es schließlich satt hatte. Ich kannte Männer, die bei drei Feldzügen dabei waren und am allerletzten Tag in Okinawa gefallen sind. Dir war jederzeit klar, daß du im nächsten Moment sterben konntest.

Ich hatte es satt, mitansehen zu müssen, wie die Jungs der Reihe nach abgeknallt wurden. Ich wollte es den Japanern heimzahlen. Der Haß wurde immer größer und die Hemmschwelle immer niedriger. Kennen Sie das Gedicht von Wilfred Owen über den Ersten Weltkrieg? ›Gefühllosigkeit‹ (Er schließt die Augen, als er sich an ein paar Zeilen des Gedichtes erinnert und frei zitiert.) »Glücklich sind die, denen kaltes Blut in den Adern fließt, bevor sie sterben... Und einige hören auf zu fühlen, spüren nicht einmal sich selbst. Dumpfsein hilft gegen die Angst im Hagel der Granaten.« Sie sehen, wer in den Kampf geht, ohne daß ihm der Tod der anderen etwas ausmacht, und wer dann noch dem entkommt, was Owen die seltsame Arithmetik des Zufalls nennt –, der kann von Glück reden. Er leidet nicht so sehr wie jemand, dem der Tod der Kameraden nahegeht. So jemand, sagt Owen, kann man nicht mit dem alten Mann vergleichen, der abgestumpft zu Hause sitzt und kein Mitgefühl kennt. Der junge Mann an der Front wird gefühllos, weil das die einzige Möglichkeit ist, mit all dem fertigzuwerden.

Du wirst allmählich gnadenlos, weil die Feinde auch keine Gnade kennen. Es wurde kein Pardon gegeben – es war barbarisch. In Peleliu sah ich das erste Mal einen von den Japsen aus nächster Nähe. Er war tot. Einer von meinen Kumpels filzte ihn nach Souvenirs. Ich muß zugeben, es schockierte mich, wie sie an der Leiche herumzerrten. Ich war entsetzt. Dieser Mann war doch auch einmal ein Mensch gewesen. Es dauerte nicht lange, und ich legte solche Gefühle ab. Viele meiner Kumpels waren gefallen, die Erschöpfung, der Streß. Nach einer Weile bröckelte die Fassade der Zivilisation.

Dieser Haß auf die Japaner war ein ganz normales Gefühl und entwickelte sich wie von selbst. Mit den Japanern verhielt es sich ganz anders als mit den Deutschen. Mein Bruder, der bei der Zweiten Infanterie-Division war und in der Ardennenschlacht dreimal verwundet wurde, sagte, daß die Deutschen aufgaben, wenn die Situation hoffnungslos war. Ich habe von vielen Leuten, die in Europa gekämpft haben, gehört, daß die Deutschen wirklich gute Soldaten waren. Wir kämpften verdammt ungern gegen sie. Aber sie ergaben sich, sie waren Menschen wie du und ich. Mit den Japanern war das anders. In Peleliu machte unsere Kompanie ganze zwei Gefangene. In Okinawa fünf. Wir hatten den Befehl, die Verwundeten nicht zu töten und sollten versuchen, Gefangene zu machen. Wir würden dann Informationen von ihnen kriegen. Aber der Haß war groß... Manche Jungs aus anderen Einheiten behaupten, sie hätten nie einen Verwundeten umgelegt. Die waren mit Sicherheit nie in einer vergleichbaren Situation, sie hatten nie wie die Tiere gelebt.

Unser Ausbilder im Camp hat uns damals gesagt: »Ihr geht nicht nach Europa, ihr geht nach Asien. Versucht bloß nicht, mit sauberen Mitteln gegen die Japsen zu kämpfen. Die meisten von euch kriegen von klein auf beigebracht, nicht unter die Gürtellinie zu schlagen. Das wäre unfair. Okay, aber den Japsen hat das niemand beigebracht, und Krieg ist nie fair. Hau ihm in die Eier, bevor er es tut.«

Ich habe gesehen, wie verwundete Japaner erschossen wurden, obwohl es wirklich nicht nötig war, und wie man ihnen die Goldzähne aus dem Mund geschlagen hat. Die meisten von ihnen hatten Goldzähne. Ich erinnere mich, daß ich in Peleliu auch einmal Goldzähne sammeln gehen wollte. Einer von meinen Kumpels hatte schon eine ganze Menge davon und trug sie in einem Socken mit sich rum. Du nimmst dazu dein Nahkampfmesser (er zeigt mir ein Messer mit einer etwa zwanzig Zentimeter langen Klinge). Jeder von uns hatte eins, weil die Japsen nachts in die Schützengräben gekrochen kamen. Wir waren zehn Tage auf dem Halbmond-Berg in Okinawa, da passierte so was jede Nacht.

Wenn man einen Goldzahn herausbrechen wollte, setzte man die Messerspitze am Zahn des toten Japaners an – ich hab auch Jungs gesehen, die es bei verwundeten gemacht haben – und schlägt auf den Griff. Wie konnten Amerikaner so was tun? Wenn die ganze Situation barbarisch ist, ist alles möglich. Als Lindbergh auf die Philippinen kam, war er entsetzt über die Art und Weise, wie amerikanische GIs über die Japaner sprachen. Er fand es barbarisch. Wir waren Barbaren.

Als ich mich zum ›Zahnziehen‹, wie man es bei der Truppe nannte, hinunterbeugte, sagte Doc Castle, der *Navy*-Arzt, zu mir: »Sledgehammer, was machst du da?« Ich sagte: »Ich hol mir ein paar Goldzähne, Doc.« Er sagte sehr leise: »Willst du das wirklich?« Ich sagte: »Alle anderen tun's auch.« Er sagte. »Was würde deine Familie davon halten?« Ich sagte: »Mann, mein Vater ist Arzt in Mobile, vielleicht würde er's interessant finden?« Er sagte. »Du könntest dir Bazillen einfangen.« Ich sagte: »Daran hab ich noch gar nicht gedacht, Doc.« Später wurde mir klar, daß es Ken Castle überhaupt nicht um die Bazillen ging. Er wollte einfach, daß ich mir wenigstens das letzte bißchen Anstand bewahrte.

Ich sah einen japanischen Maschinengewehrschützen auf dem Boden hocken. Einer von unseren Soldaten hatte ihn mit seiner Browning Automatic getötet. Es hatte ihm die Schädeldecke weggeblasen. Es regnete die ganze Nacht. Aus irgend einem Grund fiel der Japaner nicht um. Er saß aufrecht an seinem Maschinengewehr. Die Arme hingen seitlich herunter. Die Augen waren weit aufgerissen. Es hatte die ganze Nacht geregnet, und das Wasser hatte sich in seiner Schädeldecke gesammelt. Wir saßen auf unseren Helmen und warteten auf die Ablösung. Ein Kumpel von mir schnippte Korallenstückchen in die Schädeldecke. Immer wenn er in sein Ziel traf, spritzte es. Er kam mir vor wie ein Kind, das Kieselsteine in eine Pfütze wirft. Es war so unwirklich. Nichts Bösartiges lag in seinem Benehmen. Er war einfach ein sanftmütiges Kind, das zu einem Barbaren des zwanzigsten Jahrhunderts geworden war.

Auf einer anderen Patrouille in Okinawa sah ich einmal, wie Mac sich mit seinem Karabiner bei der Leiche eines Japaners in Stellung brachte. Als er den richtigen Schußwinkel hatte, zielte er sorgfältig und feuerte ein paar Mal. Der tote Japaner lag auf dem Rücken, seine Hose war bis zum Knie heruntergezogen. Mac hatte ihm genau die Spitze des Penis abzuschießen versucht. Es war ihm gelungen. Als er zu jubeln anfing, drehte ich mich voller Abscheu um. Mac war ein netter und unauffälliger junger Mann.

Wir hatten in Okinawa die japanischen Linien durchbrochen. Ich sah eine kleine grasgedeckte Hütte und ging mit meiner Thompson-Maschinenpistole im Anschlag hinein, um sie zu durchsuchen. Eine alte Frau saß genau hinter der Tür. Sie streckte die Hände aus. Sie hatte ein Stundenglas auf den Arm tätowiert, das bedeutete, daß sie aus Okinawa kam. Sie sagte: »Keine Japanerin.« Sie öffnete ihren Kimono und deutete auf eine fürchterliche Wunde am Unterleib. Man sah, daß der Wundbrand eingesetzt hatte. Es gab keine Überlebenschance für sie, und sie hatte offensichtlich große Schmerzen.

Sie streckte ganz langsam die Hand aus und ergriff die Mündung meiner Maschinenpistole und führte sie an ihre Stirn. Mit der anderen Hand bedeutete sie mir abzudrücken. Ich schlug ihre Hand weg und rief den Sanitäter. »Da drin ist 'ne alte Frau, ein Schlitzauge, schwer verwundet, kannst du was für sie tun, Doc?«

Er legte ihr einen Verband an und rief jemand, der die alte Frau wegbringen sollte. Dann krachte ein Schuß, und wir schwärmten sofort aus. Der Sanitäter und ich kauerten uns auf den Boden. Das war doch eine M-1 gewesen? Wir wußten, daß das ein amerikanisches Gewehr gewesen war. Wir schauten zurück zur Hütte und dachten, vielleicht war ein Heckenschütze drin, und die alte Frau diente ihm als Tarnung. Und heraus kommt irgendeiner von unserer Kompanie und sichert sein Gewehr. Ich sagte: »War da noch'n Japaner drin?« Er sagte: »Nee, nur eine alte Frau. Sie wollte von ihrem Leiden erlöst werden und zu ihren Ahnen eingehen, glaub ich. Da hab ich ihr den Gefallen getan.«

Da rastete ich aus: »Du Arschloch, du bist nicht hierher geschickt worden, um alte Frauen abzuknallen.« Er brachte die üblichen Ausreden vor. Ein Sergeant kam vorbei, und wir erzählten ihm die Geschichte. Dann zogen wir weiter. Ich weiß nicht, ob die Sache jemals weiterverfolgt worden ist. Der Kerl, der geschossen hatte, war eigentlich ein netter Typ, wie der Junge von nebenan. Er war kein verrückter Hitzkopf. Er wollte zu den Besten gehören. Ich werde nie begreifen, wie zwei Individuen in derselben Situation so völlig verschieden handeln können.

Wir waren alle ziemlich abgestumpft. Wir waren menschliche Wesen, die höchste entwickelte Form von Leben auf der Erde, und kämpften gegeneinander wie wilde Tiere. Wir standen die ganze Zeit unter Mörserbeschuß. Unsere Verwundeten mußten zwei Meilen durch den Schlamm getragen werden. Die Toten mußten wir liegenlassen. Überall tote Japsen. Wir bedeckten sie mit Schlamm, dann schlugen wieder Granaten ein und sprengten den Schlamm weg und zerfetzten die Leichen. Es wimmelte vor Maden, wie in einem Komposthaufen.

Haben Sie jemals einen japanischen Soldaten kennengelernt?

Einer der wenigen, die wir auf Okinawa gefangennahmen, hatte in Yale studiert. Er sprach perfekt Englisch, aber wir redeten kein Wort mit ihm. Ich will ganz ehrlich sein, ich habe immer noch eine große Abneigung gegen sie. Gegen die Art und Weise, wie sie kämpften. Die Deutschen bekommen dauernd die Verbrechen des

Nationalsozialismus vorgehalten. Aber wer erinnert die Japaner daran, was sie in China oder auf den Philippinen angerichtet haben? Da fällt uns eigentlich nur Bataan ein.

Der Verhaltenskodex der Japaner kam mir immer wieder wie die reinste Ironie vor. Die Blumengestecke, die Musik und das Streben nach Perfektion, die traditionelle Kriegskunst. Wir fanden oft Fotos bei den toten Japanern. Sie zeigten den Soldaten, wie er in einem Studio sitzt, ein Wandschirm im Hintergrund und einen Tisch mit einer kleinen Blume drauf. Manchmal hatte er sein Gewehr in der Hand, aber diese kleine Vase mit Blumen war immer auf den Fotos.

Wir hatten die verschiedensten Manien. Für mich war das Schlimmste, unter Granatfeuer zu stehen. Da bist du absolut hilflos. Das Scheißding kommt angerauscht wie ein Güterzug, und dann tut es einen gewaltigen Schlag. Die Erde bebt, und die ganzen Granatsplitter schwirren durch die Luft.

Ich erinnere mich an einen Nachmittag auf dem Halbmond-Berg. Im Schützengraben neben mir lagen zwei Jungs und in dem daneben drei. Es war ziemlich ruhig. Da hörten wir eine Granate kreischen. Sie kam an wie eine Gewehrkugel. Die Granate zischte höchstens dreißig Zentimeter über meinen Kopf. Zwei Schützengräben weiter saß Bill Leyden auf seinem Helm und trank gerade seine eiserne Ration heiße Schokolade. Die Granate explodierte in seinem Schützengraben. Ich sah, wie Bill senkrecht in die Luft flog. Die anderen zwei Jungs kippten nach hinten. Natürlich tot. Die zwei im Graben neben mir waren auch sofort tot.

Leyden war der einzige, der überlebte. Man attestierte ihm eine Schrapnellverletzung, und er wurde deswegen nur als Teilinvalide eingestuft. Es ist unglaublich! In seinem Bericht steht nichts von einem Schädeltrauma. Er hat regelmäßig Anfälle. Er wurde förmlich in die Luft gesprengt! Wenn man dabei kein Schädeltrauma kriegt, weiß ich nicht ... Die Ärzte waren vollauf damit beschäftigt, Leben zu retten und hatten keine Zeit, Berichte zu schreiben.

Einem anderen Jungen wurde das Bein abgerissen. Er war ein Holzfäller um die einundzwanzig. Er hat mir immer erzählt, wie gut die Weihnachtstannen riechen. Er sagte. »Sledgehammer, glaubst du, ich verliere mein Bein?« Können Sie sich vorstellen, wie mich das fertiggemacht hat ... Mein Gott, sein Stiefel lag auf der Tragbahre, und der Stumpf schaute raus. Die Sanitäter sahen sich an und deckten ihn mit seinem Poncho zu. Er war tot.

Es regnete wie verrückt. Wir standen knietief im Schlamm. Und ich dachte, verdammt noch mal, was haben wir eigentlich auf diesem ekelhaften, stinkenden, matschigen Berg verloren? Was soll das Ganze? Verstehen Sie, was ich meine? So viele Leben zu opfern, um auf diesen Scheißberg zu kommen.

POSTSKRIPTUM: Am nächsten Tag auf der Fahrt zum Flughafen sagte er noch: Meine Eltern haben mir beigebracht, aus der Geschichte zu lernen. Meine beiden Großväter waren in der Konföderierten Armee. Aber von einem ruhmreichen Krieg haben sie nichts erzählt, nur davon, wie schrecklich es war.

Am dritten Tag in Südostasien habe ich mir überlegt, alles, was ich erlebe, für meine Familie aufzuschreiben. In allen Büchern, die ich über den amerikanischen Bürgerkrieg gelesen habe, war nie die Rede davon, wie es dem einzelnen Soldaten ging, wie der Kriegsalltag aussah. Man las immer nur, wie es den Generälen ging und was sie zu essen hatten. Bei uns war es verboten, Tagebuch zu führen. Wenn wir getötet oder gefangengenommen worden wären, hätte so ein Tagebuch den Japanern Informationen liefern können. Also machte ich nur kleine Notizen, die ich zwischen die Seiten von meiner Bibel steckte. Die Bibel hatte ich in einer Gummitasche, die ich einem toten Japaner abgenommen hatte. Die Verlustraten lernte ich auswendig. In Okinawa waren es fast hundert Prozent und in Peleliu nicht viel weniger.

Jedesmal, wenn wir angriffen, betete ich den dreiundzwanzigsten Psalm vor mir her. Snafu Shelton hat einmal gesagt: »Ich weiß nicht, wie wir da heil rausgekommen sind. Ich hab verdammich noch mal viel geflucht, und Sledgehammer hat verdammich noch mal viel gebetet. Eins von beiden muß es gewesen sein.« Einige der Jungs, die überlebt haben, sagten mir, sie hätten nie bemerkt, daß ich Notizen machte, sondern gedacht, ich wäre schrecklich fromm, weil ich immer die Bibel rauszog. Ein Teil der Jungs war sehr religiös. Aber einige von ihnen waren im Lauf der Zeit zu Fatalisten geworden und hielten das ganze Leben für ein einziges Glücksspiel.

Peter Bezich

»Ich bin älter als zweiundsechzig. Mehr sage ich dazu nicht. Von Beruf war ich Schreiner, am Bau. Nach dem Militärdienst habe ich damit angefangen und bin fünfunddreißig Jahre dabei geblieben. Ich krieg eine Rente als Schreiner und eine von Onkel Sam. Kann mich also nicht beklagen.«

Er deutet auf einen Chicagoer Wolkenkratzer. »Als der Bau hochgezogen wurde, bin ich draußen auf dem Gerüst rumspaziert, bis zum Dach hoch.«

Er ist ein schwer gebauter Mann, über einen Meter achtzig groß. Mit ihm würde sich niemand freiwillig anlegen, ganz gleich, wie alt er auch sein mag. »Ich könnte Sie mir über die Schulter werfen«, sagt er. Das klingt nicht nach leerer Prahlerei, sondern ist wohl schlicht und einfach eine Tatsache.

»Ich hörte den Großen Weißen Vater sagen, daß wir angegriffen worden wären. Es war also bloß eine Frage der Zeit, bis alle aus unserer Gegend beim Militär waren. Wir hatten ein gutnachbarschaftliches Verhältnis zwischen drei, vier Häuserblocks in der Nähe vom White-Sox-Stadion. Iren, Kroaten, Polen, Italiener, Slawen. Allesamt fleißige Leute.

Ich wurde '42 eingezogen. Als ich wieder nach Hause kam, hatten wir eine Menge Kumpels aus der Nachbarschaft verloren.«

Ich kam als Rekrut zur Infanterie. Vorher hatte ich noch kein Gewehr in der Hand gehabt. Noch nie. Zur Grundausbildung ging es nach Schofield Barracks in Oahu auf Hawaii. Nächste Station für die 24. Division: Sydney, Australien. Ich war bei den Sanitätern, als Helfer bei einer Sondereinheit. In Sydney hatten wir unser erstes Opfer zu beklagen: Einer von uns kam unter die Straßenbahn. (Er lacht.) Unser erster Kriegsheld. Die Straßenbahnen fahren da auf der anderen Straßenseite, und er ist vom Bordstein runtergestiegen. Danach zogen wir nach Brisbane und Rockhampton, immer Richtung Norden. Die Japaner waren von Neuguinea aus erwartet worden. Aber dazu kam es nicht, sie wurden bei Bougainville von den Australiern gestoppt. Dann ging es für uns rauf zu einer Insel, die hieß Goodenough oder so ähnlich. Anfang '43. Wir hatten ein paar Abenteuer in Neuguinea. Es war mein Glück oder Pech, daß ich auf einen japanischen Vorposten gestoßen bin, bei dem Kannibalismus vorkam. Wir haben gesehen, daß sie die Körper von ihren eigenen Leuten gegessen haben.

Was gibt es über den Fronteinsatz zu sagen? Ein häßliches Wort. Ich bin ein komischer Kauz. Mir gehen immerzu irgendwelche Sachen durch den Kopf. Ich habe sogar eine Bombe erfunden. Zusammen mit einem Kumpel von mir, Tut Grode aus Neenah in Wisconsin. Wir haben sie Dr. Vannevar Bush nach Washington, D.C., geschickt. Dafür haben wir eine tolle Urkunde bekommen und so'n Quatsch. Es war eine Splitterbombe. So ziemlich, wie man sie heute noch benutzt. Wir haben sie die G-B-Bombe getauft – Grode und Bezich. Ich bin nun mal ein Witzbold.

Wir hatten ein paar richtige Stinkstiefel als befehlshabende Offiziere. Wegen der Bombe wäre ich um ein Haar vors Kriegsgericht gekommen. Weil ich meinen Aufenthaltsort angegeben habe, mußte ich den Brief zuerst meinem Vorgesetzten zum Zensieren geben. Damals wurde die ganze Post zensiert. Er wollte mich vors Kriegsgericht bringen, weil ich meinen Standort verraten hatte. Bei der Einheit war ein *Colonel*, der auch vom Bau kam. Er hat gesagt: »Wenn Sie Pete was antun, kriegen Sie's mit mir zu tun.« Da drüben ging es nämlich hart auf hart zu. Man hat sich nichts gefallen lassen. Auf jeden Fall ist nichts draus geworden.

Wir kamen auf diese Insel, Panaon, wo Präsident Kennedy mit seinen Schnellbooten unter Beschuß kam, wissen Sie? Da habe ich mir ein paar kleine Abzeichen verdient. Der eigentliche Held in unserer Familie war mein Bruder Bill, der wohnt jetzt als Rentner unten in Florida. Er hat ungefähr einundzwanzig Auszeichnungen bekommen. Mir haben sie den ›Silver Star‹ verliehen.

Zögernd reicht er mir einen alten Zeitungsausschnitt – aus dem Jahre 1943. Der Text lautet:

Kürzlich wurde dem Gefreiten Peter N. Bezich, dem Sohn von Mrs. Philomena Bezich aus der West 35th Street Nummer 221, der ›Silver Star‹ für Tapferkeit verliehen, weil er wiederholt ins Niemandsland gerobbt ist, um verwundeten Kameraden erste Hilfe zu leisten. Er dient als Sanitätshelfer auf den Philippinen.

Ich bin auf allen philippinischen Inseln gewesen. Ich war am Strand von Leyte, als General MacArthur landete. Sie haben ihn gefilmt, unseren großen Kriegshelden, wie er mit seinem Hut auf dem Kopf zur Insel fährt. Wir schauen uns das an. Plötzlich sehen wir, wie er wieder umkehrt und dann noch einmal landet. Das war sozusagen die zweite Aufnahme. (Er lacht.) Hoppla, hier komm ich! Ich hatte keinen Helm auf. Er fragt mich: »Wo haben Sie Ihren Helm?« Ich sage: »Brauch ich denn einen?« Er hatte ja auch keinen auf, bloß den zerknautschten Hut.

MacArthur, der hat sich da seinen eigenen kleinen Palast gebaut. Als wir da unten waren, hat man uns auf Drittel-Ration gesetzt. Und in der Zwischenzeit fliegen sie sozusagen die Möbel für sein kleines Wochenendhäuschen ein. In jedem Brief, der darüber nach Hause geschrieben wurde, stand: »Sofort die Anleihen kündigen.« Überlegen Sie mal, wir kauften Kriegsanleihen, obwohl wir beim Militär waren, oder sonst haben es die Verwandten gemacht. Wir haben gesagt: »Mit uns nicht, wir zahlen doch nicht dafür, daß der Kerl sich auf dem Berg einen Palast einrichtet.«

Wir waren einunddreißig Tage an vorderster Front und warteten auf Entsatz. In Davao wäre ich beinahe ums Leben gekommen. Der befehlshabende Offizier wollte, daß wir unsere Deckungslöcher für einen anderen Offizier aufgeben, der zu uns auf den Berg kam. Zu mir und zu Charlie Browd, einem Indianer, sagt er: »Stellen Sie dem *Colonel* und dem *Captain* Ihre Schützenlöcher zur Verfügung?« Ich sage: »Kommt nicht in Frage.« (Er lacht.) Da draußen im Dschungel gräbt sich jeder sein eigenes Loch. Man spielt doch für solche Figuren nicht den Hampelmann. Und ich habe mich durchgesetzt. Das wäre ja, wie wenn ich einem das Gewehr abnehme. Wenn Sie an der Front sind, und ich habe kein Gewehr, da nehme ich mir doch auch nicht einfach Ihres, oder?

Als der Angriff losging, sind wir den Berg runter. Die beiden Kerle springen in unsere Löcher. Da kracht 'ne Granate direkt auf sie drauf und jagt sie in die Luft. Wenn wir da drin geblieben wären, hätte es uns erwischt. Die Granaten flogen uns nur so um die Ohren.

Auf der Kuppe haben sie uns schwer beschossen. Wenn man auf so einem Grat hockt, ist man eben sehr gut zu sehen. Gut einunddreißig Tage waren wir da oben, bis uns eine andere Einheit abgelöst hat.

Einer wurde angeschossen, und ich mußte ihn zur Sanitätskompanie schleppen. Auf die Schultern habe ich ihn mir gepackt. Ich bin ein kräftiger Kerl, auch heute noch. Ich könnte Sie umkippen wie einen Sack Kartoffeln. Jedenfalls hatte der Kerl einen Schuß in den Unterleib abgekriegt; er kam aus Elgin. (Er lacht.) Nachdem ich ihn abgeliefert hatte, mußte ich wieder zu meiner Einheit. Auf dem Rückweg haben mich die Japaner in die Mangel genommen. Kaum habe ich mich bewegt, fiel auch schon ein Schuß. Ich fand eine kleine Mulde und hab mich da reingeschmissen. Rings um mich herum schlugen die Kugeln ein. Also habe ich meinen Helm auf einen Stock gesteckt, den am anderen Ende der Rinne aufgepflanzt und bin abgehauen.

Ich habe es zu meiner Einheit zurück geschafft. In Davao steht ein Denkmal – hoffentlich komme ich irgendwann noch mal dahin, weil ich dem Tod noch nie so knapp von der Schippe gesprungen bin wie da. Der Kamerad, der da lag, meinte: »Da würde ich nicht liegenbleiben. Deinen Vorgänger hat es gerade erwischt.« Ich sagte: »Die treffen doch nicht zweimal dieselbe Stelle.« Aber ich habe mich dann doch einfach mal so weggerollt und tatsächlich, schon schlugen die Kugeln in den Marmor. Da würde ich gerne noch mal hinfahren und mir die Einschüsse anschauen. Es ist ein Denkmal von irgendeinem japanischen Großunternehmer.

Dann war da noch Pinamalayan, wo ich den Japanern ein Boot abgenommen habe, einen Außenborder. Ich war einer der ersten Amerikaner, der im Krieg Privateigentum besaß. Ich habe es aber dann am Strand lassen müssen, weil uns immer, wenn wir damit rausgefahren sind, unsere eigenen Leute unter Beschuß genommen haben. Deshalb hat der *Captain* gesagt: »Entweder ihr malt das Sternenbanner drauf, oder ihr laßt es stehen.« Also ließen wir es am Strand liegen, und ich habe es dem Bürgermeister geschenkt. Reyes heißt er.

Ich habe mich mit den Leuten da unten noch lange geschrieben. Sie meinten, ich hätte dem einen Mädchen das Leben gerettet. Die

Frau ist von einem Japaner vergewaltigt und in den Unterleib geschossen worden, also bin ich unter ihr Haus gekrochen und habe sie rausgeholt. Da war noch eine Filipina, die hatte nicht genug zu essen für eine, die gerade ein Kind bekommen hatte. Ich habe ihr bei der Geburt geholfen. Eine andere war krank. Die philippinischen Guerillas kamen mir nachgelaufen, sie nannten mich ›Doctor York‹. Keine Ahnung, warum. Sie haben mir Waffen geschenkt, Eier und Hühner, alles mögliche. Zu meinen Ehren haben sie ein Festessen gegeben, als ich mit der Sondereinheit zurückkam. Sie haben mich einen halben Kilometer auf den Schultern getragen, so wollten sie ihren ›Doctor York‹ ehren. Diese Filipinos haben einen einfach in ihre Familie aufgenommen. Sie haben die Dorfkneipe aufgemacht und Tuba getrunken. Das war so was wie Bier oder Schnaps. Dieser Reyes hat sie alle rausgetrommelt und gesagt: »Mein Sohn ist wieder zu Hause!« Und die ganzen Soldaten haben gefragt: »Wer ist denn sein Sohn?« – »Pete natürlich.« Und dann gab es das Festessen für mich. Wenn man nicht alles probierte, was sie vor einen hinstellten, hat man sie beleidigt. Es gab zehn Gänge. (Er lacht. Ohne Übergang laufen ihm plötzlich Tränen über das Gesicht, und er kann nur mit einiger Mühe fortfahren.)

Zu Hause mußte man sich dann erst mal eine ganze Zeitlang wieder eingewöhnen, weil es damals keine Arbeit gab. Ich bin in die Bauhandwerkergewerkschaft eingetreten. Sie hätten mich ablehnen können – vorher war ich nämlich Feinmechaniker gewesen.

Oh ja, wir haben gegen den Faschismus gekämpft. Die jungen Leute heutzutage wissen doch gar nicht, was Faschismus überhaupt bedeutet. Den Krieg haben wir gewonnen, aber den Frieden haben wir verloren. Japan und Deutschland heute mit ihrer Technologie und Wirtschaftskraft, die übertreffen uns doch bei weitem. Bis zum heutigen Tag kann mir die Galle überlaufen, wenn ich japanische oder deutsche Waren sehe.

Wir waren doch Freunde von Rußland, oder nicht? Mein Vater ist sogar auf ihre Versammlungen gegangen, sowjetisch-amerikanische Freundschaftstreffen. Das war während des Krieges, und wir sind schließlich eine slawische Familie. Es hat sie doch auch einen hohen Preis gekostet, zwanzig Millionen Tote, oder etwa nicht? Für so viele Menschen müßte man eine Kerze anstecken.

Die Leute in Amerika wissen doch gar nicht, was ein Krieg ist. Ich schon, und auch alle anderen, die gedient haben. Die Russen wissen es. Die Polen wissen es. Die Juden wissen es. Aber das amerikanische Volk kann sich überhaupt nicht vorstellen, was ein totaler Krieg bedeutet. Wir haben ihn ja nie zu spüren bekommen. Hoffentlich bleibt das auch so.

Mein Bruder, der war ein richtiger Amerikaner, mit Leib und Seele. Er bringt es zu was beim Militär. Er ist ein Erfolgsmensch. Deshalb haben die vom *FBI* sein Vorleben und alles ausgeforscht. Die kamen zu meinem Vater auf die Arbeit und fingen an mit Rußland und so. Das war kurz nach dem Krieg, ja? Und sie sagten: »Was sind Sie? Kommunisten oder was? Sie wissen doch, Rußland ist unser Feind.« Wegen dem Eisernen Vorhang und dem ganzen Kram. Mein Dad sagte: »Ja, aber waren die denn nicht im Krieg auf unserer Seite?« Erst sagt die Regierung, die Russen sind unsere Verbündeten. Dann – mir nichts, dir nichts – heißt es »kehrt, marsch!«, und die Russen taugen plötzlich nichts mehr.

Sie wollten alles über meinen Bruder wissen. Ob er einen Hang nach links hätte. Ob er dies gemacht hat. Ob er das gemacht hat. Ich habe ihnen gesagt: »Einen besseren Amerikaner als meinen Bruder gibt es nicht.« Er war immerhin sogar bei der Ardennenoffensive dabei, jawohl.

Und jetzt kommen wir zu meinen beiden Söhnen und zu Vietnam. Über diese Art von Patriotismus könnte ich mich totärgern. Wenn dein Haus brennt, dann helfe ich dir beim Löschen. Aber wenn du Streit mit deiner Frau hast, da mische ich mich nicht ein. Wir hatten ja schließlich selber eine Revolution hier. Und da kommen sie und quatschen von Roten und Linken, aber wir haben hier doch auch gekämpft. Die Amerikanische Revolution. Und sehen Sie sich doch bloß mal an, was die Franzosen sich da drüben geleistet haben. Die Franzosen haben uns das eingebrockt.

Meinen Krieg hatte ich hinter mir, ja? Und dann fangen sie in Vietnam an. Mein einer Junge war mit der Schule fertig und ist für anderthalb Jahre nach Vietnam gegangen. Der andere hat den Kriegsdienst verweigert. Nicht aus religiösen Gründen, mit der Kirche haben wir nicht viel am Hut. Er hat gesagt, Leute umbringen ginge gegen seine Prinzipien. Steve war nicht einer von denen, die ihre Wehrpässe verbrannt haben. Er hat gesagt: »Ich würde schon nach Vietnam gehen, aber um Krankenhäuser zu bauen.« Er hat mit mir auf dem Bau gearbeitet. Sogar seine Arbeitskollegen sind verhört worden. Steve war der netteste Junge, den man sich vorstellen kann. Er ist ein guter Mensch. Einen Tag die Woche arbeitet er ehrenamtlich für wohltätige Zwecke. Er ist ein guter Amerikaner. Was für eine Schande. Das hat ihm das ganze Leben vermasselt.

Was er gemacht hat, war mutiger als alles, was ich je getan habe. Diese großen Helden haben ihn sich geschnappt und ihn sofort in Handschellen gelegt, wie einen Verbrecher. So etwas tut wirklich weh. Sie haben ihn ins Gefängnis gesteckt. Der Junge hatte in seinem ganzen Leben noch nicht mal ein Strafmandat bekommen. Als würde man eine Blume nehmen, sie abschneiden und einfach in die Ecke schmeißen, genauso war es.

Gouverneur Thompson, der war damals der Staatsanwalt, hat immer gesagt: »Er ist ein netter Junge, ich habe nichts gegen ihn, aber ich muß meine Pflicht tun.« Er wollte ihm anbieten, daß sie ihn irgendwo hinstecken, wo es nicht so schlimm ist. Aber Richter Hoffman,[1] der hat den Jungen noch nicht mal über seine Gewissensgründe aussagen lassen. Als er zu reden anfangen wollte, hat Hoffman ihm das Wort entzogen. Er hat ihn nicht zu den Geschworenen sprechen lassen. Lloyd Wendt[2] wollte als Leumundszeuge für ihn aussagen. Hoffman sagte: »Auf Leumundszeugnisse können wir verzichten.«

Mein Bruder kam aus Washington angereist. Er hat vierzig Jahre beim Militär auf dem Buckel. Angefangen hat er als kleiner Gefreiter. Im Felde ist er wegen hervorragender Tapferkeit zum Offizier ernannt worden. Damals war er nun *Colonel*. Hoffman sagt: »Sie dürfen im Zeugenstand keine Uniform tragen.« Und er mußte die Uniformjacke mit seinen ganzen Auszeichnungen ausziehen. Es

[1] Der verstorbene Richter Julius Hoffman, der die Verhandlung gegen die Chicago Seven leitete. In diesem Prozeß (26.9.1969 bis 18.2.1970) wurden sieben prominente Mitglieder der Neuen Linken von den Geschworenen vom Verdacht der Verschwörung freigesprochen, aber durch den Richter wegen Mißachtung des Gerichts zu skandalös hohen Gefängnisstrafen verurteilt.

[2] Chicagoer Schriftsteller und ehemaliger Zeitungsredakteur.

wundert mich, daß die *Army* sich so etwas gefallen läßt. In meinen Augen ist das eine Mißachtung der Uniform.

Steve hat drei Jahre bekommen. Er hat sie ganz abgesessen. Nicht einmal Bewährung wollte er haben. Er hat gesagt: »Ich habe kein Verbrechen gegen die Gesellschaft begangen. Ich bin nicht hier, um« – wie sagt man noch? – »um dieses Strafsystem aufrechtzuerhalten.« Er sagt: »Das ist eure Sache, ihr habt mich hier reingesteckt.« Er hat auch nicht gearbeitet. Sie wollten ihn für einen Dollar fünfzig die Stunde als Mechaniker schuften lassen. Volkswagenmotoren überholen oder so. Er hat gesagt: »Ich bin doch nicht hier, weil ich für irgend jemand arbeiten will.« (Er lacht.)

Sie haben ihm furchtbar zugesetzt, und ich mußte zu ihm rauf fahren. Ein Wärter kommt mir auf die Tour: »Pete, Sie sind Katholik, ich bin Katholik, ich sorge schon dafür, daß er zur Vernunft kommt.« Ich sage: »Man kann ein Pferd zwar an die Tränke führen, aber man kann es nicht zum Saufen zwingen. Sie lassen mir schön meinen Jungen in Ruhe. Wenn nicht, habe ich womöglich einen toten Sohn. Aber dann stirbt vielleicht noch jemand anders.«

Im Gefängnis ist Steve auch verprügelt worden. Aber wenn ich ihn nach seinen Gefühlen gefragt habe, war er nie verbittert. Ich wollte von ihm wissen: »Bist du denn Hoffman nicht böse?« Dann hat er gesagt: »Ich kann ihm nichts vorwerfen. Er spielt nur seine Rolle in der Gesellschaft so, wie er programmiert worden ist.« So war er eben, mein Junge, der Hoffman erklären wollte, daß er auch einem Vogel mit einem gebrochenen Flügel helfen würde. Er liebt Tiere, Vögel, Fische. Er war ein richtiger Naturfreund. Er hat sich immer gewünscht, irgendwo in den Wäldern arbeiten zu können.

Die ganzen Nachbarn, sogar die Polizisten und alle, kamen zu uns rüber und haben gesagt: »Wir stehen hundert Prozent hinter deinem Jungen. Wenn wir irgendwie helfen können...« Sie waren der Meinung, für so was bräuchte man jede Menge Mut. Bei uns in der Nachbarschaft wohnten hauptsächlich Veteranen aus dem Zweiten Weltkrieg. Für mich war der Zweite Weltkrieg eine Erfahrung, die ich nicht noch einmal machen möchte, aber ich bin froh, daß ich meinen Beitrag geleistet habe. Ich glaube, wenn Hitler gewonnen hätte, wäre es eine Katastrophe gewesen. Wir müssen den Jungs danken, die ihr Leben gelassen haben.

Seien wir doch mal ehrlich, das ist jetzt über vierzig Jahre her, da vergißt man eben. Die Menschen werden so mechanisch im Denken, daß sie das alles vergessen.

Anton Bilek

Er ist immer noch drahtig mit einem leichten, für einen Mann im mittleren Alter typischen Bauchansatz. Er hat die Figur eines Weltergewichtsboxers oder eines Baseballspielers vom Typ Eddie Stanky.

In Rantoul, Illinois, führt er ein Blumengeschäft und eine kleine Gärtnerei ganz in der Nähe des Chanute-Luftwaffenstützpunktes. »Nur die Blumen und ich, und die unterhalten sich nicht mit mir.«

Vor dem Krieg war ich ein richtiger Draufgänger. Jetzt lebe ich hier allein auf dem einzigen Berg der Stadt. Ich gehe nur selten aus dem Haus. Morgens stehe ich auf, dann kümmere ich mich den ganzen Tag um die Blumen, und nachts lege ich mich wieder schlafen. Abends genehmige ich mir einen Bourbon und ein Bier. Ich halte mich von den Menschen fern.

Ich würde gern wieder auf die Philippinen zurück, ich hab 'ne Menge Erinnerungen dort. Dort gibt es den schönsten Friedhof der Welt für unsere Jungs.

Ich hab 'ne Menge Freunde verloren. Wir waren 185 Mann in unsrer Staffel, als der Krieg ausbrach. Dreieinhalb Jahre später, als wir aus dem japanischen Gefangenenlager befreit wurden, waren nur noch 39 übrig. Ich muß immer an diese Männer denken. Ich habe mit ihnen Baseball gespielt, mit ihnen gearbeitet, mich mit ihnen angefreundet. Sie fehlen mir.

Ich kam 1940 für einen zweijährigen Aufenthalt auf die Philippinen. 1939 hatte ich mich gemeldet, da war ich neunzehn. Arbeit war damals schwer zu finden. Es hatte mir schon immer Spaß gebracht, kleine Maschinen zu konstruieren, besonders Flugzeuge. Ich wollte was daraus machen, aber ich hatte kein Geld für die

Schule. Da fand ich eine kleine Broschüre: Komm zur Luftwaffe, lerne was! Ich trat also in die Armee ein, kam nach Chanute und lernte das Walzmetallhandwerk. Nach meiner Abschlußprüfung versetzten sie mich auf die Philippinen. Ich kam gleich nach Clark Field, zirka sechzig Meilen nördlich von Manila.

Er zeigt mir eine Fotografie von Clark Field aus dem Jahre 1939. Es ist erstaunlich flach und öde dort.

Zu der Zeit waren dort nur etwa 250 Mann. Wir hatten nur eine Bomberstaffel, die Achtundzwanzigste. Ich reparierte die alten B-10-Maschinen. Wir schoben 'ne ruhige Kugel. Die ersten Truppen wurden erst ab Mitte '41 eingeflogen.

Wir wollten einfach nicht wahrhaben, daß die Japaner es fertigbringen würden, die Vereinigten Staaten von Amerika anzugreifen. Das kam gar nicht in Frage. Deshalb schenkten wir den Gerüchten auch keine große Aufmerksamkeit. Wir fingen erst im November damit an, die Gefechtsbereitschaft zu üben. Ich assistierte dabei dem alten Sergeant Amos am Maschinengewehr. Das war ein altes Ding aus dem Ersten Weltkrieg, noch mit Luftkühlung.

Am 8. Dezember – hier war es der 7. – wurde gegen neun Uhr Alarm gegeben. Alle Jagdflieger und alle B-17 starteten. Wir dachten: »Mann, General MacArthur stattet uns einen Besuch ab. Dem werden wir's zeigen.« Kurz darauf kamen alle Flugzeuge zurück, das war so um halb elf. Ich beendete mein Mittagessen und ging in den Aufenthaltsraum. Das Radio spielte, während ich eine Sportzeitschrift durchblätterte. Auf einmal unterbrach der Rundfunksprecher in Manila die Musik: »Clark Field wird bombardiert.« Dann fing er an zu schreien: »Die Japaner greifen Clark Field an!«

Ich stand auf, guckte aus dem Fenster und konnte keine Bomber entdecken. Alles war ruhig. Ich setzte mich wieder hin und sagte zu meinem Nachbarn: »Hast du das gehört?« »Herrgott«, sagte er, »wieder so'n Quatsch!« Damals kursierten 'ne Menge Gerüchte. Ich fand, dies war der richtige Augenblick, sie mal alle aufzuschreiben und mit dem Datum zu versehen, an dem ich sie gehört hatte. In ein paar Monaten konnten wir dann darüber lachen. Ich ging also in mein Kabuff, holte das kleine, schwarze Adreßbüchlein heraus und schrieb das Gerücht auf, daß am Morgen Pearl Harbor bombardiert worden sein sollte. Das glaubten wir nicht. Und jetzt hörten wir gerade, daß Clark Field bombardiert wurde. Aber ich saß in Clark Field, und nichts fiel auf uns herab. (Er lacht.)

In dem Moment kam der Oberfeldwebel reingerannt und rief: »Es ist wirklich wahr. Sie kommen!« Ich griff nach meinem Springfieldgewehr – auch ein Modell aus dem Ersten Weltkrieg, streifte mir die Gasmaske und den Helm über und rannte aus dem Gebäude.

Ich war kaum bei unserem kleinen Geschützgraben angekommen, da fielen die ersten Bomben. Ich sprang hoch und sagte verwundert: »So hört sich das also an.« Amos packte mich am Hosenboden und riß mich runter. Ich hatte schon oft in den Wochenschauen gesehen, wie das in Polen und Europa so zugeht, aber wenn man das in Wirklichkeit erlebte, war es doch ziemlich verblüffend.

Sie nahmen das gesamte Gelände unter Beschuß, es war ein enormer Angriff. Unsere Flugzeuge waren alle gerade zurückgekehrt und wurden wieder aufgetankt.

Die Japaner waren gekommen, nachdem unsere Jäger gestartet waren. Sie hatten die Stadt Baguio im nördlichen Teil von Luzon bombardiert und sich dann nach Formosa zurückgezogen. Unsere Leute hatten sie nicht gefunden und waren deshalb umgekehrt. Sie hatten auch kein Benzin mehr. Den Bombenangriff hatten sie nicht gesehen, weil sie über zwanzigtausend Fuß hoch flogen. Sie saßen gerade beim Mittagessen, als die Japaner über Clark Field hereinbrachen.

Als sie abzogen, nachdem sie alles dem Erdboden gleichgemacht hatten, kletterten Amos und ich aus dem Graben. Wir waren entsetzt. Die totale Zerstörung. Brennende Flugzeuge, brennende Hangars, brennende Tankwagen. Brüllende und schreiende Soldaten. Überall Tote und Verwundete. Dann kamen japanische Jagdflieger, zirka achtzig Stück. Sie nahmen alles unter Beschuß, was noch senkrecht stand. Amos schoß mit unsrer kleinen Tuckermaschine zurück. (Er lacht.) Als alles vorbei war, hatten wir einen ziemlichen Schock.

Das hätte nicht passieren dürfen. Wir waren Amerikaner, sie Japaner. Sie durften uns einfach nicht bombardieren. So redeten wir hinterher darüber. (Er lacht.) Man hatte uns immer weisgemacht, daß die Japaner alle Brillenträger wären und ihr Angriffsziel gar nicht richtig sehen könnten. Und ihre Flotte wäre gar nicht der Rede wert. Sie waren auf unser gesamtes Altmetall und auf unser Öl angewiesen. So hatten wir sie uns immer vorgestellt. Wie, zum Teufel, konnte dann so was passieren?

Im folgenden Monat gab es wenig zu tun. Wir halfen einigen Staffeln, ihre Flugzeuge zu reparieren, wobei wir aus drei oder vier zerbombten Maschinen eine neue bastelten. Dann wurden die Soldaten langsam abgezogen. Sehen Sie, es war ja nichts mehr da. Wir hatten eine Menge Leute verloren.

Die Bomber flogen wir zur Del-Monte-Ananasplantage auf Mindanao, das liegt etwa sieben-, achthundert Meilen weiter südlich. Es war der einzige andere Luftwaffenstützpunkt auf den Philippinen, der für die B-17 Maschinen Platz genug hatte. Von unseren 35 B-17 waren noch sechzehn übriggeblieben. Von den P-40ern existierte noch die Hälfte. Aber wir hatten nichts mehr, womit wir sie bedienen konnten. Wir versuchten, unsere Flugzeuge strategisch einzusetzen, aber die japanische ›Zero‹ war wesentlich manövrierfähiger als unsere P-40.

Etwas machte uns schwer zu schaffen. Wir hatten von Pearl Harbor gewußt. Wir hatten acht Stunden Zeit gehabt, etwas zu unternehmen. Und wir haben nichts getan. Wir besaßen einige Flugplätze, um die Maschinen zu verteilen. Ich hatte 220-Liter-Fässer vollgetankt, die auf Luftwaffenbasen über die ganzen Philippinen verstreut waren. In der Folge verloren wir auch die. Die Japaner hatten das ganze Land zu ihrer freien Verfügung.

Wir blieben bis zum Weihnachtsabend 1941. Immer wieder sagten wir uns: »Verdammt noch mal, es müssen Truppen her! Sie müssen Nachschub einfliegen!« Wir hörten von einem Konvoi, der mit 54 A-24 Sturzkampfbombern an Bord unterwegs sein sollte. Wir hatten nicht eine Stuka. Dann hörten wir, daß Artillerie herüberkommen sollte. Das gehörte zum Kriegsplan, nicht wahr? Schlachtschiffe und all das. Die Marine würde den Konvoi auf dem Weg zu den Philippinen beschützen. Aber unsere Flotte ruhte vor

Pearl Harbor auf dem Meeresgrund. Wir wußten nicht, wie groß der Schaden war, den sie in Pearl Harbor angerichtet hatten. Wir hatten keine Ahnung, wie schlimm das war.

Am Heiligen Abend bekamen wir den Befehl: Rückzug zur Bataan-Halbinsel. Das waren so hundert Meilen. Der Oberfeldwebel sagte: »Ich brauche fünf Freiwillige. Du, du und du...« Die fünf, auf die er zeigte, waren die Freiwilligen. (Er lacht.) »Ihr fünf werdet hier in Clark Field bleiben, während die anderen alle abziehen.«

Am 22.Dezember waren General Hommas Streitkräfte im Lingayen-Golf im Norden von Luzon gelandet. Weitere Truppen landeten in der Lamon-Bucht. Sie bildeten eine Zangenbewegung auf Manila zu. MacArthur hatte ungefähr 70 000 Filipinos zur Verfügung, aber keine Ausrüstung. General Wainwright befand sich in Lingayen, aber er hatte nur ein kleines amerikanisches Infanterieregiment und ein paar Filipinos. Keine Luftwaffe, keine Stukas. Sie waren gelandet, ohne auf Widerstand zu stoßen.

Wir fünf befinden uns immer noch in Clark Field. Unser Leutnant war gerade vom College in die Armee gekommen, eine magere Bohnenstange. Er hatte keinen blassen Schimmer, wozu er da war.

Am nächsten Morgen, es war der erste Weihnachtsfeiertag, fuhr Major Johnson in einem Generalstabswagen vor: »Leutnant, der Stützpunkt gehört Ihnen. Diese fünf Soldaten sind Ihr Stab. Sie haben einen Benzintankwagen und einen Öltankwagen.« Der Benzintankwagen war mit zwölftausend Liter Benzin von sehr hoher Oktanzahl gefüllt. »Sie werden all unsere P-40 bedienen, die hier zu landen gezwungen sind. Es liegt völlig bei Ihnen, wann Sie es für richtig halten, Clark Field zu verlassen.« Und damit fuhr der Major ab nach Bataan.

Wir blieben vier Tage dort. Wir hörten die Kämpfe bei Tarlac zirka zwanzig Meilen nördlich. Nachts schliefen wir auf Matratzen draußen auf dem Flugfeld, für den Fall, daß Flugzeuge kämen. Wir konnten die Blitze des Artilleriefeuers sehen und hörten den Gefechtsdonner. Ich stupste unsern Leutnant an: »Finden Sie nicht, daß es Zeit wird, abzuhauen?« (Er lacht.) »Die Schießerei ist schon ziemlich nahe, und wir sitzen hier auf zwölftausend Litern Benzin.

Das ist so gut wie eine riesige Bombe. Eine Leuchtkugel würde genügen, und – wumm! Wir müssen das Ding runter nach Bataan bringen.«

Er sagte: »Morgen früh.« Wir aßen unsere letzte Mahlzeit dort und räumten alles auf. Es war für die nächsten dreieinhalb Jahre das letzte Mal, daß wir Eier mit Schinken zu essen bekommen haben.

Er sagte zu mir: »Bilek, Sie fahren als Begleitschutz auf dem Benzintankwagen mit.« Die beiden anderen fuhren auf dem Öllaster. Er selbst kam im Kommandowagen hinterher. Wir hielten ein bis zwei Meilen Abstand voneinander, damit ein japanischer Jagdflieger, sollte er zufällig vorbeifliegen, nicht gleich beide erwischte. (Er lacht.)

Die Zugmaschine und der Hänger waren schlecht aneinandergekuppelt. Und wir sollten damit hundert Meilen über alle möglichen Straßen fahren. Wenn man nur ein bißchen bremste, stellte der Anhänger sich quer, denn zwölftausend Liter Benzin haben eine Menge Gewicht. Wenn er umkippte, war es aus mit uns. Wir hatten ein paar haarige Abenteuer, aber es passierte nichts Schlimmes. Schließlich erreichten wir Bataan.

Der Oberfeldwebel erklärte mir, daß ich von nun an zur Achtundzwanzigsten Material-Staffel gehörte: Büroangestellte, Lastwagenfahrer, Maschinisten, Walzmetallarbeiter. Wir bekamen alle Springfield-Gewehre und wurden als Infanteristen an die Front geschickt. Ein paar von den Männern hatten noch nie in ihrem Leben ein Gewehr abgefeuert. Unsere Maschinengewehre waren alle selbstgebastelt. Wir demontierten die alten, zerstörten P-40er. Unsere Aufgabe war, die letzten vier P-40, die uns noch geblieben waren, intakt zu halten.

In Corregidor am Eingang der Manila-Bucht befanden sich immer noch amerikanische Truppen. Sie hatten große, schwere Kanonen, um zu verhindern, daß jemand in die Bucht einlief. Im März 1942 brachten die Japaner ganze Schiffsladungen Soldaten ins Land, weil sie unsere Frontlinie nicht durchbrechen konnten. Wir hatten ihnen die Hölle verdammt heiß gemacht. Unsere Artillerie war ungeheuer stark, und die philippinischen Kundschafter waren einmalig. Wir hielten sie beinahe drei Monate in Schach.

Im letzten Monat – vom 3. März bis zum 9. April – hatten wir nur noch eine P-40. Wir flickten sie so gut es ging zusammen. Jetzt blieb uns also nur noch ein einziges kampffähiges Flugzeug, und das sah aus, als hätte es die Masern. Wir warteten immer noch auf den Konvoi. MacArthur versicherte uns, daß er auf dem Weg hierher sei. Der Präsident der Philippinen, Mr. Quezon, bekam von Präsident Roosevelt persönlich die Bestätigung, daß die Vereinigten Staaten alles tun würden, um zu helfen. Dabei wußten sie die ganze Zeit über, daß nichts geschah. Wir liefen immer wieder hinaus, um nachzusehen, ob die Schiffe schon da wären. Sie kamen nie.

Ein Kamerad kam mit einem Brief zu uns, den er an den Präsidenten der Vereinigten Staaten aufgesetzt hatte: »Lieber Herr Präsident: Bitte schicken Sie uns noch eine P-40. Die, die wir hier haben, ist schon voller Löcher.« (Er lacht.) So hatten wir unseren Spaß.

Schließlich durchbrachen sie doch unsere Frontlinie, und wir zogen uns zur Spitze der Bataan-Halbinsel zurück. Wir hatten den Befehl, alles zu verbrennen und zu zerstören. Wir warfen unser gesamtes Werkzeug weg, verbrannten alle Vorräte, es war ein Chaos... (Eine lange Pause. Er weint leise vor sich hin.) Hurensöhne. Mitanzusehen, wie die Leute schmutzig und verwundet von der Front zurückkommen und ihre Sachen nicht wiederfinden können ... (ganz leise) Gottverdammte Scheiße. Überall gingen riesige Munitionsdepots in die Luft. Es war wie ein Weltuntergang.

Während unseres Rückzuges wurde die Bataan-Halbinsel von einem Erdbeben heimgesucht. Die Straße, auf der wir marschierten, wackelte gewaltig unter uns, und wir wußten, verdammt noch mal, nicht, was wir tun sollten. War dies nun der Weltuntergang? Würden wir bald unseren Schöpfer sehen? Würden wir diesmal draufgehen?

Am nächsten Morgen erhielten wir den Befehl, unsere Waffen abzulegen und auf die Ankunft der Japaner zu warten. General King hatte die Bataan-Halbinsel ausgeliefert. Sie kamen. Als erstes stellten sie uns alle in einer Reihe auf, um uns zu durchsuchen. Ringe, Armbanduhren, Goldrandbrillen, sie nahmen alles. Die Brillen warfen sie zu Boden, um das Glas herauszubrechen, und dann steckten sie das Goldgestell in die Tasche. Wer einen Ring hatte, gab ihn her. Wenn jemand Schwierigkeiten hatte, ihn vom Finger zu bekommen, setzte der Japaner ihm das Bajonett an den Hals. Glücklicherweise trug ich keinen Ring. Ich konnte mir keinen leisten.

Dann trieben sie uns zur Straße, auf der ein riesiger Strom von Amerikanern und Filipinos entlangzog.

Wir mußten uns hinten anschließen. Damit begann der Todesmarsch. (Er seufzt tief.) Er ging über sechzig Meilen. Wir hatten die letzten drei, vier Monate von halben Rationen, manchmal auch weniger gelebt. Die Männer waren schon recht dünn und standen unter Schock. Viele waren unterernährt und hatten Malaria. Und die Ruhr breitete sich aus, aber das hatte schon vor der Übergabe angefangen. Unsere beiden Krankenhäuser waren brechend voll gewesen. Die Bataan-Halbinsel war der schlimmste Malariaherd auf den Philippinen.

Die Japaner räumten die Krankenhäuser. Wer noch gehen konnte, mußte sich in den Marsch einreihen. Unzählige Soldaten lagen am Straßenrand. Einige waren aufgedunsen, andere gerade erst getötet worden. Wenn einer zur Seite ausbrach, wurde er von den Wachen erschossen oder mit dem Bajonett erstochen und einfach liegengelassen. Sechs- bis siebenhundert Amerikaner starben auf diesem Viertagemarsch, und die Filipinos verloren an die zehntausend Mann. In San Fernando stopften sie uns in Güterwaggons und brachten uns fünfunddreißig Meilen nach Norden. In den geschlossenen Waggons bekamen wir keine Luft. Die Sonne brannte, und drinnen stiegen die Temperaturen. Man konnte nicht umfallen; die Waggons waren so vollgepackt, daß die Umstehenden einen hielten. Viele von uns drehten durch und fingen an zu schreien. Vom Bahnhof aus mußten wir noch mal sieben, acht Meilen zum Camp O'Donnell laufen, das in aller Eile für die philippinische Armee errichtet worden war. Die Unterkünfte waren wie die einheimischen Hütten aus Bambus und Gras gebaut. Wir waren wohl so 9 000 Amerikaner und 50 000 Filipinos. Im Lager wurden wir voneinander getrennt. Nach anderthalb Monaten mußten wir wieder weg, weil die Monsunzeit einsetzte. Ein Hurrikan stieß zwei der Baracken um. Achtzig Männer kamen dabei ums Leben, sie wurden regelrecht zerschmettert.

Ich wurde vorübergehend blind und bekam eine wahnsinnige Angst. Zwei Wochen lag ich im Krankenhaus. Der Arzt, ein Amerikaner, sagte mir: »Ich kann nichts für Sie tun, außer Ihnen Ruhe zu verordnen. Essen Sie so viel Reis, wie Sie kriegen können, das ist die einzige Medizin.« Und das war's, was mich rettete. Er sagte auch noch: »Sie brauchen nicht in Sondertrupps zu arbeiten.« Die Japaner holten sich zwei-, dreihundert Mann und ließen von ihnen eine Brücke reparieren, die in die Luft geflogen war. Eine Menge Männer starben dabei, sie konnten einfach nicht mehr arbeiten.

Die Zimmer im Krankenhaus waren voll. Der Bau selbst stand auf Pfählen, so daß dort, wo ich lag, von unten kühle Luft durchzog. Mein Körper schwoll an. Ich hatte Beriberi, Vitamin-B-Mangel. Die Nieren hören auf zu arbeiten, und die giftigen Säfte bleiben alle im Körper. Ich ging auf wie ein Hefeteig. Überall um mich herum sah ich die Männer sterben. Von den Amerikanern fünfzig am Tag, von den Filipinos dreihundertfünfzig. In Camp O'Donnell liegen nahezu zweitausend Amerikaner beerdigt und weit über 28 000 Filipinos.

Sie verlegten uns in ein anderes Lager bei Cabanatuan, das zirka fünfzig Meilen entfernt lag. Ich fuhr hinten auf einem Lastwagen mit. Meine Hoden waren so angeschwollen, daß ich keine Hosen tragen konnte. Ich war also von der Hüfte an nackt. Das war vielleicht 'ne Fahrt.

Ich wurde von der Beriberi geheilt und bekam die Amöbenruhr. Ich konnte nichts mehr essen und führte nur noch Schleim und Blut ab. Das schärfste war, daß man in so einer Situation auf ein paar dufte Kumpels angewiesen war, die einen auf den Topf setzten und zwangen, den verdammten Reis zu essen. Ich dachte immer daran, was der Doktor mir gesagt hatte, und aß meinen Reis. Heute mag ich ihn sehr gern.

Die Japaner hielten sich vom Krankenhaus fern aus Angst, sich anzustecken. Eine Station im Krankenhaus von Cabanatuan nannten wir die St.-Peter-Station. Dort waren die Kranken untergebracht, die in den letzten Zügen lagen. Sie wogen nur noch siebzig oder achtzig Pfund und hatten die Kontrolle über ihren Körper verloren. Sie lagen dort nackt auf dem Fußboden, und das Personal wischte sie ab, legte sie auf die Seite und machte die Stellen sauber, die sie verunreinigt hatten. Vom 11. Juni bis zum November starben weitere 1 500 Mann.

Wir sind immer noch im Jahr 1942. In den ersten sechs Monaten der Gefangenschaft haben wir an die viertausend Mann verloren, ein Drittel der Kräfte, die auf der Bataan-Halbinsel stationiert waren. General Wainwright kapitulierte, und jetzt kamen auch die Männer aus Corregidor zu uns.

Ab jetzt wurden die Männer nach Japan verschifft, sie brauchten Arbeitskräfte dort. 1 600 Menschen pferchten sie auf einem alten Frachter zusammen. Unserem Kommandanten hatten sie gesagt, er solle die gesündesten aussuchen.

Im Juni 1943 ging es mir wieder besser. Ich arbeitete auf einer großen Farm, auf der Süßkartoffeln, Gurken, Kürbisse und tropisches Gemüse angebaut wurde. Sie gaben uns etwas davon, und so nahm ich allmählich zu. Wir bekamen sogar etwas Fleisch. Ab und zu schlachteten sie einen Wasserbüffel, und wir bekamen dann einen Teller Fleischbrühe ab.

Im Juni 1944 forderten die Japaner einen weiteren Sondertrupp, der nach Japan gehen sollte. Ich meldete mich freiwillig. Ich hatte zu meinem Freund Bob, den ich aus Chicago kannte, gesagt: »Sehen wir zu, daß wir hier rauskommen!« Wir hatten Gerüchte gehört, daß unsere Truppen vorrückten und auf den Inseln Fuß gefaßt hätten. Unten im Süden, in *Guadalcanal*. Wenn sie hier einmarschierten, dann würden sie nicht zimperlich sein, sondern mit zwei Gewehren aus der Hüfte schießen. Sie konnten es sich nicht leisten, kleinlich zu sein. Gut möglich, daß sie uns erschossen oder wir bei einem Bombenangriff mit draufgingen.

Wir fuhren nach Japan und hatten großes Glück, daß wir uns gerade auf diesem Schiff befanden. Der Frachter, der mit 1 600 Gefangenen an Bord gleich nach uns ausgelaufen war, wurde von unseren U-Booten torpediert. Alle sechzehnhundert ertranken.

Ungefähr fünftausend amerikanische Soldaten wurden von der U.S.-Marine getötet, während sie auf japanischen Frachtern nach Japan transportiert wurden. Die Schiffe waren nicht gekennzeichnet, also konnten unsere Leute nichts davon wissen.

Unser Frachter war ein schäbiger, alter Rostkasten voller Wanzen. Er stank zum Himmel. Wir brauchten sechzig Tage von Manila nach Moji, Japan. In Formosa hatten wir einen zweiwöchigen Zwischenaufenthalt, um Salz zu laden. Das war der einzige Ballast an Bord.

Wir arbeiteten in einem Kohlebergwerk in Omuta, das zirka fünfundzwanzig Meilen östlich von Nagasaki auf der anderen Seite der Bucht liegt. Wir waren überrascht, was für schöne Quartiere wir bekamen, und das Essen war phantastisch. Will sagen, daß richtiges Gemüse in der Suppe war; und einmal bekamen wir ein Brötchen. Die ganzen sechzig Tage auf dem Schiff hatten wir nur Reis zu essen gekriegt, der voller Maden war. Die Würmer haben wir alle geschluckt, wir brauchten ja schließlich Proteine. Sie stellten uns unter Quarantäne, denn nachdem wir sechzig Tage nur morgens und abends einen Klacks Reis gekriegt hatten, waren wir in einer schlimmen Verfassung. Sie sahen ein, daß wir uns ausruhen mußten und etwas mehr zu essen brauchten, um in den Bergwerken arbeiten zu können.

Die Minen gehörten dem japanischen Großindustriellen Graf Mitsui. Im Grunde arbeiteten wir für ihn. Außer uns hatten sie auch koreanische Kriegsgefangene. Die Japaner, die uns beaufsichtigten, waren vermutlich kriegsuntauglich. Entweder waren sie zu alt für die Armee, oder mit ihnen stimmte sonstwas nicht. Wir arbeiteten in Gruppen von sechs oder acht unter einem japanischen Aufseher.

Es gab ein paar gute Japsen dort. Einige der alten Männer waren gut zu uns. Aber die meisten konnten es nicht ertragen, zu einem Amerikaner hochblicken zu müssen, der ja viel größer als sie war. Das haßten sie leidenschaftlich. Mich haben sie manches Mal nach Strich und Faden verprügelt, weil ich ihre Anweisungen nicht verstand. Der Sprachunterricht sah folgendermaßen aus: Der Japs hält eine Schaufel oder eine Spitzhacke hoch und sagt das japanische Wort dafür. Und wir müssen uns das alles merken. An meinem ersten Tag in der Mine redete einer mit mir, und ich verstand kein Wort. Da schlug er mich nieder. Das tat ihm wohl gut, nehme ich an.

Ab und zu fand man einen netten Aufseher, und sofort merkte man sich seinen Namen. Wenn man zum Beispiel Fiji-san oder Okamoto-san bekam, dann war's gut, die waren nett. Einige nahmen uns manchmal beiseite, und dann konnten wir uns hinsetzen und eine Weile ausruhen. Einmal, gegen Ende eines Arbeitstages, als ich auf den kleinen Zug wartete, der unsere Schicht abholen sollte, lehnte ich mich mit dem Rücken gegen die Felswand, zog mir die Kappe über die Augen und versuchte, mich etwas auszuruhen. Da sagte der Kerl neben mir: »Gott, ich wünschte, ich wär wieder zu Hause in Seattle.« Mich interessierte das nicht weiter. Die Leute redeten ständig davon, wieder zu Hause zu sein. Er sagte: »Ich hatte ein schönes Restaurant dort, und jetzt habe ich alles verloren.« Ich drehte den Kopf und ... sah einen Japaner. Er gehörte zu den Aufsehern. Ich war völlig verblüfft.

Er sagte leise aus den Mundwinkeln: »Sagen Sie jetzt nichts, lassen Sie mich reden. Ich bin in Seattle geboren und aufgewachsen und hatte ein schönes Restaurant dort. Dann habe ich meine Mutter nach Japan zurückgebracht. Sie ist schon sehr alt und wird bald sterben, deshalb wollte sie nach Hause. Dann ist der Krieg ausgebrochen, und ich konnte nicht in die Staaten zurück. Sie zwangen mich, hierher zu kommen und in den Bergwerken zu arbeiten.« Ich wußte, verdammt noch mal, nicht, was ich zu diesem Kerl sagen sollte. Endlich kam der Förderwagen, und ich sagte: »Vielleicht sehen wir uns mal in Seattle.« Und dann ging ich. Ich habe ihn danach nie wiedergesehen.

Einer der japanischen Offiziere in unserem Lager war in Riverside, Kalifornien, geboren und aufgewachsen. Er war Fänger in seinem Collegebaseballteam. Hier war er der Hauptdolmetscher. Aber er war nicht gut. Er schlich im Dunkeln herum und belauschte, was wir miteinander redeten. Und wenn er etwas hörte, das ihm nicht gefiel, verpfiff er uns.

Unser Lager war eines der schlimmsten. Beide Lagerkommandanten und zwei Aufseher sind nach den Kriegsverbrecherverhandlungen wegen ihrer Behandlung der Kriegsgefangenen exekutiert worden.

Ich habe während des Krieges fünfzig Pfund abgenommen. Einmal hatte ich eine beidseitige Lungenentzündung. Daran starben damals viele, aber ich habe sie überlebt. Der Doktor war hocherfreut. Er hatte mich schon aufgegeben. Kaum hatte ich das hinter mir, kam wieder die Beriberi. Ich war aufgeblasen wie ein Ballon.

Es war der schlimmste Anfall von allen. Ich kam mir vor wie ein Walroß. Ich konnte mich nicht mehr bewegen. Wenn ich aufs Klo mußte, drehten sie mich auf die Seite und drückten den Topf an meinen Hintern. Hinterher mußten sie mich waschen. Meine Hand war so groß geworden,daß ich mit dem Finger eine große Delle hineindrücken konnte. Sie mußten für mich ein Spezialbett anfertigen.

Die Arbeit, die wir machen mußten, verstieß gegen die Genfer Konvention. Die Kriegsgefangenen durften keine Arbeit verrichten, die dem Feind zur Herstellung von Kriegsmaterial diente.

Auf einmal sahen wir die großen B-29 auf ihrem Weg nach Tokio. Unterwegs bombardierten sie Städte, auch unsere. Sie wurde völlig niedergebrannt. Ich lag mit meiner Beriberi im Krankenhaus. Weil ich nicht transportfähig war, war ich einer der ganz wenigen, die nicht in den Bombenschutzkeller konnten. So konnte ich die B-29 durch das Fenster beobachten, wie sie, eine nach der anderen, ihre Brandbomben abwarfen.

Als die Japaner grob wurden, wußten wir, daß ihnen der Hintern mit Grundeis ging. Unsere Truppen rückten ihnen auf den Pelz. Ein paar von den netten Aufsehern sagten uns, was los war: Tokio ist *nai*. Tokio existiert nicht mehr.

Eines Tages wußte ich, daß sie wirklich sehr nahe sein mußten. Wir machten uns gerade für unsere Schicht fertig. Es war ein sonniger Tag. Die Sonne bekamen wir nur selten zu sehen. Ich saß einfach da, hatte die Kappe abgenommen und hielt das Gesicht in die Sonne. Ich sog die Strahlen in mich hinein. Das tat so gut. Plötzlich tauchten zwei Flugzeuge auf. Sie warfen direkt vor dem Lager zwei Bomben ab und verschwanden wieder. Dann hörte ich, wie einige von unsern Leuten riefen: »Das sind unsere!« Ich rannte los. Bei Gott, ich sah, wie sie umdrehten, zurückkamen und das Lager mit Maschinengewehren unter Beschuß nahmen. Sie schossen eine Ekke des Krankenhauses zusammen. Sie wußten nicht, daß dies das Krankenhaus war, sie hatten es auf die Waffenstellungen abgesehen.

Aber das Tolle daran war, daß sie Jagdflieger waren. Himmel, jetzt sind sie ganz nahe. Sie mußten sich im Umkreis von dreihundert Meilen befinden, um Jagdflieger losschicken zu können. Es war, als würde man vor einer vollgedeckten Tafel sitzen und alles zu essen kriegen, was man sich nur wünschte. Es war einfach himmlisch. Sie sind da!

Ich glaube, es war der 9. August, als sie die Atombombe über Nagasaki abwarfen. Wir waren etwa fünfundzwanzig bis dreißig Meilen davon entfernt. Sie warfen sie gegen zehn Uhr ab. Zwischen uns und Nagasaki lag nur die Bucht. Ich spürte, wie die Fenster vibrierten. Alle Gebäude erzitterten. Aber die Gegend wurde immer erschüttert, wenn Nagasaki bombardiert wurde. Doch diesmal sahen wir diesen riesigen Feuerpilz hoch droben in der Luft.

Wir wußten nichts von Hiroshima. Die Männer sagten sich, daß sie eine große Ölraffinerie getroffen haben müßten, wenn so eine riesige Rauchwolke aufstieg. Wir lagen direkt westlich von Nagasaki, und der Wind kam vornehmlich aus dem Westen. Ich weiß nicht, ob es Strahlung gegeben hat und ob irgend jemand aus dem Lager dadurch verletzt worden ist.

Ein oder zwei Tage danach war der Krieg zu Ende. (Er seufzt tief.) Wir unterhielten uns darüber. »Was wirst du tun, wenn der Krieg vorbei ist? Also, ich werde mir dieses fiese Schwein Fuji-san schnappen, der Scheißkerl hat mich so oft verprügelt. Ich werde ihm die Zehennägel rausziehen und dann ...« Jeder hatte etwas, das er gern tun würde. (Halb lacht er, halb weint er.)

Sie ließen uns draußen auf dem Exerzierplatz antreten. Wir waren etwa 1 900 Mann, tausend Amerikaner, ein paar Holländer, ein paar Australier, einige Engländer. Dann kam der japanische Kommandant und stieg vor uns auf ein Podest. Und dann sagte dieser Dolmetscher (er weint leise, seufzt) zu uns: »Macht's gut. (Er flüstert beinahe.) Er sagte uns, daß der Krieg vorbei sei, drehte sich um und ging weg. 1 900 Männer, und man konnte eine Stecknadel fallen hören. Keiner sagte etwas. Schließlich drehten ein paar von uns sich um und (eine lange Pause, er weint) gingen in die Baracken zurück. Und niemand sagte auch nur ein verdammtes Wort. Es war still, totenstill, bis auf das Schlurfen ihrer Füße. Ich verschwand hinter der nächsten Baracke und heulte wie ein Kind.

Nach ein paar Stunden begannen die Männer allmählich, sich auf den Rücken zu klopfen und ein Freudengeschrei anzustimmen.

Am Tag zuvor hatten die Japaner uns ein Rotkreuzpaket mit amerikanischem Essen gegeben. Seit zwei Jahren hatten sie diese Vorräte auf Lager, aber sie haben uns nicht einmal was davon gegeben. Sie hatten tonnenweise Lebensmittel dort, die von den Rotkreuzschiffen angeliefert worden waren. Außerdem hatten sie sämtliche Arzneimittel. Und unsere Ärzte hatten ohne Betäubungsmittel Beine amputieren müssen.

Die Japaner gingen; keiner blieb zurück. Wir waren allein im Lager. Wir wußten nicht, was wir tun, wohin wir gehen sollten. Wir hatten ein Radio und ließen es ununterbrochen spielen. Endlich kamen die amerikanischen Sender durch. Sie sagten uns: »An alle amerikanischen Gefangenen, an alle Kriegsgefangenen, bleiben Sie, wo Sie sind. Wir schicken Flugzeuge, um nach Ihnen zu suchen. Schreiben Sie ein großes *POW* auf die Barackendächer oder auf den Exerzierplatz. Nehmen sie Bettlaken dazu oder Farbe oder was Sie finden können.«

Die großen B-29 fanden uns und warfen Lebensmittel für uns ab. Sie teilten uns mit, daß sich im Süden der Insel ein Luftwaffenstützpunkt befindet und daß sie von Okinawa aus Nachschub einflogen. Und vor allem, daß sie leer zurückflogen. Wir beschlagnahmten den ersten Zug, den wir fanden; wir waren zirka tausend Mann. Wir fanden den Stützpunkt. Von dort flogen sie uns nach Okinawa und dann auf die Philippinen zurück.

Das einzige Gesprächsthema war: »Was wirst du tun, wenn du wieder zu Hause bist? Wo wirst du als erstes essen gehen?« Alle wollten nach San Francisco zu ›Fisherman's Wharf‹. Sie wünschten sich entweder überbackene Austern oder ein großes Steak.

Von Anfang bis Ende ist im Lager nie über Frauen geredet worden. Wir sprachen nie über Sex. Keiner erzählte Geschichten. Es drehte sich alles darum, was man in den Magen kriegen wollte. Die Männer erzählten sich, wie ihre Mütter das Essen kochten. Die meisten saßen ganz still und hörten aufmerksam zu. Das war das große Thema während der ganzen Zeit.

Ich erinnere mich lebhaft an einen alten Polen. Einer von uns forderte ihn immer wieder auf zu erzählen, wie seine Mutter Kohlrouladen, die *golabki*, zubereitete. Er hatte das Erzählen so gut drauf, daß wir sie beinahe riechen konnten. Er sagte, daß er schon wußte, was es zum Mittagessen geben würde, wenn er von der Schule nach Hause kam. Wenn seine Mutter die *golabki* kochte, konnte man das einen ganzen Häuserblock weit riechen. Die Männer wurden alle ganz aufgeregt. Einige leckten sich die Lippen. Sie konnten es schmecken, verstehen Sie?

Ich bin wieder zu Hause. Es ist alles vorüber. Ich möchte es vergessen. Ich habe nichts gegen die Japaner, aber ich fahre keinen Toyota und besitze auch kein Sony-Gerät.

1967 habe ich als ziviler Ausbilder auf dem Chanute-Luftwaffenstützpunkt gearbeitet. Sie schickten mich auf die pazifischen Inseln, um die Männer auszubilden. Das geschah während des Vietnamkriegs. Dann kam ich wieder auf die Philippinen. Danach nach Ben Hua in Vietnam, dann nach Thailand, und schließlich landete ich in Japan.

Ich ging in das Büro der Offiziersunterkünfte, warf meine Instruktionen auf den Tisch und sagte: »Ich brauche ein Zimmer.« Ungefähr vier oder fünf Japaner arbeiteten in dem Raum. Sie standen in einer kleinen Gruppe zusammen, lachten und erzählten sich offenbar Geschichten. Bei diesem Geschnatter verlor ich die Fassung. Mir wurde ganz heiß, und ich knallte die Faust auf den Tisch: »Du verdammter Scheißkerl, komm sofort hierher und gib mir meinen Zimmerschlüssel!« Einer kam rübergerannt und gab mir einen Schlüssel. »Sie müssen dieses Formular ausfüllen.« »Einen Scheiß muß ich!« Ich nahm das Formblatt und sagte: »Sie wollen dies verdammte Ding haben? Sie finden es unter meiner Zimmertür.« Damit ging ich. Dieses ... dieses Gerede hatte mich in Rage gebracht. Allein dieses Stakkatogeschnatter, das ich in den Bergwerken so oft zu hören bekommen hatte.

Doch, es war richtig, daß wir die Atombombe abgeworfen haben. Wenn wir dort mit unseren Streitkräften gelandet wären, hätten wir noch viel mehr Menschen umgebracht als die Bombe. Natürlich wären dann auch alle Kriegsgefangenen getötet worden. Ich bezweifle, ob es einen Zweck gehabt hätte, sie über einem unbewohnten Gebiet abzuwerfen. Nicht bei den Japanern. Bei einem anderen Volk vielleicht. Aber die Japaner waren eine harte Nuß.

Dieser Krieg war anders als der Vietnamkrieg, das ganz bestimmt. Ich finde, daß wir in Vietnam viel zu locker waren. Wir hatten zu viele Restriktionen, zu viele Stricke, die uns davon zurückhielten, das zu tun, was notwendig gewesen wäre. Wenn man einmal in einen Krieg eintritt, dann muß man ihn auch führen. Man kann nicht sagen, das eine geht, aber das andere geht nicht. Wir hätten mehr solche Männer wie MacArthur und Patton gebraucht.

Ich finde, wir sollten überall da anwesend sein, wo der Kommunismus die Herrschaft übernehmen will. Aber wenn wir dort einmarschieren, dann sollten wir es in Gottes Namen auch richtig machen. Entweder, wir spielen das Spiel mit, oder wir sehen zu, daß wir schnell wieder verschwinden. Wir können keine halben Sachen machen, wenn die anderen den ganzen Weg gehen. Das sind keine guten Voraussetzungen.

Er hält zärtlich ein altes Foto in den Händen: Männer in Baseballtrikots in Clark Field. Er deutet auf jeden einzelnen, als er von ihnen erzählt.

Wir hatten da drüben einen Baseballclub. Jedes Wochenende spielten wir in Manila. Filipinoteams. Amerikanische Teams. Ein japanisches Team.

Ich war Fänger – ich hatte einen ziemlich kräftigen Arm. Auf der ersten Base hatten wir Max und O'Connell, sie wechselten sich ab. Die beiden starben in Cabanatuan. Auf der zweiten Base stand Andy Olds aus Milwaukee. Er war Pole, ein lieber Kerl. Andy kam wieder zurück, doch kurz nach seiner Ankunft starb er an einem Herzinfarkt.

Als Stopper hatten wir Armando Viselli aus Connecticut. Armando starb auf einem Aufklärungsflug über der Lamon-Bucht. Das war am 22. Dezember 1941.

Auf der dritten Base war Cabbage Clan, ein Pennsylvania-Dutch-Mann. Wir nannten ihn Cabbage. Er kam ums Leben, als sein Schiff kurz vor Mindanao torpediert wurde – von einem U-Boot der U.S.-Marine. Wir hatten zwei Fänger. Da war zunächst mal Beck. Er war an dem Tag, an dem die Japaner Clark Field bombardierten, verletzt worden, sein Bein war übel zugerichtet. Man hat ihn mit einem Lazarettschiff herausgebracht, und ich weiß nicht, was aus ihm geworden ist. Der andere Fänger hieß Dumas. Er kam aus Massachusetts. Dumas wurde am ersten Tag in Iba getötet.

Ich bin der einzige von dieser ganzen Mannschaft, der noch lebt, der einzige, der aus dem Krieg zurückgekehrt ist. Deshalb halte ich dieses Foto so in Ehren.

Die Frauen daheim

Peggy Terry

Sie ist eine Frau aus den Bergen, die seit zwanzig Jahren in Chicago lebt. Paducah in Kentucky ist ihre Heimatstadt, die sie besucht, sooft es ihr schmaler Geldbeutel erlaubt.

Meine erste Stelle nach der Wirtschaftskrise bekam ich in einer Munitionsfabrik in Viola, Kentucky. Das liegt zwischen Paducah und Mayfield. Es waren große Geschosse: Flugabwehr, Brandbomben und Leuchtspurgeschosse. Wir mußten die Spitzen von den Leuchtspurgeschossen rot anmalen. Meine Mutter, meine Schwester und ich waren da angestellt. Wir haben in verschiedenen Schichten gearbeitet, weil wir kleine Kinder zu Hause hatten. Wir haben sagenhafte zweiunddreißig Dollar die Woche rausgekriegt. (Sie lacht.) Uns kam das vor wie ein totales Wunder. Davor hatten wir überhaupt nichts verdient.

Sie können sich nicht vorstellen, wie ahnungslos ich war. Irgendwie wußte ich schon, daß der Krieg angefangen hatte, aber ich konnte mir nichts darunter vorstellen.

Besaßen Sie kein Radio?

Ach was! Das konnten wir uns nicht leisten. Wir sind nur so umhergezogen und haben überall gearbeitet, wo wir eine Anstellung finden konnten. Ich war achtzehn, mein Mann neunzehn. Wir haben von einem Tag auf den anderen gelebt. Wenn man mitten im Überlebenskampf steckt, denkt man nicht an große Sachen wie Krieg oder so. Wir sind gar nicht darauf gekommen, daß wir diese Geschosse bauen, damit man damit Menschen tötet. Das wäre mir nie eingefallen.

Wo wir gearbeitet haben, gab es keine Vorarbeiterinnen. Wir waren nur ein Haufen Frauen aus den Bergen, immer am Lachen und am Reden. Wir waren wie eine große Familie. Jetzt hatten wir endlich Geld für Schuhe oder mal für ein Kleid, für die Miete, und wir konnten was zu essen auf den Tisch bringen. Wir waren einfach froh und glücklich, daß wir Arbeit hatten.

Ich habe in Werk 11 gearbeitet. Ich mußte an einer Maschine jede Menge Knöpfe bedienen. Eine Hülse kam da runtergerutscht, und das Pulver rieselte rein. Mit einem anderen Hebel hat man es festgestopft. Dann ging es über ein Fließband in ein anderes Gebäude, wo oben noch der Zünder reinkam. So ging das an einem Stück.

Ein Bestandteil davon war Tetryl, davon wurden wir ganz orange. Genauso orange wie eine Apfelsine. Die Haare hatten orange Streifen. Hände, Gesicht, Hals, einfach alles wurde orange, sogar die Augäpfel. Wir haben nie weiter nachgefragt. Keine von uns hat jemals gefragt: Was ist das eigentlich für ein Zeug? Ist das schädlich? Wir haben uns einfach keine Gedanken darüber gemacht. Das gehörte eben zu den Arbeitsbedingungen dazu. Wir haben uns nur über eins Sorgen gemacht, nämlich, daß die anderen Frauen denken könnten, wir hätten uns die Haare gefärbt. Es war damals noch eine Schande, sich die Haare zu färben. Wir hatten Angst vor dem Gerede der Leute.

Im Bus haben wir immer darüber gelacht. Am Ende ist es ja auch wieder abgegangen. Aber ich glaube, ich weiß noch, daß manche Frauen an Atemnot litten. Die Geschosse wurden dunkelgrau angemalt. Wenn der Anstrich nicht glatt genug war, mußten wir die Farbe mit nassen Lumpen und irgendeinem Abbeizmittel wieder runterwaschen. Die Dämpfe von den Lappen – das war, wie wenn man Fleckenwasser einatmet. Es hat in der Nase gebrannt und im Hals. Ach, man kriegte kaum Luft dabei. Das weiß ich noch.

Bei uns ist nie was in die Luft geflogen, aber ich erinnere mich noch an die Halle, wo die Zünder eingebaut wurden. Die Zünder sind kleine schwarze Dinger, ungefähr so groß wie ein Daumen. Einmal gab es ein schlimmes Gewitter, und alle Lichter gingen aus. Jemand hat eine Kiste mit Zündern umgekippt, auf den Fußboden. Da standen wir also im Dunkeln. Einer schrie: »Nicht bewegen, bloß nicht!« Die hatten Angst, daß wir auf einen Zünder treten. Dann sind wir auf Händen und Füßen bei dem Gewitter aus der Halle gekrabbelt. (Sie lacht.) Wie in Zeitlupe. Wenn wir auf einen getreten hätten...

Mama wurde entlassen, wie man so schön sagt – also gefeuert. Ihre Mutter war krank geworden und lag im Sterben, deshalb wollte Mama Urlaub haben, aber den hat sie nicht bekommen. Sie hat gesagt: »Tja, ich muß aber trotzdem bei meiner Mama sein. Wenn ich deswegen die Stelle verliere, dann verliere ich sie eben.« Also haben sie Mama entlassen. Und von da an wurde ich langsam ungemütlich. Ich habe mich nicht mehr soviel rumschubsen und schikanieren lassen. Ich habe gekündigt, und sie haben mir gesagt, wenn ich kündige, käme ich auf die schwarze Liste und würde nirgendwo mehr Arbeit kriegen. Sie hätten schließlich meine Fingerabdrücke und so. Wahrscheinlich war es nur ein Bluff, weil ich nämlich doch eine neue Stelle gefunden habe.

Wenn ich mir überlege, wie wenig wir über Menschenrechte wußten und über Gewerkschaftsrechte. Wir wußten natürlich, daß Daddy in der Bergarbeitergewerkschaft viel Zoff gemacht hatte, aber auf uns Frauen hatte das damals noch nicht abgefärbt. Coca-Cola und Dr. Pepper waren in allen Werkshallen erlaubt, aber nicht ein Schluck Wasser. Nur aus der Kantine konnte man sich Wasser holen, aber die war zwei Häuserblocks entfernt. Man konnte natürlich die Maschine nicht so lange allein lassen, um sich etwas zu trinken zu holen. Ich habe Cola und Dr. Pepper getrunken, aber ich mochte das Zeug nicht. Kann ich heute noch nicht ausstehen. Natürlich mußten wir auch noch dafür bezahlen. Nicht mal zur Toilette gehen konnten wir, so weit war es bis dahin.

Wir wurden mit dem ›Navy E‹ für exzellente Arbeit ausgezeichnet. Was waren wir stolz auf dieses E. Wie eine große Familie waren wir, wir sind uns um den Hals gefallen und haben uns abgeküßt. Sogar die *Navy*-Kapelle kam und hat uns zu Ehren gespielt. Was haben wir uns darauf viel eingebildet.

Es war das erste Mal, daß meine Mutter jemals woanders als auf einem Feld gearbeitet hatte – ihre erste richtige Stelle. Für alle war es ein großer Segen. Einmal ist Mama mitten in der Nacht aufgewacht und mußte zur Toilette, da hat sie den Bus vorbeifahren sehen. Sie hat gesagt: »Du liebe Güte, ich habe verschlafen.« Sie hat sich was übergeworfen, ihr Mittagessen eingepackt, und dann stand sie abmarschbereit an der Straßenecke, da sagt doch Boy Blue, unser Fahrer, zu ihr: »Mädchen, das ist die falsche Schicht.« Mama brauchte nicht vor sechs Uhr früh anzufangen. Das hat sie ihr Lebtag nicht mehr vergessen. Sie hätte Ihnen das bestimmt gern selber erzählt.

Ich lebte wirklich in einer sehr kleinen Welt. Als wir von Oklahoma nach Paducah zogen, kam uns das vor wie eine Reise zum Mittelpunkt der Erde. Das war während der Wirtschaftskrise, und damals konnte man noch von Glück sagen, wenn man sich eine Busfahrt durch die Stadt leisten konnte. Durch den Krieg wurde meine Welt größer. Besonders nachdem ich oben in Michigan war.

Mein Großvater ist als Rentner nach Jackson in Michigan gezogen, nachdem er nicht mehr bei der Eisenbahn war. Er hat uns geschrieben, daß wir in Jackson in den Rüstungsfabriken doppelt soviel verdienen könnten. Und das stimmte. Da haben wir neunzig Dollar die Woche gekriegt. Wir haben irgendwelche Tests für Flugzeugradios gemacht.

Oh, da habe ich diese vielen wunderbaren Polen kennengelernt. Das waren die ersten Leute, die ich je getroffen hatte, die anders waren als ich. Da hat sich für mich eine ganz neue Welt aufgetan. Sie haben mir das Biertrinken beigebracht. Sie waren sehr für die Gewerkschaft. Ich habe viel gelernt, wovon ich vorher überhaupt keine Ahnung hatte.

Wir waren sehr patriotisch und haben begriffen, daß die Nazis aufgehalten werden mußten. Von Konzentrationslagern wußten wir nichts. Ich glaube, meine Bekannten hatten alle keine Ahnung davon. Mit den Japanern war das etwas ganz anderes. Die wollten wir richtig fertigmachen. Die sahen überhaupt nicht aus wie wir. Das waren kleine gelbe Biester, die mit einem Grinsen auf dem Gesicht unsere Jungs bombardiert haben. Ich weiß noch, wie jemand in Paducah auf die Idee kam, alle japanischen Sachen, die man besaß, zu verbrennen. Ich hatte eine kleine Keramikkatze und habe gesagt: »Mir egal, die wird nicht verbrannt.« Es wurde ein großes Feuer angesteckt, und die Leute schleppten ihre Sachen an, die aus Japan kamen. Die haben sie ins Feuer geschmissen. Ich habe meine Katze versteckt. Sie steht heute noch im Badezimmer auf dem Regal. (Sie lacht.)

In allen Filmen, die wir gesehen haben, waren die Deutschen immer groß und gutaussehend. Einen Bösewicht gab es auch jedesmal, einen kleinen, fetten, gemeinen Nazi. Aber die Hauptpersonen sahen gut aus und waren uns sehr ähnlich. Die Japaner waren alle böse. Wenn man sein halbes Leben hinter sich hat und immer noch nicht weiß, wie man manipuliert wird, das ist schon traurig und auch irgendwie erschreckend.

Ich erinnere mich auch noch an einen schönen Film, ›The White Cliffs of Dover‹. Wir haben alle dagesessen, und die Tränen rollten uns nur so über die Backen. Mein Leben lang hatte ich England nicht leiden können, weil meine Familie, so lange ich denken konnte, die Engländer aus Irland raushaben wollte. Im Krieg sind diese Unstimmigkeiten irgendwie ganz verschwunden. Dazu brauchte es einen Krieg.

Ich glaube, durch den Krieg habe ich angefangen, die Augen aufzumachen. Man kann eben bei so einem bedeutsamen Ereignis nicht bloß danebenstehen und von nichts etwas wissen. Kleinigkeiten passieren hier und da, und dann fügt man eines zum anderen. Und plötzlich wird ein Puzzle daraus.

Mein Mann war im Krieg Fallschirmjäger, in der 101. Airborne Division. Er hat sechsundzwanzig Absprünge gemacht, in Frankreich, Nordafrika und Deutschland. Ich kann nur mit Trauer an den Krieg zurückdenken. Damals war ich nicht klug genug, um mir viel den Kopf zu zerbrechen. Wir haben uns amüsiert, wir hatten Geld, Essen auf dem Tisch, und wir konnten die Miete zahlen. Das kannten wir ja vorher gar nicht. Aber wenn ich so zurückblicke und an meinen Mann denke ...

Vor dem Krieg hat er nie getrunken, nicht einmal geraucht. Als er zurückkam, war er ein richtiger Säufer. Und er hatte die fürchterlichsten Alpträume. Mitten in der Nacht ist er schreiend aufgewacht. Ich habe stundenlang neben ihm gesessen und ihn im Arm gehalten, so hat er gezittert. Manchmal sind wir ins Kino gegangen, und wenn ein Film mit vielen Schießereien kam, dann hat er so angefangen zu zittern, daß er aufstehen und gehen mußte. Er hat auch angefangen, mich zu schlagen und die Kinder zu verprügeln. Er wurde richtig brutal.

Am meisten hat ihn die Erinnerung an diese eine Stadt, in der er war, mitgenommen. Er hat gesehen, wie sich neben einem Gebäude etwas bewegt, da hat er eben geschossen. Es war eine Frau. Darüber ist er nie hinweggekommen. Der Krieg macht die Menschen gewalttätig – das klingt wie eine Binsenwahrheit. Ihn hat er auf jeden Fall gewalttätig gemacht.

Der Krieg hat vielen Leuten Arbeit gegeben. Er hat sie dazu gebracht, sich mehr vom Leben zu erwarten als vorher. Den Menschen wurden Hoffnungen gemacht, finanziell und auch seelisch. Was für ein wunderbarer Traum. Wir alle kommen ans Ende des Regenbogens. Dann war der Krieg vorbei, und der Regenbogen hat sich aufgelöst. Fast sofort ging es nach Korea. Es gab keinen Frieden, wie man uns das versprochen hatte.

Ich weiß noch, wie einmal im Bus eine Frau gesagt hat, sie hofft, der Krieg dauert noch so lange, bis sie ihren Kühlschrank abbezahlt hat. Ein alter Mann hat ihr mit dem Regenschirm eins über den Kopf gehauen. Er hat gesagt: »Wie können Sie es wagen!« (Sie lacht.)

Was waren das für herrliche Feiern, als der Krieg zu Ende war. In Paducah gab es auf einmal wieder Zigaretten zu kaufen. Bis zu der Stunde konnte man für Geld und gute Worte keine Schachtel Zigaretten kriegen. Die Bäckerei Kirchoff hat Brote verschenkt. Im strömenden Regen war die ganze Stadt auf den Beinen, wir haben getanzt. Wir haben die Schuhe ausgezogen und in die Handtasche gesteckt. Wir waren so glücklich.

An dem Abend, als mein Mann wieder nach Hause kam, sind wir mit einem Haufen Freunde ausgegangen und haben uns vollaufen lassen. Wir haben uns alle eine Tätowierung machen lassen. Ich hatte meine oben am Oberschenkel, wo man sie nicht sehen konnte. Ein Herz mit einem Pfeil durch: ›Bill and Peggy‹. Als ich zur Entbindung ins Krankenhaus mußte – kaum war er wieder zu Hause, war ich auch schon schwanger –, da war mir die Tätowierung peinlich, und ich habe zwei Heftpflaster drübergeklebt. Aber die Krankenschwester reißt sie einfach ab, sieht die Tätowierung und meint: »Ach, genau an derselben Stelle habe ich auch eine.« Und sie zieht den Rock von ihrer Tracht hoch und zeigt mir ihre Tätowierung. (Sie lacht.)

Ich wußte zwar, daß der Bombenabwurf über Hiroshima eine furchtbar schlimme Sache war, aber damals hatte ich noch keine Ahnung, was für ein Schreckensding es wirklich war. Auf die einfachen Leute hatten sie es abgesehen. Nicht auf die hohen Tiere in Japan, die den Krieg überhaupt erst angefangen haben. Auf die haben wir sie nicht abgeworfen. Hirohito und sein Schimmel, die haben nicht mal einen Kratzer abgekriegt. Auf Frauen und Kinder haben wir sie fallen lassen, die überhaupt nicht mitreden konnten, ob ihr Land nun einen Krieg anfängt oder nicht.

Ich war froh, daß mein Mann nach Hause kommen sollte und nicht mehr von Deutschland aus dorthin geschickt wurde. Jeden Tag, wenn die Zeitung kam, stand da etwas von einem, den ich kannte, mit Bild. Eine Menge Jungs, mit denen ich zur Schule oder in die Kirche gegangen war, sind ums Leben gekommen.

Wir sind nie bombardiert worden. Ich kann mir nicht helfen, aber ich glaube, der kalte Krieg hat nur deshalb angefangen, weil wir mit heiler Haut davongekommen waren. Bis auf die Jungs, die im Ausland gefallen sind, standen wir doch bei Kriegsende nicht schlecht da. Die Leute hatten Geld wie schon seit Jahren nicht mehr.

Nein, ich glaube nicht, daß wir uns gern wieder mit dem begnügt hätten, was wir vor der Wirtschaftskrise hatten. Daß wir auf Sachen verzichtet hätten, an die wir uns gewöhnt hatten. Materiell ging es uns tausendmal besser. Aber der Krieg hat mich von der Religion abgebracht. Ich bin sehr fromm erzogen worden. Man hat mir eingetrichtert, daß ich ein Nichts bin. Ich finde, wenn Gott mich erschaffen hat, wenn er seinen eingeborenen Sohn gesandt hat, um sein Leben für mich hinzugeben, dann bin ich wohl etwas wert. Meine Mutter ist in dem Glauben gestorben, ein Nichts zu sein. Ich weiß auch nicht, wie die Kaplane sich Männer Gottes nennen und gleichzeitig junge Männer für die Schlacht vorbereiten können. Wenn es in der Bibel heißt: »Du sollst nicht töten«, dann steht da nicht: »Außer in Kriegszeiten.« Da kommt ein Mensch auf den elektrischen Stuhl, nur weil er in einem Wutanfall einen umgebracht hat. Aber unseren Soldaten stecken sie dafür auch noch Orden an die Brust. Je mehr Leute sie umbringen, desto mehr Orden kriegen sie.

Ich war einfach froh, als alles vorbei war, weil ich meinen Mann wieder zu Hause haben wollte. Was das eigentlich bedeutete, habe ich nicht verstanden; ich wußte nur, das Töten hat ein Ende, und das findet doch wohl jeder gut, ganz egal, ob er nun ein politischer Mensch ist oder nicht. (Sie lacht.) Das Töten hat für immer ein Ende.

Dellie Hahne

Tolucca Lake, Nordhollywood. In diesem Stadtteil sind alle Gesellschaftsschichten vertreten: piekfeine Anwesen, ein heruntergekommener Bezirk, in dem »alle Reklametafeln auf Spanisch sind«, ein Übergangsbereich mit Durchschnittshäusern, in dem sie wohnt.

Sie ist vor einem Jahr in Pension gegangen, nachdem sie dreiunddreißig Jahre lang an Schulen in Los Angeles Musik unterrichtet hatte. Immer noch arbeitet sie zwei Tage in der Woche mit behinderten Kindern. Ihre gute Figur und ihre raschen Bewegungen lassen sie viel jünger erscheinen, als sie ist.

Mein Gewissen sagte mir zwar, daß der Krieg eine fürchterliche Sache ist, Elend und Blutvergießen, aber es lag eine Spannung in der Luft. Ich hatte gerade das College beendet und arbeitete als Lehrervertretung. Das Leben war ziemlich öde. Und auf einmal bekamen alleinstehende Frauen eine ungeheure Bedeutung. Es wurde uns von allen Seiten eingehämmert, von den Zeitungen, den Illustrierten, dem Radio. Man brauchte uns bei der USO, um mit den Soldaten zu tanzen.

Eine junge Frau hatte die Möglichkeit, in ein oder zwei Wochen Hunderte von Männern kennenzulernen, mehr als sonst in ihrem ganzen Leben – wegen des Krieges. Das Leben wurde zu einer Serie von Wochenendrendezvous.

Ich wurde Schwesternhelferin und arbeitete im Krankenhaus. Sechs oder acht Wochen Ausbildung beim Roten Kreuz. Die Uniform machte uns zu etwas Besonderem.

Ich hatte einen drei Jahre jüngeren Bruder. Er war Kadett auf der Santa-Ana-Luftwaffenbasis. Diese Kadetten trugen großartige Hüte, eine phantastische Uniform.

Ich begegnete meinem zukünftigen Mann. Eigentlich machte ich mir nicht viel aus ihm, aber der Druck war so groß. Mein Bruder sagte: »Was soll das heißen, du magst Glenn nicht? Du wirst ihn doch heiraten, oder?« Da kam mir zum ersten Mal in den Sinn, daß ich überhaupt jemanden heiraten würde. Der Druck auf uns, einen Soldaten zu heiraten, war so groß, daß ich dies nach einiger Zeit gar nicht mehr in Frage stellte. Eines Tages würde ich sowieso heiraten müssen, also konnte ich ebensogut ihn nehmen.

Auch, daß Frauen Soldaten heirateten und sie glücklich nach Europa schickten, wurde uns von allen Seiten eingebleut. Da gab es die Hörspiele im Radio, die Kurzgeschichten in den Illustrierten und die Filme, die einen enormen Einfluß auf unser Leben hatten. Das zentrale Thema war: Mädchen lernt Soldaten kennen, und nachdem sie sich ein Wochenende lang miteinander bekannt gemacht haben, heiraten sie. Sie werden mit allen Schwierigkeiten fertig, und dann geht er fort in den Krieg. Erinnern Sie sich an Judy Garland und Robert Walker in ›The Clock‹?

Ich kannte Glenn sechs Wochenenden, nicht Wochen. Sie begannen am Sonnabendnachmittag. Wir gingen in großen Gruppen aus und blieben die ganze Nacht auf. Nur sehr wenige schliefen miteinander. Wir waren die letzten Ausläufer einer moralischen Generation. Eine wilde Ehe wurde nicht geduldet. Ein uneheliches Kind bedeutete ein entsetzliches Handicap. Es ruinierte einem fast das Leben. Ich bin erstaunt und freue mich über die Art, wie dies heute akzeptiert wird, und daß ein Mädchen nicht mehr ein Außenseiter der Gesellschaft ist.

Das *Office of War Information* leistete gründliche Arbeit, uns davon zu überzeugen, daß unsere Sache die richtige ist. Wir haben Hitler gestoppt, und wenn man zurückschaut, dann mußten wir ihn einfach stoppen. Wir haben die Welt gerettet. Wir waren mit Rußland alliiert, was zu jener Zeit großartig war. Deutschland hatte den Ersten Weltkrieg begonnen, und nun hatte es den Zweiten Weltkrieg angefangen. Deutschland mußte von der Landkarte radiert werden. Ein paar Jahre später, als wir anfingen, Deutschland wieder zu bewaffnen, war ich schockiert. Sie hatten mich hinters Licht geführt – ich konnte es nicht fassen. Ich weiß noch, wie ich hier auf der Veranda saß und lesen mußte, daß unser eingeschworener Feind nun unser Verbündeter war. Die Enttäuschung war groß. Da fing ich an, meiner eigenen Regierung zu mißtrauen.

Seit ich geboren bin, war Rußland unser Feind gewesen, bis zum Jahr 1940. Dann wurde Rußland unser Verbündeter. Es ist seltsam, niemand schien zu bemerken, daß dies eine totale Kehrtwende war. Sobald der Krieg vorbei war, haben wir Rußland wieder fallengelassen. Während des Krieges habe ich niemals antirussisches Gerede gehört.

Es gab einen Filmbericht, in dem zwei russische Artilleriefrauen gezeigt wurden. Die eine konnte kein Englisch. Es war offensichtlich, daß der Satz ihr mühsam einstudiert worden war. Der Reporter fragte sie: »Wenn Sie jetzt einem Deutschen begegnen würden, was würden Sie dann tun?« Sie sagte sehr langsam: »Meine Hand wird nicht zögern.« Alle schrien und klatschten. Einige sagten: »Was soll der Quatsch?« Doch uns allen war klar, wie wichtig es war, daß wir die Russen liebten und immer wieder zu hören, daß das, was sie machten, großartig ist.

Meine Hochzeit war genau wie in diesen Filmen, weil er nicht aus dem Stützpunkt wegkonnte. Meine Eltern waren einverstanden. Meine Mutter führte ein Gespräch mit dem Kommandanten des Stützpunktes. Sie wollte wissen, warum der Kerl, den ich heiraten sollte, Stubenarrest hätte. Er antwortete, sie hätten nichts als Schwierigkeiten mit ihm. Er riet ihr, sich noch einmal gründlich zu überlegen, ob sie ihrer Tochter erlauben solle, einen solchen Mann zu heiraten: Er sei völlig verantwortungslos. Meine Mutter erzählte mir das, und wir lachten beide darüber. Er war Soldat, also konnte er nichts anderes sein als ein wunderbarer, prachtvoller Mensch. Ich glaubte nicht eine Minute, was der Major gesagt hatte. Glenn bekam seinen Wochenendpassierschein, und wir heirateten.

Kurz darauf wurde er aus der Luftwaffe geschmissen. Da bekam ich meine ersten Zweifel, ob er wirklich so großartig war. Er wurde also Sergeant und putzte Flugzeuge. Dann wurde er in verschiedene Landesteile geschickt: Panama City, Florida; Ypsilanti, Michigan; Amarillo, Texas. Ich folgte ihm.

Auf diese Art lernte ich das Elend des Krieges kennen. Schwangere Frauen, die sich im schaukelnden Zug kaum aufrecht halten konnten, auf dem Weg, ihre Männer zum letzten Mal zu sehen, bevor sie nach Europa geschickt wurden. Frauen mit kleinen Kindern auf dem Rückweg vom Besuch bei ihren Männern, wie sie versuchten, ihre Babies zu füttern oder die Windeln zu wechseln. Sie taten mir leid, und mir fiel auf, daß dies nicht halb so lustig war, wie man es mir versprochen hatte. Ich dankte Gott nur, daß ich keine Kinder hatte.

Wir sind nie geflogen. Es war immer der Zug. Viele Male stand man vor einem Abteil und betete zu Gott, daß man nur einen Platz finden würde, um den Koffer abstellen und sich daraufsetzen zu können. Zum Schlafen gab es keinen Platz, und so saß man manchmal drei, vier Nächte hintereinander da. Die Züge waren dreckig und überfüllt.

Man fuhr, um bei seinem Mann zu leben, weit weg von zu Hause. In den Städten hatten sie Vorkehrungen für die Ehefrauen von Soldaten getroffen. Sie brauchten alle weiblichen Arbeitskräfte, die sie kriegen konnten. Wir arbeiteten in Fabriken oder Restaurants. In manchen Städten bekam der Mann regulär einen Tag frei. Sie erlaubten uns dann, an demselben Tag freizunehmen. Die Städte nahmen uns auf, weil sie uns brauchten. Aber man hatte nie das Gefühl, daß man willkommen war. Es war ein Waffenstillstand.

In Amarillo ging ich in ein Geschäft, um ein Brot zu kaufen. Ich wäre die nächste in der Reihe gewesen, aber die Verkäuferin bediente absichtlich zuerst die drei Frauen, die hinter mir standen. Diese Frauen kannte sie, und ich war eine Außenseiterin. Ich eröffnete ein Girokonto, und sie ließen ohne ein Wort der Erklärung meinen Scheck platzen. Konto gesperrt. Meine Vermieterin gab mir den Scheck wütend zurück. Es war der erste, den ich je ausgestellt hatte. Der Bankmanager erklärte mir knapp und kühl, daß ich meine Scheckkarte mit Dellie Hahne und den Scheck mit Mrs. Dellie Hahne unterzeichnet hätte. Jedem anderen hätte er freundlich gesagt: »Sehen Sie mal, Sie haben da einen Fehler gemacht, einen Scheck füllt man so aus.« Dies war eine verächtliche, kalte Abweisung. Ich war eben ein Außenseiter.

Ich fühlte mich eine Stufe über der Lagerhure. In manchen Fällen hat man von mir verlangt, meine Heiratslizenz vorzuzeigen. Die Miete mußte ich meistens im voraus bezahlen. Oftmals hat man zu mir gesagt: »Lassen Sie die Tür doch auf, falls noch ein Freund Ihres Mannes bei Ihnen reinschauen will.« Sie sahen auf uns herab, doch sie wurden reich durch die Soldaten.

Am *V-J Day* ging ich auf die Straße. Alle Leute rannten hin und her. Ich sprach mit einem Mann. Er war so benommen, daß ich ihn schon für einen Psychopathen hielt. Er erzählte mir, daß er auf einer Farm lebe und nach Panama City gekommen sei, um auf den Schiffswerften zu arbeiten. Der Krieg war vorbei, und eine halbe Stunde später sei er schon entlassen worden. »Ich habe nicht einen Pfennig gespart«, sagte er. »Ich habe ein Kind. Ich weiß, verdammt noch mal, nicht, wohin ich jetzt gehen soll.«

Ich habe viele Frauen getroffen, deren Männer in Europa waren. Sie lebten von Zuwendungen. Fünfzig Dollar im Monat können einen nicht ernähren. Die Sachen waren relativ billig, aber andererseits hatten wir auch sehr wenig Geld. Es ging auch um die Marken. Ich habe den Verdacht, daß das Rationierungssystem ein patriotischer Trick gewesen war, um unsere Begeisterung weiter anzustacheln. Wenn man etwas wollte, wofür es keine Marken gab, war es das leichteste von der Welt ... Beinahe jeder hatte ein zynisches Gefühl in bezug auf das, was uns als ›Lebensmittelknappheit‹ vorgegaukelt wurde.

Am Anfang war der Krieg die größte Sache seit den Kreuzzügen. Die patriotische Leidenschaft ging so weit, daß jedermann aufstand und stramme Haltung annahm, wenn ›The Star-Spangled Banner‹ im Radio gespielt wurde. Als der Krieg sich immer länger hinzog, konnten wir von den eigennützigen Taten der Leute lesen, die an der Macht waren. Wir lasen Geschichten wie die von General McArthur, der auf den Philippinen den Leuten das Essen wegnahm, um seine eigene Familie zu ernähren. Unsere Begeisterung legte sich, wir wurden zynisch und müde. Wir hatten das

Blutvergießen und Töten satt. Dies war etwas völlig anderes als das, was wir uns zu Anfang vorgestellt hatten. Ich jedenfalls empfand das so.

Es gab ein Schlagwort: Der Krieg gegen den Faschismus. Ich erinnere mich an einen Bing-Crosby-Film. Ich glaube, da spielt er einen Taxifahrer, und irgend so ein Kerl sitzt hinten bei ihm im Taxi und diktiert seinem Sekretär einen Brief. Crosby singt ein Lied. Der Geschäftsmann sagt: »Halten Sie den Mund!« Und Crosby antwortet: »Die Welt wäre sehr viel schöner, wenn wir nicht so viele Diktatoren hätten.« Immer diese Schlagworte und Werbesprüche: Dieser Krieg war der Krieg, der Hitler stoppte, der Mussolini stoppte, der die Achse stoppte.

Bei einigen Filmen war uns klar, daß sie reiner Blödsinn waren. Ein George-Murphy-Film, zum Beispiel, in dem er seinen Einberufungsbescheid bekommt. Er öffnet das Telegramm, barfuß und im Schlafanzug, rennt durch das ganze Haus, springt über die Couch, hüpft über einen Stuhl, johlt und schreit. Seine Vermieterin fragt ihn, was los sei. »Ich bin eingezogen worden! Ich bin eingezogen worden!« Also, da jaulte das gesamte Publikum. Wissen Sie, man kann ihnen nur bis zu einer gewissen Grenze Blödsinn eintrichtern.

Wenn ein Mann in einem Film Zivilist war, mußte er das immer erklären – wie war das noch? Gene Kelly in ›Cover Girl‹? Ich erinnere mich an den einen Satz: »Nun, Danny, warum bist du nicht bei der Armee?« »Scheiße, ich bin in Nordafrika verwundet worden, und nun bleibt mir nur noch, die Leute glücklich und bei guter Stimmung zu halten, indem ich diese Shows hier aufführe.« Es mußte immer erklärt werden, warum der Mann nicht in Uniform war. In jedem Film kam so ein Satz vor. »Tja, ich wurde abgelehnt.« »Oh, so ein Pech!« Es waren immer Soldaten im Publikum, und die pfiffen. So erkannten wir eine Menge Unsinn.

Es gab ein paar gute Bücher. ›Mrs. Miniver‹ von Jan Struther. Sie fragte, warum man erst einen Krieg nötig hatte, um die Regierung dazu zu bringen, die Bordsteinkanten weiß anzustreichen, damit die Leute nachts nicht darüber stolperten. Oder warum man erst einen Krieg nötig hätte, um die Armut und Ungerechtigkeit zu sehen. Viele Leute wollten nicht kämpfen. Warum, zum Teufel, sollten sie für dieses Land kämpfen? Was hatte dieses Land für sie getan? Ein anderes Buch hieß: ›This Above All‹. Sein Tenor war: Erst gewinnen wir den Krieg und *dann* kümmern wir uns um eure Armut, eure unglückliche Kindheit und eure Nöte... Geh nach Europa, komm zurück, und dann kriegst du ... Alles, was sie bekamen, war die *GI-Bill of Rights*, um auf eine Schule gehen zu können. Und was den Rest betrifft...

Die meisten Soldaten ärgerten sich über die Männer, die keine Uniform trugen. Sie nannten sie Drückeberger. Bekamen zwei Kerle Streit im Verkehr, steckte der Uniformierte seinen Kopf zum Autofenster heraus und rief: »Du verdammter Drückeberger!« Sie wollten nicht mehr eingeredet kriegen, daß der Mann ohne Uniform traurig darüber und der in Uniform quietschfidel sei. Das war er nicht. Er hatte die ganze Sache verdammt satt.

Der gute Krieg? Das macht mich richtig wütend. Den Zweiten Weltkrieg einen guten Krieg zu nennen, ist entsetzlich. Ich denke dabei an all die Grausamkeiten, an einen Verrückten, der all diese Macht hatte, an die Vernichtung der Juden, all das Elend und das schreckliche Leid in den Konzentrationslagern. 1971 war ich in Dachau. Ich konnte nicht glauben, was ich dort gesehen habe. Eine Baracke ist übriggeblieben, eine Modellbaracke. Man kann den Rest rekonstruieren und sich vorstellen, was dort losgewesen ist. Aber man muß nicht erst hinfahren, um sich das Ausmaß des menschlichen Elends klarzumachen.

Ich weiß, daß das aufhören mußte, und wir haben dafür gesorgt. Aber ich bin nicht stolz darauf, denn die Art, wie wir das gemacht haben, war hinterhältig. Wie viele Jahre ist das her? Vierzig? Und heute stehe ich hier und gucke dumm aus der Wäsche. Man hat mich belogen. Man hat mich betrogen. Man hat mich zum Narren gehalten. Wenn sie gesagt hätten: »Hört mal, das hier muß getan werden. Wir gehen da raus und erledigen unseren Job... Sie werden uns die Arme und Beine abschießen, aber es muß sein.« Das hätte ich verstanden. Wenn sie mir nicht diesen ganzen Mist vorgesetzt hätten mit den Uniformen und den Mädchen mit ihren Pompadourfrisuren und dem Tanzen bei der *USO* und all den kitschigen Liedern – so'n Quatsch!

Sie hätten eine andere Einstellung haben sollen, mehr verlange ich nicht. Wenn man schon einen Krieg machen muß, soll man ehrlich sein. Vielleicht muß man die Leute dazu bringen, zu kämpfen, und vielleicht muß man sie dazu belügen. Aber wenn sie doch nur gesagt hätten, daß dies nicht die großartigste Sache von der Welt ist, daß es Korruption und Schiebung in Washington gibt und die Kinder keine Milch bekommen werden, damit irgend so ein Arschloch in Florida Ferien machen kann, dann würde ich mich jetzt nicht so blöd fühlen.

Mein Bruder wurde getötet. Nicht in Europa, sondern bei einer Flugübung in Nordcarolina. Es hat meine Mutter kaputtgemacht, sie hat meinen Bruder regelrecht vergöttert. Er war der einzige Junge. Ich glaube, sie hat sich nie davon erholt.

Eine gute Sache ist dabei herausgekommen. Ich hatte ein paar Freundinnen, deren Mütter in die Fabriken gingen, um zu arbeiten. Sie arbeiteten zum ersten Mal in ihrem Leben außerhalb des Hauses und stellten fest, daß sie zu mehr fähig waren, als Mahlzeiten zuzubereiten. Ich weiß noch, wie ich von einer der älteren Frauen an einem Sonntagabend zum Essen eingeladen worden war. Sie und ihre Schwester unterhielten sich bei Tisch über die beste Art, den Bohrer in ihrer Fabrik zu schärfen. So was hatte ich noch nie gehört.

Aber sogar in diesem Punkt sind wir reingelegt worden. Sie trichterten uns von allen Seiten ein, daß die Frau nur vorübergehend zur Arbeit ging, um für ihren Mann auszuhelfen. Wenn er zurückkam, übernahm er ihren Job, und sie sprang freudig wieder an den Herd zurück.

Eine Briefkolumne veröffentlichte, was eine Frau ihrem Mann nach Europa geschrieben hatte: »Dies ist eine genaue Abbildung unseres Armaturenbrettes. Brauchen wir neues Öl?« Um zu demonstrieren, wie abhängig wir von unseren Männern waren. Diejenigen von uns, die das lasen, hielten das für baren Unsinn. Wenn eine Frau nicht weiß, ob sie neues Öl braucht, fährt sie das verdammte Ding einfach zur Tankstelle und läßt sich vom Tankwart unterrichten. Dann wird sie schon lernen, ob sie neues Öl braucht oder nicht. Aber sie wollten uns Frauen immer noch hilflos und abhängig.

Ich glaube, vielen Frauen war das egal. Sie hatten einen Geschmack von der Freiheit bekommen, vom Geldverdienen und davon, selbstverdientes Geld auszugeben. Sie hatten erfahren, wie es ist, ihre eigenen Entscheidungen zu treffen. Ich glaube, die ersten Samen der Frauenbewegung sind genau da im Zweiten Weltkrieg gesät worden.

Ich bekam zwei Kinder und stellte im Laufe von sieben Jahren – eine lange Zeit – fest, daß ich mit einem total verantwortungslosen Mann verheiratet war. Der Major hatte genau gewußt, wovon er gesprochen hatte, als er meine Mutter warnte. Er war ein Spieler, Trinker und ein Schürzenjäger. Ich ließ mich scheiden und stand ohne einen Pfennig da. Es war ein harter Kampf. Ich brachte damals 273 Dollar nach Hause, und die Kinder verbrauchten allein 100. Mir blieb nur das Geld fürs Essen und die Arztrechnungen. Die restlichen Rechnungen wurden für den nächsten Monat auf die Seite gelegt. Ich kam in ein Loch von zwanzig, fünfundzwanzig Dollar pro Monat. Und während des Sommers gab's keine Arbeit. Ich mußte eine Anstellung finden, um uns drei am Leben zu erhalten.

Ich hätte mich sicher nicht so idiotisch verheiratet, wenn der Krieg nicht gewesen wäre. Wenn ich nicht eine Uniform gewählt hätte. Einen Zivilisten hätte ich nicht so schnell geheiratet. Aber der Mann war Soldat. Jemand mußte ihn heiraten, also habe ich es getan. Der Krieg hat so mein ganzes Leben beeinflußt.

Pauline Kael

Filmkritikerin bei ›The New Yorker‹.

Während der Kriegsjahre konnte man den Zeitgeist in unserem Land am ›Life Magazine‹ ablesen. Auf dessen Titelbildern prangten GI-Joes, Mädchen und Generäle. Die GIs waren immer blitzsaubere, gutaussehende junge Menschen. Genau wie ihre Freundinnen. Die Filme übernahmen das: Man gab sich patriotisch und blitzblank. Jegliche Persönlichkeit war weggeschrubbt. Selbst nach dem

Krieg, als William Wyler ›The Best of our Lives‹ drehte – ein sehr sensibler Film, und keineswegs heiter –, sogar der sah nach ›Life‹-Titelbild aus.

Viele dieser Filme ließen kein gutes Haar an Europäern und Asiaten. Da gab es Streifen wie ›Bataan‹, wo Robert Taylor grölend über die Japs herzieht. Ich war Anfang zwanzig und ging dauernd ins Kino. Ach, wie habe ich diese Kriegsfilme gehaßt, weil sie dem Feind nicht die geringste Menschlichkeit oder Individualität zugestehen. All diese Filme hatten die Moral: Selbst der Deutsche oder der Japaner, mit dem man zufällig befreundet ist, selbst dieser sympathische Mensch muß umgebracht werden, denn im Grunde ist er genauso ein Dreckskerl wie die anderen. Sogar wenn einer selber erwischt wurde, weil er Amerikaner retten wollte, war er noch ein Schwächling und vertrauensunwürdig. Wir hatten haarsträubende Vorurteile. Auf gar keinen Fall waren das einfach Menschen, die genau wie die Amerikaner zum Militär eingezogen wurden und Befehle erhielten. Sie mußten immer dekadent, widerwärtig, verschlagen und abgrundtief böse sein.

Ganz anders war da ›Die große Illusion‹, einer der größten Kriegsfilme überhaupt. Während des Zweiten Weltkrieges wäre der nicht angekommen. Er zeigte Verständnis für die Deutschen im Ersten Weltkrieg und machte deutlich, daß nicht alle Deutschen für den Krieg waren. Er versuchte sich in die Menschen einzufühlen.

Jetzt vergleichen Sie damit mal diesen schändlichen Film von Alfred Hitchcock, ›Das Rettungsboot‹. Da lernte man wieder alles über die Herrenrasse. Walter Slezak spielte den Nazi, und es brauchte schon einen harten Burschen und gestandenen Amerikaner, John Hodiak, um mit ihm fertig zu werden. Die anderen Amerikaner waren zu schwach, zu liberal und zu pazifistisch. So lautete die Moral. Die Deutschen standen für das Böse schlechthin. Kein Klischee hat er ausgelassen.

Noch grotesker war ›Tomorrow The World‹, in dem ein kleiner Nazijunge der Feind ist. In ›The White Cliffs of Dover‹ wissen die Leute, daß der Krieg vor der Tür steht, weil zwei deutsche Kleinkinder sich bekriegen. ›Mrs. Miniver‹... o Gott, war das ein miserabler Film. Er ging im Grunde über die Segnungen des englischen Klassensystems. Am Schluß wird das Kirchendach zerbombt, aber alle versammeln sich in der offenen Kirche und singen die Heilsarmeehymne ›Onward Christian Soldiers‹.

›The Clock‹ war ein erfolgreicher Film, aber ohne die Scheußlichkeiten, die man sonst so oft fand. Judy Garland und Robert Walker spielen zwei junge Leute, die sich in New York begegnen. Er ist Soldat und muß in ein paar Tagen weg. Sie lernen sich kennen, verlieben sich und werden getrennt. Es ist eine zärtliche, sentimentale Liebesgeschichte und bezaubernd gemacht. So etwas wollten die Leute doch sehen. Ich glaube nicht, daß die großen Action-Filme jemals bei den Frauen sehr beliebt waren.

Nach dem Krieg gab es natürlich einen Riesenumschwung. Erst hatten wir diese herzerweichend guten Russen, gefoltert und gepeinigt von den Nazis, und dann waren sie plötzlich Gammler und Faulpelze. (Sie lacht.) Diese Ära zählt ja zu den letzten Momenten in der jüngsten Geschichte, wo man die Amerikaner als Befreier ansah. Man muß sich einmal italienische Filme von damals anschauen: Da warten die Menschen sehnlichst darauf, daß die Amerikaner kommen. Also gibt es doch etwas Positives von damals. Für Amerika war es eine gute Zeit. Es glaubte an sich, obwohl viele es eigentlich besser wußten.

Auch die Amerikaner kamen nur klischeehaft vor. Das waren immer blitzsaubere Musterkinder aus dem Mittelwesten, die mit zwielichtigen Italienern oder Juden aus Brooklyn befreundet waren. Die Filme haben sich über alle lustig gemacht. Die Amerikaner aus dem mittleren Westen waren immer grenzenlos naiv, unschuldig wie die Jungfrauen. Da gab es so einen ganz fiesen Unterton.

Bei den späteren Kriegen schien man dann den Leuten schon eher zuzutrauen, daß sie wußten, was Sache ist. In den Geschichten über Vietnam wirkten die Jungs nicht mehr wie Zwölfjährige. Im Zweiten Weltkrieg gab es noch dieses Bild vom amerikanischen GI, der Schokolade an die europäischen Kinder verteilt, die er befreit hat. Natürlich haben sie das auch getan. (Sie lacht.) Schokolade und Kaugummi wurden zum Synonym für GI.

Die Soldaten haben sich in den Filmen auch was fürs Leben abgeguckt. Wenn einen auf der Straße ein Typ in Uniform aufhalten wollte und man nicht interessiert war, dann hat er gesagt: »Aber dafür kämpfen wir doch, dafür opfern wir unser Leben.« Sie haben versucht, dir ein schlechtes Gewissen einzureden, daß du nicht mit ihnen ins Bett gehen willst. Wo sie doch hinauszogen und ihr Leben opferten, um dich zu beschützen. Die Soldaten und Matrosen probierten es auf dieselbe Tour, die sie bei den smarten Jünglingen auf der Leinwand beobachtet hatten. Diese Unschuldslämmer.

Man hatte ja noch Hoffnung. Erst als die Welt so ziemlich zwischen den Russen und den Amerikanern und Europäern aufgeteilt war, ging die Hoffnung zugrunde. Heute gibt es praktisch auf jedem Fleck der Erde Unruhen. All die Konflikte, die beigelegt schienen, sind wieder aufgeflammt. Daher kommt dieses allgemeine Gefühl von Hoffnungs- und Machtlosigkeit. Wissen Sie noch, die Bilder von Churchill? Als Titelbild im ›Life‹? Dieses Bulldoggengesicht und die dicke fette Zigarre. Es drückte aus, daß da Männer am Ruder waren, die eine Ahnung hatten. Heute könnte man Politiker nicht mehr in diesem Stil präsentieren. Die Leute würden sich mokieren.

Die Hoffnung ist eigentlich erst mit der Gegenkultur der sechziger Jahre verschwunden. In jedem Western sahen die Indianer aus wie Vietnamesen, und die Amerikaner waren brutale Rassisten. Also fing man an, sich selber zu hassen, wenn man ins Kino ging. Das befriedigte ein fast masochistisches Gefühl bei den jüngeren Kinogängern. Ich glaube, daß ab dem Zeitpunkt die älteren Menschen langsam nicht mehr ins Kino gegangen sind.

Ich war immer ein Kinomensch, aber die Kriegsjahre haben meine Geduld ziemlich strapaziert. Es hat mich so wütend gemacht. Es war so schwierig, damit umzugehen, weil sie auf irgend eine nicht greifbare Art genau die Quintessenz der Kriegspropaganda reproduzierten.

Die Jungs aus der Nachbarschaft

Mike Royko

Kolumnist bei der ›Chicago Tribune‹, der meistgelesene Journalist der Stadt.

Ich war neun Jahre alt, als der Krieg ausbrach. Ich wohnte in einem typischen Chicagoer Arbeiterviertel. Dort lebten vorwiegend Polen und Slawen, auch einige Iren und Deutsche. Als Kind besteht für dich die Welt nur aus den paar Blocks von ein- und zweistöckigen Häusern, den schäbigen Hütten und den vielen kleinen Läden dazwischen. Mein Vater hatte eine Kneipe. Damals haben sie immer Extrablätter herausgegeben. Ich weiß noch, wie eines Abends die Zeitungsjungen durch die Straßen liefen. Heruntergekommene Jungs, die die Schlagzeilen hinausplärrten. Deutschland war in Polen einmarschiert, das war 1939. Es war mitten in der Nacht, meine Mutter und mein Vater wachten auf. Die Leute rannten im Bademantel auf die Straße, um die Zeitung zu kaufen. In unserem Viertel mit den vielen Polen war das natürlich ein Reißer.

Plötzlich hatten wir eine Fahnenstange. Und eine Gedenktafel. Auf der Tafel standen die Namen der Männer aus dem Viertel, die umgekommen waren. Unser Viertel wurde dezimiert. Es gab nur noch Kinder, alte Männer und Frauen.

Plötzlich passierte etwas Seltsames. Meine Schwester wurde ›*Rosie the Riveter*‹. Sie band sich jeden Tag ein Kopftuch um und ging in diese Orgelfabrik, die auf Kriegsproduktion umgestellt worden war. Meine Schwester trug auf einmal Hosen. Es war mehr als Arbeit, es war eine Art Mission. Ihr Mann war drüben in Europa. Einmal in der Woche ging sie zum Bowling. Sie spielte in einer Mannschaft. Ich mußte immer mitgehen, die Anwesenheit des kleinen Bruders sollte sie vor Annäherungsversuchen bewahren.

Einmal passierte eine traurige Geschichte. Eine Frau – ich weiß noch, sie war sehr attraktiv – wurde schwanger. Ihr Mann war im Krieg. Plötzlich war sie das schwarze Schaf des Viertels. Am liebsten hätte man sie kahl rasiert und durch die Straßen getrieben. Sie wurde wie eine Ausgestoßene behandelt, und dann noch das ganze Gerede hinter ihrem Rücken. Sie war sehr einsam.

Wenn einer mit der Frau oder Freundin eines anderen, den sie eingezogen hatten, in die Kneipe gekommen wäre, hätte er wahrscheinlich Ärger bekommen.

Einer aus unserem Viertel hatte einen Abschiedsbrief bekommen. Das Mädchen war nicht aus unserer Gegend, aber ihn kannten alle. Der Brief fing mit den Worten ›Ich bin schwanger‹ an. Die Sache sorgte für reichlich Gesprächsstoff. Die Pille hätte während des Krieges sicher viel unnötigen Kummer erspart. (Er lacht.)

Man hatte ständig irgendwie den Eindruck, helfen zu müssen. Es sprach sich bis zu uns herum: Mobilmachung an der Heimatfront. Wir hatten einen Block Captain. Das war meist irgend ein Trottel, der sich um den Posten riß, um sich ein bißchen wichtig zu machen. Jemand aus dem Viertel, den unter normalen Umständen niemand beachtet hätte. Jetzt trug er einen weißen Helm und war Luftschutzwart.

Wenn die Sirenen aufheulten, mußten alle die Lichter ausmachen. Er ging herum, trommelte an die Türen und schrie: »Bei Ihnen ist Licht an.« Er schrieb die Namen der Leute auf, wenn auch nur das kleinste Licht in der Wohnung brannte. Ich mochte das nicht. Meine Eltern waren unten in der Kneipe, und ich mußte immer die verdammten Lichter ausmachen. Mein kleiner Bruder und ich saßen dann in der stockdunklen Wohnung. Wir hatten Angst; wenn wir nicht gehorchten, würden der Luftschutzwart und das FBI kommen, und wer weiß, was passieren würde. Ich erinnere mich noch an den Kerl, weil er später wegen Kindsmißhandlung verhaftet wurde. (Er lacht.) Er war im ganzen Viertel als Ekel verschrien.

Wir sollten alle Fett sammeln – Schweineschmalz und Hühnertalg. Wir dachten, das würde zur Herstellung von Nitroglyzerin verwendet. Ich glaube nicht, daß je etwas abgeliefert wurde. In unserem Hinterhof standen große Kaffeedosen voller Fett und Talg. Die Ratten im Viertel hatten damals sicher eine verdammt gute Zeit.

Wir hörten jeden Abend Radio. Mein Vater schaltete es immer ein, um auf dem laufenden zu bleiben. Für ein Kind waren die wohlklingenden Stimmen sehr einprägsam. Alles war ganz einfach. Ich sah Hitler, Mussolini und Tojo vor mir: Das waren die Verbrecher. Wir waren die Guten. Und die Russen waren auch gut. In der Bar wurde ständig über den Krieg gesprochen. Jeder war ein Militärstratege.

Die Rückkehr meines Schwagers war ein großes Ereignis. Er war die ganze Zeit an der Front gewesen und hatte alle seine Abzeichen und Orden angelegt. Er war der Held der Familie. Im ganzen Viertel kamen die Jungs aus dem Krieg nach Hause.

An alles mögliche wurde jetzt das Kürzel GI angehängt. Sie glauben gar nicht, wie viele GI-Bars aus dem Boden schossen. Kaum war die große Bombe auf Japan abgeworfen, machte jemand die Atombomben-Bar in der Milwaukee Avenue auf. Niemand verstand so richtig, was da passiert war. Die Leute konnten es nicht begreifen. Ich kann mich an kein Entsetzen oder Bedauern erinnern. Es war eben *unsere* Waffe.

In unserer Kneipe waren damals viele Ex-GI. Aber sie saßen selten zusammen und redeten nicht viel darüber, was sie im Krieg so alles erlebt hatten. Sie gingen einfach wieder zur Tagesordnung über. Die Mehrzahl der Jungs aus dem Viertel nutzten die *GI-Bill* nicht, um aufs College zu gehen. Sie verwendeten das Geld lieber als Anzahlung für ein Eigenheim.

Sehr viele junge Paare zogen nun weg. Sie heirateten und suchten sich woanders einen Platz zum Leben. Das Viertel überalterte und erholte sich nie mehr so recht davon. Die jungen Leute gingen nach Park Forest und Rolling Meadows. Sie waren die neuen Vorstädter. Sie hatten gekämpft und waren zurückgekommen und glaubten, so einen Lebensstil hätten sie verdient.

Vor dem Krieg benutzten die meisten Leute öffentliche Verkehrsmittel. Nur wenige besaßen Autos. Mein Vater wurde für steinreich gehalten, weil er einen La Salle fuhr. Damals war es etwas Besonderes, ein Auto zu besitzen. Jetzt hat jeder ein Auto.

Nach dem Krieg stellte mein Vater eine Zwei-Mann-Band ein, die freitags abends spielte. Ein Schlagzeuger und ein Akkordeonspieler. Pop-Songs, Polkas, Hochzeitsmärsche. Jedes Wochenende fanden Hochzeiten statt. Alle Soldaten, die zurückkamen, heirateten. Damit begann der Baby-Boom. Sie arbeiteten, sie hatten Geld. Sie gingen Freitag- und Samstagabend aus. Es herrschte ein unglaublicher Trubel im Viertel – bis alle in die Vororte abwanderten.

Dann kam der erste Krieg, der uns in Verlegenheit brachte. Die Jungs in meinem Alter wurden im Koreakrieg richtig verarscht. Ich war siebzehn, als es losging, das war '49, und Ende 1951 wurde ich eingezogen. Ich fragte mich, was das Ganze soll. Ich kannte keinen, der in Korea war und verstand, was wir verdammt noch mal dort wollten. Etwa die Kommunisten stoppen? Verdammt, wir haben mitgekriegt, wie es in Südkorea zuging – ich sah Koreaner, die von der eigenen Polizei totgeprügelt wurden.

Wir waren dort, um gegen die Chinesen zu kämpfen, verstehen Sie? Mein Gott, ich bin in dem Glauben aufgewachsen, die Chinesen gehörten zu den heldenhaftesten Völkern der Welt, und wir wären mit ihnen dick befreundet. Erinnern Sie sich an das kleine Baby in den Trümmern? Dieses unglaubliche Foto, das als Propaganda gegen die Japaner benutzt wurde? Und Tschiang Kai-schek wäre *der* Mann, hieß es. Unser Mann. Und denken Sie an Pearl Buck. (Er lacht.)

Ich war immer noch sauer auf die Japsen. Und auf einmal waren sie unsere Freunde, unsere Kumpel. Ich komme also über Japan nach Korea, wo ich gegen die Chinesen kämpfen soll, die jetzt unsere Feinde sind. Ein paar Jahre vorher war ich sauer auf die Japaner und sollte die Chinesen lieben. Jetzt sollte ich die Japaner lieben und die Chinesen hassen. (Er lacht.) Da wurde mir klar, daß irgendwas nicht stimmt.

Ich kann mich noch an die Gleichgültigkeit erinnern und an die Feindseligkeit, als wir aus Korea zurückkehrten. Es war mir fast peinlich, in Korea gewesen zu sein, weil wir nicht gewonnen hatten. Wir hatten uns die Suppe selbst eingebrockt und mußten sie nun auslöffeln. Unsere älteren Brüder hatten gesiegt, und wir hatten versagt.

Bataan, Wake Island, Anzio, die Normandie. Und die ganzen Filme, die darüber gemacht wurden. Neulich machte ich Urlaub in Florida, und jedesmal, wenn ich eine Palme sah, rechnete ich mit einem japanischen Heckenschützen. In diesen Filmen saß auf jedem Baum ein Japaner, ein mieses, kleines Schlitzauge, und versuchte, William Bendix abzuknallen. (Er lacht.) Wissen Sie, was ich täte, wenn ich in Florida lebte? Ich würde eine Schaufensterpuppe nehmen, ihr ein japanisches Gesicht anmalen und sie mit angelegtem Gewehr auf einer Palme verstecken.

Wir waren immer die Guten und die anderen die Bösen. Damals gab es noch keine Filme, die für die Gegenseite ein bißchen Mitgefühl oder auch nur das geringste Verständnis aufbrachten und zeigten, daß es sich um Menschen handelte.

Dempsey Travis

Ein Immobilienmakler und Schriftsteller, der im Süden von Chicago lebt.

Die *Army* war anders als alles, was ich je erlebt habe. Ich denke dabei an zwei *Armies*, die eine schwarz, die andere weiß. Ich hab gesehen, wie deutsche Kriegsgefangene sich frei in der Garnison bewegen durften, während die schwarzen Soldaten sich auf ein Sperrgebiet beschränken mußten. Die Deutschen marschierten ungehindert in all die verdammten Gebäude wie jeder weiße Amerikaner. Wir trugen zwar dieselbe Uniform, aber wir waren ausgeschlossen.

Ich spreche von Camp Shenango, Pennsylvania, zirka fünfunddreißig Meilen östlich von Youngstown, Ohio. Als ich ankam, trat ich bis an die Knie in Matsch. Es gab einen Wagen für schwarze Soldaten und einen für weiße. Sie hatten ihre Bereiche abgesteckt und schickten uns ins Ghetto. Die *Army* hat es immer so eingerichtet, daß die schwarzen Soldaten irgendwo ganz hinten am Waldrand untergebracht wurden. Isoliert. Wir waren nie in der Nähe des Haupttores. Wenn ein Besucher durchs Camp ging, hätte er kaum erfahren, daß auch Schwarze anwesend waren, es sei denn, diese verrichteten gerade zufällig eine niedere Arbeit.

Es gab keinen PX, den schwarze Soldaten benutzen durften. Es gab einen PX für Weiße, aber da durften Schwarze nicht rein. Sie richteten vorübergehend einen Laden in der Kaserne für uns ein, in dem man Schokolade und 'ne Cola kaufen konnte. Im weißen PX konnte man fast alles haben. Wir hatten nichts. Es gab keinen Club für die schwarzen Militärangehörigen und keine Freizeiteinrichtungen, um sich zu erholen. Ihnen blieb nur – das Kartenspielen und Würfeln und, wenn sie Glück hatten, ein Passierschein nach Sharon, das zirka fünfzehn Meilen entfernt lag.

Obwohl die Garnison fünf Kinos hatte, war keins dabei, in das schwarze Soldaten gehen durften. Nachdem wir ein paar Wochen da waren, richteten sie endlich doch ein behelfsmäßiges Kino im Zentrum des schwarzen Sperrbezirks ein. Es paßten vielleicht ein paar hundert Leute rein, also wurden wir schichtweise hineingelassen. Ein Freund von mir, Kansas, und ich hatten beschlossen, am Abend ins Kino zu gehen. Als wir ankamen, war die Schlange davor schon verdammt lang. Uns war klar, daß wir diesmal nicht mit reinkommen würden, also nahmen wir die nächste Schicht. Sie spielten ›Wuthering Heights‹.

Als wir rauskamen, stand eine Gruppe von schwarzen Soldaten vor dem Kino in eine heftige Diskussion vertieft. Man hatte einem schwarzen Soldaten ein Auge ausgeschlagen, weil er in den PX gegangen war, um sich ein Bier zu kaufen. Die Jungs sagten: »Wir müssen was dagegen tun.« Kansas und ich kamen einfach so dazu.

Nach wenigen Minuten fuhr eine Kolonne von sechs Lastwagen auf uns zu, beladen mit weißen Soldaten in Kampfanzügen von dieser grünen Tarnfarbe, wie sie sie im Dschungelkrieg benutzen. Sieht wie grüne Blätter aus. Sie umringten uns und schnitten uns von der Straße ab. Die Lichter gingen aus, und sie feuerten auf uns los. Sie schossen und schossen und schossen, einfach so in die gottverdammte Menge. Es gab ein wildes Gedränge. Ich muß wohl drei Schritte gelaufen sein, da fiel ich hin. Kansas neben mir. Ich faßte mein Bein an und spürte etwas Warmes, das am Hosenbein hinunterlief.

Merkwürdig, ich hatte immer gedacht, daß ich in so einem Moment sehr religiös sein würde. Aber ich war nur voller Haß. Ich sagte: »Diese verfluchten Hurensöhne!« Ich fluchte bloß. Unterdessen ging die Schießerei weiter, und die Männer schrien. Dann hört das Schießen auf. Das Rote Kreuz kommt. Die Männer gehen mit Taschenlampen durch die Menge.

»Der hier ist tot.« »Der hier ist schlecht dran.«

Ich weiß nicht, wie viele gestorben sind und wie viele verletzt wurden.

Als sie zu mir kamen, sagten sie: »Der wird's überleben. Er scheint nur an wenigen Stellen getroffen zu sein.« Ich war dreimal getroffen. Danach sahen sie sich meinen Freund an. Der eine leuchtete mit seiner Taschenlampe auf ihn und sagte: »Der wird's schaffen. Nigger sterben nicht, wenn man sie in den Kopf schießt.« Das war ein Mitarbeiter des Roten Kreuzes.

Sie brachten uns zur Ambulanz. Vorn im Wagen saßen zwei Männer, und der eine sagte zum Fahrer: »Warum haben wir das bloß unsern eigenen Soldaten angetan?« Der Fahrer antwortete: »Wer hat dir eigentlich gesagt, daß Nigger unsere Soldaten sind? Da, wo ich herkomme ...« – ich stellte einen Südstaatenakzent fest – » ... erschießen wir die Nigger wie Kaninchen.« Das hab ich nie vergessen, den Ton, in dem die beiden über zwei verstümmelte Soldaten sprachen. Verstümmelt nicht etwa vom Feind, sondern von Amerikanern.

Endlich erreichten wir das Lazarett, und sie schoben mich auf einen Gang. Kansas schoben sie in einen kleinen Raum, der vielleicht ein, zwei Meter von mir entfernt war. Ich konnte ihn auf seinem Bett liegen sehen. Der Doktor untersuchte ihn, hob seine Lider hoch – und die ganze Routine. Dann pumpte er sechs- oder siebenmal mit seinen Beinen. Er machte das Licht aus und schloß die Tür zu. Niemand brauchte es mir zu sagen. Kansas war tot.

In der Nacht brachten sie mich in einen Krankensaal zu den anderen Soldaten. Ich erkannte einige von den Männern, die angeschossen worden waren. Im Umkreis von zirka zwölf Metern lagen zwölf oder vierzehn von ihnen.

Man nahm an, daß ich nie wieder gehen könne. Die Ärzte sagten mir: »Sie sind anscheinend gelähmt.« Also das hat mir einen Heidenschreck eingejagt. Neben mir lag ein Kerl, der brüllte und heulte. Von all dem hat nie was in den Zeitungen gestanden.

Das Rote Kreuz hatte sich offenbar mit meinen Eltern in Verbindung gesetzt. Ich hatte noch keine achtundvierzig Stunden im Lazarett gelegen, da blicke ich plötzlich hoch, und mein Vater kommt auf mich zu. Mein Vater, stolz und mit einer dicken Zigarre im Mund. Er ist ein Schlachthofarbeiter und hat Chicago nie verlassen, seit er aus Georgia gekommen war. Sein Stolz und sein Gang und seine wichtige Miene sind einfach unglaublich. Meine Mutter ist ganz das Gegenteil. Eine sehr milde Frau, aber ihr Lächeln kann den ganzen Raum zum Strahlen bringen. Sie sah mich an und lächelte, und ihre Augen glänzten vor Tränen ...(Er weint). Scheiße, es ist hart, wenn man zurückdenkt und versucht, sich zu erinnern. Ich meine, es tut weh.

(Er lacht und weint gleichzeitig.) Oh, Gott, ich war so froh, meine Eltern zu sehen. Überwältigend, wenn man einundzwanzig ist und völlig erledigt und glaubt, daß man nie wieder gehen kann. Sie sagten meinen Eltern, daß sie mich in das Krankenhaus von Butler, Pennsylvania, verlegen müßten. Welche Operationen auch nötig wären, sie würden nicht an diesem Ort hier stattfinden.

Bevor ich verlegt wurde, geschah etwas Ungewöhnliches. Das *FBI* oder die *CIA* oder der *G-2*, ich weiß nicht wer, zeigte ein besonderes Interesse an meinem Fall. Der Mann stand an meinem Bett und hörte nicht auf, mich auszuquetschen: Wer hat geschossen? Als ob ich das wüßte! Wie ist es passiert? Wo waren Sie? Was haben Sie unmittelbar vor diesen Ereignissen gemacht? Ich erzählte ihnen, daß ich im Kino gewesen und gerade herausgekommen wäre.

Das Krankenhaus liegt fünfzig oder sechzig Meilen von Shenango entfernt. Nie werde ich die Hügel Pennsylvanias vergessen. Diese verdammten Ambulanzen hatten offenbar keine Federung. Ich spürte jede Erschütterung auf dem verdammten langen Weg. Als wir ankamen, brachten sie mich in ein Privatzimmer. In der *Army* herrschte zu der Zeit noch völlige Apartheid, sogar bei Kranken. Ich wurde isoliert.

Der Mann vom Geheimdienst tauchte wieder auf, in Zivilkleidung. Er trug eine schwarze Hose. Dasselbe Flüstern, dieselbe Reihe von Fragen. Er versicherte mir, daß man sich hier um mich kümmern werde.

Später fand ich heraus, daß ich einen höheren IQ hatte als alle anderen Soldaten aus der Gruppe, auf die geschossen worden war. Deshalb hielten sie mich vermutlich für ihren Anführer. Ich hatte keine Ahnung, daß ich einen hohen IQ habe. (Er lacht.) Außer mir schickten sie niemanden ins Krankenhaus. Man stellte einen Wandschirm vor mein Bett. Das Rote Kreuz verteilte Süßigkeiten, und als die Frau an meine Tür kam, hörte ich, wie jemand draußen sagte: »Oh, gehen Sie da nicht rein. Da haben die einen Nigger drin.« (Er lacht.)

Ein Arzt erscheint, untersucht mich und sagt: »Ich denke, ich kann Ihnen helfen. Es werden mehrere Operationen nötig sein. Sie werden wieder gehen können, aber nicht so wie vorher. Wahrscheinlich werden Sie merklich hinken.«

Daraus ergab sich eine Reihe von Verwicklungen. – Mary, die Frau, der man geraten hatte, mein Zimmer nicht zu betreten, kam zu mir herein. Sie war eine kleine, weiße Person von einem Meter vierzig und sagte: »Was hätten Sie gern, Bonbons, eine Illustrierte oder ein Buch?« Ich sagte: »Ich nehme alles.« (Er lacht.) Wir schlossen Freundschaft. Sie erklärte mir: »Mir fällt auf, daß noch niemand Sie besucht hat. Sobald der Arzt es erlaubt, werde ich einen Ausflug mit Ihnen machen.«

Ich hatte höllisches Fieber. Nachdem es sich gelegt hatte, wurde ich geröntgt, und man beratschlagte, wie man die Kugeln rausholen sollte, ohne dabei zu großen dauerhaften Schaden anzurichten. Ich hatte ein Schrapnell quer im Rücken sitzen, das direkt durch die dicken Pobacken eingedrungen war – hier. Es hat mich im Fallen erwischt. Anderthalb Zentimeter lang und so breit wie mein kleiner Finger. Wenn ich nicht gefallen wäre, hätte mich dieses Ding getötet.

Als sie sich endlich zur Operation entschlossen hatten, konnten die beiden Ärzte sich nicht auf eine Diagnose einigen. Der eine war ein angelsächsischer Protestant und der andere Jude. Sie stritten vor meinen Augen, ich war für sie nicht vorhanden. Schließlich gewann der Jude, und der andere gab den Fall ab. Der Jude holte eine Kugel raus und ließ eine drin. Er sagte: »Wenn wir die entfernen, schaffen wir ganz neue Probleme.« Durch ein Wunder wurde die Operation ein Teilerfolg. Ich mußte das Bein ein bißchen nachziehen, aber ich spürte, daß meine Kräfte zurückkehrten.

Im Herbst '43 fuhr ich zu einem Dreißig-Tage-Urlaub nach Chicago. Ich suchte ein paar von den Clubs auf, Rum Boogie, Club de Luxe, Club de Lisa. Gott, war das wunderbar. Ich hinkte zwar noch, doch ich spürte eine weitere Besserung.

Meine Mutter wollte nicht, daß ich zurückging. Sie schrieb Briefe an Kongreßabgeordnete, Senatoren, ja, sogar an Präsident Roosevelt. Sie berichtete ihnen von meinen Erfahrungen, aber ich mußte doch zurück.

Ich konnte nicht so gut gehen, wie ich meiner Ansicht nach sollte. Aber der neue Arzt sagte: »Verdammt noch mal, Junge, du gehst den Hügel da hinunter! Wir schicken dich zurück nach Shenango.« Ich hatte kein Geld, Mary lieh mir fünf Dollar.

Als ich nach Shenango zurückkehrte, machte ich eine Entdekkung. Sie hatten ein großes Freizeitzentrum für die schwarzen Militärangehörigen gebaut. Auch hatten sie das große Kino geöffnet, und die Schwarzen durften hineingehen. (Er lacht.) Offenbar muß man erst ein paar Kerle erschießen. Soviel ich weiß, hat es nie eine Untersuchung gegeben.

Ein paar Jahre später traf ich einen Mann, der mir erzählte, daß er in der Nacht der Schießerei in Shenango gewesen sei. Er hatte die ganze Nacht unterm Bett verbracht. Die schwarzen Soldaten waren später in der Nacht ins Munitionslager eingebrochen und hatten sich bewaffnet. Der Aufstand war innerhalb der nächsten zweiundvierzig bis achtundsiebzig Stunden nicht richtig niedergeschlagen worden. Er sagte: »Ich habe die ganze Nacht hindurch Gewehrfeuer gehört.« Am nächsten Tag, fuhr er fort, sei seine Einheit dann nach Europa verschifft worden.

Man stellte fest, daß nicht meine Beine einer Besserung bedurften, sondern meine innere Einstellung. Ich sollte einen Psychiater aufsuchen. Dann redete man über meine Karriere. Ist das nicht toll? Dieser eine Typ sagte zu mir: »Verdammt noch mal, Sie können alles werden, was Sie nur möchten. Sie haben einen IQ von über

137.« Und ich sagte: »Was heißt das?« »Das heißt, daß Sie ein Kandidat für den Offizierslehrgang sind«, sagte er. »Sie können dies tun, Sie können jenes tun, Sie können auch was ganz anderes machen.« Ich war nicht beeindruckt. Ich war Musiker.

Dann wollten sie einen Führer aus mir machen. (Er lacht.) Sie übertrugen mir das Kommando einer Truppenbewegung nach Camp Lee, Virginia. Ich dachte, ich hätte schon alles erlebt. In Washington, D.C., mußten wir in einen anderen Zug umsteigen. Da dies die Hauptstadt war, nahm ich an, daß ich einfach losziehen und mir 'ne Cola kaufen könne. Haha. (Er lacht.) Die Frau sagte zu mir: »Du trinkst keine Cola hier, Nigger! Geh gefälligst nach unten.« Ich sagte: »Himmel, wir sind hier in Washington, D.C.« (Er lacht.) Sie hat mich angesehen, als ob ich verrückt wäre. Ich glaub, ich war's auch. Als wir im Zug Richtung Camp waren, sahen wir zum hinteren Waggon hinaus auf die Kuppel vom Capitol. Ich dachte: »Was, zum Teufel, soll das heißen? Es ist bestimmt nicht das, was ich in meinen Büchern zur Staatsbürgerkunde in der DuSable Highschool gelesen hab.«

In Richmond – in der Nähe von Camp Lee – sahen wir deutsche Kriegsgefangene in der Straßenbahn. Sie fuhren in dem vorderen Wagen. Die Schwarzen fuhren hinten. Es war auch das erstemal, daß ich getrennte Trinkwasserspender sah, solche für Schwarze und solche für die Weißen. Im Kino in Camp Lee saßen die schwarzen Offiziere und gemeinen Soldaten hinten, hinter einem Absperrseil. Die weißen Offiziere und gemeinen Soldaten saßen vorne. Die schwarzen Offiziere schienen trotzdem stolz zu sein. Ich mußte immer denken: Wie kann man nur darauf stolz sein, hinter einem Absperrseil sitzen zu dürfen? Sie zeigen einem damit doch nur: Junge, du bist nichts! Du gehörst nicht dazu!

Obwohl viele weiße Kasernen leerstanden, wohnten wir in Zelten. Wir saßen in der sengenden Sonne in diesen verdammten Zelten und warteten darauf, daß im schwarzen Bezirk etwas für uns frei wurde. Das dauerte gute sechs bis acht Monate.

Es ist unglaublich, was Soldaten sich untereinander vorlügen und zusammenträumen. Ich hatte nur die Grundschule besucht, aber diese Gebildeten aus Philadelphia, aus Baltimore redeten ständig davon, auf welchen Colleges sie gewesen wären. Und was sie alles tun würden! Dies war ein Ausbildungslehrgang für Quartiermeister. Diese Collegestudenten waren als Kraftfahrzeugmechaniker, Spatenpaulis und für den Küchendienst vorgesehen.

Mich steckten sie in einen Verwaltungslehrgang. Der versetzte einen in die Lage, Hauptfeldwebel zu werden. Kaum war ich drei Tage drin, rissen sie mich schon wieder heraus. »Wir haben Befehl, Sie als Kommandant eines weiteren Kaders zum Aberdeen-Versuchsgelände nach Maryland zu schicken.« Ich fragte: »Warum?« Die Schule gefiel mir. Ich lernte gerade Maschineschreiben. Sie sehen, ich war dabei, elitär zu werden. (Er lacht.) Ich hatte mir vorgenommen, ein guter Soldat zu werden.

In Aberdeen wurde ich den Leuten zugeteilt, die die KP-Pflichten erledigten, der Küchenpolizei. Abfallaufsammeltrupp, Abfallbeseitigungstrupp. Drei Wochen lang gammelte ich herum. Ich hatte keine eigentliche Aufgabe. Eines Tages schickte ein Offizier nach mir: »Travis, ich sehe, Sie haben einen guten Bericht. Was würden Sie gerne tun?« Was kann ich tun? Ich bin Musiker. Er sagte: »Wir haben hier keine Band. Aber Ihr IQ deutet darauf hin, daß Sie viel mehr tun könnten als dies.«

Am Tag darauf lernte ich Major Sloan kennen. Ein großer Mann mit Sommersprossen, rotem Mondgesicht und großen blauen Augen. Ex-Texas-Ranger. Er fragte: »Können Sie tippen?« Ich sagte: »Nein, Sir.« »Haben Sie mal in einem Büro gearbeitet?« »Nein, Sir.« Er langte in seine Schublade und zog einen Schreibmaschinenlehrgang daraus hervor. Dann rief er seinen Stabsunteroffizier herein: »Geben Sie dem Soldaten Travis den Schreibtisch hinter Ihnen. Er wird hier Maschineschreiben lernen.« Major Sloan werde ich nie vergessen. Er hatte erkannt, daß ich als Klavierspieler meine Finger zu gebrauchen wußte und daß es mir nicht sehr schwer fallen würde, eine gute Schreibkraft zu werden.

Einen Monat lang nahm er mich in die Mangel, ich kam bis zu fünfundfünfzig Wörtern in der Minute. Dann rief er mich wieder zu sich. »Haben Sie schon mal in einem Laden gearbeitet?« »Nein, Sir.« »Ich möchte, daß Sie als Verkäufer im *PX* arbeiten.«

Nach drei Monaten verkündete er: »Wir machen Sie zum Assistenzmanager.« Nach zwei weiteren Monaten war ich dann der Geschäftsführer vom schwarzen *PX*. Aber das war ihm nicht genug.

Er entschied, daß ich auch noch den weißen *PX* leiten sollte. Das war Anfang '45, kurz bevor Roosevelt starb. Man hatte damals angefangen, die Einrichtungen zu integrieren. So wurde ich der erste Geschäftsführer eines integrierten *PX* im Staate Maryland. Ich gewann den ersten Preis für den bestgeführten Laden auf dem Aberdeen-Versuchsgelände.

Sloan brachte den Garnisonskommandanten zu mir, einen General. »Wir lassen Sie für die Zeitungen fotografieren, denn wir sind sehr stolz auf das, was Sie tun!« Ein paar Tage später kam Sloan wieder. »Travis, dieses Foto wird nicht in der Zeitung erscheinen. Diese Leute können die Vorstellung nicht ertragen, daß ein schwarzer Mann fähig ist, einen *PX* in dieser Weise zu führen.« Das Bild ist nie erschienen.

Ich stellte fest, daß die weißen Männer in der *Army*, die am meisten Mitgefühl zeigten, tatsächlich die Südstaatler waren. Und ich stellte fest, daß dies genauso für das Zivilleben gilt. Die größten Chancen, die man mir als Geschäftsmann eingeräumt hat, sind von meinen Freunden aus Alabama und Georgia gekommen. Wenn die beschlossen haben, mit dir zu gehen, dann gehen sie den ganzen langen Weg mit dir. Ohne Kommentar. (Er lacht.)

Was ist mit Ihrem Hinken. Ich merke nichts.

So ganz allmählich ist es verschwunden, als das Bein immer kräftiger wurde. Die Kugel steckt immer noch in meiner Hüfte. Keine Entschädigung, natürlich nicht.

Ich war vom 9. September 1942 bis zum 2. Februar 1946 in der *Army*. Als ich entlassen werden sollte, sagte Major Sloan zu mir: »Bleiben Sie doch hier. Ich würde Sie gern auf einen Offizierslehrgang schicken. Sie würden einen verdammt anständigen Offizier abgeben.« Aber ich hatte die Nase voll. Ich sagte: »Lassen Sie mich bitte so bald wie möglich hier raus, damit ich noch unter der *GI-Bill* aufs College gehen kann.«

Ich machte die Aufnahmeprüfung fürs Roosevelt, De Paul und Northwestern College und bekam drei Briefe zurück, die alle so ziemlich gleich lauteten: Hör mal, du Blödian, versuche bloß nie, auf ein College zu kommen, denn du hast einfach nichts, was man dafür braucht. Versuch mal, deine Hände zu benutzen. Versuch mal, deinen Rücken einzusetzen. Aber sie sagten nie: Versuch mal, deinen Kopf zu gebrauchen.

Ich war fürchterlich deprimiert. Und dann tat ich das, was mein Vater machte. Ich ging in den Schlachthof, als Prolet, als georgianischer Maulesel. Während der Mittagspause versammelten sich die Kollegen um mich, weil ich ihnen Geschichten erzählte. Der Vorarbeiter, ein stämmiger Ire, kam zu mir: »Ich werde dich feuern. Weißt du, warum? Du bist zu klug, um hier zu arbeiten. Du kannst viel was Besseres tun als das hier. Mach doch Einkommensteuererklärungen oder so was.«

Also fing ich an, Freunden und Verwandten dabei zu helfen, ihre Steuerprobleme zu lösen. Ich hatte keine Ahnung davon, aber wenn man rechnen kann, kann man schon so ein Formular ausfüllen. Unterdessen hatte ich einen alten Lehrer von mir auf der Straße getroffen. Er sagte: »Versuch's doch mal auf dem Englewood Evening Junior College. Dort brauchst du keine Aufnahmeprüfung zu machen.« Ich schrieb mich bei einem Buchführungs- und Soziologiekursus ein. Das gab mir mein Selbstvertrauen wieder. Daraufhin schrieb ich mich im Wilson Junior College ein und landete in allen Förderkursen. Lesen und schreiben. Ich war auch dumm genug, mich in einem Kurs über amerikanische Literatur einzuschreiben. Ich weiß noch, wie ich meine erste Arbeit über ›Silas Marner‹ eingereicht habe. Der Lehrer war wütend. Er hielt das für einen Scherz, so schlecht war sie. Nur meine verrückte Sturheit überredete ihn, mich nicht rauszuschmeißen. Und eines Tages begriff ich dann plötzlich das ganze Konzept, die Bedeutung.

Keiner, der im normalen Alter Lesen und Schreiben gelernt hat, kann diese Erfahrung verstehen. Als Mann von siebenundzwanzig erst lesen zu lernen! Es war, als hätte mir jemand einen Schleier von den Augen gezogen. (Er lacht und weint gleichzeitig.) Ich ging aufs Roosevelt College und absolvierte zwei Schuljahre innerhalb von einem. Das ist die Geschichte von mir und der *GI-Bill*. Man hat mir die Ausbildung bezahlt, und das war für mich ungeheuer wichtig. Wenn bei diesem Krieg was Positives herausgekommen ist, dann ist es das.

Meine Mutter war froh, daß ich lebte. Mein Vater war immer

ziemlich gelassen und gab sich bedeutend. Er war kein emotionaler Mensch. Gefühle, das war etwas für meine Mutter und mich. (Er lacht.) Er schätzte es nicht, daß ich ihm zeigte, wie sehr ich ihn liebte. Bis ich dann in der *Army* befördert wurde. Ich schickte ihm ab und zu eine Kiste Zigarren, und er sprach dann von mir als »mein Sohn, der Sergeant«. Er starb, noch während ich bei der *Army* war. Auf Sonderurlaub besuchte ich ihn noch am letzten Tag im Kreiskrankenhaus. Seine letzten Worte waren: »Junge, nun wirst du der Mann im Hause sein. Du mußt für deine Mutter sorgen.« Meine Mutter ist heute sechsundachtzig, und ich sorge immer noch für sie.

Diese vier Jahre in der *Army* waren der Wendepunkt in meinem Leben. Ich habe eine Menge über Menschen gelernt. Ich habe etwas über Rassismus gelernt und über Wertmaßstäbe. Und ich habe etwas über mich selbst gelernt. Ich glaube nicht, daß ich diese Erfahrungen an einem anderen Ort oder zu einer anderen Zeit gemacht hätte. Keine anderen Umstände hätten mir ermöglicht, so viele Menschen zu sehen und zu lernen, sie und mich selbst einzuschätzen. Denken Sie nur an Major Sloan! Würden Sie glauben, daß er von mir verlangte, den Bretton-Woods-Bericht zu studieren, um ihn den Truppen zu erklären? Von mir, der ich kaum lesen konnte? Mal sehen, was der Junge macht. Er wird sich schon zurechtfinden. Wie könnte ich dieses Erlebnis und diesen Mann je vergessen?

Für mich ist der Zweite Weltkrieg die unterste Sprosse zum Aufstieg gewesen, aber ich würde dies niemandem wünschen.

Win Stracke

Folksänger aus Chicago, Gründer der Old Town School of Folk Music.

Ich war bei der 62. Küsten-Artillerie. Beim Kommandoposten wurde es mir ein bißchen zu langweilig. Als wir im Hochland von Algerien waren, habe ich gefragt, ob sie mich nicht an eines der

Flakgeschütze versetzen. Das waren 40-Millimeter-Bofors, und immer fünfzehn Mann an einem Geschütz.

Da waren dann fünfzehn Männer, die zum ersten Mal in ihrem Leben nicht gegeneinander konkurrieren mußten. Wir hatten sowieso keine Aussichten, Offizier zu werden. Das hat mir sehr gefallen. Man hat eine Aufgabe, und jeder packt mit an, der eine mehr, der andere weniger. Zum ersten Mal im Leben konnte man sich gegenseitig helfen, ohne die Angst, übervorteilt zu werden. Ohne sich die Köpfe einzuschlagen oder den anderen beim Boß anzuschwärzen oder sonstwas.

Die Army war für mich eine ganz neue Erfahrung, völlig anders als das normale Leben, wo man sich um die Arbeitsplätze raufen mußte. Davon war hier keine Rede, und das habe ich sehr genossen. Den ganzen Krieg durch, und ich war drei Jahre und vier Monate dabei, von Juni '42 bis September '45.

Das ist jetzt vierzig Jahre her, aber keiner von uns hat es vergessen. Wir halten Veteranentreffen, allerdings sterben immer mehr weg. Das war die größte Erfahrung, die diese Männer je gemacht haben. Für mich ja auch. Es hat auch bestimmt die Leute verändert, ihren Charakter und wie sie mit den Nachbarn umgehen. Vielleicht sehe ich das auch zu verklärt. Ich weiß es nicht.

Ich glaube nicht, daß sehr viele aus Überzeugung dabei waren. Manche konnten zwischen den Nazis und unseren Verbündeten überhaupt nicht unterscheiden. Sie haben sich zum Teil bei den Franzosen sehr unbeliebt gemacht. Als wir in Südfrankreich an Land gingen, weiß ich noch, wie einige von uns Melonen aufhoben, aufbrachen und dann einfach wegwarfen. Sie haben sich aufgeführt wie die Banausen. Die Deutschen haben sie sehr gelobt, als wir schließlich in Deutschland ankamen und die Autobahnen zu Gesicht bekamen. Und daß es so sauber war. Die Deutschen hatten ihre Misthaufen hinter dem Haus und die Franzosen davor. Wahrscheinlich waren sie stolz darauf.

Oft hatten wir heiße Debatten, wenn John L. Lewis sich die Bergarbeiter vorknöpfte. Die haben ihn schrecklich erbittert. »Diese Scheiß-Kumpel machen hundertfünfzig oder zweihundert Dollar die Woche, und wir reißen uns hier den Arsch auf für einen Hunderter im Monat. Aufhängen sollte man die.« Die wenigsten der Jungs hatten wohl vorher vernünftige Arbeit gehabt. Als ich meinen Fragebogen ausfüllte – zu der Zeit habe ich an die zweihundert in der Woche verdient –, habe ich das in, sagen wir, hundertfünfundzwanzig umgemogelt. Die Jungs dachten, ich gebe bloß an. (Er lacht.) Aber am Geschütz haben sich solche Sachen dann allmählich erledigt.

Ich weiß noch, wie wir Weihnachten einmal in der Nähe von Palermo waren. Am Vormittag wurden Orden für gutes Betragen verliehen. Man bekam einen, wenn man sich im Jahr davor keinen Tripper geholt hatte. (Er lacht.) Wir standen zwischen den ganzen Kanonen und sangen Weihnachtslieder. Einer spielte auf der Mundharmonika dazu. Mitten in einem Lied kam ein vielleicht zwölfjähriger Junge in einem arabischen Gewand – so ein Umhang, wie es ihn in den südlichen Ländern dort bestimmt seit zweitausend Jahren so gibt – zwischen unseren Geschützstellungen durch, mit seiner Schafherde. Es kam mir vor, als würde ich einem kleinen Jesus bei seiner Arbeit zuschauen. Das war ein denkwürdiges Erlebnis.

In Aix-en-Provence sollte ich im nächsten Jahr an Weihnachten für die Kinder von französischen Kriegsgefangenen singen. Monsieur Puel, ein bekannter Rechtsanwalt der Stadt, wollte »Mon Bon Sapin« hören. (Er singt.) »Mon bon sapin ...« »Das ist doch ›O Tannenbaum‹«, sage ich. »Nein nein, das ist ein altes französisches Volkslied«, meint er. Dann sollte ich noch ›O Douce Nuit‹ singen. (Er singt ein paar Takte auf französisch.) Das war ›Stille Nacht, heilige Nacht.‹ Er bestand darauf, daß das Lied aus dem Elsaß stammt und ursprünglich französisch gesungen wurde.

Wir waren in Mannheim, Deutschland, als der Krieg in Europa aufhörte. Wir wurden auf verschiedene Batterien verteilt und bereiteten uns auf die Heimreise vor. Ich war in Fulda, wo mein Namenspatron, der heilige Winfried, die Germanen von ihrer Baum-Anbeterei zum Christentum bekehrte. Meine Familie stammt aus dieser Gegend. Genau an dem Tag, als wir die Bombe auf Hiroshima abwarfen, am 6. August 1945, lief ich in Deutschland eine herrliche Landstraße entlang. Der Sommer war wunderschön, und alles stand in voller Blüte. Ich wollte meinen Schwager besuchen, der in Bad Bischofsheim stationiert war.

Von fern sehe ich ein Gefährt auf mich zukommen. Ein junger Deutscher saß auf dem Bock. Er strotzte nur so vor Kraft und Schneid und sang vor sich hin. Erst konnte ich fast nichts hören. Er kam näher, und ich ging ruhig weiter. Ganz offensichtlich hatte er beschlossen, mich zu ignorieren. Als wir näher aufeinander zukamen, erkannte ich das Stück, eine Arie aus der deutschen Oper »Der Waffenschmied«. Ich hatte ein paar Monate vor meiner Einberufung die Titelrolle an der University of Chicago gesungen. Er kam mir irgendwie arrogant vor. Ich glaube, er wollte diesem amerikanischen GI mal zeigen, was deutsche Kultur ist. Das machte ihm richtig Spaß, das sah man deutlich.

Bei der Zeile »Auch ich war ein Jüngling mit lockigem Haar«..., ich hatte damals fast schon so eine Glatze wie jetzt. (Er lacht.) Als wir uns genau gegenüberstanden, war er mit der Zeile gerade fertig, und ich schmetterte ihm die Fortsetzung entgegen: »Ja, das war eine köstliche Zeit.«

Ich widerstand der Versuchung, ihn anzuschauen. Ich sah geradeaus vor mich hin. Er sollte bloß den Schock versetzt kriegen. Ich ging weiter, ohne ihn eines Blickes zu würdigen. Schließlich, nach ein paar hundert Metern, konnte ich mich nicht mehr beherrschen. Ich drehte mich um. Da saß er und gaffte mich an. Ich glaube, Stalingrad hätte ihn nicht mehr erschüttern können als das hier. Ich habe ihm angemerkt, daß er mir die ganze Zeit nachgestarrt hatte. Völlig entgeistert. Das muß ein böses Erwachen für ihn gewesen sein. Für mich war es ein großer Moment. Ich hatte ihm gezeigt, daß das nicht nur seine Kultur ist, sondern auch meine. Und außerdem die eines jeden, der die Musik liebt.

Nach dem Krieg war ich erst mal hauptsächlich damit beschäftigt, für meine neue Familie den Lebensunterhalt zu verdienen. Ich durfte Gesang studieren, finanziert durch die *GI-Bill*. Ich hatte bestimmt nie Flausen im Kopf, daß die Welt sich bessern würde. Wir befanden uns zum ersten Mal in einer Art Stammessituation, wo man ohne Bedenken zueinander hilfsbereit sein konnte. Mir war klargeworden, daß eben das Fehlen von Konkurrenz und Abgrenzung und all diesen falschen Regeln meine Zeit in der *Army* so schön gemacht hat.

Johnny DeGrazio

Er sieht aus wie ein Jockey, der ein paar Kilo angesetzt hat. Zwei Themen hatten es ihm angetan: der Zweite Weltkrieg und das Spielen. Zwangsläufig landeten wir in einer Chicagoer Spelunke: Open all nite. Er fährt seit fünfzehn Jahren Taxi, und ich war sein Fahrgast – der sein Fahrziel natürlich nicht planmäßig erreichte.

Ich wurde eingezogen, im Zweiten Weltkrieg, klar, wie alle anderen auch. Ich war ein echter Patriot, ich wollte ganz vorn mitmischen und so.

Ich komme aus einem Viertel, wo du bloß mal was Peinliches zu machen brauchst, und schon bist du als Memme verschrieen. Oder daß du keinen Stolz am Leib hast oder so was. Wie sie mich eingezogen haben und es hieß, daß ich »am Kampf nicht beteiligt« sein sollte, war ich sauer. Dann kam ich auf den Trichter, mich freiwillig zu den Fallschirmjägern zu melden. Und der Typ sagt: »Hier hast du's besser«, und »Wir brauchen dich hier«, und dieses ganze Gesülze. Der wollte aus mir einen ›dog robber‹, einen Burschen, machen. Der ›dog robber‹ macht einem Offizier die Bude sauber, putzt ihm die Stiefel, tut dies und das, fährt einen Jeep und so. Ich sage ihm: »Mister, ich will hier kämpfen. Ich will nicht den Burschen spielen.« Und: »Ich erzähl doch meinen Freunden nicht, daß ich zum Stiefelputzen in die *Army* bin.« Er sagt bloß: »Ab mit dir.«

Wo ich herkomme, in meinem Viertel, da hat man noch Stolz. Es heißt oft: »Auch wenn du sonst nichts hast, deinen Stolz kann dir keiner nehmen.« Für mich zählt das was, mein Stolz. Und das heißt, wenn du zur *Army* gehst, dann kämpfst du für dein Land und machst nicht irgend so einen Mist. Bandagen wickeln oder so. Na ja, jedem das Seine, aber für mich ist das nichts. Als wir dann drüben waren, in England, da hieß es doch tatsächlich die Ausrüstung ausladen und auspacken und dahin schaffen, wo sie hingehört. Ja danke, sonst noch was?

Gut, wir sind also in England, mitten im Krieg. Den Engländern geht es schlecht. Verdunkelung, Lebensmittelrationierung und all das. Und der Kasinofeldwebel kriegt doch die ganze Verpflegung, oder? Der bringt also die Verpflegung zu den Offizieren und tauscht sie da gegen Schnaps, Seife und was-das-Herz-begehrt. Und sie kriegen die ganzen Weiber, die englischen Weiber. Den haben sie schließlich geschnappt und verknackt. Einen Teil von dem Schnaps hat er an uns verkauft, zum doppelten Preis. Die haben sich's da drüben gutgehen lassen, die Offiziere und der Kasinofeldwebel. Profit gemacht wie nichts, Hand in Hand ging das.

In der Grundausbildung genauso. Dieses Hand-in-Hand-Arbeiten. Du kriegst als erstes deine Ausrüstung, sie geben dir deine Klamotten, und zehn Minuten später heißt es, alles muß auf Kleiderbügeln hängen, sauber zugeknöpft und so. Zehn Minuten später kommt ein Typ und verkauft Kleiderbügel, das Stück zu 5 Cent. Wenn die Soldaten wieder weg müssen, sagt dieser Typ: »Die Bügel laßt Ihr hier.« Bestimmt zweihundert haben die verkauft. Der nächste Schwung kommt in die Kaserne, wieder dasselbe Spiel.

Ich war von November '42 bis März '45 dabei. In England bin ich krank geworden. Elf Monate lag ich im Lazarett, dann haben sie mich weggeschickt. Daheim in Amerika habe ich eine Hautkrankheit gekriegt. Ich wollte nicht raus, ich habe immer noch die Fahne geschwenkt. Wegen Krankheit entlassen. Ich habe mir die Hände ans Bett gefesselt, damit ich mich nicht kratze. Die anderen haben sich Seife unter die Achseln geklemmt, damit sie Ausschlag kriegen und rauskommen. Die haben mich gesehen. Verstehst du, ich wollte drinbleiben, weil alle anderen ihr Leben geopfert haben. Ich wollte nicht raus. Ich habe immer noch die Fahne geschwenkt.

Wie war das dann in deinem Viertel, als du zurückgekommen bist?

Die ganze Bande hat einen ganz schön verspottet. Vor allem, wenn man Koch war oder Pillendreher ... oder ›dog robber‹, der dem Offizier die Bude putzt. Na, wunderbar. Ich werd also allen erzählen, daß ich ›dog robber‹ war. Ich war irgendwie enttäuscht, weil ich nicht erreicht hatte, was ich wollte. Ich hab nicht gesehen, was ich sehen wollte. Kämpfen wollte ich. Mit einem Gewehr, weil man so eben verteidigt. Dafür geht man doch zur *Army*. Genauso wenn du Polizist bist. Wenn du Polizist bist, dann bekämpfst du Verbrechen und schreibst keine Strafzettel. Also so sehe ich das zumindest.

Der Zweite Weltkrieg, da sind alle dahintergestanden. Hundertprozentig. Bei Vietnam, da haben sie verweigert und so. Im Zweiten Weltkrieg, da waren sie wirklich streng. ›Unerlaubtes Entfernen von der Truppe‹, da sind sie dir nach. Und dann war die Hölle los.

Wenn man's genau nimmt, habe ich eigentlich nicht viel gemacht im Zweiten Weltkrieg. Gespielt habe ich. Würfel und Poker. Ich hatte es ja nicht gerade gut erwischt. Ich wollte meine Pflicht fürs Vaterland tun. Geh ich in die Schreibstube: »Melde mich freiwillig zu den Fallschirmjägern.« Der Captain: »Du bleibst hier.« Ich sage: »Ich will dienen«, und er blafft: »Raus mit dir.« Die haben mich wohl nicht für voll genommen, aber beim Spielen habe ich's ihnen dann gezeigt.

Da drüben hat man je nach Runde eingesetzt, unbegrenzt. Immer am Zahltag. Erster Zahltag, alles futsch. Zweiter Zahltag, alles futsch. Da wurde mir dann etwas mulmig. Das mußt du überwinden, dachte ich mir. Na ja, auf alle Fälle habe ich den Fehler gemacht, daß ich keine Zigaretten gekauft hatte und eine schnorren will, und der Typ sagt, »kauf dir selber welche«, und ich sag, »steck sie dir in den Arsch.« Ich such mir also ein paar Kippen zusammen.

Und jetzt kommt's. Ich setz mich wieder hin zum Pokern. So 40 Dollar habe ich noch gehabt. Und wieder geht alles flöten. Jetzt muß ich einen dieser Typen erwischen, die Geld verleihen. Für zwanzig jetzt kriegt er fünfundzwanzig am nächsten Zahltag. Ich geh wieder an den Tisch, und jetzt habe ich eine richtige Wut. Hier und da gewinne ich 'nen kleinen Pot. Und dann dieses eine Spiel. Dieser Typ legt 54 Dollar rein,ein Rieseneinsatz. Ich müßte mitgehen. Er hat bloß eine Karte genommen. Jetzt kommt's drauf an, sag ich mir, entweder hat der Typ ein Superblatt, oder er hat einen Dreck. Das mußt du dir ansehen, sag ich mir. Wenn ich die ganze Runde hier einsacken will, dann muß ich da durch. Na ja, ich sag, er soll zeigen, und er hatte das mieseste Blatt der Welt. Ich habe an die 300 Dollar gekriegt. Von da an wurde ich langsam dreister, hab sie geblufft und so. Das Spiel ging bis sechs Uhr früh. Der erste Sergeant war pleite. Ein Typ mußte dreimal unterbrechen, um Geld zu leihen. Ich habe die ganze Runde geplündert. Mit 1 400 Dollar kam ich raus.

Am nächsten Tag spricht sich das rum. Der erste *Sergeant* wollte einen Scheck für 100 Dollar einlösen. »Klar, *Sergeant*, von mir kriegen Sie das Geld.« Aber im stillen denk ich mir, wehe, wenn der nicht gedeckt ist, dann kann er was erleben. Am Tag drauf kommt er an und gibt mir 100 Dollar in bar. Ich gebe ihm seinen Scheck zurück. Alle schauen mich an. Und es spricht sich rum.

Zurück zu dem Typen mit den 25 für 20, o. k.? Meint der: »Wie ich höre, hast du ein wenig Glück gehabt?« Ich sage: »Genau, und ich bin dir 25 Dollar schuldig.« Sagt er: »Genau.« Sage ich: «Zahltag war ausgemacht. Du mußt einen Monat auf deine 25 Dollar warten. Willst du 23 jetzt, oder willst du einen Monat lang auf deine 25 Dollar warten?« Er schaut mich an. Ich sage: »Also was ist?« Und er: »Gib mir die 23.« Siehst du? Da habe ich ihn beeindruckt.

Und jetzt gewinne ich einen Zahltag nach dem anderen. Ich wollte nicht alle völlig ausnehmen. Ich habe immer so zwei- oder dreihundert gemacht. Einmal in der Woche mußte ich Wache schieben. Da habe ich dann irgendeinem Typen fünfzehn oder gleich zwanzig Dollar gegeben, der ist für mich hin, und ich habe den restlichen Tag frei. Ich konnte in die Stadt, und ich hatte Geld, wo alle anderen pleite waren.

Wenn einer bei der *Army* war, dann platzte man schier vor Stolz. Alle in meinem Viertel hatten ihre Söhne oder sonstwen dabei, und alle haben damit angegeben. Man war eben jemand. Alle standen hundertprozentig dahinter.

Ich werde langsam alt. Ich bin sechzig. Heute sieht das anders aus, da kämpft jeder für sich. Einer versucht den anderen reinzulegen.

Und drum wollte ich nicht den Burschen spielen, im Krieg. Ich wollte kämpfen und bin nie dazu gekommen, also werd ich nie wissen, was Sache ist, oder?

Nachdenken über Machismo

John H. Abbott

Obgleich er den langen grauen Bart und das glitzernde Auge des »Ancient Mariner« hat, erscheint sein Gesicht faltenlos. Jugendlich im Gegensatz zum Rest. Man stelle sich einen heiteren John Brown vor.

Ein kleines Haus in Canoga Park, Kalifornien.

Wir waren bereit für einen Krieg. Wir hatten eine lange Depression hinter uns. Die Menschen brauchten eine Veränderung, und ein Krieg versprach die Dinge zu verändern. Hört auf, um Brot anzustehen. Baut noch einen Bomber für den Frieden. Sie änderten einfach die Slogans. Das war der populärste Krieg, den wir je hatten. Die Leute sangen, tanzten, tranken – juchheißa, der Krieg.

Ich war 1918 geboren; also konnte ich eingezogen werden. Ich hatte lange darüber nachgedacht, wie ich mich den Leuten gegenüber benehmen würde, wenn es zum Krieg käme. Oder wenn ich eingezogen würde.

Angefangen hatte es vor langer Zeit, als ich mit dem Kleinkalibergewehr meines Bruders in den Wald ging und einen Vogel vom Baum schoß; davon wurde mir so übel, daß ich nicht schlafen konnte. Das war in Scarborough, New York.

Ich ging in die Bibliothek des Vaters meines Freundes – er war Arzt – und holte mir ein paar medizinische Bücher. Jede Seite zeigte einen Fortschritt, Schritt für Schritt: Vom Hacksteak zum Menschen. Es handelte sich um einen Menschen, der im Ersten Weltkrieg gekämpft hatte und verwundet worden war. Und wie dieses Ding wieder zusammengeflickt wurde. Ich fragte mich: Was hat dieser Mann sich angetan? Und für was? Weshalb sollte ich mich darauf einlassen? Ich ging damals noch zur Schule. Ich hatte nie etwas von Pazifisten oder Quäkern gehört. Ich wußte auch nicht, was ein Kriegsdienstverweigerer war. (Er lacht.)

Bei Ausbruch des Krieges war ich im zweiten Jahr am Pratt Institute in Brooklyn. Alle in unserer Klasse waren tauglich. Wir kriegten unsere Fragebögen, als ginge es um eine Klassenarbeit. Ich war schockiert. Der zweite Fragebogen war für Kriegsdienstverweigerer. Glaubst du an ein höchstes Wesen? Glaubst du an Gott? Wer da nicht glaubte, saß in der Tinte. (Er lacht.) Die Anerkennung als Kriegsdienstverweigerer kriegte er nicht.

Ich beschloß nicht, Kriegsdienstverweigerer zu werden. Das war die Rekrutierungsbehörde. Ich schrieb nur in meinen Fragebogen, daß ich mich nicht an den Kriegsanstrengungen beteiligen würde. Ich wollte damit nichts zu tun haben. Obwohl ich nur ein Jahr lang in die presbyterianische Sonntagsschule gegangen war, fühlte ich mich dazu qualifiziert. Meine Religion war die gleiche wie die der anderen, nur daß ich zum Gottesdienst in den Wald ging. Ich ging nicht in die Kirche. Und was zum Teufel ging es sie eigentlich an, was ich glaubte?

Meine Rekrutierungsbehörde wußte genau, was für ein Typ ich war; sie wußte, was ich dachte, bevor ich hinkam. Sie hatten nicht vor, sich mit mir anzulegen. (Er lacht.) Also gaben sie mir ein 4-E: Die Anerkennung als Kriegsdienstverweigerer.

Sie wollten mich in ein Lager schicken. Ich hatte die Schule nicht abgeschlossen. Das war ein Verstoß gegen das Gesetz. Ich sagte ihnen, daß ich mich an ihre Anweisungen nicht halten würde. Ich ging zum Bezirksstaatsanwalt und sagte ihm das. Er forderte mich auf, zu den Quäkern nach Philadelphia zu fahren und mir von ihnen zeigen zu lassen, wie es in den Lagern aussehe. Das tat ich. Im Zweiten Weltkrieg waren die Brethren, die Mennoniten und die Quäker, mit den Leuten von der Regierung übereingekommen, dieses Lagersystem einzurichten.

Er fragte mich auch, ob ich zu einem Psychiater gehen würde.

Ich tat es. Es war ein Psychiater der Ersatzdienstbehörde. Er lud mich übers Wochenende zu sich nach Hause ein. Als ich begriff, was er da von mir verlangte, war ich höchst empört. (Er lacht.) Noch nie hatte mir jemand einen Antrag gemacht. (Er lacht.) Er versuchte, mir ein 4-F zu besorgen: homosexuell. Wer ihn übers Wochenende besuchte, dem versprach er dafür ein 4-F.

Man befahl mir also, in ein Lager zu gehen. Ich war in zweien. Eines war in Campton, New Hampshire, das andere in Chilaya, Kalifornien. Verlegt wurde ich gegen meinen Willen. (Er lacht.) Die Arbeit bestand darin, in der Gegend, in der sich das Lager befand, die Fichtennadeln von den Straßen zu fegen, damit die Leute, die genug Benzin hatten – obschon es rationiert war –, herkommen und sich amüsieren konnten. Wir reparierten die Latrinen, machten Wartungsarbeiten, hielten die Wege frei. Als Freiwillige arbeiteten wir auch bei der Feuerwehr.

Ich flog bald aus der Arbeitskolonne, weil ich störte. Ich redete mit allen und versuchte, sie zu überreden, die Arbeit hinzuschmeißen, das Lager zu verlassen. Ich fand, daß man zur Kriegsanstrengung beitrug, indem man in diesen Lagern war. In meinen Augen war alles, was man für das Ersatzdienstsystem tat, ein Beitrag zur Kriegsanstrengung.

Die Arbeit, die wir in den Lagern verrichteten, war, wie es hieß, von nationaler Bedeutung (›importance‹). Wir nannten es ›nationale Impotenz‹. Auf den Aufklebern, die man wegen der Benzinrationierung an den Windschutzscheiben hatte, stand ein kurzer Satz: »Ist dieser Ausflug wirklich nötig?« Wir kratzten ›Ausflug‹ weg und schrieben ›Krieg‹ hin. »Ist dieser Krieg wirklich nötig?«

Als ich aus dem Osten in den Westen verlegt wurde, war die Reise quer durch das Land absolut faszinierend. Auf den Bahnhöfen standen die wohltätigen Damen mit Süßigkeiten und Essen und Zeitschriften. Sie standen da, wenn die Truppentransportzüge vorbeikamen; sie hatten dann Geschenke für die Männer, die auszogen, dem Vaterland zu dienen. In dem Zug, in dem wir saßen, gab es zwei Waggons mit Marinerekruten, noch ohne Uniform, die nach San Diego mußten. Und ein Waggon war voller Kriegsdienstverweigerer, auch ohne Uniform. Wenn wir aus den Waggons auf die Gleise strömten, wußten die guten Damen uns ums Verrecken nicht zu unterscheiden. Also kriegten wir auch immer eine Menge dieser guten Sachen.

Als sich herumsprach, daß ein Haufen Drückeberger in diesem Zug saß, gingen die Damen tatsächlich umher, packten uns beim Arm und fragten: »Bist du einer von diesen verdammten Drückebergern? Ich will meine Plätzchen zurückhaben.« Ich will meinen Apfel wieder. Gib mir mein ›Life Magazine‹ zurück, du Drückeberger. (Er lacht.) Sie waren wirklich erzürnt.

Was ist los mit dir, du feiges Schwein? ›Yellow‹ war das Wort. Feige. Oh, ich fuhr zum Beispiel per Anhalter, wenn ich Urlaub hatte. Wenn ich in einen Wagen stieg, dauerte es nicht lange, und der Fahrer fragte: »Wie kommt's, daß du nicht in Uniform bist?« Dann sagte ich: »Ich bin Kriegsdienstverweigerer.« Und er sagte: »Was bist du, du feiges Schwein, du?« Bremsen. Tür aufreißen. »raus mit dir!«

Oder man ging in eine Bar, um ein Bier zu trinken. All die Burschen in Uniform. Nicht lange, und es hieß: »He, was ist mit dir? Wo ist deine Uniform?« Und ich sah nie einen Grund, weshalb ich nicht sagen sollte, was ich war. Wenn ich ihnen sagte, daß ich Kriegsdienstverweigerer war, wollten sie sich entweder mit mir schlagen oder sie warfen mich hinaus.

Wurden Sie je körperlich angegriffen?

O ja. Oft.

Ich hatte ja nie behauptet, ich sei Kriegsdienstverweigerer. Man hatte mir diese Klassifizierung zugeteilt. 4-E. (Er lacht.) Ich fühlte mich als irgend etwas. Ich hielt mich nicht einmal für einen Pazifisten. Aber wenn man gefragt wurde, war es am einfachsten, es mit Hilfe dieser Wörter zu erklären.

Wir hatten alte Freunde, die beinahe zur Familie gehörten; sie besuchten uns an Thanksgiving und zu Weihnachten und an den Geburtstagen. Freunde seit Jahren – wir wuchsen mit ihren Söhnen und Töchtern auf. Als bekannt wurde, daß ich Kriegsdienstverweigerer war, sagten diese Freunde zu mir: »Besuche uns nicht mehr. Komm nicht mehr zu uns. Belästige meine Tochter und meinen Sohn nicht. Wir wollen dich nie mehr sehen.« Sie wollten nicht besudelt werden. Es war, als hätte ich eine schreckliche Krankheit, und als könnte man sich anstecken, indem man mich kannte. Wie bei einem Juden in Deutschland. Oder bei einem Japaner an der Westküste der Vereinigten Staaten. (Er lacht.)

Meine Mutter verstand nicht, was ich tat oder warum ich es tat. Als ich vom Rekrutierungsbüro nach Hause kam und ihr erzählte, daß ich mich dessen Wünschen nicht fügen würde, fragte sie: »Wer hat dir befohlen, das zu sagen?« Weil ich mein Leben lang gegen alle formalisierte Religion gewesen war, mich geweigert hatte, weiter die Sonntagsschule zu besuchen, und es haßte, wenn Leute Bibelsprüche klopften, antwortete ich: »Gott hat mir befohlen, das zu sagen.« Davon wurde sie so krank, daß sie drei Tage im Bett liegen mußte.

Mein Vater war anders. Denken Sie daran, er half der US-Regierung in verantwortlicher Position dabei, Material für die Kriegführung nach Europa zu schicken. Er hatte immer schon in Washington gearbeitet. Mein Vater hatte Sympathie für mich als Person, aber nicht für das, was ich tat; er sagte: »John, du rennst mit dem Kopf gegen eine Wand. Es wird dir nichts nützen. Ich werde nicht versuchen, es dir auszureden. Und du sollst wissen: Wenn es etwas gibt, das ich tun kann, um dir zu helfen, dann werde ich es tun.« Das war das Beste, was ich je von irgend jemandem gehört hatte. Er tat, was er konnte. Er hatte Verbindung zum Gefängnissystem, zu den Direktoren und so weiter.

Aus dem Lager kam ich ins Gefängnis, und als ich auf Urlaub nach Hause kam, ging ich nach dem Abendessen mit meinem Vater spazieren, wie wir es früher oft getan hatten. »Dad«, sagte ich, »ich verstehe, wie es dich geschmerzt haben muß, deinen Freunden zu gestehen, daß dein Sohn wegen Kriegsdienstverweigerung im Gefängnis sitzt. Ich glaube, es ist ein echter Makel auf dem Namen unserer Familie. Es tut mir leid.« Er sah mich an und sagte: »Du brauchst dich nicht zu entschuldigen. Wenn du wüßtest, was deine Vorfahren getan haben, wärest du überrascht.« Zum erstenmal in meinem Leben hörte ich, daß mein Ururgroßvater unten im Süden Neger wie seinesgleichen behandelt und dergleichen mehr getan hatte.

Mein Bruder bemühte sich mächtig, zum Militär zu kommen. Er

versuchte es auf alle mögliche Art. Sie nahmen ihn aber nicht, weil er zu klein und zu dünn war. Aber er war voller Begeisterung. Während ich im Zuchthaus in Einzelhaft saß, schrieb er mir aus Los Alamos. Er arbeitete an einer Erfindung, die den Krieg abkürzen und Menschenleben retten würde. Später hörte ich dann, daß in Nagasaki und in Hiroshima etwas explodiert war. Daran also hatte mein Bruder gearbeitet, um den Krieg abzukürzen und Menschenleben zu retten. (Er lacht.)

Meine Schwester heiratete einen Soldaten, der als Tennisspieler eine Position auf der nationalen Rangliste innehatte. Während seiner gesamten Militärzeit spielte er Tennis, überall im Pazifik. Meine Schwester billigte meinen Standpunkt nicht. Sie hielt mich für verrückt.

Die Mutter eines Freundes, sie wohnte in unserer Straße, stimmte mit mir überein. Sie wollte, daß ihre vier Söhne auch den Kriegsdienst verweigerten. Aber die taten's nicht. (Er lacht.) Ich hatte noch einen Freund, einen Maler. Ihm gefiel das Wort »Verweigerer« nicht. Mir auch nicht. Er zeigte mir, daß es etwas Positives war, wenn man für sein Recht einstand. Deshalb versuchte ich, jeden aus dem Ersatzdienstsystem herauszubringen.

Die Quäker hatten Verständnis für meine Auffassung, aber sie hatten einer bestimmten Linie zu folgen. Auch Leute einer religiösen Konfession haben ihre Anforderungen, denen man entsprechen muß. Ich machte dort vom ersten Tag an nur Ärger.

Dann spazierte ich zum Lager hinaus und ging zum Huntington Memorial Hospital in Pasadena. Dort bewarb ich mich um Arbeit. Während des Krieges fehlte es in den Krankenhäusern an Hilfspersonal. Die Männer waren alle fort, zum Kämpfen und zum Töten. die Frauen verdienten soviel Geld wie nie – in der Fabrik und auf dem Bau. Also ging ich zum Krankenhaus, denn da, das wußte ich, versuchten sie, den Menschen zu helfen. Sie brauchten einen Gärtner.

Ich sagte der Dame, daß ich aus einem Lager für Kriegsdienstverweigerer entwichen sei und dafür irgendwann verhaftet werden würde. Sie fragte: »Auf wen berufen Sie sich dabei?« Ich sagte: »Auf mich selbst.« »Und wer kann mir bestätigen, daß es in Ordnung ist, wenn ich Sie einstelle?« Ich sagte: »Rufen Sie das *FBI* an, wenn Sie wollen.« Das tat sie, und das *FBI* sagte ihr, sie seien erst zuständig, wenn der Bericht aus Washington da sei. Das könne aber noch Monate dauern. Von ihnen aus wäre es okay, wenn sie mich einstellen wollte. Damit hatte sie das Okay von ihrem Gott. (Er lacht.)

Ich ging zum *FBI* und sagte denen, wo sie mich finden würden. Ich bekam Kost und Logis im Krankenhaus. (Er lacht.) Wann immer sie wollten, würde ich mit Vergnügen kommen und mich stellen. Sie sagten: »Die Mühe kannst du dir sparen.« Später erfuhr ich, daß sie es extra bezahlt kriegen, wenn sie kommen und einen verhaften.

Eines Tages saß ich bei meinem Mittagessen im Krankenhaus – ich hatte ein Stahlmesser für Gärtnerarbeiten in der Tasche –, und da traten sie hinter mich, einer rechts, einer links (er lacht.): »Wir fordern Sie auf, mitzukommen.« Ich stand auf, und das Messer ragte mir aus der Tasche. »Legen Sie das Messer auf den Tisch.« (Er lacht.) Sie sagten: »Das ist eine todernste Sache.« Ich sagte: »Es ist komisch.« Und so brachten sie mich ins County-Gefängnis nach L.A. Sie registrierten mich, klassifizierten mich, nahmen mir all meine Sachen ab. Sie legten mir Handschellen und Fußketten an, als sie mich vom Gefängnis zum Gericht brachten. Es war äußerst demütigend. Ich fühlte mich wie ein Verbrecher. Dabei hatte ich nur gesagt: Ich weigere mich, Menschen zu ermorden. Hey, alle Welt will morden, aber ich weigere mich.

Erst plädierte ich auf ›nicht schuldig‹. Dann berief ich mich auf ›nolo contendere‹: Ich würde mich nicht fügen, was immer sie wollten. Der Richter verurteilte mich zu zwei Jahren Haft im Bundesgefängnis in Tucson, Arizona.

Im Zug redete ich mit den anderen. Es waren noch ein paar Kriegdienstverweigerer dabei, aber die meisten waren Autoknakker, Einbrecher, Diebe. Zwei der Kriegsdienstverweigerer wollten wissen, wieso ich das Lager verlassen hatte. Ich erklärte ihnen, daß ich mich in keiner Weise in den Ersatzdienst fügen wollte. Und ich sagte ihnen, wenn wir uns dem Gefängnissystem fügten, dem Erzwingungsarm des Staates also, würden wir uns immer noch fügen. Der Richter hatte mich nur zu einer Haftstrafe verurteilt. Er hatte nicht gesagt, daß ich mich irgendwem fügen müsse. Er hatte nicht gesagt, daß ich arbeiten müsse. Also beschlossen wir noch im Zug, nicht zu arbeiten.

Wir kamen mit den meisten anderen Gefangenen zusammen. Es waren ein paar Indianer da, die sich weigerten, im Krieg des Weißen Mannes zu kämpfen. Wir riefen einen Arbeitsstreik aus. Statt zu arbeiten, benutzten wir Schreibmaschinen, Büromaterial, Papier, um Positionspapiere zu schreiben. Die schickten wir dann mit der Post an Freunde, Bezirksstaatsanwälte, Generalstaatsanwälte, Gefängnisleitungen. (Er lacht.)

Was unternahmen die Behörden dagegen?

Nichts. Zumindest in den ersten zwei Tagen. Schließlich, es war gegen zwei Uhr in der Frühe, holten sie drei von uns heraus, legten uns Handschellen an, setzten uns hinten in einen Wagen und fuhren mit uns bis La Tuna in Texas. Gleich oberhalb von El Paso. Dort wurden wir von einem texanischen Gefängnisdirektor empfangen. Man stellte uns vor ihm auf. Seine Wärter lauerten um uns herum wie Gorillas. Er hatte Cowboystiefel an und eine dicke Zigarre im Mund, und er sagte uns, sein Sohn sei da draußen und kämpfe gegen die Japse, und wenn seinem Sohn von diesen Japsen auch nur ein Haar gekrümmt würde, dann würde er dafür sorgen, daß wir dafür bezahlten. Und auf der Stelle wollte er wissen: Wollten wir uns nun fügen und mitspielen, oder mußten seine Jungs uns erst in die Mangel nehmen? Jeder von uns, einer nach dem anderen, erklärte: Wir fügen uns nicht, was immer Sie verlangen. Und so fingen wir an, in diesem Gefängnis ein paar Dinge zu verändern.

Wir wurden getrennt. Wir wohnten nicht mit den anderen Gefangenen im selben Trakt. Zum Essen saßen wir in einem anderen Teil des Speisesaals. Wenn wir Hofgang hatten, waren keine anderen Gefangenen draußen. Wenn wir Gelegenheit bekamen, in die Bibliothek zu gehen, war sonst niemand da.

Sie hatten erkannt, daß wir Gift verbreiteten. Es sprach sich herum, und so rissen sie uns auseinander. Mich schickten sie nach El Reno, einem Zuchthaus in Oklahoma. Ich schmuggelte einen Brief hinaus; ich ließ ihn auf einer Bank im Bahnhof liegen, als ich dort saß, mit Handschellen gefesselt, und auf den Zug wartete.

Als ich in El Reno ankam, sagte ich zu dem Gefängnisdirektor: »Wenn Sie daran interessiert sind, mich zu bessern oder zu rehabilitieren oder zu ändern, dann müssen Sie mir erklären, weshalb Sie diese Burschen hier haben, die des Mordes überführt sind, und gleichzeitig mich, der ich mich geweigert habe, Menschen zu ermorden.«

Was sagte er darauf?

Nichts.

Die meiste Zeit saß ich in Einzelhaft. Sie fragten mich: »Was willst du im Gefängnis tun?« Ich sagte: »Ich möchte ein Buch über das Leben im Gefängnis schreiben.« »Solche Jobs haben wir hier nicht. Du kannst in der Wäscherei arbeiten oder in der Küche oder auf dem Feld.« Aber ich arbeitete in keinem dieser Jobs.

Während meiner Einzelhaft war ein Gefängnisangestellter, der für die Ersatzdienstakten zuständig war, eingezogen worden. Sie brauchten jemanden, der diese Stelle übernahm. Der Direktor sagte zu mir: »Du bist der einzige, dem ich vertrauen kann.« Denn wer die Wahrheit über die Häftlinge kennt – und die steht in diesen Akten –, der ist der mächtigste Mensch in diesem Gefängnis. Ich sagte: »Nein, denn dann würde ich nicht nur für Sie, sondern zugleich auch für den Ersatzdienst arbeiten.« »Du brauchst nichts zu tun«, sagte er. »Du mußt nur da sitzen.« Ich sagte: »Okay.« Und so saß ich einfach da. Das war das einzige Mal, daß ich mich dem Gefängnissystem je gefügt habe.

Ich lernte wirklich, wie es war, jeden Tag dieselben vier Wände zu sehen: ein Bett, eine Toilette, ein Waschbecken, ein kleiner Tisch, eine Vierzig-Watt-Birne, die die ganze Zeit brannte. Die Fensterscheiben mit Farbe angestrichen. Ich mußte sie anfassen, um zu fühlen, wie das Wetter draußen war. Wenn ich mich auf das Bett stellte, konnte ich durch die Lüftung in der Decke mit den Gefangenen in anderen Zellen reden. Ich tanzte. Ich sang. Ich machte Yoga- Übungen.

Ich versteckte mich unter dem Bett, wenn die Wärter kamen und durch das Guckloch spähten. Wenn sie mich dann nicht sahen, kamen sie herein, sahen sich um – er ist geflohen! (Er lacht.) Sie bekamen es wirklich mit der Angst. Und wenn sie die Tür aufmachten, spazierte ich hinaus. Ich lief dann herum und besuchte einige der Häftlinge, die ich noch nicht gesehen hatte. Der Wärter stieß schließlich in seine Pfeife, und zwei oder drei andere Wärter kamen und schleppten mich zurück in meine Zelle. Oft haben sie das nicht versucht.

Ich war in drei verschiedenen Bundesgefängnissen gewesen, und in jedem machte ich Ärger. Wenn sie mich zum Bahnhof runterbrachten, sagten sie: »Komm nicht zurück. Wir wollen dich nie wiedersehen.«

Zur Bewährung gab man mir einen Job in einem New Yorker Krankenhaus. Mein Bewährungshelfer wollte, daß ich mich dauernd bei ihm meldete. Zwei Monate lang tat ich es nicht. Schließlich aber doch. »Ich besuche Sie dieses eine Mal«, sagte ich. »Hier ist eine Liste von Vorschriften«, sagte er. »Hast du gegen eine davon verstoßen?« »Ja«, sagte ich. »Gegen jede, der ich mich nicht fügen wollte.« Da sagte er: »Wir werden dich wieder ins Gefängnis schicken müssen.« Und ich sagte: »Da schreiben Sie lieber erst mal hin und fragen nach, bevor Sie mir drohen. Ich glaube nämlich nicht, daß die mich haben wollen.« Und dann sagte ich, ich würde nie wieder zu ihm kommen.

Und was geschah?

Nichts.

Als der Krieg vorbei war, wurde mir klar, daß ich meine Bürgerrechte verloren hatte, weil ich wegen dieser Straftat verurteilt worden war. Aber ich wollte wählen. Ich wollte das Recht haben, als Geschworener benannt zu werden. Ich ging zur Amerikanischen Bürgerrechtsunion, zur *ACLU*, und trat in zwei Fällen als Kläger auf. Beide Fälle kamen bis vor das Oberste Gericht, und es ergingen Grundsatzurteile. Wir erstritten das Wahlrecht für alle Vorbestraften. Ab und zu kommt ein junger Jurastudent an und sagt: »Es ist wunderbar, mit jemandem zu reden, von dem wir in unseren Lehrbüchern lesen.«

Beim Militär und im Gefängnis kennen sie nur Nummern, keine Namen. Im Gefängnis riefen sie immer meine Nummer, und dann antwortete ich nicht. Ich sagte: »Ich habe einen Namen. Wenn ihr mich bei meinem Namen ruft, werde ich antworten.« Die meiste Zeit verbrachte ich in Einzelhaft. (Er lacht.) Ich wurde nicht oft gerufen.

Alle Gefängnisse sind gleich. Alle Kriege sind gleich. Im Kriege versuchen beide Seiten, einander wegen eines »Prinzips« umzubringen. Und das Prinzip »Du sollst nicht töten« ist im Gemenge verlorengegangen.

Was ist mit Hitler?

Was ist mit Hitler? Er war ein Mensch. Alle taten, was Hitler sagte. Was tun alle Häftlinge? Sie tun, was der Gefängnisdirektor sagt. Hitler hatte nur so viel Macht, wie die Menschen ihm gaben. Ich hatte das Gefühl, daß alle Welt völlig verrückt geworden war, wahnsinnig. Sie waren verliebt in den Krieg.

Nach dem Vietnamkrieg haben die Leute sehr viel mehr übrig für einen, der sich nicht fügt. Sie sind milder geworden. In Vietnam haben sie wirklich gesehen, wie der Krieg ist; sie haben es zehn Jahre lang mitgemacht und hatten es dann bis obenhin satt. Es hatte einfach keinen Sinn. Für mich hatte den schon weder der Erste noch der Zweite Weltkrieg, noch irgend ein anderer Krieg.

Ted Allenby

Allenby arbeitet als Kolumnist bei ›Gay Life‹, einer Chicagoer Wochenzeitung.

Ich war zu Hause in Dubuque in Iowa und hörte im Radio gerade die New Yorker Philharmoniker. John Barbirolli dirigierte die erste Symphonie von Brahms. Der Rundfunksprecher unterbrach das Programm mit der Meldung, daß Pearl Harbor angegriffen worden war. Ich war damals siebzehn.

Dubuque ist eine sehr religiöse Stadt. Ob hetero- oder homosexuell, wir waren alle sehr unterdrückt. Es herrschte eine Atmosphäre der Ignoranz. Lange Zeit wußte ich nicht, daß ich homosexuell war. Ich wußte nur, daß ich anders war.

Es war eine sehr patriotische Stadt. Und ich war es auch. Ich wollte mich sofort zur Army melden, aber ich war noch zu jung. Ich verpflichtete mich im Dezember '42. Da wurde ich gerade achtzehn. Ich meldete mich zum Marine-Infanterie-Corps. Dabei spielte meine Homosexualität eine große Rolle. Als Teenager machte ich eine Entdeckung. Mein Vater war Apotheker. In seinem Geschäft gab es jede Menge Flaschen, einige trugen Etiketten mit dem Totenkopf und den gekreuzten Knochen. Genauso empfand ich meine Homosexualität. Ich werde Totenkopf und gekreuzte Knochen tragen und werde es niemand zeigen. Es ist etwas Schlechtes, eine Krankheit, ein Gift. Mein kleines schmutziges Geheimnis.

Wie geht man damit um? Man versucht zu beweisen, wie robust man ist. Schließlich sind Homosexuelle Waschlappen und Tunten. Du bist kein Mann. Du bist nicht männlich und nicht weiblich, du bist nichts. Aus diesem Grund entschloß ich mich für die *Marines*. Sie sind die härteste Truppe. Wir glaubten dem Slogan, daß du bei den *Marines* zum ganzen Mann wirst. Das war die Elite. Man mußte wirklich eisenhart sein.

Ich wurde in Des Moines vereidigt und zu einer Einheit der Navy an der Denison-Universität in Ohio geschickt. Ich wollte aber nicht zur Schule gehen. Ich wollte kämpfen.

Aus mehreren Gründen war ich sehr aggressiv. Wie jeder andere junge Amerikaner war ich superpatriotisch. Und weil ich homosexuell war, hatte ich das zwingende Bedürfnis, ständig meine Männlichkeit unter Beweis zu stellen. Ich war sehr aufsässig in dieser Einheit und wurde schließlich rausgeschmissen. Ich war ein bißchen überaggressiv. Ich hatte damals einen Hang zur Bösartigkeit und ließ mich auf zu viele Schlägereien ein. Um jeden Verdacht zu zerstreuen, daß ich homosexuell sei, zog ich immer am Wochenende los, betrank mich, prügelte mich herum und kam blutend zurück oder hatte andere blutig geschlagen. Ich verbreitete Angst und Schrecken. Das hatten sie irgendwann satt. So jemand wollten sie nicht als Offiziersanwärter.

Ich war froh darüber. Ich kam in ein Grundausbildungslager nach San Diego. Schließlich landete ich beim Marine-Musik-Corps. Ich wollte Trompete spielen, aber der Kapellmeister brauchte Flötisten. Das machte die Sache unangenehm. Flöte ist ein Mädcheninstrument. (Er lacht.) Aber ich kam ganz gut damit zurecht. Ab und zu haben mich die Jungs deswegen aufgezogen, dann gab's wieder mal eine Prügelei. Das Musizieren gefiel mir, und ich wurde Mitglied in der Band des Marinestützpunkts San Diego. Dann kam ich nach Südostasien und landete am 13. Februar '45 auf Iwo Jima. Sie nahmen mir die Flöte weg und drückten mir ein Maschinengewehr in die Hand.

Man hatte seine Freunde. Man spürt so was im Unterbewußtsein. Ich hatte einen Freund in San Diego. Wir liebten uns, aber wir hatten nie eine sexuelle Beziehung. Es gab da eine Vertrautheit, eine Nähe, sehr tiefe Gefühle und kleine Heimlichkeiten, die man nur mit dieser Person teilt. Er war sehr religiös, ein Baptist. Wir waren beide homosexuell, aber keiner von uns hätte dieses Wort in den Mund genommen. Er kam nicht mit nach Iwo Jima. Der Krieg bringt Leute schnell zusammen und trennt sie genauso schnell wieder. Es war ein traumatisches Erlebnis, als ich mich von ihm verabschiedete.

Wenn ich zurückdenke, gab es im Ausbildungslager wahrscheinlich noch andere Homosexuelle, aber die steckten im gleichen Dilemma wie ich, sie hatten Angst, und alles mußte heimlich passieren. Der Militärbürokratie schien es egal zu sein, wie man veranlagt war. Homosexualität kam nur in den üblichen Soldatenscherzen vor, oder im Umkleideraum wurden dreckige Witze gerissen wie: »Heute nacht ziehen wir los und mischen ein paar Schwule auf«, oder man sagte zu jemand »du gottverdammter Arschficker.«

Haben Sie bei dem Gerede mitgemacht?

Natürlich. Das mußte ich, sonst hätte noch jemand Verdacht geschöpft. Man entwickelt ein ganzes Repertoire von Tricks, damit einem niemand draufkommt. Ich tönte sogar noch lauter als die anderen.

Ich glaube, das Marine-Infanterie-Corps ist ein ziemlich sadomasochistischer Verein. Sexuelle Geschichten kommen sehr stark zum Ausdruck. Wir trugen damals alle Ledergürtel. Die wurden dann abgeschafft, weil die *Marines* sie als Waffe benutzten, wenn sie Schlägereien mit Matrosen oder untereinander hatten. Man wickelte sich den Ledergürtel um die Faust und hatte danach eine Art Schlagring. Ich weiß noch, wie wir damit aufeinander losgingen. Es war wie ein Geschicklichkeitsspiel, bei dem es darum ging, sich möglichst schnell zu ducken und auszuweichen und den anderen möglichst hart zu treffen. Wir hatten alle Striemen auf dem Rücken.

Es gibt den alten Grundsatz: Wenn du nicht lieben kannst, mußt du hassen. Wenn du keine Zuneigung zeigen kannst, zeige Aggression. In den Kasernen war die Homosexualität deutlich spürbar. Die Schlägereien waren wohl eine Vorwegnahme des Kampfes, man wußte nicht wann, man wollte ihn und doch hatte man Angst davor. Sie wurden aber nie bösartig geführt. Statt eine Kissenschlacht zu veranstalten, prügelten wir uns mit diesen Ledergürteln. Aber wir waren Machos. Es gibt keinen größeren Machohaufen als das Marine-Infanterie-Corps.

Ich kam zur Vierten Marine-Division nach Maui auf Hawaii. Wir wohnten in Zelten. Das war unsere Zwischenstation auf dem Weg nach Iwo Jima. Bevor wir von unseren Offizieren informiert wurden, hatte uns *Tokyo Rose* schon mitgeteilt, daß wir dort eingesetzt würden. Wir hörten sie die ganze Zeit im Radio. Als wir in der Nähe von Saipan waren, wo wir unsere Spezialeinheit treffen sollten, sagte sie: »Die paar Mann, die von der Vierten Marine-Division übrigbleiben, wenn sie in Iwo Jima landet, passen dann locker in eine Telefonzelle.« Iwo Jima? Wo, zum Teufel, liegt das überhaupt? Noch nie was davon gehört. Uns wurde gesagt, alles wäre ziemlich einfach. Eine kleine Insel, nur acht Quadratmeilen groß. Es dürfte kein Problem sein. (Er lacht.) Es kam aber ganz anders.

Die Männer, die am 19. Februar 1945, dem *D-Day*, an Land gingen – es sind wirklich nicht viele von ihnen übriggeblieben. Die Verlustrate war enorm. Es war grauenhaft. Iwo ist eine Vulkaninsel mit wenig Deckungsmöglichkeiten, wie einem Baum, einem Busch, einem Felsen. Es gab kaum Bäume. Kein Gras. Es sah aus wie eine Mondlandschaft. Bald wimmelte es nur so von abgerissenen Gliedmaßen und zerfetzten Leichen, es war unvorstellbar. Man kommt an einen Punkt, wo man vor Angst wie gelähmt ist und nur noch rein reflexartig und einfach aus Nervosität losrennt. Ich war ungefähr einen Monat dort.

Es gab da noch jemand, mit dem ich enger befreundet war. Wir gehörten zum selben Regiment. Wir sahen uns ständig. Sein Zelt war nur ein paar Reihen von meinem entfernt. Wir hatten schon ein paarmal zusammen was getrunken und Freundschaft geschlossen, bevor wir nach Iwo Jima fuhren. Wir waren auf demselben Schiff.

Ich hatte einen neuen Poncho, Allzweckzelt und Regenmantel in einem. Ich schrieb mit schwarzer Tinte meinen Namen darauf, in Großbuchstaben: T. ALLENBY. Das verdammte Ding wurde mir geklaut. Eines Tages stieß mein Freund auf einen toten *Marine*. Die Leiche war schon halb verwest und voller Maden. Er sah den Poncho, auf dem mein Name stand. Wahrscheinlich hatte der Getötete den Poncho geklaut.

Nach der Schlacht wurden mein Kumpel und ich für dasselbe Schiff eingeteilt. Er stand auf dem Deck und schaute auf das ganze Chaos in Iwo Jima. Ich ließ mich im Frachtnetz an Bord hieven. Er sah mich und wurde bleich. Ein Geist! Am Karfreitag hatte er die Leiche entdeckt und jetzt war Ostersonntag und ich lebte. Auferstanden von den Toten. (Er lacht.) Ich glaube, so freudig wie da bin ich in meinem ganzen Leben noch nie begrüßt worden. Er packte mich, umarmte mich und wollte mich nicht mehr loslassen. Er weinte hemmungslos. Er war wieder zum Menschen geworden.

Ich hatte ein ähnliches Erlebnis auf der Insel, als ich auf ein paar Munitionskisten saß, dreckverschmiert und stinkend, aber in Sicherheit. Lastwagen voll mit toten *Marines* kamen an. Planierraupen hoben riesige Gräben aus, und die Männer, die zu diesem makabren Sondereinsatz eingeteilt waren, warfen die Leichen wie Holzscheite in die Gräben. Das sollte der Friedhof werden. Da weinte ich auch hemmungslos. Auf diese oder andere Weise wurde jeder von uns wieder zum Menschen. Wir lebten wie die Tiere. Wir lebten in Schützengräben, die bezeichnenderweise Fuchsbau genannt wurden. Ich saß weinend da, als ich die vielen Toten sah, die einmal hübsche junge Männer waren und nun in einem Massengrab landeten.

Mein Freund Barrett war also wieder zum Menschen geworden. Der Karfreitag wurde zu Ostern, und ich war von den Toten auferstanden. Es war ein freudiger Augenblick für ihn. Männer können sehr tiefe Gefühle füreinander empfinden, ganz egal, ob sie schwul sind oder nicht. Leider dürfen Männer diese Art von Zuneigung nicht zeigen, außer in so extremen Situationen wie dieser. Wenn Barrett und ich das gleiche in San Diego getan hätten, wären wir gleich als Schwulenpärchen bezeichnet worden.

Auf der langen Rückreise nach Hawaii setzte die Alltagsroutine wieder ein. Wir brauchten fünf mal so lang wie auf dem Hinweg, weil wir ständig Zickzackkurs fahren mußten, um nicht von U-Booten aufgespürt zu werden. Wir hatten unsere üblichen Alpträume. Nachts war es an Bord richtig unheimlich, wenn man die Leute schreien und brüllen hörte. Ich hatte einen entsetzlichen Alptraum, der ständig wiederkehrte. (Er lacht.) Da war ein toter Japaner, halb verwest und voller Maden, mit einem rostigen Gewehr in der Hand, und er steht auf und verfolgt mich. Ich renne los, aber nicht schnell genug, und er kommt immer näher. Dann wachte ich schweißgebadet auf.

Wissen Sie, ob Sie auf Iwo Jima jemand getötet haben?

Ja, natürlich. Ich war Maschinengewehrschütze.

Als wir wieder in Maui waren, nahmen sie mir das Maschinengewehr weg und drückten mir wieder eine Flöte in die Hand. Ich spielte in der Band des Dreiundzwanzigsten Regiments der Vierten Marine-Division. Die Landung auf dem japanischen Festland war damals das nächste Ziel. Wir hätten laut unseren Nachrichtendienstleuten in Chigasaki landen sollen. Aber dann kam Hiroshima. Zehn Jahre später war ich als Marinekaplan in Japan. Einmal fuhr ich mit dem Zug nach Chigasaki und ging zu dem Strand hinunter, an dem wir landen sollten. Es lief mir eiskalt den Rücken runter. Das war Iwo Jima mal hundert. Die Berge zum Meer hin hätten von Artilleriegeschützen gewimmelt, alle Zielfernrohre wären auf den Strand gerichtet gewesen. Sie hätten uns ausradiert.

Heute bin ich total gegen jede Art von Krieg. Ich gebe zu, diese Bombe war eine entsetzliche Sache. Ich war in Hiroshima und stand direkt an der Einschlagstelle. Ich sah Mißbildungen, die ich noch nie zuvor gesehen hatte. Ich weiß, daß Erbschäden entstanden sind, unter denen noch etliche Generationen leiden werden. Das ist mir alles bewußt. Aber ich weiß auch, daß wir ein größeres Blutbad als in der Normandie erlebt hätten, wenn wir in Japan gelandet wären. Es wäre wahrscheinlich die blutigste Invasion der Geschichte geworden. Jeder Japaner, Männer, Frauen und Kinder, war bereit, das Land zu verteidigen. Iwo Jima konnten wir nur einnehmen, weil wir dreimal so viele Leute hatten wie sie. Trotzdem hielten sie uns so lange in Schach. Wir mußten sie monatelang aushungern. Zum Schluß haben sie sogar Gras und Baumrinde gegessen. Deshalb habe ich, was Hiroshima betrifft, zwiespältige Gefühle. Diese verdammte Bombe hat mir wahrscheinlich das Leben gerettet.

In Maui hatte ich noch eine Liebesaffäre. Wir hatten deshalb ein fürchterlich schlechtes Gewissen. Es war die schrecklichste aller Sünden. Man konnte deswegen in Teufels Küche kommen. Das war vor Inkrafttreten des *Uniform Code of Military Justice*. Jede Abteilung der Army hatte ihren eigenen Gesetzeskodex. Bei der Navy wurde er ›Felsen und Untiefen‹ genannt. Ich weiß nicht mehr, ob es eine Klausel gab, die Homosexualität als Vergehen einstufte. Ich wahrte jedenfalls nach außen hin den Schein, aber ich schämte mich meiner Gefühle.

Es fand aber keine Hexenjagd statt. Ich habe sogar von Jungs gehört, die erwischt worden waren, als sie heimlich Sex miteinander hatten, aber von niemand angezeigt wurden. Von offizieller Seite wurde nicht viel Aufhebens darum gemacht. Es war Krieg. Wer, zum Teufel, schert sich da um diesen Scheiß?

Nach seiner Entlassung im Februar 1946 – »Ich kam etwas desillusioniert aus dem Krieg zurück« – besuchte er ein religiöses College, was die Schuldgefühle bei ihm noch verstärkte, dann wandte er sich dem Journalismus und der Sozialarbeit zu, schließlich wurde er Kaplan und kehrte zum Militär zurück.

Ich ging zur Navy und wurde wieder zu den *Marines* abkommandiert. Ich wurde dem Camp Fiji in Japan zugeteilt, dem heiligen

Aschehaufen. Ich war Marinekaplan und hatte turnusgemäß neun Schiffe zu betreuen. Das Marine-Infanterie-Corps hat keine eigenen Kapläne, also wurde ich ihnen zugeteilt. Man hielt mich für einen guten Seelsorger. Ich war immer mit den Truppen im Manöver. Ich identifizierte mich mit ihnen.

Schließlich wurde ich in die Vereinigten Staaten zurückbeordert und dem Marinetrainings-Center in San Diego zugeteilt. Dort mußte ich mich wirklich mit dem Thema Homosexualität auseinandersetzen. Im Marineausbildungslager waren lauter Kinder, siebzehn-, achtzehnjährige Jungs. Ich mußte mir die Leidensgeschichten von einer ganzen Menge schwuler Jungs anhören. Es gab nur eine Person, an die sie sich wenden konnten, und das war der Kaplan. Sie waren aus demselben Grund zu den *Marines* gegangen wie ich damals: um ganze Männer zu werden. Um allen zu zeigen, wie eisenhart sie sind. Als sie hierher kamen, waren sie eingeschüchtert und wußten nicht, was sie machen sollten. Ich gab ihnen den Rat, wegzugehen. Ich riet ihnen etwas, was ich selbst nicht tat.

Damals war es – besonders für die militärische Abwehr – zu einer Art Sport geworden, Homosexuelle zu jagen. Ganz anders als im Zweiten Weltkrieg gab es jetzt beim Militär beträchtliche Vorurteile gegen Homosexualität. Wir mußten vor den Rekruten schauderhafte Sachen verlesen. Wir durften es nicht mit eigenen Worten ausdrücken, das traute man uns Kaplänen nicht zu. Uns wurde befohlen, keinen eigenen Kommentar zur Sache abzugeben. Wir sollten alles genau so vortragen, wie es dastand. Es war ungeheuerlich: Homosexualität wäre eine Todsünde, ein Verbrechen. Wer erwischt würde, hätte mit schweren Strafen zu rechnen. Die meisten Homosexuellen wären rauschgiftsüchtig, und man würde mit ziemlicher Sicherheit auch den Drogen verfallen.

Das waren die Nachwirkungen der McCarthy-Ära. Man war der festen Meinung, Homosexuelle würden ein potentielles Sicherheitsrisiko darstellen. Das war die Begründung, so wollte man sie loswerden.

Natürlich waren die Jungs entsetzt. Sie hatten Angst, erwischt zu werden. Wenn sie zu mir kamen, gab ich ihnen zu verstehen, sie könnten offen mit mir reden. Alles, was sie mir sagten, würde der

Schweigepflicht unterliegen. Aber wenn sie einwilligten, würde ich alles in die Wege leiten, daß sie so schnell wie möglich wegkämen. Denn wenn sie einen Fehler begingen und man sie erwischte, würde man sie fertigmachen.

Inzwischen war ich vierunddreißig Jahre alt, verhielt mich immer noch äußerst vorsichtig und sublimierte meine Triebe durch Footballspielen. Dabei trugen wir immer Hodenschützer – man nannte mich den Eierbecherkaplan. Ich war ein verdammt guter Sportler. Nach zwei Jahren ging ich an die Pacific School of Religion in Berkeley, um meine Abschlußprüfung zu machen. Ich war immer noch Reservist. Und wieder mal pleite. Also folgte ich im Oktober '61 der Einberufung nach Camp Pendleton zur Ersten Marine-Division. Und dort bekam ich Schwierigkeiten.

Mein Assistent war auch schwul. Eineinhalb Jahre waren wir wie ein Liebespaar. Alles geschah heimlich. Ich mietete ein Zimmer außerhalb des Stützpunktes, manchmal gingen wir auch in ein Motel. Nachdem sie uns erwischt hatten, dachte ich mir, eigentlich dürften sie uns deswegen nicht rausschmeißen, sie hätten uns in den Kommandostab befördern sollen. (Er lacht.) Allein die Logistik, die dazugehört – eine Liebesaffäre, direkt vor ihrer Nase.

Eines Tages wurde ich dann unter Arrest gestellt. Ich sollte mich in der Dienststelle des Divisionskaplans melden. Ich fuhr hin, und zwei große Männer in dunklen Anzügen zückten ihre Dienstmarken und sagten, ich stünde unter Arrest. Sie brachten mich nach San Diego ins Hauptquartier unserer Abwehr und unterzogen mich einem Verhör. Die Anklage lautete auf Verstoß gegen den Artikel 125 des *Uniform Code of Military Justice*, Sodomie. Der UCMJ war in den frühen fünfziger Jahren in Kraft getreten.

Die Männer, die mich verhörten, wollten jedes allerkleinste Detail meines Sexuallebens wissen, lauter Sachen, die man nicht mal seinem Psychiater erzählt. Die intimsten Fragen sollte ich vor all diesen feindseligen Leuten beantworten. Eine dicke fette Frau schrieb alles mit, 120 Wörter pro Minute. Es waren ungefähr fünf oder sechs Personen im Raum. Sie wollten jede Einzelheit wissen. Alles war darauf ausgerichtet, mich fertigzumachen. Nicht körperlich, sondern psychisch und emotional.

Ich flog aus der Navy, und zwar unter Bedingungen, die alles andere als ehrenhaft und feierlich waren. Meine ganzen Veteranenvergünstigungen wurden mir entzogen. Alles, was ich mir durch meine Dienstzeit beim Marine-Infanterie-Corps im Zweiten Weltkrieg verdient habe, wurde mir gestrichen. Das war '63.

Später fand beim Militär – zum Teil als Folge des Vietnamkriegs – eine gewisse Liberalisierung statt. Nach Einhaltung einer bestimmten Frist konnte jemand, der unehrenhaft entlassen worden war, beantragen, daß die Angelegenheit noch einmal überprüft wurde. Ein Anwalt übernahm meinen Fall – siebzehn Jahre nach meiner Entlassung. Der Revisionsausschuß entschied einstimmig, daß mir eine ehrenhafte Entlassung gewährt wird und sprach mir auch meine Unterstützung wieder zu. Jetzt bin ich also ehrenhaft entlassen.

Im nachhinein denke ich, daß dieser Krieg notwendig war. Wahrscheinlich ist es der letzte Krieg, denn ich glaube nicht, daß irgendwann noch mal einer notwendig sein wird. Jeder Krieg ist schlecht. Es ist mir unbegreiflich, daß Kriege geführt werden, die nicht notwendig sind.

Zweites Buch

Bomber und Ausgebombte
Aufwachsen – hier und dort
Die Invasion und all das
Boogie Woogie Bugle Boy

Bomber und Ausgebombte

John Kenneth Galbraith

Ökonom, Biograph, ehemaliger Botschafter in Indien.

Das oberste Prinzip amerikanischer Kriegsstrategie lautet: Wir haben Flugzeuge, deshalb müssen wir sie optimal einsetzen.

Irgendwann im Jahr 1944 gelangte Roosevelt zu der Erkenntnis, daß die Leistungsfähigkeit der Air Force offensichtlich stark überschätzt wurde, obwohl man auf reine Vermutungen angewiesen war. Er reagierte auf Vorschläge, die von verschiedenen Seiten kamen und setzte eine unabhängige zivile Kommission ein, die die Truppen, die in Frankreich und Deutschland eingesetzt wurden, begleiten und herausfinden sollte, wie es um die Effektivität der Luftwaffe tatsächlich bestellt war.

Im Frühjahr 1945 wurde ich von George Ball und Paul Nitze in diese Kommission berufen. Wir drei bildeten den harten Kern, geleitet wurde die Kommission von Henry Alexander, der von *J. P. Morgan & Co.* kam. Unsere Arbeit hatte den Vorteil, daß wir mit unmittelbaren Kriegshandlungen nicht in Berührung kamen. Das wäre wahrscheinlich vielen Leuten lieber gewesen, sicher auch einigen Generälen.

Unsere Untersuchungen zeigten deutlich, daß die Bombardierung Deutschlands durch die britische und amerikanische Luftwaffe weit weniger Wirkung als ursprünglich angenommen erzielte. Die deutsche Rüstungsindustrie steigerte ihre Produktion bis zum Herbst 1944 trotz schwerster Bombenangriffe kontinuierlich. Nach einigen spektakulären Luftangriffen, darunter auch die auf die deutschen Kugellagerfabriken, war praktisch die gesamte ›Eighth Air Force‹ lahmgelegt, so hoch waren die Verluste. Bei Kriegsende waren die Deutschen bereits wieder in der Lage, Kugellager zu exportieren. Unsere Luftangriffe auf ihre Flugzeugfabriken waren auch ein totaler Fehlschlag. In den Monaten nach den schweren Bombenangriffen im Frühjahr 1944 stiegen die Produktionszahlen sogar erheblich an.

Dafür gab es dreierlei Gründe. Erstens waren die Werkzeugmaschinen relativ schwer zu zerstören. Selbst wenn sie unter Trümmern verschüttet waren, konnte man sie in ein oder zwei Tagen wieder freilegen. Zweitens gab es die Möglichkeit, die Produktion auszulagern, die Maschinen wurden in Schulen und Kirchen aufgestellt, und man konnte in kürzester Zeit die Arbeit wieder aufnehmen. Die Deutschen verteilten auch die Produktion auf mehrere Fabriken. Außerdem entwickelten sie eine ganze Menge Alternativen, sie konstruierten z. B. viele Geräte so um, daß weniger Kugellager benötigt wurden. Drittens war es relativ einfach, weniger effektiv arbeitende Produktionszweige durch straffere Führung neu zu organisieren.

Die Angriffe auf die Flugzeugfabriken waren für uns die größte Enttäuschung. Die Produktionsaufsicht war Hermann Göring, der ziemlich inkompetent war, entzogen und Albert Speers Ministerium übertragen worden. Diese Maßnahme machte den Schaden, den unsere Bomben angerichtet hatten, mehr als wett.

Ähnlich enttäuschend verlief für uns die Bombardierung von Hamburg. Das Stadtzentrum wurde zerstört und brachte eine ganze Menge Leute um ihren Arbeitsplatz – Kellner, Varietékünstler, Bankangestellte, Lehrer, Kaufleute. Die standen dann alle der Kriegsproduktion am Stadtrand als Arbeiter zur Verfügung.

Es gab zwei strategische Schwerpunkte. Die Engländer flogen nachts ihre Angriffe und bombardierten die Zentren der Großstädte, weil die am leichtesten zu finden waren. Natürlich wurden dabei die Arbeiterviertel am schwersten in Mitleidenschaft gezogen. Die Leute aus dem Mittelstand wohnten in den Außenbezirken und waren kaum betroffen. Die deutschen Städte unterschieden sich darin in nichts von anderen Städten. Die armen Leute wohnten im allgemeinen im Zentrum, die wohlhabenden am Stadtrand. In London war es das East End, das von der deutschen Luftwaffe am schwersten bombardiert wurde. Oder denken Sie an eine Arbeiterstadt wie Coventry.

Die amerikanische Luftwaffe flog ihre Angriffe bei Tag. Wir nahmen die Fabriken direkt aufs Korn. Aber mit der Zielgenauigkeit war es so ein Problem. In vielen Fällen konnten wir keine Treffer landen. 1945 machte die Redensart die Runde, wir hätten mit unseren Bomben nur der deutschen Landwirtschaft das Pflügen erspart.

Ich will nicht übertreiben, einige der großen Fabriken wurden getroffen. Eine davon, in Mitteldeutschland, die synthetische Treibstoffe herstellte, wurde wiederholt getroffen. Diese Angriffe auf die deutsche Ölversorgung schränkten die Mobilität ihrer Landstreitkräfte beträchtlich ein. Unsere Angriffe waren nur deswegen erfolgreich, weil das Fabrikgelände sich kilometerweit erstreckte. Wir landeten wiederholt Treffer. Tausende von Leuten waren ständig damit beschäftigt, die Fabrikanlagen wieder instand zu setzen.

Für alle anderen war der Krieg im Sommer 1945 zu Ende, für uns ging er im Herbst noch weiter. Wir hatten einen Riesenkrach mit der Air Force. Dort waren sie natürlich alles andere als begeistert, als wir ihnen die Berichte vorlegten. Erst einmal stritten sie unsere Zahlen ab, dann versuchten sie, sie zu unterdrücken.

In unserem Schlußbericht hieß es, der Krieg wäre durch das entschlossene Vorwärtsstoßen der Truppen über Frankreich gewonnen worden, wobei taktische Lufteinsätze zur Unterstützung der Bodentruppen eine große Hilfe gewesen wären, praktisch als erweiterte Form der Artillerie. Die strategischen Bombardierungen sollten die industrielle Grundlage des Feindes zerstören und die Bevölkerung demoralisieren – weder das eine noch das andere hat geklappt.

Ich brauche wohl nicht hinzuzufügen, daß diese Schlußfolgerung damals alles andere als populär war.

Und die Brandbomben auf Tokio?

Wir gingen davon aus, daß sich die japanische Industrie nicht so schnell von Zerstörungen erholen würde wie die deutsche. Wenn wir die japanischen Rüstungsbetriebe bombardiert hätten, wäre die Produktion wahrscheinlich lahmgelegt worden. Man darf nicht vergessen, daß Japan ein sehr kleines Land war und zwischen 1941 und 1945 noch wenig Industrie hatte. Alles lag dichtgedrängt auf engstem Raum, und die japanische Wirtschaft war nicht so flexibel wie die deutsche.

Der Abwurf von Brandbomben auf japanische Städte war kein kriegsentscheidender Faktor. Der Krieg in Asien wurde durch den langsamen und zähen Vormarsch von Süden und vom Pazifik aus gewonnen.

Jeder Krieg ist grausam und unnötig. Im Zweiten Weltkrieg trugen gerade unsere Bombenangriffe ein gehöriges Maß dazu bei. Die Zerstörung Dresdens war unverzeihlich. Sie geschah in einer sehr späten Kriegsphase und war Teil einer militärischen Dynamik, die außer Kontrolle geraten war und keinen Bezug mehr zu irgendwelchen militärischen Erfordernissen hatte.

Hat der Abwurf der Atombomben auf Hiroshima und Nagasaki den Krieg im Pazifik nicht verkürzt?

Die Bombe hat den Krieg mit Japan nicht beendet. Das wurde von unseren Gutachtern sorgfältig untersucht. Der verantwortliche Leiter in Japan war Paul Nitze, ein Mann, dem man gewiß keine Voreingenommenheit unterstellen konnte. Merkwürdigerweise ist er seitdem fasziniert von dem ganzen Zerstörungskult. Die Schlußfolgerung der Monographie ›Japan's Struggle to End the War‹ lautet, daß der Krieg durch die Bomben höchstens zwei, drei Wochen früher zu Ende ging. Die Entscheidung, aus dem Krieg auszusteigen und Friedensverhandlungen anzustreben, war längst gefallen.

Die japanische Bürokratie war außerordentlich schwerfällig, es dauerte einige Zeit, bis die Entscheidung in die Tat umgesetzt wurde. Die japanische Regierung befürchtete, daß einige Armee-Einheiten eine Art Kamikazewiderstand leisten könnten. Die Entscheidung war in Washington nicht bekannt. Die Bombe hat, wie gesagt, den Krieg nicht beendet, aber als der Befehl zum Abwurf aus Washington kam, wußte man dort nicht, daß der Krieg bereits dem Ende zuging.

Hätte es nicht beim Angriff auf das japanische Festland millionenfache Verluste auf beiden Seiten gegeben, wenn die Bombe nicht gewesen wäre?

Das stimmt nicht. Es wäre in jedem Fall innerhalb von Tagen oder Wochen zu Verhandlungen gekommen. Schon vor dem Abwurf der A-Bomben war Japan eine besiegte Nation. Das war den Japanern bewußt.

Die Erfahrungen, die ich als Mitglied der Kommission gemacht habe, hinterließen bei mir einen bleibenden Eindruck. Wenn man sich 1945 die deutschen Städte ansah, Stadt für Stadt, und dann die schrecklichen Zerstörungen in Japan, dann wußte man, wie furchtbar der moderne Luftkrieg ist. Sicher, jeder Krieg ist furchtbar, in der Somme-Schlacht im Ersten Weltkrieg wurden am ersten Tag zwanzigtausend Menschen getötet. Aber das hatte nicht dieses Ausmaß an sichtbarer Zerstörung wie Berlin, Frankfurt, Köln, Mainz oder Tokio, die dem Erdboden gleichgemacht worden waren. Diese Bilder verfolgen mich ein Leben lang.

Eddie Costello und Ursula Bender

Er hat die meiste Zeit als Journalist gearbeitet; nun ist er schon halb im Ruhestand. Sie ist aus Deutschland nach Amerika gekommen und war hier von Anfang an für Verlage tätig. Die beiden kennen sich seit mehreren Jahren, aber dies ist das erste Mal, daß sie gemeinsam über eine Stadt sprechen, an die sie sich beide erinnern. Es ist Frankfurt, die Stadt, die er bombardiert hat; Frankfurt, wo sie gelebt hat.

EDDI: Der Zweite Weltkrieg bedeutet in meinem Fall einen wunden Arsch. Der Zweite Weltkrieg, das sind für mich vier Jahre mit nervösem Durchfall. Der Zweite Weltkrieg ist für mich ein Stichwort zur Rückerinnerung – sogar jetzt – und zum Geschichtenerzählen, das heißt: eine Möglichkeit, die damaligen Ereignisse größer zu machen, auszuschmücken und selbst vielleicht nicht gerade als strahlender Held daraus hervorzugehen, aber doch ein bißchen heldenhafter als sonst.

Als jugendlicher Patriot habe ich angefangen; siebzehn war ich damals. Ich fand alles richtig, was unser Präsident sagte. Bis ich zur Kriegsmarine ging, habe ich in einer Waffenfabrik gearbeitet. Habe mich einfach zwei Jahre älter gemacht, weil ich erst vierzehn war. Gab mich also für sechzehn aus. Meine Arbeit bestand darin, Maschinengewehrläufe zu formen. 1938, '39, '41. Das ist heute alles ganz weit weg, nur noch schemenhaft. Ich mache es mir jedenfalls so zurecht. Als das Kriegsfieber ausbrach, schickte der Fabrikant Straßenkehrer mit einem Eimer gelber Farbe und einer Schablone los und ließ sie auf den Zementboden der Fabrik Sprüche aufmalen wie GIVE 'EM A JOLT WITH SMITH & WESSON (Gebt es ihnen mit der Smith & Wesson) oder SLAP THAT JAP (Schlagt den Japsen). So sah es aus.

Ich war zweiter Pilot in einer Catalina. Das war ein Flugboot. Der erste Pilot, ein wilder Hengst, war seit zwanzig Jahren bei der Fliegerei. Er war eine große Vaterfigur, und meine Verehrung für ihn überstieg jedes vernünftige Maß. Einmal setzten wir auf dem Wasser auf, und ich bin rausgegangen auf den Flügel, um einen Ponton in Ordnung zu bringen, der eingeklemmt war. Mein Kompagnon dachte nicht mehr daran, daß ich draußen war. Als ich direkt hinter dem Motor hockte, wollte er manövrieren und drehte mächtig auf. Hat mich 15 Meter in die Luft geschleudert und ins Wasser gepustet. Mein Kommentar später: »Na klar, ist okay. Du hast einfach vergessen, daß ich da draußen auf dem Flügel saß.« Ich hätte diesem Mann alles verziehen, weil er in Notsituationen wie ein Vater zu mir war.

Er hat mir so viel beigebracht, daß ich zum Schluß ein besserer Navigator war als er selbst. Ich konnte in weniger als zehn Minuten schießen, Entfernungen berechnen und haargenau eine Position bestimmen. Aber ich habe damals auch ganz schön getrunken. Ich lernte so einiges über Frauen, und ich lernte, wie man sich aus dem Staube macht. (Lange Pause.) In einer bestimmten Situation habe ich eine panische Angst vor einmotorigen Flugzeugen entwickelt: Die Maschine, in der ich saß, hatte an Triebkraft verloren, und ich bin in etwa 300 Meter Höhe abgesprungen. Zum Glück ging mein Fallschirm auf. Ich habe daraufhin beschlossen, den Rest des Krieges ausschließlich in mehrmotorigen Flugzeugen zuzubringen. Meine Kriegszeit endete mit Suchflügen am Golf von Mexiko; habe dort in bestimmten Abschnitten nach abgeschossenen Flugzeugen gefahndet. Für mich war es ein ruhiger Krieg.

Aufregend wurde es nur für eine kurze Zeit, damals, als meine Freundin mich verließ und ich eine Aufgabe brauchte. Ich hatte zehn Tage Urlaub und fuhr nach England. Da traf ich in einer Bar einen Typ wieder, mit dem ich zusammen ins College gegangen war. Er sagte: »Komm doch morgen auf eine Spritztour mit. Wir machen einen kleinen Ausflug.« Ich hatte keine Ahnung, wo es hingehen sollte, denn ich war die ganze Zeit über betrunken. Wir haben die Nacht durchgezecht. Am nächsten Tag bekamen wir unsere Instruktionen, und ich wurde in sein Flugzeug geschmuggelt. Jetzt erfuhr ich, daß er einen regulären Angriffsflug nach Frankfurt starten wollte. Ich hatte noch nie Bomben geschmissen. Aber sein zweiter Pilot hatte einen Kater, und so saß ich plötzlich an seiner Stelle im Cockpit und bin mitgeflogen. Ich war Copilot in einem Bomber. Es war das allererste Mal, daß ich mit einem Bomber flog. Wir haben Frankfurt kaputt gebombt.

Jahre später fuhr ich geschäftlich nach Frankfurt. Eines Abends lief ich beim Opernplatz herum. Es war neblig, ein leichter Wind wehte. Plötzlich fand ich mich in Windrichtung des ausgebombten Opernhauses. Ich konnte den Brandgeruch immer noch spüren. Es war unheimlich, ein beklemmendes Gefühl. Von der Reise zurück, habe ich Ursula (er nickt Ursula zu) von diesem gespenstischen Erlebnis erzählt. Sie sagte, sie sei in der bewußten Nacht in Frankfurt gewesen. Ich habe also Bomben über einem Menschen abgeworfen, der später zu meinen Freunden gehören sollte. Was Ursula aber bis heute nicht weiß, ist, daß ich damals betrunken war. Habe Bomben geworfen, ohne zu wissen, was ich tat.

Habt ihr schon mal diesen Geruch in der Nase gehabt, wenn die Feuerwehr gerade irgendwo in der Nähe gelöscht hat? Ein ganz bestimmter Geruch. Es war nur ein Hauch, aber unverkennbar.

URSULA: Ich werde das nie vergessen. Dieses unheimliche Erlebnis damals, das war für mich eigentlich der Anfang des Krieges. Bis dahin hat er nur im Hintergrund gelauert. Ich war fünf Jahre alt. Saß auf der Toilette auf dem mittleren Treppenabsatz. Rüsselsheim am Rande von Frankfurt. Das ist eine Industriestadt. Hier wurden zu der Zeit Flugzeuge gebaut; der Bombenangriff auf Rüsselsheim hatte also strategische Bedeutung. Die Sirenen gingen: Fliegeralarm. Meine Mutter und ich waren allein im Haus. Meine Schwester war aufs Land evakuiert.

Ich rutschte vom Klo und rannte mit hängender Hose in den Keller. Dann muß ich eingeschlafen sein. Als ich aufwachte, war ich ganz allein. Meine Mutter war verschwunden. Ich bin auf die Straße gelaufen, und da stand ringsherum alles in Flammen. Der Brandgeruch gehört zu den Kriegseindrücken, die sich mir besonders stark eingeprägt haben. Ich meine den Geruch von Mörtel, Backstein und Zement, wenn der Stein nach großer Hitze kalt geworden ist. Seit wir in einer Stadt wohnten, in der Flugzeugteile hergestellt wurden, haben wir ständig neue Bombenangriffe erlebt.

Ich habe meine Mutter an dem Tag damals in einer Kette von Frauen entdeckt: da gingen Wassereimer von Hand zu Hand. Männer waren nicht da. Nur Frauen und alte Leute. Tatsächlich war die ganze Nachbarschaft ausgebombt.

Das Jahr '44. Ich bin jetzt sechs Jahre alt. Wir stehen draußen in den Gärten und sehen zu den Flugzeugen hoch, die über uns hinwegbrausen. Ich weiß noch, wie wir den amerikanischen Piloten zugewinkt haben. Die kamen ganz tief runter und suchten der Flak zu entwischen. So niedrig sind die geflogen, daß sie praktisch die Dächer der Dörfer streiften. Ich kann es nicht erklären, warum wir keine Angst hatten. Meine erste Theateraufführung habe ich in einem Bunker gesehen. Das war damals einfach eine Lebensform. Du hattest dein eigenes Plätzchen im Bunker, du hattest deine Puppen bei dir. Man hat sich ganz schnell darauf eingestellt. Das war für uns nicht so mit Angst und Schrecken verbunden wie für die

Erwachsenen. Ein sechsjähriges Kind hat eine ganz andere Wahrnehmung. Ich habe das damals als aufregend, gewissermaßen als Abenteuer erlebt. Man war immer mit Nachbarn und Freunden zusammen; man hatte verschiedene Möglichkeiten zum Spielen.

Wir haben ein Jahr im Rhein-Main-Gebiet gewohnt. Dann zogen wir in die heutige DDR und blieben dort bis 1945. Wir waren bei den Russen, als der Krieg ausging. Ich weiß noch, wie ich auf dem Schoß des russischen Generals saß, der mir Bier zu trinken gab. Wir befanden uns in einem Gebiet, das die Deutschen geräumt hatten. Vorher hatten sie noch alles in Brand gesteckt und gesagt: Nehmt euch, was ihr tragen könnt. Die Bevölkerung durfte soviel plündern wie sie wollte. Die tüchtigen Frauen haben das auch getan.

Meine Mutter schleppte von einem Flugzeug sieben Säcke Zukker und zwei kleine Räder ab. Sie verwandelte sich in eine Mutter Courage. Alles,was sie gehamstert hatte, karrte sie später nach Frankfurt zurück, das 1600 Kilometer entfernt war. Fallschirmseide. Jahrelang hatten wir Blusen aus Fallschirmseide. Später machte sie Tauschgeschäfte damit. Sie schaffte alles nach Frankfurt, und auf dieser Basis wurde sie dann Geschäftsfrau. Da unser Haus nie zerstört worden war, konnten wir jahrelang von diesen Waren leben.

Meine Mutter war eine phantastische Frau. Für sie hatte alles immer auch sein Gutes. Die Russen haben uns beklaut, aber wir haben auch die Russen beklaut. Die nahmen uns die kleinen Habseligkeiten weg, die wir gehamstert hatten, und meine Mutter hat denen dafür Lebensmittel weggenommen. Die Russen kamen aber auch vorbei, um uns Familienbilder zu zeigen. Meistens tauchten sie abends bei uns auf und erzählten in gebrochenem Deutsch von ihren Familien. Viele hatten keine Ahnung, wozu Toiletten da sind; sie haben sich den Kopf darin gewaschen. Die höheren Offiziere waren zum größten Teil sehr höflich, aber die anderen waren für ihre Vergewaltigungen berüchtigt. Nachts haben wir uns unterm Dach versteckt, denn die zogen durch die Stadt und fielen über jede her, die sich irgendwo blicken ließ.

Die Amerikaner hatten sich gerade fünf Tage dort aufgehalten. Dann stehen am sechsten Tag plötzlich die Russen da, und damit hat sich's dann.

Die Angst vor den Russen war viel größer, es gab da nämlich so allerlei Gerüchte von russischen Horden. Das hatte sich in unseren Köpfen festgesetzt, ob es nun gestimmt hat oder nicht.

Dieses Dorf war der Schauplatz eines unheimlichen Spektakels. Ich kriege heute nacht sicher Alpträume davon. Solange die Deutschen das Dorf besetzt hielten, sah man hier Gefangene hinter Hühnerdraht. Sie haben kleine Schachteln aus Stroh geflochten und sie dann an die Dorfbewohner verkauft. Meine Schwester hat noch so eine. Als die Russen kamen, wurden sie befreit. Das waren die Schlimmsten. Sie waren Analphabeten und wurden wirklich zum erstenmal auf die Bevölkerung losgelassen. Die Russen hatten selbst Mühe, sie in Schach zu halten. Diese Leute kamen aus der Ukraine und waren Gefangene der deutschen Wehrmacht gewesen. Sobald sie frei waren, rächten sie sich an den Einwohnern. Ich weiß allerdings nicht, ob sie das wirklich taten. Die Deutschen müssen furchtbare Schuldgefühle gehabt haben. Ihre panische Angst – »Die Russen kommen« – hat sich sogar auf die Kinder übertragen.

EDDIE: Ich bin während des Krieges nur einmal mit Gefangenen in Berührung gekommen. Das war zu der Zeit, als ich in der Fliegerschule von Chapel Hill in North Carolina war. Wir wurden von Sonnenaufgang bis Sonnenuntergang auf Schritt und Tritt beaufsichtigt. In Reih' und Glied marschierten wir in den riesigen Speisesaal, und da wurde uns das Essen von deutschen Kriegsgefangenen serviert. Die durften wir nur als Bedienung ansprechen. Noch etwas Sauerbraten, bitte. Ansonsten war es uns verboten, mit denen zu reden. Fraternisieren nicht gestattet. Ich war – wie alt? – siebzehn, achtzehn. In meinen Augen waren diese Leute einfach harmlose gefangene Arbeitstiere, die dazu da waren, die ›Übermenschen‹ zu bedienen. Also uns. Wenn es weibliche deutsche Kriegsgefangene gegeben hätte, hätte ich vermutlich in einem staatlichen Bordell Sex von ihnen haben können.

Mit achtzehn war ich von blindem Eifer besessen, ein willfähriges Opfer der Propagandamaschinerie meines Landes. Auf der einen Seite war das Recht, und auf der anderen Seite war das Unrecht, und ich stand auf der Seite derer, die eine reine Weste anhatten. (Zu Ursula:) Deine Landsleute und die Japaner, das waren die mit der schmutzigen Weste. Einige meiner besten Freunde sind Deutsche, aber die Deutschen als Volk flößen mir immer noch Unbehagen ein. Auch die brutalen Hinterwäldler in Amerika, die »rednecks«, flößen mir Unbehagen ein. Aber den Bayern traue ich wirklich nicht über den Weg. Das sind die teutonischen Texaner. Sie haben einen ausgeprägten Sinn für Bräuche und sind sehr ungehobelt. Wie blöd! So viele Bayern kenne ich gar nicht; vielleicht ein halbes Dutzend. Das sind Typen, die mit ihren Trachtenanzügen genauso einherstolzieren wie die Kerle aus Dallas mit ihren Cowboyhüten und Cowboystiefeln. Das sind die mit den Spitznamen, die dich rumführen, irgendwelchen Scheiß erzählen und dich ködern wollen: widerwärtige Burschen. Wenn sie Amerikaner wären, würden sie Tabak kauen und Schwarze aufhängen.

Mein Sohn ist viel mit einem Mädchen zusammen, das Aki Yoshimura heißt. Als ich das erstemal mit ihrem Vater zusammentraf, einem Japsen – mein Sohn würde mich umbringen, wenn er hörte, daß ich einen Japaner so nenne –, fühlte ich mich sehr unwohl, denn er war im Zweiten Weltkrieg Flieger im pazifischen Raum gewesen. Bevor ich ihn kennenlernte, hatte ich bei ihm dasselbe Gefühl wie bei den Scheißbayern. Großes Unbehagen. (Er lacht.) Aber Freundschaft, Vertrautheit, das ändert alles.

Ich muß die Erinnerung an den Zweiten Weltkrieg nicht verdrängen, ich kann das Ganze sogar idealisieren, denn mir sitzt keiner im Nacken, der mich daran erinnert, wie beschissen ich mich damals verhalten habe. Meine Vorgesetzten sagten mir, was ich zu tun hatte und was gut war. Und ich habe mich auf ihr Wort verlassen, weil ich es nicht besser wußte. Ich habe Befehle ausgeführt, so einfach ist das.

So was wie einen gerechten Krieg gibt es nicht. Das ist doch alles widersinnig. Kürzlich hörte ich, wie ein Regierungsbeamter im Scherz sagte: »Was wir bei der gegenwärtigen Finanzflaute brauchen, ist ein anständiger Krieg. Der hat uns nämlich auch in der Weltwirtschaftskrise rausgehauen.«

URSULA: Was man alles so mit sich herumschleppt. Das Wort »Jude« wurde nie erwähnt. Von Konzentrationslagern habe ich zum erstenmal erfahren, als mir ein Buch mit dem Titel ›Gelber Stern‹ in die Hände fiel. Einundzwanzig war ich damals, und ich saß da in dem Zimmer ganz allein. Das vergesse ich nie. Ich gehöre zu der Generation, die völlig ahnungslos aufgewachsen ist, der man alles verschwiegen hat. Ihr dürft nicht vergessen, daß man in Deutschland erst in den sechziger Jahren damit anfing, in den Schulen über diese Dinge zu sprechen. Ich erinnere mich noch, wie ich nach England kam. Habe da bei gebildeten Leuten gewohnt, die überhaupt nicht fassen konnten, daß ich so gar nichts wußte.

Meine Eltern haben nie den Versuch unternommen, mir etwas zu erklären. Meine Mutter starb, als ich zwölf war. Meine Stiefmutter kannte die Familiengeschichte nicht, und mein Vater hat zuviel durchgemacht und wollte nicht darüber reden. Meine Schwester hatte auch keine Ahnung. Als ich dieses Buch aufschlug – es enthielt Bilder aus einem Konzentrationslager, die die Amerikaner aufgenommen hatten –, saß ich also da. O mein Gott, was ist denn das? Ich habe meinem Vater Briefe geschrieben – sie wohnten in Köln, ich war noch in Frankfurt – und habe eine Antwort von ihm gefordert.

EDDIE: Ich denke eigentlich kaum noch an den Krieg, es sei denn, ich werde auf einer Cocktailparty direkt von jemandem darauf angesprochen: »Erzählen Sie doch mal, wie war das denn damals ...« Und dann krame ich diese schrecklich ausgeleierten Geschichten wieder hervor. Die hängen hier jedem zum Halse raus, wenn es sich nicht gerade um Leute handelt, die sie noch nie gehört haben. Im Rückblick erscheint mir diese Zeit manchmal als die Lebensphase, in der ich die wenigste Verantwortung zu tragen hatte. Und dann war der Spaß auf einmal vorbei.

URSULA: Du hast gesagt, der Spaß war vorbei. Ich erinnere mich noch an den letzten Tag vor Kriegsende. Alles hat gebrannt.

Irgendeiner wollte den zurückweichenden deutschen Truppen zeigen, wie man mit Handgranaten umgeht. Ich werde das nie vergessen. Er ließ die Granate fallen. Das war das erste Mal, daß ich unmittelbar mit dem Tod in Berührung kam. Ich hatte Häuser einstürzen sehen, aber Tote hatte ich nie gesehen. Auf einmal erlebst du nun diese Kinder aus nächster Nähe, direkt unterm Fenster. Die meisten tot, einige für ihr ganzes Leben zum Krüppel gemacht. Ich rede hier von Sechzehn-, Siebzehnjährigen. Ungefähr zehn. Dieses Stöhnen, diese Schreie, das Blut! Meine Mutter warf ihren ganzen Vorrat an Verbandsmull hinaus, eine Rolle Gaze nach der anderen, alles, was sie gehortet hatte. Auf diese Weise wurde sie ihre ganze Beute los. Sie ist runtergelaufen und hat geholfen. Für mich war dies das Ende des Krieges.

Ich hatte nur einen kurzen Blick durchs Fenster geworfen, da riß mich meine Mutter schon zurück: Untersteh dich, noch einmal da ans Fenster zu gehen.

Der Krieg war hauptsächlich die Domäne der Erwachsenen. Die Kinder waren ausgeschlossen. In all dem Grauen versuchte meine Mutter mich zu schützen, abzuschirmen. Mir wurde zum Beispiel nie erzählt, was sich da eigentlich abgespielt hatte, als mein Vater, der jüdischer Abstammung war, schließlich doch noch zur Wehrmacht durfte. Da war immer diese Nebelwand. Immer wurde etwas von mir ferngehalten.

Ich werde nie vergessen, was ich 1962 bei meiner Rückkehr erlebte. Mein Vater und meine Stiefmutter waren zum Bergsteigen im Gebirge. Er war inzwischen Ende fünfzig. Ich erzählte ihnen, ich hätte jemanden und wir seien eng befreundet. Ich habe seinen Namen genannt. Meine Stiefmutter sagte: »Das ist ein jüdischer Name.« Mein Vater sah sich um und machte: »Schschsch!« In 3 000 Meter Höhe. Und weit und breit keine Menschenseele außer diesem armen alten Paar, das da unter uns in der Schlucht herumkroch. Ich habe das bis heute nicht vergessen. Schschsch! Im Jahre 1962. Ich habe mich für seine Feigheit geschämt, gleichzeitig tat er mir leid.

Wir reden hier doch über Unwissenheit und Unschuld, nicht wahr? Als ich erlebt habe, wenn auch nur für einen kurzen Augenblick, wie die Granate soundso viele Menschen zerrissen hat – da war das Leben nicht mehr dasselbe wie vorher. Kein Winken mehr. Binnen einer Woche saß ich bei diesem Russen auf dem Schoß und trank Bier. Wir haben sie noch zu Hause, diese kleine Aluminiumkanne, aus der ich mein erstes Bier getrunken habe. Ich habe die Russen als liebenswürdige, gutmütige

Menschen in Erinnerung. Sie wollten freundlichen Umgang mit uns und haben uns anständig behandelt. Das hat sich alles innerhalb einer Woche ereignet.

Jean Wood

Sie ist eine Londonerin mit dem Aussehen einer Matrone. Sie besucht ihre Tochter in New York, wo diese arbeitet.

Ich war Ballettänzerin und fing gerade an, meinen Weg zu machen. Ich war verheiratet und hatte ein Kind. Meine Mutter hat sich um die Kleine gekümmert, deshalb war ich ungebunden, und die ganze Welt stand mir offen. Ich war fünfundzwanzig. Der Krieg hat mir zehn Jahre aus meinem Leben herausgeschnitten – bis ich fünfunddreißig war.

Obwohl der Krieg nach sechs Jahren vorbei war, gab es danach immer noch Rationierungen, wir mußten den Gürtel enger schnallen, und manchmal hatten wir nicht einmal ein Dach über dem Kopf. Mein Mann war bei der *Royal Artillery*. Er wurde verwundet. Danach war er nie wieder der alte. Ein paar Jahre später ist er an seinen Kriegsverletzungen gestorben. Ich bekomme eine winzige Witwenrente.

Als der Blitzkrieg seinen Höhepunkt erreichte, stand ich wieder kurz vor der Entbindung. Das war 1940. Zwischen 1939 und dem Sommer 1940 tat sich nicht viel. Bei Kriegsbeginn habe ich in einem Seebad getanzt. Ballett. Ich weiß noch, wie ich auf den Ärmelkanal rausgeschaut habe und mir dachte, wie können die Menschen nur an so einem herrlichen Tag Krieg führen und sich gegenseitig umbringen. Es war so unwirklich.

Wirklich war nur, daß alle um mich herum alles stehen und liegen ließen und um die Wette zum Rekrutierungsbüro rannten. Geschäfte waren ohne Aufsicht, Banken mußten schließen. Unsere Kleine hatten wir bei meiner Mutter. Ich habe zu meinem Mann gesagt: »Wir müssen unbedingt das Mädchen aus London rausholen.« Also haben wir sie geholt. Die Regierung hat gesagt, wer sich mit einem Kind außerhalb von London aufhielte, sollte nicht zurückkommen, man wäre da doch nur im Weg.

Ich bin wieder an die See gefahren. Es sollte eine ruhige Phase geben. Dafür, daß man sich evakuieren ließ, bekam man Geld. Wir wurden bei verschiedenen Leuten einquartiert. Ich war bei gräßlichen Leuten untergebracht. Die Frau hat mich nicht mal einen Kessel Wasser kochen lassen. Ich durfte die Sachen von meiner Tochter nicht bügeln und den Kinderwagen nicht im Haus abstellen. Sie hat gesagt: »Raus damit. Der bleibt im Regen.« Ich mußte die Kleine in den nassen Wagen legen.

An dem Tag, als der Krieg erklärt wurde, gab es Fliegeralarm. Die Leute sind an den unmöglichsten Stellen in Deckung gegangen, weil sie dachten, die Luftwaffe ist im Anflug. (Sie lacht.) Sie kamen sich furchtbar albern vor, als es nur blinder Alarm war. »Um Gottes willen, so sollen wir von nun an leben? Uns ständig in die Gosse werfen?«

Mein Mann hat gesagt: »Ich fahre in die nächstgrößere Stadt und versuche mal, ein Haus anzuzahlen. Dann hast du wenigstens dein eigenes Dach über dem Kopf und bist in Sicherheit.« Unterwegs hat er sich freiwillig zur *Army* gemeldet. Er hätte nicht gehen müssen. Er war vierunddreißig, und der Jahrgang wurde damals noch nicht eingezogen. Er hat gesagt: »Ich kann genausogut jetzt schon zur Armee gehen, dann habe ich es hinter mir.« Ich mußte noch eine Weile bei dieser fürchterlichen Frau wohnen. Er ist einfach abgehauen und hat mich sitzenlassen.

Der Krieg hat eigentlich erst mit der Luftschlacht angefangen. Im Oktober ist er richtig losgegangen. Als erstes bombardierten sie am hellichten Tag zwei Schulen. Die toten Kinder lagen davor. Wir konnten es gar nicht glauben. Das war in Croydon.

An der See war es noch schlimmer als in London. Solange ich da war, fanden 109 Luftkämpfe über uns statt. Ich habe gesehen, wie unsere tapferen Flieger runtergetrudelt kamen oder wie sie eine Siegesrolle gemacht haben, wenn sie ein deutsches Flugzeug abgeschossen hatten. Die Jungs sind Tag und Nacht mit ihren Spitfires gestartet, die sozusagen nur mit Kaugummi zusammengehalten wurden. Die Mutter von zwei Fliegern wohnte in meiner Nähe. Sie lebte ständig in Angst und Schrecken. Wir wohnten ganz nah beim Spitfire-Flugplatz und wurden schlimm bombardiert. Hier sollten wir angeblich sicher sein.

Einmal bin ich mit meiner Tochter in der kleinen Hauptstraße einkaufen gegangen. Ein deutsches Flugzeug kam runter und fing an, uns mit dem Maschinengewehr zu beschießen. Ich bin in einen Laden gerannt und habe mich mit ihr unter der Theke versteckt. Mein Hinterteil hat herausgeguckt. (Sie lacht.) Das Maschinengewehr ist bäng! bäng! bäng! die ganze Straße hoch gerattert.

Es gab öffentliche Luftschutzkeller. Da paßten vielleicht zwei-, dreihundert Leute rein. Bei einem Fliegerangriff konnte man sich da verkriechen. Bei den Luftkämpfen gab es keine Vorwarnung. Man hat hochgeguckt, und plötzlich sah man, wie die Flugzeuge runterstießen und feuerten. Das waren hauptsächlich Bomber; unsere Spitfire-Jungs haben sich gewehrt.

Wir bekamen auch eigene Unterstände von der Regierung gestellt. Auf dem Land waren es Stahltische. Die standen im Schlafzimmer oder im Wohnzimmer. Da sind alle drunter gekrochen. Sie waren nicht sehr hoch, und wenn man etwas molliger war, konnte man sich nur schwer darunterzwängen. (Sie lacht.) Man hat stundenlang darunter gehockt.

Wenn man in der Großstadt wohnte, in London oder Manchester zum Beispiel, dann hatte man einen Schutzraum im Garten. Ich kann nicht sagen, welche Sorte schlimmer war. Die im Garten waren aus Beton oder altem Blech und schrecklich feucht. Bis hierhin stand man im Wasser. Aber die einfachen Leute mit ihrem Lebensmut verwandelten sie in gemütliche kleine gute Stuben. (Sie lacht). Ihre Vögel haben sie mit hinunter genommen oder die Katze. Die kam immer als letzte: »Wo steckt die Katze?«

Eine Tante von mir wurde getötet, weil sie raufkam und eine Tasse Tee machen wollte. Gerade hatte es Entwarnung gegeben. (Macht die Sirene nach.) Sie stieg die Treppe rauf und sagte noch zu ihrem Mann: »Ich mache uns ein schönes heißes Täßchen Tee.« Dic ganze Nacht hatten sie da unten gesessen, hatten das Krachen und die Einschläge gehört. Als sie den Kessel aufsetzte, bekam das Haus einen Volltreffer ab.

Es war nicht ungewöhnlich, daß die Möbel vom Nachbarn gegenüber bei einem durchs Fenster geflogen kamen. So kamen wir an viele Stücke, die uns eigentlich nicht gehörten. Zum Schluß hatten die meisten ein richtiges Möbelsortiment. Ich hatte eine alte Tante von achtzig, bei der sah es schließlich aus wie im Ankleidezimmer eines Filmstars. Wie sie bei ihr im Garten landeten, die schönen Möbel. (Sie lacht.)

Wir hatten Luftschutzwarte, die waren sehr gut. Das waren Männer, die für den Kriegsdienst untauglich waren oder in kriegswichtigen Berufen arbeiteten, und nach Feierabend waren sie Luftschutzwarte. Sie haben geholfen. Sie haben die Toten geborgen. Mein Mann kam mal auf dem Weg nach Hause durch London. Er hat sich um Tage verspätet, weil er immer wieder Tote aus zerstörten Häusern holen mußte. Es war furchtbar.

Ich habe vier Töchter, alle bis auf eine im Krieg geboren. Als ich einmal kurz vor der Entbindung stand, gab es keine Krankenwagen. Ich mußte mitten hinein in die Bomben und die Brände und versuchen, ein heiles Telephon zu finden, um meinen Arzt anzurufen. Er hat mir zwei Männer mit einem kleinen Lastwagen geschickt, mit einem Brett darüber. Da mußte ich mich drauflegen. Es gab kein Licht und keine Ampeln, wegen der Deutschen. Diese beiden Männer waren hoffnungslos, um ein Haar hätte ich das Kind im Laster bekommen. Wir sind in einen großen Bombentrichter gerutscht, und ich wäre beinahe rausgekippt. Aber mit so etwas ist man spielend fertig geworden. Es sah so aus, als ob man für den Rest seines Lebens so weiterleben müßte.

Nachdem ich mein drittes Kind bekommen hatte, stand ich einmal mitten im Zimmer und habe gesagt: »Bitte, lieber Gott, wenn du uns mit den Bomben umbringen willst, laß uns alle in einer Nacht zusammen sterben.« Man wußte gar nicht, wie viele Kinder man unter sich verstecken sollte, wie eine Henne, die ihre Küken unter die Flügel nimmt. Ich dachte, wenn ich zwei hierhin stecke und die eine da drüben hin, dann wird sie womöglich getötet und ich bleibe mit den beiden anderen zurück. Man mußte sich sozusagen auf sie drauflegen, damit es alle gleichzeitig erwischte. Hätte nie gedacht, daß ich so was könnte.

Hätte auch nie geglaubt, daß man irgendwo sitzen und den Kindern, sagen wir, Cinderella vorlesen kann, während man die deutschen Flugzeuge kommen hört. Manchmal waren es tausend Stück in einer Nacht, in Wellen flogen sie über uns hinweg. Wir hatten einen Spruch (sagt ihn stakkato auf): »Ich kriege dich doch, ich kriege dich doch.« So klangen die Flugzeuge. Wenn man soundso viele hundert Meter entfernt eine Bombe einschlagen hörte, dachte man: Ah, die hat uns verfehlt. Man dachte: Oh Gott, die nächste wird ein Volltreffer. Aber die ganze Zeit las man weiter: »Und die böse Schwester sagte...« – und man ermahnte die Kinder: »Sitzt still.« Und man dachte: Oh Gott, ich kann es nicht mehr aushalten. Aber man hat sich zusammengenommen. Und ich war nicht gerade die mutigste Frau, das können Sie mir glauben.

Man hatte Vorahnungen. Ungefähr um halb vier sagte man plötzlich: »Heute nacht schlafe ich woanders. Ich lege sie alle hierhin, weil ich das Gefühl habe, daß da drüben die Wand einstürzt.« Oder einer von den wenigen Nachbarn, die man noch hatte, sagte: »Warum kommen Sie nicht heute abend mit den Kindern zu uns? Wir singen Lieder und spielen Karten. Die Deutschen können uns heute gestohlen bleiben.« Wo ist es jetzt sicherer, auf unserer Straßenseite oder gegenüber? Gehen wir nach drüben.

Ich habe als Brandwache ausgeholfen. Dabei kann man es wirklich mit der Angst kriegen. Mit einem Stahlhelm auf dem Kopf kletterte man aufs Dach. Eigentlich hätte man auch noch eine Schutzjacke anhaben sollen. Die Brandbomben waren runde Kugeln, sie fielen aufs Dach und fingen an zu brennen. Dafür wurde man von der Regierung mit einem Eimer Sand und einer Schaufel ausgerüstet. Reizend. (Sie lacht.) Man wartete, bis eine Bombe runterkam. Dann hat man sie schnell aufgeschaufelt und in den Sandeimer geworfen. Das habe ich nicht lange gemacht, weil ich wieder schwanger wurde.

Die meisten Bomben fielen in den Armeleutevierteln. Natürlich wurde eine Menge Trara um die Bombe auf den Buckingham-Palast gemacht, aber die saßen schließlich alle in einem tollen Bunker. Die Arbeiterviertel hat es am schlimmsten erwischt, wegen der Docks, den Gas- und Elektrizitätswerken. Darauf hatten die es doch abgesehen. Die haben sich gedacht, wenn erst die Arbeiter zermürbt sind, kämpfen sie nicht mehr weiter. Aber irgendwie haben sie das nicht geschafft.

Eine Tante von mir ist dreimal ausgebombt worden. Als meine Großmutter, die schon über achtzig war, auch ausgebombt worden war, klammerte sie sich mit brennenden Haaren an der Treppe fest. Die Luftschutzwarte haben sie rausgeholt. Sie hat zu ihnen gesagt: »Ich muß noch mal rein, meinen Hut holen.« Sie wurde mit vielen anderen alten Leuten in einem Lastwagen in eine sichere Zone gebracht.

Einmal mußte ich bei meiner Schwiegermutter wohnen. Manchmal fingen die Angriffe schon vor der Sirenenwarnung an, wenn man noch nicht im Schutzraum war. Landminen kamen an Fallschirmen runtergesegelt und haben ganze Straßenzüge in Schutt und Asche gelegt. Die ganze Gegend war wie ausgebombt. Dieses eine Flugzeug flog nun sehr tief und warf überall Brandbomben ab. In einem Wahnsinnszickzack raste es über die Wiese, sprang und hüpfte, sprang und hüpfte. Hinterher sind die Leute schnell zu dem Fallschirm gelaufen, weil man sich aus dem Stoff etwas nähen konnte. Die Kleiderrationierung war furchtbar streng. Mein Mann hat mir ein Stück besorgt, und ich habe den Kindern aus dem Nylon Kleidchen gemacht.

Auf den zerbombten Flächen wuchsen jede Menge Blumen, ganz besonders eine Sorte. Die hatte einen Stengel mit vielen kleinen roten Blüten, sie wucherte fast wie Unkraut. Sie hieß London Pride (Jehovablümchen).

Dann kam der Blitzkrieg, wo ganz London in Flammen stand, alles bis auf die Saint Paul's Cathedral, Gott sei's gelobt. Und darum sage ich immer noch jedes Mal, wenn ich in die Saint Paul's Cathedral gehe: »Gott sei Dank, du stehst noch.« In der Nacht stand alles in Flammen. Taghell war es wegen der Flammen.

An einem Samstagmorgen habe ich gesehen, wie Schulkinder getötet wurden. Ohne Vorwarnung. Das waren nun schon die V2. Die sahen aus wie große Telegraphenmasten, die durch die Luft gesaust kamen. Die hatten keinen Piloten, gar nichts. Wenn sie einschlugen, konnten sie einen ganzen Straßenzug zum Einsturz bringen. An diesem Morgen haben die Kinder bei Woolworth eingekauft. Es war ja nicht viel zu haben, ohne Marken kriegte man nicht mal Süßigkeiten. Meine Mutter wohnte nur zwei Straßen weiter; plötzlich haben wir ein fürchterliches Krachen gehört. Wir sind alle nach draußen gelaufen, nachschauen. Es hatte Woolworth erwischt, viele tote Kinder wurden rausgeholt. Sie sollten beerdigt werden. Man wußte gar nicht, welche Arme und Beine wem gehörten. Särge gab es aus Pappkarton. Es wurden solche Mengen davon hergestellt, aber sie haben nie ausgereicht.

Vorher hatten wir die V1. Die sahen aus wie Flugzeuge, die Feuer spuckten. Es war schon sehenswert, als die erste runterkam – wie immer in einem Arbeiterviertel. Das Feuer von dem Motor machte tschatschatscha, tschatschatscha. Als das vorbei war, kreiste und kreiste das Ding. Man konnte fast vorhersagen, wo es landen würde. Wir sind alle hingelaufen. Wann würde der Pilot aussteigen? Wir wollten ihn gefangennehmen. Aber es gab keinen Piloten.

Danach passierte erst mal wieder nicht viel, während sie sich die nächste Teufelei ausdachten: die V2. Die kamen ganz ohne Vorwarnung. Bei den V1 hörte man wenigstens noch das Bababa, Bababa vom Motor. Man konnte das Feuer sehen. Hätte der Krieg zehn Tage länger gedauert, hätten sie womöglich auch noch die Atombombe gehabt. Darauf liefen diese ganzen Sachen schließlich hinaus. Die Luftschlacht um England begann 1940, als die Franzosen uns bei Dünkirchen im Stich gelassen haben, und sie dauerte bis zur Invasion in der Normandie.

Springbomben gab es auch. Das waren Bomben, die nach dem Auftreffen nicht liegenblieben. Sie sprangen über die Häuser.

Es herrschte eine tolle Kameradschaft. Unten in den Kellern saßen die Leute mit ihren Schlafdecken und Taschen voller guter Sachen und Lebensmittel. Ich weiß von keinem einzigen Fall, wo sich jemand an einem vergangen hätte. Sogar wo man zur Toilette mußte, wurde wenn möglich immer ein kleiner Vorhang davor angebracht oder so. Es war ein ständiges: »Nach Ihnen, bitte.« – »Schon gut, Kind, gehen Sie zuerst.« Die Menschen entwickelten wahnsinnige hohe Moralvorstellungen.

Ich als Tänzerin und Sängerin habe für eine Gruppe evakuierter Frauen ein leerstehendes Haus bekommen. Das waren ganz arme Teufel. Nicht einmal die kleinsten Dinge im Leben waren ihnen geblieben. Sie wußten nicht, was sie machen sollten. Ihre Männer waren im Krieg. Keiner konnte wissen, ob sie noch am Leben waren oder was. Also habe ich gesagt: »Los, kommt, Kinder, packen wir alle zusammen an und veranstalten wir ein Großreinemachen.« Wir haben sogar mit Hilfe von ein paar vornehmen Damen ein altes, klappriges Klavier aufgetrieben. Ich habe ihnen ganze Nachmittage lang vorgespielt und mit ihnen gesungen, während zwei Damen Tee gekocht und Plätzchen verteilt haben. Das hat sie etwas aufgemuntert. Wir haben immer gesagt: »Kommt, laßt uns etwas singen.« Den obersten Stock haben wir in ein Spielzimmer verwandelt, und Pfadfinderinnen haben mit den Babies gespielt, damit die armen Mütter auch mal auf andere Gedanken kommen konnten. Diese Frauen hatten Tag und Nacht ihre Kinder am Hals und waren bei gemeinen Hauswirtinnen untergebracht.

Einmal wurde ich in einem Haus einquartiert, das die Besitzer gerade erst verlassen wollten. Ein herrliches Haus, so eins hätte ich mir normalerweise nie leisten können. Diese äußerst vornehmen Leute sagten zu mir: »Sie machen einen anständigen Eindruck. Bestimmt werden Sie unser Eigentum gut behandeln, deshalb können Sie so lange hier wohnen bleiben, bis wir zurückkommen.« Im Garten stand sogar eine Schaukel. So etwas wurde alles durch den Evakuierungsrat geregelt. Die haben jedes leerstehende Gebäude requiriert. In Kriegszeiten kann man über Nacht neue Gesetze erlassen, und deshalb konnte das Eigentum von Leuten, die ihre Häuser verließen, für die Zeit ihrer Abwesenheit konfisziert werden.

Es ging auf *D-Day* zu. Invasion in der Normandie, 1944.

Sie haben mich nach dem Krieg noch fünf Jahre in ihrem Haus wohnen lassen, weil ich in London kein Dach über dem Kopf gehabt hätte. Die Besitzer waren ein Vikar und seine Frau, die ihren Sohn in einem deutschen Kriegsgefangenenlager verloren hatten. Nachdem der alte Vikar gestorben war, ist seine Frau zu ihrer Tochter nach Neuseeland gezogen. Ich brauchte nur eine winzig kleine Miete zu zahlen. Damit konnte sie gerade die Steuern begleichen.

Damals mußte man sich glücklich schätzen, wenn man bei fremden Leuten ein kleines Zimmereckchen hatte. Es gab keine Häuser mehr, in die die Menschen zurückkehren konnten. Man mußte sich durchschlagen, so gut es ging. Ich weiß, daß die Amerikaner keine Ahnung haben, was es heißt, ausgebombt zu sein. Diese Erfahrung will ich ihnen auch gar nicht wünschen. Aber ich wünschte mir doch, ihr würdet euch nicht immer so leichtfertig in Kriege stürzen, sonst müßt ihr ihn eines Tages noch in eurem eigenen Land erleben, und dann Gnade euch Gott. Die Deutschen haben mir auch leid getan. Was müssen die durchgemacht haben. Wenn man jung ist, kommt man auf so dumme Gedanken wie: »Wenn ich den Adolf Hitler träfe, ich würde ihn sofort über den Haufen schießen. Hitler ist tot, ist das nicht herrlich?« Aber damit haben die Schwierigkeiten noch lange kein Ende.

Als der Krieg vorüber war, dachten wir, jetzt kommt eine bessere Welt. Ich weiß noch, wie beschwingt ich war, wirklich. Wahrscheinlich habe ich mich seither niemals wieder so gefreut. Ich konnte sehen, wie nett die Menschen miteinander umgegangen sind, weil sie alle so viel Schreckliches durchgemacht hatten.

Die Wohnungsnot war furchtbar. Als die Männer aus dem Krieg kamen und sahen, daß ihre Frauen in Luftschutzkellern kampierten – und das wochenlang –, da haben sie das Savoy Hotel besetzt. Das war damals das beste Hotel in ganz London. Die Arbeiter waren auf ihrer Seite. Die gingen zu den großen Hotels, und wenn die Soldaten an Stricken Eimer runtergelassen haben, hat man so viel zu essen reingepackt, wie man erübrigen konnte. Die haben die Hotels ewig besetzt gehalten. Die offiziellen Stellen waren vor Angst wie gelähmt. Sie dachten, jetzt kommt der Bolschewismus oder so. Die Besetzungen dauerten ungefähr sechs Monate, dann wurden Fertighäuser aufgestellt. Nach einem Tag standen die Dinger. Alle verfügbaren Handwerker mußten diese Häuser aufbauen.

Damals hatte meine Familie kein Dach über dem Kopf. Also sagte ein Mann, er wollte als ›Sandwichman‹ gehen. Kennen Sie das? Man schnallt sich ein Plakat auf Bauch und Rücken, und darauf steht: »Es gibt Häuser für Touristen, aber keine für unsere Soldaten.« Damit marschiert man dann auf und ab. Ich habe bei einer Zeitung angerufen und ihnen von seinem Plan erzählt. Innerhalb von zwei Tagen hat man uns ein schönes Haus angeboten.

Der Krieg hat ein furchtbar großes Stück aus meinem Leben herausgerissen. An meinen Beruf war nicht mehr zu denken, ich hatte ja einen kriegsversehrten Mann und vier kleine Kinder zu Hause. Ich wurde ein völlig anderer Mensch. Vor dem Krieg hatte ich alles durch eine rosa Brille gesehen und nur für die Musik und das Tanzen gelebt. Aber nach dem Krieg habe ich angefangen, mich weiterzubilden. Ich mußte meinen Kindern mit der Schule helfen. Ich mußte mich damit abfinden, daß wir nie im Leben Geld haben würden, weil wir nur von der Kriegsrente meines Mannes lebten. Ich habe nicht mehr in Schaufenster geguckt, weil man eben wußte, daß man sich so etwas wie schöne Kleider ja doch nicht leisten konnte. Und neidisch durfte man auch nicht sein, weil man davon nur alt und häßlich wird.

Der Krieg hat mich viele Hoffnungen und Freuden gekostet, aber ich habe angefangen, Menschen und Ereignisse in einem neuen Licht zu sehen. Jetzt suche ich immer nach den wirtschaftlichen Gründen, die dahinterstecken, wenn die Leute dies machen, wenn die Regierung das macht. Es ist nicht immer schön, sie zu kennen. (Sie lacht.)

Vielleicht sehe ich zu schwarz. Vielleicht erleben wir ja doch noch ein wunderschönes neues Zeitalter. Aber jetzt habe ich Angst um meine Enkelkinder. Sie tun mir so leid. Aber vielleicht hätte ich armes Ding, das im Zweiten Weltkrieg aufwachsen mußte, auch jemand leid tun sollen. (Sie lacht.) Aber trotz der ganzen Schrecken hat er die Menschen dazu gebracht, besser miteinander umzugehen, als sie es selbst für möglich gehalten hätten.

Die Frauen waren während des Krieges wesentlich bessere Köchinnen als heutzutage. Können Sie sich das vorstellen? Wir mußten mit so wenig auskommen, daß wir richtig erfinderisch wurden. Wenn man ein bißchen Reis auftrieb und etwas Kotelettfleisch, dann hat man das eben zusammengemischt, damit man länger damit auskam. Wenn man ein paar Sultaninen oder Rosinen organisieren konnte, hat man sie eben mit allen alten Brotkanten, die man fand, in Wasser eingeweicht und einen wunderbaren Nachtisch gezaubert. Wenn man ein bißchen Sirup kriegte und womöglich etwas braunen Zucker, dann konnte man den Kindern Karamellen machen. Also wurde wahnsinnig viel getauscht.

Ich kannte ein sehr nettes Ehepaar, meine Nachbarn. Ihr Sohn sollte auf Heimaturlaub kommen, und die Frau hatte kein Fleisch für ihn auftreiben können. Aber genau an dem Tag habe ich vom Metzger ein Stück Kaninchen gekriegt. Im Krieg haben wir sogar

Pferdefleisch gegessen und Walfleisch, ein Kaninchen war also ein richtiger Leckerbissen für uns. Aber ich wollte es nicht, ich hätte meinen kleinen Kindern lieber Eier gegeben, wenn ich welche hätte bekommen können. Also habe ich ihr das Kaninchen gebracht. Sie hat sich so gefreut. Genau an dem Tag ist ihr Sohn getötet worden. Am liebsten hätten wir das Kaninchen durchs Fenster geschmissen. Er war so ein netter Junge, ein junger Offizier, erst neunzehn Jahre alt.

Aufwachsen – hier und dort

Sheril Cunning

La Jolla. Wir sitzen im Foyer eines eleganten alten Hotels und sehen auf den Pazifik hinaus. Sie wohnt hier nicht, hier haben wir uns lediglich verabredet.

Wir wohnten drei Häuserblocks vom Meer entfernt, in Long Beach. Ich war erst sieben, als der Krieg erklärt wurde. Die Angst kam nicht sofort. Im Handumdrehen war der ganze Strand, wo wir immer spazierengingen, mit Tarnnetzen bedeckt, unter denen alle möglichen großen Artilleriegeschütze standen. Hunderte von Flakgeschützen. Kanonen, enorme Dinger mit langen, dicken Rohren.

Der Witz an der ganzen Sache war, daß so die ganze Küste getarnt sein sollte. Aber der Verkehr auf der Uferstraße durfte trotzdem weiter fahren. Jeder Fußgänger auf der Straße konnte alles sehen. Aber überall, wo man hinkam, hingen Schilder: Psst! Bilder von Onkel Sam mit dem Finger auf dem Mund. Darauf stand: »Feind hört mit.« Wenn wir Spione in der Stadt hatten, wußten sie auch, daß da die Waffen versteckt waren. (Sie lacht.)

Die Geschütze waren wie tot. Ich habe sie nie in Aktion gesehen. Für mich war der Zweite Weltkrieg im großen und ganzen wie ein Spiel, ungewöhnlich, aufregend und nur drei Straßen von zu Hause entfernt. Bis zum heutigen Tag stehen mir noch die Haare zu Berge, wenn ich eine Sirene höre. Und dann die Suchscheinwerfer.

Heutzutage heißen sie wohl bloß Scheinwerfer. Jedesmal, wenn ein neues Einkaufszentrum eröffnet wird, ist es bei uns in Escondido das Größte, den Himmel die ganze Nacht lang mit einem Scheinwerfer bestreichen zu lassen. Mich versetzt das in Panik, und es macht mich ganz nervös.

Wir haben es auch tatsächlich manchmal krachen hören. Aber man wußte nie, ob wir nun tatsächlich angegriffen wurden oder ob es bloß falscher Alarm war. Ich glaube, man will die Leute nicht wissen lassen, wie nah uns das Ganze gekommen ist. Man erfährt doch erst jetzt, daß womöglich an der Küste von Oregon japanische Papierballons mit Bomben gelandet sind. Uns hat nie einer gesagt, daß wir in der Nacht damals tatsächlich angegriffen wurden. Aber es regnete nur so Schrapnellsplitter – aus amerikanischen Geschützen. Wir haben sie aufgesammelt und als Andenken an den Zweiten Weltkrieg aufbewahrt. Meine Großmutter hatte in meiner Jugend eine ganze Schüssel voll davon auf dem Eßzimmertisch stehen.

Von vielen Kindern waren die Väter im Krieg. Carols Vater war bei der Küstenwache. Wir haben uns immer seine Briefe zusammen angeschaut. Bei ihr lebten die Mutter und das heranwachsende Kind ganz alleine zu Hause, und das einzige, was sie vom Leben hatten, waren Briefe. Ich glaube, Noras Vater ist gefallen. Shirley Soundsos Vater war auch weg. In der Schule haben wir andauernd nur darüber geredet. Über die Väter, die nicht da waren.

Unsere japanischen Bekannten hatten auf einem Markt die Gemüse- und Obststände unter sich. Von einem Tag auf den anderen waren sie verschwunden. Ich weiß nicht mehr viel von den Leuten, bloß daß sie immer nett zu uns waren. Aber ich erinnere mich noch, daß meine Mutter sich beklagt hat, man könnte kein anständiges Gemüse mehr bekommen, nachdem sie abgeholt worden waren.

Als meine Jungen so elf, zwölf waren, hatten sie sehr gute Freunde, deren Mutter Japanerin war. Sie hatte den Atombombenabwurf in Japan miterlebt und lebte jetzt mit ihren japanisch-amerikanischen Kindern hier. Die Kleinen haben sich Filme über den Zweiten Weltkrieg angesehen, besonders die mit den Japanern, wo John Wayne mit dem großen Flugzeug aufs Ziel los stürzt: »Da hab ich's den dreckigen Japsen aber gegeben. Tojo, hier kommt die nächste Ladung.« Diese Kinder hatten doch mit dem Krieg nichts zu tun. Bis zu dem Film hatten sie auch noch nie viel davon gehört.

Ihre Mutter hatte alle möglichen japanischen Sachen an der Wand hängen. Jetzt fühlten sie sich auf einmal schuldig, weil sie Japaner waren, und sie waren ganz, ganz schlimm durcheinander: »Also, ich bin ja Amerikaner, deshalb müßte ich stolz sein, wenn John Wayne die dreckigen Japsen abschießt – aber ich bin doch auch Japaner.« Sie wollten nun wissen, wer recht und wer unrecht gehabt hatte. Nach diesen Filmen wußten sie nicht mehr, wer sie eigentlich waren. Der Tag, an dem sie mich das alles gefragt haben, war einer der traurigsten in meinem Leben.

Es wurde nicht viel darüber geredet, daß die Juden verfolgt und nach Auschwitz verschleppt wurden oder so. Dabei hatte Long Beach viele jüdische Einwohner. Jedesmal, wenn ein paar Juden mit uns in einem Restaurant saßen, sagte mein Großvater: »Bald gehört den Itzigs noch die ganze Stadt.« In der katholischen Schule lernten wir, daß wir unseren Nächsten lieben sollten und daß der Krieg eine furchtbare Sache war. Dabei sagten die Katholiken aber auch, die Juden hätten Jesus getötet. Da sollten wir nun gegen Hitler sein, und statt dessen geht es die ganze Zeit nur gegen die Juden. Ich habe mich immer als Außenseiter in meiner Familie gefühlt. Ich konnte nicht glauben, was sie verbreitet haben.

Nach dem Krieg, als die Schwarzen in die Nachbarschaft von meiner Großmutter zogen, ging dann über sie dasselbe Gerede los.

Wir haben immer Krieg gespielt. Meine Schwester und ich hatten einen Plan. Wenn die Japaner je bei uns durch die Haustür kämen, hatten wir immer noch ein Zimmer nach hinten raus mit einer Abstellkammer. Meine Mutter hatte große Kleidersäcke da stehen, die waren aus Gummi, kalt und irgendwie glitschig anzufühlen. Wir dachten uns, wir könnten uns in der Kammer verstekken, hinter den großen, grauen Kleidersäcken würde uns bestimmt keiner finden. Aber wenn doch, wollten wir uns mit Ketchup bekleckern und uns totstellen, dann würde uns keiner was tun. (Sie lacht.)

Es wurde sehr viel über Folterungen geredet. Die Deutschen folterten und die Japaner auch. Ich weiß noch, wie mir jemand erzählt hat, daß einem die Japaner Bambussplitter unter die Fingernägel rammten und ansteckten. Folter schien in unseren Kindergesprächen andauernd vorzukommen.

Wenn wir das ›Life Magazine‹ aufschlugen, sahen wir lauter Fotos vom zerbombten Europa. Ein Bild nach dem anderen von zusammengekauerten Kindern in Lumpen. Ich fing gerade erst an zu lesen. Wir dachten, uns könnte es auch jeden Augenblick so ergehen. Die Erwachsenen konnten uns dazu bringen, den Teller leer zu essen, uns gut zu benehmen, eben zu allem, was wir eigentlich nicht wollten – sie brauchten bloß zu sagen: »Denk an die Kinder im ›Life Magazine‹, und dann denk mal daran, wie gut du es hast.«

Meine Mutter und die Nachbarinnen saßen immer um den Eßtisch herum und haben Zuckermarken gegen Brot- oder Fleischmarken eingetauscht. Wie bei einem riesigen Monopoly-Spiel. Es war ganz schön aufregend, daß die Nachbarn ständig kamen, ihr Handeln und Tauschen. Wie an der New Yorker Börse. (Sie lacht.) So sah es bei uns mit der Geselligkeit aus.

Überall herrschte ein Gefühl der Kameradschaft. Auf einem großen, brachliegenden Stück Land haben sich alle zusammengetan und einen riesigen Sieges-Garten für die Gemeinschaft angelegt. Meine Schwester und ich fanden es da herrlich, weil wenn man Samstag morgens dahin kam, fühlte man sich wie Alice im Wunderland, mit all den Nachbarn, die ihre Kürbisse und grünen Bohnen gossen. Jeder hat jedem etwas abgegeben. Keiner hat gesagt: »Das gehört mir.« Alle waren immer guter Dinge.

Long Beach war eine Militärstadt. Es gab mehrere Militärparaden im Jahr. Dann fuhren Meilen von Panzern die Pine Avenue entlang, und alle Leute standen am Straßenrand, sie haben gejubelt, geklatscht und mit Fähnchen gewinkt. So wurde man ständig daran erinnert, wie stark wir waren und daß doch noch alles ein gutes Ende haben würde.

Nach dem Krieg meinten viele Leute, alles wäre nur Glanz und Gloria gewesen. Es hat vielleicht zwanzig Jahre gedauert, bis man mal zurückgeschaut und sich gefragt hat: ›Mensch, was war damals eigentlich wirklich los?‹ Und dann die ganzen Hollywood-Musicals, mit denen man uns Mut machte. Bis heute wird mir immer noch ganz rührselig ums Herz, wenn ich eine Platte von Kate

Smith höre. Wenn sie ›God Bless America‹ sang, war das für mich das eigentliche Wesen Amerikas. Der Patriotismus war so dick aufgetragen, er war mit Händen zu greifen.

Zu Weihnachten hat uns einmal ein Soldat einen riesigen Karton Milkyway geschickt. Soviel Schokolade, wo es doch sonst keinen Krümel gab. Ich habe mich hingesetzt und geweint. Der Kühlschrank war beinahe voll, wie bei einem Truthahn. Wir wollten es fast nicht essen, weil wir wußten, wenn es erst einmal weg ist, gibt es so bald nichts mehr. (Sie lacht.) Schon allein der Anblick, wenn man nur die Kühlschranktür aufgemacht hat, war etwas ganz Besonderes.

Ja, und dann noch etwas, nach dem Krieg. Mein Vetter Jimmy, der gefallen ist, hatte eine Schwester, Fay. Sie hat einen GI geheiratet, der im Krieg ein Bein verloren hatte. Fay brachte ihn einmal mit zu uns zum Abendessen. Er ging auf Krücken, das Hosenbein war hochgesteckt. Alle am Tisch waren wahnsinnig freundlich zu ihm. Aber kaum waren sie aus der Tür, ging auch schon das Gegakker der alten Hennen los: »So was ist doch kein richtiger Mann mehr. Da steht ihr aber noch einiges bevor. Wer hätte das gedacht, daß sie mal einen Krüppel heiratet?«

Sofort nach Kriegsende waren alle wie im Rausch: »Wir werden nie wieder schwere Zeiten durchmachen. Alles soll größer und schöner werden, und wir wollen bauen, bauen und abermals bauen.« Zu Beginn des Zweiten Weltkriegs war Long Beach ein kleines Städtchen gewesen. Man konnte ins Auto steigen, drei Meilen fahren, und schon stand man mitten in den Apfelsinenpflanzungen. Nach dem Krieg ist Long Beach enorm gewachsen. Sie haben auch diese winzigkleinen Häuschen gebaut, die noch nicht einmal zusammengeklappt sind.

Ich habe meine Jungen als Kinder nie mit Waffen spielen lassen. Und jetzt, mit einundzwanzig und dreiundzwanzig Jahren, gehen sie los und kaufen sich Schußwaffen. Einer von ihnen kann es kaum erwarten, zum Militär zu kommen. Ich glaube nicht, daß ich dafür mit ihnen Beinbrüche und alle möglichen Unfälle durchgestanden habe. Ich glaube auch nicht, daß wir noch einmal einen ›guten‹ Krieg erleben werden. Bestimmt nicht.

Schließlich haben wir ja die Bombe erfunden. Danach kann es

einen ›guten‹ Krieg nicht mehr geben. Meine Kinder meinen, wir könnten den nächsten Krieg gewinnen. Nach dem Atombombenabwurf sagte man uns, von nun an hätten wir Frieden. Es gab Paraden auf den Straßen. Alle liefen nach draußen, schrien, winkten und feierten. Aber die Folgen der Bombe haben wir nicht bedacht.

Das Gemeinschaftsgefühl verflüchtigte sich. Alle hatten die Nase voll von Not und Entbehrungen und fingen an zu meckern und zu nörgeln. Obwohl die Bilder im ›Life Magazine‹ glasklar zeigten, wie die Leute unter den Folgen der Atombombe zu leiden hatten, meinte mein Vater, wie wunderschön doch der Atompilz aussähe, wie majestätisch. Zu uns ist das einfach nicht durchgedrungen. Als hätten wir ein Brett vor dem Kopf gehabt.

Meine Jungen haben das Gefühl, daß ihre Tage gezählt sind, daß die Bombe sie ja doch eines Tages erwischt. Warum also dann noch vorsichtig sein? Sie setzen sich betrunken hinters Steuer. Sie haben schon viele Freunde bei Autounfällen verloren, aber das war ihnen keine Lehre. Der Unfall mit dem Gewehr, den meine Jungen mit zehn und zwölf Jahren hatten, war ihnen auch keine Lehre. Wenn ich ihnen eine Standpauke halte über die Gefahren von Alkohol am Steuer oder von Waffen, meinen sie bloß: »Ach, was soll's, ist doch sowieso alles egal, es kommt, wie es kommen muß, die Welt ist ein Irrenhaus, wen kümmert es schon?«

Sie sagen nicht geradeheraus, daß uns ja doch demnächst die Bombe auf den Kopf fällt, oder daß wir eigentlich gar keine Zukunft mehr haben. Sie sagen bloß: »Was soll's?« Sie schätzen das Leben nicht so hoch ein wie meine Generation. Das macht mir Angst.

Werner Burkhardt

Deutscher Jazz- und Popmusikkritiker.

Das Gespräch fand 1963 in seiner Wohnung in Hamburg statt. Nach Mitternacht.

Während des Krieges kam ich in Hamburg aufs Gymnasium. Wir hatten Glück. In Latein und Griechisch hatten wir einen eingefleischten Demokraten als Lehrer. Er hat einiges aufs Spiel gesetzt in seinem Unterricht, dieser Dr. Drude. Wenn wir Sätze aus dem Lateinischen ins Deutsche übersetzten, dann schrieb er an die Tafel: Dr. Gobelius. Allen war klar, daß er auf Dr. Goebbels anspielte. Wir hatten zwei lateinische Mustersätze: ›Jemand lügt. Dr. Gobelius lügt immer.‹ Er spielte mit seinem Leben.

Zur Zeit der Achse Rom–Berlin kam Dr. Drude einmal mit einer Achse in der Hand ins Klassenzimmer. Er fuhr immer mit dem Motorrad in die Schule, er war damals schon ein Hippie, bevor es Mode wurde. Er baute also diese Achse aus seinem Motorrad aus und hielt sie uns vor die Nase: »Seht Ihr, Jungs? Auch eine Achse kann brechen.« Wir wußten natürlich genau, was er meinte. Das war doch ziemlich gewagt für damals, finden Sie nicht?

Wir waren siebenundzwanzig in der Klasse. Vierzehn, fünfzehn Jahre alt. Ein Wunder, daß nichts passiert ist. Die Schüler haben das bestimmt ihren Eltern erzählt. Ich weiß von mindestens drei Vätern meiner Freunde, daß sie Nazis waren. Einer war der Direktor einer großen Versicherung, die den Nazis gehörte. Keiner hat ihn verraten. Ich glaube, sie hatten Respekt vor dem Mann. Vielleicht ahnten sie auch schon, daß das Ende des Hitlerregimes nicht mehr allzu weit war. Daß Dr. Drude uns etwas gab, was uns durchhalten half. Etwas Menschlichkeit.

Mein Vater hatte eine Reinigung im Zentrum von Hamburgs jüdischem Viertel. Auf der einen Seite wohnten die Rechtsanwälte und Ärzte. Das waren assimilierte Deutsche. Man sah sie gar nicht mehr als Juden an. Auf der anderen Seite lebten die weniger reichen Juden. Und die weniger »bleichen«. Sie besaßen kleine Geschäfte und wohnten in kleinen, nicht so schönen Häusern. Sie waren alle Kunden bei meinem Vater.

Die Kristallnacht hab ich als kleiner Bub miterlebt. Das war 1935. Ich war sieben. In dieser Nacht ist der Antisemitismus erst so richtig ausgebrochen. Mein Vater nahm mich am Sonntagmorgen bei der Hand und zeigte mir die zerbrochenen Schaufenster der jüdischen Kaufhäuser. Die wertvollen Kleider, die Seide und all die schönen Sachen lagen im Straßendreck oder gleich in der Alster.

Mein Vater redete nie über Politik. Er war kein gebildeter Mensch. Er führte keine intellektuellen oder hochgestochenen Gespräche. Er zeigte mir diese ganze Bescherung und sagte, das ist doch verrückt. Tja, mein Vater war schließlich Geschäftsmann und konnte die Vernichtung all dieser Waren nicht mitansehen. (Er lacht.)

Mein Vater und ich haben nicht viel miteinander gesprochen. Wir waren uns stillschweigend darüber einig, daß das alles unrecht war. Sie wollten ihn zum Eintritt in die Partei überreden. Oft kamen Anwerber ins Geschäft. Er sagte nein, er wolle nicht. Er habe einfach keine Zeit für so etwas, zuviel Arbeit, und außerdem interessiere er sich nicht für Politik. Das waren natürlich Ausreden. Nein, Widerstand geleistet hat er nicht. Mein Vater war kein Held. Er wollte mit solchen Leuten einfach nichts zu tun haben, er verachtete sie. Er hielt sie für bloße Mitläufer, die an das Ganze selber nicht glaubten. Einige von ihnen kannte er persönlich. Das waren keine überzeugten Nazis. Schließlich sahen sie ein, daß sie bei meinem Vater nicht durchkamen und ließen ihn in Ruhe.

Mir war recht mulmig, als die Juden gingen. Die reicheren flohen nach Holland oder Frankreich. Mit ihren dicken Autos hielten sie vor unserer Reinigung, um ihre Garderobe, gereinigt und gebügelt, abzuholen. Die armen Juden nahmen ihre ganze Habe, wie sie war. Alle verschwanden sie, und man redete nicht weiter darüber.

Es war einfach zu gefährlich, den Mund aufzumachen. Daß Dr. Drude überlebt hat, ist ein Wunder. Der Besitzer des Cafés an der Ecke verschwand einmal für lange Weile. Er hatte immer viel geredet. Vielleicht war er einmal zu deutlich geworden. Er kam wieder zurück, aber als schweigsamer Mensch. Man verstand.

Hamburg hatte ja eine sehr starke demokratische Tradition – sozialdemokratisch, sogar kommunistisch. Durch den Hafen kamen Arbeiter aus aller Welt hierher. Hitler konnte Hamburg nicht ausstehen. Ich glaube, er hatte sogar ein wenig Angst davor.

Auf dem Gymnasium mußten wir alle an den HJ-Stunden teilnehmen. In Uniform. Jeden Mittwoch wurde uns der Lebenslauf des Führers vorgetragen, und wir mußten ihn Wort für Wort nachbeten. Nichts auslassen und nichts dazufügen, nur runtersagen.

Samstags mußten wir an den Stadtrand und Krieg spielen. Verpackt als Kinderspiele, wie Verstecken und so etwas. Aber immer ging es irgendwie um Krieg.

Als die ersten Bomben auf Hamburg fielen, durften die Kinder nach Süddeutschland und sogar in die Tschechoslowakei, mit der Kinderlandverschickung. Als ich '43 zurückkam, mußte ich zur Luftwaffe. Ich war bei der Flak und mußte auf die Flugzeuge der Alliierten schießen. Da war ich fünfzehn.

Wir betrachten ein Foto von einem kleinen Jungen, fast noch ein Kind, in Uniform. Es ist Werner Burkhardt.

Glücklich sehe ich ja nicht gerade aus.

Jede Nacht mußten wir um elf Uhr aufstehen und bis zwei Uhr früh wachbleiben. Wir hatten auch weiterhin Unterricht. Jeden Vormittag kam ein Lehrer durch Eis und Schnee zu uns ins Lager und gab Latein und Griechisch. Den einen Tag das, am nächsten Deutsch und Geschichte und am dritten Mathematik und Chemie. Das alles und dazu die Flak-Brigade.

'44 war ich dann 16 und sollte an die Ostfront kommen. Die Engländer haben mich geschnappt und als Kriegsgefangenen genommen. Bis Juni '45 war ich in diesem Lager. Sie nahmen uns die Uhren ab, und hie und da gab es auch Prügel. (Er lacht.) Sie hatten auch die Nase voll und wollten heim.

Nach dem Krieg ging ich wieder in die Schule. Das war im Herbst '45. Wir mußten die Steine aus den Trümmern holen und alles wieder aufbauen. Ich ging auf die Universität Hamburg, und alles Weitere ist die Gegenwart.

Die alten Leute wollen es nicht wahrhaben. Aber bei denen, die das Hitlerregime in ihrer frühen Jugend miterlebt haben, die eine Ahnung von den Greueln mitgekriegt haben, und bei der heutigen Jugend, vielleicht gibt es da ja einen klitzekleinen Hoffnungsschimmer.

Marcel Ophuls

Ein Filmregisseur. Sein bekanntester Film ist ›Kummer und Mitleid‹, der in einer französischen Industriestadt spielt und sich mit dem Verhalten der Einwohner während der deutschen Besatzung beschäftigt. Sein Vater Max war ein hochbegabter und gefeierter Regisseur in Frankreich und in Deutschland vor der Hitlerzeit. Die Unterhaltung fand in Paris statt.

Vor unserer Flucht aus Frankreich waren wir in Aix-en-Provence. Mein Vater mußte sich verstecken. Wir hatten kein Geld und wohnten zu dritt in einem sehr kleinen Hotelzimmer. Gegenüber spielten sie den Nazifilm ›Jud Süß‹. Als Werbung für den Film diente ein primitiv gemaltes Plakat: die Karikatur des häßlichen Juden. Die Leute standen vor dem Kino Schlange.

Ich war ungefähr zwölf. Meine Mutter war Schauspielerin gewesen. Sie war keine Jüdin, sie war sehr, sehr deutsch, gebaut wie eine gotische Kathedrale. (Er lacht.) Wir hatten Berlin 1933 verlassen, am Tag nach dem Reichstagsbrand. Mein Vater hatte gerade seinen ersten großen Erfolg mit ›Liebelei‹ von Arthur Schnitzler. Kurz vorher, im Februar 1933, war Hitler an die Macht gekommen. Ich wußte überhaupt nichts über die Nazis. Ab und zu marschierten Leute vorbei. Ich sah, wie sie gegenüber von unserer Villa auf dem Dach eines Gebäudes exerzierten.

Mein Vater war ein ziemlicher Verschwender, eine Art Bohemien. Er war damals dreißig und ziemlich leichtsinnig. Von dem Geld für den ersten Filmerfolg hatte er die Villa gekauft. Wir stellten sogar einen Koch ein. Ich kann mich noch erinnern, wie Vater in die Küche dieses riesengroßen Hauses kam und sagte: »Pack deinen Koffer, wir fahren mit dem Nachtzug nach Paris.« Wir nahmen natürlich den Salonwagen.

Mein Vater war ein lebenslustiger Mensch. Er liebte die Frauen mehr als die Politik, aber er hatte auch einen sehr klaren Verstand. Er kam aus einer reichen jüdischen Familie, die überall Kaufhäuser besaß. Die meisten seiner Angehörigen endeten in Auschwitz.

Er verstand sich als sehr linksgerichtet. 1937 fuhren wir einmal nach Rußland, weil er eine Affäre mit der Tochter des russischen Botschafters in Paris hatte. Es war wie eine Szene aus ›Ninotschka‹. Damals begannen gerade die großen Säuberungsaktionen. Sie brachten ihre besten Generäle um. Wir sind um Haaresbreite davongekommen. (Er lacht.)

Er ist nicht wegen der Politik hingefahren. Die Tochter des Botschafters hatte ihm versprochen, daß er keinen Film über Traktoren drehen müßte, daß die Russen lieber Komödien sehen wollten. Als er nach Moskau kam, gab man ihm ein Drehbuch, in dem es von Traktoren nur so wimmelte. (Er lacht.) Er hatte ein gutes Hotel erwartet. Die Kommissare mit den Pelzmützen, die uns am Bahnhof empfingen, waren schon stolz, daß sie eine Dreizimmerwohnung aufgetrieben hatten. Es war so eine Art Keller. (Er lacht.) Ich glaube, das hat seinen Glauben in den Marxismus beträchtlich erschüttert. Die Wohnung entsprach wirklich nicht dem Champs-Elyseés-Standard. (Er lacht.)

In Frankreich hat mein Vater als einfacher Soldat in der Armee zur Niederlage der Deutschen beigetragen. (Er lacht.) Ab 1938 waren wir französische Staatsbürger. Da er Jude war und ein gottverdammter Ausländer, waren die französischen Militärs nicht besonders erfreut. Sie steckten ihn in ein Regiment zusammen mit Arabern und Schwarzen, alles Leute aus verachteten Rassen, Kanonenfutter. Mein Vater war damals neununddreißig.

Er hat auch während dieses Pseudokrieges für die französische Regierung Anti-Nazi-Rundfunksendungen in Deutsch gemacht. Das war in der Zeit zwischen Kriegsbeginn und Blitzkrieg, als Frankreich innerhalb von drei Wochen besiegt wurde. Der Krieg war '39 erklärt worden, und die Invasion fand im Mai 1940 statt. Sie kamen durch Belgien und Holland, spazierten einfach um die Maginot-Linie herum.

Mein Vater stand wegen dieser Rundfunksendungen auf der Liste der Personen, die sofort verhaftet und deportiert werden sollten. Ein sehr netter Hauptmann schickte ihn mit dem fingierten Auftrag, einen Film über die Fremdenlegion zu drehen, an die spanische Grenze. Also holte er uns in Paris ab, und wir fuhren immer ein paar Kilometer vor den deutschen Truppen her. Nachdem wir uns in Aix-en-Provence versteckt hatten, kamen wir über die

Schweiz und Spanien nach Portugal, wo wir an Bord einer der letzten Frachter gingen, die Lissabon verlassen durften. Ein paar Monate vor Pearl Harbor kamen wir nach Amerika.

Auf der Überfahrt traf mein Vater einen Deutschen. Ein fetter Kerl mit sehr kurz geschnittenen roten Haaren, die Karikatur eines Deutschen. Mein Vater mochte diesen Kerl, weil er seit langem keinem Deutschen mehr begegnet war. Sie verbrachten die Abende an der Bar und vergingen fast vor Sentimentalität. In Bermuda kamen britische Beamte in ihren kurzen Hosen an Bord und verhafteten den Freund meines Vaters. Sie holten ihn vom Schiff und erschossen ihn. Er war ein deutscher Spion. (Er lacht.)

Das Heimweh nach Deutschland ist eine typische Krankheit der deutschen Juden. Sie wollten immer deutscher als die Deutschen sein. Die Größe der Kultur ist das einzige, was bleibt, wenn man allzu groben Vereinfachungen über die deutsche Schuld entgegentreten will.

Wir kamen nach New York und sahen die Freiheitsstatue. Ich weiß noch, wie wir am Morgen aus dem Nebel ins helle Sonnenlicht fuhren und New York vor uns lag, die Skyline von Manhattan. Mir traten die Tränen in die Augen. Wir waren immer zu dritt, und für mich als Einzelkind war es schon schwierig, wenn wir ständig von einem Land ins andere zogen.

Von dem wenigen Geld, das er hatte, kaufte mein Vater einen schönen weißen Chevrolet mit roten Ledersitzen, ein Kabrio natürlich. Auf der Route 66 fuhren wir nach Kalifornien. Ich hatte ›Huckleberry Finn‹ und ›Tom Sawyer‹ gelesen, aber vom Mississippi war ich enttäuscht. Ich erinnere mich noch an den ersten Cowboy, den wir sahen. Er saß auf einem Barhocker, hatte richtige Sporen an und trug einen riesigen Stetson. Er war Jude. Ich war schrecklich enttäuscht. (Er lacht.)

Nachdem wir, wie mir schien, tagelang in unserem offenen Auto durch die glühendheiße Wüste gefahren waren, kamen wir an einen Ort, wo ein Haufen schäbiger Bungalows herumstanden, staubige Palmen und ein paar Tankstellen. Mein Vater fragte einen Tankwart: »Vere iss Hollyvood?« Und der Mann sagte: »Here is Hollywood!« (Er lacht.)

Die Jahre in Hollywood waren sehr schwierig für meinen Vater.

Er bekam vier Jahre lang keinen Job, und wir lebten mehr oder weniger von der Unterstützung durch den *United Jewish War Relief*. Manchmal arbeitete er für die *OWI*. Die vier Hollywoodfilme, die er drehte, entstanden erst nach dem Krieg.

In Hollywood blieben die Leute unter sich. Es gab die Kolonie der deutschen Juden, es gab eine französische Kolonie, eine britische Kolonie. Bertolt Brecht war ein guter Freund meines Vaters. Vater sagte immer zu mir: »Er gehört zu den großen deutschen Dichtern, du mußt ihn kennenlernen.« Ich war damals fünfzehn und ging in Hollywood in die High School. Was sollte ich schon mit einem deutschen Dichter anfangen, von dem nie jemand was gehört hatte? Ich dachte, er zieht sich immer deswegen so komisch an, weil er wie ein Proletarier aussehen will. Seine Hemden waren völlig abgetragen.

Unser bester Freund in Hollywood war Fritz Kortner, der große deutsche Schauspieler. Er kam immer am Wochenende vorbei, bepackt mit Einkaufstüten. Er wußte, daß wir nichts hatten. Er selbst hatte immer gute Jobs, er spielte ungarische Kellner in Antinazi-Filmen. Die Juden aus der Kolonie spielten ständig in Antinazi-Filmen mit. Wenn Alan Ladd irgendwo mit dem Fallschirm absprang, sah man gleich Fritz Kortner oder Otto Preminger mit finsteren Blicken umherlaufen.

Helmut Dantine war der schöne Nazi. Die ganzen häßlichen Nazis in den Filmen, wie Otto Preminger und Alexander Granach, waren Juden. Einige spielten aber auch Widerstandskämpfer. Es war immer irgendwie das gleiche Restaurant, in das sie hineinkamen. Alan Ladd saß da, meistens schwarzgekleidet, und draußen hörte man schon die Stiefeltritte. Es war immer ein kleines Restaurant in Ungarn oder Norwegen, in Frankreich oder Italien. Immer das gleiche Restaurant, immer derselbe Schauspieler. (Er lacht.) Nur die Tischdecken wurden gewechselt. Man hörte die Stiefeltritte und wußte, die Nazis kommen. Otto Preminger stand dann in der Tür und sagte: »Achtung! Keiner verläßt das Lokal!« Den Satz habe ich immer noch im Ohr.

Kortner und mein Vater stritten sich in Hollywood ständig mit den anderen Juden herum. Beide hatten Frauen, die Nichtjüdinnen waren. Beide waren der Meinung, daß man Goethe und Schiller nicht für Hitler verantwortlich machen könne. Zu Hause sprachen wir immer deutsch. Andere jüdische Flüchtlinge sagten: »We never speak German, we speak English now.« Die beiden stritten sich, weil sie die Bombardierung von Dresden und Hamburg für falsch hielten. Ich weiß noch, wie meine Mutter die ganze Nacht weinte. Ihre Familie war noch in Deutschland, und hier verstand niemand ihre Gefühle. Überall las man diese jubelnden Schlagzeilen: Nazis in die Steinzeit zurückgebombt. In gewisser Weise waren Kortner und mein Vater schizophren.

Ich erinnere mich an einen Abend in Brechts Haus. Man diskutierte leise über das Schicksal deutscher Kinder. Meine Mutter hatte nichts gesagt und saß nur da und sah traurig vor sich hin. Plötzlich bekam Brecht, der selbst kein Jude war, einen von seinen abscheulichen bayerischen Temperamentsausbrüchen: »Hilda, verschwinde aus meinem Haus! Für mich bist du ein gottverdammter Nazi.« Ein paar Stunden später rief er an und entschuldigte sich.

Ich glaube, mein Vater träumte davon, eines Tages zurückzukehren. Aber er war ein pragmatischer Mensch. Er wollte einen Job in Hollywood, und als er ihn dann hatte, ging er völlig darin auf. Er teilte nicht die Ansicht der europäischen Intellektuellen, die über Hollywood die Nase rümpften. Er liebte das Showbusiness. Er wäre in Hollywood geblieben. Es war reiner Zufall, daß er nach dem Krieg nach Europa zurückging.

Wir waren spät nach Hollywood gekommen. Zu der Zeit waren schon ganze Scharen von Flüchtlingen dort, darunter so begabte Regisseure wie Murnau und René Clair. Sie hatten bereits Verträge. Woche um Woche wartete mein Vater auf Anrufe, daß Pasternak anrufen würde, daß jemand von MGM anrufen würde, und er nur zurückzurufen brauchte.

In der Kolonie herrschte eine große Solidarität. Man versuchte, sich gegenseitig zu helfen. Paul Henreid war wunderbar. Er bemühte sich, den anderen Jobs zu vermitteln, sie mit Produzenten wie Harry Cohn oder Jack Warner zusammenzubringen. Henreid lud Vater immer zu seinen Parties ein. Mein Vater ging nie ins Kino, er konnte Clark Gable nicht von Cary Grant unterscheiden. Wenn einer dieser großen braungebrannten Burschen auf ihn zugekommen wäre, hätte er gar nicht gewußt, was er sagen sollte. Mein Gott, das muß einer von ihnen sein, bloß welcher? (Er lacht.)

An der High School lernte ich Englisch und hatte eine frustrierende Zeit. Ich konnte bei keinem Mädchen landen, weil sie alle mit Footballspielern ausgingen. Es war ein mieser Platz. Dort gab es die ersten Drogengeschichten, die ersten Dropouts. Die Kinder der Produzenten gingen alle in die Beverly Hills High School.

Vor dem Krieg war ich ein ganz normaler Junge, ich mochte Sport, Kameradschaft, und ab und zu eine kleine Prügelei. Aber die fremde Kultur, die neue Umgebung und meine Einsamkeit riefen in mir eine Abwehrhaltung hervor. Ich wurde ein schrecklicher Snob und verachtete den amerikanischen Sport und die Footballcheerleaders, weil ich bei ihnen nicht landen konnte. So wurde ich zum Franzosen, war antiamerikanisch eingestellt und dachte ständig an die Kastanienbäume in Paris. Ich wartete nur darauf, daß der Krieg zu Ende ging, um so bald wie möglich in meine Traumstadt zu kommen, das Paris meiner Kindheit. Mein Vater war da anders. Er war ein internationaler Filmemacher. Wenn er Filme machen konnte, war er glücklich. Wenn er keine Filme machen konnte, war er unglücklich.

Ich wußte mehr über die Schrecken des Zweiten Weltkriegs als die meisten meiner Mitschüler. Trotzdem war ich damals überraschend unsensibel. Ich wußte, wovor wir geflohen waren. Ich wußte, daß meine Onkel in den Konzentrationslagern waren. Ich wußte, was es hieß, im besetzten Europa Jude zu sein. Eigentlich hätte ich eine kritischere Einstellung haben müssen gegenüber den hier weitverbreiteten rassistischen Tendenzen gegen die Mexikaner, die Schwarzen und die Japaner, die man internierte. Als der Krieg vorbei war, war ich siebzehn, unpolitisch und teilte alle vorherrschenden Meinungen. Mir fiel der ganze Rassismus in den Hollywoodfilmen nicht besonders auf.

Mit achtzehn wurde ich in die amerikanische Armee eingezogen. Das war '46. Ich war also während der Okkupation GI. Ich sprach perfekt französisch und deutsch und kannte Europa, also schickten sie mich nach Japan. (Er lacht.) Ich war dankbar darum. Sonst wäre ich nie nach Japan gekommen. Ich fühlte mich in der Army sehr wohl, dort wurde ich zum Amerikaner. Mir wurde bewußt, wie amerikanisch ich schon geworden war. Ich habe einen amerikanischen und einen französischen Paß. Aber ich habe keine Heimat mehr, die Bäume wachsen immer woanders in den Himmel. Das wird sich bei mir, glaube ich, nicht ändern, solange ich lebe.

Ich wollte nach Hollywood zurückkehren und Filme machen. Mein größtes Ziel war, meinen Namen bei den Credits hinter dem MGM-Löwen zu sehen. Das hängt mit meiner Kindheit zusammen. MGM, das war für mich das Symbol des Erfolgs. So dachte ich zumindest. Jetzt bin ich vierundfünfzig und werde nie ein großer Hollywoodregisseur werden.

Wenn ich, wie in ›Kummer und Mitleid‹, Filme über das Verhalten von ganz normalen Leuten in Krisensituationen drehte, gab es etwas, das mich davon abhielt, allzu selbstgerecht zu urteilen – das war die Erinnerung an die japanischen Mitschüler in meiner Klasse, die von einem Tag auf den anderen verschwunden waren. Ich kann mich nicht daran erinnern, daß ich protestiert oder Fragen gestellt hätte. Und ich war kein sechsjähriges Kind mehr, ich war damals fünfzehn oder sechzehn. Warum habe ich nicht darauf reagiert? Deswegen kann ich in meinen Filmen weder Ankläger noch Richter sein.

POSTSKRIPTUM: Haben Sie ›Mephisto‹ gesehen? Der Film handelt von der Karriere Gustaf Gründgens'. Er war der größte deutsche Schauspieler und Regisseur während der Nazizeit. Er selbst war kein Nazi, aber er wurde von ihnen gefördert. Obwohl er sehr vielen Leuten bei der Ausreise aus Deutschland half, war er ein Opportunist. Er war eine Kultfigur.

Nach dem Krieg lud er meinen Vater ein, nach Hamburg zu kommen und Beaumarchais' ›Hochzeit des Figaro‹ zu inszenieren. Das ist ein sehr revolutionäres und lustiges Stück. Mein Vater war in der Zeit der Weimarer Republik Theaterregisseur gewesen, aber er hatte Angst, nach Deutschland zurückzugehen. Die Aufführung war ein phantastischer Erfolg, und bei der Premiere gab es fünfzig Vorhänge.

Bei der Kostümprobe wurde mein Vater krank. Er kam in die Klinik, wo er dann auch starb. Die letzten Worte von ihm, dem

Juden, der nie etwas gegen die Deutschen hatte, waren: »Ich will nach Frankreich zurück. Ich will nicht in Deutschland sterben.« Seine Asche wurde nach Paris überführt, und dort fand noch eine Trauerfeier statt. Selbst im Tod waren wir eine Familie ohne Heimat.

Meine Mutter hatte mit Gründgens vereinbart, daß er bei der deutschen Beerdigung die Grabrede halten sollte. Sie wollte niemandem wehtun. Er war zu der Zeit der Direktor des Theaters. Ich war entsetzt und wütend: »Warum hast du nicht bei Fritz Kortner angerufen?« Kortner war wieder in Deutschland. Wissen Sie, er war ein großartiger Othello, Macbeth. Warum hätte er in Hollywood bleiben und ewig ungarische Kellner spielen sollen? Ich sagte zu meiner Mutter: »Auf Einladung des ehemaligen Generalintendanten im Dritten Reich sechs Wochen lang ein Stück zu inszenieren, ist eine Sache für sich, aber diesen Mann die Grabrede für Vater halten zu lassen, das geht zu weit.« Aber ich wollte ihr damals nicht wehtun und mit ihr streiten, und so blieb es dabei: Mephisto hielt an Vaters Grab die Rede. Schrecklich, dieser Gedanke.

Die Invasion und all das

Elliott Johnson

Er ist ein sanftmütiger, aber auch zielstrebiger Mann, der nicht viele Worte macht, obwohl er großen Wert auf Einzelheiten legt. Seit vielen Jahren leitet er einen Betrieb in Stockton, Kalifornien; selbstsichere Jungmanager aus einer anderen Zeit, mit anderen Wertvorstellungen, drängen herein.

Wir saßen zu viert oben in einem China-Restaurant in Portland, Oregon, als plötzlich der kleine Chinese durch die Flügeltüren aus der Küche gestürmt kam. Er hatte ein tragbares Radio bei sich, das er lauter drehte. Wir hörten, daß Pearl Harbor angegriffen worden war. Wir waren wütend. Unser Land überfällt uns keiner. Auf der Stelle haben wir uns beim Rekrutierungsbüro der *Marines* gemeldet.

Dort standen sie schon zwei Häuserblocks lang Schlange. An einem Kartentisch direkt neben der Eingangstür saß ein *Marine*. Als ich an der Reihe war, sagte er zu mir: »Sie können raustreten. Sie kriegen sowieso einen Schrieb vom Präsidenten.« Am nächsten Tag, es war ein Montag, bekam ich einen Brief vom Präsidenten der Vereinigten Staaten. Mit besten Grüßen. Am zwölften Januar mußte ich einrücken.

Was geschah mit Ihren drei Freunden?

Der eine konnte schlecht sehen. Er hat es bei jeder Waffengattung versucht. Er hat einfach nicht lockergelassen. Er wollte unbedingt etwas für sein Land tun. Das war der Geist, der damals überall herrschte. Er landete schließlich bei der Handelsmarine. Ein anderer trat ins *Marine Corps* ein, er war in Guadalcanal dabei. Der dritte war zu klein, aber er ist vier Tage lang im Bett geblieben, um noch einen Zentimeter herauszuschinden. Seine Mutter hat ihn hingefahren, er hat die ganze Strecke hinten auf dem Rücksitz gelegen. Als er dann gemessen wurde, kam er auf die Mindestgröße. Er war drin. Im *Air Corps*.

Wir kamen ungefähr um ein Uhr morgens an. Es hat geschneit, und man hat uns so einen furchtbar scheußlichen Film über Geschlechtskrankheiten gezeigt. Wir haben einen Kaffee bekommen, ich könnte schwören, da war ein Schuß Salpeter drin. Der Mann, der für die Ausgabe der Hosen zuständig war, hat meine Bundweite gemessen, und das war auch schon alles. Ich bin überzeugt, die Hose war für einen Mann auf Stelzen genäht worden. Hinten habe ich gut vierzig Zentimeter hinter mir her geschleppt. Da gab es einen jungen GI, der so etwas wohl schon vorhergeahnt hatte, jedenfalls hatte er Nähzeug mitgebracht. Der stand gleich neben einem, wenn man die Hose anprobierte – (klatscht in die Hände) – wie vom Himmel gefallen. »Für fünfzig Cents ändere ich sie dir.« Hat er großartig gemacht, sie paßte wie angegossen.

Ein paar von den Jungs kamen aus den Bergen. Die konnten weder lesen noch schreiben. Sicher, man könnte sie als ungebildet bezeichnen, aber wenn es um Waffen ging, standen wir anderen im Vergleich zu ihnen wie Vollidioten da. Sie nahmen sie auseinander, steckten die Einzelteile in einen Sack, kippten ihn auf den Boden und setzten sie mit verbundenen Augen wieder zusammen. Sie haben auch ihre eigenen Lieder erfunden. Die haben sich sogar gereimt und sagten etwas aus. Für mich war das ein richtiges Lernerlebnis.

Während der Offiziersausbildung habe ich gleich noch etwas hinzugelernt. In Fort Sill, Oklahoma, waren wir zu je acht Mann in Halbzelten untergebracht. Ich wurde mit sieben anderen Johnsons zusammengelegt, von denen ich der einzige Weiße war. Ich habe das Zelt in Ordnung gehalten. Keine Frage, was mir anderenfalls geblüht hätte. Ich war in der Minderheit, und die hatten ihr Leben lang den kürzeren gezogen.

War das Ihre erste Begegnung mit Schwarzen?

Auf der High School in Portland hatten wir einen schwarzen Jungen.

Als ich mich zum Dienst als *Lieutenant* in Camp Gordon, Georgia, meldete, hat mich der *Captain* ewig lange salutieren lassen. Aus dem Augenwinkel konnte ich sehen, wie er auf seinem Drehstuhl hin und her wippte und mich nicht aus den Augen ließ. Es war sehr heiß. Der Schweiß lief mir über die Stirn, über die Nase. Er hat meinen Gruß nicht erwidert. Mir wurde schon schwindelig. Schließlich hörte ich diese Stimme: »Sind Sie aus dem Norden?« Ich antwortete: »Ich komme aus dem Westen, Sir.« Ich hörte ihn sagen: »Rühren, Junge.« Er stand auf und schüttelte mir die Hand.

Jetzt war ich bei der Artillerie der *4. Infantry Division*. Wir gehörten zur Feldartillerie, also zogen wir mit der Infanterie. Wir sind ein paar Jahre intensiv ausgebildet worden, bevor wir schließlich bei der Invasion in der Normandie zum Einsatz kamen. Wir hatten Leute dabei, die schon seit Jahren beim Militär waren. Ich mußte erst lernen, mit den Waffen genausogut umzugehen wie sie.

Ich glaube, am dritten oder vierten Juni brachen wir auf, Richtung Normandie. Wir haben uns zu langen Reihen formiert, die Fahrzeuge standen unter den Bäumen im Schatten. Schön sind diese englischen Landstraßen mit den Ästen, die sich über der Fahrbahn treffen, so daß man wie durch einen Tunnel fährt. Ich bin sicher, die Engländer wußten, weshalb wir da waren, aber kein Mensch hat auch nur ein Wort darüber verloren. Auf dem Kanal herrschte sehr starker Seegang, also haben wir kehrtgemacht und sind wieder zurückgefahren.

Am Morgen des sechsten Juni ging es dann wirklich los. Ich erinnere mich noch gut an diesen Morgen. Wer konnte schon schlafen? Viele Jungs haben die ganze Nacht gepokert. Ich wollte ein Bad nehmen. Fragen Sie mich nicht, warum, ich kann es auch nicht erklären. Es verstieß zwar gegen die Vorschriften, aber ich habe trotzdem wenigstens geduscht.

Ich war auf einem *LST*, einem Panzerlandungsschiff. Das war hundert Meter lang. Vorne hatte es eine große Klappe mit der Rampe davor, über die die kleineren Landungsboote ins Wasser gelangten. Ich weiß noch, daß ich mir die höchste Stelle auf dem Schiff ausgesucht habe, damit ich das ganze Panorama um mich herum überblicken konnte. Ich sehe heute noch im Geiste vor mir, wie eines unserer Schiffe einen Volltreffer abbekommt und in einem gewaltigen Feuerball explodiert. Große Fontänen schossen hoch, wo die Granaten einschlugen, und Menschen trieben im Wasser, auf dem Bauch, auf dem Rücken.

Nachdem wir das *LST* verlassen hatten, wurde es zum Lazarettschiff umgewandelt. Die Jungs, die als erste von Bord gegangen und verwundet worden waren, wurden nun zurückgebracht. Dabei habe ich wieder etwas hinzugelernt, die Erkenntnis nämlich, daß der menschliche Körper eine endliche Größe ist.

Ich erinnere mich an einen jungen Soldaten, der so schwer verletzt war, daß er ganz grau aussah, wie ein Stück Flanell. Ich hielt ihn für tot. Er bekam eine Transfusion, und schon sah ich, wie er wieder Farbe kriegte. Was war ich erleichtert, daß der Junge es schaffen würde – ich weiß nicht einmal mehr, ob es ein Deutscher war oder einer von uns. Das war mir auch ganz egal. Ist das nicht erstaunlich?

Dann waren wir an der Reihe, in das kleinere Landungsboot umzusteigen. Wir hatten einen jungen *Navy*-Offizier, der uns nicht bis ganz ans Ufer bringen wollte. Ich wußte verdammt genau, wenn wir mit unserer 155er ins Wasser steigen, ist sie hinüber. Wir konnten an Land schwimmen, aber auch das war hoffnungslos wegen dem ganzen Gerät, mit dem wir bepackt waren. Also habe ich ihn schließlich mit dem Gewehr bedroht. Hab es ihm in den Mund gesteckt. Können Sie sich das vorstellen?

Er wollte sich nur noch dünnemachen. Er war genau wie der Typ aus ›The Caine Mutiny‹, der immer mit den Stahlkugeln herumspielt. Er wollte uns so schnell wie möglich rausschmeißen. Ach, das ist doch nah genug, das reicht. Zum Schluß hat er uns dann da abgesetzt, wo das Wasser nur noch knapp einen Meter tief war, und gesagt: »Näher kann ich nicht mehr ran.« Also schön, dann runter mit der Rampe.

Eine 155er Selbstfahrlafette ist nichts anderes als ein halber Panzer. Statt einem Turm oben drauf hat sie eine 155er Haubitze. Es gibt kein Lenkrad. Man zieht an dem einen Hebel und fährt nach rechts. Zieht man an dem anderen, geht es nach links. Zieht man beide, bleibt man stehen. Aus irgend einem Grund kam es bei uns zu einem Mißverständnis mit den Handzeichen. *Corporal* Rackley ist gefahren und hat auf meine Anweisungen geachtet. Ich reiße die Hand hoch. Er denkt, er soll anhalten. Also begann mein Angriff auf die Küste der Normandie mit einem Salto durch die Luft und einer unrühmlichen Landung platt auf dem Rücken. Dann sah ich erst mal nur noch den Panzer, aus dem ich im hohen Bogen herausgeflogen war. In dem weichen Sand konnte er nicht anhalten. Die Jungs haben mich hinterher noch lange damit aufgezogen, daß sie mich noch nie so blitzschnell hätten rennen sehen. (Er lacht.) Ich habe nur noch gemacht, daß ich wegkam. Der hätte mich sonst glatt überrollt. Ich behaupte immer, die Deutschen brauchten bloß meine Clownsvorführung zu sehen, und schon hätten sie die Hosen gestrichen voll. (Er lacht.)

Wie ich mich umschaue, merke ich, daß das Wasser an dieser seichten Stelle sehr schnell steigt. Damit wären wir dann am Ufer abgeschnitten gewesen. Ich habe Rackley gesagt, er soll aufs Gas steigen. Wir schafften es bis zu einem Streifen, der nur dreißig Zentimeter tief unter Wasser stand. Darüber konnten wir wie auf einer Fahrbahn weg vom Ufer.

Ein Teil meiner Aufgabe bestand darin, in der Nähe des Fahrers zu stehen; da oben hatten wir nämlich ein Maschinengewehr vom Kaliber 0,50, das ich, wenn nötig, bedienen mußte. Wir drehten uns um, da waren die Deutschen. Vor ihnen waren die Amerikaner, immer noch am Ufer. Also konnte ich die Deutschen von hinten unter Beschuß nehmen.

Wir hatten es nicht als einzige auf den Strand hoch geschafft. Es gab da noch eine Flakmannschaft. Das war vielleicht ein Anblick! Sie können es sich nicht vorstellen, den Lärm, die explodierenden Granaten, sterbende und verwundete Männer, und mittendrin sitzt dieser Trupp, sie rauchen Zigaretten und lesen Comics. Es war nicht zu glauben. Wir haben dreißig Meter von ihnen entfernt haltgemacht. Ich konnte sie aus dem Augenwinkel sehen.

Aber dann wurden sie plötzlich aktiv – bäng! Ich schaute hoch, und keiner von uns brauchte noch etwas zu sagen. Wir alle sprangen raus aus dem Ding und verkrochen uns darunter, denn drei deutsche Flugzeuge kamen auf uns zu. Die anderen sind nicht in Deckung gegangen. Nur wir. Und das war auch gut so. Die Deutschen haben unsere 155er mit ihren Maschinengewehren getroffen. Aber diese Jungs haben alle drei deutschen Flugzeuge getroffen und runtergeholt. Jedes einzelne. Nur zwei Fallschirme gingen auf; wir haben geschrien und sind herumgesprungen: »Wo bleibt der letzte Fallschirm?« Offenbar war der Junge tot. Wir haben ihm die Daumen gedrückt. Ja, dem Deutschen. Komisch, was?

Ich hatte einen *Colonel*, der war ein großartiger Ausbilder. Er hat vielen von uns geholfen. Aber Einsätze konnte er nicht vertragen. Schon lange vor unserer Landung war er vollkommen hinüber. Er kam bei uns vorbei, mußte sich an seinem Wagen festhalten, weil er so betrunken war. Er hat mich weitergewinkt. »Los, weg hier, weg hier.«

Ein Stück weiter die Straße runter sah ich rechts diese toten Deutschen liegen. Links von mir geht ein Franzose über das Feld, er führt eine Kuh, ihren Kopf schützt er mit den Armen, er gibt ihr mit seinem Körper soviel Deckung wie möglich. Er war zurückgekommen, um seine Kuh zu holen, jetzt brachte er sie weg, raus aus dem Lärm und dem Töten.

Ich schaute hoch. Auf der anderen Straßenseite am Waldrand stand ein einstöckiges Haus. Ich konnte die Umrisse von einem Deutschen im Fenster erkennen. Ich habe die Geschütze zu Ende ausgerichtet und bin dann mit ein paar anderen rüber auf die rechte Flanke. Mit Granaten haben wir das Haus in Brand geschossen. Ziemlich bald schon kam der deutsche Junge raus. Das war mein erster Gefangener. Ich befahl ihm, sich die Schuhe auszuziehen. Er hat mich nicht verstanden, also habe ich mich hingehockt und sie ihm selber ausgezogen. Sein Gewehr hatte er schon weggeworfen. Man schickt ihn dann nur die Straße runter. Was weiter mit ihm passiert, ist einem völlig einerlei. Für ihn ist der Krieg vorbei. Solange er eine Uniform anhat und barfuß läuft, weiß jeder, der ihn sieht, daß er ein Gefangener ist.

Auf dem Weg zu dem Haus hatte ich einen Fallschirmjäger-*Ser-*

geant heillos verheddert in einem Baum hängen sehen. Er hatte sich ein Bein gebrochen, Trümmerbruch, unten lief ihm das Blut aus der Hose. Sobald wir den Deutschen weggeschickt hatten, schnitten wir diesen Jungen los. Es war ihm furchtbar peinlich, schon vor Tagesanbruch war er da oben hängen geblieben. Er hatte einen Schock erlitten, und deshalb war ihm ein Malheur passiert. Er hat sich so geschämt, daß er uns nicht an sich heran lassen wollte. Wir haben ihm einfach die Hose vom Leib geschnitten und ihn vorsichtig abgewaschen, damit ihm diese Demütigung bei seiner nächsten Station erspart blieb.

Ich habe ganz ruhig meine Batterie aufgestellt. Wir bekamen den ersten Feuerbefehl. Die Visiereinrichtung hat 6 400 Teilstriche. Wir lagen um neunzig Strich daneben. Wir werden nie erfahren, wo die Granaten gelandet sind. Ich hoffe und bete nur, daß ich keine Unbeteiligten getroffen habe. Hoffentlich sind sie alle ins Meer gegangen. Das war der erste Tag, alles am ersten Tag. Ein ganzes Leben an einem einzigen Tag.

Erst am dritten Tag hatte ich zum erstenmal Angst. Wir hatten Order, nach der Landung westlich bis nach Cherbourg zu ziehen, wo wir mit den Deutschen aufräumen sollten. Danach konnten wir weiter durch Frankreich vorstoßen. Also, ich spaziere jedenfalls auf so ein riesiges altes Chateau los, wo angeblich im Keller viele gute Flaschen Wein lagern sollten.

Ich mußte eine Straße überqueren; inzwischen kannte ich die deutschen 88er bereits. Man konnte am Klang erkennen, ob sie auf einen gerichtet waren. Ich hörte so ein *Tschok*! und wußte, die ist für mich bestimmt. Ich stand mitten auf der Straße. Ich hechtete über eine Hecke und mitten rein in einen Wassergraben, der bis zum Rand voll war mit grünem Schleim. Damit war mir jeder Appetit auf irgendwelchen Wein gründlich vergangen. Mir reichte es. Ich wollte nur noch zurück. Ich rannte über die Straße und warf mich hinter eine andere Hecke. Aber nicht schnell genug, als daß er nicht noch einmal auf mich hätte schießen können. Er saß oben auf dem Kirchturm und hatte eine Telephonleitung direkt runter zu seinem Kollegen. Wenn er »Feuer« sagte, hat der andere an der Strippe gezogen. Ich gab das Ziel ab.

Sie waren blitzschnell und so treffsicher. Sie kamen mir immer näher. Ich mußte noch über eine Straße. Eine einzige. Die ganze Strecke hatte er hinter mir her geschossen. Der Kerl war ein ausgezeichneter Schütze. Mir dämmerte langsam, daß ich kaum eine Chance hatte. Ich bin aus der Hocke hoch und losgespurtet. Er hat nur ein bißchen zu tief gezielt. Hier habe ich noch einen Splitter stecken. (Zeigt auf seinen Oberschenkel.) Meine einzige Kriegsverletzung. Mir war das so peinlich, ich habe noch nie jemandem etwas davon erzählt. Weil ich hinter dem Vino her war, wurde ich verwundet. (Er lacht.) Richtig Angst habe ich aber erst ein paar Tage hinterher bekommen. Als Fitzpatrick, ein großartiger Bursche, an so einem Eingang vorbeikam, wurde er voll von einer 88er getroffen; von ihm war nichts mehr übrig. Der ganze Körper war völlig zersprengt. Achtundachtzig Millimeter, diese kleinen Haubitzen, äußerst vielseitig.

An unserem fünften Abend da drüben hatten wir uns in sehr unübersichtlichem Gelände in Schützenlöcher eingegraben. Vor uns die Deutschen, hinter uns die Deutschen. Dann die Amerikaner wieder hinter den Deutschen. Infanterie und Artillerie standen Seite an Seite. Vorne gab es keine Infanterie. Wenn die Infanterie vorrückte, zogen wir mit. Es gab keine gerade Front. Das reinste Chaos.

Wir waren ringsum von Hecken und Zäunen umgeben. Eine Ekke blieb immer frei, damit das Vieh zur Tränke konnte. In so einer Ecke hockte ein Scharfschütze. Er hat auf uns geschossen. Jedesmal, wenn ich den Kopf aus dem Schützenloch steckte, hat er auf mich geschossen. Über das Telephon habe ich zwei sehr gute Freunde zu Hilfe gerufen. Mit Handgranaten ausgerüstet, haben wir uns verteilt. Zu einem vereinbarten Zeitpunkt haben wir sie geworfen und das beendet, was wir zu tun hatten.

Ich vermeide Ausdrücke wie »einen Menschen töten«, weil ich mich damit nicht auseinandersetzen möchte. Natürlich waren wir im Krieg, aber wir wußten andererseits, daß auch die anderen Familien hatten, genau wie wir, daß ihre Lieben zu Hause auf sie warteten, daß es bei ihnen, so wie bei uns, Gute und Schlechte gab. Die Regierung brauchte uns, weil unser Land in Gefahr war. Deshalb mußten wir es verteidigen. Ich persönlich hatte nie etwas gegen die Deutschen.

Nur ein-, zweimal bekamen wir es von Mann zu Mann mit der SS zu tun. Das war die Elite. Die waren dermaßen vernagelt, daß man mit ihnen überhaupt nicht vernünftig reden konnte. Diese Leute machten mich wütend.

Die normalen Deutschen, die Jungs, die wir gefangengenommen haben, die waren einfach froh, daß sie alles hinter sich hatten. Wir haben ihnen die Schuhe abgenommen, und dann sind sie die Straße runter gegangen. Als letztes sind sie immer noch einmal wieder umgekehrt und haben uns entweder die Hand geschüttelt oder umarmt.

Wir Amerikaner waren mit den Deutschen auch so seltsam verstrickt. Irgendwer hat auf meinen Freund Ed Bostick geschossen, unseren vorgeschobenen Beobachter. Das war am zweiten oder dritten Tag. Er sprang in den Straßengraben. Was ihm das Leben gerettet hat, war ein toter deutscher Junge, unter dem er sich versteckt hat. So lag er stundenlang da, bis er sich wieder hervortraute. Als er zurückkam, ist er in meinen Armen zusammengebrochen. Wenn man sich mal vorstellt, was er durchgemacht hatte, mit einer Leiche als Schutzschild.

Ich krabbelte wieder in mein Schützenloch, und plötzlich war ich völlig erledigt. Es war ungefähr halb zwei Uhr morgens. Mein Dienst ging noch bis zwei. Ed sollte mich dann ablösen kommen. Ich konnte die Augen nicht mehr offenhalten, so erschöpft war ich. Wir haben nie an der Kurbel gedreht oder das Telephon klingeln lassen. Als Offizier, und das galt auch für die höheren Unteroffiziersränge, schlief man mit dem Hörer neben dem Kopf. Anstatt nun anzuläuten oder etwas zu sagen, haben wir nur so gemacht (er pfeift leise), das weckte einen sogar aus dem Tiefschlaf. Ich höre diese Stimme, die sagt: »Ja, El?« Ich frage ihn: »Kannst du mich ablösen? Ich bin total kaputt.« Ed sagte: »Ich bin gleich drüben.« Er kam auf mich zu und fing aus irgend einem Grund an zu pfeifen.

Ich werde nie erfahren, warum. Ein junger Bursche von der Artillerie, einer von uns, muß wohl eingenickt gewesen sein. Das Pfeifen hat ihn geweckt. Er sah einen Schatten und hat geschossen.

Ich sprang auf, ich rannte und konnte Ed gerade noch auffangen. Er lag tot in meinen Armen. Sie können es dumm nennen oder irrational, aber ich packte Ed in einen Jeep. Ich mußte ihn wegbringen, er brauchte Hilfe. Sofort! Ich fuhr also zum Batallionshauptquartier, wo man mich an einen betrunkenen *Colonel* verwies. Er kam raus und sagte: »Schaffen Sie mir das gottverdammte Stück Aas hier weg.« Sie können sich nicht vorstellen, wie mir zumute war. Daran habe ich noch lange denken müssen, das konnte ich nur schwer wieder vergessen. Es war eine wirklich sehr schlimme Erfahrung für mich, auch jetzt noch darf ich kaum daran denken.

Das geschah an meinem fünften Tag.

Zwischenzeitlich wurde ich dann als vorgeschobener Beobachter für das gesamte Batallion eingesetzt. Ich arbeitete mit der Infanterie zusammen, und dabei blieb es auch die meiste Zeit während meiner ganzen Militärlaufbahn. Eines morgens im Dezember, es war sehr kalt und schneite, ungefähr um zwei Uhr früh brachen wir auf, um die Aare zu überqueren. Nichts als Eis, Wasser und nochmals Eis. Die Böschung am anderen Ufer war steil und schneebedeckt. Wir wußten, daß die Deutschen da drüben waren, daß es Ärger geben würde. Aber wir mußten über den Fluß. Wir hatten aufblasbare Gummiboote dabei, mit denen man still und heimlich hinüberrudern konnte. Das wäre auch recht gut gelungen, wenn uns nicht die menschliche Natur einen Strich durch die Rechnung gemacht hätte. Einer von unseren Jungs hatte eine Flasche Calvados in die Finger gekriegt. Auf dem Fluß sang er plötzlich aus voller Brust »Row, Row, Row Your Boat.« Der Himmel riß auf, Granaten krachten auf uns herunter. Es war schrecklich. Mir kam es vor, als dauerte es einen halben Tag. Dabei waren es nur ein paar Minuten. Wir sind hinübergekommen. Ja, wir hatten schwere Verluste.

Es war kurz vor Tagesanbruch. Auf beiden Seiten der kleinen, gewundenen Landstraße standen Häuser. Wir mußten jedes einzelne Gebäude nach deutschen Soldaten durchsuchen. Wir kamen zum letzten Haus. Du gehst hinein, und plötzlich hast du das sichere Gefühl im Bauch, daß da jemand drin ist. Ein paar hatten wir schon gefunden, die hatten sich bereitwillig ergeben und keinen Ärger gemacht, überhaupt nicht. Aber diesmal – ich hatte ein sehr ungutes Gefühl im Magen. Ich habe das Haus durchsucht. Ich wußte, daß ich auch in den Keller steigen mußte. Da unten war es sicher dunkel. Ich hatte auch keine Taschenlampe dabei, nichts. Wenn er meinen Schatten zuerst sieht, knallt er mich ab.

Ich bin also runter in den Keller. Der hatte Fenster. Auch das Tageslicht fiel jetzt schon herein. Ich sah zwei Gestalten in der Ecke kauern, einen französischen Bauern mit seiner Frau. Er hielt einen Hahn an die Brust gedrückt. Sie hatte eine Henne auf dem Arm. Ich sagte: »Ist schon gut.« Irgendwie haben sie mich wohl verstanden. Dann erinnere ich mich bloß noch, wie die beiden zusammen die Straße entlanggehen und ihre kostbaren Schätze festhalten.

Wenn ich als Beobachter eine ganze Division zum Einsatz bringen wollte, habe ich mit einem Codewort nach einem Liedchen verlangt. Wollte ich eine gewaltige Menge Feuerkraft, habe ich eine Serenade angefordert.

Ich schaute einen steilen Abhang hinunter in ein sehr enges Tal, in das gerade eine Straße hineinpaßte, die in ein dichtes Waldstück führte. Den ganzen Tag über sah ich massenhaft deutsche Panzer und Fahrzeuge dort hineinfahren. Ich habe eine Serenade bestellt, mit allen Schikanen. Ich habe zur Hälfte weißen Phosphor angefordert, den ich nicht ausstehen konnte und auch heute noch hasse, und zur anderen Hälfte Granaten, die über dem Boden explodierten. Ein Stahlregen ist dann runtergekommen, verheerend. Wenn einen der weiße Phosphor traf, und das Fleisch anfing zu brennen, konnte man es nicht mehr löschen. Ich weiß nicht mehr, wieviel ich davon angefordert habe. Die Verwüstung auf diesem kleinen Fleckchen Land, die Genauigkeit der Jungs beim Feuern, einfach unglaublich. Das ist eine meiner schlimmsten Erinnerungen, das ganze Leid da.

Ein, zwei Tage später sitze ich in meinem Schützenloch, abgeschnitten vom Rest der Kompanie. Der Schnee war geschmolzen, so daß ich fünf, zehn Zentimeter tief im Wasser hockte. Die Nacht kam, es begann zu frieren. Ich hatte solche Eisfüße, daß ich aufstehen und sie mir warmlaufen wollte. Keine drei Meter von mir saß ein deutscher Leutnant und schaute in die Gegend. Mit dem Rücken zu mir. Da bin ich wieder in mein Loch gesprungen. (Er lacht.) Ich konnte ihn einfach nicht von hinten erschießen. Ich hatte eine Thompson-Maschinenpistole, er hätte keine Chance gehabt. Am nächsten Tag dachte ich, ich hätte ihn doch erledigen sollen. Aber dann fiel mir ein, wie blöd das gewesen wäre; schließlich soll doch nicht alle Welt wissen, wo man steckt.

Eigentlich sollte man immer fünf Tage vorne und dann fünf Tage hinten sein. Aber das klappte nie so richtig. Man war fünf Tage im Einsatz, dann kam man zurück, badete, zog sich um, und am nächsten Morgen ging es schon wieder an die Front. Das war wegen unserer Verluste. Auf dem Rückweg sah ich den kleinen französischen Bauern mit seiner Frau, sie gingen nach Hause. Sie hatten überlebt, mitsamt ihren Hühnern.

Alles in allem war ich von Juni '44 bis Mai '45 im Einsatz. Frankreich, Luxemburg, Deutschland. Wir landeten am sechsten Juni. Erst am vierten Juli konnte ich Schuhe und Socken ausziehen und die Uniform wechseln.

Ich mußte in ein paar Betonbunker. Dann war da dieser deutsche Soldat. Reflex. Noch eine unangenehme Erinnerung. So machte ich meine erste Erfahrung im Kampf Mann gegen Mann, das war während der Schlacht im Hürtgenwald. Unsere schlimmste, glaube ich. Die Verluste der Division betrugen vierhundert Prozent.

Einmal mußte ich zurückfahren und einen Lastwagen mit Ersatzmannschaften holen, alles unerfahrene Jungen. Denen war nicht die lange Ausbildung zugute gekommen, die wir in den Staaten hatten. Ich habe ihnen gesagt: »Wenn ich irgend etwas kommen höre und sage, ihr sollt springen, macht mir alles genau nach.« Wir mußten vor Sperrfeuer auf der Hut sein, vor Artilleriegranaten, mit denen Straßenkreuzungen beschossen wurden. Wir kamen an eine Kreuzung, und von weitem hörte ich schon ein *Tschok*! Ich habe den Jungs befohlen: »Nichts wie runter!« Ich bin über die Seitenwand von dem Laster direkt in den Straßengraben gehechtet. Von den zwanzig oder fünfundzwanzig Jungen, die ich an dem Tag abgeholt hatte, waren zehn tot.

Ich war vorgeschobener Beobachter im Hürtgenwald, drei Mann hatte ich unter mir. Wir waren alle mit Funkgeräten ausgerüstet. Ich bezog auf einem Hochsitz Stellung. Darunter waren ein paar Bäume von Granaten entwurzelt worden. Zwei Stämme haben wir hingelegt, die anderen dagegengelehnt, und schon hatten wir ein Dach. Wir da hineingekrochen, das war unser Haus. Als die Granaten runterkamen, in die Bäume krachten und es Metallsplitter regnete, waren wir unter den Stämmen geschützt.

Am zweiten Tag entdeckte ich dort noch einen Ansitz. Von dort aus beobachtete mich ein deutscher Leutnant. Wir haben uns zugewinkt. Ich habe ihn auf der Landkarte eingezeichnet. Meinen Geschützen habe ich seine Position durchgegeben, aber im Grunde wußte ich, daß er genau das gleiche mit mir gemacht hat. Er war auch Artilleriebeobachter. Auf meiner Anhöhe gab es einen Weg, über den die deutschen Panzer rollten. Das war mein Ziel. Er schaute sich meine Schießkünste an. Es interessierte ihn wohl, ob ich gut war.

Ich habe die Artillerie ins Spiel gebracht. Eines Tages kamen mehrere deutsche Fahrzeuge hintereinander vorbei. In der Mitte fuhren drei Sanitätswagen. Das bedeutete, Hände weg. Ich habe nur hinter ihnen her geschaut. Plötzlich fängt irgendwer an, sie mit Granaten zu beschießen. Ich schaue sofort zu dem Leutnant rüber. So fest ich konnte, habe ich mit dem Kopf geschüttelt. Er dachte, ich hätte das Feuer auf die Krankenwagen eröffnen lassen. Als ich sah, wie er nach seinem Telephon griff, sprintete ich sofort die Leiter runter. Ich habe es kaum bis in unseren Unterstand geschafft, da nimmt er uns auch schon aufs Korn. Beinahe hätte er den Hochsitz umgehauen. Nur durch seine Scharfschießerei. Nachdem er das Feuer eingestellt hatte, bin ich die Leiter wieder raufgerast. Die Hände habe ich hochgenommen, gewinkt habe ich und den Kopf geschüttelt: Das war ich nicht. Er sah mich an, dann nahm er den Helm ab. So hat er sich bei mir entschuldigt.

Eines Tages bin ich von dem Hochsitz geklettert und wollte am Waldrand urinieren gehen. Da stand ein deutscher Soldat hinter einem Baum, keine zwei Meter von mir. Ich halte gerade mein Glied in der Hand, als ich mich zu ihm umdrehe. Meine Freunde haben mich nie vergessen lassen, womit ich ihn bedroht habe. Er mußte sich hinsetzen, ich habe ihm die Schuhe ausgezogen, und er hat mir sein Gewehr gegeben.

Ein anderer Beobachter, den ich kannte, ging einmal mit seiner Mannschaft nach vorne. Sie haben eine Ladung weißen Phosphor abbekommen. Zwei von seinen Männern sind vor seinen Augen verbrannt. Durch den Hürtgenwald kam er zu mir gerannt. Ich bin ihm schon auf dem Weg entgegengelaufen. Weinend ist er mir in die Arme gefallen. Er sagte nur immer wieder: »Schluß mit dem Töten. Schluß mit dem Töten. Schluß mit dem Töten.«

Es gab viele Anzeichen dafür, daß es bis zur deutschen Kapitulation nicht mehr lange dauern konnte. Man stellte mir einen Jeep samt Fahrer und schickte mich mit einem Auftrag irgendwohin. Ich kam über eine Wiese, da fand ich eine ganze deutsche Division vor mir. Wozu jetzt noch Angst haben? Ich hielt neben einem deutschen Soldaten und fragte ihn: »Wo ist Ihr befehlshabender Offizier?« Er zeigte mir das Zelt. Ein vornehmer deutscher General kam heraus. Ich nahm Haltung an und grüßte; er grüßte zurück. Er übergab mir seine Pistole. Er kapitulierte. Mit so etwas hatte ich nicht gerechnet.

Über Funk meldete ich, was geschehen war. Mir wurde gesagt: »Bringen Sie ihn nach Bamberg.« Ich habe die Kolonne angeführt. Er und ich fuhren zusammen im Auto. Er konnte ein bißchen Englisch. Alles lief prächtig, bis wir zum Kriegsgefangenenlager kamen. Jeder, der durch das Tor kam, mußte entlaust werden. Er war wütend, daß das auch für ihn galt.

Der Tag der deutschen Kapitulation wurde eigentlich nicht groß gefeiert. Eine Wagenkolonne kam den Berg herunter, alle Fahrzeuge hatten die Scheinwerfer an. Da wußte ich, daß es vorbei war. Bis zu dem Augenblick hatte ich es noch nicht ganz fassen können.

Ich stamme aus einer gläubigen Familie, ja? Aber erst durch diese Erfahrung habe ich ein für allemal begriffen, daß ich völlig gegen den Krieg bin und gegen das Töten. Ich habe es mit eigenen Augen gesehen, es war verdammt sinnlos. Und die großartigen Jungs, die wir drüben verloren haben. Mich hat es vier Jahre meines Lebens gekostet.

Als der Vietnamkrieg losging, dachte ich zuerst noch, wenn der Präsident meint, wir gehören dahin, dann gehören wir auch dahin. Als mein Sohn rüberging, war ich sehr stolz auf ihn. Das bin ich heute noch. Aber ob es wirklich nötig war, ihn dorthin zu schikken, das werde ich immer bezweifeln. Das war ein unmoralischer Krieg. Mein Sohn war in Vietnam bei den *Marines*. Jetzt fehlt ihm ein Ellenbogen. Die Hand schrumpft ihm weg. Wie oft wir in der Michelin-Gummiplantage unser Blut gelassen haben ... verrückt und so sinnlos.

Manche Menschen haben das Streben nach Macht in sich, und wir anderen folgen ihnen. Sicher gibt es immer ein paar Andersdenkende, nur sind es leider viel zu wenige. Wenn es noch einmal Krieg gibt, wird keiner gewinnen. Es wäre Wahnsinn.

Charles A. Gates

Er ist drahtig, agil, und seine Bewegungen sind geschmeidig wie die eines Athleten, als er durch das Hotelzimmer geht. Das ist nicht verwunderlich, denn er war in seiner Jugend in Kansas ein meisterhafter Schwimmer und ein Tennis-As.

Hier in New York nimmt er am 34. Jahrestreffen des 761. Panzerbataillons teil. »Jedes Jahr haben wir jetzt zu beklagen, daß wieder einer von uns gegangen ist. Seit dem Ende des Zweiten Weltkrieges haben wir uns darum bemüht, jemanden für unseren Einsatzbericht zu interessieren. Ohne Erfolg. 1966 wurde er dem Weißen Haus vorgestellt, aber die Sache verlief wie üblich im Sand. 1967 ist er dann noch einmal vorgetragen worden, aber wieder kam nichts dabei heraus. Als Präsident Carter ins Amt eingeführt wurde, sagte er: ›Wenn ihr ein Problem habt, schreibt ans Weiße Haus.‹ Also schrieb ich ihm einen Brief. Am 24. Januar 1978 hat er dann die offizielle Belobigung des Präsidenten für die Verdienste unserer Einheit während des Zweiten Weltkrieges unterzeichnet.«

Wir waren die erste schwarze Panzereinheit, die im Kampf eingesetzt worden ist.

Ich war neunundzwanzig Jahre alt, als ich mich am 10. April 1941 zum Wehrdienst meldete. Ich kam nach Fort Riley, Kansas. Dort waren auch die Neunte und die Zehnte Kavallerie, die einen mordsmäßigen Rekord aufstellten. Meinen Erfolg habe ich der Ausbildung durch ein paar altgediente Soldaten zu verdanken, die nichts weiter als einen Hauptschulabschluß hatten. Ganz gewöhnliche Männer. Mir fiel auf, daß man selbst den weißen Offizieren, die neu ins *Camp* kamen, sagte, sie sollten sich an die alten schwarzen Sergeants halten.

Sie fragten mich, ob ich Interesse an einem Offizierslehrgang hätte. Ich sagte nein. Ich wollte meine zwölf Monate abreißen und dann schnell wieder raus. Der Regimentskommandeur fragte: »Kennen Sie den Paragraphen aus dem Feldhandbuch FH 105 Bindestrich 1?« Ich sagte ja. Er fragte weiter: »Was sollen Sie tun, wenn ein befehlshabender Offizier Sie zu etwas auffordert?« Ich antwortete: »In diesem speziellen Fall ist die Aufforderung als ein Befehl anzusehen.« Er sagte: »Also. Hiermit fordere ich Sie auf, mir diese Papiere hier zu unterzeichnen.« So kam es, daß ich beim Militär hängenblieb und auf der Offiziersakademie landete. Meine Ausbildung bekam ich im Juli '42, in Fort Knox, Kentucky.

Ich war ein Vollblutsportler und gewöhnt, mich im Freien aufzuhalten. Den ganzen Tag in einem Gebäude zu hocken und einer monotonen Stimme zuhören zu müssen, war mehr, als ich verkraften konnte. Während der ersten Tage schlief ich fast nur. Der Ausbilder sagte zu mir: »Wenn Sie in meinem Unterricht schlafen, bekommen Sie nur Minuspunkte.« Ich antwortete ihm, ich hätte ja sowieso nicht herkommen wollen. Nach sechs Wochen hatten wir unsere erste Prüfung. Aus jeder Klasse fielen fünfzig Prozent durch. Mein Schnitt lag irgendwo bei sechsundneunzig Komma nochwas. Für die letzten sechs Wochen sagten sie nur noch: »Laßt ihn schlafen!« (Er lacht.) Das lag an der guten Ausbildung, die ich in Fort Riley erhalten hatte.

Bis zum Dezember 1942 war ich Leutnant in Camp Claiborne, Louisiana. Der Kompaniechef ließ mich von drei Zugführern testen. Sie stellten mir Fragen und waren mit meinen Antworten zufrieden. Dann erklärte ich ihnen, daß ich ein paar Fragen für sie hätte. Ich würde ihnen einen Monat Zeit geben, um die Antworten herauszufinden. Sie studierten jedes Feldhandbuch, konnten aber keine Antwort herausbekommen. Schließlich sagte ich ihnen höflich, daß das, was sie suchten, sich in einem neuen Handbuch befände, das sie demnächst erhalten würden. Ihres sei überholt. Und dann sagte ich: »Dies soll eine Lektion für euch sein. Laßt uns lieber zusammenarbeiten, dann schaffen wir viel mehr, als wenn wir versuchen, uns gegenseitig auszutricksen.«

Es war ein naßkalter Winter. Wir kamen ins Feld hinaus, und sofort sprangen die Kerle von den Panzern und fingen an, Feuer zu machen. Ich pfiff meinen gesamten Zug zurück und machte ihnen klar: »Gentlemen, ihr wißt, daß diese Panzer 60 000 Dollar pro Stück kosten. Eure erste Aufgabe ist es also, zu lernen, wie man mit diesen Dingern umgeht und wie man sie am effektivsten einsetzt. Mein erster Tagesbefehl lautet: Macht die verdammten Feuer aus und steigt auf die Panzer! Und dann werde ich euch schleifen, denn ihr habt das zu tun, was ich euch sage. Ich spiele genauso gern wie ihr, aber wenn ihr mich arbeiten seht, dann heißt das, daß gearbeitet wird.« Wir arbeiteten nach dem Prinzip, und ich schaffte meine Aufgabe.

Die nächste Stadt war Alexandria. Wir Schwarzen waren ganz hinten im *Camp*, im Abwasserbereich, untergebracht. Wenn wir in die Stadt gingen, sahen wir überall nur weiße Soldaten mit MPs. Das mußten wir ändern. Sie forderten vom Neger-Offizier, daß er keine Seitenwaffe trug, aber alle anderen hatten Waffen. Ich ging also mit einem Seitengewehr in die Stadt. Sofort hielten sie mich an und sagten: »Sie brauchen kein Seitengewehr.« Ich antwortete: »Werden dann alle ohne Waffen gehen?« Darauf sagten sie: »Oh, nein, das nicht, aber Sie brauchen keine.« Ich sagte: »Ich erfülle hier dieselbe Pflicht wie Sie. Ich werde genausogut ausgebildet wie Sie.« Sie wußten, daß ich recht hatte. Vielleicht war das sehr töricht von mir.

Sie drohten mir mit Disziplinarstrafen. Ich erzählte ihnen, daß meine Eltern stolz auf mich wären, egal, ob ich nun unehrenhaft aus dem Dienst entlassen würde oder ob ich ein General wäre. Ihnen würde es nichts ausmachen, und auch mir wäre es egal. Da ich aber nun mal beim Militär sei, hätte ich auch die Absicht, im Einklang mit den Regeln und Vorschriften mein Bestes zu geben. Und ich kannte die Vorschriften und Regeln. Sie besagten, daß auch wir Schwarzen Waffen trugen.

Ich bin in Louisiana auf so viele Vorurteile gestoßen – als ich nach Europa kam, war das ein Witz dagegen. (Er lacht.)

Anfang 1944 kamen wir nach Fort Hood, Texas. Dort übten wir den Einsatz gegen Panzerzerstörer und machten die Gegner ständig zur Schnecke. Sie hatten sowohl weiße als auch schwarze Einheiten. Wir erwarben uns einen ziemlichen Ruf in der Zeit.

1944 forderte General Patton das beste Sonderbatallion an, daß wir in den Vereinigten Staaten noch hätten. Er brauchte es für die

Dritte Armee. Wir waren noch nicht in einer Division. Patton hatte einmal gesagt, daß Neger unfähig seien, einen Panzer zu führen. Da sei viel zuviel Technik drin. Und wen bekam General Patton nun zu sehen, als er auf das Feld hinaustrat? Uns. Da standen wir, das Beste, was sie in den Vereinigten Staaten noch hatten. (Er lacht.)

Er musterte uns ziemlich lange. Schließlich sagte er: »Ihr seid die erste schwarze Panzereinheit, die von der amerikanischen Armee in der Schlacht eingesetzt wird. Ich möchte, daß ihr einen Rekord aufstellt, und zwar für euch und für eure Rasse. Ich möchte, daß ihr mich zum Lügner macht. Wenn ihr in die Schlacht kommt – und das werdet ihr! –, wenn ihr die verdammten Krauts seht, dann spart nicht mit der Munition!« Die Schwarzen jubelten natürlich, denn hier forderte ein Weißer sie dazu auf, Weiße zu erschießen. Das hat uns ganz schön aufgewühlt. (Er lacht.)

Das Leben eines Panzersonderbatallions im Einsatz dauerte durchschnittlich zehn bis zwölf Tage. Danach wurde es einfach von der Liste gestrichen, und die paar Männer, die noch übriggeblieben waren, wurden einem anderen Batallion zugeteilt. Sie schickten die Sonderbatallions überall dorthin, wo dicke Luft war, und die Division fuhr dann einfach an diesem Gebiet vorbei. Im Grunde waren wir nur Kanonenfutter. Wir schafften es 183 Tage ohne Hilfe mit verdammt wenigen Ersatzleuten.

Bis auf zehn Mann waren alle in unserer Truppe schwarz. Die weißen waren Offiziere, zwei davon Kompaniechefs. Einer überlebte nur zwei Tage, der andere ungefähr zwei Wochen. Danach gab es nur noch schwarze Kommandanten und gemeine Soldaten. Dies ereignete sich alles in Frankreich, Belgien, Holland, wo wir die Siegfried-Linie durchbrachen, Westdeutschland. Zum Schluß landeten wir in Steyr, Österreich. Wir waren ständig im Kampf. Keine andere Einheit hat einen vergleichbaren Rekord aufgestellt.

Zu dieser Zeit bekamen wir 250 Männer aus Quartiermachereinheiten hinzu, Ingenieure, Leute, die noch nie auf einem Panzer gesessen hatten, noch nie in einer Schlacht gewesen waren. Ich mußte sie ausbilden, während wir gleichzeitig jeden Tag kämpften. Diejenigen, die durchhielten, behielten wir da, den Rest schickten wir zurück.

Ich war damals Captain. Als Charlie, der Chef der Kompanie C, verwundet wurde – sie hatten 80 Männer verloren, und weitere 36 lagen im Krankenhaus –, übernahm ich das Kommando bis zum Ende der Feindseligkeiten.

Wir waren zu Anfang 750 Mann. Während der ganzen 183 Tage wurden 35 Leute im Kampf getötet. 293 erhielten das ›Purple Heart‹, das Verwundetenabzeichen. 60 bekamen einen Bronzestern, und 11 Männer wurden mit einem ›Silver Star‹ ausgezeichnet. Wohlgemerkt, diese Auszeichnungen wurden uns durch die Division, an die wir angegliedert waren, garantiert. Eine Division kümmert sich zunächst mal nur um ihre eigenen Leute. Daß wir trotzdem so viele Auszeichnungen abbekommen haben, zeigt mir nur, daß jeder, der einen Bronzestern bekommen hat, eigentlich einen Silberstern hätte haben sollen, und daß jeder, der einen Silberstern erhielt, die Ehrenmedaille des Kongreß verdient hätte. Denn wir bekamen ja nur die Brosamen. Wir hatten also eine anerkennenswerte Leistung vollbracht. Meine Leute waren sehr gut ausgebildet und diszipliniert. Sie mußten eine Aufgabe erledigen, und sie hatten ihr Bestes gegeben.

Die Deutschen begriffen einfach nicht, wie wir an so vielen verflixten Orten gleichzeitig sein konnten. Wir hatten uns in drei Züge aufgeteilt, und die Züge hatten jeweils zwei Unterabteilungen. So waren wir über das gesamte Gelände verteilt. Wenn man die Geschichte des 761. Panzerbatallions so hört, klingt sie unglaublich.

Einmal hatten wir Schwierigkeiten, die Deutschen aus einem Wald herauszubekommen. Wir hatten sie ständig unter flachen Beschuß genommen. Schließlich sagte ich zu meinen Leuten: »Gentlemen, schießt nach oben in die Baumkronen, damit sie explodieren.« Das würde eine Menge Schrapnells durch die Gegend jagen, einige Bäume umstürzen, und die Deutschen würden mit Sicherheit aus dem Wald herausgerannt kommen. Und so war's auch. Sie schwenkten eine weiße Fahne und riefen: »Kameraden!« Ich befahl meinen Männern, die Luken dicht zu lassen und in den Panzern zu bleiben, bis sie auf gleicher Höhe mit uns wären, um sie dann nach hinten zur Infanterie zu dirigieren. Aber einer der Männer öffnete seine Luke zu früh. Die Deutschen guckten verwundert und riefen: »Schwarze Soldaten[1]!« Das ging wie ein Lauffeuer durch die Gruppe, und sie rannten wieder in diesen verdammten Wald zurück. Wir sagten: »Hol uns der Teufel, wenn wir es zulassen, daß ihr euch wieder in dem Wald verkriecht.« Schließlich sahen sie ein, daß es doch besser sei, mit diesen schwarzen Soldaten zu gehen. (Er lacht.)

Sie konnten nicht glauben, daß wir nur ein Sonderbataillon waren. Dazu waren wir an zu vielen Orten gleichzeitig. Sie hatten unsere Stellungen in ihren Karten eingezeichnet. Und sie waren sehr neugierig. Ihr Major fragte uns: »Wie viele Divisionen von schwarzen Panzerführern habt ihr?« Wir haben ihm natürlich nichts erzählt.

Solche Geschichten erreichten nur selten die Vereinigten Staaten. Die meisten Menschen wußten gar nicht, daß es eine schwarze Panzereinheit in der Armee gab. Die Kampagne, für unsere Einheit die ehrende Anerkennung des Präsidenten zu bekommen, begann damals, 1945. Sie dauerte dreiunddreißig Jahre.

Es existieren Berichte, aber die Division gibt keine Informationen über uns weiter. Wir haben herausbekommen, daß mindestens zwölf von den Einheiten, an die wir angegliedert gewesen waren, die ehrende Anerkennung des Präsidenten erhalten haben. Und zirka achtzehn bekamen das französische ›*Croix de Guerre*‹. Wie einfach ist es für sie gewesen, die Geschichte des schwarzen Soldaten die ganzen Jahre über zu verleugnen.

Gegen Ende des Krieges geschahen dann ganz seltsame Dinge. Sie fingen an, die Gebiete aufzusuchen, in denen Negertruppen stationiert waren, und versuchten, die Menschen gegen uns aufzustacheln.

Wer ist »sie«?

Ich werde Ihnen sagen, wer das ist. Unser Geheimdienst. Militärgeheimdienst. Sie verbreiteten, daß der Negersoldat ein nichtswürdiger, völlig unzuverlässiger Mensch sei. In England gingen sie sogar so weit zu behaupten, daß wir Neger Schwänze hätten wie die

[1] Deutsch im Original

Affen und solche Sachen. Wir ignorierten das einfach, wir waren ja die ganze Zeit an der Front. Man hat mich wieder und wieder gefragt: »Haben Sie viele Vorurteile erlebt?« Ich antwortete: »Ja, in den ersten zwei, drei Tagen.« Aber danach gab es nicht mehr viele Vorurteile, denn im Schützengraben hat man dafür keine Zeit.

Sie stellten tatsächlich in allen Gebieten, in denen Schwarze gekämpft hatten, Untersuchungen an. An einen Fall erinnere ich mich genau. Ich hatte den Befehl erhalten, meine Männer in Reih und Glied antreten zu lassen. Der Offizier, ein Oberst, begründete das damit: »Hier ist eine Dame, die aussagt, daß einer Ihrer Männer sie vergewaltigt hätte.« Ich sagte ihm rundheraus: »Dafür lasse ich meine Männer nicht antreten.« Genau in dem Augenblick kam eine kleine deutsche Frau am Fenster vorbei; ich schätze, sie wog so 102 Pfund. Sie zog einen voll beladenen Heuwagen hinter sich her; sie hatten ja keine Pferde. Ich sagte: »Sir, würden Sie bitte mal für einen Augenblick ans Fenster treten? Sehen Sie diese Dame? Sehen Sie, was sie tut? Glauben Sie, daß Sie diese Frau vergewaltigen könnten?« Er wurde rot und ging.

In einer Schlacht bei Hunskirch wurde ich bitterböse. Wir hatten den Befehl anzugreifen. Wir konnten die wichtigsten Verteidigungsanlagen der Deutschen ausmachen. Aber ich erklärte dem Oberst, daß unser Vorrücken viel zu schlecht organisiert sei und viel zu riskant wäre. Ich verschob den Angriff um vier Stunden. Schließlich gab er mir den direkten Befehl, die Panzer auf einer Straße gerade vorrücken zu lassen. Das war gegen alle gute Taktik. Innerhalb von fünf Minuten verloren wir fünf Panzer. Diesem Oberst wurde nun das Kommando über ein Infanterieregiment erteilt. Alle Schlachterfahrung, die er besaß, hatte er sich als Offizier in der Finanzverwaltung in den Vereinigten Staaten erworben. Von Kampftaktik hatte er keinen blassen Schimmer.

Ich war so böse, weil ich dabei einen Mann verloren hatte. Ich selbst wurde aus meinem Panzer rausgeschossen, und zwei meiner Leute aus demselben Panzer mußten ins Krankenhaus. An dem Tag habe ich mir gesagt: »Wenn ich schon an der Front sein muß, dann kümmert es mich einen Dreck, welches Rangabzeichen sie haben. Von nun an werde *ich* meinen Männern sagen, ob sie eine Operation durchführen sollen oder nicht.« Und so habe ich es auch gehalten.

Das ist mit ein Hauptgrund, warum ich aus dem Dienst ausgeschieden bin. Ich habe nie jemanden angebrüllt, der den gleichen Dienstgrad hatte wie ich. Es hat immer nur Oberste und Brigadegeneräle getroffen.

Deshalb sagte ich mir: »Eines Tages werden sie sich zurückerinnern und sich sagen – da gibt es jemanden, mit dem ich noch ein Hühnchen zu rupfen habe.« Dann wäre ich auch ganz in der Nähe meiner Heimat gelandet, aber in Leavenworth und nicht in Kansas City. (Er lacht.)

Meine Mutter wurde krank, und ich wollte nach Hause zurück. Zunächst studierte ich Tiermedizin in Tuskegee, aber als ihr Zustand sich immer mehr verschlechterte, ging ich einfach zur Post.

Sie wollten eine Einheit der Missouri-Nationalgarde aufstellen und baten mich um eine Liste von verfügbaren schwarzen Soldaten in der Umgebung. Dann fragten sie mich, ob ich der Kommandeur dieser Einheit werden wollte. Ich sagte damals für ein Jahr zu, das war 1949. 1964 schied ich dann aus dieser Garde aus. (Er lacht.)

Es gab einen Grund, warum ich diesen Posten akzeptierte. Ein Kongreßabgeordneter aus Missouri hatte gesagt, daß Neger unfähig wären, ein militärisches Hauptquartier zu leiten. Ich beschloß, ihm zu beweisen, daß er, verdammt noch mal, keine Ahnung hatte, wovon er redete. Zum Schluß waren wir die herausragendste Nationalgardeeinheit im Bereich der Fünften Armee.

In Camp Clark benannten sie drei Straßen nach hervorragenden Nationalgardisten. Die eine nach Präsident Truman, eine nach einem General aus Camp Giradeau, und die letzte, zu meiner Überraschung, nach mir. (Er lacht.) So gibt es wenigstens in Camp Clark eine Straße, die Gates heißt.

Hat General Patton Sie anerkannt?

Ja, das hat er. Er gehörte zu denen, die häufiger an die Front kamen. Wenn er zu uns herüberkam, redete er ganz normal mit uns, so, wie Sie und ich uns jetzt unterhalten. Er begann die Leute aus den Einheiten, denen wir zugeteilt waren, abzulösen, wobei er von oben anfing. In Hunskirch wollte er wissen, warum wir in so kurzer Zeit fünf Panzer verloren hätten. Innerhalb von zwei Wochen befand sich der Oberst, von dem ich erzählt habe, wieder auf einem Schiff Richtung Vereinigte Staaten. Ich habe großen Respekt für ihn. Er mochte den Neger nicht mehr und nicht weniger als alle anderen auch. Sein Hauptquartier hat uns ganz bestimmt nicht gemocht, denn es hat unseren Rekord nie anerkannt.

Wir haben ein eigenes Motto: Geh raus und kämpfe! Nach dem Ende des Krieges haben wir weitergekämpft. So einfach ist das.

Timuel Black

Ein Lehrer aus Chicago. Wir hatten uns im Zug nach Washington kennengelernt, auf dem Weg zur Bürgerrechtsdemonstration 1963. »Dies hier erinnert mich an ein anderes Erlebnis: an die Befreiung von Paris. Diese Hochstimmung damals, diese überschwengliche Freude bei den Franzosen! Wir marschierten auf Paris zu, nachdem wir de Gaulles Streitkräften symbolisch das Recht erteilt hatten, die Stadt zu befreien. So verdreckt wir auch aussahen mit unseren staubigen, von Schmutz starrenden Uniformen, all diese Menschen haben uns ihre Anerkennung und Bewunderung bezeugt. Das galt natürlich nicht uns persönlich, uns, den amerikanischen Soldaten, sondern der Freiheit an sich. Auf den Straßen gingen die Feuergefechte noch weiter. Die letzten deutschen Heckenschützen wurden von den französischen Streitkräften hinausgejagt. Die Champs-Élysées waren an diesem Tag ein Erlebnis für sich, ich werde das nie vergessen.«

Es war im Jahre 1939: Ich saß bei einem Freund im Wohnzimmer und hörte Jazzmusik. Wir waren damals ganz jung, haben in einem Lebensmittelgeschäft gearbeitet. Ich war ungefähr siebzehn. Plötzlich kam durchs Radio die Nachricht vom Überfall auf Polen. Ich sagte zu meinen Freunden: »Es dauert nicht lange, dann sind wir auch in diesem Krieg.« Sie nahmen das aber nicht so schwer. Mein Bewußtsein war viel früher wach geworden. Ich hatte nämlich glücklicherweise auf der Oberschule einige ausgezeichnete Lehrer gehabt. DuSable. Da waren nur Schwarze.

Allmählich erkannte ich, daß in Europa Dinge vor sich gingen, die mir ganz und gar nicht gefielen. Ich hatte für eine polnisch-jüdische Familie gearbeitet. Die waren nach Polen zurückgekehrt, und als sie wiederkamen, haben sie mir von den Ghettos und Lagern erzählt.

Mein Geburtstag ist am 7. Dezember. 1941 wurde ich einundzwanzig, und da haben wir gefeiert. Mein guter Freund George war sehr patriotisch eingestellt. Sagt der doch: »Laß uns darauf trinken, daß wir Weihnachten in Berlin und Ostern in Tokio sind.« Er wurde auch prompt Soldat.

Ich wurde 1943 eingezogen, direkt nach den Aufständen in Chicago und Detroit. Wir hatten vor allem in Detroit diesen Zustrom von Arbeitern der Kriegsindustrie aus dem Süden, und zwar von weißen und schwarzen. Die Spannung wuchs immer mehr, bis sie sich schließlich in einer Explosion entluden. Bei uns war keine Rede von Integration. Es ging darum, ob Schwarze oder Weiße die Brewster Homes bewohnen sollten. Das war das neue Wohnungsbauprojekt in Detroit. Für schwarze junge Männer, die unbeachtet am Rande existierten, war kein Platz. Und plötzlich wurden sie Soldaten. Natürlich in einer separaten Armee.

Mein Vater sagte: »Für was, zum Teufel, willst du eigentlich in Europa kämpfen. Der Kampf findet hier statt. Du solltest nach Detroit gehen.« Er war ein militanter Kerl. Der wäre mit mir losgezogen. Wir konnten nicht nach Detroit, obwohl wir da Verwandte hatten. Busse und Züge wurden scharf kontrolliert. Die Straßen waren blockiert. Kurze Zeit später wurden alle jungen Schwarzen, die für den Wehrdienst in Frage kamen, nach und nach von den Straßen geholt. Man hatte gerade damit begonnen, Schwarze für untergeordnete Arbeiten bei der Kriegsmarine zuzulassen.

Ich kam zur Einberufung ins Camp Custer, Michigan, und dann ins Camp Lee nach Virginia. Alle Offiziere waren Weiße. Beim Allgemeinen Einstufungstest hatten wir recht gut abgeschnitten. Nach unserer Meinung hätten wir eigentlich Offiziere sein müssen. Kam man über eine bestimmte Punktzahl hinaus, konnte man sich für die Offiziersausbildung bewerben. Ich machte eine von diesen Prüfungen, und ich weiß, daß ich sie gut bestanden habe. Wir kannten unsere sämtlichen Punktzahlen. Unsere Unteroffiziere hatten nämlich häufig Zugang zu den Akten, und das kriegten wir spitz. Wir konnten also die Akten einsehen, und da entdeckten wir, daß wir schon bei unserem ersten Versuch gute Ergebnisse erzielt hatten. Dabei wurde schwarzen Soldaten überhaupt nur ein einziger Versuch zugestanden. Einige unserer höheren Offiziere hatten das Examen erst nach zwei oder drei Anläufen bestanden. Können Sie sich vorstellen, was das für Spannungen erzeugt, wenn ein Weißer einem Schwarzen Befehle erteilt und dieser die Befehle entgegennehmen muß, während doch alle beide genau wissen, daß der Schwarze die besseren Qualifikationen besitzt?

Die meisten schwarzen GIs wurden in die Quartiermeister-Corps gesteckt. Ich auch. Wir kümmerten uns um die Versorgung: Essen, Kleidung, Ausrüstung. In Europa waren wir auch für die Munition zuständig. Wir waren richtige Stauer. Viele dieser jungen Schwarzen wollten bei den Gefechtseinheiten sein. Ich zog mit Kampftruppen in die Normandie. Unsereins bediente diese Truppen.

Im allgemeinen machten sie schwarze Analphabeten aus dem Süden zu Unteroffizieren. Die standen dann über uns, die wir die bessere Schulbildung hatten. Die meisten von uns waren aus dem Norden. Da hast du dann so einen schwarzen Typ aus dem Süden über dir, der irgendwelche Ressentiments hat und sich freut, wenn er eine Gelegenheit findet, den arroganten feinen Pinkel aus dem Norden zu schikanieren. Und wir, die wir aus New York, Chicago und Detroit kamen, hielten uns im tiefsten Innern allerdings für ein bißchen höherstehend als unsere weniger gebildeten Brüder aus dem Süden. Wir traten tatsächlich mit dieser Überheblichkeit auf, die man uns nachsagte.

Wir wurden nach Europa eingeschifft. An Bord waren Schwarze und Weiße jeweils für sich. Wir hatten keinen Kontakt miteinander. Getrennte Kantinen, überhaupt alles getrennt. Um den deutschen U-Booten auszuweichen, überquerten wir den Atlantik auf Zickzackwegen. Wir blieben in Wales und bereiteten uns dort auf die Invasion vor.

Schwarze und weiße Soldaten konnten nicht in ein und dieselbe

Stadt gehen. Die britischen Bürger waren ganz erstaunt, als sie diese beiden Heere sahen. Ich vermute, sie hatten sich über ihre eigenen beiden Heere – das koloniale und das reguläre – auch noch keine Gedanken gemacht. Jedenfalls waren sie bekümmert über diese Rassentrennung, die sie noch nie erlebt hatten. Weiße Soldaten sagten zum Beispiel: Laßt euch nicht mit diesen Niggern ein. Die haben Schwänze; nachts heulen sie – lauter so komische Geschichten. Wenn es Streitereien zwischen uns gab, standen die britischen Burschen und Mädchen oft auf unserer Seite. (Er lacht.)

Schwarzen waren die Städte vorbehalten, die am wenigsten attraktiv waren. Ein paar von uns, die etwas aggressiver waren, haben oft gemault: Ich will in die schöne Stadt, ich gehe nicht in diese Scheißstadt. Sie bekamen großen Ärger. Wir hatten schon Krieg, bevor wir überhaupt in diesen Krieg zogen.

Wenn sich ein junger Schwarzer von achtzehn Jahren mit einem sechzehnjährigen britischen Mädchen zusammentat, hat man das Mädchen dazu ermutigt, auszusagen, sie sei vergewaltigt worden. Viele junge schwarze Soldaten von uns wurden gehängt. Auch einer aus unserer Einheit.

Wir bereiteten uns jetzt auf die Hauptschlacht vor. In aller Heimlichkeit wurden wir an die Küste gebracht, ganz in die Nähe von Southampton. Unsere Einheit sollte ursprünglich am *D-Day* teilnehmen, aber dann bestimmten sie eine andere QM-Gruppe dazu. Unsere Jungs waren enttäuscht, außer mir. Ich wollte nicht dabeisein. (Er lacht.) Zwei Tage später waren wir dran. Wir drangen in den Strandabschnitt Utah ein. In Omaha brach die eigentliche Hölle los, aber Utah reichte mir schon.

Es war schauerlich, was ich da erlebt habe. Junge Männer haben nach ihren Müttern geschrien, haben sich in die Hose gemacht. Andere haben Witze gerissen. Die meisten von uns waren ganz ernst. Ich dachte bei mir: Junge, wenn du das hier überstehst, wirst du es für immer hinter dir haben. Was passiert, wenn man endlich von diesem Panzerschiff runterkommt? In dem Augenblick weißt du nur, daß du auf den Strand watest, den Donner der schweren Geschütze im Ohr.

Die Deutschen hatten es auf unsere Vorräte abgesehen. Wir waren richtige Zielscheiben. Ich hatte schon viele Nächte auf den großen Lastwagen verbracht, als die Luftwaffe uns unter Beschuß nahm. Wir hatten zwar eine gute Luftsicherung, aber es wurde einem ziemlich mulmig, wenn sie diese kleinen Bomben über uns abwarfen und die Maschinengewehre auf uns abfeuerten. Wir haben dabei einige Jungs verloren.

Wir waren dafür verantwortlich, daß unsere Munitionsdepots erhalten blieben und nicht von den deutschen Saboteuren in die Luft gejagt wurden. Wenn sie uns erwischt hätten, wären wir sofort an den Strand zurückgedrängt worden. Die Deutschen hatten junge Leute abgesetzt, die in Städten wie New York und Chicago lebten und perfekt englisch sprachen. Sie konnten über die Brooklyn Dodgers genauso reden wie über die White Sox. Man konnte sie nicht von Amerikanern unterscheiden; wußte nicht, ob der Weiße, der einem da gegenüberstand, ein amerikanischer Soldat war oder ein deutscher Saboteur. Das waren wirklich Elitetruppen.

Man zog jetzt gezwungenermaßen alle weißen amerikanischen Soldaten nachts von den Straßen ab und setzte schwarze Soldaten als Wachtposten ein. Wir hatten Befehl, jede weiße Person, die sich nachts auf der Straße blicken ließ, festzunehmen oder zu erschießen. Wir erfüllten die doppelte Aufgabe, die Versorgung funktionsfähig zu erhalten und nachts Wache zu schieben. Meine ganze Einheit wurde mit dem ›Croix de Guerre‹ ausgezeichnet.

Wir blieben in der Normandie, bis Patton zu uns durchstieß. Von der Normandie ging's in die Bretagne und von dort nach Paris. Und da sind wir dann an jenem herrlichen Tag angekommen. Wie soll ich das beschreiben? Wissen Sie, woran ich gemerkt habe, daß die Menschen sich ihre Hoffnungen und Träume bewahrt hatten? Sie hatten ihre Jazzplatten von Leuten wie Louis Armstrong, Duke Ellington und Coleman Hawkins vergraben. (Er lacht.) Sie sagten (versucht es mit französischem Akzent): »M'sieur, ze music, le jazz«. Sie umarmten und drückten uns. Man fühlte sich akzeptiert. Ich habe ernsthaft erwogen, dort zu bleiben und nicht in die Vereinigten Staaten zurückzukehren. Sie haben mit der Jazzmusik einen Teil meiner Kultur ganz offen anerkannt. Ich sagte mir: Was ist das nur für ein Wahnsinn, in den ich da verwickelt bin? Diese Erfahrung hat mir die Augen geöffnet.

Während der Ardennenoffensive waren wir in Belgien. Wir

verpflegten drei Millionen Soldaten gleichzeitig: die Erste, Dritte und Neunte Armee und die Siebte der Briten. Beim Verladen setzten wir deutsche Gefangene ein. Manche waren gar nicht so übel, aber es gab viele unter ihnen, die arrogant waren, die uns als minderwertig ansahen.

Ihre Meinung wurde häufig von den weißen Offizieren gutgeheißen. Es war frustrierend. Einmal stand ich mit einem Haufen Drillichanzügen da, die mußten woanders hingebracht werden. Dieser deutsche Kerl damals weigerte sich. Ich wußte, daß er mit unserem Leutnant auf freundschaftlichem Fuß stand. Er sagte: »Du hast mir nichts zu befehlen, du bist ein Schwarzer.« Ich insistierte. Er hat sich widersetzt. Da habe ich ihm, als er oben auf der Treppe stand, das Zeug auf den Rücken gepackt und ihm von hinten ein Bein gestellt. Er fiel die ganze Treppe runter, und der Pakken kollerte unmittelbar hinterher. Ich erhielt einen Verweis von den Offizieren, weil ich einen Gefangenen schlecht behandelt hätte. Aber sie haben überhaupt nicht berücksichtigt, daß er mich im Grunde schlecht behandelt hatte, da ich doch in dieser Situation sein Vorgesetzter war.

Typen wie ich setzen sich ständig zwischen zwei Stühle. Auf der einen Seite empfanden meine schwarzen Brüder mich als Gefahr für sich. Sie nahmen sich heimlich allerhand heraus, und ich wollte etwas leisten, weil ich ein amerikanischer Soldat war und für Fairneß eintrat. Auf der anderen Seite verübelten mir die Offiziere das, was ich tat. Insofern fühlte man sich sehr einsam.

Bei einem letzten kühnen Versuch begannen die Deutschen Testraketen einzusetzen. Die funktionierten nie richtig. Darum jagten sie einem auch solche Angst ein. Man wußte nie, wo sie im nächsten Augenblick landeten. (Er lacht.) Damals hat uns Axis Sally im Radio mit allen möglichen Geschichten unterhalten. Im Jahr der Ardennenoffensive, 1944, befanden wir uns vom Erntedankfest bis Weihnachten im Belagerungszustand.

Es gelangte keine Post mehr zu uns; die war irgendwo abgestellt. Wir hatten also keine Ahnung, was in der Welt draußen vor sich ging. Für uns existierte die Außenwelt nicht mehr. Das setzte mir psychisch ziemlich zu. Ich schrieb einen Brief nach Hause: »Ihr habt mich aufgegeben, Ihr schreibt mir nicht, und ich sterbe bald.«

Schließlich gelang es meiner Mutter, über das Rote Kreuz eine Verbindung zu mir herzustellen.

Inzwischen haben wir schon das Jahr '45. Die Deutschen bereiteten sich auf die Kapitulation vor. Tausende und Abertausende. Kamerad, Kamerad. Zu diesem Zeitpunkt kamen wir nach Buchenwald. Ich *glaube*, es war Buchenwald.

Du näherst dich langsam, und das allererste, was du wahrnimmst, ist der Gestank. Jeder von uns weiß sofort, dieser Gestank kommt von Menschen. Allmählich geht dir auf, daß da etwas Schreckliches geschehen ist. Alles ist still. Du kommst noch näher heran, und du fängst an zu begreifen, was mit diesen Geschöpfen da passiert ist. Und du – ich geriet so außer mir vor Zorn wie vermutlich nie zuvor in meinem Leben. Ich rief: »Wir wollen sie alle umbringen, diese Scheißkerle. Alle gottverdammten Deutschen umbringen. Wer Menschen so etwas antut, der ist es nicht wert, zu leben.« Wenn ich ruhig darüber nachdenke, ist mir durchaus klar, daß nicht alle Deutschen daran beteiligt waren. Aber rein gefühlsmäßig fragte ich mich doch, wie sie zulassen konnten, daß einige von ihnen so etwas getan haben. Das gab für mich den Ausschlag. Wenn es hier möglich war, dann war es überall möglich. Auch mich konnte es treffen. Alle Schwarzen in Amerika konnte es treffen. Diese Vorstellung hat mich wahrscheinlich mehr als jedes einzelne Geschehnis in meiner Entschlossenheit bestärkt, alles zu tun, was ich konnte, um in einer wahnsinnigen Welt der Vernunft zum Durchbruch zu verhelfen.

In der Zeit, als ich noch mittendrin war, hörte ich alle möglichen antisemitischen Äußerungen von weißen Nichtjuden. Man kam zu mir und sagte: »Hitler hatte recht mit den Juden.« Darauf ich: »Hör auf damit!« Als Quartiermeister konnte ich dem Kerl was von seinem verdammten Essen abknapsen. (Er lacht.) Ein paar von den Deutschen, die ich kennengelernt habe, meinten: »Es dauert bestimmt nicht lange, dann springen die Vereinigten Staaten und die Sowjetunion sich gegenseitig an die Kehle.« Was ist das nun wieder für ein Wahnsinn?

Der Tag des Sieges in Europa hatte inzwischen stattgefunden. Ich war in Marseille stationiert. Wir wurden auf die Invasion in Japan vorbereitet. In ›Stars & Stripes‹ las ich von dem Gebilde, das auf Japan abgeworfen worden war. Was da beschrieben wurde, überstieg mein Vorstellungsvermögen. Ein kleines Ding, nicht größer als ein Golfball, hatte eine ganze Stadt verwüstet. Die meisten Soldaten waren begeistert. Ich war deprimiert. Hätten wir doch nur alles versucht und unsere Chancen wahrgenommen. Ich spürte eine neue Welt heraufziehen, von der ich nie geträumt hatte. Ich ging zu meiner Koje und legte mich hin. Was soll das alles?

Der Sieg über Japan wurde verkündet, und wir befanden uns auf der Heimfahrt. Mir war das Herz immer noch schwer. Ich hatte ernsthaft erwogen, für eine Weile in Europa zu bleiben, aber die Liebe zu meiner Familie trieb mich nach Hause. Meine Eltern und ich standen uns sehr nahe.

Wir fuhren den Hudson River hinauf. Man konnte die Küste schon sehen. Die weißen Soldaten an Deck sagten: »Da ist sie.« Sie meinten die Freiheitsstatue. Großer Gefühlsausbruch. Ich bin ganz unten und sage mir: Nein zum Teufel, ich gehe da nicht rauf. Verdammtnochmal. Plötzlich spüre ich Tränen bei mir, ich weine und sage dasselbe, was alle sagen. Froh, wieder zu Hause zu sein, stolz auf mein Land, so unvollkommen es auch ist. Überzeugt, daß es besser sein könnte. Einfach glücklich, daß ich überlebt hatte, beflügelt von der Begeisterung des Augenblicks. Ich konnte meine Loyalität nicht länger zurückdrängen, trotz aller Bitterkeit, die ich empfand.

Dr. Alex Shulman

Er ist Chirurg. Praktiziert in Südkalifornien. Gelegentlich zieht er ein kleines, etwas zerfleddertes schwarzes Buch zu Rate: das Tagebuch seiner Kriegsjahre. Als junger Stabsarzt hat er sich offensichtlich sehr genaue Aufzeichnungen gemacht.

Unsere Leistungen waren bedeutend besser als alles, was in dieser Hinsicht im Ersten Weltkrieg geschehen ist. Antibiotika haben dabei eine große Rolle gespielt. Und neue Techniken. Wir hatten

Blut, wir hatten Plasma, was wir im Ersten Weltkrieg nicht hatten. Wir verfügten über bessere Narkosemittel. Und waren geschickter. Die größte Koryphäe im Land gab uns einen Intensivkurs in Neurochirurgie bei Verletzungen. Und nicht zu vergessen der Krankentransport: die Verwundeten gelangten schneller in die Operationsräume. Die Kriege in Korea und Vietnam haben die Medizin vollkommen verändert, aber ich glaube, der große Sprung nach vorn fand im Zweiten Weltkrieg statt.

Zur Zeit der Ardennenoffensive war ich in Belgien. Winter '44. Habe damals als Neurochirurg gearbeitet: Schädeloperationen. Da wurde dieser junge Deutsche reingebracht. Er war vierzehn, fünfzehn. Sah aus wie ein hilfloser kleiner Junge. Hitler hat ja auch noch Kinder und alte Männer eingesetzt. Dieser Jugendliche war ein paar Wochen vorher von seiner Einheit abgeschnitten worden und hatte sich in einer Scheune versteckt. Ein Kind, das traurig und schmutzig aussah und eine entsetzliche Wunde am Kopf hatte. Das war wirklich ein Loch, das durch Kopfhaut und Schädeldecke ging.

Als ich ihn zuerst sah, klebte eine Kruste aus altem Stroh, Dung und Blut an ihm. Ich wußte nicht, was ich mit ihm machen sollte. Was für eine Verletzung hat er? Wir haben uns die Deutschen immer mit kurzgeschnittenen Haaren vorgestellt. Dabei hatten die GIs kurze Haare. Die deutschen Jungs trugen schon viel früher lange Haare als unsere. Dieser Junge auch; seine Haare waren ganz verfilzt.

Als ich ihn in den Operationssaal brachte, fing er an zu weinen. Ein kleines Kind. Ich sagte: »Hör auf zu weinen!« Ich konnte ein bißchen Deutsch; auch etwas Jiddisch hat mir bei der Verständigung geholfen. Alles, was ich getan habe, beschränkte sich darauf, eine Schale mit warmem Wasser und Seife zu besorgen und ihm die Haare zu waschen. Ein Offizier der US-Armee stand da und wusch einem kleinen deutschen Jungen die Haare. Ich machte ihn schließlich sauber und sah mir seine Wunde an. Es war nicht schlimm. Die Natur selbst hatte die Heilung schon ein ganzes Stück vorangetrieben.

Dann fing er richtig an zu weinen. Ich fragte: »Worüber weinst du denn?« Er sagte: »Die haben gesagt, ich werde umgebracht.

Und jetzt wäscht mir ein amerikanischer Offizier Gesicht und Hände und die Haare.« Ich habe ihn darauf hingewiesen, daß ich ein jüdischer Arzt bin; so konnte er die ganze Tragweite erfassen.

Paris war gerade einige Wochen vorher, noch im Jahre '44, befreit worden. Da bekamen die Jungs aus unserer Einheit die Erlaubnis, die ersten Rosch-Ha-Schana-Gottesdienste in Paris zu besuchen. Wir gingen in die Rothschild-Synagoge, ein herrliches großes Gebäude. Als der Gottesdienst fast zu Ende war, trat ein gutangezogener Typ auf uns zu und redete uns an. Gebrochenes Englisch mit etwas Französisch durchsetzt: »Hätten Sie Lust, mit uns zu Mittag zu essen?«

Er und seine Familie haben uns ihre Erlebnisse geschildert. Wie sie den Deutschen in den vier Jahren der Okkupation immer nur ganz knapp entronnen sind. Sie holten ihre kleinen gelben Davidssterne hervor und sagten: »Wir sind Sephardim. Wir würden uns freuen, wenn Sie mit in unseren Tempel gingen.«

Es war ein kleiner Tempel in marokkanischem Baustil. Wir waren dort die einzigen Amerikaner. Ich wurde einem Mann vorgestellt, der in Paris ein bekannter Chirurg gewesen war. Er war gerade aus einem Konzentrationslager befreit worden. Bis zu diesem Zeitpunkt wußten wir noch nichts von Konzentrationslagern. Jetzt hörte ich zum erstenmal davon.

Dieser weißhaarige Mann also steigt auf das Podium und fängt an zu reden. Man sagt, sein Haar sei ganz plötzlich weiß geworden, kurz nachdem er dort hingekommen war. Er beschreibt den Zuhörern – alles Freunde und Nachbarn von ihm –, was er in den Lagern erlebt hat: »Ich habe deine Schwester gesehen, wie sie von irgendwoher weggeholt und gefoltert wurde. Ich habe deine Mutter gesehen, wie man sie nackt auf einen Lastwagen geschleift hat ...« Er erzählte diesen Menschen Geschichten, die sie ganz persönlich angingen. Sie haben alle fassungslos geweint.

Der Rabbi erteilte seinen Segen. Aus den hebräischen und französischen Formeln konnte man die Namen Charles de Gaulle, Franklin Roosevelt, Winston Churchill und sogar Joseph Stalin heraushören. Ein Chor von Pfadfindern und Pfadfinderinnen begann plötzlich die Marseillaise zu singen, und die ganze Gemeinde erhob sich, die Gesichter von Tränen überströmt.

Da habe ich zu meinem Freund gesagt: »Laß uns hier rausgehen, ich halte das nicht aus.« Wir befanden uns in einem Seitenschiff und machten uns auf den Weg zum Ausgang. Aber sie wollten uns nicht rauslassen. Küßten uns die Hände, umarmten uns. Merci, merci. In dem Augenblick wurden wir für sie zu Vertretern der Vereinigten Staaten.

Als wir in England waren, wartete ich ungeduldig darauf, daß wir endlich den Kanal überqueren konnten. *D-Day* kam heran und ging vorüber, andere Tage kamen und gingen, und allmählich sagte man sich: O mein Gott, der Krieg ist ja bald vorbei. Auf jeden Fall bin ich am 11. Tag danach in der Normandie gelandet. Damals hatte man noch die Befürchtung, daß man womöglich das ganze Spektakel verpaßte. Ich war sechsundzwanzig, als ich nach Frankreich kam, und mit sechsundzwanzig ist man unsterblich.

Unter den ersten, mit denen wir sprachen, waren gefangene deutsche Offiziere. Das waren Patienten von uns. Sie sagten immer wieder: »Für euch ist alles aus. Wenn unsere Truppen erstmal losschlagen, werden wir euch hier einfach rausschmeißen.« Das hat uns richtig beunruhigt. Hitler hat diese Landung tatsächlich für einen bloßen Trick gehalten. Hat immer angenommen, wir landeten in Calais.

Um uns herum haben wir viele Zwangsarbeiter erlebt, die arbeiteten auf den Bauernhöfen. Sobald wir nur anfingen, ein kleines Gebiet einzunehmen, tauchten sie schon an den Lazaretten auf. Um einen Teller Essen, eine Zigarette oder einen Schlafplatz zu bekommen, um ausrangierte amerikanische Uniformen zu ergattern. Da lief ein Haufen Polen in amerikanischen Uniformen herum; sie schrieben ›Polen‹ in ihre Helmeinsätze. Sie gehörten bald zu uns. Unsere gewitzten GIs, die die Krankenbahren trugen, meinten: »Wieso sollen wir die Dinger tragen? Wir haben doch all diese Jungs hier.« Als nächstes erfahre ich, daß zwanzig oder dreißig dieser Burschen nun für die Krankenbahren zuständig sind. Unsere hatten natürlich die Oberaufsicht.

Ich habe auf der Station gearbeitet, auf die die Patienten kamen, die unter Schock standen. Unsere Aufgabe war es, die Leute aus dem Schock herauszuholen, zum Beispiel durch Bluttransfusionen oder was sie sonst brauchten. Dann kamen sie in den Operationssaal. Es war unser Prinzip, Amerikaner immer zuerst zu behandeln. Die Deutschen erhielten zwar die gleiche Behandlung, aber erst nach unseren Jungs.

Eines Tages kriegte ich ein paar Deutsche auf die Station, die in ziemlich guter Verfassung waren, so daß ich sie gleich in den Operationssaal bringen ließ. Von dort kommt ein Anruf: »Was, zum Teufel, geht hier vor? Die Kerle haben einen Schock. Kein Blutdruck, kein Puls. Ich verstehe das nicht.« Wir sind schließlich dahintergekommen, daß die Polen diese Jungs, die sie auf ihren Tragen transportieren mußten, mit aller Kraft durchgeschüttelt haben, als sie sie abluden. Sie haben sich an den Deutschen gerächt. Das hier war die einzige Gelegenheit für sie. (Er lacht.)

Als ich in der Normandie landete, waren schon mehrere Dörfer erobert. Wir richteten nur ein Zeltlazarett ein. Unglaublich, was ich da erlebte. Ich war für die Aufnahme zuständig. Wir befanden uns auf der Straße nach Cherbourg, das unsere Leute gerade eingenommen hatten. Da waren angeblich einige evakuierte Lazarette, die die Verwundeten aufnehmen sollten. Aber an dem Tag lief irgend etwas schief. Ich hatte ein Zelt voller Verwundeter, die soeben mit den Krankenwagen gekommen waren. Da erschien ein Sergeant bei mir und sagte: »Captain, Sie sollten mal rauskommen und sich das ansehen.«

Ich ging also hinaus. So weit der Blick reichte, meilenweit die Straße hinauf: eine Schlange von wartenden Krankenwagen. Wir hatten ein Lazarett mit vierhundert Betten, und das war bereits voll. Dann der Sergeant wieder: »Gucken Sie auch mal dahin.« Ich sah mich um. Da lagen auf dem Feld noch mal ein paar hundert Verwundete. Ich stöhnte: »O Gott, was sollen wir bloß machen? Das ist ja Wahnsinn.« Irgend einer hatte da etwas versiebt.

Deshalb sagte ich: »Sergeant, besorgen Sie mir zwanzig Spritzen und Morphium für zwanzig Injektionen, und dann gehen wir ringsherum.« Es war ein strahlend schöner Sommertag. Wir zwei wanderten von Gruppe zu Gruppe. Ich sah im Geiste ein Bild vom Bürgerkrieg vor mir, mit all den Verwundeten auf den Feldern. Immer in kleinen Gruppen zusammen.

Jedesmal wenn ich zu einer Gruppe kam, fragte ich: »Seid ihr okay, Jungs?« Sie sagten meistens: »Wir sind okay, aber kümmern

Sie sich um den da.« Obwohl ebenfalls verwundet, waren sie noch ganz gut dran im Vergleich zu dem anderen. Ich gab diesem anderen meistens eine Morphiumspritze und sagte dann: »Wir kommen zu dir, sobald es geht.« Ich habe das mehrere Stunden lang rund um das Feld gemacht.

Als wir an der Front waren, waren wir in der Regel zwölf Stunden in Aktion. Als designierter Neurochirurg hatte ich gewisse Spezialaufgaben: Kopfwunden. Bevor ich richtig ins Kriegsgetümmel kam, stellte ich mir die Neurochirurgie folgendermaßen vor: gelegentlich eine Kopfwunde, vielleicht alle drei bis vier Tage; in der Zwischenzeit würde ich das machen, was ich am besten konnte: Bauchoperationen und ähnliches Zeug. Nun ja, vom ersten Tag an, den ich da draußen war, folgte eine Kopfverletzung auf die andere. Wenn wir einen Fall abgeschlossen hatten, warteten schon wieder drei bis vier neue. Keiner sonst hätte einen Schädel angerührt, denn wenn man sich auf diesem Gebiet nicht richtig auskennt – Hände weg. So war ich ohne Hilfe. Es gab dort in der Normandie mal eine Zeitspanne von drei bis vier Wochen, da habe ich Tag und Nacht gearbeitet. (Er schlägt eine Seite in seinem Tagebuch auf.) Ich lese gerade, daß ich eines Tages im Operationssaal im Stehen eingeschlafen bin. Ich hatte sechsunddreißig Stunden durchgearbeitet. Wie so ein Tag damals aussah? Es war eben ein Sechsunddreißig-Stunden-Tag. (Er lacht.)

(Er liest wieder aus seinem Tagebuch:) 14. Juli. Tag der Bastille, nicht? Aus unseren Statistiken geht hervor, daß wir in unserem Lazarett 5 000 Patienten behandelt hatten. 2 328 haben wir operiert. Es gab 57 Todesfälle. Das war seit dem 19. Juni. Also in gut drei Wochen. Gehen wir mal weiter: 15. Juli. Bis dahin habe ich 28 schwere Fälle von Hirnverletzungen behandelt. Hier steht: Einer ist gestorben. Er lag im tiefen Koma; Atemstillstand, noch ehe wir anfingen. Die postoperative Sterblichkeit liegt also bei 4 Prozent. Im Ersten Weltkrieg betrug sie 60 Prozent. Mindestens.

Nach der Ardennenschlacht ging's über den Rhein. Die Lazarette wechselten einander ab wie beim Bockspringen. Wenn wir weiter vorrückten, wurde ein neues Lazarett eingerichtet, und das erstere blieb zurück. Später wurde das zurückgelassene weiter nach vorn, in Richtung Front, gebracht. Ein halbes Dutzend Lazarette wechselten sich auf diese Weise ständig ab. Es waren alles Zeltlazarette. In Deutschland verlegte man ein Lazarett, das sich während des ganzen Krieges im Hinterland befunden hatte, näher an die Front.

Hier war der Krieg schon fast vorbei, ein paar Wochen bevor er wirklich zu Ende war. Ich arbeite in diesem neuen Lazarett, wo sie ihr Zeug kaum aus der Verpackung gelöst haben und überhaupt keine Ahnung haben. Inzwischen bin ich ein Veteran mit fünf Auszeichnungen. Ich mache das nun schon acht oder neun Monate. Ich weiß noch, wie ich im Operationssaal stand und sagte: »Mein Patient braucht eine Blutkonserve.« Einer kam mit einem Stück Papier an und erklärte: »Der Major, der im Labor zuständig ist, sagt, Sie könnten die Konserve erst bekommen, wenn Sie dieses Formular ausfüllen.« (Er lacht.) Meine Antwort darauf: »Sagen Sie dem Major, er soll sich verziehen. Ich brauche das Blut.« Sie mußten lernen, daß im Krieg alles anders gemacht wurde. (Er lacht.)

Je weiter man nach Osten kam, desto mehr Flüchtlinge sah man. Hier drängten die Russen, dort nahten die Amerikaner. Die meisten suchten den Russen zu entkommen und wollten in die amerikanische Zone. Sie strömten in die Städte. Es sah aus wie am Samstagnachmittag: Tausende von Menschen auf den Dorfplätzen. Es war ihnen egal, wohin sie gingen, sie wollten nur von dort weg, wo gekämpft wurde, und vor allem weg von den Russen. Gegen Ende des Krieges bekamen wir alle möglichen Gefangenen. Leute aus Dünkirchen, aus Tobruk. Verbündete Soldaten, die aus deutschen Gefangenenlagern befreit waren.

Ich kam auch nach Buchenwald. Wußten Sie, daß Buchenwald ein Zoo war? Am Eingangstor stand eingraviert: Zoologischer Garten Buchenwald. Äußerste Erniedrigung. Sie ließen uns nicht hinein, aber wir konnten hineinsehen. Der Geruch und die Leichen, alles war noch da. Mir kann also keiner weismachen, dergleichen habe es nie gegeben. (Er lacht.)

Die Amerikaner haben nie erfahren, was Krieg wirklich heißt. Egal, wieviel sie im Fernsehen oder im Kino oder in Zeitschriften vom Krieg gesehen haben. Denn es gibt da ein bestimmtes Merkmal, das sie nie erlebt haben: den Geruch. Man geht durch ein Dorf, und plötzlich steigt einem dieser fürchterliche Geruch in die

Nase. Alle laufen mit Masken herum, weil das einfach nicht auszuhalten ist. Man sieht sich um, und auf einmal fällt der Blick auf diese aufgedunsenen Körper. Man nimmt keine Menschen mehr wahr, weil sie inzwischen ordentlich aufgereiht sind. Man erkennt aufgedunsene Pferde und Kühe und spürt den Geruch des Todes. Der macht keine Unterschiede, sie riechen alle gleich. Wenn die Amerikaner wenigstens das gewußt hätten, hätten sie sich vielleicht mehr Gedanken um den Frieden gemacht.

Ich mußte in diesen Krieg gehen. Mich hat es dazu gedrängt. Vielleicht, weil ich Jude bin. Ich wußte, wie schrecklich er war. Es gibt nämlich nichts Schrecklicheres als junge Kerle zu erleben, denen die Köpfe zum Teil weggeschossen sind. Das war aber noch nicht alles, die Tragödie nahm noch größere Ausmaße an. Die Flüchtlinge – der ganze Krieg schien aus Flüchtlingen zu bestehen. Das gilt vermutlich für jeden Krieg.

Ich bin froh, daß ich teilgenommen habe. Ich hatte das Gefühl, daß das, was ich tat, so wenig es auch sein mochte, nicht umsonst war. Meine Aufgabe war es, Leben zu retten. Man hat mich gefragt: Wie war es dir nur möglich, diese Deutschen zu behandeln? Macht dir das nicht zu schaffen? Ach je, anfänglich habe ich in ihnen vor allem die Deutschen und die Nazis gesehen. Dann habe ich sie allmählich als Opfer angesehen. Besonders gegen Ende, als ich die Kinder und die alten Männer erlebt habe. Konnte ich diesem Kind da zur Last legen, was seine Eltern oder die Naziführer getan haben? Es war ein furchtbares, zwiespältiges Gefühl. Warum sollte ich mich nicht um einen Sechzehnjährigen kümmern, den man kaputtgeschossen hatte?

Boogie Woogie Bugle Boy

Don't sit under the apple tree with anyone else but me,
Anyone else but me, anyone else but me, no, no, no,
Don't sit under the apple tree with anyone else but me
Till I come marching home.
Don't go walkin' down lover's lane with anyone else but me,
Anyone else but me, anyone else but me, no, no, no,
Don't go walkin' down lover's lane with anyone else but me
Till I come marching home.

Maxene Andrews

Maxene und ihre beiden Schwestern Patty und Laverne waren die legendären ›Andrews Sisters‹.

Ich weiß noch, das Lied haben wir damals in Seattle gesungen, als eins von unseren Truppentransportschiffen auslief. Die Jungs auf Deck winkten und schrien. Bei ›Don't Sit Under the Apple Tree‹ sangen alle mit, die Mütter, die Schwestern, die Freundinnen, und das Schiff legte ab. Es war wunderbar. Die Songs waren romantisch, aber das traf die Stimmung ganz gut. Man hatte so ein Gefühl, als würden sich alle Leute in Amerika bei den Händen halten.

Ich war davon überzeugt, daß wir unbesiegbar wären. Recht mußte Recht bleiben, und wir waren im Recht und würden siegen. Aber die Nachrichten waren nicht gerade ermutigend. Erinnern Sie sich noch an Boak Carter, den Kommentator? Mein Vater hörte ihn jeden Abend. Wir waren damals in Kalifornien und drehten mit Abbott und Costello den Film ›Buck Privates‹. Ich sah diese ganzen jungen Männer und dachte mir, wirst du sie je wiedersehen? Das war '39, '40. Wir waren noch nicht im Krieg, aber ich hatte trotzdem irgendwie Angst.

Meine Schwestern und ich hatten sehr viel zu tun und keine Zeit, uns groß um andere Sachen zu kümmern, aber an den Tag der Kriegserklärung kann ich mich noch gut erinnern. Wir waren in Cincinnatti und auf dem besten Weg, alle Zuschauerrekorde zu brechen. Es konnte noch so kalt sein, der Schnee konnte noch so hoch liegen, die Leute standen kilometerweit um Karten an. Jeden Morgen, wenn ich zum Theater ging, sah ich schon von weitem die Schlange. An jenem Sonntagmorgen stand niemand vor dem Theater. Ich dachte mir, Mensch, das ist aber komisch. Ich ging auf die Bühne – alles dunkel. Der Pförtner und die Bühnenarbeiter saßen um ein Radio herum, nur eine einzige Lampe brannte. Sie erzählten, daß Pearl Harbor bombardiert worden war. Ich wußte nicht einmal, wo das lag, und mußte den Pförtner fragen. Natürlich war für den Rest der Woche im Theater nichts mehr los.

Aber im Krieg stiegen die Besucherzahlen wieder rapide an. Die Leute steigerten sich in eine Art Rausch hinein, überall herrschte ausgelassene Fröhlichkeit. Es wurde mehr Geld als je zuvor ausgegeben. Unsere Platten wurden Bestseller. Während der Depression war es ja schrecklich gewesen, wie Sie wissen. Jetzt reisten wir durchs ganze Land und füllten jeden Saal bis auf den letzten Platz. Wir machten drei Shows pro Tag, in den Kriegsjahren sogar fünf bis sechs. Wir waren fast fünfzig Wochen im Jahr auf Tournee.

Wir traten regelmäßig in den *Camps* auf, ganz egal, wie viele Shows wir am Tag hatten. Wir gingen auch in die Krankenhäuser, als sie die ersten Jungs zurückbrachten. Im Oak Knoll Hospital waren wir die einzigen Frauen, die hineindurften, als die Jungs von den Solomon-Inseln eingeliefert wurden. Das waren ganz schwere Fälle.

Wir hatten gerade ein Engagement am Golden Gate Theatre in San Francisco, als uns eine Rot-Kreuz-Schwester fragte, ob wir für ihre Patienten singen würden. Als wir ins Krankenhaus kamen, nahm sie uns zur Seite und sagte, wir sollten jetzt nicht erschrekken, wenn wir da hineingingen. Das Wichtigste wäre, daß wir nicht zusammenklappen oder zu weinen anfangen, Tränen wären das letzte, was die Jungs gebrauchen könnten.

Wir betraten die erste Krankenstation. Es war sehr ruhig, als wir angekündigt wurden, es gab überhaupt keinen Applaus. Die Station war sehr groß. Wir wurden in die Mitte geführt. Vor uns und hinter uns standen überall Betten. Wir sahen uns um, der Anblick war entsetzlich. Viele hatten keine Arme und keine Beine mehr, manche nur noch eine Gesichtshälfte. Wir drei hielten aneinander fest, weil wir Angst hatten, in Ohnmacht zu fallen. Am schlimmsten war, daß wir die Tränen zurückhalten mußten.

Wir sangen ungefähr eine Dreiviertelstunde. Ich glaube, einige von den Jungs bekamen mit, wie uns zumute war. Einer, der vollkommen zubandagiert war, fing an zu weinen. Er weinte die ganze Zeit. Schließlich rief jemand: »Laßt euch von dem nicht stören, der träumt nur von seiner Freundin.« Wir blieben drei Stunden und gingen von Station zu Station.

Als wir das Krankenhaus gerade verlassen wollten, sprach uns ein Pfleger an: »Ich habe einen jungen Patienten, der würde Sie sehr gerne singen hören.« Er bat uns, ein langsames Lied zu singen, etwas Sanftes und Beruhigendes. Wir gingen über einen sehr langen Korridor und kamen an eine Tür, die von zwei Pflegern bewacht wurde. Wir traten ein. Es war eine Gummizelle. Die Wärter schlossen hinter uns die Tür.

In der Ecke stand jemand mit dem Gesicht zur Wand. Wir fingen an zu singen, ›Apple Blossom Time‹. Nach einiger Zeit hörten wir ein Summen. Es klang ziemlich disharmonisch und wurde lauter und lauter. Dann war das Lied eigentlich zu Ende, aber wir hörten nicht auf, wir fingen immer wieder von vorne an. Schließlich drehte sich die Gestalt herum. Er war höchstens neunzehn. Seine Augen richteten sich auf uns, aber er sah uns nicht. Er lebte in einer anderen Welt. Er summte immer weiter. So hübsch war er und so jung.

Ein paar Monate später – wir waren wieder am Golden Gate Theatre – kam der Pförtner zu uns und sagte, wir hätten Besuch. Das war kurz vor der letzten Show. Ein Soldat trat ein, er trug einen anderen auf dem Rücken, der keine Arme und Beine mehr hatte und den wir schon im Krankenhaus gesehen hatten. Er hatte jetzt Armprothesen und sagte: »Ich wollte damals kein Autogramm, ich habe Ihnen gesagt, eines Tages würde ich selber wieder schreiben können, und dann würden Sie von mir eins bekommen.« Er beugte sich über den Schminktisch und schrieb seinen Namen – er hieß Ted.

Im Auftrag der United Service Organizations gingen wir nach Europa. Unser letzter Auftritt fand in Neapel statt. Wir waren fünfundzwanzig Kilometer außerhalb in Caserta untergebracht. Wir traten immer für die Jungs auf, die auf die Schiffe warteten. Es war unsere letzte Show. Es war knallvoll, die Leute hingen sogar oben in den Bühnenaufbauten. Achttausend Jungs, und einer sah unglücklicher aus als der andere. Sie sollten am nächsten Morgen in den Südpazifik auslaufen, sie durften nicht wie die anderen nach Hause, sie hatten einfach Pech gehabt. Wir versuchten, sie etwas aufzumuntern.

Wir hatten gerade mit der Show angefangen, als ich – »Psst, Psst« – hinter die Bühne gerufen wurde. Patty hatte gerade ihren Auftritt mit Arthur Treacher. Der Soldat sagte zu mir: »Ich habe da eine sehr wichtige Meldung, Patty soll sie den Leuten vorlesen.« Ich lachte, sie versuchten immer wieder, uns mit solchen Tricks reinzulegen. »Das ist kein Witz«, sagte er, »Meldung vom Oberkommando.« Ich sagte: »Aber doch nicht jetzt, mitten in der Show.« Er sagte, er würde sonst Ärger kriegen. Also nahm ich den Zettel. Ich las ihn nicht. Ich ging auf die Bühne und dachte an den Ärger, den ich selbst jetzt kriegen würde, mit Patty, mit Arthur, mit dem Oberkommando. Ich wartete, bis der Sketch vorbei war. Patty sagte: »Mach keine Scherze, das können wir doch jetzt nicht vorlesen, wir müssen die Show zu Ende bringen.« Ich drückte ihr den Zettel in die Hand, und sie sagte: »Na gut, ich bin ja kein Spielverderber.«

Dann sagte sie zu den Jungs: »Hört mal her, wahrscheinlich ist das ganze wieder ein Witz, aber es soll vom Oberkommando sein.« Sie las die Meldung vor: »Der Krieg mit Japan ist zu Ende.« Kein Muckser im Publikum. Sie sah noch mal auf den Zettel, dann sah sie mich an. Es war kein Witz. Dann sagte sie: »Im Ernst, Jungs, Meldung vom Oberkommando. Der Krieg ist zu Ende, ihr müßt nicht mehr dorthin.« Dann fing sie zu weinen an. Laverne und ich weinten auch. Von den Jungs kam immer noch keine Reaktion. Sie sagte es noch mal: »Der Krieg ist aus, der Krieg ist aus.«

Auf einmal brach die Hölle los. Alle schrien durcheinander. Wir sahen zuerst eine Hose und ein Hemd herunterflattern, dann flog jemand von oben auf die Jungs, die vor der Bühne saßen. Patty sagte: »Wollt ihr euch gleich besaufen oder wollt ihr die Show zu Ende sehen?« Nein, nein, sie wollten die Show fertig ansehen. Wir machten es kurz.

Beim Einsteigen in den Jeep schoß uns plötzlich durch den Kopf, mein Gott, wenn das alles nur ein Witz gewesen war, würden sie uns wahrscheinlich teeren und federn. Oder uns den ganzen Weg nach Amerika zurückschwimmen lassen. Wir malten uns die schlimmsten Sachen aus, aber als wir nach Caserta kamen, wurde die Meldung bestätigt.

Vor ein paar Jahren arbeitete Patty irgendwo in Cleveland. Sie stieg in ihrem Hotel in den Aufzug. Der Mann, der den Lift bediente, sagte: »Erinnern Sie sich noch an mich?« Er war klein und hatte eine Glatze. Patty sagte: »Nicht, daß ich wüßte.« Und er: »Aber klar, Neapel. Erinnern Sie sich an den Kerl, der von oben runtergeflogen kam? Das war ich.«

He was a famous trumpet man from out Chicago way,
He had a boogie sound that no one else could play,
He was top man at his craft.
But then his number came up and he was called in the draft.
He's in the army now ablowin' reveille.
He's the boogie woogie bugle boy of Company B.

Drittes Buch

Schnelles Geld
Wichtigtuer
Hoch hinaus
Vorn dabei – mit Bleistift,
Kamera und Mikrophon

Schnelles Geld

Ray Wax

Wax ist Börsenmakler und lebt in einem Vorort von New York. Den Job hat er noch nicht lange. Früher war er Bauunternehmer und Grundstücksmakler. Als Junge hat er an den U-Bahn-Stationen langstielige Rosen verkauft.

Die Worte sprudeln förmlich aus ihm heraus. Er ist unruhig, er hat etwas Fieberhaftes, obwohl sich das in den letzten Jahren ein wenig gelegt hat. Eine gewisse Resignation hat eingesetzt.

Ich bin froh, daß ich noch lebe. Ich glaubte zwar, daß der Krieg notwendig war, aber ich selber wollte nichts damit zu tun haben. 1940 wurde ich eingezogen. Die Army kam mir wie ein Kosakenheer vor. Sie bestand zum Großteil aus Leuten, die nur mitmachten, um dem Gefängnis zu entgehen. Die Richter fragten in solchen Fällen, ob sie sechs Monate absitzen oder sich lieber zur *Army* melden wollten.

Ich lag am Strand von Santa Monica, als die Nachricht vom Angriff auf Pearl Harbor kam. In Badehosen liefen wir ins Camp zurück. Ein oder zwei Tage später mußten wir alle in die Schiffe. Wir sollten die Küste bewachen. In Wirklichkeit terrorisierten wir aber nur die Japaner, die rund um San Francisco wohnten.

Amerika reagierte auf Pearl Harbor völlig paranoid, man war der festen Überzeugung, die Japaner würden die Westküste angreifen. Wir verhängten eine Ausgangssperre über die japanischen

Siedlungen, die sich nördlich und südlich von San Francisco befanden. Ich weiß noch, wie ich, zwei Patronengurte mit hundert Schuß Munition umgeschlungen und ein M-1 Gewehr in der Hand, hinten auf einem Laster saß und aufpaßte, daß die japanischen Farmer die Sechs-Uhr-Ausgangssperre einhielten. Wir hatten tatsächlich den Befehl, auf alles zu schießen, was sich bewegte.

So etwas Stinklangweiliges wie die Infanterie gibt es kein zweites Mal. Den ganzen Tag nur Maschinengewehr zerlegen und wieder zusammensetzen. Ich wollte unbedingt von dort weg. Was dieser ganzen gottverdammten Armee fehlte, war ein bißchen Spaß und Unterhaltung. Einmal hatte ich die Gelegenheit, aufzutreten und den Jungs eine Show vorzuführen. Mein Captain sagte: »Wenn du das machst, reiß ich dir den Arsch auf. Verdammtnochmal, du bist schließlich bei der Infanterie.« Als die Show zu Ende war und ich zurückkam, ließ mich dieser Mistkerl sechs Wochen lang die Aluminiumherde putzen. Später fand ich heraus, daß man laut Vorschrift nur einmal alle dreißig Tage zum Küchendienst eingeteilt werden durfte.

Ich war in der ersten Gruppe, die im Schnelldurchgang zum Flugabwehroffizier ausgebildet werden sollte. Sie nannten uns die ›Dreizehn-Wochen-Wunderknaben‹. Ich flunkerte ihnen vor, ich wäre gut in Mathematik. Verglichen mit diesen Collegeboys hatte ich einen ganz schönen Aufstieg gemacht. Ich kam auf die ›Officer Candidate School‹.

Die Offiziere, die ich kannte, dachten, wir hätten das Große Los gezogen. Wir würden für den Rest des Kriegs eine ruhige Kugel schieben und hier im sonnigen Süden Truppen ausbilden. Aber ich wollte etwas tun. Ich las einiges über den Krieg, unter anderem einen Artikel, der die erstaunliche These vertrat, daß die Russen den Vormarsch der Nazis in Stalingrad stoppen würden. So was trug ich dann vor versammelter Truppe vor. Der First Lieutenant sagte immer zu mir: »Verdammtnochmal, Wax, wo haben Sie denn diesen Mist her?« Ich antwortete: »Aus der Infanteriezeitung.« Er sagte: »Ich hab das, verdammtnochmal, in keiner Infanteriezeitung gelesen.« Ich sagte: »Da steht's aber.«

Ich brachte meinen Major so weit, daß er mich aus seiner Ausbildungstruppe entließ, und ging nach Europa. Im Dezember 1943 kam ich in Swansea in Südwales an. Dann wurden wir nach Birmingham verlegt. Wir wohnten etwas außerhalb in ganz normalen Wohnungen. Die Mädchen aus den Fabriken waren hungrig. Sie gingen immer an unseren Fenstern vorbei, und man mußte ihnen nur zunicken, schon ging die Tür auf und, schwupp, lagst du mit ihnen im Bett. Ich erinnere mich noch gut an einen Burschen, namens Murphy, er gab immer damit an, mindestens drei am Tag zu vernaschen. (Er lacht.) Meine Sache war das nicht, obwohl ich auch mit ein oder zwei Mädchen ins Bett ging. Aber ich wollte nicht nur dasitzen und aus dem Fenster schauen.

Damals gab es noch keine Computer. Sie arbeiteten mit Lochkarten. Jeder von uns hatte einen Personalbogen und wurde nach seinen Fähigkeiten eingestuft. Irgendwie fanden sie heraus, daß ich Geschäftserfahrung hatte und teilten mich einem *PX*-Laden zu. Anstatt in Europa einzumarschieren, sollte ich einen *PX*-Laden in England führen. Ich betrank mich.

Ich warf einen Blick auf den Organisationsplan, und mir wurde schlagartig klar, daß ich über ein Imperium verfügte. Ich hatte 4 Offiziere und 144 Mann unter mir. Ich übernahm den Job und hatte ein prima Leben. Im Süden von England richtete ich für die neuankommenden Truppen den ersten *PX*-Laden ein. Die Schiffe kamen jetzt häufiger. Ich war in Yoeovil, einer reizenden kleinen Stadt, und richtete fünf Verkaufsstellen ein, auch in den Camps auf den Hügeln. Das Bier kam aus Bristol und aus London, ich hatte Friseurläden und Uhrenreparaturen. Ich kontrollierte alle Transportschiffe. Ich war ein mächtiger Mann.

Jede Menge Geld floß durch meine Hände. Mit Bier machte ich monatlich einen Umsatz von 40 000 Dollar. Mit Zigaretten und Süßigkeiten über 125 000 Dollar. Gleich zu Anfang mußte ich eine schwere Entscheidung treffen: Wie willst du's halten, Ray, läßt du was mitgehen oder nicht? Ich beschloß dann, es nicht zu tun. Wird mir sicher nie mehr passieren, daß mir jemand 'ne Zigarrenkiste mit 40 000 Dollar in die Hand drückt, die nicht abgezählt sind. Ich machte diesen Job sieben Monate, bis zur Invasion. Alles was für mich dabei heraussprang, war ein Fahrrad, das ich zurücklassen mußte, als ich wegging.

In den Camps arbeiteten für mich zwei Sergeants, die ich wirklich mochte. Ich dachte, ich hätte ein todsicheres System gefunden, daß niemand stehlen konnte, aber diese beiden Jungs machten nach dem Krieg in Chicago eines der größten Autoersatzteilgeschäfte auf, das ich je gesehen habe. Die hatten ihren Schnitt gemacht. Das war wahrscheinlich nach meiner Zeit, die beiden waren sicher ganz froh, als ich den PX-Job abgab.

Benzin und Zigaretten gingen viel unter der Hand weg. Zwei Jungs schickten jede Woche ›Patek Philippe‹-Uhren nach Hause. Die mußten in Amerika damals schon fünfhundert Dollar wert gewesen sein, heute bekommt man keine unter tausend. Der Lieutenant, der von mir die PX-Kette übernahm, schickte regelmäßig als Waffenladung getarnte Container nach Paris, die vollgepackt mit Zigaretten waren. Bei Kriegsende hatte er ausgesorgt. Mir war das egal. Jedesmal, wenn ich für jemand eine Stange Zigaretten besorgen sollte, bekam ich sie anstandslos von ihm.

Ich war entschlossen, mir die ganze Geschichte aus der Nähe anzusehen. Ich sagte meinem Colonel, daß ich den PX-Job nicht mehr weitermachen wollte. Er schickte mich zur Abwehr und Aufklärung.

Am 21. Dezember landete ich in der Normandie. Inzwischen war das ein Kinderspiel. Sie hatten die ganzen Hecken beseitigt, und man kam gut an Land. Wer nicht direkt bei den ersten Landungstruppen dabei war, hatte gute Chancen, am Leben zu bleiben. Ich war bei Pattons Dritter Armee. Man nannte sie ›Lucky Rear‹, die glückliche Nachhut.

Sie schickten uns eine Menge Jungs von der Front zurück, die durchgedreht waren. Im Ersten Weltkrieg hieß das Kriegsneurose. Wir nannten es Kriegsmüdigkeit. Es gab niemanden, der solche Fälle betreute. Ich ging zum Colonel und sagte, ich könnte doch ein Kino einrichten und tagsüber Filme zeigen. Er fragte, wie zum Teufel ich das bewerkstelligen wollte. Ich sagte, ich würde mir Transportkisten besorgen und eine Art Guckkasten bauen. Das tat ich auch. Am Strand lagen riesige Transportkisten herum. Ich lud einen von unseren Lastwagen mit den Holzwänden voll und ließ mir von den Männern, die sowieso nur rumsaßen, ein Holzviereck zusammenzimmern. Mit Holzkohle schwärzten wir die Innenwände und so konnte ich bei Tag Filme vorführen. Dreihundert Mann hatten vor diesem Guckkasten Platz. Das war in unserem Lager in Frankreich die erste richtige Truppenunterhaltung.

Die Deutschen waren erfinderisch. Sie stellten Häuser aus Fertigteilen her. Ich sah mir die Häuser an und fand vorgefertigte Bodenteile. Man brauchte nur sechs solcher Teile zusammensetzen und schon hatte man eine transportable Bühne. Ich ging zum Colonel, der immer betrunken war, aber ein fabelhafter Kerl, und bat ihn um einen Laster. Bei der *Army* galt die Devise, nichts freiwillig zu machen. Scheiß drauf, ich habe immer alles freiwillig gemacht. Er gab mir den Laster und ich lud die sechs Bodenteile auf. Überall, wo ich hinkam, konnte ich sie abladen und hatte eine Bühne. Ich zog damit durch ganz Frankreich. Ich brachte Dinah Shore auf die Bühne. Bing Crosby. Die Live-Shows zogen der Truppe ständig hinterher.

Ein Sergeant wurde zu meinem Schutz eingeteilt, weil die Leute dauernd was von mir wollten. Alle hatten sie ihre Ideen. Und ich hatte wieder so eine beschissene Machtposition. Einmal kam jemand zu mir und sagte, er wollte eine Band auf die Beine stellen. »Wie viele seid ihr?«, fragte ich. Er sagte: »Ich spiele Saxophon und der andere, glaube ich, Klavier.« Ich fragte den Klavierspieler nach seinem Namen. »Dave Brubeck«, sagte er. »Wie spielst du? Wie Stan Kenton?« Er sagte ja. Ich sagte »okay«.

Ich holte mir seinen Personalbogen: Brubeck war Infanterist. Wenn ich seinen Personalbogen behielt, könnte er nicht mehr an die Front geschickt werden. Als würd's ihn gar nicht geben. So habe ich's dann bei allen achtzehn Leuten aus der Band gemacht, ich habe einfach ihre Personalbögen behalten. Sie blieben am Leben, und ich hatte eine Band. Ich konnte über Leben und Tod entscheiden. Ich leistete wirklich wertvolle Arbeit. Ich schlug mich mit den Majors herum, und mein netter betrunkener Colonel deckte mir den Rücken. Ich konnte tun und lassen, was ich wollte.

Ich sorgte dafür, daß den Männern etwas geboten wurde. Wenn jemand zu einem Ersatztruppenlager kommt, gehört er keiner Einheit an. Er kommt an, und man braucht ihm nur ins Gesicht zu sehen und weiß, ob er überleben oder sterben wird. Das waren Himmelfahrtskommandos, die Männer wurden in irgendwelchen Einheiten gesteckt, die gerade ein Dutzend Männer verloren hatten, und direkt in den Kampf geschickt. Man wußte gleich, wer die Hosen voll hatte und es nicht packen würde. Und es war einfach eine großartige Sache, wenn man diesen Jungs ein wenig den Druck nehmen konnte, und sie noch ein bißchen Spaß hatten, bevor es losging.

Alles war in Bewegung. Wir zogen weiter. Wir hörten, daß Paris gefallen war. Fontainebleau ist nicht so weit weg von Paris. Ich sagte zu meinem Sergeant: »Witty, wir schnappen uns einen von diesen verdammten Lastern und fahren nach Paris.« Auf der Straße nach Paris liefen uns von überallher die Leute entgegen und warfen uns Blumen zu.

Leclercs Zweite Panzerdivision war in Paris, die amerikanischen Truppen zogen vorbei. Das war eine feine Geste von Eisenhower. Paris sollte von den Franzosen selber eingenommen werden. Ich war am Tag der Befreiung in Paris, aber ich habe alles verpaßt.

Bei manchen historischen Ereignissen ist man stolz, wenn man dabeigewesen ist. In Paris bin ich zwar gewesen, aber ich habe alles verpaßt. Sie marschierten zum Arc de Triomphe, und ich wußte nichts davon. Ich wußte nur, daß ich Parfüm und Halstücher kaufen wollte. Wir gingen in die Galerie Lafayette, ein großes Kaufhaus. Kein Mensch war auf der Straße. Wir liefen durch das Kaufhaus – in Stiefeln, die 45er am Gürtel und die Helme auf dem Kopf. Es war großartig. Hinter den Ladentischen kamen lauter kleine Französinnen hervor. Sie folgten uns: »O la la, les Américains.« Wir kauften Halstücher, und plötzlich sagte jemand in gebrochenem Englisch, daß auf dem Place de la Concorde geschossen würde. Heckenschützen saßen auf den Dächern und schossen auf die Parade. Man mußte sie erst runterholen. Und ich war nicht dabei. Ich habe die Parade nicht gesehen. In diesem weltbewegenden Moment war ich nicht auf dem Place de la Concorde, sondern in dieser gottverdammten Galerie Lafayette und kaufte Parfüm und Halstücher. So eine Scheiße!

Später fuhren wir herum und versuchten, in ein Restaurant zu kommen. Sie ließen uns nirgends rein. Die französischen Befreiungskämpfer, die ›maquis‹, hatten alle Restaurants in Beschlag genommen. Da standen wir also, mitten in Montparnasse. Die Fenster gingen auf, und die Frauen schickten ihre Männer mit Brot und Wein herunter. Wir saßen auf der Ladefläche von unserem Laster und aßen und tranken. Ein Paar kam vorbei, sie wollten uns ein Schwarzmarktrestaurant zeigen. Es wurde eine dieser wirklich wunderbaren Nächte, wie Hemingway sie beschrieben hat. Wir gingen in eine Bar. Ich kann mich noch gut an den Namen erinnern, sie hieß ›Chez Mama‹. Um ein Uhr in der Früh saß ich am Klimperkasten und sang ›Hurray for the Flag of the Free‹. Das hatte ich aus irgendeinem blöden Kinderbuch. So gegen drei nahm mich jemand bei der Hand und führte mich über die Straße zu einem Hotel, das ausgerechnet L'Ecole hieß, die Schule. Man brachte mich nach oben und steckte mich ins Bett, ich schlief wunderbar. Am nächsten Morgen tuckerten wir nach Fontainebleau zurück.

Wir überwinterten in der kleinen Stadt Neufchâteau. Ich übernahm das Hotel Moderne und die Offiziersmesse. Ein Major aus Kansas City behauptete, ein Spiel- und Zechkumpan von Truman zu sein. Er war ein widerlicher Antisemit. Wir tranken in der Offiziersmesse, und er war stockbesoffen. Er fragte mich: »Wax, warum gibt es hier eigentlich so wenig Davidsterne auf dem Friedhof?« Ich packte ihn am Kragen: »Bist wohl schon lange nicht mehr an der Front gewesen, schon mal was von Lublin gehört?« Dort hatten sie gerade das Konzentrationslager entdeckt. Wir wurden getrennt. In dieser Nacht konnte ich nicht schlafen.

Am nächsten Tag ging ich zum Adjutanten und sagte: »Ich melde mich freiwillig an die Front, außerdem will ich, daß dieser Scheißkerl bestraft wird.« Schließlich brachten sie mich doch dazu, meinen Antrag zurückzuziehen und die Anzeige gegen den Kerl fallenzulassen. Er erklärte sich bereit, nie mehr zu trinken, solange er das Kommando hatte, und er entschuldigte sich persönlich bei mir. Er redete nie mehr über Juden. Und wissen Sie, was das Ende vom Lied war? Ihn beförderten sie zum Lieutenant Colonel und mich zum Captain. Ist das nicht ein Witz?

Jetzt hatte ich eine besonders ruhmreiche Aufgabe. Ich kümmerte mich um alle Soldaten, die frisch nach Europa kamen. Ich hielt Pflichtvorträge über den Charakter des Krieges. Ich gab eine

Zeitung heraus, ›Hitler's Bromides or The Daily Belch‹[1]. Wir hörten nämlich die ganze Propaganda, mit der die Deutschen auf die GIs abzielten. In meinen Vorträgen verwendete ich große Landkarten, aus denen hervorging, wo die russischen und die amerikanischen Streitkräfte lagen. Mit diesem ganzen Mist wollten wir die Soldaten davon überzeugen, daß sie nicht alleine kämpften. Auf russischer Seite waren gut dreihundert Divisionen unterwegs in Richtung Westen, und wir hatten insgesamt vielleicht hundert Divisionen. Trotzdem konntest du keinem einzigen GI klarmachen, daß er nicht mutterseelenallein in diesem beschissenen Krieg kämpfte.

Ich hatte ein Mikro und redete oft vor drei-, viertausend Leuten. Ich sagte: »Jungs, ihr denkt wahrscheinlich, ich rede nur Scheiße, aber ich zeig euch was, was ihr noch nie im Leben gesehen habt. Ich zeig euch eine große Landkarte.« Großes Gejohle. Dann holte ich meinen Zeigestock, und los ging's wieder mit dem ganzen Mist.

Als der Krieg dem Ende zuging, waren wir schon weit in Deutschland. Ich machte einen Abstecher zum einzigen Ort, der mich wirklich interessierte – zur Nürnberger Oper. Ich wollte dieses Opernhaus sehen. Hitler hatte dort eine Loge. Ungefähr sechs Tage, nachdem die Dritte Armee Nürnberg zerstört hatte und nach Süden, Richtung München, weitergezogen war, traf ich dort ein.

Sie wollten mich nicht in die Oper lassen: »Streng verboten!, niemand darf hinein!« Ich ging zum Diensthabenden: »Verdammt noch mal, was soll das?« Er antwortete: »Wir bewachen zehn Ballerinas.« Ich sagte: »Was interessieren mich diese blöden Ballerinas. Ich will hier Shows veranstalten.« Es gab ein kurzes Hin und Her, dann überließ er mir das halbe Opernhaus. Es hatte einen Treffer bekommen, im Dach war ein großes Loch. Ich sah die Logen von Hitler und Goebbels. Das Opernhaus war großartig. Ich brachte die Lunts auf die Bühne, Alfred Lunt und Lynn Sowieso. Sie waren wunderbar.

Wir machten uns abmarschbereit zur Heimreise, und ich hatte keinen gottverdammten Cent in der Tasche. Ich wußte, als Zivilist mußte ich ganz von vorne anfangen, und ich hatte keinen blassen

[1] Hitlers Allgemeinplätze oder der tägliche Rülpser

Schimmer, wo ich wohnen und was ich machen sollte. Innerhalb der nächsten paar Monate würden sie mich mit dem Zug nach Le Havre verfrachten und ins nächstbeste Boot nach Amerika setzen. Ich wußte, daß dort drüben nichts auf mich wartete, und daß ich wieder ganz von vorne anfangen mußte.

Die Fahrt mit dem Truppentransporter von Bamberg nach Le Havre war meine letzte offizielle Handlung. Im Zug befand sich auch die ›101st Airborne‹, eine Luftlandedivision, die in Berlin eingesetzt war. Sie hatten an der Seite der Russen gekämpft, aber mit denen wollten sie nichts zu tun haben. Ich hörte, wie die schneidigen amerikanischen Offiziere herumtönten, man sollte sie jetzt endgültig fertigmachen. Sie sprachen aber nicht von den Nazis, sondern von den Russen. Sie haßten ihre Wildheit. Sie hielten sie für Tiere. Vielleicht waren sie Tiere. Vielleicht sind sie auf dem langen Weg von Stalingrad nach Berlin zu Tieren geworden. Jedenfalls waren sie die besten Killer der Welt. Keiner von den Fallschirmjägern, der einmal gesehen hat, wie sie mit ihren Knarren umgehen, hätte sich mit ihnen anlegen wollen. Ich glaube, für jeden Amerikaner wär's eine gute Lektion gewesen, wenn er zusammen mit den Russen in Berlin stationiert gewesen wäre.

Als man sich an der Elbe traf, herrschte bestimmt großer Jubel. Man umarmte sich, und die Russen kauften Micky-Maus-Uhren, und die Amerikaner kamen mit russischem Wodka zurück. Aber die Freude hielt nicht lange an. Wir mußten einige Gebiete in der Tschechoslowakei und in Bayern tauschen, und jedesmal erwiesen sich die Russen als unangenehm hartnäckig. Das gleiche war sicher auch in Berlin der Fall. Schon kurz nach der ersten Begegnung hörte ich antirussische Äußerungen. Ich schätze, wir hatten von Anfang an was gegen die Russen.

Wir schlugen in Le Havre unser Lager auf und warteten darauf, daß die Schiffe ausliefen. Es wurde viel gewürfelt, und dabei ging jede Menge Geld über den Tisch, davon hatte ich schon im Zug gehört. Es wurde die Order ausgegeben, daß jeder nur einen bestimmten Betrag mitnehmen durfte, die Offiziere 1500 Dollar, die GIs 500. Zwei Jungs hatten 68 000 Dollar gewonnen. Das war doch ein gutes Beispiel, wie es laufen konnte, wenn einer ein bißchen auf Zack war.

Und ich stand da und hatte nur drei, vier französische Gewehre aufgegabelt, eine Luger und noch ein paar Kleinigkeiten. Ich überlegte mir krampfhaft, wie ich vor der Überfahrt noch ein paar Dollar zusammenkratzen konnte. Plötzlich ging mir ein Licht auf. Ich fragte einen GI, wo ich die Burschen finden könnte, die den großen Fischzug gemacht hatten. Ich ging zu ihnen ins Zelt und sagte: »Ihr kriegt bestimmt Schwierigkeiten, wenn ihr das Geld rausbringen wollt. 40 Prozent für mich, und ich übernehme die Sache für euch.« Sie waren begeistert und rückten ungefähr 30 000 Dollar raus. Das lief alles ohne Quittung. Ich ging zu jedem Offizier, der pleite war, und sagte: »Wenn du 1500 Dollar für mich rausschaffst, bekommst du zwanzig Prozent.« Blieben mir also auch zwanzig Prozent. Von 1500 Dollar bekamen die Jungs 900 zurück, 300 gingen an die Offiziere, und 300 an mich. Trotzdem waren die Jungs ein bißchen sauer. Offensichtlich war das Rote Kreuz bereit, die Sache für zwanzig statt für vierzig Prozent zu übernehmen. Den Rest von ihrem Geld haben sie natürlich von denen rausbringen lassen.

Ich hatte also 5 000 Dollar, als ich in Amerika an Land ging. Der neue Einwanderer. (Er lacht.) Für die Gewehre hatte ich auch noch 400 Dollar bekommen – Gewehre konnte ich sowieso nicht mehr sehen. Das war mein Startkapital. Alles war vorbei, und ich dachte mir, jetzt legst du los, jetzt geht es aufwärts.

Es hört sich schrecklich an, aber der Krieg war die aufregendste Zeit meines Lebens. Es war manchmal fast romantisch. Wenn man das Glück hatte, nicht getötet oder verstümmelt zu werden, und die Sache durchstand, war es wie eine Erfahrung, die man aus dem Krankenhaus kennt. Du denkst nicht mehr an die Schmerzen, du denkst an den Hintern der Krankenschwester, die sich über dich beugt. Ich habe das ganze langweilige Dasein als Infanterist vergessen, die vielen Stunden, die ich nutzlos vergeudet habe. Aber ich kann mich noch gut an alle Momente erinnern, wo ich als Mensch die Möglichkeit hatte, anderen zu helfen.

Nach dem Krieg herrschte allgemeines Wohlbefinden. Amerika hatte das Gefühl, etwas Wertvolles vollbracht zu haben, und auch die Kriegsheimkehrer hatten das Gefühl, etwas geleistet zu haben. Dann mußte man sich wieder in die Konkurrenzgesellschaft eingliedern, und der Alltagstrott fing wieder an.

Als ich zurückkam, glaubte ich, mir stünden alle Wege offen, nichts könnte mich aufhalten. Aber das einzige, was bei uns zählt, ist die klingende Kasse, das große Geld. Das erfordert Hingabe, man darf nur das eine Ziel vor Augen haben: Geld zu machen, ohne Rücksicht auf Verluste. Das ist die Nahrung, die sie essen, der Traum, den sie träumen. Es kommt alles darauf an, wie viele Leute man unter seine Fuchtel bringen kann. Und genau das kann ich nicht. Deshalb bin ich kein reicher Mann. Aber ich bereue nichts.

Ich arbeite in einem Büro mit dreißig Leuten, von denen ich aber nur einen oder zwei näher kenne. Wenn es um Gefühle oder Ansichten geht, zögert man, sich offen zu äußern, zu sagen, was man fühlt oder denkt. Ich kriege manchmal in der Arbeit einen Wutausbruch, weil so viele schreckliche Dinge passieren, aber ich ziehe es dann alles ins Witzige. Sobald der neue *Dow-Jones-Index* aus dem Fernschreiber kommt, sind alle Schweinereien, die um uns herum passieren, vergessen. Ich habe in meine Mitmenschen nicht mehr so viel Vertrauen wie früher. Ich habe kein Vertrauen mehr zu meinesgleichen. Alles hoffnungslose Fälle. Im Krieg bedeuteten mir die Menschen etwas, mit denen ich zusammen war. Ich versuchte, mit meinem Leben etwas Nützliches anzufangen ...

Eine kleine, ruhige Stadt im Aufschwung

Seneca in Illinois liegt siebzig Meilen südwestlich von Chicago am Illinois, einem Nebenfluß des Mississippi. Es ist eine verschlafene kleine Stadt im Getreidegürtel der Vereinigten Staaten und erinnert an einen Druck von Currier und Ives im 19. Jahrhundert.

Zwischen Juni 1942 und Juni 1945 wurden dort 157 *LST* gebaut.

Elsie Rossio

Elsie Rossio lebt in einem kleinen Hexenhäuschen. »Mein Kuriositätenladen«, nennt sie es. Vom Aussehen und der ganzen Art erinnert sie an Spring Byington. Sie hat ein wunderbares, ländliches Mittagessen zubereitet.

Sie ist Witwe und lebt schon immer in dieser Gegend. »Ich kann mich noch gut an die hölzernen Gehwege und die Pfosten zum Anbinden der Pferde erinnern. Jeder kannte jeden.«

Ende 1940 machten Gerüchte die Runde, die Regierung wollte eine Schiffswerft hierher bauen. Die Männer, die keine Arbeit hatten, waren begeistert. Wir litten immer noch unter der Depression. Vollbeladene Lastwagen rollten an. Wir hatten noch nie im Leben so einen Verkehr erlebt. Dann kamen immer mehr Leute, Autos, Autos und noch mal Autos.

Man hörte die ganze Nacht das Rattern der Preßlufthämmer. Der Verkehr ging die ganze Nacht durch. Sogar die Hunde hatten sich verkrochen. Du sahst sie nicht mehr wie sonst über die Straße laufen. Die Leute standen auch nicht mehr draußen herum und unterhielten sich.

Damals waren wir nur etwa tausend Einwohner. Ein Restaurant, ein altes Hotel, das war alles. Plötzlich lebten in Seneca und Umgebung 27 000 Menschen. Wenn du aufwachtest, konnte es sein, daß jemand, eingewickelt in eine Decke, auf deiner Veranda lag. Alle nahmen Untermieter auf. Dann baute die Regierung Baracken und neue Unterkünfte für die Arbeiter

Den Geschäftsleuten ging es sehr gut. Es waren so viele Leute da, daß wir die meiste Zeit mit unseren Essensmarken in der Hand vor ihren Läden Schlange stehen mußten. Das waren wir nicht gewohnt. Aber im großen und ganzen war die Stimmung gegenüber den Neuankömmlingen gut, auch wenn es hier und da einige Ressentiments gab. Viele von ihnen kamen aus dem Süden und hatten die verschiedensten Akzente. Ich fand es interessant.

Die Geschäftsleute waren eher konservativ. Sie machten gutes Geld, aber gaben nicht an damit. Sie fuhren nicht auf einmal im Lincoln spazieren oder so was. Sie lebten, wie sie immer gelebt hatten. Sie verdienten gut, aber ließen es nicht raushängen.

Die Kneipen machten ein besonders gutes Geschäft. Freitag und Samstag nacht war es richtig aufregend. Seltsamerweise gab es kaum Schlägereien. Die Männer waren meistens älter, die jüngeren waren eingezogen.

O ja, der Krieg hat mein Leben verändert. Ich nahm eine Arbeit in einer Arztpraxis an. Sonst hätte ich vielleicht mein ganzes Leben mit Wäschewaschen und Haushalt verbracht. Mir gefiel die Arbeit.

Als der Krieg zu Ende war, gingen die Werftarbeiter wieder nach Hause, und für uns war alles wieder beim alten.

Georgia Gleason

Marseilles, Illinois liegt fünf Meilen entfernt.

An der Wand hängt ein Druck von Buffalo Bill, auf dem Couchtisch liegt eine große Bibel.

Soweit ich weiß, hat Mr. Toopes die ganzen Regierungsaufträge an Land gezogen. Er war Manager bei Chicago Bridge and Iron, die haben vor dem Krieg Lastkähne gebaut. Als dann die ganzen Leute in die Stadt kamen, hat er das Schnellrestaurant aufgemacht, und ich habe bei ihm als Köchin angefangen. Vorher hatten sie sich beim Kaufmann Wurst und Milch geholt und sich zum Essen auf den Bordstein gehockt. So voll war es hier.

Ich habe morgens um halb fünf angefangen und bis eins gearbeitet. Dann bin ich abends noch mal gekommen und habe fünfzig bis achtzig Pasteten gebacken. So ging das jeden Abend. Wir haben am Tag zwischen 900 und 1200 Leute verköstigt. Zum Frühstück haben wir sechzig Dutzend Eier verbraucht, außerdem noch Schinken, Speck und Pfannkuchen. Die Arbeit war anstrengend, aber damals war ich ja auch noch jünger.

Die Menschen waren ängstlich, sie fürchteten sich vor den Fremden. So ein Getümmel waren sie nicht gewöhnt. Von einem Tag auf den anderen war bei uns der Teufel los. Und das Geld floß plötzlich in Strömen. Wir waren eine arme kleine Gemeinde, und auf einmal war alles zu haben. Aber wegen des Geldes haben sie ihre Befürchtungen vergessen.

Dann war der Krieg vorbei, und Seneca wurde langsam wieder das alte. Ein kleines Städtchen auf dem Lande. Die Menschen, die hier lebten, waren vorsichtig und haben alles gespart, was sie verdienten. Aber die Leute, die aus Oklahoma kamen, aus Kansas oder Alabama, die haben überhaupt nichts mitgenommen. Die haben es genauso schnell ausgegeben, wie sie es verdienten.

Was die Leute am Krieg am meisten geärgert hat, waren die Rationierungen. Sie konnten sich nicht alles kaufen, was sie wollten. Aber das haben sie auch überlebt. Ich war gern damals jung, es war so aufregend.

Lee Oremont

Er war staatlich geprüfter Steuerberater gewesen und hatte in Los Angeles gelebt. »Ich kam dann in die Supermarkt-Branche. Ich hatte einen Klienten mit einer kleinen Marktkette. 1938 ging ich als Rechnungsprüfer zu ihm, und 1942 wurde ich sein Partner.«

Die Depression endete mit dem Krieg in Europa. Die Konkurrenz im Einzelhandel hörte mit einem Schlage auf. Das Problem, Geld zu machen, verschwand. Es geschah automatisch. Die unmittelbare Sorge war, wie man das Steuerzahlen vermied. Plötzlich gab es eine Gewinnüberschußsteuer. Die vermied man, indem man die Gehälter erhöhte, die Spesenkonten inflationierte und große Bonusse verteilte. Ich weiß noch, wie Vertreter kamen, um irgendwelche Geräte oder Systeme zu verkaufen. Ihr erstes Verkaufsargument lautete: »Es kommt nicht darauf an. Das meiste bezahlt ohnehin *Uncle Sam.*« Man konnte sehr großzügig Geld ausgeben. Es war das Geld der Regierung.[1]

Als wir anfingen, betrug unser Nettokapital 65 000 Dollar. Ich sagte meinem Partner, wenn wir bei allen Problemen, die auf uns zukämen – Rationierungen, Knappheiten, Arbeitskräftemangel –, zum Ende des Jahres nichts verloren hätten, dann hätten wir gute Arbeit geleistet. Aber statt dessen stieg das Geschäft sprunghaft wie verrückt. Man konnte alles verkaufen, was man hatte; es spazierte einfach von selbst vom Regal.

Es war schwierig, bestimmte Waren zu bekommen. Tüten zum Beispiel waren knapp. Man behalf sich ohne. Die Kunden brachten Einkaufstaschen mit. Aus jeder Knappheit wurde so ein zusätzlicher Profit. Wenn man zuwenig Hilfspersonal hatte, arbeitete man mit weniger. Wenn man keine neuen Geräte bekam, benutzte man die alten. Das Resultat waren substantielle Profite. Im ersten Jahr machten wir aus unseren 65 000 Dollar glatte 100 000.

Die Leute hatten Jobs in der Rüstungsindustrie, und sie hatten Geld. Wenn sie Probleme mit Autos und Benzin hatten, praßten sie beim Essen. Wir hatten Preisbindungen, und deshalb waren Spirituosen knapp. Einmal gelang es uns, fünfhundert Kisten ›Ancient Age‹ zu bekommen; die Destillerie tat uns einen Gefallen. Wahrscheinlich hatten wir ihnen vorher irgendwelchen wertlosen argen-

[1] Als Radio-Diskjockey, 1944-45, wurde ich von meinem Sponsoren, einer vom organisierten Verbrechen kontrollierten Brauerei, ermuntert, so viele Schallplatten zu kaufen, wie ich wollte, so teuer sie auch sein mochten, und mich um die Kosten nicht zu scheren. So gab ich an einem denkwürdigen Nachmittag fünfhundert Dollar in meinem Lieblingsschallplattenladen aus. Ich berichtete das einigermaßen schuldbewußt meinem Sponsoren. Der lachte nur: »Du bist billig, Kleiner. Du hast uns nur fünfundsiebzig Kröten gekostet. Den Rest übernimmt Vater Staat.«

tinischen Rum abgekauft. Wir beschränkten die Abgabe auf eine Pint-Flasche pro Kunde, und die Warteschlange draußen war zwei Blocks lang. Genauso war es mit Zigaretten, mit Strümpfen. Man verkaufte alles, was man bekommen konnte.

Bei irgendeiner Firma in Philadelphia kauften wir fünfhundert Kartons Dosenbirnen. Die waren damals nicht rationiert und kosteten keine Punkte. Sie waren aber auch gräßlich. Fehlte nur, daß auf den Etiketten gestanden hätte: Zum menschlichen Verzehr ungeeignet. Aber als sie ausgeliefert wurden, hatte die Regierung angekündigt, daß sie in der Woche darauf rationiert werden sollten. Innerhalb eines Tages hatten wir diese schauderhaften Birnen restlos verkauft. Das Zeug sprang einfach vom Regal.

Wir hatten einen Einkäufer mit Beziehungen zum Fleischmarkt. Der hatte mit irgendeiner unabhängigen Fleischfabrik vereinbart, daß wir mehrere Wagenladungen bekommen sollten. Wahrscheinlich hatte er dem Mann unter dem Tisch zwei Cent pro Pfund extra gezahlt. Wir mieteten einen Laden für nur eine Woche; er war seit der Depression geschlossen gewesen. Wir eröffneten nur die Fleischabteilung. Innerhalb von zwei Tagen war alles ausverkauft.

Fleisch war durch die Rationierung extrem knapp geworden. Es war zwar da, aber es kostete Schwarzgeld. Damit hatte ich Probleme. Mit meiner Erziehung ging mir das gegen den Strich. Und zweitens ging es uns auch so gut genug. Wir brauchten uns nicht zum Fenster hinauszuhängen und Gefängnis zu riskieren, um etwas Gutes ein bißchen besser zu machen. Und drittens war ich Buchhalter. Ich hatte keine Ahnung, wie man an Geld – an großes Geld – kommen sollte, um unter der Hand zu bezahlen, wenn man andererseits keine Verkäufe meldete. Deshalb hatten wir meistens sehr wenig Fleisch. Aber wir kamen trotzdem sehr gut zurecht.

Das Fleischgeschäft lag in den Händen kleiner Unternehmer. Die großen Fleischfabriken – Swift, Armour, Cudahy – machten keine illegalen Geschäfte, soviel ich weiß. Sie hatten das nicht nötig. Aber viele Unabhängige machten Geschäfte unter der Hand. Sie kauften und verkauften gegen bar unter dem Ladentisch. Mit dem Gewissen auf der einen und der Angst auf der anderen Seite gelang es uns, auch ohne den Schwarzmarkt gute Geschäfte zu machen. Wir fingen mit zwei Läden an, und '45 hatten wir zwölf.

Vor dem Krieg war die Konkurrenz hart. Oft annoncierte man einen Artikel unter dem Selbstkostenpreis, um die Kunden anzulocken. Man verschenkte Sachen. Aber jetzt drängten sie sich herein und nahmen alles, was man anbot. Das war der Unterschied zwischen einem Geschäft mit kleiner Gewinnspanne und einem hochprofitablen.

Man brauchte kein Genie zu sein, um während des Krieges Geld zu machen. Ich kenne eine Reihe von Leuten, die immer noch glauben, sie seien so erfolgreich gewesen, weil sie so brillant waren. Sie werden salbungsvoll und fangen an zu erzählen, wie tüchtig sie waren, wie fleißig und wie clever. Blödsinn. Die waren zufällig zur richtigen Zeit am richtigen Ort. Man brauchte nichts weiter zu tun, als einen Laden aufzumachen und sich dann nicht besinnungslos zu besaufen. Man hatte Kunden, die bereit und willens und in der Lage waren, alles zu kaufen, was man bekommen konnte. Das erforderte weder Verstand noch harte Arbeit. Und wenn das für die kleinen Firmen galt, dann muß man sich nur mal vorstellen, wie es sich auf die großen auswirkte.

Wir bekamen dann die Gelegenheit, in ein Wohnungsbauprojekt zu investieren. Unsere Läden lagen im Herzen der Luftfahrtindustrieregion. Wir investierten 15 000 Dollar. Nach sechs Monaten hatten wir das Geld verdoppelt. Und wir waren nur kleine Investoren. Die Baufirmen wurden von der Regierung finanziert. Sie bauten einen Straßenzug in neunzig Tagen. Wenn sie anfingen, verkauften sie die Häuser für 4 000 Dollar, und wenn sie fertig waren, bekamen sie schon 6 000 Dollar. Dieser Zuwachs war reiner Profit. Heute bringen diese Häuser leicht 60 000 Dollar.

Ich bin wirklich stinksauer über Leute, die solches Grauen vor kontrollierten Preisen haben. Im Grunde haben uns die Preisbindungen vor einer verheerenden Inflation bewahrt. Ich glaube nicht, daß die Preise um mehr als fünf Prozent gestiegen sind. Auch wenn die Schwarzhändler hier und da im kleinen Rahmen dagegen verstoßen haben. Alles in allem sind die Preise nicht gestiegen, und die Zinsraten waren niedrig.

Es gab dann eine Kampagne zum Verkauf von Kriegsanleihen. Wir kauften eine 100 000-Dollar-Anleihe. Die Bank of America gab uns ein Darlehen von 95 000 Dollar zu zwei Prozent. Die Anleihe brachte zweieinhalb Prozent. Wir verdienten ein halbes Prozent damit, daß wir für die Regierung bürgten. Und unser Bild kam in die Zeitung, weil wir einen großen patriotischen Dienst geleistet hatten.

Die Vorschriften, die heutzutage belastend genannt werden, erwiesen sich als vorteilhaft gerade für diejenigen, die darüber mekkerten. Wenn man sich daran hielt. Ich erinnere mich an einen Supermarkt-Kongreß. Alle beschossen den Mann von der Behörde wegen der ganzen Bürokratie. Und er erwiderte: »Für uns ist es kein Problem, eine simple Vorschrift in einem einzigen Absatz zu erlassen, wenn ihr Burschen bloß versuchen wolltet, euch dann auch daran zu halten. Aber immer wenn wir eine Vorschrift herausbringen, habt ihr im selben Augenblick einen Rechtsanwalt oder einen Steuerberater bei der Hand, der euch eine Möglichkeit austüftelt, sie zu umgehen. Also müssen wir uns überlegen, wie wir eure Tricks vereiteln, und aus einer einfachen Vorschrift wird ein dreiseitiges Dokument.«

Der größte Teil des Geldes, das während des Krieges verdient wurde, wurde legal verdient: Man hielt sich weitgehend an die Vorschriften und meckerte den ganzen Weg bis zur Bank.

Unversehens wurde ich so selber zum Geschäftsmann. Ich konnte nie glauben, daß das Geld bei mir bleiben würde. Ich kam ja aus der Depression. Ich dachte immer, es sei Spielgeld und werde wieder verschwinden.

Ich glaube, der Krieg war eine unwirkliche Zeit für uns hier in der Heimat. Denjenigen unter uns, die niemanden an der Front verloren, ging es ziemlich gut. Der Krieg drang uns eigentlich nicht als Krieg ins Bewußtsein. Trotz der Tatsache, daß ich mich für einen politisch bewußten Menschen halte, habe ich mich nie persönlich um jemanden sorgen müssen, der in Gefahr war. Wir sahen uns plötzlich relativ wohlhabend. Wir haben eigentlich nicht gelitten.

Wichtigtuer

John Kenneth Galbraith

Im Frühjahr 1941 wurde ich mit der Einrichtung einer staatlichen Preiskontrolle beauftragt. Die Preise waren gewaltig gestiegen – sie hatten sich verdoppelt –, so daß wir eine Inflation befürchten mußten. Rückblickend war das übertrieben. Bis Mitte 1943 war ich damit beschäftigt. Für mich war es ein Wendepunkt. Ich ging als junger, unbeleckter Wirtschaftswissenschaftler hinein und kam mit einem Namen wieder heraus – sei er nun gut oder schlecht.

Unter uns herrschte eine absolute Loyalität gegenüber Roosevelt, die schon vor dem Krieg bestanden hatte. Wir traten für eine rigorose Umstellung auf Kriegsproduktion ein. Das Zaudern und Zögern verband man mit denen, die nicht ganz so loyal zu Roosevelt standen. Unser ganzer Stolz lag darin, daß wir Roosevelt-Getreue waren.

Mit dem Zweiten Weltkrieg verbindet man keine Inflation. Anders als mit dem Ersten Weltkrieg und Vietnam. Zum einen liegt das daran, daß wir gerade aus der Depression kamen. Da bestand die große Chance zu einer Produktionssteigerung ohne gleichzeitige Preissteigerung. Während des Krieges verdoppelte sich der Verbrauch von Konsumgütern. Nie zuvor in der Geschichte der Menschheitskonflikte wurde soviel über Opfer geredet und mußten sowenig wirkliche Opfer gebracht werden. Dazu kam die Stimmung im Land. Der Krieg wurde, im Gegensatz zum Vietnamkrieg, fast einstimmig von der Bevölkerung befürwortet.

Wer versuchte die festgesetzten Preise zu umgehen, hatte es schwer. Es gab wohl einen Schwarzmarkt, er war aber sehr klein. Beim Fleisch gab es ein paar heikle Momente, aber illegales Verhalten war allgemein verpönt.

Wir hatten große Befürchtungen, daß wir zwar die Preise halten könnten, die Qualität aber abnehmen würde. Das war nicht der Fall. Die Hersteller waren auf den Schutz ihrer Marken bedacht und wollten keine Qualitätsminderung riskieren. Eine gewisse Menge an minderwertigen Waren war im Umlauf, sie war aber unbedeutend.

Einmal hatten wir Probleme bei den Damen-Strumpfwaren. Wir versuchten Standards für Rayonstrümpfe festzusetzen, ein Ersatz für damals nicht erhältliche Seiden- oder Nylonstrümpfe. Das entfachte einen Sturm. Der Textil-Großhandel hatte einflußreiche Fürsprecher im Kongreß. Die ließen kein Auge von uns.

Die Konservenfabrikanten schlugen erheblich Krach, als wir versuchten, die Preiskontrolle mit der Einstufung der Konserven zu koppeln. Auch das entfachte einen politischen Sturm. Wir befürchteten, daß nun Konserven mit weniger Erbsen auftauchen würden. Aber das passierte nicht.

Eine Erkenntnis war 1942, daß wir die Preise nicht einzeln festlegen konnten. Man hatte mich mit der Aufgabe betraut, weil ich eine Arbeit zu diesem Thema geschrieben hatte. Sie stellte sich in fast allen Details als falsch heraus. Sie kam zu dem Schluß, daß Konsequenz nur etwas für Pingelige sei. Meine Haltung hat sich schnell geändert. Anfänglich hatten wir den Preisstopp auf besonders knappe Waren beschränkt, auf solche, die unter Umständen rationiert werden mußten: Waren, die vom Kriegsverbrauch besonders betroffen sind. Wir mußten feststellen, daß das verwaltungstechnisch nicht durchführbar und ungerecht war. Wessen Preise festgesetzt wurden, der wollte wissen, warum sie bei den anderen frei blieben.

Im Frühjahr 1942 setzten wir die Allgemeine Höchstpreisverordnung in Kraft, die sämtliche Preise einfror. Ausgenommen waren nur einige Preise in der Landwirtschaft, die gesetzlich geschützt waren. In besonderen Härtefällen gaben wir nach und machten Ausnahmen. Chester Bowles, der Prentiss Brown an der

Spitze der Preiskontrollbehörde ablöste – Leon Henderson war der erste –, führte einige der ersten Meinungsumfragen im Auftrag der Regierung der Vereinigten Staaten durch. Sie ergaben immer eine breite öffentliche Unterstützung.

Diejenigen, deren Preise gebunden waren, vor allem die Farmer, bekundeten weiterhin ihren Unmut. Sie waren sehr verbittert und hatten enorme politische Macht. Ein paar Rinderzüchter in Washington genügen schon, daß man alle Hände voll zu tun hat. Die Farmer hatten zwei Jahrzehnte mit niedrigen Preisen ausgestanden. Mit dem Krieg bot sich die Gelegenheit, das wieder wettzumachen. Die Preisüberwachung bildete hier eine Schranke. Da kam ziemlicher Widerstand aus ihrem Lager.

Wir hatten auch unsere Schwierigkeiten mit den kleineren, eher verstreuten Industriezweigen, wo ein harter Wettbewerb auf dem Markt herrschte und es eine Vielzahl von Herstellern gab. Mit den größeren Unternehmen hatten wir es leichter; die hatten selbst die Kontrolle über ihre Preise. Und es gab nicht sehr viele, mit denen man verhandeln mußte. Ich habe einmal ein Gesetz aufgestellt: Es ist kein großes Problem, Preise festzusetzen, die bereits festgesetzt sind. Auf jeden Fall ernteten sie aber dadurch Gewinne, daß die Kosten unter Kontrolle blieben, und durch den enormen Produktionsanstieg.

Diese Preiskontrolle blieb bis 1946 bestehen. Hätte es keinen Preisstopp gegeben, hätten sich die Preise verdoppelt oder verdreifacht, das steht ganz außer Frage. Es wurde noch nicht richtig gewürdigt, wie groß der Druck der Inflation ohne die Preisregulierungen samt Lohnbegrenzungen gewesen wäre. Auch in bezug auf Rationierungen war der Druck auf uns sehr groß.

1942 verfügten wir eine Kaffeerationierung. Sie war äußerst unbeliebt, insbesondere bei den Skandinaviern und Deutschen in Amerika. Rückblickend meine ich, daß sie vielleicht ein Fehler war. Wir hätten den Kaffee dem Markt überlassen sollen. Zeitweise Knappheit hätte die Leute weniger aufgebracht als ein reglementiertes Angebot.

Leon Henderson war einer der unbesungenen Helden des Zweiten Weltkriegs. Er verwaltete die Preise und das Angebot auf dem zivilen Sektor und war zugleich eine einflußreiche Persönlichkeit in der Kriegsproduktion. Es gibt sehr viel Literatur über Albert Speer und die Art und Weise, wie er die deutsche Produktion organisiert hat. Henderson hat zusammen mit einigen jüngeren Kollegen, zu denen auch ich zu gehören das Privileg hatte, die Vereinigten Staaten weit effektiver gestaltet, als es Deutschland je gewesen war. Der Mann, dessen Organisation fehlschlug, wird gefeiert, während der Mann, der das erfolgreiche nationale Wagnis vor Augen hatte, nicht in die Geschichte eingegangen ist. Tag für Tag kam er müde von Sitzungen zurück, wo er wieder eine Schlacht für irgendeine nötige Aktion gegen widerspenstige Wirtschaftsverbände und Geschäftsleute geschlagen hatte.

Die Geschäftsleute, die nach Washington kamen, waren zumeist Industriebürokraten und Werbeleute, die man daheim am besten entbehren konnte. Oft vergaßen wir fast, daß ein Krieg stattfand. Unser Konflikt mit ihnen war kein ideologischer Konflikt. Es ging darum, daß sie sich nie von der Stelle bewegen wollten. Heute ist der Geschäftsmann in unserem Bild eine dynamische Figur, die immer bereit ist, schnell zu handeln. Im Krieg war es jemand, der sich nie durchringen konnte, situationsgemäß zu handeln. Er kam in die Konferenz und sagte: »Wir sollten noch abwarten. Ich denke, daß wir das auf freiwilliger Basis erreichen können. Die Industrie wird sicherlich auf der Basis ihrer Verantwortung ihren Teil beitragen. Jetzt ist nicht der Zeitpunkt für einschneidende Maßnahmen.« Wir mußten wirklich die ganze Zeit gegen sie ankämpfen.

Joe Marcus

»Obwohl die Öffentlichkeit es noch nicht wahrhaben wollte, war man in Washington davon überzeugt, daß wir auf einen Krieg vorbereitet sein müßten. Roosevelt hatte ein nationales Verteidigungskomitee, das ›National Defense Advisory Committee‹, *eingerichtet. In England war die Nachfrage nach Militärgütern bereits stark angestiegen.«*

Joe Marcus ist ein Vertreter des ›New Deal‹ *und wurde 1940 zum*

Leiter der ›Civilian Requirements Division‹ ernannt, die für den zivilen Bedarf zuständig war. »Wenn wir zum Beispiel für zehn Milliarden Dollar Militärgüter kaufen würden, was hätte das für Auswirkungen auf den zivilen Bereich?«

Die meiste Zeit stritt ich mich mit den Repräsentanten aus der Industrie herum. Hatten wir genug Kapazitäten, um Stahl und Kupfer sowohl für militärische als auch für zivile Zwecke zu produzieren? Unseren Informationen nach hatten wir sie nicht. Die Industriebosse widersprachen dem heftig. Sie hatten die Depression überstanden, und ihrer Ansicht nach gab es sogar überschüssige Kapazitäten. Sie sahen gar nicht ein, daß sie damit ihre Zeit vertrödeln sollten, die Kapazitäten zu erhöhen, nur weil ein paar junge Spinner behaupteten, sie hätten nicht genug.

Während der Depression fiel die Kaufkraft um etwa zwanzig Prozent, und die Produktion und die Nachfrage bei Maschinen ging um achtzig Prozent zurück, das war verheerend. Zwischen '32 und '39 erholte sich die Wirtschaft, aber es gab immer noch zehn oder elf Millionen Arbeitslose. Die Produktionsrate bei Konsumgütern war immer noch sehr niedrig. Die Industrie ersetzte lediglich die alten Maschinen. Warum neue dazukaufen? Warum neue Fabriken bauen? Sie hatten die Kapazität, um 80 Millionen Tonnen Stahl zu produzieren und nur 70 wurden gebraucht. Warum sollten sie also auf so ein paar Spinner in Washington hören, die behaupteten, im Falle eines Krieges bräuchten wir 150 Millionen Tonnen?

Wir waren sogenannte *›New Dealers‹* und hielten das Militär in seiner Planung für schwerfällig und rückschrittlich. Sie dachten wirklich, die Industrie hätte nicht die Kapazitäten, um Rüstungsgüter für mehr als 5 Milliarden Dollar zu produzieren. Also verfaßte eine Gruppe von uns ein Memorandum, in dem wir zu dem Ergebnis kamen, daß wir genug Arbeitslose und Maschinenkapazität hatten, um für 75 Milliarden Dollar zu produzieren. Das stand in krassem Widerspruch zu den Verlautbarungen des Militärs.

Roosevelt hatte das Papier noch vor Pearl Harbor auf dem Tisch. Als er das ›War Production Board‹, das für die Kriegsproduktion zuständig war, neu organisierte und Donald Nelson die Leitung übertrug, bestand er darauf, daß die Verfasser des Memorandums das Programm überwachten. Unsere Behörde setzte sich aus zwei Komitees zusammen, das eine sollte die Planung übernehmen, und das andere den Ablauf des Programms kontrollieren. Ich wurde von meinem alten Job abgezogen und war jetzt Programmablaufskontrollbeamter. (Er lacht.)

Als wir in den Krieg eintraten, ging alles drunter und drüber. Plötzlich sollte eine Riesenanzahl an Flugzeugen und Panzern produziert, eine elf Millionen Mann starke Armee aufgebaut und den Briten Material geliefert werden, bald darauf den Russen und den Franzosen. Wir mußten die Produktion gewaltig steigern, aber es gab einen Engpaß bei der Maschinenindustrie.

Nelson sagte im Radio, die Maschinenindustrie würde uns im Stich lassen, sie würde nicht rund um die Uhr arbeiten. Das ›Machinery and Allied Products Institute‹ antwortete Nelson, sie könnten keine drei Schichten fahren. Nelson sagte, sie sollten mit demjenigen reden, der die Rede verfaßt hatte, und ihn in Ruhe lassen. Also kamen sie zu mir.

Meine Studien basierten auf Statistiken. Ich hatte keine Ahnung von Maschinenbau. Ich konnte kaum eine Werkzeugmaschine von der anderen unterscheiden. (Er lacht.) Sie bestanden darauf, daß ich mir die entsprechenden Betriebe mal ansehen sollte. Ich nahm die Einladung an. Ich war in Fabriken gewesen, die nur ein paar Schritte auseinander lagen, und wo die eine drei Schichten und die andere bloß eine Schicht arbeitete. Daraufhin baten sie mich, Planung und Kontrolle für den Bereich der Maschinenindustrie zu übernehmen. (Er lacht.)

Ich zögerte. Es war eine Herausforderung. Ich war ein kritischer Geist und mußte jetzt Farbe bekennen. Natürlich spielte der Krieg auch eine Rolle. Ich hatte das Gefühl, daß es um etwas sehr Wichtiges ging. Ich war jung, und ich war Jude. Ich war noch nie in so einer verantwortungsvollen Position, also nahm ich die Herausforderung an.

Ich als Außenstehender versuchte Ordnung in die ganze Sache zu bringen. Es war zum Verrücktwerden, wenn man sah, wie gearbeitet wurde. Die Leute von der Regierung wußten weder, wo die Fabriken lagen, noch was sie herstellten. Und die Leute aus der Wirtschaft waren, wenn überhaupt, nur daran interessiert, wie es nach dem Krieg weitergehen sollte, ansonsten machten sie in ihrem alten Trott weiter. Sie hatten keinen blassen Schimmer, was im Krieg alles gebraucht wurde, und von Planung hatten sie erst recht keine Ahnung.

Die führenden Leute in den Verbänden arbeiteten sozusagen ehrenamtlich, bezogen aber weiterhin ihre Firmengehälter – das waren alles Industriebosse. Zugegeben, es gab Leute in leitenden Positionen, die ihr Geschäft verstanden. In den Verbänden saßen aber auch Leute, die die Industrie abgeschoben hatte, nach dem Motto: Was? Washington braucht jemand, der sich um Kugellager kümmert, schicken wir doch diesen Clown hin!

Das erste, was ich in Angriff nahm, war das Problem mit den Werkzeugmaschinen. Zum Beispiel hatte eine Autofabrik oder eine Flugzeugfabrik genug Drehbänke, aber keine Fräsen. Eine andere Fabrik, die Panzer baute, hatte Fräsen, aber keine Drehbänke. Ich fragte mich, wie die vorhandenen Maschinen eingesetzt wurden, und stellte fest, daß innermilitärische Konflikte dafür verantwortlich waren. Jeder Heereszweig, ob *Army, Navy* oder *Air Force*, war auf seinen eigenen Vorteil aus. Zehn Prozent der Maschinen gingen an einen, fünf Prozent an den anderen und drei an den dritten. Das machte keinen Sinn. Es stand in keinerlei Bezug zum tatsächlichen Bedarf. Irgend jemand mußte das Ganze in die Hand nehmen und Prioritäten setzen. Genau das tat ich. Ohne die Unterstützung von den Topleuten, die wirklich was davon verstanden, hätte ich es nicht geschafft. Für viele war das eine völlig neue Denkweise, das waren sie nicht gewohnt. Andere natürlich...

Alle waren sie patriotisch, aber jeder auf seine Weise. Viele Industriebosse machten sich Sorgen, wie ihre langjährigen Stammkunden reagieren würden. Wenn ich ihnen sagte, schickt das Schleifpapier zu der und der Firma, die kein Stammkunde war und auch nach dem Krieg nicht werden würde, waren sie sauer – und wie! Es gab viele Streitereien.

Am Anfang weigerten sich einige Industrielle, militärische Großaufträge anzunehmen, bevor nicht alle Detailfragen geklärt waren. Sie wollten geklärt haben, wer, wenn der Krieg zu Ende ist, die Instandhaltung übernimmt. Was sie bezahlt kriegen, wenn die Aufträge ausbleiben. Was für eine Entschädigung sie bekommen, wenn sie die Maschinen wieder abbauen müssen. Für jeden Cent, den sie verlieren konnten, wollten sie sich absichern.

Die Konzessionen, die in den Verträgen gemacht wurden, waren sowieso der Gipfel. Der Krieg mußte gewonnen werden. Goodbye, Dr. New Deal – dieses ganze Roosevelt-Geschwätz von Pacht- und Leihgesellschaften – hello, Mr. Win the War. Die Regierung gab nach. Die Militärs standen den Wirtschaftsbossen natürlich wesentlich wohlwollender gegenüber. Mit denen kamen sie schon immer gut aus. Es sind Leute vom gleichen Schlag.

Der Eisenbahnindustrie gefiel überhaupt nicht, was ich machte. Sie verließen sich lieber auf ihre eigenen Leute, die mit Dun- und Bradstreet-Berichten arbeiteten. Alles wäre okay, sagten sie. Mein Bericht blieb in der Schublade. Eines Tages tauchte Bernhard Baruch auf und schrie die Topleute vom ›War Production Board‹ an: »Ihr Kerle macht überhaupt nichts. Ihr seid nicht auf dem laufenden. Wir haben nicht genug Stahl, nicht genug Kupfer und nicht genug Aluminium.« Da kamen sie zu mir runtergerannt und holten mich mit meinem Bericht hoch, um ihm zu beweisen, daß sie nachdachten. (Er lacht.) Das war das einzige Mal, daß sie meinen Berichten irgendwelche Aufmerksamkeit widmeten.

In einem meiner ersten Berichte stand, daß nicht genug Eisenbahnwaggons vorhanden sind, um den Weizen, das Eisenerz und die Kohle zu transportieren, weil verdammt viele außer Gebrauch waren oder repariert werden mußten. Es war also notwendig, neue Waggons zu bauen, sonst ließe sich, wenn es hart auf hart käme, nicht vermeiden, daß die Regierung eingreift und den Gütertransport regelt. Und wissen Sie, was passierte? Die Eisenbahngesellschaften zitierten meine Berichte, die nur für den internen Gebrauch bestimmt waren, in ganzseitigen Anzeigen in der Washington Post unter der riesigen Überschrift: ›Regierung propagiert Sozialismus‹.

Dann kam Pearl Harbor, und es war Krieg. Die Verteilung der Rohstoffe wurde ab sofort streng kontrolliert. Es wurden Prioritäten gesetzt. Und dann standen die Leute von der Eisenbahn bei mir vor der Tür und luden mich zu einem feudalen Abendessen ein. Sie sagten, ›Sie verstehen unsere Probleme. Helfen Sie uns, unsere Stahlzuteilung zu bekommen, sonst können wir die Waggons nicht instand setzen!‹ Ich habe ihnen geholfen. Aber glauben Sie mir, die waren so dämlich, bei denen hat nie was geklappt. Die Industrie wehrt sich immer gegen jegliche Form von Planung. Da muß erst eine große Krise kommen, bis sie was kapiert.

Wir waren junge Leute, Idealisten. Wir waren nicht karrieresüchtig. Wir vertraten die Grundprinzipien des *New Deal*. Aber als der Krieg anfing, ging es nur noch darum, ihn zu gewinnen. Das bedeutete, die Produktion zu steigern. So einfach war das. Obwohl wir mit Großindustriellen zusammenarbeiteten, ließen wir uns nicht einschüchtern. Wir verstanden ihre Probleme, aber wir hatten keine Angst, politisch gegen sie anzugehen.

Roosevelt starb. Truman wurde Präsident. Die Saat des kalten Krieges war bereits gesät. Ich bekam einiges mit, bei mir liefen viele Telegramme über den Schreibtisch. Im Rahmen des Lend-Lease-Programms sollten die Russen Rüstungsmaterial erhalten. In dem Bereich lief einiges – ob vorsätzlich oder nicht, will ich dahingestellt sein lassen – im ›War Production Board‹ schief. Maschinen waren auf einmal kaputt und Aufträge verschwanden. Die Verteilung funktionierte nicht richtig.

Es gab zwei Geheimprojekte. Sie hatten Codenamen. Das eine war das ›Manhattan Project‹. Heute wissen wir alle, worum es da ging. Das andere war das ›Arctic Circle Project‹. Ich hatte keinen blassen Schimmer, um was es sich dabei handelte. Die Russen benötigten eine bestimmte Sorte von Maschinenketten für Flaschenzüge auf den Schiffen oder so was. Ich sollte mich darum kümmern. Es schien kein Problem zu geben, denn es hatte Toppriorität, alles war vom Weißen Haus abgesegnet. Es wurde beschlossen, für die Produktion der Ketten eine Fabrik zu bauen. Soviel ich weiß, ist sie nie gebaut worden.

Fünf Prozent aller Werkzeugmaschinen sollten an die Russen geliefert werden. Das wurde ständig sabotiert. Es gab immer wieder Probleme. Kurz nach Kriegsende sollte Rußland einen Kredit bewilligt bekommen. Generäle und Botschafter schickten daraufhin Telegramme mit der Weisung, auf jeden Fall Forderungen daran zu knüpfen. Schon während des Krieges spürte man in der Allianz mit der Sowjetunion den unterschwelligen Antagonismus, daß die Russen zwar Dreckskerle seien, aber daß wir irgendwie mit ihnen klarkommen mußten. Ja, ich merkte schon lange, daß sich der kalte Krieg ankündigte.

Als erstes fiel dem kalten Krieg die Debatte über die Außenpolitik zum Opfer. Sie wurde gestrichen. Man stellte lapidar fest, daß die Sowjetunion der Feind sei. Wenn man davon ausging, dann war ja auch jede Debatte überflüssig. Wir wußten auf alles eine Antwort. Wir wußten, was für die Entwicklung der Dritte-Welt-Länder am besten war. Wir waren der große Bruder. Es war eine neue Rolle, und diese Meinung setzte sich im ganzen Land durch. Der Krieg hatte den Rest der Welt verwüstet, und wir waren stärker denn je. Also wenn jemand die Welt wieder aufbauen konnte, dann wir.

Das wichtigste Vermächtnis des Krieges ist der militärisch-industrielle Komplex, vor dem Eisenhower noch in seiner Abschiedsrede gewarnt hatte. Die Vertreter der Wirtschaft hatten schon immer Einfluß in Washington, aber heute beherrschen sie Washington. Mit dem Aufschwung in der Rüstungsindustrie, der weit über unsere Vorstellungen hinausgeht, stehen wir vor einem qualitativ neuen Machtpotential, das zu einem wesentlichen Faktor des amerikanischen Lebens geworden ist.

W. Averell Harriman

1941 war er der Abgesandte Präsident Roosevelt in Großbritannien und der Sowjetunion. Später diente er als Botschafter in der Sowjetunion (1943-1946) und in Großbritannien (1946).

Zum Zeitpunkt dieses Gesprächs bereitete er sich gerade auf seinen neunzigsten Geburtstag vor.

Meine Aufgabe als Beauftragter Roosevelts gegenüber Churchill war eine einfache. Ich sollte jede Art von Unterstützung befürworten, die, wie er sich ausdrückte, Großbritannien helfen könne, sich über Wasser zu halten. Der große Umschwung kam, als wir nicht länger nur Hilfslieferungen leisteten, sondern direkt in das Geschehen eingriffen.

Es war allein Roosevelts Weitblick zu verdanken, daß wir politisch vom Isolationismus abrückten und zur führenden Weltmacht wurden. Das war ein bahnbrechender Umschwung. Dadurch ist unser Land ein anderes geworden. Der Krieg veränderte jedermanns Einstellung. Beinahe über Nacht wurden wir internationalistisch.

Ich stellte fest, daß Churchill es für äußerst wichtig hielt, Stalin zu unterstützen. Das entsprach durchaus auch meiner Meinung. Zwischen Roosevelt und Churchill fand ein Treffen auf See statt, an dem auch ich teilnahm. Churchill entschloß sich, Beaverbrook[1] zu entsenden, Roosevelt entschied sich für mich. Im Oktober 1941 begaben wir uns nach Moskau. Wir kamen zu der übereinstimmenden Auffassung, daß Stalin fest entschlossen war, den Deutschen standzuhalten. Er hat uns gesagt, er werde sie niemals bis nach Moskau vordringen lassen. Sollte er sich aber irren, würden sich die Russen zum Ural zurückziehen und von dort aus weiterkämpfen. Sie würden niemals kapitulieren. Wir gewannen die Überzeugung, daß Stalin ungeachtet seiner furchtbaren Brutalität und seiner Schreckensherrschaft ein großer Kriegsführer war. Ohne Stalin hätten sie nie durchgehalten.

Von der Unterstützung, die wir Rußland anfänglich zukommen ließen, mußten wir entgegen unseren Zusagen einiges den Briten vorenthalten. Deshalb hat Großbritannien gewissermaßen auf sehr reale Weise zum Wiederaufstieg der Sowjetunion beigetragen. Später wurden die Russen dann ungemütlich. Es ging natürlich in erster Linie um Polen. Ich entsinne mich noch, wie Stalin mir sagte, die Ebenen Polens seien schon von jeher die Invasionsroute von Europa nach Rußland gewesen, deshalb müsse er die Kontrolle über Polen haben.

Er hatte Angst. Er wollte kein vereintes Deutschland. Stalin hat mir deutlich zu verstehen gegeben – und ich habe oft mit ihm gesprochen –, daß sich die Russen eine Wiedererstarkung Deutschlands nicht leisten konnten. Zweimal waren sie bereits überfallen worden, eine dritte Invasion würde es nicht geben.

Es wurden große Hoffnungen in die Vereinten Nationen gesetzt.

[1] Lord Beaverbrook, konservativer Politiker und einflußreicher Zeitungsverleger.

Ich habe 1945 an der Versammlung in San Francisco teilgenommen. Ich versprach mir nicht ganz soviel davon wie die meisten anderen Menschen. Gewiß hielt ich sie für eine nützliche Einrichtung, aber ich erwartete nicht, daß sie die Probleme der Welt lösen könnte. Ich erinnere mich noch an ein Treffen mit verschiedenen führenden Kolumnisten der damaligen Zeit, bei dem ich vorhersagte, daß es zu Schwierigkeiten mit der Sowjetunion kommen werde. Unsere Ansichten waren mit den ihren völlig unvereinbar. Ich habe gesagt, wir müßten unsere Differenzen beilegen, denn anderenfalls ... Ich hatte seit 1926 mit der Sowjetunion zu tun gehabt, ich machte mir keine Illusionen. Zwei Männer haben mit den Worten den Saal verlassen: »Diesen Kriegstreiber höre ich mir nicht länger an.« Einer der beiden war Raymond Gram Swing. Innerhalb eines Jahres hat er sich dafür bei mir entschuldigt. Der andere war Walter Lippmann. Der hat sich noch nie bei irgend jemand entschuldigt. (Er lacht.) Sie konnten einfach nicht glauben, daß nun nach Kriegsende die Russen nicht unsere Freunde sein würden.

Ich bin von meiner Haltung seit 1945 um kein Jota abgewichen. Wir hatten eben einzusehen, daß ihre Ziele und unsere Ziele grundverschieden waren. Aber wir mußten diese Differenzen beilegen. Wir müssen die Russen verstehen. Wir dürfen sie nicht für etwas halten, was sie nicht sind. Meiner Meinung nach will die russische Regierung heute zu einer Übereinkunft hinsichtlich des wichtigsten Punktes überhaupt kommen: in der Frage der Rüstungskontrolle.

Die Waffen, die im Zweiten Weltkrieg entstanden sind, die Atomwaffen, haben die Welt verändert. Wir können heute nicht mehr mit dem Säbel rasseln wie früher.

Es hält sich die Legende, daß Roosevelt Osteuropa an Stalin abgetreten hat. Ich war damals in Jalta jeden Tag mit Roosevelt zusammen. Er war fest entschlossen, Stalin daran zu hindern, sich Osteuropa einzuverleiben. Er glaubte, sie seien letztendlich zu einer Einigung über Polen gelangt. Bevor Roosevelt starb, mußte er einsehen, daß Stalin diese Übereinkunft gebrochen hatte. Nach Jalta habe ich *FDR* nicht wiedergesehen.

Ich glaube, Stalin hat Roosevelt gefürchtet. Wann immer Roosevelt etwas sagte, hat er ihn mit einer gewissen Hochachtung beobachtet. Er hatte Angst vor Roosevelts Einfluß in der Welt. Wenn FDR nicht gestorben wäre, hätte sich der kalte Krieg nie derartig entwickelt, weil Stalin versucht hätte, sich mit Roosevelt zu verständigen.

FDR besaß das Talent, Verhandlungen offen zu gestalten. Zwischen Roosevelt und Stalin hätten wohl die Verhandlungen noch viele Monate länger gedauert. Der kalte Krieg hätte nicht so bald begonnen.

Hamilton Fish

Er war von 1920 bis 1945 republikanischer Kongreßabgeordneter aus New York, und er war der Vorsitzende des ersten Kongreßkomitees für Ermittlungen über den Kommunismus in den Vereinigten Staaten: 1930. Es wurde nach ihm benannt. Sein unmittelbarer Nachfolger wurde Kongreßabgeordneter Martin Dies aus Texas. Das Komitee wurde später unter dem Namen HUAC (House Un-American Activities Committee – ›Repräsentantenhaus-Ausschuß zur Untersuchung unamerikanischer Umtriebe‹) bekannt.

»Das Komitee hat mir einen netten Brief geschrieben. ›Sie sind dafür verantwortlich. Alle sollen das wissen – daß Sie diese ganzen Ermittlungen erst ins Rollen gebracht haben.‹ Ein wunderbarer Brief war das.«

Er ist etwa 1,95 m groß und hält sich militärisch aufrecht. Obwohl außer ihm nur noch sein Enkel und ich im Zimmer sitzen, tönt er aus voller Kehle; er spricht für eine große Zuhörerschaft.

Meine Familie hat immer jeden Krieg unterstützt, in den wir verwickelt waren – sobald der Krieg erklärt war. Ich habe mich unverblümt gegen den Vietnamkrieg gestellt, weil es keine Kriegserklärung durch den Kongreß der Vereinigten Staaten gab. Genau das wollten doch die Kommunisten, uns in den Dschungel locken und da festhalten. Hätten wir den Krieg erklärt, hätten wir ihn in einem Jahr gewonnen, denn dann hätten wir das RECHT gehabt, sie zu bombardieren: so ist das im Krieg. Wir sind mit gebundenen Händen hineingegangen und zehn Jahre dringeblieben. Das war das Allerdümmste, was wir je gemacht haben. Ich hab ihnen den Rücken gestärkt, sobald wir drin waren, weil ich ihnen immer den Rücken stärke.

Franklin Roosevelt zog uns in einen Krieg, ohne dem Volk irgend etwas darüber zu sagen. Er arbeitete mit einem Ultimatum, über das wir nichts wußten. Wir wurden in den Krieg hinein gezwungen. Das war der größte Akt einer Verheimlichung, der je in den Vereinigten Staaten von Amerika begangen wurde. Aber am 8. Dezember 1941, einen Tag nachdem die Japaner ... habe ich die allererste Rede aus den Kongreßhallen über Radio gehalten. Ich hatte jede Woche geredet, um uns aus dem Krieg herauszuhalten. Am Tag nach dem Angriff hatte ich als führendes Ausschußmitglied die Pflicht, als erster die Stimme zu erheben. Ich verurteilte die Japsen und hielt Roosevelts Ansicht hoch, daß Pearl Harbor als ›Tag der Infamie‹ in die Geschichte eingehen würde. Ich appellierte an alle Verfechter der Nichteinmischung, zur Army zu gehen, bis wir die Japsen besiegt hätten. Eine Viertelstunde lang habe ich zu 25 Millionen Menschen gesprochen. Manche haben mir hinterher erzählt, sie hätten geweint. Meine Rede blieb die einzige, weil ich die gesamte vorhandene Zeit ausgenützt habe.

Ich hatte drei Jahre lang an vorderster Front dagegen gekämpft, daß Roosevelt uns in den Krieg verwickeln würde. Alle zehn Tage kam ich im Radio, und zwar auf den entscheidenden Sendern. Ich habe ihn aufgehalten – bis er dieses Ultimatum gestellt hat. Das war überhaupt die größte Tat in meinem ganzen Leben. Er hätte uns Monate oder sogar ein Jahr vor Pearl Harbor in den Krieg gezogen. Wir hätten gegen diese Deutschen, womöglich auch gegen die Russen, gekämpft, weil die ja miteinander paktiert hatten. JEDE einzelne amerikanische Familie schuldet mir Dank, weil wir sonst ein oder zwei Millionen TODESOPFER gehabt hätten. Das ist das Größte, was ich je vollbracht habe, und das kann mir keiner nehmen.

Rußland ist unser Feind und wird es auch immer bleiben, weil sie uns die Macht neiden. Die würden, ohne mit der Wimper zu zucken, auf den Knopf drücken und hundert Millionen Amerikaner umbringen.

Haben Sie keine Angst, daß auch hier einer auf den Knopf drücken könnte?

Nie im Leben! Wir sind ein gottesfürchtiges Land, wir haben keine Feinde und wir wollen uns nicht ausbreiten. Die wollen die ganze Welt kommunistisch machen.

Ich fürchte mich nicht vor dem Tod. Ich weiß, daß ich ans Jenseits denken muß, drum macht mir das überhaupt nichts aus. Ich glaube an Gott. Meine Familie hat mich so erzogen. Die meisten Amerikaner glauben wohl an einen Gott, ob im Himmel oder irgendwo in einem selbst. Darauf kommt es nicht an. Mein Leben war durch und durch glücklich.

Virginia Durr

Sie stammt ursprünglich aus Alabama und gehörte zu den ersten weißen Südstaatlern, die sich für die Bürgerrechte der Schwarzen einsetzten. Durch ihre Arbeit und ihren Ruf ist sie bis weit über die Grenzen des Staates Alabama bekannt geworden, was oft mit ganz erheblichen persönlichen Opfern für sie selbst verbunden war.

Während der Kriegsjahre lebte sie in Washington, wo ihr Mann Clifford zunächst als Rechtsanwalt für die RFC (Reconstruction Finance Corporation) und später für den FCC (Federal Construction Council) tätig war.

Erst mit dem Holocaust verlor ich meine politische Unschuld. Ich glaubte tatsächlich, daß die Menschen von Natur aus gut sind. Das Böse mußte bekämpft werden, aber es herrschte nicht überall. In den Südstaaten hatte ich zwar Leid gesehen, aber trotzdem hielt ich die Welt immer noch für gut. Der Holocaust hat meine gesamte Weltsicht verändert.

Mein Vater, ein presbyterianischer Prediger, hatte in Deutschland moderne Theologie studiert. Er lernte, daß die Bibel von

Menschen geschrieben wurde und nicht unmittelbar das Wort Gottes darstellt. Er hat in Heidelberg und in Berlin an der Universität studiert. Nach seiner Rückkehr wurde er aus der Kirche ausgeschlossen, weil er nicht schwören wollte, daß der Wal Jonas verschluckt und nach drei Tagen lebendig wieder ausgespien hat. Ich wuchs also mit der Überzeugung heran, daß mein Vater und die Deutschen für die Wahrheit standen. Für mich waren sie ein zivilisiertes, freundliches Volk – mein Vater beschrieb sie mit dem Wort ›gemütlich‹. Durch Hitler und den Holocaust verlor ich diesen Kinderglauben.

1939 und '40 kämpfte ich immer noch gegen die Kopfsteuer.[1] Ich beschäftigte immer noch billige Dienstboten. Es ist schon eine Ironie des Schicksals: Meine persönliche Freiheit habe ich mir auf Kosten schwarzer Frauen erkauft, denen ich einen regelmäßigen Lohn zahlte. Und zwar nicht gerade viel. Ich habe jeden Tag im Anti-Kopfsteuerbüro gearbeitet. Immerhin haben wir ein Gesetz durchgebracht, nach dem Soldaten von der Kopfsteuer befreit wurden.

Mrs. Roosevelt hat uns gefördert und geholfen. Als der Krieg ausbrach, sagte sie mir, daß Mr. Roosevelt in der Rassenfrage nichts mehr unternehmen könne. Er sei für die Kriegsanstrengungen auf die Unterstützung von Senatoren aus den Südstaaten angewiesen. Den ganzen Krieg hindurch haben wir weiter gegen die Kopfsteuer gekämpft, wenn auch sonst jeder mit seinen Gedanken ganz woanders war.

Ein junges Ehepaar kam nach Washington, Esmond und Decca Romilly.[2] Winston Churchill war sein Onkel. Esmond ging nach Kanada, um in die *Canadian Air Force* einzutreten. Ob Decca bis zur Geburt ihres Kindes bei uns wohnen könne? Wir erhielten die Nachricht, daß sein Flugzeug abgeschossen worden sei. Sie wollte einfach nicht glauben, daß er tot war. Nach Hause wollte sie auch nicht zurück. Ihre Schwester Diana hatte Oswald Mosley geheiratet, den britischen Faschisten. Ihre andere Schwester, Unity, war eng mit Hitler befreundet gewesen. Bis auf ihre Schwester Nancy

[1] *Poll tax*; die Begleichung der Kopfsteuer war Grundvoraussetzung für das Wählen. Mit ihr wurden besonders in den Südstaaten die Schwarzen vom Wählen abgehalten.

[2] Jessica Mitford

und die Jüngste war ihre Familie durch und durch faschistisch. Als Churchill herüberkam, hat er als erstes Decca mit dem Baby ins Weiße Haus eingeladen. Er hat sie auch schließlich überzeugen können, daß Esmond tot war.

Also wohnte ein englischer Flüchtling bei uns, diese außergewöhnliche Frau (sie lacht) samt ihrem Baby. Meine Mutter lebte damals auch bei uns. Ich hatte vier Kinder und erwartete das fünfte. Dazu kam noch Mr. Yamasaki. Er war Lowell Melletts japanischer Butler gewesen. Lowell gehörte zum Stab des Präsidenten, er hatte einen heißen Draht zum Weißen Haus. Den offiziellen Stellen war es nicht recht, daß sich ein japanischer Butler am Telephon meldete. Wir haben ihm eine Stelle bei einem General besorgt, der sich kein bißchen vor ihm fürchtete. Er zog mit Frau und Kind zu uns. (Sie lacht.)

In unserem Haushalt lebten dreizehn, vierzehn Personen. Wir hatten Schwierigkeiten mit der Verpflegung und den Lebensmittelkarten. Die schwarzen Frauen, die mich für 15 Dollar die Woche über Wasser gehalten hatten, fanden Arbeit in der Torpedofabrik für 100 Dollar im Monat.

Zu der Zeit stattete uns das *FBI* fast einmal pro Woche einen Besuch ab. Ich hatte einen japanischen Staatsangehörigen im Haus. Die britische Botschaft ließ Decca wegen ihrer Verwandtschaft observieren. Man mißtraute ihr ebenfalls. Wir wurden ständig vom FBI überwacht. Für gewöhnlich läuteten zwei junge Männer bei uns an der Tür. Sie haben Mr. Yamasaki Radio und Photoapparat weggenommen. Eines Tages erschienen sie und bestanden darauf, seinen Überseekoffer zu durchsuchen. Das war ihm äußerst peinlich, und er hat sie gebeten, es nicht zu tun. Sie entdeckten einen doppelten Boden. Sie waren überzeugt, daß er ein japanischer Spion war. Sie haben den doppelten Boden aus dem Koffer gerissen. Und was fanden sie? Eine ganze Lage schmutziger Photos. Lauter nackte Mädchen. Ihm und seiner Frau war das furchtbar peinlich.

Wir standen ständig unter Beobachtung. Mit der Zeit konnte mir das nichts mehr ausmachen. Die Kinder haben gerufen: »Mutter, der Milchmann ist da!«, »Mutter, der Wäschereimann ist da!« und »Mutter, das *FBI* ist da!« (Sie lacht.) So fing es mit unserer

Überwachung an. Bis vor zwei Jahren wurde ich immer noch observiert.

Wir waren gut mit Lyndon und Bird bekannt.[1] Im Laufe der Zeit habe ich mich eng mit ihr angefreundet. Er war ein richtiger Landbursche in seinen Cowboystiefeln, der immer gegen die Kopfsteuer gestimmt hat. Ich habe ihm oft zugesetzt, dann hat er mir immer den Arm um die Schultern gelegt und gesagt: »Kindchen, wir haben einfach die Stimmen nicht. Mein Wort drauf, sobald wir sie haben, geht das Gesetz durch.« 1965 hat er es schließlich durchgesetzt. Es hatte dreißig Jahre gedauert.

Ich war in verschiedener Hinsicht vor Übergriffen geschützt. Mein Schwager, Hugo Black, war am Obersten Gerichtshof. Mein Mann hatte eine einflußreiche Stellung bei der RFC und beim FCC. Er genehmigte Gelder für den Bau von Rüstungsbetrieben. Er vergab die Lizenzen, und das bedeutete für manchen ein Vermögen. Wenn man sich überlegt, welche Summen er verteilt hat und wie wenig Geld wir hatten... (Sie lacht.) Als wir nach Montgomery zurückkehrten, arm wie die Kirchenmäuse, hat ihn sein Bruder gefragt: »Warum hast du denn nicht investiert? Du wußtest doch, daß Milliardenbeträge an McDonnell Aircraft gehen. Warum hast du keine Aktien gekauft?« Er hat geantwortet: »Man darf Insider-Informationen nicht zum eigenen Vorteil ausnutzen.« Sein Bruder hat das nie verstanden. (Sie lacht.)

Nach dem Abwurf der Bomben auf Hiroshima und Nagasaki kamen Mr. Yamasaki und seine Frau Sayiko zu uns. Sie war einer der liebsten, sanftesten Menschen, die ich je gekannt habe. Sie kamen ins Wohnzimmer und setzten sich. Sie sagten: »Es fällt uns nicht leicht, Ihnen das zu sagen. Sie haben uns ein Zuhause gegeben und waren immer gut zu uns, aber wir können nicht bleiben.« Ich wollte wissen, warum nicht. Sie sagte: »Zwölf Mitglieder meiner Familie sind in Nagasaki ausgelöscht worden.« In seiner Familie waren es fünfzehn. Verbrannt zu atomarer Asche. Sie sagten: »Wir wissen, daß Sie gute Menschen sind, Sie hätten die Bombe nicht abgeworfen, aber wir können einfach nicht mehr bei weißen Ameri-

[1] Lyndon B. Johnson, demokratischer Politiker und 36. Präsident der Vereinigten Staaten (1963-1969), und seine Frau Claudia Alta Taylor Johnson, genannt Bird.

kanern wohnen. Wir müssen mit Japanern zusammensein.« Sie gingen. Ich habe mich noch nie im Leben so elend gefühlt.

Mein Schwager, Richter Black, hat sich ziemlich über mich aufgeregt, weil ich all diese Menschen im Haus hatte. Er meinte, man werde versuchen, ihm über mich etwas anzuhängen. Und genauso ist es auch gekommen. Als Eastland[1] in Mississippi für den Senat kandidierte, hat er den Obersten Gerichtshof beschuldigt, von Kommunisten unterwandert zu sein, weil er gemischtrassige Schulen zulassen wollte. Sein Slogan lautete: »Vom Klassenzimmer zum Schlafzimmer ist es nur ein kleiner Schritt.« Eigentlich hatte er es damit auf Hugo abgesehen, für den wir angeblich nur die Strohmänner abgaben. Eastland, der alles haßte, für was ich eintrat, war Vorsitzender des Senatsausschusses für Innere Sicherheit. Er hat mich beschuldigt, die Regierung stürzen zu wollen.

Als der Krieg vorbei war, glaubten wir, die Vereinigten Staaten seien das gutwilligste, beste, großzügigste Land der Welt. Ich war richtig siegessicher. Nicht einmal ein Jahr hat es gedauert, und schon stand wieder alles auf dem Kopf. Die Ära McCarthy hatte begonnen.

Ich habe den kalten Krieg und seine Folgen beinahe sofort zu spüren bekommen. In jeder Hinsicht. Wir versuchten, den Kampf gegen die Kopfsteuer wiederzubeleben. Uns wurden kostenlos Büros im Railway Building zur Verfügung gestellt, weil die Tochter von Senator Wheeler bei uns mitgearbeitet hat. Er war ein großer Freund der Eisenbahn. Aber dann kam man zu uns und sagte: »In Ihr Büro kommen zu viele Schwarze. Deshalb müssen Sie leider ausziehen.«

Wir haben mit allen möglichen Gruppierungen zusammengearbeitet: mit Frauenvereinigungen, den Kirchen, mit *CIO*,[2] *AFL*,[3] *ACLU*,[4] *NAACP*.[5] Eines Tages rief ein Mann von der *Anti-Defama-*

[1] James Oliver Eastland, demokratischer Politiker, Gegner der Bürgerrechtsbewegung

[2] *Congress of Industrial Organizations* (Gewerkschaftsdachverband)

[3] *American Federation of Labor* (Gewerkschaftsorganisation)

[4] *American Civil Liberties Union* (Bürgerrechtsorganisation)

[5] *National Association for the Advancement of Colored People* (Vereinigung zur Förderung der schwarzen Minderheit)

tion League[1] an. Sie seien bereit, uns auszuhelfen. Er sagte: »Ich habe hier eine Liste vom Staatsanwalt. Ich möchte mich nur vergewissern, daß keine der genannten Personen an Ihren Versammlungen teilnehmen darf.« Zu dem Zeitpunkt hatte ich schon zuviel durchgemacht. Mir platzte der Kragen. (Sie lacht.) Ich sagte: »Sie gehören zu der Art von Juden, die Hitler möglich gemacht haben.«

Die ganze Roosevelt-Koalition brach jetzt auseinander. Es war der Beginn der Hetzjagd auf Kommunisten und der Hysterie. '48 gab Cliff seine Stelle auf und eröffnete seine eigene Kanzlei. Sofort hat er die Leute verteidigt, die man wegen des Treueeides belangen wollte. Seine Praxis und im Endeffekt auch seine Gesundheit haben schlimm unter der Kommunistenhatz gelitten.

Zu der Zeit rief seine Mutter aus Alabama an: »Kommt nach Hause. Ich habe viel Platz.« So war sie eben, neunzig Jahre alt, nicht mal einen Meter fünfzig groß. Sie war eine konservative Südstaatlerin, die unsere Überzeugungen nicht im geringsten teilte, aber sie liebte ihren Sohn. Wir sind nach Hause gezogen, und hier sind wir auch geblieben.

Cliff ist jeden Morgen aufgewacht und hat gesagt: »Gott sei Dank, ich bin in Alabama. Hier bin ich zu Hause. Hier weiß ich, wer meine Gegner sind und aus welcher Ecke ich angegriffen werde.« Sobald er seine Kanzlei eröffnet hatte, steckten wir auch schon mitten in den Kämpfen der Bürgerrechtsbewegung. Martin Luther King. E. D. Nixon. Wir haben Mrs. Parks aus dem Gefängnis geholt. Es war eine spannende und aufregende Zeit.

Earl B. Dickerson

Er ist zweiundneunzig. Jeden Werktag erscheint er morgens in seinem Büro in Chicago. Er ist emeritierter Präsident der Supreme

[1] Jüdische Organisation, bekämpft antisemitische Tendenzen und setzt sich für die Gleichberechtigung der Juden in den USA ein.

Life Insurance Company of America. In den späten dreißiger Jahren saß er im Stadtrat von Chicago.

Er wurde von Präsident Roosevelt in das erste Fair Employment Practices Committee (Komitee für eine gleichberechtigte Einstellungspraxis) berufen, wo er von 1941 bis 1943 agierte.

Etwa 1940 wurde die Rüstungsproduktion in Gang gesetzt: Lockheed, Boeing und all diese Firmen. Wenn es in diesem Krieg darum ging, der Demokratie eine Bresche zu schlagen, dann sollten die Vorbereitungen alle Menschen in unserem Land gleichberechtigt miteinbeziehen.

Da die Schwarzen zum Großteil davon ausgeschlossen waren, planten A. Philip Randolph und Walter White[1] einen ›Marsch nach Washington‹. Ich kannte die beiden sehr gut. Um die Demonstration zu verhindern, gab Mr. Roosevelt die Regierungsverordnung ›Executive Order 8802‹ aus. Diese schrieb die Einrichtung des ›Komitees für eine gleichberechtigte Einstellungspraxis‹ vor. Ich wurde als einer der ersten hineinberufen.

Da ich der einzige Jurist in der Gruppe war, wurde ich immer vorausgeschickt, bevor eine Anhörung stattfinden sollte. Zusammen mit einigen Ermittlungsbeamten bereitete ich die Fälle vor, bevor das Komitee tagte.

Eine der ersten Anhörungen fand hier in Chicago in der City Hall statt. Wir verbrachten drei herrliche Tage mit der Befragung dieser Leute aus der Industrie. Ich kann mich noch gut an einen Vertreter von LaGrange erinnern. Das war eine der Tochtergesellschaften von General Motors. Wir hatten ihn im Zeugenstand: »Wie viele Neger[2] sind bei Ihnen beschäftigt?« Er antwortete: »Einer.«

An die Hearings in Los Angeles kann ich mich noch genau erinnern. Ich war eine Woche vor dem Termin mit einigen Ermittlungs-

[1] Der damalige Präsident der NAACP, der klassischen Bürgerrechtsorganisation der USA.

[2] Die von den Weißen geprägte Bezeichnung »negro« – »Neger« wurde in der ersten Hälfte des 20. Jahrhunderts auch von Schwarzen, insbesondere von Integrationsbefürwortern, neben dem Begriff »colored« – »Farbige« gebraucht. In den sechziger Jahren gaben sich die Schwarzen dann selbst den Namen »black people« – »Schwarze«. (Anm. d. Ü.)

beamten vorausgefahren. Lockheed hatte an die zwanzigtausend Arbeiter extra für die Kriegsproduktion eingestellt. Keine Neger. Bis zum Tag der Anhörung haben sie keinen einzigen eingestellt. Ich fragte den Personalchef: »Kennen Sie den Inhalt der Regierungsverordnung 8802?« Er sagte: »Ja«. Und weiter: »Beschäftigen Sie Neger in der Firma?« Er sagte: »Ja«. »Wie viele?« Er sagte: »Neun.« »In welcher Abteilung?« »In der Raumaufsicht.« Das heißt, sie haben die Böden gefegt. (ironisch) Na, immerhin ein Anfang.

In einer anderen Firma gab es keine schwarzen Maurer. Die Erklärung dazu: Einer oder zwei könnten nicht mit den Weißen in derselben Kolonne arbeiten. Man bräuchte genügend, daß sie eine Gebäudeseite übernehmen könnten. Da man aber nicht so viele gefunden hätte, habe man gar keinen eingestellt.

Die Anhörungen in Birmingham sind mir auch noch ganz frisch im Gedächtnis. Einer meiner Kollegen aus dem Ausschuß, Herausgeber einer Zeitung aus den Südstaaten, rief mich ein paar Tage vor dem geplanten Beginn der Hearings an: »Earl, vielleicht sollten Sie lieber nicht hinunterfahren. Es hat alle möglichen Drohungen gegeben«. Ich sagte: »Lesen Sie bitte noch einmal die Regierungsverordnung 8802 durch. Da steht: ›der Zuständigkeitsbereich dieses Ausschusses umfaßt alle Staaten und Territorien der Vereinigten Staaten‹«. Ich hatte sie vor mir liegen. »Und jetzt frage ich Sie: ›Liegt Birmingham im Territorium der Vereinigten Staaten?‹« Er antwortete: »Ja.« Ich sagte: »Dann fahre ich auch hin.«

Als ich in Birmingham aus dem Flugzeug stieg und auf das Flughafengebäude zuging, kam ein Mann, ein fast zwei Meter großer Weißer, auf mich zu und fragte: »Sind Sie Mr. Earl B. Dickerson?« Ich sagte: »Ja.« Er sagte: »Ich bin United States Marshal in diesem Distrikt, und vom Justizministerium zu Ihrem Schutz während Ihres Aufenthaltes bestellt.« Damals konnte man als Schwarzer in Birmingham nicht im Hotel wohnen. Also hat er mich die drei Tage jedesmal abgeholt. Und im Gerichtssaal, wo die Anhörungen stattfanden, stand er die ganzen drei Tage lang neben mir.

In dem Ausschuß gab es noch einen Schwarzen. Er war richtig schwarz, und ich bin eher braun. Die Zeitungen erschienen und beschrieben uns als der kleine Schwarze und der kleine Braune aus Chicago. Das war ungefähr 1942.

Sie dürfen nicht vergessen, daß man Roosevelt ja ein wenig antreiben mußte. Ich hatte keine persönliche Beziehung zu Präsident Roosevelt, bis er die Regierungsverordnung 8802 erließ. Das geschah am 25. Juni 1941.

Ab und zu gab es Anhörungen in Washington, D. C. Bei der Straßenbahn wurden keine Schwarzen als Wagenführer oder Schaffner eingestellt. Das war während des Krieges, und jeden Tag standen Stellenangebote für Wagenführer und Schaffner in der Zeitung. Die Bürgerrechtsleute vor Ort rieten den Schwarzen, sich zu bewerben. Sie hatten kein Glück. Wir setzten einen Termin für die Anhörungen in dieser Sache fest. Ich war zu der Zeit der amtierende Vorsitzende und übernahm die Vorbereitungen für den Fall. Sämtliche Zeitungen berichteten darüber.

Am Tag vor dem Hearing erhielt ich einen Anruf von einem gewissen McIntyre. Das war Roosevelts Sekretär. Er sagte: »Wenn wir recht informiert sind, haben Sie für morgen Anhörungen geplant. Im Auftrag von Präsident Roosevelt darf ich Sie ersuchen, die Anhörungen auf einen späteren Termin zu verschieben.« Ich antwortete, daß sämtliche Zeitungen, nicht nur die vor Ort, sondern in ganz Amerika, über diese Anhörung am nächsten Tag Bescheid wüßten. Wir hätten den Fall vorbereitet, ein namhafter Anwalt aus New York sei angereist und Veranstaltungsort sei Dumbarton Oaks[1]. Ich sagte ihm: »Ich kann nicht vor die Öffentlichkeit treten und diesen Fall zurückstellen, es sei denn, Mr. Roosevelt bittet mich persönlich.«

Das war etwa um ein Uhr mittags. Er rief sofort zurück. »Heute nachmittag um 14.30 Uhr empfängt Sie Mr. Roosevelt im Weißen Haus.« Im Weißen Haus dann saß Mrs. Mary McLeod Bethune direkt vor seinem Büro. Sie war die einflußreichste Persönlichkeit unter den Schwarzen, sie stand Mrs. Roosevelt sehr nahe. Ich glaube, daß Mrs. Roosevelt eine ganz wichtige treibende Kraft hinter der Regierungsverordnung 8802 war. Nachdem sie mich umarmt hatte, sagte Mrs. Bethune: »Der Präsident hat mich gebeten, bei der Unterredung dabeizusein.«

Nun, der Präsident bat mich schlicht um die Genehmigung, die

[1] In Dumbarton Oaks fand 1944 die Konferenz der USA, Großbritannien, der UdSSR und Chinas zur Vorbereitung der Gründung der UN statt.

Anhörungen zu verschieben. Ich sagte: »Darf ich fragen weshalb, Mr. President?« Er sagte: »Ich wünsche, daß sie bis zu meiner Rückkunft zurückgestellt werden.« Ich sagte: »Sehr wohl, Mr. President.« Am nächsten Morgen lasen wir dann natürlich, daß Mr. Roosevelt nach Jalta geflogen war, um sich mit Churchill und Stalin zu treffen.

Bald darauf brachte Justizminister Francis Bidle seinen Vorschlag zu einer Neugestaltung des Komitees vor. Sämtliche Mitglieder wurden wieder ernannt, nur ich nicht. Das war eine der größten Enttäuschungen in meinem Leben. Ich weiß, daß ich zu forsch gewesen bin. Ich war immer der Unruhestifter innerhalb des Komitees.

Was hat man denn als Grund angegeben?

Das hatten sie doch gar nicht nötig. Es fanden ja auch noch Anhörungen statt, aber nicht solche scharfen, auf denen ich bestanden hatte. Keiner hat mich je kritisiert. Ich stand in sämtlichen Zeitungen im ganzen Land.

Roosevelt wollte sich Zeit lassen. Ich wollte ihm zu schnell vorwärts. Wenn man sich's recht überlegt, hätte sich jeder andere Weiße an seiner Stelle genauso verhalten. Noch nie zuvor hatten die Schwarzen den Staat so herausgefordert, außer einzelnen Vertretern. Hier lag ein kollektiver Angriff auf die Praktiken der amerikanischen Gesellschaft vor.

Wissen Sie übrigens, daß meine Arbeit in diesem Komitee Auswirkungen auf mein späteres Leben hatte? Jahre später, als Gouverneur Kerner mich als einen der ersten in den ›Ausschuß für eine gleichberechtigte Einstellungspraxis in Illinois‹ berief, mußte ich vom Senat dort bestätigt werden. Ein gewisser Broyles war Vorsitzender des ›Ausschusses für unamerikanische Umtriebe in Illinois‹. Am Anhörungstag hatten sie in diesem Raum an der Wand meine Akte ausgehängt. Meine Mitgliedschaft im Sowjetisch-Amerikanischen Freundschaftskomitee, meine Mitgliedschaft in der National Lawyers' Guild – und meine sämtlichen Aktivitäten im ›Fair Employment Practices Committee‹. Die fünfzehn Republikaner stimmten mit nein, die dreizehn Demokraten mit ja. Ich wurde nicht bestätigt.

Im Zweiten Weltkrieg fing es an. Denn es war so klar, es ging gegen Hitler, da fingen die Schwarzen an, ihre Rechte an denen der Weißen zu messen. Und ich sage Ihnen, dieses Messen wird nicht mehr aufhören. Bis sie die gleichen Rechte haben wie die anderen.

Hoch hinaus

Lowell Stewart

»Schwarze Flieger haben im Zweiten Weltkrieg 409 feindliche Flugzeuge zerstört oder beschädigt, die vier letzten Siege der amerikanischen Luftwaffe im Mittelmeerraum mit eingeschlossen. Sie flogen 15 553 Einsätze und 1 578 Bombermissionen. 200 dieser Missionen führten sie als schwere Bomber-Eskorte bis tief ins Rheinland, wobei nicht ein einziger Bomber der feindlichen Fliegerabwehr zum Opfer fiel. 450 schwarze Piloten der 332. Jagdgruppe haben sich ausgezeichnet, was schließlich zu einer lobenden Erwähnung der Einheit durch den Präsidenten am 24. März 1945 führte.«

Robert C. Rose (Tuskegee Airmen Inc.)
›The Lonely Eagles‹

Ein hübsches Viertel mit viel Grün in Los Angeles. Die Gärten sind gepflegt; die Einfamilienhäuser strahlen Wohlstand und legere Behaglichkeit aus. Die klassische Mittelstandsgegend. Und vorwiegend schwarz.

Er ist vitale vierundsechzig, auch wenn er sagt: »Ich muß jetzt jeden Tag genießen.« Ein Foto von ihm im Zweiten Weltkrieg läßt einen Hang zum Schrulligen vermuten. Womöglich.

Sein langjähriger Freund und Fliegerkamerad Colonel Edward Gleed ist zu Besuch. »Er war unser Verbandsführer«, sagt der

Gastgeber. Zu unserem Gespräch gibt Colonel Gleed ab und zu seinen Kommentar.

Der Zweite Weltkrieg war keine erfreuliche Erfahrung. Er lief all meinen Überzeugungen zuwider. Für mich war es eine bittere und aufschlußreiche Zeit.

Ich bin in Los Angeles geboren und aufgewachsen. Im Süden war ich nie gewesen, und mit der Rassendiskriminierung war ich nicht sehr in Berührung gekommen. Ich bin immer auf gemischte Schulen gegangen. Und als ich dann ins Leben trat, kam die Ernüchterung. Nach der Schule wollte ich mich zur Luftwaffe melden und mußte erfahren, daß ich nicht zusammen mit meinen Freunden zum Wehrdienst konnte. Ich war der einzige Schwarze in der Basketballmannschaft. Wir hatten gemeinsam beschlossen, daß wir alle zur Luftwaffe gehen würden. Die anderen sind auch dorthin. Als ich mich melden wollte, wußten sie nicht, was sie mit mir machen sollten. Sie haben mir nur gesagt, daß sie mich nicht zur Luftwaffe schicken könnten. Zehn Monate später wurde ich schließlich einberufen. Da hatten sie dann etwas für mich gefunden. Ich wurde nach Tuskegee geschickt, in einen rein schwarzen Fliegerhorst im tiefsten Alabama.

COLONEL GLEED: Da gibt es eine Geschichte über Ace Lawson. Er wollte sich zusammen mit einigen seiner weißen Zeitgenossen freiwillig melden. Und dieser Major bei der Rekrutierungsstelle meint: »Was willst du denn hier, Jungchen? Die Luftwaffe braucht keine Nachtjäger.«

Im Sommer '42 machte ich meine Ausbildung und dann den Abschluß. Ich hatte verschiedene Erlebnisse mit der Selbstherrlichkeit Alabamascher Prägung. Zum Beispiel als meine Frau einen Hut kaufen wollte. Man sagte ihr: »Wenn Sie den aufsetzen, haben Sie ihn gekauft.« Man konnte nichts anprobieren. Man mußte – natürlich – in separaten Räumen essen. Und separat wohnen.

In Übersee bin ich wieder darüber gestolpert. Ich konnte verstehen, daß die weißen Soldaten es nicht gern sahen, wenn schwarze Soldaten etwas mit weißen Mädchen hatten. Dann wurde ich für eine Weile nach Nordafrika abkommandiert. Die weißen Soldaten dort sahen es nicht gern, wenn schwarze Soldaten etwas mit schwarzen Mädchen hatten. Jetzt wurde es etwas wirr. Da kam ich nicht mehr mit.

Im Krieg bekamen wir zwischendurch kurze Pausen, um uns von den Strapazen der Kampfeinsätze zu erholen. Eine Woche vielleicht. Die Insel Capri, das Erholungscamp für die Gegend, war für schwarze Piloten tabu. Es gab ein paar Auseinandersetzungen auf dem zuständigen US-Kriegsbüro. Das war ja mitten auf dem Kriegsschauplatz. Irgend jemand stellte uns dann ein privates, voll ausgestattetes Erholungscamp nur für Schwarze in Neapel zur Verfügung. Der 332. Jägergruppe mit ihren ganzen Erfolgen beim Einsatz. Das summiert sich alles. Und deshalb bin ich auf den Zweiten Weltkrieg nicht allzu gut zu sprechen. Da kämpfte man gegen den Faschismus und ließ gleichzeitig den Rassismus wild wuchern.

Ich glaube, daß die 332. in Tuskegee ausgebildet wurde, weil das im tiefsten Süden liegt. Wie einer von den zuständigen Offizieren gesagt hat: Wenn es nicht klappt, dann ist es irgendwo da unten im Süden, und keiner merkt es, wenn sie es nicht schaffen. Man dachte, daß Schwarze sowieso keine Flugzeuge fliegen könnten. Wir geben ihnen mal eine Chance. Wenn es klappt, ist es recht, und wenn es nicht klappt – Schwamm drüber.

Es wurde ein unglaublicher Erfolg, der die kühnsten Erwartungen übertraf. Nun richteten sie Zugangsbeschränkungen ein. Sie bekamen so viele Freiwillige für die Luftwaffe, fähige junge Männer, daß sie die Klassenstärken begrenzen mußten. Unerhört viele schlossen die Pilotenausbildung ab, obwohl Washington aus den nichtigsten Gründen Piloten aus der Schule hinauswarf, etwa wenn man die Mütze schief aufsetzte oder das »Yes, Sir« einmal vergaß. Man flog wegen seines Benehmens hinaus, nicht wegen der fliegerischen Fähigkeiten. Einer, der aus der Piloten-Fortbildung gefeuert wurde, wurde zwei Wochen später als Fluglehrer eingestellt. (Er lacht.)

Der Detroiter Bürgermeister Coleman Young, der bei den Tuskegee Airmen dabei war, erinnert sich: »Ich bin als Jagdpilot gefeuert worden. Durch eine Intervention des FBI, *hat man mir gesagt. Ich hatte die Offiziersschule schon abgeschlossen, im Oktober '42 in Fort Benning. Man hat die Leute im wahrsten Sinne des Wortes vom Posten gehoben, weil das* FBI *in Birmingham sie der Subversion bezichtigte – die unter Umständen darin bestand, daß man eine* YMCA*-Protestveranstaltung gegen die Rassendiskriminierung besucht hatte.«*[1]

Es gab gehörigen Druck, daß Schwarze in diesem Krieg auch an der Spitze mitkämpfen durften. Daß Schwarze zur Luftwaffe gehen konnten, wurde nachdrücklich von der *NAACP*, dem ›Pittsburgh Courier‹, dem ›Chicago Defender‹, überhaupt von einem Großteil der schwarzen Presse gefordert.

COLONEL GLEED: Das Kriegsministerium legte 1925 eine Studie vor, die die öffentliche Meinung zwischen den beiden Weltkriegen bestimmte. Sie verankerte die Vorstellung von der Minderwertigkeit des Schwarzen. Er hätte ein kleineres Gehirn als der Weiße. Er könnte mit Weißen nicht gesellschaftlich verkehren. Auf gar keinen Fall wären Schwarze in der Lage, Flugzeuge zu fliegen oder zu warten.
Und '39 und '40 hieß es dann: He, warum können wir nicht fliegen? Wenn ich in den Krieg gehe, dann nicht zu Fuß. Ich will fliegen. (Er lacht.)
Einen Jäger zu fliegen, das war meine Art im Krieg zu kämpfen. Ich war noch nie geflogen. Als Kind hatte man mir eingeredet, daß ich nie würde fliegen können. Das wollte ich nämlich als Kind.

In Tuskegee brachten sie Schwarze aus allen Teilen der Vereinigten Staaten zusammen, damit sie diese Flugschule besuchten. Sie warben amerikanische Bilderbuchsportler an, sie hatten Mathematikgenies, sie bekamen Pfarrer. Ärzte, Rechtsanwälte und Farmerssöhne, und alle wollten sie da unten fliegen lernen. All unsere Kameraden dort waren erstklassiges Kaliber.

Laut Bürgermeister Coleman Young »haben sie diese Apartheids-Luftwaffenschule für Offiziere in Tuskegee aufgebaut. Sie haben so

[1] Studs Terkel, American Dreams: Lost and Found, New York 1980, S. 360

irrsinnig viel verlangt, daß wir wirklich eine Elitetruppe wurden. Es wurde gesiebt und immer wieder gesiebt. Wir waren zweifellos die intelligentesten und körperlich fittesten jungen Schwarzen im ganzen Land. Und ironischerweise hat uns gerade die Diskriminierung zu solchen Supermännern gemacht. Man kann nicht so viele gescheite junge Leute zusammenbringen und zu Kämpfern ausbilden und dann erwarten, daß sie die Beine breit machen, wenn man sie aufs Kreuz legen will. Oder?[1]*« (Er lacht.)*

Wir haben den Spitznamen ›Lonely Eagles‹ – ›Einsame Adler‹ gekriegt, weil wir allein geflogen sind. Die 332. wurde nicht mit offenen Armen empfangen, als wir nach Übersee geschickt und an weiße Geschwader angegliedert wurden. Ein Geschwader besteht normalerweise aus drei Staffeln. Da haben sie einfach diese eine schwarze Staffel an die drei weißen Staffeln angeschlossen, so daß es vier waren. Trotzdem blieb es bei der Rassentrennung. Wir wurden am anderen Ende des Fliegerhorstes untergebracht. Oft mußte man in der Gegenrichtung starten, um in der Luft zur Gruppe zu stoßen. Erst nach mehreren Feindflügen haben sie uns dann als gleichwertige Flugpartner akzeptiert.

In Neapel wurden wir zur Fünfzehnten verlegt, einer Langstrekken-Bombereskorte. Von dort aus begleiteten wir Bomber nach Süddeutschland und in die Balkanländer. Kampf an der Front. Wir flogen nach München, Berlin, Wien, Graz, Bukarest. Bis zum Kriegsende schützten wir die Bomber vor Angriffen durch den Feind.

Sobald sich unsere Fähigkeiten herumsprachen, wurden wir oft speziell angefordert, um eine bestimmte Bombergruppe zu eskortieren. Alle rissen sich um uns, weil wir als einzige Jagdgruppe aus der gesamten Air Force keinen einzigen Bomber an den Feind verloren. Tja, wir waren sehr gefragt.

In der Freizeit war nicht viel los. Billard haben wir gespielt, Bridge und Tischtennis.

COLONEL GLEED: Die Einheiten waren über mehrere Meilen ver-

[1] ebenda, S. 359-360.

streut untergebracht. Man hatte also nicht viel Gelegenheit zum Fraternisieren, außer innerhalb der eigenen Gruppe.

Das Kriegsministerium gestattete nicht, daß wir uns mischten. Wir hatten immer noch unser eigenes privates Erholungscamp. Unter den schwarzen Fliegern gab es eine prima Kameradschaft. Wir redeten über unsere Flugeskapaden. Alle unsere Piloten waren wirklich hervorragend, aus dem einfachen Grund, weil wir so ausgiebig trainiert worden waren. Am Anfang wußten sie ja nicht, was sie mit uns machen sollten, also wurden wir einfach immer weiter ausgebildet. Als wir nach Übersee kamen, hatten die meisten von unseren Piloten dreimal soviel Flugerfahrung wie die weißen Flieger. Folglich waren wir dreimal so gut. Na, sagen wir doppelt so gut. (Er lacht.)

COLONEL GLEED: »Bleiben wir da mal dabei. Das ging nämlich auch umgekehrt. Da hatten wir dann weiße Kommandeure, die gesagt haben, wir taugen nichts, weil wir für die Ausbildung länger als der weiße Durchschnitt gebraucht haben. Wie man's macht, ist es verkehrt.« (Er lacht.)

Im Norden in Selfridge Field, Michigan, war es genauso schlimm wie in den Südstaaten. Es hieß »getrennt, aber nicht gleichberechtigt«[1]. Es gab immer ein prächtig ausstaffiertes Offizierskasino für Weiße. Und dann stellten sie in irgendeiner Ecke der Kaserne ein paar Stühle als Kasino für die schwarzen Offiziere hin. Das war überall dasselbe, in allen Fliegerhorsten, da haben sie aber langsam was zu hören gekriegt.

Bürgermeister Coleman Young beschreibt seine Erlebnisse: »Wir sind also, fünfundvierzig von uns, im Fliegerhorst Godman Field, der zu Fort Knox gehörte. Wir werden reingepfercht – natürlich getrennt: Jim Crow. *Die weißen Offiziere konnten als Gäste von Fort Knox ins Offizierskasino. Uns hat keiner rübergebeten ... Dann hörte man Gerüchte, daß sie den Godman Officer's Club weiß ma-*

[1] Anspielung auf den Grundsatz »separate but equal« – »getrennt, aber gleichberechtigt«, der Ende des 19. Jahrhunderts in den Südstaaten die Rassentrennung gesetzlich verankerte.

chen wollten und die schwarzen Offiziere dann ins Mannschaftskasino gehen sollten. Dem Faß den Boden ausgeschlagen hat noch, daß wir schließlich ein paar tausend Dollar in den Officer's Club investiert hatten. Das wollten wir uns nicht gefallen lassen. Tja, dann haben sie uns weggeschafft, eine Staffel nach der anderen, zum Freeman Field bei Seymour, Indiana.

Die waren auf uns schon vorbereitet und sahen Ärger auf sich zukommen. Mit MPs versuchten sie uns am ersten Abend aus dem Kasino draußen zu halten. Wir beschlossen, es jeweils in Gruppen zu acht oder zu neunt zu probieren. Wir wollten uns verteilen, Billard spielen, ein Bierchen ziehen, Zigaretten kaufen. Ich gehe mit dem ersten Schwung. Da sagt so ein weißer Captain: ›Sie können hier nicht rein.‹ Wir sind einfach an ihm vorbei und haben uns im Raum verteilt. Der Kommandant wurde fuchsteufelswild und setzte uns sofort unter Arrest.

Ich mußte die anderen davon überzeugen, daß sie auch reingehen sollten und sich verhaften lassen. (Er lacht.) Nach den ersten neun war es etwas zäh mit den nächsten. Aber dann war das Eis gebrochen, und zwei weitere Gruppen gingen rein und wurden unter Arrest gestellt ... Sie wollten uns in eine Lage bringen, wo wir gegen geltendes Standortrecht verstoßen würden.

Der Kommandant las diesen Wisch vor und befahl uns, einzeln vorzukommen und ihn zu unterschreiben. Wenn man das tat und dann gegen eine Regel verstieß, konnte man belangt werden. Der Kommandant verkündete: ›Sind Sie sich darüber bewußt, daß laut Artikel 16 Kriegsrecht in Kriegszeiten die Verweigerung eines direkten Befehls mit dem Tode bestraft werden kann? Also, hier ist ein Befehl. Ich befehle Ihnen hiermit, zu unterschreiben.‹ Ein paar der Jungs hat er damit drangekriegt. Ich hatte Glück. Sie haben uns nämlich alphabetisch aufgerufen. (Er lacht.) Ich hatte etwas Luft. Mir fiel ein Artikel im Kriegsrecht ein, der in etwa dem fünften Zusatz der Verfassung der Vereinigten Staaten entspricht. Wir dachten uns eine Strategie aus. Wir würden den ganzen Zinnober mitmachen, vorschriftsmäßig salutieren und ›Yes, Sir‹ sagen. Wenn er dann den direkten Befehl aussprach, sagte man: ›Verzeihung, Sir, aber nach Artikel 66 Kriegsrecht muß ich befürchten, mich hiermit selbst zu belasten. Ich verweigere die Unterschrift.‹

Einhunderteins junge Männer leisteten auf diese Art Widerstand, einer nach dem anderen. Wir wurden alle unter Arrest gestellt.«[1]

Mayor Young spricht über das darauffolgende Durcheinander, Washington erfuhr davon, es gab Druck. »Sie schickten Ermittlungsbeamte, und sie haben keinen einzigen von den einhunderteins Männern dazu gebracht, einen Anführer zu nennen. Das, finde ich, will wirklich etwas heißen.

Auf diesen Vorfall hin kam ein Memorandum des Kriegsministeriums heraus, das den Beginn der Rassenintegration in der Army markiert.«[2]

Colonel Gleed machte Karriere. Er blieb beim Militär und kam 1970 nach dreißig Jahren heraus. Ich kam nach dem Krieg heim und arbeitete ein Jahr lang als Fluglehrer in Tuskegee. Ich konnte nicht befördert werden und sah keine Zukunft, also ging ich zurück ins Zivilleben. Ich hatte einen Collegeabschluß in der Tasche, eine Lehrbefähigung, und ich wollte den Job, den man mir damals versprochen hatte, als ich zur Army bin. Ich mußte noch einmal eine Prüfung machen und bestand. Den Job bekam ich nicht.

Dann hatte ich genug von dem Zirkus und beschloß, Pilot bei einer Fluggesellschaft zu werden. Auf dem Flughafen von Long Beach, wo eine Reserveeinheit der Army B-51er flog – mit denen ich bestens vertraut war – hieß es, es gebe hier keine Nigger im Horst. Da wurde ich langsam doch bitter. Aber als braver Junge hatte ich einiges auf der hohen Kante, war verheiratet und hatte ein kleines Kind.

Ich wollte ein Haus in Beverly Hills kaufen, das zum Verkauf an Veteranen annonciert war. Ich verfügte über die Voraussetzungen und die Finanzen. Sie wollten es mir nicht verkaufen. Also bin ich ins Immobiliengeschäft eingestiegen. Dreißig Jahre bin ich jetzt dabei. Mein Hauptgrund für den Einstieg in dieses Geschäft war, daß ich ein schönes Haus für mich wollte. Ein Großteil meiner Arbeit bestand darin, Gegenden ausfindig zu machen, wo Schwarze

1 Studs Terkel, American Dreams: Lost and Found, a. a. O., S. 360-361
2 ebenda, S. 362

Häuser kaufen können. Damit habe ich dreißig Jahre lang meinen Lebensunterhalt verdient.

Der Zweite Weltkrieg hatte weitreichende Konsequenzen für die Schwarzen insgesamt. Nach jedem Krieg hat es Fortschritte für die Schwarzen gegeben, vor allem bei diesem. Aber wenn der Krieg dann endgültig vorbei ist, verfallen sie wieder in die alte Heuchelei. Mich hat dieser Krieg auf jeden Fall verändert. Colonel Gleed und ich sind nur zwei von den 996 schwarzen Piloten aus dem Zweiten Weltkrieg. Er ist als Karrierist bei der *Army* ein anderer geworden und ich als Freiwilliger auf Abruf in Zivil. Wir haben unserem Land zum Sieg verholfen und jetzt will ich hier zu Hause sein.

Vorn dabei – mit Bleistift, Kamera und Mikrophon

John Houseman

Schauspieler und Produzent. Im Zweiten Weltkrieg arbeitete er für die Überseeabteilung des Office of War Information (OWI), *bekannt unter dem Namen ›Stimme Amerikas‹.*

»Ich wurde eingestellt, weil ich beim Mercury Theatre of the Air gearbeitet hatte, Radioerfahrung mitbrachte und drei Sprachen konnte: Französisch, Deutsch und Englisch.

»Das heimische OWI, *die wesentlich größere Organisation, stand unter der Leitung von Archibald Mac Leish. Robert Sherwood und Bill Donovan waren gemeinsam die Chefs der Zentrale in Übersee.«*

Bis zu diesem Zeitpunkt hatten die Vereinigten Staaten keinerlei Propagandamaschinerie. Sie begnügten sich mit einfacher Werbung, Reklame. Im Sommer 1941, ungefähr sechs Monate vor Pearl Harbor, änderte sich das. William Donovan und Robert Sherwood bedrängten den Präsidenten, irgendeinen Apparat aufzubauen, um Amerikas Ansichten dem Rest der Welt zu unterbreiten.

Robert Sherwood appellierte in einer Rede an seine Journalistenkollegen, daß sie nicht im Elfenbeinturm sitzen sollten, sondern unbedingt am Weltgeschehen teilnehmen müßten. Seiner Auffassung nach sollte die ›Stimme Amerikas‹ eine Nebenstelle der Stimme von *FDR* sein.

Ich war ungefähr drei Monate beim *OWI*, als es zu einem Bruch kam. Die Ansichten gingen stark auseinander. Donovan wollte die ›Stimme Amerikas‹ als Mittel der Kriegführung einsetzen: verstecktes Operieren, sogenannte Schwarzsender. Er war dafür, Geheimsender in Deutschland einzurichten, als Spionageinstrument. Die Engländer waren da ganz groß, sie hatten Schwarzsender in ganz Norwegen und Schweden sowie in Deutschland selbst.

Sherwood fand das durchaus sinnvoll, legte aber seinerseits das Gewicht mehr auf wahrheitsgemäße Berichterstattung. Das wollte damals etwas heißen, denn wir hatten nichts als schlechte Nachrichten. Sherwood glaubte fest – er ging ja davon aus, daß wir im Endeffekt die Sieger blieben –, daß wir nur ehrlich die Tatsachen berichten sollten, ganz gleich wie unangenehm sie seien. Denn wenn wir Tag für Tag unsere Verluste bekanntgeben würden, dann wäre unsere Glaubwürdigkeit viel größer.

Wir haben aber nicht nur schlechte Nachrichten gesendet. Vielmehr brachten wir ständig Parolen über Amerikas Stärke, und daß es nur eine Frage der Zeit sei. Wir wiederholten beharrlich und immer wieder: in diesem Jahr 50 000 Flugzeuge, 40 000 Panzer; im nächsten Jahr 100 000 Flugzeuge. Das schien uns das Äußerste an Deutlichkeit gegenüber den Deutschen, das wir uns leisten konnten. Die Propaganda für Japan wurde ausschließlich von der Westküste aus betrieben. Und zwar von keinem anderen als Owen Lattimore.

Wir begriffen uns strikt als zivile Einrichtung. Das führte zu Schwierigkeiten. Weder die *Army* noch das Außenministerium waren sonderlich glücklich über unsere Unabhängigkeit. Sie behandelten uns beharrlich als Amateure. Um Sherwood und Joseph Barnes von der New Yorker Zentrale sammelte sich eine höchst außergewöhnliche Schar. Die Hälfte der großen Zeitungsjournalisten des Landes wechselte zu uns über. Wir hatten Redaktionen in ungefähr sechsundzwanzig Sprachen. Die größten waren natürlich die französische, die deutsche und die italienische. Aber wir hatten alle möglichen Sprachen: Serbokroatisch, Ungarisch, Tschechisch ...

Ich war für die Programme zuständig, nicht für die Nachrichten. Die wurden von Nachrichtenredakteuren zusammengestellt, aus allen möglichen Quellen. Die Kommentare wurden sehr sorgfältig vom Außenministerium überprüft, so daß sie mit der jeweiligen politischen Linie übereinstimmten. Wie stark sollten wir de Gaulle unterstützen? Das Außenministerium war damals ängstlich darauf bedacht, unsere Verbindungen zu Vichy nicht abzubrechen. Daraus ergaben sich alle möglichen Probleme. Wir hatten eine Kontrollinstanz, die uns ziemlich in Schach hielt: sie ließ uns zwar völlige Freiheit mit den Nachrichten, aber nicht mit dem Kommentar. Wir mußten uns dem fügen, was das Außenministerium und die Stabschefs sagten.

Bis zum Sommer hatten wir ungefähr 750 Sendungen in der Woche. Wir arbeiteten hauptsächlich über Kurzwelle. Viele Sendungen wurden auch in London aufgenommen und auf Mittelwelle wieder nach Europa gesendet. Das einzige Problem dabei war, daß die Deutschen uns abhören konnten. Kurzwelle war in Deutschland natürlich verboten. Es kam eben darauf an, wieviel durchging. Unsere erste Sendung in deutscher Sprache wurde am 16. Februar 1942 ausgestrahlt.

Der Untergrund – oder einfach Bürger, die nicht bedingungslose Nazis waren – tat sich in kleinen Gruppen zusammen. Einer konnte Kurzwelle empfangen, und der verbreitete dann alles unter seinen Freunden weiter. In Frankreich hörten uns mehr als in Deutschland. Im Sommer '42 veröffentlichten Schweizer Zeitungen sogar das Programm der amerikanischen Kurzwelle.

Wir machten eine Schallplatte mit Franklin Delano Roosevelts Stimme auf französisch. Er sprach ein seltsames Touristenfranzösisch, das auf die Franzosen leicht komisch gewirkt hätte. Mit einem Kehlkopfmikrophon gelang es uns, den Klang von FDRs Stimme beizubehalten und die Artikulation von jemand anders zu verwenden. So sprach er schließlich ein recht passables Französisch. Dazu machten wir dann noch eine Aufnahme von Caruso mit der amerikanischen Nationalhymne in perfektem Englisch.

Die Landung in Nordafrika war ein schlecht gehütetes Geheimnis. Pro forma behandelten wir sie aber als »streng geheim«. Ich weiß noch, wie ein Marineoffizier sechs Stunden lang in meinem Büro saß und auf das Zeichen zur Freigabe der Nachricht im Rundfunk wartete. Er sagte – das weiß ich noch, als wäre es gestern gewesen –: »Das ist nur der Anfang. Nur Geplänkel. Ihr wißt ja, wo der eigentliche Krieg ist, oder? Gegen die Russen.« Das war

1942. Da waren das unsere Verbündeten, die zu Millionen fielen. Und es gab schon Truppenteile, die an den nächsten Krieg dachten, den Krieg gegen die Russen.

Wir waren alle im Staatsdienst, also wurde jeder überprüft. Manchmal dauerte das bis zu einem halben Jahr. Einer unserer besten Journalisten wurde gefeuert, weil er mit der Abraham-Lincoln-Brigade in Spanien gewesen war. Unter den Ermittlern gab es viele, die für Henry Ford Gewerkschaften gesprengt hatten. Sie erfanden den Begriff ›frühreife Antifaschisten‹, PAF (für »premature anti-fascists«). Der stand dann als Vermerk in nachteiligen Berichten über Mitarbeiter.

Bei uns gab es alle möglichen gegensätzlichen Strömungen, das war sehr kompliziert. Die Franzosen waren die ganze Zeit unglücklich, als wir mit Vichy schäkerten. Das wurde in Nordafrika zum ernsten Problem. Daß wir dort waren, war das Ergebnis einer Vereinbarung, die Botschafter Murphy mit den Leuten von Vichy getroffen hatte. Einige unserer *OWIs* kritisierten nun im Rundfunk, was sie als Zusammenarbeit mit den falschen französischen Elementen betrachteten. Eine regelrechte Fehde entbrannte zwischen Außenministerium und Army und dem *OWI*. Eisenhower hat einmal gesagt, daß er vor dem *OWI* mehr Angst hat als vor den Deutschen. (Er lacht.)

Nach und nach, als wir langsam Siege verbuchen konnten und kurz vor dem Einmarsch in Frankreich, wurde die ›Stimme Amerikas‹ ganz zurecht die Stimme des Militärs. Die Invasion war ja eine sehr kitzlige Angelegenheit, und die Army wollte der Zivilbevölkerung ganz bestimmte Informationen geben.

Nach dem Krieg wurde das *OWI* wieder unabhängig von der Army. Aber es wurde vom Außenministerium übernommen. Heute ist es ein Ableger des Ministeriums. Natürlich tobt der Krieg noch immer. Die Regierung hat große Anstrengungen unternommen, um die ›Stimme Amerikas‹ noch viel antisowjetischer zu machen. Dagegen stemmten sich einige im *OWI*. Nicht weil sie besonders russenfreundlich wären, sondern weil sie traditionell stolz auf ihre Objektivität sind.

Mit dem kalten Krieg wurden dann Leute wie Joe Barnes und Owen Lattimore mundtot gemacht. Joe war der Chef der Auslandsnachrichten beim ›Herald Tribune‹ und fiel in Ungnade, weil er mit Joseph Davies, der ›Mission to Moscow‹ geschrieben hatte, zu eng befreundet war. Barnes prägte den Begriff ›One World‹, Titel seines Buches für Wendell Willkie. Man bezeichnete es als ›Weltgeschwafel‹, als man die Hatz auf ihn begann.

Mein Fall hatte etwas Ironisches. Ich bin in Rumänien geboren und mußte lange auf meine amerikanische Einbürgerung warten. Eine ganze Zeitlang war die Quote für Rumänien nämlich ausgeschöpft. Schließlich wurde ich dann amerikanischer Staatsbürger. Aber bei Ausbruch des Krieges war ich theoretisch immer noch ›feindlicher Ausländer‹ und die durften nicht in die Nähe von Kurzwellensendern. Und da saß ich, genaugenommen feindlicher Ausländer, und machte das Programm für die »Stimme Amerikas«.

Für mich war es eine wilde, aufregende Zeit. Ich hatte Kontakt zu all diesen hochintelligenten Zeitungsleuten, Journalisten, Philosophen und Schriftstellern aus aller Welt. Ich fühlte mich am Pulsschlag der Welt, ja der Geschichte.

Henry Hatfield

Er war seit 1938 Professor für Deutsch am Williams College. Als der Krieg begann, lehrte er zusätzlich Flugnavigation, »was ich selbst erst einmal lernen mußte. Alles wurde ja auf den Krieg umgestellt, da haben sie einige von uns gleich mit umgestellt. Wir unterrichteten das neue Fach vierundzwanzig Stunden die Woche, und zwar zusätzlich zu unserem ganzen anderen Pensum. Ich wußte sicher nicht viel mehr als die Jungs, die ich unterrichtete. Das bleibt mir ewig ein Rätsel, wie wir den Krieg gewinnen konnten, aber offensichtlich hat's ja geklappt.«

Das OWI war an mich herangetreten. Ob ich Rundfunksendungen für Deutschland machen würde? Sie zogen mich mit meinem Mittelwest-Akzent den Leuten vor, die perfekt Deutsch sprachen. Sie glaubten, daß Deutsche, die im Radio jemand akzentfrei sprechen hörten, gleich einen Verräter vermuten würden. Bei meinem amerikanischen Akzent könnte das nicht so leicht passieren.

Es gab zwei Arten von Kriegsradio: das schwarze und das weiße. Das schwarze Radio war ein Untergrundsender, der mit allen Tricks arbeitete. Dort kümmerten sie sich einen Dreck darum, ob eine Meldung stimmte oder nicht, Hauptsache, sie diente der Propaganda. Wir brauchten das, um Goebbels etwas entgegenzusetzen. Die Briten arbeiteten viel mit dieser Methode.

Ich war bei der weißen Propaganda. Da ging es anständiger zu. Wir sendeten nichts, von dem wir nicht überzeugt waren, daß es stimmte. Manchmal unterschlugen wir etwas, das kam schon vor, aber gelogen haben wir nicht. (Er lacht.) Was Rundfunkpropaganda anging, waren wir ziemlich virtuos. Ich arbeitete in London, von April '44 bis Mitte Juni '45.

Manches, was ich tat, war nicht ganz so weiß. Ich machte Tonbandaufnahmen von deutschen Kriegsgefangenen. Sie konnten unter ihrem richtigen Namen unpolitische Botschaften auf Band sprechen, oder anonym bleiben, wenn sie Anti-Nazi-Propaganda machten. In England gab es Tausende solcher Kriegsgefangenen.

Das klang so nett: Hier, ihr armen Teufel, ihr dürft eure Botschaften umsonst nach Hause schicken. Wir benutzten diese kurzen Botschaften immer als Köder. Wir sendeten fünf Minuten Nachrichten, und drei Minuten ließen wir die Gefangenen reden. An Weihnachten sendeten wir drei Tage lang nur diese Botschaften. Die Leute sollten die Radios einschalten, damit wir unsere eigentliche Botschaft an den Mann bringen konnten. Das war moralisch nicht hundertprozentig einwandfrei, aber verglichen mit dem, was die Deutschen taten, waren wir Engel.

Jeden Tag brachten wir Botschaften von deutschen Gefangenen: wie man sich am einfachsten ergeben kann, ohne getötet zu werden – man wartet, bis die Panzer vorbeigefahren sind, und ergibt sich dann der Infanterie. Oder sie sagten, sie würden das gleiche Essen bekommen wie die amerikanischen Soldaten. Das war wirklich so. Penicillin wurde auch oft erwähnt. Wenn man verwundet wäre, würde man bei uns viel schneller gesund gepflegt werden. Solche oder ähnliche Sachen.

Nach der Invasion gab es eine große Zahl von deutschen Gefangenen. Die meisten von ihnen waren gerne bereit, mit uns zusammenzuarbeiten. Die Offiziere waren ein bißchen zurückhaltender. Aber als immer klarer wurde, daß wir den Krieg gewinnen, sahen sie ein, daß es nur zu ihrem eigenen Vorteil war, wenn sie sich gut mit uns stellten. (Er lacht.)

Ich empfand nicht direkt Haß gegen die Gefangenen. Wenn sie noch die Naziuniform getragen hätten, wäre es vielleicht so gewesen. Sie taten mir ein bißchen leid, sie hatten sich einfach für dumm verkaufen lassen. Aber ich war auch ziemlich auf der Hut. Waren sie wirklich auf einmal gegen die Nazis eingestellt oder machten sie uns nur etwas vor? Wir enttarnten ein halbes Dutzend von ihnen als Doppelagenten.

Die Briten hatten ein Lager mit angeblichen Anti-Nazis. Im großen und ganzen waren das aufrechte Burschen, aber einer kam uns verdächtig vor. Mein Kollege fragte ihn: »Woher kommst du?« Er sagte: »Aus Brooklyn.« Da fing mein Freund an, Brooklynslang zu reden. Der arme Deutsche verstand kein Wort. (Er lacht.) Er wußte nicht mal, wer die Brooklyn Dodgers sind. Da war alles klar.

In einem amerikanischen Lager gab es mal einen, der ein falsches Spiel trieb. Er war Mitglied der NSDAP, wie sich später herausstellte. Wir hatten einen alten Sozialdemokraten auf ihn angesetzt. Das war Ende '44, damals konnte man schwer verwundete Soldaten austauschen, und der Nazi versuchte, unter den Verbänden seiner Kameraden Listen von Leuten rauszuschmuggeln, die mit uns zusammenarbeiteten. Er wollte damit erreichen, daß deren Familien bestraft würden. Wir haben das verhindert.

Mein Vorgesetzter im *OWI* fragte mich, ob ich Lust hätte, mit einem Bomber über Deutschland zu fliegen und eine Reportage über die ganzen Zerstörungen zu machen. Ich sagte: »Wenn das ein Befehl ist, mache ich es, aber ich habe hier schon genug Ruinen gesehen.« Ich wußte, was die V1 und V2 in London angerichtet hatten und glaubte nicht an den propagandistischen Wert so einer Reportage. Der Krieg war schon vorbei. Die amerikanische Bevölkerung hätte sich mit diesen Zerstörungen sicher nicht brüsten wollen.

London sah schon schlimm aus, aber die deutschen Städte waren in einem weit größeren Ausmaß in Mitleidenschaft gezogen worden, auch wenn man sagen muß, daß die Deutschen selbst daran schuld waren. Im Fall von Dresden hat mich das tief beschämt. Das hat mir wirklich leid getan. Wir haben uns aufgeführt wie die Nazis. Der Krieg war so gut wie vorbei, und Dresden war eine offene Stadt, ohne Militär, nur Flüchtlinge, die von Osten kamen. Niemand kann im Ernst behaupten, daß die Zerstörung dieser schönen Stadt den Krieg verkürzt hat. Das war so überflüssig wie die Atombombe auf Nagasaki.

Es war natürlich ein großartiger Sieg, und der Krieg war, alles in allem gesehen, ein gerechter Krieg, aber paradoxerweise hatte er zur Folge, daß unsere jungen Leute eine Abneigung gegen Kriege entwickelten. Das hat viel mit der Atombombe zu tun. Und da ist die komische Tatsache, daß es unseren ehemaligen Feinden Deutschland und Japan heute viel besser geht als uns. (Er lacht.) Ich glaube, wir sind alle nachdenklicher und skeptischer geworden.

Alfred Duckett

Während der ersten Kriegsjahre arbeitete er als freier Journalist. Seine Artikel erschienen in schwarzen Zeitungen: im ›Baltimore Afro-American‹, im ›Pittsburgh Courier‹, und im ›Chicago Defender‹. Heute ist er im Bereich der Öffentlichkeitsarbeit tätig.

Das 369. Pionierregiment bestand nur aus Schwarzen. Die meisten kamen aus Brooklyn, so wie ich, deshalb kannte ich eine ganze Reihe von ihnen. Im Zweiten Weltkrieg wollte man Schwarze nicht im Einsatz dabeihaben. Man steckte sie lieber in Arbeitskolonnen, unter verschleiernden Bezeichnungen wie Pionier, Quartiermeister oder so etwas. Nach Pearl Harbor wurde das 369. nach Camp Stewart in Savannah, Georgia, verlegt.

Die Regierung überlegt noch, was mit ihnen passieren soll. Ob sie nach Übersee kommen, und wohin. Sie haben Alarmbereitschaft, also können sie weder Heimat- noch Kurzurlaub kriegen.

In Briefen nach Hause erzählen sie von ihren Problemen: weiße

Offiziere, die Rassisten sind; Kasinos – Nummer eins für Weiße, Nummer zwei für Schwarze; eingeschränkte Bewegungsfreiheit in Savannah. Aber das ist normal. Worüber sich alle wirklich aufregen, ist die Behandlung ihrer Frau, Mutter oder Freundin, die zu Besuch kommt. Schwarze Frauen müssen in der Öffentlichkeit jederzeit auf Verlangen eine Aufenthaltsgenehmigung vorweisen können. Wie in Südafrika? Die Stadt rechtfertigte sich: sie wolle nur sichergehen, daß das keine Prostituierten seien. Weiße Frauen waren davon natürlich nicht betroffen. Viele der Jungs bekamen deshalb ziemliche Schwierigkeiten. Da gab es eine Reihe von Zwischenfällen.

Diese Jungs im 369. schrieben also Briefe, an ihre Freunde und an Leute im Kongreß, und ersuchten um eine Püfung dieser Situation durch die United States Army. Ihre Klagen wurden ignoriert, ha, monatelang. Da ich einige von ihnen kannte, bat ich Carl Murphy, den Verleger des ›Afro-American‹, mich nach Camp Stewart zu schicken.

Damals wurden gerade kämpferische Aufrufe von Schwarzenführern und einigen weißen Liberalen laut: Wir haben es mit einem Krieg zu tun. Können wir nicht zu Hause das praktizieren, wofür wir drüben kämpfen? Schwarze sollten doch das Recht haben, im Einsatz zu dienen, nicht nur als Bedienstete. A. Philip Randolph[1] rief lautstark nach gleichberechtigter Behandlung.

Franklin Roosevelt setzte eine Besprechung mit Vertretern der schwarzen Presse an. Die vielen Aufmacher in diesen Zeitungen machten ihm Kopfzerbrechen. Er sang das alte Lied: Ich möchte ja keine Zensur verfügen, aber wir befinden uns im Krieg und da müssen wir patriotisch sein. Ich wäre Ihnen sehr dankbar, wenn Sie uns in Zukunft Artikel, die aller Wahrscheinlichkeit nach die Gemüter erregen, vorher zeigen. Den schwarzen Zeitungsverlegern machte natürlich diese Art von Bitte Kopfzerbrechen. Es gab wohl eine lange Pause. Dann sagte Carl Murphy: »Wir verstehen, Mr. President.« Dafür wurde er heftig attackiert. Als ich ihn um meine Entsendung nach Camp Stewart bat, mußte er die Anfrage

[1] Präsident der »Brotherhood of Sleeping Car Porters«, einer einflußreichen schwarzen Bürgerrechtsorganisation mit dem Slogan: »Wir, loyale amerikanische Staatsbürger, fordern das Recht, für unser Land zu arbeiten und zu kämpfen.«

erst durch das Kriegsministerium bringen. Und die ließen sich Zeit.

Sie beschlossen, General Benjamin O. Davis, Sr., zur Prüfung der Lage nach Camp Stewart zu schicken. Er war der erste schwarze General. Und wissen Sie, wie er dazu kam? Franklin Roosevelt traf am Vorabend einer Wahl in New York ein. Mit in seinem Troß reiste Steve Early, sein Pressesekretär. Es herrschten strengste Sicherheitsbestimmungen. Ohne irgend jemandem Bescheid zu sagen, beschloß Early an der Grand Central Station, eine Zeitung zu kaufen. Auf dem Rückweg zum Präsidentenzug sprach ihn ein schwarzer Polizist an, wie das seine Pflicht war. Statt sich auszuweisen, fängt Early Streit an und tritt schließlich den Polizisten zwischen die Beine. Die Geschichte machte natürlich Schlagzeilen in der schwarzen Presse. Mr. Roosevelt, ein Genie in Sachen Public Relations, ernannte unverzüglich den ersten schwarzen General in der amerikanischen Geschichte.

General Davis wurde als Generalinspekteur vom Dienst eingesetzt. Das heißt, er war unter Umständen der Ranghöchste auf dem ganzen Gelände. Jeder hat aufzuspringen, wenn der Generalinspekteur hereinkommt. Ole Harrington, ein fabelhafter Karikaturist in ›The People's Voice‹, der Zeitung von Adam Clayton Powell, zeichnete General Davis, wie er im Rennwagen mit 900 Sachen durch Camp David saust. Das waren mal Neuigkeiten für die Schwarzen.

Nach seinem Besuch dort bekam ich grünes Licht, hinunterzufahren. Ich wurde sofort von einem sehr höflichen weißen Leutnant begrüßt, der mich begleiten und sich um mein Wohl kümmern wollte. »Ich bringe Sie erst einmal zu dem Service Club, wo Sie wohnen werden, und dann begleite ich Sie zum Kommandeur, Colonel Ochs, der Sie willkommen heißen möchte.« Colonel Ochs gehörte zur ›New York Times‹-Familie.

Wir gingen also zu Service Club Nummer zwei, *›Jim Crow‹*: nur für Schwarze. Ich meldete mich an und fuhr im Jeep zum Treff mit dem Oberst. Kaum hatte ich sein Hauptquartier betreten, empfing er mich (im Südstaatlerakzent): »Mr. Duckett, wir freuen uns sehr, Sie in Camp Stewart begrüßen zu dürfen und ich hoffe bloß, daß Sie nicht einer von diesen aufmüpfigen Negern sind, die so gern in den Zeitungen Krach schlagen.« Sofort begriff ich: Wenn Al Duckett irgendeine Art von Story wollte, mußte er jetzt katzbuckeln und den lieben Neger spielen. Ich versicherte dem Colonel, daß alles in Ordnung sei, ich wollte nur Bericht erstatten.

Man brachte mich zurück zu Service Club Nummer zwei, und ich entdeckte, daß man mein Gepäck durchsucht hatte. Und nicht sorgfältig. Ich ärgerte mich gar nicht so darüber, daß mein Gepäck durchsucht worden war, als über die Art, wie man das getan hatte: schlampig und gleichgültig. Das sprach Bände.

Drei oder vier Tage lang blieb ich dort unten. Jeden Tag holte mich der Leutnant ab – nachdem er gefrühstückt hatte, wo immer er frühstückte, und nachdem ich im ›*Jim-Crow*‹-Club gefrühstückt hatte – und dann besichtigten wir die schwarzen Truppen. Jeden Mittag brachte er mich zum Lunch zurück. Und abends zum Dinner. Danach war ich mit den Gentlemen des 369. Regiments verabredet.

Wir trafen uns heimlich, und ich bewunderte ihren Mut dazu. Sie hätten dafür vors Kriegsgericht kommen können, daß sie mir Informationen gegeben haben. Offiziere und Mannschaft waren sich einig in ihrer Schilderung der Zustände, unter denen sie dienen mußten. Sie erzählten mir auch von General Davis' Besuch.

Laut ihren Aussagen meldete sich General Davis bei Colonel Ochs und entschuldigte sich dafür, daß er auf diese unliebsame Mission vorbeikommen mußte. Und dabei war er doch der Generalinspekteur. Dann ordnete er an, daß die Männer, die sich beschwert hatten, auf dem Kasernenhof antreten sollten, und zwar vor den Offizieren, die sie angeblich schikanierten. General Davis sagte zu diesen Soldaten: »Ich will euch nur drei Dinge sagen. Erstens: Ich bin schwarz, aber ich gehöre nicht zu euch. Zweitens: Wenn ihr euch über Diskriminierung und Rassentrennung in der United States Army beschweren wollt, das könnt ihr vergessen. Drittens: Was mit euren Frauen hier unten passiert, hat mit der United States Army nichts zu tun. Das ist euer Problem. Die Army hat euch nicht befohlen zu heiraten.« Er fuhr wieder nach Washington und attestierte Camp Stewart beste Gesundheit.

Ich habe es mir angeschaut und fand ihre sämtlichen Klagen bestätigt. Dann ging ich nach New York zurück und schrieb meine

Reportage. Schickte sie nach Baltimore, an den ›Afro-American‹. Carl Murphy schickte Kopien ans Kriegsministerium. Innerhalb von Stunden riefen sie an. Hohe Ränge aus dem Kriegsministerium, aus der Regierung, meinten: »Diese Story können Sie nicht drucken.« Murphy sagte: »Sie verstehen nicht ganz. Wir hatten eine Besprechung mit dem Präsidenten, und er wollte alles *sehen*, bevor wir es drucken. Es ist bereits raus.« Er wußte, was er tat. Er nahm sie beim Wort. (Er lacht.)

Kennen Sie die Geschichte mit Lena Horne? Sie wurde in ein Camp in den Südstaaten geschickt, um die Truppen zu unterhalten. Sie sollte eine Vorstellung für die weißen Soldaten geben und eine extra Vorstellung für die Schwarzen und die deutschen Kriegsgefangenen. Als ich in Fort Dix beim Militär war, standen die deutschen Gefangenen mit den schwarzen Soldaten zusammen um ihr Essen an, und für die weißen Soldaten gab es eine extra Schlange. Lena sang für die Schwarzen und die deutschen Kriegsgefangenen, und dann fuhr sie wieder heim.

Schwarze kamen bei der Musterung meist in die Kategorie 4-F. Diese Nummer war für die Arbeitsbataillone reserviert. Mir haben sie erzählt, ich hätte Herzgeräusche. Ich war nicht darauf erpicht, zum Kampfeinsatz zu kommen, aber ich wollte schreiben. Da ging ich also zu meinem Hausarzt, und der konnte keine Herzgeräusche feststellen. Eine Woche, nachdem im ›Afro-American‹ mein Artikel erschienen war, entdeckten sie plötzlich, daß ich keine Herzgeräusche habe und steckten mich in 1-A. Ich kam nach Camp Clairborne, Louisiana.

Am ersten Abend erklärte uns ein weißer Offizier die Regeln. Am Schluß sagte er: »Ihr sollt wissen, daß wir hier keine Faxen dulden, hier unten wird nämlich nicht geschossen, sondern gehängt.« Nun ja, ich bin in die Schreibstube geflüchtet (er lacht), denn das schien mir doch ein sicherer und strategischer Ort. Der Colonel hörte, daß ich Journalist bin und wollte, daß ich eine kleine Regimentszeitung auf die Beine stelle. Zu viele der Jungs rissen aus. Ob ich in der ersten Nummer einen Leitartikel schreiben könnte: Schluß mit dem Ausrücken? Ich habe ihm seinen Leitartikel geschrieben: Schluß mit dem Ausrücken. (Er lacht.)

Wir wurden in ein Camp im Norden von New York verlegt, weil

wir nach Übersee kommen sollten. Wir wußten, daß wir keinen Heimaturlaub bekommen würden, also riß ich mit den meisten anderen eines Abends aus, um unsere Familien in New York zu besuchen. Für die meisten Jungs ist das keine ernste Sache. Der Colonel meines Regiments sagte meinem Kommandanten dann, daß Al Duckett zeit seines Dienstes in der Army Gefreiter und Angehöriger des 1310. Regiments zu bleiben hat.

Da ich nun einmal rüberfuhr, wollte ich auch als Kriegsberichterstatter an der Front arbeiten. Von England aus schrieb ich an die Verleger des ›Pittsburgh Courier‹ und des ›Afro-American‹ und fragte, ob ich für sie schreiben könnte, wenn die Regierung mit einer Freistellung einverstanden sei. Beide boten mir den Job an. Ich bekam Empfehlungsschreiben von Walter White, Lester Granger[1], A. Philip Randolph, den ganzen Größen. Sie schrieben alle, daß ich dem Krieg als Frontberichterstatter wesentlich bessere Dienste erweisen könnte.

Der Antrag mußte zu Eisenhower ins Hauptquartier geschickt werden, dann rüber ins Pentagon und zurück zu uns. Er wurde losgeschickt, ging durch und kam wieder zurück. Der Colonel von meinem Regiment bekam ihn und ließ ihn in einer Schublade verschwinden. Einen ganzen Monat lang wußte ich nicht, daß der Antrag durchgegangen war. Er hat mir diesen Job vermasselt.

In Frankreich kamen wir ins Camp Lucky Strike. Das war riesig, eine richtige Stadt. Es fungierte als Auffanglager für deutsche Gefangene von der Front. Die wurden uns zur Aufsicht und Bearbeitung übergeben.

Die weißen Kommandeure hatten fast krankhafte Angst davor, daß es ziemlich viel Kontakt mit den weißen Frauen geben würde. Wir hatten einen Kaplan, der es sich zur Aufgabe gemacht hatte, uns überallhin vorauszufahren. Er verkündete dann den Leuten dort, daß in Amerika die Weißen nicht mit uns verkehren würden und – das ist kein Scherz – daß wir halbe Tiere wären. Daß wir oft ohne jeglichen Anlaß jemanden abstechen würden. Ein Mann Gottes. Es gab eine Verordnung vom Kommandeur des Camps, daß schwarze Truppenangehörige nicht mit französischen Zivili-

[1] Vorsitzende der NAACP bzw. der National Urban League

sten zusammenkommen dürften. Sie meinten natürlich mit den Frauen.

Eines Abends plauderte ein Angehöriger unseres Regiments in einem Rotkreuzzelt mit einer Französin, die dort Kaffee und Krapfen servierte. Als ihm ein weißer Militärpolizist befahl, nicht da herumzustehen und mit dieser Frau zu reden, drehte Allen sich weg. Er wurde in den Rücken geschossen und tödlich verletzt. Ein weiterer Schwarzer, Frank Glenn, wurde bei diesem Zwischenfall ebenfalls getötet.

Die Nachricht davon verbreitete sich wie ein Lauffeuer unter allen schwarzen Regimentern in Camp Lucky Strike. Da wir keine Kampftruppen waren, wurden unsere Waffen immer weggeschlossen. Nur für den Drill bekamen wir sie. Nach den Morden brachen die Jungs in meiner Einheit in den Lagerraum ein, nahmen ihre Gewehre und marschierten los. Sie waren entschlossen, die Toten zu rächen, auch wenn sie dabei draufgehen würden. Gott sei Dank gab es ein paar weiße Offiziere, auf die alle hörten: »Ihr könnt nicht gewinnen. Alles spricht gegen euch.« Am nächsten Tag wurde unsere Einheit verlegt.

Ich schickte Artikel heim an die schwarzen Zeitungen, als Briefe. Sie gingen durch. Ich sandte auch einen Bericht über den Vorfall, bei dem Leftridge und Glenn ums Leben kamen. Allen hätte gerade zwei Wochen Heimaturlaub gehabt und zum erstenmal seine kleine Tochter gesehen.

Nach dem Krieg traf ich einmal einen der Jungs aus der Einheit. »Weißt du noch, Allen Leftridge?« Wie könnte ich den vergessen? Er sagte: »Weißt du noch, wie er den Namen seiner Frau rief, bevor er starb? Ich habe sie getroffen. Stell dir vor, die Army verweigert ihr jegliche Rente, weil sie sagen, daß er wegen seiner ›schlechten Führung‹ ums Leben kam. Sie hat versucht, mehr über die Umstände seines Todes herauszubringen, und sie erzählen ihr lauter Märchen. Sie hat deinen Artikel gelesen und möchte dich kennenlernen, damit sie vielleicht mehr erfährt.« Er war nicht unter meinem Namen erschienen, aber viele wußten, daß er von mir war.

Ich besuchte sie, und da sauste dieses goldige kleine Mädchen herum und zog seine Schau ab. Wir haben bis spät in die Nacht geredet. Als am Radio die Nationalhymne kam, stand sie auf und drehte ab. Sie war verbittert über das, was man ihrem Mann, ihr selbst und ihrem Töchterchen angetan hatte. (Pause, ein kleines Lächeln.) Wir haben geheiratet, und das kleine Mädchen wurde meine Tochter. Inzwischen sind wir geschieden, aber wir stehen uns immer noch sehr nahe.

Ich setzte mich mit einigen Leuten aus unserer Einheit in Verbindung, die übers ganze Land verstreut lebten. Wir bildeten das Veterans' Justice Committee. Wir erreichten, daß sich Mrs. Roosevelt dafür interessierte. Wir forderten Einblick in die Dokumente des Kriegsministeriums. Die Army befürchtete, daß ein Nachgeben uns gegenüber Tausende von anderen in ihren Beschwerden bestärken würde. Also verweigerte man eine Revision.

Wir fuhren gerade Richtung Philippinen, nachdem wir eine Zeitlang in England und Frankreich gewesen waren. Wir befanden uns mitten auf dem Wasser, als die Nachricht vom Kriegsende in Europa aus dem Äther kam. Wir waren fünfzehn Schiffe. Sieben drehten um und fuhren heim. Ich war auf dem achten. (Er lacht.)

Auf den Philippinen hatten die weißen Offiziere auch ganze Arbeit geleistet, obwohl die Frauen ja nicht weiß sind. Den Prostituierten hatte man alle möglichen Schauergeschichten erzählt. Man fragte sich wirklich, wer da der Feind war. Einige der Jungs, die mit den Prostituierten ins Geschäft kommen wollten, wurden abgelehnt. Wußten Sie, daß es in Manila ein Bordell mit Rassentrennung gab – aus Gras? (Er lacht.) Eines Nachts brannten die Jungs es nieder.

Der Krieg brachte einige Veränderungen zum Guten: Schwarze in der Wehrindustrie, eine Ausbildung, die sie sonst vielleicht nicht bekommen hätten. Sozialer Aufstieg. Wir haben schon manches erreicht. Aber der Rassismus lebt munter weiter, vielleicht sogar noch ärger. Der Krieg sollte doch mit dem Faschismus Schluß machen, oder? Wissen Sie, daß die meisten Schwarzen glauben, die Atombombe wäre nicht auf Hiroshima abgeworfen worden, wenn das eine weiße Stadt gewesen wäre?

Richard Leacock

Ein Dokumentarfilmer.

Ich bin auf den Kanarischen Inseln auf der Bananenplantage meines Vaters aufgewachsen. Nachdem ich nach Amerika gegangen war, habe ich in Harvard studiert. Als der Krieg anfing, brachte ich unschuldige Harvard-Studenten dazu, für die Streitkräfte Blut zu spenden. Ich kam mir vor wie Dracula.

Weil ich die amerikanische Staatsbürgerschaft nicht besaß, mußte ich mich einberufen lassen. Nur als Staatsbürger konnte man sich freiwillig melden. Ich habe gedroht, das Land zu verlassen, wenn sie mich nicht einziehen. Als ich dann in meinem letzten Studienjahr einberufen wurde, war ich begeistert.

Ich mußte vor einen Richter treten und jeglicher Treue gegenüber fremden Fürsten oder Potentaten abschwören. Ein Potentat ist mir nie über den Weg gelaufen. Ich war darauf gefaßt gewesen, daß mir Amerika nicht gefiel. Die meisten Engländer aus der Oberschicht können es nicht leiden. Aber ich habe mich darin verliebt. Zum ersten Mal fühlte ich mich als nützlicher Mensch. Ich will nicht sagen, daß mein Studium in Harvard ein demokratischer Akt war. Aber der Eintritt in die Armee war es bestimmt.

Es war '42. Keiner hat sich einen Deut darum geschert, wer ich war oder woher ich kam. Es war herrlich. Aber dann passierte mir etwas Furchtbares. Die Armee beschloß, mich als Schreibkraft einzusetzen, auf der Schreibstube bei der Fernmeldetruppe. Was hast du im Krieg gemacht, Daddy? Ich war Schreibkraft. Da fällt mir ein, als ich Jahre später mal im Weißen Haus war, hat eine *Marine*-Kapelle gespielt, samt einem Harfinisten in voller Uniform. Was hast du bei den *Marines* gemacht, Daddy? Harfe gespielt.

Meine Rechtschreibung ist fürchterlich. Ich kann nicht tippen. Nach sieben Wochen brachte ich es auf sieben Wörter in der Minute. Sie gaben es auf mit mir. Ich mußte mich bei jemandem vorstellen und wurde Frontkameramann. Ich war wirklich liebend gern Gefreiter. Mehr wollte ich gar nicht sein.

Unser Team wurde zuerst an den Yukon geschickt, dann nach Indien und später nach Birma. Wir wurden ausgerechnet der britischen 36. Division zugeteilt. Wie Pingpong: Ich war wieder da, wo ich angefangen hatte. Es gab nur einen großen Unterschied: Jetzt gehörte ich zu den Amerikanern, deshalb wurde ich Yankee gerufen.

Wir sind von Nordbirma bis nach Mandalay marschiert. Über ein Jahr lang hat dieser altmodische Kriegszug gedauert. Die Nachschubwege der Japaner waren bereits unterbrochen. Sie hatten fast nichts zu essen, kaum Munition, nicht viele Leute. Wir waren mit unglaublicher Kampfstärke vertreten. Es war ein völlig ungleicher Kampf.

Es war ein Dschungelkrieg, ein Nervenkrieg mit Anschlägen aus dem Hinterhalt und Bombenfallen. Es ging Mann gegen Mann. Wir wurden per Fallschirm versorgt und hatten die Luftherrschaft. Zum ersten Mal haben wir Napalm eingesetzt. Daraufhin haben sie sich zurückgezogen und den Wald abbrennen lassen. Es hat eigentlich nicht viel ausgerichtet.

Eine Zeitlang gehörte ich zur OSS. Daraus wurde später die CIA. Mir kam es da so vor wie bei einer Pfadfindertruppe. Wir haben Katschin-Bergstämme zum Kampf ausgebildet. Bösartige kleine Kerle, allesamt drogensüchtig. Die haben ihre Tagesration Opium zugeteilt bekommen so wie wir Gin oder Rum. Wir haben Überfälle gemacht, hinter den Linien. Wir sind in Dörfer eingedrungen, haben die Leute verhört, ihnen auch mal die Zähne ausgeschlagen. Es gab Schnellhinrichtungen, brutal. Mit dem Maschinengewehr und so.

Wer wurde hingerichtet?

Birmaner. In jedem Dorf gab es einen, der nicht sonderlich beliebt war und über den die anderen Geschichten erzählt haben. Vielleicht war er tatsächlich ein Kollaborateur, vielleicht konnten ihn die anderen auch bloß nicht leiden. Sie haben ihm eine Vergewaltigung angehängt oder so. Wir hatten amerikanische Offiziere, ein paar Unteroffiziere und diese kämpfenden Katschin; wir haben Dörfer in Brand gesteckt. Ich glaube nicht, daß das, was wir da gemacht haben, irgendwem furchtbar viel genützt hat. Wir haben sie einfach niedergebrannt, wenn sie – Zitat – feindselig waren, was immer das auch heißen mag.

Ich sehe darin gewissermaßen den Anfang vom Vietnamkrieg. Vieles davon hat mich ziemlich mitgenommen, aber ich war nur ein kleiner Gefreiter, meine Ansichten waren weder gefragt noch für irgend jemand von Interesse. Also dachte ich mir, mir bliebe nur eines übrig, nämlich soviel wie möglich zu filmen und einzuschikken und bei Gott zu hoffen, daß es sich jemand ansah. Besonders die Verhöre, bei denen den Leuten die Zähne ausgeschlagen wurden. Die Filme gingen zu irgendeiner Stelle in Washington. Keine Ahnung, wohin genau.

Ich hatte nicht besonders viel gegen die Japaner, und ich war auch nicht wahnsinnig begeistert, Birma für die Briten zurückzuerobern. Gleichzeitig habe ich aber die Erfahrung gemacht, daß es tatsächlich so etwas wie Helden gibt. Manche Menschen können unvorstellbar gut kämpfen. Mir fällt es sehr schwer zu begreifen, warum sie sich auf diese wahnwitzigen Sachen einlassen, aber sie tun es. Anscheinend macht es ihnen einen Riesenspaß.

Es gibt auch ausgezeichnete Militärstrategen, normalerweise um den Rang eines *Colonels* herum. Die Generäle sitzen nur herum, zeichnen Landkarten und treffen die großen Entscheidungen. Aber die Batallionskommandeure: Es macht wahnsinnig viel aus, ob man einen guten *Colonel* erwischt oder eine Niete.

Der, an den ich mich noch besonders gut erinnere, *Colonel* Gwyder Jones, war furchtbar theatralisch. Er konnte mit jeder Situation fertig werden. Das wußten seine Männer genau, und deshalb haben sie alles für ihn gegeben. Er war ein komischer britischer Oberschichtskauz mit so einem affektierten Sprachstil. Seine Leute hat er mit »Mein Bester« angeredet. »Was machen Sie hier, mein Bester?« Hat immer einen Hirtenstab mit sich herumgeschleppt. Ich stand einmal neben ihm, als – *pschung!* – eine Kugel vorbeizischte. Da meinte er: »Miserabler Schütze.« (Er lacht.)

Freunde von mir wurden getötet, manchmal starben sie in meinen Armen. Der unmittelbare Kontakt mit dem Tod war sehr interessant. Ich habe mich immer weniger davor gefürchtet. Er wird viel faßbarer, wenn einem ein Kumpel – kein großer Freund – in den Armen wegstirbt. Man hebt ein Grab aus und beerdigt ihn mit Respekt.

Ich fing an, unter sehr schlimmen Angstzuständen zu leiden. Darauf hatte mich keiner vorbereitet. Es ist so, als ob man einen Alptraum hätte. Man meint, man müßte im nächsten Moment etwas Schreckliches tun, jemand umbringen vielleicht, oder auf den Boden scheißen. Ich kehrte zum Hauptquartier nach Ceylon zurück, um mich zu erholen. Diese Angstzustände bin ich fast bis Kriegsende nicht mehr losgeworden.

Zu guter Letzt habe ich mich gelangweilt, und als wir nach Mandalay kamen, habe ich tagelang nur eine Gruppe von Tänzerinnen gefilmt. Ich bekam einen Anschiß: »Was, zum Teufel, fällt Ihnen eigentlich ein?« (Er lacht.) Es wurden auch Beschwerden über unsere Kampfaufnahmen laut. Die dachten, wir hätten das alles bloß gestellt.

Ich selbst habe keinen einzigen Schuß abgegeben. Ich war schon manchmal in Versuchung, in Notwehr. Man muß sich entscheiden zwischen dem Gewehr und der Kamera. Ich habe immer die Kamera gewählt. Man sieht nicht viel. Meistens hört man nur etwas, besonders im Dschungel. Das Getöse ist unvorstellbar. Es dröhnt einem hinterher noch stundenlang in den Ohren. Wenn man aus nächster Nähe unter Beschuß aus einem Maschinengewehr Kaliber 0,50 gerät, ist der Krach einfach unglaublich. Neben einer altmodischen 155er Haubitze haut es einen fast um. Überall lautlose Stille. Und wenn dann plötzlich etwas *bäng!* macht, haut es einen aus den Socken.

Wir mußten die Invasion von Rangun mitmachen, aus dem aber die Japaner zum Glück schon vor uns abgezogen waren. Anderenfalls säße ich jetzt nicht hier. Es wäre ein Desaster geworden. Der ganze Plan konnte nur klappen, wenn es nicht regnete. Natürlich regnete es.

Ich denke an das Alter dieser Jungs und denke mir... Bei der Einnahme von Rangun hatte ich ein paar Handgranaten, eine Thompson-Maschinenpistole, einen 38er Revolver und meine Kameras dabei. Es war ein interessantes Gefühl. Du willst ein Auto, also nimmst du es dir einfach, weil du eine Maschinenpistole hast. Und dabei waren wir schließlich keine Feinde, sondern Befreiungstruppen. Du willst ein Haus? Wo sollen wir wohnen? Nehmen wir uns das da. Die Familie zieht aus, oder sie zieht in die Dienstbotenzimmer und bedient dich von nun an. Sie sind überaus freundlich zu dir, und allmählich hättest du gern immer eine Thompson-Maschinenpistole bei dir. Und ein paar Handgranaten.

Warum werden Kriege geführt? Warum machen die Menschen das? Plötzlich steckt man mitten in einer Schlacht, plötzlich macht man selbst die aberwitzigsten Sachen. Ich weiß auch nicht, warum. Natürlich hat man Angst, als Hasenfuß abgestempelt zu werden. Besonders solche Jungen, denen man das Angsthaben schon als Kind ausgetrieben hat. Also macht man eben mit.

Die jungen GIs. Warum um alles in der Welt rackern sie sich so ab? Ich erinnere mich an diese Hollywoodfilme, wo die Soldaten in den Schützengräben sitzen und tiefschürfende Gespräche über die wunderbare Demokratie daheim führen. Was für ein Scheiß! Ich kann mich noch gut an die Filme erinnern. So etwas Blödes. Beim Fronteinsatz unterhält man sich doch nicht. Die Männer sind sich merkwürdig nah. Du hast seit Tagen nicht geschlafen. Es gießt in Strömen, du stehst unter Dauerfeuer. Dann ist es vorbei, und alle schlafen neben- und übereinander ein. Ein unheimlicher Anblick. Wie die Kerle einander in den Armen liegen. So etwas sieht man bloß beim Militär.

Ich hätte mühelos Offizier werden können. Aber das wollte ich eben überhaupt nicht. Zum Teil, weil ich die unterschiedlichsten Leute kennengelernt hatte, mit denen ich wirklich gern zusammen war. Zum anderen wollte ich keinem anderen Menschen sagen, wie er sich umbringen zu lassen hat. Ich wollte lieber einstecken als austeilen. Ich wollte nicht bestimmen müssen, was die anderen zu tun haben. Diese Art von Macht habe ich mir nie gewünscht.

Weil ich selbst keine Macht wollte, habe ich sie oft bei anderen bewundert. Ich habe aber auch furchtbar viel Machtmißbrauch gesehen. Ich habe *Colonels* gekannt, die es unbedingt verdient gehabt hätten, von hinten über den Haufen geschossen zu werden. Sie hatten die Macht, aber sie hatten nicht das nötige Köpfchen. So etwas kann sehr gefährlich sein.

Mir hat das ganze Abenteuer Spaß gemacht. Ich kann mich an nichts Schlimmes erinnern. Außer an den Sexfilm, den Film über

Geschlechtskrankheiten, den sie uns gezeigt haben. Du großer Gott. Ich glaube, der hatte bei allen katastrophale Folgen für das Liebesleben.

Walter Rosenblum

Rosenblum war Fotograf für die AAA, die ›Agricultural Adjustment Administration‹, eine Abteilung des Landwirtschaftsministeriums, die im Rahmen des New Deal eingerichtet worden war.

Der Krieg begann für mich am Morgen des 6. Juni 1944, das war der Tag der Invasion. Ich war als Fotograf bei der Invasionsflotte. Die Deutschen hatten sich sehr gut verschanzt. Ihre Bunker waren richtiggehend in die Hügel eingegraben. Alle Gewehre waren auf den Strand gerichtet.

Wenn ich sehr nervös bin und mich entspannen will, lege ich mich schlafen. Bevor wir in die Landungsboote stiegen, habe ich auch ein Schläfchen gemacht. Ich bin gerade noch rechtzeitig aufgewacht. Wir waren bei den ersten Truppen, die den Strand erreichten. Ich war einem Pionierbataillon zugeteilt. Wir mußten die Pflöcke entfernen, die im flachen Wasser in den Sand gerammt waren, um unsere Landung zu behindern. Als wir aus den Booten sprangen, schlugen überall Granaten ein. Das erste Mal in meinem Leben sah ich Tote. Überall trieben Leichen im Wasser.

Ein junger Lieutenant schwamm in dem ganzen Durcheinander und brachte mehrere Verletzte zurück aufs Boot. Das war eins meiner ersten Fotos. Mit meiner 4x5 ›Speed Graphic‹ schoß ich die ganze Zeit Fotos. Ich bin nicht sehr tapfer, ich kämpfe nicht gerne und drücke mich vor jedem Streit. Aber wenn es einmal soweit kommt, reagiere ich sehr gelassen und cool. Dann verliere ich jede Nervosität. Ich fotografierte alles, was ich sah. Das war mein Job.

Der *Lieutenant*, der unsere Einheit befehligte, sprang in irgendein Loch in Deckung und tauchte drei Tage lang nicht mehr auf. Er hatte Angst bekommen und versteckte sich. Wir anderen machten ohne ihn weiter. Ich war mit einem Kameramann zusammen, Val Pope. Er war großartig. Am Nachmittag bepflasterten die Deutschen den ganzen Strand mit Bomben, es war fürchterlich.

Als Fotograf hatte man Privilegien. Wir bekamen einen von General Eisenhower unterzeichneten Sonderausweis, mit dem wir uns ungehindert bewegen konnten, und der uns auch sonst völlig freie Hand ließ. Wenn einer von der *MP* sagte, da dürft ihr nicht rein, Sperrgebiet, brauchten wir nur unseren Ausweis zu zücken.

Auf dem Weg nach Cherbourg schafften wir einen Durchbruch und nahmen Saint-Lô ein, wo sich die Deutschen verschanzt hatten. Viele von den Deutschen, die wir gefangennahmen, waren Kinder, die sie in Uniformen gesteckt hatten. Der Großteil der deutschen Armee war wahrscheinlich in Stalingrad aufgerieben worden. Diese Kinder verteidigten die Bunker, die so schwer einzunehmen waren. Sie schienen völlig verwirrt und hatten fürchterliche Angst. Sie waren vielleicht fünfzehn, sechzehn Jahre alt und in einem erbärmlichen Zustand, sie kauerten auf dem Boden und froren jämmerlich. Sie wußten nicht, was mit ihnen passieren würde. Wir übergaben sie der Nachhut und marschierten weiter. Natürlich habe ich sie auch fotografiert.

Es gab zwei Arten von Gefangenen, diese Kinder und die SS-Soldaten. Die SS-Leute waren unmöglich, sie fühlten sich selbst nach ihrer Gefangennahme noch wie die sicheren Sieger. Es war nicht zu fassen. Aber die Mehrzahl der Soldaten waren ganz normale junge Leute, die eingezogen worden waren.

In Saint-Lô stießen wir auf unterirdische Bunker, die völlig unbeschädigt waren, weil sie so tief in der Erde lagen. Sie waren luxuriös ausgestattet, wie das Hilton, es gab riesige Weinkeller. Ich fuhr mit dem Lastwagen vor und hielt der Wache am Eingang meinen Sonderausweis unter die Nase. Dann lud ich den Laster voll mit Champagner, Wein und Brandy, deckte eine Plane drüber und fuhr los. In Cherbourg feierten wir dann eine Riesenparty. (Er lacht.)

In Cherbourg ereignete sich ein tragischer Zwischenfall. Val Pope und ich machten gerade Aufnahmen. Es war eine sehr undurchsichtige Situation. Die *Army* war mal hier, mal da, Soldaten tauchten auf und verschwanden, man lief ums nächste Hauseck und wußte wirklich nicht, was einen da erwartete. Val und ich gingen an einer Hausmauer entlang. Wir hatten etwas von einer Rot-Kreuz-Einheit gehört und wollten Aufnahmen machen. Auf einem Baum saß ein Heckenschütze und feuerte eine Maschinengewehrsalve auf uns. Val wurde getroffen. Eine Kugel durchschlug seinen Helm, als wäre er aus Pappe. Ich hatte hinter einem Haus Deckung gesucht. Da wußte ich noch nicht, daß Val einen Treffer abbekommen hatte. Du hörst das Maschinengewehr und rennst sofort los oder wirfst dich auf den Boden. Ich lugte um die Hausecke, und da lag er. Ich trieb ein paar GIs auf, die mir Feuerschutz gaben, und rannte zu ihm hin. Ein GI und ich zogen ihn in Deckung. Er lebte noch. Wir brachten ihn zur Erste-Hilfe-Station, aber es war zu spät, er starb. Er war noch so jung gewesen ... Ich übernahm dann seinen Job als Kameramann.

Bei der Bombardierung Frankreichs vor der Invasion starben auch eine Menge Franzosen. Mit unseren Bomben zerstörten wir halb Colleville-sur-Mer, ein kleines Küstendorf. Ich machte Fotos von den Beerdigungen und den Massengräbern. Die Franzosen beklagten sich aber nicht, sie fragten uns nie, warum habt ihr das gemacht, warum habt ihr so viele von uns umgebracht? Sie verstanden unsere Lage und betrachteten uns als Befreier. Aber das war dennoch eines der traurigsten Kapitel des Krieges.

Nachdem die Küste gesichert worden war, wurde ich zu unserem Brückenkopf in der Normandie zurückbeordert. Eisenhowers erster Besuch stand bevor, er wollte mit General Bradley kommen. Alle Generäle waren da. Und ich als Fotograf sollte das Ereignis im Bild festhalten. Es war sehr beeindruckend, aber komisch war es auch. Sie redeten miteinander wie die Kinder. »Ja, und dafür kriegt er noch die und die Auszeichnung.« »Und wie steht's mit dem Sowieso?« »Nein, der nicht....« Sie verteilten Orden, als wären es Preise für irgendwelche Partyspiele. Man sagte mir vorher, welches ihre gute und welches ihre schlechte Seite war, und ich habe sie natürlich nur von der guten Seite fotografiert.

An einem Spätnachmittag fuhren wir Richtung Paris los. Die Dunkelheit brach herein. Alle Wegweiser waren entfernt worden, wir wußten nicht, wo wir uns befanden. Unterwegs trafen wir einen belgischen Jungen, der per Anhalter mitgenommen werden wollte. Er war vielleicht sechzehn, er blutete und war in schlechter

Verfassung. Die Deutschen hatten ihn als Zwangsarbeiter eingesetzt. Er wollte nach Belgien zurück. Wir nahmen ihn mit.

Es war ein toller Anblick – der Eiffelturm aus der Ferne, und das auch noch bei Nacht. Ich war vorher noch nie in Paris gewesen. Der Turm war unser Wegweiser, als wir in die Stadt fuhren. Wir waren mit die ersten, die in Paris eintrafen.

Wir waren zwar Pattons Dritter Armee zugeteilt, aber wir wohnten privat. Ich klopfte bei irgendeinem Bauern an und fragte, ob ich dort wohnen könnte. Der Bauer und seine Familie profitierten auch davon, weil ich Zugang zur Armeeverpflegung hatte. Ich fuhr einfach bei einem Armeedepot vor, lud den Wagen voll und brachte alles der Familie mit. Ich war überall willkommen, denn Essen war knapp. Wir wohnten immer bei Privatleuten. Da konnte ich auch endlich mal mein Schulfranzösisch anwenden.

Im Gefolge von Patton zogen wir dann in München ein. Auf einem Platz kam es zu einem Feuergefecht zwischen Amerikanern und SS-Truppen. Ein Szenario wie in einem Wildwestfilm, aber alles war echt. Ich war inzwischen bei der Zweiundvierzigsten Division gelandet. Die Amerikaner zogen zunächst den kürzeren. Aber es waren alles kampferprobte Männer, mit ihnen war nicht zu spaßen, sie hatten schon zu viele Leute verloren. Die SS-Truppen ergaben sich schließlich.

Es passierte dann in einem Hinterhof. Ich saß auf einer Bank und hielt die Kamera im Anschlag. Es kam mir vor wie in einer Filmszene, die Deutschen wurden an die Wand gestellt und von drei oder vier Amerikanern mit Maschinenpistolen erschossen. Einfach erschossen. Ich habe alles gefilmt. Ich war noch nicht so abgebrüht, ich hielt das nicht für richtig, was da geschehen war. Die Deutschen hatten tapfer gekämpft. Sie ahnten, was auf sie zukam, und standen ganz ruhig da.

Ich fragte mich, was ich mit dem Film machen sollte. Ihn wegwerfen? Irgendwie war ich empört. Wenn ich damals schon gewußt hätte, was ich noch alles an schrecklichen Sachen sehen sollte, wäre ich vielleicht nicht so empört gewesen. Ich schickte den Film ein und bekam die übliche Antwort: Der Film könnte aus labortechnischen Gründen nicht entwickelt werden. (Er lacht.)

Wenn überall um dich herum getötet wird, und du selbst auch

tötest, geht das nicht spurlos an dir vorbei. Leben und Tod liegen auf einmal ganz nah beisammen. Ich sah die SS-Soldaten und dachte, das sind also die Kerle, die auf dich geschossen haben, sie hätten dich oder deine Kameraden töten können. Und dann waren sie auch noch so unverschämt, sie taten so, als könnte ihnen nichts etwas anhaben. Und sie verachteten dich, sie ließen sich die Herrenrasse raushängen. – Ich habe einiges an Erfahrungen gesammelt, wenn ich bei Erschießungen dabei war.

Das erste, was ich sah, als ich nach Dachau kam, waren etwa vierzig Güterwaggons, die auf einem Nebengleis standen. Ich wußte, daß in Dachau irgend etwas gewesen war, aber was das gewesen war, wußte ich nicht. Die Deutschen redeten nie darüber. Sie stritten ja sogar ab, daß es solche Sachen gegeben hatte. Die Güterwaggons waren bis obenhin voll mit bis zum Skelett abgemagerten Leichen. Vierzig Waggons voll mit Toten. Ich weiß, ich bin von Natur aus zartbesaitet, aber ...

Kurz vorher hatten wir ein Haus durchsucht, ich hielt mich dicht hinter der Patrouille. Ich hörte einen Schuß aus dem Keller und lief hinunter. Ein Deutscher hatte sich erschossen.

Wir rissen die Tore des Konzentrationslagers nieder. Ein paar deutsche Wachen wurden dabei erschossen. Wir gingen in die Baracken und in die Bunker. Überall herrschte helle Aufregung. Es gab ergreifende Szenen, die KZ-Häftlinge liefen herum und weinten, sie drehten fast durch, als die Amerikaner kamen, die Befreier von Dachau. Ich filmte, solange das Material reichte. Jeder sollte das sehen. Ich wollte nicht länger bleiben, ich wollte, daß der Film allen unseren Soldaten gezeigt würde. Man mußte jeden Film zuerst bei der 163ten, der Fotokompanie, vorlegen. Das wollte ich selbst übernehmen, ich wollte den Film nicht aus der Hand geben.

Irgendwo in der Nähe stand eine Piper herum, und der Pilot erklärte sich bereit, mich zu fliegen. Das Flugzeug war sehr klein. Wir starteten, und kaum waren wir in der Luft, begann es zu stürmen, und der Himmel verfinsterte sich. Wir verloren jede Orientierung. Der arme Pilot wußte auch nicht weiter. Dann flogen wir über München. Es war erschütternd, von den Häusern standen nur mehr die Außenmauern, alles andere war eingestürzt. Es sah so unwirklich aus. Wir landeten sicher, und ich lieferte den Film ab, aber mir war schon etwas komisch zumute gewesen, der Wind und der Regen, und dann dieses winzige Flugzeug.

Ich kehrte wieder zu meiner Einheit zurück. Wir entdeckten die Krematorien, und Leichen über Leichen. Die Überlebenden streckten die Hände nach uns aus und zogen uns an den Uniformen. Wir konnten zu diesem Zeitpunkt gar nicht sehr viel für sie tun. Wir hatten selbst nur wenig zu essen, die Rationen waren knapp.

Es mag seltsam klingen, aber ich hatte ein paar kleine Erlebnisse, die mich trotz allem optimistisch gestimmt haben. Mein Standfotograf wollte, daß wir in der nächsten kleinen Stadt übernachten. Er sagte: »Komm, wir verschwinden besser.« Ich antwortete: »Nein, hier ist es sicher«, und blieb zurück. Ich hatte nicht bemerkt, daß sich die amerikanische Armee zurückgezogen hatte, und daß ich mutterseelenallein war. Dann wurde mir blitzartig klar, mein Gott, die Deutschen könnten wieder anrücken! Die Lage war sehr unübersichtlich. Der Fotograf jagte im Jeep die ganze Strecke zurück, stöberte mich auf und zerrte mich ins Auto. Wir waren nicht einmal besonders gut befreundet. Es waren gerade diese persönlichen Heldentaten, die mich außerordentlich beeindruckten.

Als ich einmal einen Spähtrupp begleitete, kam aus dem Gebüsch ein deutscher Zivilist auf unsere kleine Gruppe zu. Er sagte, er wäre Antifaschist, und wollte, daß ich ihn begleite. Er sagte, wir könnten die deutschen Truppen zur Aufgabe zwingen, wenn wir sie einkreisen würden. Also folgten wir ihm, um zu überprüfen, ob er die Wahrheit sagte.

In Deutschland gab es immer noch antifaschistische Widerstandsgruppen. Wenn wir eine Stadt einnahmen, arrestierten wir den Bürgermeister und die anderen hohen Tiere und übergaben den Antifaschisten die Verantwortung für die Stadt. Drei Tage später kamen wir zurück, da hatte unsere Militärverwaltung die Offiziellen wieder freigelassen und in ihre Ämter wieder eingesetzt, und die Antifaschisten waren weg vom Fenster. Das passierte regelmäßig, es war eine Schande.

Dieser Zivilist führte also unseren kleinen Trupp eine Straße entlang. Das hätte auch eine Falle sein können. Noch ein Deutscher stieß zu uns. Er sagte: »Ein paar von uns wollen aufgeben. Vielleicht kann jemand von Ihnen mitkommen und die anderen auch noch überzeugen.« Ich sagte zu unseren Jungs, sie sollten warten, ich würde mitgehen und mir die Sache anschauen. Das war nicht ungefährlich, aber ich bin ein leichtgläubiger Mensch, ich glaube alles, was mir jemand sagt. Ich ging also mit, und tatsächlich, da standen etwa zweihundert Deutsche im Wald. Ich redete mit ihnen, wir debattierten hin und her. Nur ein paar von ihnen wollten aufgeben. Ich sagte: »Eure Lage ist hoffnungslos. Kommt schon, laßt uns gehen!« Ich war der einzige Amerikaner weit und breit, zweihundert Deutsche um mich herum. Ich konnte nur ein paar Brokken Deutsch und etwas Jiddisch, aber wir führten eine sehr angeregte Diskussion.

Als wir so redeten, kamen auf einmal Tiefflieger an und nahmen uns unter Beschuß. Jeder suchte Deckung. Ich habe nie herausbekommen, ob es deutsche oder amerikanische Flugzeuge waren. Sie waren sehr schnell und flogen tief über unsere Köpfe. Danach hatten alle genug. Wir beendeten unsere Diskussion (er lacht), und sie beschlossen, sich zu ergeben.

Weil ich gern ein bißchen Show abziehe, nahm ich ihnen die Waffen ab und schnallte sie mir alle um die Hüfte, das waren mindestens zwanzig Luger. Ihre Feldstecher hängte ich mir um die Brust. In diesem Aufzug setzte ich mich auf das Dach von unserem Jeep, und wir fuhren los. Die zweihundert Deutschen marschierten hinter uns her. Ich brachte sie zu unserem Bataillon und übergab sie dem *Colonel* (Er lacht.) Das war eine echte Showeinlage.

Bei Kriegsende war ich in Salzburg. Wir gehörten zu den ersten Truppen, die dort einmarschierten. Meinem Fahrer, dem Standfotografen und mir stand ein kleines Hotel zur Verfügung. Ein Hotel ganz für uns allein. Jede Menge Zimmermädchen, die wir von einem Zimmer zum anderen jagten. Das Hotel gehörte einem Metzger. Er versorgte uns reichlich mit Essen, um sich bei uns lieb Kind zu machen.

So ging der Krieg zu Ende. Ich verließ die Armee mit fünf Orden an der Brust und hatte auch sonst jede Menge Auszeichnungen bekommen. Mein letzter Job führte mich nach Berchtesgaden. Dort sollte ich fotografieren, wie unsere im Krieg ausgezeichneten Soldaten in die Stadt einzogen. Das war mein letzter Job als GI.

Bei der Rückkehr nach Hause hatten wir ein euphorisches Gefühl. Wir hatten alles erledigt, was wir uns vorgenommen hatten. Als Fotograf sitzt du immer in der ersten Reihe. Du konntest dabei schon etwas abkriegen, aber du hattest auch viele Vorteile. Du warst Mitwirkender und Augenzeuge. Den Faschismus zu besiegen, darauf konnte man schon stolz sein. Man hatte das Gefühl, daß sich die Mühe gelohnt hatte. Das Gefühl, an einem gewaltigen Schauspiel selbst teilgenommen zu haben. Das waren die wichtigsten Momente meines Lebens.

POSTSKRIPTUM: Drei Monate später war ich schon wieder in Europa. Mit einer Leica, die mir damals in Deutschland in die Hände gefallen war. Die ›American Unitarian Association‹ hatte mir den Job angeboten. Ich sollte spanische Flüchtlinge in Südfrankreich fotografieren. Drei Jahre lang war ich in den Lagern unterwegs.

Um Franco zu entkommen, waren die Spanier über die Pyrenäen geflohen, und die Vichy-Franzosen hatten sie in Konzentrationslager gesteckt. Als Frankreich besetzt wurde, übernahmen die Deutschen diese Lager. Die Flüchtlinge mußten in den Bergwerken Zwangsarbeit leisten. Als ich sie fotografierte, waren sie immer noch in den Lagern. Während des Krieges waren viele von ihnen getürmt und hatten den Deutschen durch Sabotage schweren Schaden zugefügt. Sie schlossen sich dem französischen Widerstand an und hatten dort teilweise führende Positionen inne. Die Gesichter dieser Helden im Bild festzuhalten, das prägte mich am nachhaltigsten.

Viertes Buch

Verbrechen und Strafe
Gegenwind
Die Bombe
Erinnerung an vergangene Zeiten

Verbrechen und Strafe

Alvin (Tommy) Bridges

Bay City, Saginaw und Midland, drei Städte in Michigan, bilden zusammen eine Industriezone. Diese Region hatte sehr unter der Rezession zu leiden.

Alvin Bridges war 30 Jahre Polizist in Bay City. In seinen letzten vier Dienstjahren war er Polizeichef. 1968 wurde er pensioniert.

Es war ein unnützer Krieg – jeder Krieg ist unnütz. Damals in der Armee hatte ich wegen dem Spruch ganz schönen Ärger. Das war während der Grundausbildung. Sie stellten irgendwelche Milchgesichter vor uns hin, die direkt vom College kamen und uns erzählten, dieser Krieg wäre wichtig. Wir waren 'ne ganze Kompanie, auch Offiziere. Ich bekam 'nen dicken Hals und sagte: »Kein Krieg ist wichtig!« Ich bin nicht prinzipiell gegen Krieg, ich wär sofort dabei, wenn's morgen losgehen würde. Aber diese Welt gibt's nicht mehr lange, wenn wir nicht mit dem Atomzeug aufhören.

Am 20. Februar 1942 meldete ich mich zur *Army*. Um was zum Beißen zu haben. (Er lacht.) Ich habe keine Ahnung, wie wir diesen Krieg gewonnen haben, wenn ich dran denke, wie sie die Leute für die MP auswählten – ohne Sinn und Verstand. Als ich in Fort Custer war, zogen sie drei, die vor mir in der Reihe standen, zur Air Force ein, einfach so, dann zwei in die Infanterie, und als sie bei mir waren, sagten sie: »Du kommst zur *MP*.« Wie in 'nem Western, wo der Sheriff irgendwelche Leute zu seinen Deputies ernennt. Und die Ausbildung war genauso chaotisch – mit einer richtigen Polizeiausbildung hatte das nichts zu tun.

Unser erster Einsatzort war London. Ich habe keine Ahnung, wie wir das damals geschafft haben. (Er lacht.) Die Offiziere wußten noch weniger Bescheid als wir. Dann kam ich nach Paris. Ich war der erste, den sie hinschickten. Sie dachten wohl, ich würde mich in Paris auskennen, dabei hatte ich keinen blassen Schimmer. (Er lacht.)

In London waren wir am Neujahrsmorgen 1943 angekommen. Wir blieben bis sechs Wochen nach der Invasion. Als wir nach Paris kamen, waren dort immer noch ein paar Besatzungstruppen von uns stationiert. Für die GIs hatten wir Polizeifunktion.

Ein großes Problem für uns war, daß die Versorgungsgüter ständig unter der Hand verschoben wurden. An der Front hungerten die Leute, und hier verhökerten unsere Soldaten lastwagenweise das Zeug, ganz egal, was es war. Die Franzosen hatten Geld und kauften den Lastwagen gleich mit. Sie bezahlten die Jungs, und weg waren sie. Die GIs kamen dann zu uns gerannt und sagten: »Man hat uns den Lastwagen gestohlen.« Schließlich fanden wir ihn dann irgendwo, natürlich leer. Alles weg. Wir wußten nicht, ist er wirklich gestohlen worden, oder hatten sie ihn verkauft. Die GIs waren inzwischen mit ihrer Einheit in Belgien oder sonstwo, und es hatte keinen Sinn, dem Ganzen nachzugehen. Außerdem passierte auch sonst genug.

Viele GIs hatten Respekt vor der *MP*, und viele haßten sie wie die Pest. Da ging's uns wie der Polizei. Nein, schlimmer, weil wir die einzigen waren, die ihnen in die Quere kamen. Die Pariser Polizei interessierte sich überhaupt nicht für die GIs. Die konnten sich aufführen, wie sie wollten, die Pariser Polizei griff nicht ein. Wir mußten dann anrücken und die Jungs einsperren. Die Vergehen reichten von Mord bis zum Verkauf von einem dieser Lastwagen, je nachdem.

In London wurden unserer Einheit dreizehn farbige Soldaten zugeteilt. Es war die erste *MP*-Einheit, in der Farbige und Weiße zusammen waren. Der einzige Grund dafür war, daß sich die Farbigen immer in Limehouse trafen, ein Viertel, wo wir uns als Weiße nicht blicken lassen konnten. Bei so etwas verloren wir sogar mal einen Mann, das war in Lichfield, wo das Hauptquartier der Neunten Air Force lag. Die Farbigen gehörten zu den Hilfstruppen, sie bauten Brücken, sie legten das Rollfeld quer durchs Moor an, indem sie den Untergrund mit Stahlgittern befestigten. Kämpfen durften sie nicht. Sie waren von Geburt an Bürger zweiter Klasse, das war bei der Armee nicht anders. Es gab nur zwei oder drei Kampfeinheiten mit farbigen Soldaten. Eine davon bei der Air Force. Die Jungs kamen alle aus einem College in Alabama, aus Tuskegee. Sie waren in Italien stationiert und haben sich mehrfach ausgezeichnet.

Viele von den Farbigen bei der *MP* waren schwer in Ordnung. Zum Beispiel Morton, der kam auch aus Alabama. Er und der fette, weiße Sergeant hatten sich dauernd in der Wolle und warfen sich alles mögliche an den Kopf. Der Sergeant sagte immer: »Das hab ich gern, kommt direkt aus'm Urwald und pocht auf irgendwelche Rechte!« oder so ähnlich. Und Morton sagte: »Was meinst du, wo du herkommst!«

Bei unserer Einheit waren Leute aus Indiana, Ohio und Michigan, und auch aus Tennessee, Georgia und Alabama. Es gab immer ein Riesengezeter, keiner wollte mit den farbigen Jungs zusammenarbeiten. Eine verzwickte Situation. Also sagten sie zu mir: »Du hast das Kommando, teil du die Jungs ein.« Sechs von den Farbigen hatten an diesem Abend Dienst. Ich hatte ein paar Hinterwäldler aus Georgia in der Einheit, die das erstemal von zu Hause weg waren. Die waren einverstanden: »Klar arbeiten wir mit den Niggern.« Sie nannten sie nicht Farbige oder Neger. Sie sagten: »Na, wenn man die Jungs ausgewählt hat, müssen sie ja ziemlich gut sein.« Und sie kamen gut mit den Farbigen aus, die Jungs aus Georgia. Kein einziger von ihnen hat sich meinen Anweisungen widersetzt. Ich fragte auch noch zwei Jungs aus Michigan, ob sie mit farbigen Jungs zusammenarbeiten würden. »Um Gottes Willen, niemals«, war die Antwort. Die Jungs aus Georgia hatten schon als Kinder mit ihnen im Sandkasten gespielt, die kamen viel besser miteinander klar als die Jungs aus dem Norden.

In Paris mußten wir immer bestimmte Hotels nach GIs absuchen, die sich unerlaubt von der Truppe entfernt hatten. Diese Hotels hatten vier, fünf Stockwerke, Treppen rauf, Treppen runter, jede Menge Frauen, ein Zimmer neben dem anderen. Du mußtest nur mit deiner Taschenlampe unters Bett leuchten. Wenn ein paar GI-Schuhe vorschauten, wußtest du gleich, was los war. (Er lacht.) Du hast die Tür aufgerissen, und in neun von zehn Fällen sind die Mädels sofort unter der Bettdecke verschwunden. (Er lacht.) 'ne Menge Jungs, die wir suchten, waren Farbige von der Quartiermeistereinheit.

In Paris waren mehr Farbige stationiert als Weiße. Die französischen Frauen hatten keine Probleme damit. Also machten sich die Jungs unerlaubt davon, um sich eine Französin zu angeln, eine Weiße wohlgemerkt – das hätten sie sich dort, wo sie herkamen, nicht erlauben dürfen.

Gegen Ende des Krieges kam es immer häufiger vor, daß sich die Jungs, egal ob schwarz oder weiß, unerlaubt von der Truppe entfernten. War ein verdammt harter Job, die Jungs an der Front zu halten, jetzt wo sich langsam der Sieg abzeichnete. Die hätten dich glatt umgebracht, wenn du dich mit ihnen angelegt hättest, ob du bei der *MP* warst oder nicht. Es gab Fronteinheiten, bei denen mußten sie die Jungs förmlich anbinden (er lacht), damit sie nicht türmten. Ich mußte sie teilweise aus Nordafrika zurückholen. Dann kam meine Einheit nach Fort Shanks, das ist in den Bergen nördlich von New York. Das Camp wurde von Soldaten bewacht, die mit Gewehren und Maschinengewehren bewaffnet waren. Ich fragte: »Verdammtnochmal, was soll denn das?« Sie sagten, sie müßten auf die Infanterieregimenter, die nach Europa sollten, aufpassen. Die Jungs würden sonst einfach im Wald verschwinden, und weg wären sie.

Ich regte mich fürchterlich auf und sagte zum Lieutenant: »Das darf doch wohl nicht wahr sein, verdammtnochmal, wir von der *MP* und die Hälfte der Jungs waren schon in Europa, also was soll das?« Er sagte, sie bewachten jeden, weil sich so viele unerlaubt von der Truppe entfernt hatten.

Wenn wir diese Jungs in Paris abholten, brachten wir sie nach England ins Hauptquartier. Dort wurden sie dann vor ein Kriegsgericht gestellt. Ständig türmten irgendwelche Jungs von ihren Einheiten und verschwanden in alle Richtungen. Meistens waren es Farbige, die vor Gericht gestellt wurden. Im Kriegsgericht saßen ein Colonel, ein Major, ein Captain und so weiter, insgesamt fünf bis sieben Leute. Sie waren meistens höhere Offiziere.

Als ich das erste Mal als Zeuge vernommen wurde, hatte ein *Colonel* den Vorsitz. Ich sagte, der Junge wäre unschuldig. Er hätte nichts verschoben, er wäre nur zufällig dabeigewesen und deshalb festgenommen worden. Der *Colonel* fragte: »Ist es ein Nigger?« Er sagte nicht Neger, er sagte Nigger. Ich sagte, er wäre ein Farbiger, darauf er: »Wenn's ein Nigger ist, ist er so oder so schuldig.« Ich weiß nicht, was die Jungs für Strafen kriegten, weil wir nie bis zum Urteil warteten. So eine Verhandlung konnte sich ewig hinziehen. Und für Diebstahl von Regierungseigentum konnte man zum Tod verurteilt und erschossen werden.

Kennen Sie Fälle, in denen Soldaten für so etwas erschossen wurden?

O ja. Sie erschossen einige. Wenn sie vor ein normales Gericht gestellt worden wären, hätte man das Verfahren eingestellt. Es hing viel vom befehlshabenden Offizier ab. Die zum Tode Verurteilten wurden in Shepton Mallet hingerichtet – das ist der Ort, an dem Heinrich der Achte all seine Frauen einen Kopf kürzer machen ließ. Wir kamen immer erst gegen Abend dort an, weil die Zugverbindung von London so schlecht war.

Die Farbigen, die wir in Lichfield festnahmen, hatten beim Beladen eines Lastwagens ein paar Sachen mitgehen lassen. Es waren jedenfalls oft Kleinigkeiten, für die sie die Leute erschossen. Für jedes zivile Gericht wären das Bagatellfälle gewesen. Mein Gott, dieses Kriegsrecht, es war wie eine Bibel für sie. Im Krieg konntest du für jeden Dreck erschossen werden. Auf Mord und Vergewaltigung stand, glaube ich, der Tod durch den Strang. Fünf oder sechs sind vielleicht auch erschossen worden. Die Exekutionen fanden immer um sechs Uhr früh statt. Manche bekamen auch nur fünf Jahre. Ich erfuhr meistens nicht, was mit den Jungs passierte, die ich ihnen brachte.

Die ersten Todeskandidaten kamen aus der Goode Street, das war der Knast. Wir holten sie ab und brachten sie nach Shepton Mallet. Normalerweise waren wir immer zu zweit. Einmal war ich allerdings allein. Der *Sergeant* sagte zu mir: »Der Kerl soll erschossen werden.« Der *Sergeant* fesselte ihn mit Handschellen an meine linke Hand, rechts trugen wir nämlich unsere Revolver. Der Kerl war völlig fertig. Ich hatte keinen blassen Schimmer, was er angestellt hatte. Jedenfalls sollte er erschossen werden. Ich glaube, er hatte einen anderen GI umgebracht. Er war ausgetickt. Vielleicht hatte er es aber auch absichtlich getan, ich weiß es nicht.

Als wir aus dem Zug stiegen, sagte der Schaffner, nach Shepton Mallet wäre es nicht weit. Aber es war weit, es war am Arsch der Welt. Und ich war mit Handschellen an einen Mann gefesselt, der zum Tode verurteilt war und am nächsten Tag erschossen werden sollte. Er würde sicher Ärger machen, und ich fragte mich, ob ich ihn nicht besser gleich erschieße. (Er lacht.) Man weiß ja nie, was die Jungs für Tricks draufhaben. Ich war ein paar Mal kurz davor, ihn zu erschießen. Aber dann ließ ich den Gedanken fallen und setzte mich neben ihn. Trotzdem war das Ganze eine Sache auf Leben und Tod, er hätte ja ein Messer dabei haben können. Ich selbst hatte ihn nicht durchsucht, sondern nur der Sergeant. Ja, ich hatte verdammt Schiß.

Ich weiß nicht, warum sie mich allein losschickten. Ich hatte eine Stinkwut. Da lagen mindestens fünfzig *MPs* in der Kaserne auf der faulen Haut, und ich stand hier in der Pampa und war mutterseelenallein mit diesem Typen.

Ich sagte mir, rauch erst mal 'ne Zigarette. Meine Frau hatte mir eine Stange Lucky Strikes geschickt. Ich schenkte meinem Gefangenen eine Schachtel, als ich ihn dem *Sergeanten* übergab, der uns mit einem Jeep abholte. Der *Sergeant* fragte mich, ob ich am nächsten Morgen um sechs vorbeikommen und mir die Erschießung ansehen wollte, und der Todeskandidat stand direkt neben mir. Ich sagte nein, ich hätte keine Lust mitanzusehen, wie jemand erschossen wird. Er sagte, manche würden gern zuschauen und extra deswegen dableiben.

Irgend jemand hat mir mal gesagt, daß man zwar zu fünft oder zu sechst ist, wenn jemand exekutiert wird, aber daß nur einer scharfe Munition geladen hat, damit keiner weiß, wer den tödlichen Schuß abgegeben hat. Aber der *Sergeant* sagte zu mir: »So ein Quatsch. Alle Gewehre sind geladen, garantiert nicht mit Platzpatronen.«

Ich habe es nie gemocht, wenn jemand exekutiert wurde. Ich war einunddreißig Jahre lang Polizist. Ich hatte ständig mit Selbstmorden und Morden zu tun. Es ist einfach Blödsinn, ein Leben auszulöschen, so was kann man nicht mehr rückgängig machen. Du kannst hinterher nicht sagen, Moment mal, liebe Kugel, komm doch bitte zurück. Nicht um alles in der Welt würde ich mir ansehen, wie jemand erschossen oder erhängt wird.

In Paris begegnete ich einmal einem Henker. Er sah so komisch aus, er hatte einen breitkrempigen Hut auf und trug Uniform. Er war Sergeant. Ein Amerikaner. Sie hatten ihre eigenen Henker. Er war ein Profi und in Texas stationiert. Er hatte seinen eigenen Strick mitgebracht. Er redete kein Wort, er kam mir vor wie ein Geist. Er redete mit niemandem. Ich glaube, er hat zwei Leute aufgehängt – ich weiß nicht, ob ich es war, der diesen Slovik verhaftet hatte, den Jungen, den sie als Deserteur erschossen haben. Eisenhower sagte, das wäre der einzige gewesen, den sie deswegen hingerichtet hätten. Aber er hat nicht gesagt, daß 'ne Menge Leute wegen wesentlich weniger erschossen wurden. Sie sagten, Slovik wäre der einzige gewesen und machten ein Riesentamtam, diese Arschlöcher!

Kriege zu führen, ist der pure Blödsinn! Es gibt nirgendwo auf der Welt einen Krieg, in dem sich zu kämpfen lohnt. Das kann mir keiner weismachen. Das Geld ist an allem schuld, nur das Geld. Würde mich nicht wundern, wenn die Leute, die einen Krieg anfangen, die gleichen sind wie die, die damit das große Geld machen, die Munition herstellen, die Uniformen und so weiter. Denken Sie nur daran, was eine einzige Bombe kostet, und wieviel Kinder mit diesem Geld in Asien oder sonstwo vor dem Verhungern gerettet werden könnten.

Der Krieg in Europa war grausam, keine Frage. Und dann noch die Bombe ... Wir sind auf dem besten Weg, die Welt zugrunde zu richten.

Hans Göbeler und James Sanders

Im letzten Dezember habe ich einem Arzt in Key Largo, Florida, ein Segelboot abgekauft. Er war Deutscher. Er erzählte mir, er sei Kriegsgefangener und interniert gewesen. »Wie sind Sie in Gefangenschaft geraten?« fragte ich. Er war auf einem U-Boot. Es wurde durch eine Wasserbombe versenkt. Ich fragte ihn: »Wissen Sie noch, wer Sie versenkt hat?« »Die Guadalcanal«, sagte er. »O mein Gott«, sagte ich. »Das ist mein altes Schiff.«

Achtunddreißig Jahre später kaufe ich ihm ein Segelboot ab. Wir sind dem Feind begegnet und haben sein Boot gekauft. (Er lacht.)

Dr. Johanson, ein amerikanischer Arzt

Im Museum für Naturwissenschaft und Industrie in Chicago ruht ein deutsches U-Boot. Es ist die U-505, versenkt vom Flugzeugträger U.S.S. ›Guadalcanal‹, zweihundert Meilen vor der Küste Westafrikas am 4. Juni 1944. Es wurde geborgen und hierher gebracht.

An diesem Septembertag des Jahres 1982 treffen sich die meisten der überlebenden Besatzungsmitglieder beider Schiffe.

Hans Göbeler war Maat auf dem deutschen U-Boot. James Sanders war Zweiter Flugoffizier auf dem amerikanischen Flugzeugträger U.S.S. ›Guadalcanal‹.

GÖBELER: »Jeder Mensch, vor allem der junge Mensch, kann manipuliert werden. Je öfter man zu ihm sagt, so geht das, dies ist der American Way of Life oder die deutsche Art, desto fester glaubt er daran. Ohne daß er schlechter wäre als ein anderer. Darin liegt immer eine große Gefahr. Deshalb sind viele Deutsche dem Hitler hinterhergelaufen. Da ist immer eine große Gefahr. Wenn man soundso viele Arbeitslose hat, und da kommt einer und sagt: »Ich gebe euch Arbeit, damit eure Familien nicht mehr zu leiden brauchen«, dann rennen sie dem hinterher.

Ich denke, das gleiche würde in den Vereinigten Staaten passieren; da würden auch viele dem Adolf Hitler hinterherlaufen. Es ist ihnen ja egal, was der Mann macht, wenn sie erst Arbeit haben. Das ist auch für die Zukunft die große Gefahr. Wenn die Leute nicht mehr nachdenken als heutzutage, dann gibt es eines Tages vielleicht einen oder zwei neue Adolf Hitlers, bloß mit einem anderen Namen.

SANDERS: Es könnte passieren. Die Menschen kann man täuschen. Das Gedächtnis ist kurz. Ich habe zwei Freunde, die deutsche Mädchen geheiratet haben. Die Familie der einen waren Dissidenten. Die konnten den Mund nicht aufmachen. Der Vater der anderen war bei der SS. Ich habe Bilder von ihm in Uniform gesehen. Sie erzählt, wie sie als junges Mädchen mit ihren Nazi-Abzeichen vor den amerikanischen Besatzungstruppen umherstolziert ist. Sie stammen beide aus gebildeten Mittelklasse-Verhältnissen.

GÖBELER: 1928 war mein Vater arbeitslos. Ich war ein Junge von sechs Jahren. Wenn wir morgens aufstanden, hatten wir meistens nicht mal genug Brot zu essen. Mein Vater war vier Jahre arbeitslos. Dann kam Hitler. (Imitiert Hitler:) »Ihr Deutschen, ihr werdet Arbeit bekommen.« 1933 haben die meisten einfachen Deutschen Hitler gewählt, weil sie genug zu essen hatten. Es standen ein paar mächtige Leute hinter ihm. Die versuchten, das große Geschäft zu machen. Krupp, und wie sie sonst hießen. Die haben Hitler nach oben gebracht, nicht das gemeine Volk. Wenn das für irgendeinen anderen Burschen gestimmt hätte, hätten die Industriellen dafür nicht ihr Okay gegeben.

Nach 1933 bekam mein Vater Arbeit. Ich sah als deutscher Junge zu. Ich war in der Hitlerjugend. Jeder Deutscher in meinem Alter, der herkommt und sagt: »Ich war nicht in der Hitlerjugend« – der lügt. Jeder.

Wir konnten reisen, ohne zu bezahlen. Man konnte ohne Geld von Hamburg nach München fahren. Als der Krieg anfing, war ich fünfzehn. Ich wollte zur Marine. Mich interessierte nicht, daß Hitler angefangen hatte. Ich sah nur die Marine. Als ich siebzehn war, ging ich dann hin.

Ich war stolz darauf, U-Boot-Mann zu sein. Mir war klar, wie gefährlich es war, auf einem U-Boot zu fahren. Als ich hörte, daß

U-124 nicht zurückgekommen war, und als U-542 ein paar Tage später auch nicht zurückkam, wußte ich, was passiert war. Vielleicht war es mein Glück, daß ich auf U-505 kam. Vielleicht wäre ich an Land bei der Infanterie ums Leben gekommen. Wir wußten, daß siebenundneunzig Prozent unserer U-Boote nicht überlebten. Deshalb bin ich dankbar, daß die Amerikaner uns erwischt haben. Ich habe sie nie als persönliche Feinde betrachtet. Und ich habe dazu beigetragen, daß meine Kinder genauso denken. Ich möchte helfen, den Frieden zu bewahren.

Anfangs waren wir zu neunundvierzig Mann auf dem U-Boot. Nachher mußten wir neunundfünfzig mitnehmen, denn auf jeder Fahrt verloren wir ein paar. Aber das U-Boot war für neunundvierzig Mann gebaut, nicht für neunundfünfzig. Wir hatten weniger zu essen. Das Leben wurde härter und härter, als die Amerikaner ihre Maschinerie gegen uns in Gang setzten. Mit jedem Tag, jeder Woche.

Wir kannten nur das, was man uns sagte: Unsere Pflicht. Wir ahnten, daß wir eines Tages von den Amerikanern und den Russen umgebracht werden würden. Aber wir hatten unseren Schwur getan. Das ist ein schlechter Soldat, der vergißt, daß er drei Finger gehoben hat. Überall auf der Welt, in jeder Armee, müssen die Soldaten genauso denken.

Jedesmal, wenn wir zurückkamen, sahen wir mehr Boote mit großen Löchern. Wir konnten sie gar nicht mehr zählen. Wir wußten, daß wir die Schlacht im Atlantik verloren hatten.

SANDERS: Ich wollte in den Krieg ziehen und es hinter mich bringen. Was Deutschland anging, war ich davon überzeugt, daß wir sie außer Betrieb setzen müßten, damit wir ihr System ändern könnten. Wir könnten den Feindseligkeiten kein Ende machen, ohne Hitler auszuschalten. Bei dem Ereignis im Jahr '44 war ich fünfundzwanzig.

GÖBELER: Ich war einundzwanzig. Unser zweiter Skipper, der war fünfundzwanzig. Mit vierundzwanzig war er auf diesem Boot schon zehnmal gefahren. Ich habe keine Ahnung, was ihn dazu brachte, sich umzubringen. Während eines Wasserbombenangriffs. Es war zuviel für einen Mann von fünfundzwanzig Jahren, ein Schiff durch den Atlantik zu führen, durch die Karibik, den Golf von Mexico, durch den Panamakanal und runter nach Südafrika. Er trug die Verantwortung für das Ding, voller Macht, voller Gefahr. Als es ihn einmal erwischt hatte, wußte er nicht mehr, was er noch tun sollte.

Der Krieg wurde jeden Tag härter. Die U-Boote hatten den höchsten Preis zu zahlen. Von neununddreißigtausend U-Boot-Leuten sind zweiunddreißigtausend auf See gefallen. Die meisten ganz junge Männer.

Am 4. Juni 1944 schob unser Skipper das Periskop hoch, spähte in die Runde und sah ein, zwei, drei, vier, fünf und noch ein ganz großes Schiff in weitem Kreis um uns herum, und da wußte er, es war vorbei. Ich stand neben ihm in der Zentrale. Er sagte: »Macht die Verriegelungen auf, für den Fall, daß sie uns bombardieren.« Dann tauchen wir auf, und einer oder zwei können noch raus. Wir hatten zu hohen Luftdruck. Wir konnten nicht mal normal atmen. Er sagte: »Macht die Ventile auf; wir müssen hoch.« Sie eröffneten das Feuer im selben Moment, als wir auftauchten. Nur einer von neunundfünfzig wurde getötet. Der Funker. Ich begreife das nicht; er muß durchgedreht sein oder so was. Sie schossen nicht allzu lange auf uns. Die meisten sprangen ins Wasser. Wir hatten zu fünft das große Rettungsboot erreicht. Eine große Welle spülte mich weg. Dann warfen sie mir ein Schlauchboot zu.

Ein anderer amerikanischer Kommandant hätte uns vielleicht die Hölle heiß gemacht. Aber hier stellten sie das Feuer ein, so schnell es ging. Man muß ja schießen, solange man den Befehl hat, zu schießen. Jemand muß also sofort gesagt haben: Feuer einstellen.

SANDERS: Sie gaben den Befehl zum Feuereinstellen, aber ich hörte ihn nicht. Es hörte einfach plötzlich auf. Wir konnten wohl sehen, daß niemand bei uns an Deck war. Die Guadalcanal drehte ab, denn wir wußten ja nicht, wie viele U-Boote da noch waren. Wir wollten nicht torpediert werden. Im Pazifik wurde eine ganze Reihe von Schiffen torpediert, bloß weil sie an Ort und Stelle herumtrödelten.

Als wir erfuhren, daß achtundfünfzig von neunundfünfzig gerettet worden waren, waren die meisten von uns froh. Uns war es egal, ob ihr Deutsche wart oder Afrikaner oder sonstwas. Wir hatten schon früher deutsche Gefangene gehabt. Einmal haben wir einen Jungen von einem U-Boot aufgenommen, der als einziger überlebt hatte. Jeder wollte mit ihm sprechen. Die Wachen redeten dauernd mit ihm. Ich erinnere mich noch an einen jungen amerikanischen Corpssoldaten, der ihn bewachte. Der saß da, das Gewehr über dem Schoß. Die beiden Kids sitzen da und unterhalten sich durch ein dünnes Drahtgitter. Eine Woche, nachdem der Junge gefangengenommen worden ist, und die zwei plaudern wie zwei Kids, die in derselben Nachbarschaft aufgewachsen sind.

GÖBELER: Unser Kapitän war bewußtlos. Sie ließen uns nicht allzu lange im Wasser warten, sondern fingen mit der Rettung an. Da kamen dann ein paar Walboote und nahmen uns auf. Das werde ich nie vergessen. Weil ich weiß, daß andere Besatzungen im Wasser umgebracht wurden. Das ist die Wahrheit; darauf kann ich drei Finger heben. Vielleicht hatte ein Mann, der da schoß, zwei oder drei Tage vorher seinen Bruder verloren. Da gibt er dem Feind, der seinen Bruder getötet hat, keinen Pardon. Das ist in dem Moment die große Gefahr.

Als wir an Bord kamen, sah ich zum erstenmal im Leben dunkelhäutige Menschen, Schwarze. Ich dachte – oh ... (er lacht)

SANDERS: Die Stewards der Offiziersmesse.

GÖBELER: Ich schob das Gesicht über den Bootsrand, und da war ein Schwarzer; der packte mich und warf mich an Bord des Zerstörers. Er hat Kautabak und sagt: »Komm, nimm was.« Ich hatte Angst. Die sahen in diesem Augenblick nicht aus wie Soldaten. Ich dachte, o Gott, vielleicht wäre es besser, ich hätte nicht überlebt.

SANDERS: Wenn du einen von den Amerikanern gefragt hättest, und wenn es ein Witzbold gewesen wäre, dann hätte der vielleicht gesagt: »Das ist unsere spezielle Nachtkampftruppe.« (Er lacht.)

GÖBELER: Der Schwarze brachte mich nach drinnen. Ich glaube, es war eine Messe für Zeitsoldaten. Da gab er mir ein Stück Kuchen. Sofort kam ein Unteroffizier und brüllte den Soldaten an, weil er mich da hineingebracht hatte: »Schaffen Sie den hier raus!«

SANDERS: Kann sein, daß der Farbige dich in die Offiziersmesse gebracht hat. Er war wahrscheinlich nicht wütend, sondern bloß aufgeregt.

Es war die Pillsbury, die sie aufnahm. Am Nachmittag wurden sie dann auf die ›Guadalcanal‹ herübergebracht. Wir standen alle an der Reling, um sie uns anzuschauen. Ich fand nicht, daß einer von den Jungs schrecklich besorgt aussah. Ein paar grinsten. Sie sahen nicht aus, als ob sie Pech gehabt hätten. Der allgemeine Eindruck, den eure Gruppe machte, war der von Erleichterung. Ihr wußtet anscheinend, daß euch niemand etwas tun würde.

GÖBELER: Keiner von uns war bereit, sein Leben für Hitler zu geben. Wir wußten, daß der Tod nicht zum Lachen war. Wir hatten zu viele auf See sterben sehen. Ich habe ein paar bedauernswerte Überlebende von einem Handelsschiff gesehen, die in brennendem Öl schwammen. Wir wußten nur, daß wir unsere Pflicht tun mußten wie die amerikanischen Seeleute auch. Vielleicht irre ich mich, aber ich glaube, daß Seeleute überall auf der Welt, was immer sie sein mögen – wenn einer einen Seemann im Wasser liegen sieht, dann ist ihm Nationalität oder Hautfarbe egal, dann hat er ihm zu helfen.

SANDERS: Das war auch die Einstellung der amerikanischen Marine, wie ich sie kannte. Ich hörte mal, wie ein Kerl, mit dem ich die Fliegerausbildung machte, sich damit brüstete, wie er draußen im Pazifik ein Kanu voller Schlitzaugen abgeknallt hatte. Ich weiß noch, daß ich fand, er sei eine miese Type.

Captain Gallery gab strikten Befehl, nicht zu fraternisieren. Er befürchtete, unter den Deutschen könnten ein paar Fanatiker sein, die vielleicht versuchen würden, an Waffen zu kommen. Er hatte keine Angst, daß sie das Schiff nehmen könnten. Aber unsere Offiziere trugen Pistolen, und seine Sorge war es, daß jemand eine an sich raffen und ein paar Leute erschießen könnte. Aber die Seeleute mißachteten den Befehl, so oft sie konnten.

GÖBELER (lacht): Ich weiß. Der Mann, der mich bewachte, gab mir seine Adresse. Er sagte, wenn dieser schreckliche Krieg vorbei ist, nehmen wir Kontakt auf, und wir schreiben einander. Als ich nach vier Jahren aus der Gefangenschaft kam, schrieb ich einen Brief an seine Adresse. Ein paar Monate später bekam ich Antwort von seinen Eltern. Sie teilten mir mit, daß er ein Jahr später im Pazifik gefallen war.

SANDERS: Die Wachen haben dauernd mit euch geschwatzt. Ich habe nie gesehen, daß ein Offizier sie deshalb angefahren hätte. Ich selbst habe nie mit euch gesprochen, weil ich nicht wollte, daß die Mannschaft sah, wie ich gegen einen Befehl verstieß. (Er lacht.) Wenn ich in eine Ecke hätte kommen können, wo kein Matrose mich gesehen hätte, dann hätte ich auch mit euch gesprochen.

GÖBELER: Für uns war es ein schreckliches Gefühl, daß der Feind unser Boot erwischt hatte. Wir dachten, wenn wir den Krieg gewinnen, stecken sie uns in Deutschland ins Gefängnis. Man wird uns dafür verantwortlich machen, daß der Feind unser Schiff erwischt hat. Zwei- oder dreimal war es runtergegangen, und wir dachten, es sinkt, und fingen an, fröhlich zu singen. Jetzt könnte man niemanden verantwortlich machen.

Ich kam im Dezember '47 nach Hause. Ich war ein Jahr und elf Monate in den Vereinigten Staaten und den Rest der Zeit, zwei Jahre, in England. Das ist etwas, was ich nicht verstehe. Der Krieg war vorbei.

SANDERS: Ich nehme an, sie hielten die U-Boot-Leute fest, um zu sehen, ob ihnen Kriegsverbrechen zur Last zu legen waren – etwa das Beschießen von Rettungsbooten. Diese Kriegsgerichtsprozesse wurden nach dem Krieg geführt. Einer von denen, gegen die da verhandelt wurde, war Admiral Dönitz, nicht wahr?

GÖBELER. Anfangs war es hart in Amerika. Aber wir konnten mit den Leuten reden. Auf einer Farm in Texas schrieb der Farmer mir nachher Briefe. Erst war ich in Louisiana. Wir mußten Baumwolle pflücken und Holz sägen. Wenn man nicht das Dreifache seines eigenen Gewichtes sägte, kam man in Haft. Und man kriegte nur einen Dollar pro Tag.

In meiner Freizeit habe ich Zeichnungen und kleine Modelle von U-Booten gemacht. Dafür bekamen wir Coca-Cola und Zigaretten. In Louisiana hatten sie anfangs Angst vor uns. Aber nach ein, zwei Wochen sahen sie, daß wir genauso Menschen waren wie sie. Aber die ganze Zeit hielten sie uns verborgen. Niemand sollte von uns wissen. Man hielt uns getrennt von den anderen deutschen Gefangenen und auch von den Italienern.

SANDERS: Ich glaube, der Feind sollte nicht erfahren, daß die Amerikaner sein U-Boot aufgebracht hatten.

GÖBELER: Es sollte geheimgehalten werden, daß die amerikanische Marine U-505 benutzte, um Geheimnisse der deutschen Marine auszuspionieren. Nach einem Vierteljahr teilte das deutsche U-Boot-Kommando unseren Eltern mit, daß wir als tot zu gelten hätten. Meine Mutter war sehr krank, und ich war ihr einziger Sohn. Aber sie hatte ein gewisses Gefühl. Sie sagte immer zu meinem Vater: »Er muß noch leben.« Fast vier Jahre später rief ich vom Bahnhof aus an. Wenn ich sofort vor der Tür gestanden hätte, wäre meiner Mutter wahrscheinlich etwas zugestoßen.

Jetzt sitze ich hier und denke nur, Jim ist mein Freund, und ich glaube, er denkt genauso.

SANDERS: Ich habe niemals persönliche Feindschaft gegen die Deutschen gehegt. Eigentlich auch nicht gegen die Japaner. Man reift in achtunddreißig Jahren.

Charlie Miller

Wir schauten auf den Pazifik hinaus, an einem erholsamen Sonntagnachmittag. Ein kleines Haus in La Jolla, Kalifornien. Er ist der Oberbefehlshaber der American Ex-Prisoners of War, einer freiwilligen Vereinigung für die Anerkennung und die Rechte der ehemaligen Kriegsgefangenen. Seine joviale und überschwengliche Art überraschen den Besucher; von jemandem, der Geschichten über diese harten Zeiten erzählt, hätte man eine ernstere Miene erwartet.

Ich war jung und lebte in den Tag hinein, und auf einmal ging es aus heiterem Himmel los: der Zweite Weltkrieg. Es war ein Chaos. Ich war einundzwanzig, lebte in Bridgeton, New Jersey. Ich war von der Highschool runtergegangen. Jobbte rum, arbeitete auf dem Land, Obst und Gemüse ernten. Hilfsarbeiten.

Ich wurde im August 1942 eingezogen und ging zur Luftwaffe. Meine Frau kam aus unserer Heimatstadt. Wir waren fünf Blocks voneinander aufgewachsen. Am ersten April '43 hatten wir geheiratet. Am neunten April '43 ging ich als Bordschütze nach Übersee.

Ich flog als Lockvogel auf einer B-17 über den Englischen Kanal, um Flak anzuziehen und so weiter. Am 13. und 14. Mai flog ich zwei Bomber-Einsätze nach Deutschland hinein. Am 15. Mai war mein dritter Flug. Über der Nordsee wurden wir abgeschossen. Als wir auf dem Wasser aufschlugen, wurde ich durch die Funkertür geschleudert, klemmte aber meinen Ellbogen ein und kam nicht raus. Die Maschine lief voller Wasser. Alle anderen konnten raus. Nur einer kam doch noch zurück und befreite mich. Mein Arm, Rücken und Schulter waren ziemlich im Eimer. Nach der Bruchlandung haben wir die Rettungsflöße klargemacht. Wir banden zwei mit einem Nylonseil zusammen. Wir waren sechs Sergeants und vier Offiziere. Zehn Mann, fünf auf jedem Floß.

Als erstes suchten wir nach Medikamenten und Verbandszeug. Irgend eine Leuchte in England hatte dafür gesorgt, daß das ganze medizinische Material auf der Strecke geblieben war. Unser Funker war von einem Granatsplitter im Gesicht getroffen worden. Und wir hatten gar nichts, kein Wasser, kein Essen, nichts. Ich würde sagen, die Moral war prima, wir lachten und versuchten zu singen, erzählten Witze. Wir verbrachten den Tag mit: »Ich glaub, ich hör ein Flugzeug, ich glaub, ich hör ein Schiff.« Haben wir uns natürlich immer nur eingebildet.

Das war also um elf Uhr vormittags. Am Abend wird die Nordsee sehr, sehr kalt. Und rauh. Die Wellen waren so hoch, daß man das andere Floß nicht mehr sehen konnte.

Ungefähr vierundzwanzig Stunden später tauchte ein deutsches Wasserflugzeug auf. Es flog vielleicht eine halbe Stunde um uns herum. Seine Bordkanone blieb ständig auf unser Floß gerichtet. Wir dachten, das war's also. Als der Deutsche einen britischen Jäger ausmachte, drehte er ab, zum Festland zurück. Der Brite winkte mit seinen Klappen, und wir freuten uns natürlich. Wir dachten, wir hätten es geschafft. Dann verfolgte er das Flugboot. Wir warteten und warteten. Nichts.

Das nächste, was wir sahen, war ein deutsches Patrouillenboot, das auf uns zuhielt, uns von den Flößen holte und an Bord nahm. Als erstes hast du die Hakenkreuze vor der Nase. In dem Moment, da dämmert's einem: so, das war's. Jetzt hat er dich, der Feind. Ich habe einen Nachweis aus dem Archiv, daß sie überhaupt nicht nach uns gesucht haben. Vielleicht war auch bloß alles zu chaotisch.

Der Kapitän dieses deutschen Patrouillenbootes war ein sehr verständiger Mann. Er verstand etwas vom Krieg. Er schickte seine Matrosen tatsächlich runter ins Floß, um mich hochtragen zu lassen. Sie brachten uns in ihre Offiziersmesse mit diesem Campingtisch in der Mitte. Der hatte ein rot-weiß-kariertes Tischtuch, wie bei uns in italienischen Restaurants.

Zwei Deutsche zogen mich aus, trockneten mich mit einem Handtuch ab, hoben mich hoch und legten mich in eine Koje.

Wenn man in Gefangenschaft gerät, hatte man uns erzählt, hat man Prügel, Hunger und solche Sachen zu erwarten. Mir ging es wieder schlechter, und ich verlor das Bewußtsein. Als ich aufwachte, saß ein Deutscher an meiner Bettkante und hielt meinen Kopf in seinem Schoß. Er trocknete mir gerade die Stirn. Ich bekam mit, daß er in Cleveland studiert hatte und fließend Englisch sprach. Mit einem Postboot schickten sie uns dann aufs Festland. Dann verfrachteten sie uns in einen Zug, und wir fuhren nach Frankfurt. Da war die Verhör-Zentrale. Du hast eine winzige Zelle mit einer nackten Glühbirne, die von der Decke baumelt. Absolute Einzelhaft. Sie konnten jeden Moment reinkommen. Kamen rein, sprachen drei, vier Minuten mit dir und gingen. Kamen sofort wieder und fragten weiter. Sieben oder acht Tage mußte unsere Mannschaft da bleiben.

Von Frankfurt aus gingen unsere Offiziere ins *Stalag* 3. Da waren ein paar Briten, ein paar Franzosen. Wenn ich mich richtig erinnere, auch eine Menge politischer Flüchtlinge. Die wurden mit den Russen in einen Topf geworfen. Russen gab's sehr viele. Wir hatten nicht viel mit ihnen zu tun. Da lagen dreißig oder vierzig Fuß zwischen unserem und dem russischen Lagerteil. Es gab eine Hauptstraße, die direkt durchs Lager ging, ein unbefestigter Weg. Wir gingen immer in den indischen Lagerabschnitt. Die hatten oft Pakete vom Britischen Roten Kreuz. Aber sie aßen kein Fleisch und rauchten nicht. Da tauschten wir dann Kekse oder sonstwas gegen Fleisch und Zigaretten. Also erst gingen wir in den französischen Teil und tauschten unseren Nescafé gegen Kekse. Und dann gaben wir unsere Kekse den Indern, die übrigens sehr gute Leute waren. Und die deutschen Wachen bestachen wir meistens mit Zigaretten. Sie brachten uns dann immer Blutwurst. Hab ich nie gemocht.

Ab und zu gab es auch Rotkreuzpakete für uns. Da nahmen wir dann unser Brot oder große Stücke Wurst, was wir gerade hatten, und warfen es rüber aufs russische Gelände. Die Russen kamen raus aus ihren Baracken und schlugen sich um ein kleines Stückchen Brot. Diese armen Schweine bekamen gar nichts aus ihrem Land.

Ich glaube, es gibt einfach einen natürlichen Haß zwischen Deutschen und Russen. Sie fütterten die Russen gerade so, daß sie am Leben blieben. Und die Russen mußten arbeiten. Wenn wir ihnen Zigaretten oder so was zugeworfen haben, vergaßen sie ihre Rangabzeichen und veranstalteten regelrechte Schlachten, bloß um was Eßbares zu ergattern. Die Deutschen stiegen mit ihren Fahrrädern aufs Hinterrad und schlugen die Russen mit dem Vorderrad, wenn sie auf dem Boden lagen. Sie schlugen sie mit Gewehrkolben, und Hunde hatten sie auch.

Die Deutschen hatten einen Lieblingssport. Nachts ließen sie ihre Hunde durch die Baracken laufen, und jeder rettete sich auf die oberen Betten. Eine Nacht ließen sie sie in die russische Baracke, und es gab einen Mordsradau. Als dann die Deutschen schließlich reingingen und das Licht anmachten, war das einzige, was sie zurückkriegten, drei Halsbänder. Die Russen hatten doch tatsächlich die Hunde umgebracht und gegessen. (Er lacht.) Das klingt sehr lustig, aber für die ging's um das nackte Überleben. Wir mochten die Russen. Das waren wirkliche Soldaten für uns. Natürlich bin ich von Russen befreit worden.

Mit den Briten kamen wir prima aus, außer daß sie nicht spielten. (Er lacht.) Wir spielten Würfel, Poker, Blackjack. Um Seifenstücke oder was weiß ich. Das war '43. Wir waren auf den Tag genau zwei Jahre da. Ich ging durch sieben verschiedene Lager. Sieben Mal bin ich geflohen. Spricht nicht gerade für meine Schlauheit; ich wurde jedesmal erwischt. (Er lacht.)

Im 7-A, da sind wir durch neun Stacheldrahtzäune, zu dritt, haben uns durchgeschnitten und sind geflohen. Ich und noch einer, Steve – er wurde übrigens bei einem anderen Fluchtversuch von den Deutschen erschossen –, wir liefen durch die Innenstadt von Wien, bis es Abend wurde. Wir mischten uns unter die Zivilisten. Solange du nicht in ein Gespräch verwickelt wirst, ist alles in Ordnung. Wir machten einen Schaufensterbummel. (Er lacht.) Steve und ich kombinierten unsere Fähigkeiten. Er war ein Großstadtjunge mit Lebenserfahrung. Ich war vom Land, kannte mich ziemlich mit Eisenbahnen aus.

Wir haben in Wien fast einen schlimmen Fehler gemacht. Es wurde dunkel, und ich entdeckte ein Mädchen. Niemand anders in der Nähe. Ich meinte, gehen wir zu dem Mädchen, sie wird uns schon nicht verraten. Wir sind ihr gefolgt, aber dann machten wir den Fehler und trieben sie in die Enge. Wir haben versucht ihr zu erklären, daß wir Amerikaner sind, Amerikaner. Sie geriet in Panik, aber es war wirklich nicht ihre Schuld. Wir drehten auch fast durch und wurden lauter. Sie schrie. Sie brüllte. (Er lacht.) Wir sind abgehauen, und sie lief in die andere Richtung.

Ich hatte eine alte Jacke und eine alte braune Hose an. Wir haben eine Hütte an den Bahngleisen aufgebrochen, mit Hacken und Rechen drin. Wir suchten was zu essen, aber wir trafen nicht einen Menschen, den wir um Hilfe hätten fragen können. Die Russen waren leicht zu erkennen. Das waren eben Kriegsgefangene. Meistens hatten sie keine Schuhe, sondern Kartoffelsäcke um die Füße gewickelt. Sie waren Zwangsarbeiter, räumten auf in Dörfern und Höfen. Mit denen lief die Verständigung sehr einfach. Du hast gesagt, »American, American«, und sie haben gelacht, weil wir alle Kumpel waren. Wenn sie Brot hatten oder irgendwas, teilten sie es mit uns. Aber diesmal haben wir keine gefunden.

Als es dunkel wurde, liefen wir also fünf oder sechs Meilen raus aus Wien und sprangen auf einen Zug. Wir dachten, wir wären auf dem Weg nach Triest. Die Briten hatten uns erzählt, daß es in Triest eine große Untergrundbewegung gab und daß sie uns auf ein amerikanisches U-Boot oder ein Alliierten-U-Boot bringen könnten. Statt dessen fuhren wir direkt nach Ungarn. Diese Güterwaggons hatten hinten so kleine Nischen, wo der Bremser stehen konnte. Da drin fuhren wir mit. Wenn es hell wurde, sind wir abgesprungen und haben uns den Tag über versteckt. Frühmorgens konnte man die Russen sehen. Die wurden gar nicht so streng bewacht, weil sie nirgendwohin weglaufen konnten.

Eines Abends meinten ein paar Russen, wir sollten mitkommen. Sie brachten uns zu einer kleinen Hütte gleich hinter dem Ort. Zeigten uns einen großen Holzzaun, vielleicht zwölf Fuß hoch. Sie gaben uns zu verstehen, daß wir im Dunkeln über den Zaun klettern sollten. Da wohnten sie. Wir verbrachten die ganze Nacht mit diesen russischen Zwangsarbeitern. Es gab Eier, Kartoffeln, alles. Das kriegten sie von den österreichischen Bauern. Nicht daß die Deutschen sie so verwöhnt hätten.

Wir blieben den ganzen Tag. In der nächsten Nacht packten sie uns was zu essen zusammen, sozusagen CARE-Pakete. (Er lacht.) Und meinten, wir sollten gehen. Man muß sich mal vorstellen, wir konnten nicht Russisch und sie nicht Englisch. Sie brachten uns direkt zu den Gleisen, an den Deutschen vorbei, die da herumliefen. Sie versuchten uns zu erklären: »Der und der Zug, der kommt hier raus und fährt langsam, den nehmt ihr, und dann seid ihr in Triest.«

Aber statt dessen landeten wir in Rumänien. Wir haben es glatt verpennt. Wir blieben einfach zu lange drauf. Wenn wir abgesprungen wären, hätten wir es bestimmt nach Triest geschafft. Danach hielten wir uns weiter an die Landarbeiter. Rumänen. Und wir wurden sehr gut behandelt. Man brauchte bloß »Amerikanski« sagen.

Aber eines Nachts hat uns ein deutscher Bremser entdeckt. Hält seine Taschenlampe auf uns und fängt an zu schreien. Wir nichts wie weg. Ich geriet auf eine Kupplung zwischen zwei Waggons. Steve kam weiter zu einem anderen Wagen, kroch runter zu den Rädern. Dann tauchten noch mehr Arbeiter auf, mit Lampen, und liefen zu dem Kerl, der immer noch schrie. Als der sein Licht direkt auf mich richtete, griff ich nach ihm. Ich drehte durch. Meine Hand faßt so einen Metallhaken, mit dem sie die Weichen stellen, und ich ziehe ihm damit eins über. Steve kommt zurück, wir trennen uns und rennen in die Wälder. Wir liefen immer weiter. Wir hatten jetzt zusätzliche Sorgen, denn ich dachte, der Kerl wäre tot. Nicht nur daß wir in Zivilkleidung waren, sondern jetzt auch noch das. Aber nachdem sie uns wieder eingefangen hatten, hat nie einer etwas davon gesagt.

Danach trafen wir auf Franzosen, Zwangsarbeiter. Das war jetzt bloß noch ein paar Meilen vor Triest. (Er lacht.) Wir blieben bei ihnen. Diese Arbeiter waren überall, in ganz Deutschland und Ostpreußen. »Bleibt den ganzen Tag hier«, haben sie gesagt, »wir geben euch Bescheid«. Am nächsten Abend meinten sie, jetzt wäre es soweit. Prima. »Ihr geht an einer Viehtränke vorbei, und dann kommt euch jemand entgegen.« Ein großes Entgegenkommen, allerdings. (Er lacht.) Zwei Männer kamen an und redeten mit uns in gebrochenem Englisch mit französischem Akzent. Prima. Wir erzählten ihnen, wer wir waren. Sie wollten uns unter ihre Fittiche nehmen und auf ein Schiff bringen, vielleicht ein U-Boot, weg von Triest, und über kurz oder lang wären wir zu Hause. Dachten wir. Als nächstes hatten wir ihre Pistolen vor der Nase. Sie waren von der Gestapo. Sie brachten uns gleich ins Stadtgefängnis. (Er lacht.)

Dann schaltete sich das deutsche Militär ein. Die Anklage lautete auf Sabotage und Spionage. Zurück in Wien, wurden wir vor Gericht gestellt. Es gab eine Zivilverhandlung und eine Militärverhandlung. Ein deutscher Offizier der Luftwaffe kam rein und erzählte uns, er sei unser Anwalt. Mein Gott, großartig. Ein deutscher Anwalt soll uns also verteidigen. (Er lacht.) Ich habe vergessen, wo er studiert hatte, irgendwo bei uns.

Bevor sie uns dem Militär übergaben, fragte die Gestapo uns aus. Wir waren jung, also was soll's? Na gut, erzählen wir ihnen mal, wir sind britische Offiziere. Wir blieben dabei. Sie blieben dabei, daß wir Amerikaner wären. Völlig unbeabsichtigt riefen wir den größten Aufruhr hervor, denn was machen Offiziere der britischen Luftwaffe in dieser Gegend zu dieser Zeit des Krieges? Werfen sie jetzt schon Fallschirmspringer ab, oder was?

Tatsächlich hatten wir auch zwei Verhandlungen. Wir warteten immer darauf, daß der Richter auf diesen Kerl kam, dem ich den Schädel eingeschlagen hatte. Wahrscheinlich hat er es also überlebt, weil sie nie damit anfingen. Beim Militär meinten sie, gut, das war's, wir werden erschossen. Aber der Anwalt hat uns dann rausgeholt. Von da gingen wir ins Zivilgefängnis, wo sie uns ganz schön vermöbelten. Zivilpolizei. Man darf nicht vergessen, ihre Familien starben gerade unter den Bomben.

Neuer Prozeß, dieselbe Geschichte: schuldig, wir werden erschossen. Derselbe Luftwaffen-Offizier taucht wieder auf, unser Anwalt. Der war richtig nett. Wenn man sich das überlegt, es war schon verrückt. Er wollte es wahrscheinlich psychologisch aufziehen. Er ritt immer darauf herum: »Ich weiß genau, daß ihr keine Briten seid. Ihr seid Amerikaner. Ich habe viele Jahre drüben gelebt. Wenn ich denen sage, daß ihr Amerikaner seid, schicken sie euch einfach dahin zurück, wo ihr herkommt.« Wir blieben immer noch dabei, wir wären Briten.

Warum haben Sie weiterhin behauptet, Briten zu sein?

Am Anfang bloß aus Jux. Aber wir gingen nicht mehr davon ab, ich weiß auch nicht, warum. Eines Tages, als sie wieder mal meinten, wir sollten erschossen werden, kam er rein und meinte: »Ihr zwei geht jetzt zurück ins Lager 17-B.« Durch die verdammten Fingerabdrücke waren sie uns draufgekommen. »Ich hab's euch ja gleich gesagt,« meinte er. Im Lager kamen wir dann in Einzelhaft. Aber am Heiligen Abend durften wir in unsere Baracken zurück, damit wir unsere Freunde besuchen konnten, und am ersten Weihnachtsfeiertag haben sie uns wieder weggeschlossen. Der deutsche Geist.

Nach der Einzelhaft waren wir in den Baracken 40-A. Die lagen ungefähr dreißig Fuß vom Drahtzaun entfernt. Sie hatten Doppelzäune, ungefähr zwölf Fuß hoch. Dazwischen Stacheldrahtrollen. Ein paar von uns beschlossen, einen Tunnel zu graben, zehn, zwölf Mann. In der Toilette. Durch Beton. An Werkzeug kam man leicht. Für eine Zigarette bekam man von einem Deutschen einen Hammer. Aber wie kommt man durch diesen Beton, ohne Lärm zu machen? Aber natürlich, die guten alten Amerikaner – sie hatten Bands. Das YMCA schickte die Instrumente. Einige Jungs waren sogar Profis. Also fingen sie an zu spielen, und unsere Bande brach durch den Beton. Das war natürlich die beste Flucht überhaupt.

Haben Sie je im Fernsehen gesehen, wie die Gefangenen ihre Hosentaschen mit Sand füllen und so rausgehen? Das waren meistens Offiziers-Lager, oder? Die Sergeants waren vielleicht noch ein bißchen cleverer. (Er lacht.) Wir hatten ein paar Jungs aus Bergbaugebieten. Einer hatte eine geniale Idee: Er hängte eine Socke an den Wasserhahn, und der Dreck floß durch einen Eimer ab, in den er lauter Löcher geschlitzt hatte. Das machte überhaupt keinen Lärm, und der Dreck verschwand, ohne den Abfluß zu verstopfen. Toll, aber wir wurden trotzdem erwischt. Wir dachten nicht an die Erschütterungen, wenn unsere Eisenstange den Boden traf.

Es gab da einen kleinen Warnzaun. Wenn man über diesen einzelnen Draht stieg, war die Jagdsaison eröffnet. Sie konnten dich erschießen, wenn du über den kleinen Zaun getreten bist, mit Kurs auf den großen. An diesem Zaun stellten wir uns immer auf. Da gab's deutsche Mädchen, die wurden an der Flak ausgebildet. Abends sind sie immer vorbeigelaufen. Eine ganze Reihe sprach sogar Englisch. Wissen Sie, was die machten? Sie legten ein Bein hoch auf den Zaun und meinten: »Wanna come home with us tonight?«, und so weiter. (Er lacht.) Und die deutsche Wache im Turm lachte drüber. Zwanzig Fuß Stacheldraht und ein Maschinengewehr schauten einen an.

Achtzehn von uns wurden weggeschafft in die Tschechoslowakei, direkt in den Norden nach Pommern. Ja ja, die haben mich schon herumgeschickt.

Einen gab's, aus New York, ein Original. Einer von den Typen, wenn du zu dem sagst, »He, Brinken, mach dies oder das,« der machte das. Einmal sagten wir ihm, er sollte Kaugummi besorgen. Ich lenke also diesen Wächter mit dem Maschinengewehr ab. Der Wächter hält das Gewehr nach unten, und Brinken (er lacht während der ganzen Anekdote) nimmt das Kaugummi, rollt sorgfältig ein Kügelchen und drückt es schließlich in den Gewehrlauf. Wenn dieser Kerl also auf jemanden schießt, fliegt das ganze Gewehr in die Luft.

Wir meinten immer, Brinken wäre zu allem fähig. Er kommt zu mir und meint: »Warum steckst du nicht das Stroh an?« Damit wir in der Aufregung verschwinden können. Deutsche Lastwagen erscheinen, um uns von den Güterwaggons aufzunehmen. Ich nehme also eine Zigarette, binde ein paar Streichhölzer drum herum fest und zünde sie an. Ein paar Jungs waren schon draußen. Mein Gott, ging die Flamme hoch. Aber das verdammte Feuer ging wieder aus, bevor die meisten von uns überhaupt aus dem Wagen waren. Der Deutsche mit dem Maschinengewehr versuchte zu schießen, fiel aber auf den Arsch dabei. Er schrie herum. Das reinste Irrenhaus. Die Deutschen machten einen Mordslärm. Sie hätten uns umbringen können, aber dieser Leutnant von Müller meinte in perfektem Englisch: »Get off this boxcar and behave yourself.« (Er lacht.) Er hat uns das Leben gerettet.

Sie brachten uns Sergeants mit dem Zug woanders hin, ungefähr sieben Meilen von der litauischen Grenze entfernt. Wir blieben dort, bis die Russen ziemlich herankamen. Wir übten uns im Orakeln, und auch die Deutschen sparten nicht mit Vorhersagen. Inzwischen machten die Russen jeden Tag Fortschritte. Die Deutschen beschlossen deshalb, uns zu evakuieren. Sie pferchten zwölfhundert von uns in den Laderaum eines Kohlenkahns. Wir fuhren die baltische See runter nach Stettin.

Auf dem Weg nach Stettin gerieten wir in einen amerikanischen Luftangriff, weil es dort von deutscher Kriegsmarine nur so wimmelte. In Barth, wo wir einen Zwischenstopp einlegten, war der Bahnhof völlig zerstört. Wir hatten diese Pakete vom Roten Kreuz, die wir auspacken wollten. Ein rothaariger deutscher Feldwebel meinte: »Tut das Zeug wieder weg.« Denn die deutsche Zivilbevölkerung um uns herum war aufgebracht. Nicht bloß wegen der Lebensmittel, sondern weil ihre Stadt praktisch in Schutt und Asche lag. Der Rotschopf ließ die deutschen Wachen die Bajonette aufpflanzen; sie bildeten einen Halbkreis um uns, und der Feldwebel erklärte der Menge: »Rührt sie nicht an, die Männer sind Kriegsgefangene.« Der Kerl rettete uns allen das Leben.

In Stettin angekommen, legten sie uns Handschellen an, immer zwei zusammen. Wir mußten regelrecht rennen, ungefähr vier verdammte Meilen zu dem Lager. Wer schlappmacht, wird erschossen, hieß es. Wenn der eine umfällt, muß der andere ihn tragen. Ich war zusammen mit einem aus Philadelphia. Ein richtiger Spaßvogel war das. Wie Art Carney, sah aus wie er, benahm sich so, redete so. Ich sagte zu ihm: »Rook, ich kann nicht mehr.« Dieses Jahr, erst Ende September, habe ich ihn wiedergesehen. Er hat sich sofort daran erinnert. Schaut mich an und meint: »Oh Gott, Charlie, tu was, reiß dich zusammen.« (Er lacht.)

Ich werde oft gefragt: »Sag mal, wie waren denn die Lager?« Die einzige Antwort, die ich immer gebe: Mit den Lagerkommandanten ist es wie mit den Vorgesetzten. Ich hatte mit fairen Leuten zu tun, und ich habe für Kerle gearbeitet, die ich auf den Tod nicht ausstehen konnte. Die besten sind die älteren. Das waren Soldaten. Die SS, die Gestapo, das ist ganz was anderes. Die haben die Jungs einfach fertiggemacht. Wir wurden geprügelt, Gott, das war schlimm. Einer hatte mal siebenundsechzig Platzwunden.

Einmal, in dem einen Lager, kommt plötzlich Stimmung auf. Was war das für ein Lärm? Jeder lief zum Zaun. Es war einer von uns, ein Riesenkerl. Auf den Schultern ein schwerer Armeesack, und er rannte richtig los, trabte nicht nur so dahin. Und ein Deutscher direkt neben ihm auf dem Fahrrad. Er rannte um das ganze Lager, mit dem ganzen Zeug. Rannte einfach los. Um zu zeigen: mich könnt ihr nicht unterkriegen. Und das Lustige daran war, der Deutsche auf dem Fahrrad, der mußte die ganze Zeit lachen. (Er lacht, schnippt mit den Fingern.) Das war wie Medizin für uns.

Und dann, nur noch ein paar Monate bis zum Kriegsende, machten die Russen einen neuen Vorstoß. Jetzt kommt wieder die deutsche Gründlichkeit. Sie schickten uns wieder nach Südwesten. Ein paar von uns landeten wieder in 7-A. Die mußten den Weg vom baltischen Meer zu Fuß gehen. Ein paar hundert haben sie auch mit dem Zug nach Barth geschickt. Und da wurden wir dann auch befreit von den Russen, am 15. Mai '45. Das war auf den Tag genau zwei Jahre, nachdem ich damals abgeschossen wurde. Du konntest schon die Kanonen hören und alles. Und öfter hast du einen gehört mit: »Los, Stalin, los, Uncle Joe, gib's ihnen. Hau sie in die Pfanne«, und die Deutschen wollten uns immer noch erzählen, daß die Russen bald nicht mehr weiterkämen.

Eines Abends gab es plötzlich eine britische Radiosendung. Sie brachten es sogar tatsächlich über den Lautsprecher. Es ging darum, wo die Russen inzwischen standen usw. Am nächsten Morgen wachten wir auf, und die Deutschen waren verschwunden. Wir blieben noch zwei, drei Tage allein.

Auch wenn du Kriegsgefangener bist, ist ein Offizier immer noch ein Offizier. Unser *Colonel* forderte Disziplin: »Keiner verläßt das Lager.« Aber du kannst einem Haufen Amerikaner nicht erzählen, sie sollen im Lager bleiben. Während er noch versuchte, die Kontrolle zu bekommen, kamen schon die Russen rein. Der erste Russe, den ich sah, fuhr mit einem Deutschen auf einem alten offenen Lastwagen. Der hatte gar kein Führerhaus, war einfach offen. Dahinter folgte ein wilder Haufen. Das sollte die russische Armee sein, aber sie waren gar nicht richtig organisiert wie eine Armee. Da gab's welche in Zivilkleidung, manche auf dem Fahrrad, manche auf alten Lastwagen, sogar welche zu Pferd. Ein russischer Hauptmann schien das Kommando zu führen. Die Geschichte machte die Runde, daß seine Familie von den Deutschen abgeschlachtet worden war. Er ließ seine Leute einen Teil der Zäune abreißen, mit dem Seil umwickeln und von den Pferden auseinanderziehen. Und die ganze Zeit sagt unser Kommandoführer bloß: »Hiergeblieben.« Der machte wohl Witze. Wir sind einfach ins Dorf gegangen.

Es gab einen Volksauflauf. Alle Arten von Waffen. Sie kamen mit einem großen Lastwagen und klappten die Ladefläche auf. Und da war dann eine Musikkapelle. Nicht zu glauben, der Krieg war nur ein paar Meilen weiter westlich, und hier packten sie ihre Instrumente aus, und die Frauen tanzten. Dieser russische Hauptmann, mit dem ich mich angefreundet hatte, hat mir erzählt, daß das auch eigentlich gar nicht ihre Armee war. Diese Leute wurden in Gegenden wie Barth geschickt, um den zivilen Widerstand zu brechen. Die schickten einfach diesen Sauhaufen, um die Leute einzuschüchtern. Wenn dann die wirkliche Armee kam, gab's keinen Widerstand mehr. Ich hatte die Ehre, einem hohen Tier der russischen Armee zu begegnen – Schukow, ein guter Freund von Eisenhower. Der kam an und redete mit den russischen Gefangenen. Wir hatten eine Menge davon in unserem Lager. Die gingen dann ins Dorf und plünderten alles. Kaputte Fahrräder, alles. Sie nahmen alle Einzelteile mit und bauten neue Fahrräder. Dann sind sie weg, zurück nach Rußland. Ich habe gehört, daß die meisten Leute, die da wieder zurück nach Rußland sind, sofort wieder in Lager gesteckt wurden. Aber ich hab's nie nachgeprüft.

Ich glaube nicht, daß die Leute, die ich kannte, die Russen, die Soldaten, und die Amerikaner, die Kriegsgefangenen, daß diese Leute einander hassen. Sie mögen sich nicht gerade, wenn Sie so wollen. Aber ich glaube nicht, daß Leute sich so einfach ändern können. So wie es ein Teil der Presse haben will. Was ich sagen will, es liegt an den Offiziellen. Ich glaube, es gäbe schon Lösungen. Soviel ich weiß, haben die Russen nicht so viel zu sagen mit ihrer Regierung wie wir. Wenn unsere aber mal gewählt sind, haben wir sowieso auch nichts mehr zu sagen. Regierungen sind schon merkwürdig.

Vitaly Korotich

Vitaly Korotich ist Dichter, Dokumentarfilmer und Arzt und lebt in der Ukraine, in Kiew.

Ich war sieben Jahre alt, als ich das erste Mal eines dieser schrecklichen Kriegsplakate sah: Alle Juden aus Kiew haben sich auf dem Lvov-Platz zu versammeln. Wer nicht erscheint, wird erschossen. Das war im September 1941. In Kiew lebten die verschiedensten Nationalitäten. Es gab zweihunderttausend Juden. Die Deutsche

Armee marschierte am 22. Juni in Rußland ein, am 19. September waren sie in Kiew.

Nach drei Tagen fingen sie an, die Leute umzubringen. Es war Jom Kippur, einer der höchsten jüdischen Feiertage. Sie warfen sie alle in die Babi-Yar-Schlucht. Es ist eine sehr tiefe Schlucht, nördlich von Kiew.

Niemand hatte das für möglich gehalten. Es ging alles so einfach. Ich fragte die wenigen, die Babi Yar überlebten. Sie sagten, sie hätten diese Leute für ganz normal gehalten und geglaubt, man wollte ihnen nichts Böses. Manche glaubten sogar, sie kämen nach Palästina. Niemand hatte im entferntesten daran gedacht, daß man sie töten würde.

Die Deutschen sagten, ihr müßt Essen für eine dreitägige Reise, Kleider und alles, was ihr an Gold und Schmuck habt, mitnehmen. Ihr müßt eure Wohnungen abschließen. Und wer nicht gehorcht, wird auf der Stelle erschossen, hieß es. In der ersten Woche brachten die Deutschen mehr als dreiunddreißigtausend Juden um. Das ging aus Dokumenten hervor, die wir nach der Befreiung fanden. In den ersten zwei Wochen hatten sie praktisch alle Juden ausgelöscht.

Dann töteten sie die Partisanen, die ihnen in die Hände fielen. Die Schlucht war tief genug, dort hatten viele Menschen Platz. Einhunderttausend, zweihunderttausend, niemand weiß es. Schließlich verbrannten sie die Leichen. Wir fragten deutsche Kriegsgefangene, und sie erzählten uns, sie hätten zweihunderttausend, vielleicht auch mehr, verbrannt.

1943 wollte das keiner glauben, als wir die Dokumente fanden. Die Gefangenen aus den Lagern, die die Leichen verbrennen mußten, wurden zwei Wochen später auch getötet. Sie wurden jeden Abend in ein altes Haus gleich bei der Babi-Yar-Schlucht eingeschlossen. Sie träumten von Flucht. Sie suchten in den Taschen der Toten nach Schlüsseln. Die Menschen, die in Babi Yar ermordet wurden, hatten alle Schlüssel dabei. Sie dachten, sie würden wieder nach Hause kommen. Für mich ist das eine Metapher: die Schlüssel zur Freiheit in den Taschen der Toten!

Mehr als dreihundert von den Gefangenen versuchten zu fliehen. Nur fünfzehn entkamen. Die anderen wurden von der SS ermordet. Sechs von ihnen leben heute noch. Ich kenne fünf Juden, die Baby Yar überlebten.

Sie erzählten mir ihre Geschichte, und ich drehte einen Film darüber. Sie konnten sich noch an alle Einzelheiten erinnern, zum Beispiel an drei Lastwagen voll mit Kinderschuhen, die ›Ausbeute‹ von drei Wochen Babi Yar. Wieviel Kinder muß man ermorden, um einen Lastwagen mit Schuhen voll zu laden? Sie sprachen davon, wie die Deutschen den Toten die Goldzähne herausbrachen. Die Faschisten waren sehr praktisch veranlagt. Sie waren da sehr gewissenhaft.

Sie ließen die Menschen in Gruppen von ein- oder zweihundert an den Rand des Abgrunds treten und erschossen sie von der anderen Seite aus mit ihren Maschinengewehren. Die Toten fielen so direkt hinunter. Das ging wie am Fließband. Als ich die Dokumente, die uns in die Hände gefallen waren, las, stellte ich fest, daß nie von Töten, sondern immer von Liquidation die Rede war, als würde es sich um Ware handeln.

Ich fragte die Überlebenden, warum sie mitgegangen sind. Sie sagten mir, sie hätten nicht geglaubt, daß diese lachenden, jungen Männer sie töten würden. Diese jungen deutschen Soldaten, sie dachten vielleicht, die Menschen, die sie da töteten, wären nichts als lästige Fliegen.

Das schlimmste am Nationalismus ist meiner Meinung nach, daß man glaubt, nur die eigene Nation würde zählen, und alle anderen nicht. Die darf man erschlagen wie lästige Fliegen oder eine Schlange, ohne deshalb schlaflose Nächte zu haben. Für die Nazis waren die Juden und Slawen keine Menschen, sondern Untermenschen. Etwas, was ausgerottet werden mußte, um Platz zu schaffen für bessere Menschen. Für sie war es kein Mord, kein Verbrechen. Sie handelten in dem Glauben, etwas Gutes zu tun, sie hielten sich für die besseren Menschen. Sie wollten die Welt von diesen Parasiten befreien, um Platz für bessere Menschen zu schaffen.

Viele Juden, die später ermordet wurden, wollten das einfach nicht wahrhaben, schließlich kannten sie die europäische Kultur. Sie kannten Goethes ›Faust‹ und Heines Gedichte. Sie konnten nicht verstehen, wie es möglich war, daß ein und dieselbe Nation einen Goethe und einen Hitler hervorgebracht hatte, einen Beethoven und einen Himmler. Ich kenne Juden, Nachbarn von uns, die versuchten, mit den deutschen Soldaten jiddisch zu sprechen. Sie dachten, sie würden es verstehen, weil es mit dem Deutschen verwandt ist. Sie unterhielten sich. Sie wollten darüber reden, was nach dem Krieg sein würde.

Nach dem Krieg kam das ganze deutsche Dokumentarfilmmaterial in sowjetische Archive. In jedem deutschen Bataillon war ein Kameramann dabei, der alles genauestens dokumentierte.

Teilweise wurden diese Filmdokumente gar nicht angesehen. Dann begannen wir die Filme zu sichten, eine Arbeit, die mehr als zwei Jahre dauerte. Es war schrecklich. Ich hatte alles wieder genau vor Augen. Ich wurde fast verrückt beim Durchsehen. Die Städte sahen aus wie nach dem Abwurf einer Neutronenbombe. Keine Menschen mehr, nur Gegenstände. Alle tot, wie in Babi Yar.

Diese armen Menschen kamen mit ihrem ganzen Hab und Gut, mit ihren warmen Kleidern, und wurden getötet. Ich weiß nicht, warum die Deutschen das alles filmten.

Ich habe Babi Yar während meines Treffens mit Korotich besichtigt. Es war grotesk: Einerseits das liebliche Grün der Landschaft zu sehen und andererseits genau zu wissen, warum die ehemals tiefe Schlucht jetzt fast flach ist. Die menschliche Asche war der Kompost.

Unter dem Gras liegen die Toten. Das wußten wir schon als Kinder. Und wenn wir heute nach Spuren des Krieges suchen, wissen wir genau, wo die Toten liegen. An diesen Plätzen wächst das Gras am höchsten und am kräftigsten. In Babi Yar wächst das höchste und kräftigste Gras von ganz Kiew.

Kinder sammeln alles mögliche an Kriegsutensilien. Sie suchen nach den Ausweispapieren der Toten, sie suchen nach Patronenhülsen mit Adressen und Namen[1]. Sie suchen nach unbekannten

[1] Mein junger Begleiter Michael Kuzmenko hat mir das erklärt: »Soldaten, die tödlich verwundet oder vom Feind eingekreist waren und wußten, daß sie bald sterben würden, öffneten häufig Patronenhülsen, schütteten das Pulver weg und steckten Botschaften an ihre Frauen und Verwandten hinein. Viele Kinder suchen auch heute noch danach. Es ist ein richtiger Boom, wie eine Schatzsuche. Wenn sie Patronenhülsen mit solchen Briefen finden, werden sie an die Witwen der Soldaten weitergegeben.«

Gräbern – nach irgendwelchen Abzeichen. Niemand kennt die Namen von den unzähligen Menschen, die in Babi Yar ermordet wurden.

Ich war bei meiner Großmutter auf dem Land. Sie war sehr alt und krank. Ich war erst sieben. Mein Vater war in einem Gefangenenlager. Ich war ein elternloses Kind. Es gab niemand, der auf mich aufgepaßt hätte. Ich ging los und suchte meine Mutter. Von dort, wo meine Großmutter wohnte, bis nach Kiew waren es dreihundert Kilometer. Es gab eine Menge Kinder, die ihr Zuhause verloren hatten. Hunderttausende, die herumzogen und auf der Suche waren. Zu Tausenden klopften wir an die Haustüren oder trieben uns in der Nähe von Marktplätzen herum und bettelten. Man konnte zwar so überleben, aber es war eine schreckliche Zeit.

Überall gaben sie mir zu essen. Nur einmal wurde ich beraubt. Ein Mann gab mir etwas zu essen, und dann nahm er mir meine kurzen Hosen weg. Sonst bekam ich immer etwas geschenkt. Einmal gab mir sogar ein alter deutscher Soldat ein Stück Brot und eine Mundharmonika. Er weinte. Ich erinnere mich genau an diesen Mann. Er tat mir leid, er arbeitete in einem Lager, irgendwo in der Küche. Er stand bei der Essensausgabe. Er sagte mir, daß viele arme Leute mehr oder weniger gezwungen worden wären, in den Krieg zu ziehen. Sie wären nicht alle nur Mörder. Er weinte viel.

Schließlich fand ich meine Mutter. Sie war auf der Suche nach meinem Vater. Er war ein bekannter Mikrobiologe und Dekan am Institut in Kiew. Es ist bis heute für ihn unmöglich, sich in geschlossenen Räumen aufzuhalten. Daran ist die Gestapo schuld. Die Türen müssen immer offen sein. Er fährt nicht mit dem Zug, weil dort die Türen geschlossen bleiben müssen. Er steigt auch in kein Flugzeug. Diese Angst ist ihm vom Krieg geblieben.

Wir können uns den Schrecken von Babi Yar nur vorstellen, wenn wir ihn in uns haben. Jeder Mensch auf dieser Welt muß Babi Yar in sich tragen. Erst wenn das geschehen ist, wird sich Babi Yar nicht wiederholen.

Jacques Raboud

Er war Priester in Frankreich und von 1951 bis 1964 auch in den Vereinigten Staaten. Danach hat er das Priesteramt niedergelegt. »Mir haben die Änderungen an der Liturgie nicht gefallen. In der Religion bin ich konservativ. In der Politik bin ich ein Liberaler.« In einem Monat wird er in die Kirche zurückkehren.

Im Jahr 1940 wissen wir, daß wir den Krieg verlieren. Die Deutschen erreichen Paris sehr schnell. Meine Mutter packt die Koffer, weil wir Paris verlassen werden. Wir gehen nach Brest. Ihre Familie besitzt ein Café dort. Mein Vater ist beim französischen Militär. Ich bin sechzehn.

Wir erreichten Brest drei Tage, nachdem wir Paris verlassen hatten. Auf der Reise nahmen deutsche Jagdflieger den Zug unter Beschuß. Im Sturzflug. Wir mußten unter den Zug kriechen. Drei Tage nach dem Waffenstillstand[1] schossen die Italiener mit ihren Maschinengewehren auf alle Zivilisten, die sich auf der Straße befanden. Viele Menschen wurden getroffen. Frauen legten sich über ihre Kinder, damit sie nicht getötet wurden.

Mein Vater war in Paris geblieben, weil es im Zug keinen Platz mehr für ihn gab. Es war ein Fehler gewesen, nach Brest zu kommen. Die Deutschen kamen zur gleichen Zeit an. Ich ging nach Paris zurück, es war jetzt die Pétain-Zeit. Mein Vater war ebenfalls wieder da. Er war in deutscher Kriegsgefangenschaft gewesen, aber da er schon Mitte vierzig war und ein Brustleiden hatte, hatte das Rote Kreuz ihn zurückgeschickt. Meine Mutter arbeitete als Mannequin für Jean Lanvin.

Mein Vater kaufte auf dem Schwarzmarkt Essen für uns. Er hatte bei Peugeot gearbeitet und ein bißchen Geld verdient. Die Leute in unserer Nachbarschaft – nun, es ist überall dasselbe. Fünfzig Prozent waren bereit zu kämpfen, um sich zu befreien. Vielleicht fünf-

[1] Das war kurz, nachdem die Deutschen die Maginot-Linie durchbrochen hatten, die Zeit, die als der »falsche Krieg« bekannt war. Der Waffenstillstand war in Compiègne, wo die Deutschen sich im Ersten Weltkrieg ergeben hatten, unterzeichnet worden.

unddreißig Prozent sagten sich: »Sie sind nun mal hier, also müssen wir das Beste daraus machen.« Und dann gab es noch die anderen, die wirklich mit den Nazis kollaborierten.

Mein Vater trifft sich mit anderen Leuten, und sie sprechen über die Résistance. Sie laden sich gegenseitig nach Hause ein, setzen sich um einen runden Tisch und besprechen sich: Was können wir tun, um die Deutschen rauszuschmeißen?

O ja, wir kannten die Kollaborateure in unserer Nachbarschaft. Wir wußten, wem wir trauen konnten. (Er lacht.) Ich sagte, ich wollte mich nützlich machen. Ich wurde siebzehn. Ich sprach mit Freunden in der Schule. Wir schlossen uns unseren Vätern an.

Ein Mitglied der Résistance hat einen Bauernhof, etwa 20 Kilometer von Paris entfernt. Ein Engländer klopft an seine Haustür. Er ist hinter die feindliche Linie geraten. Wir suchen nach solchen Leuten. Wir verstecken sie, geben ihnen Zivilkleidung und schikken sie nach Spanien, Portugal und nach England zurück. Von dort kommen sie wieder, um mit den Freien Franzosen zu arbeiten.

Ich besaß ein Fahrrad, und (er flüstert) in der Pumpe waren Dokumente versteckt. Es war gefährlich. Auf der anderen Straßenseite wohnten ein paar jüdische Freunde von uns. Der Vater war verhaftet worden. Die Tochter und ihr Ehemann konnten nicht aus Paris herauskommen. Wir setzten ihnen ein Barett auf und brachten sie nach Toulouse, an die spanische Grenze und in das Freie Frankreich. Zwischen 1941 und 1943 schmuggelten wir fünfunddreißig Familien hinaus.

Der verstorbene John Howard Griffin erinnert sich: »Ich war zwanzig und wissenschaftlicher Assistent in der Irrenanstalt von Tours. Als der Krieg ausbrach ... wurde ich sofort in die USA zurückbeordert. Aber ich weigerte mich, zu gehen, denn Frankreich hatte mich geprägt. Wie konnte ich in diesen Notzeiten fliehen?

... Ich engagierte mich in der französischen Untergrundbewegung; wir schmuggelten Juden aus Deutschland nach Frankreich und von dort nach England. Dazu benutzten wir die Krankenwagen der Irrenanstalt. Wir steckten die Flüchtlinge in Zwangsjacken und brachten sie auf diese Art über die Grenze. So brauchten sie nichts zu sagen. Viele von ihnen sprachen kein Französisch. Natür-

lich hatten sie keine Papiere. Wir wußten nicht, wie man stiehlt, hatten keine Ahnung, wie man Unterschriften fälscht, darin waren wir Kinder, aber wir taten unser Bestes.

Die Nazis marschierten ein. Diese Szenen werden mich bis zu meinem Tod verfolgen. Wir brachten diese Menschen in den Krankenzimmern unter und hielten sie dort versteckt. Wir mußten Eltern, die Kinder unter fünfzehn hatten, sagen, daß wir es nicht schaffen würden, alle rauszubringen. Ich erfuhr plötzlich eine doppelte Wirklichkeit. Die eine Seite war ein Ehepaar, das sich sagte: ›Für uns ist alles aus. Nehmt unsere Kinder.‹ Wir brachten alle unter fünfzehn ohne Papiere hinaus. Man muß sich mal klarmachen, daß diese Eltern ihre Kinder allein in die Fremde fortgaben. Und die andere Seite: Ich kam auf die Straße und begegnete durchaus achtbaren Menschen, die ganz offen den Rassismus rechtfertigten. Ich meine, wenn wir diese Dinge nicht aus der Perspektive dieser Krankenzimmer sehen können, sind wir verloren.«[1]

Ein Freund von mir wurde verhaftet. Eine dämliche Geschichte. Er hatte Streit mit einem deutschen Jungen. Er schlug ihn und wurde verhaftet. Sie fanden Papiere bei ihm und brachten ihn zur Gestapo. Er wurde gefoltert. Er verriet Namen. Ein paar Tage später, Vater war gerade weg, klingelte es plötzlich an der Tür. Es war schon Nacht. Draußen standen drei Männer. Sie trugen diese Ledermäntel. Ich wußte auf den ersten Blick, wer sie waren.

Sie fragten nach meinem Vater. Ich sagte ihnen, daß er fort sei. Dann fragten sie: »Kennst du Henry Duvall?« Ich antwortete: »Ja, er ist ein Freund von uns.« »Weißt du, wo er ist?« »Nein.« Danach zählten sie all die Namen meiner Freunde auf. Sie sagten: »Du kommst mit uns.« Sie stießen mich. Ich sagte: »Lassen Sie mich eine Jacke holen.« »Nein, du kommst so mit, wie du bist.« Einer leerte alle Schubladen aus. Meine Mutter schrie. Sie fanden nichts, denn mein Vater hatte alle Papiere bei sich. Er war gerade mit einer jüdischen Familie unterwegs.

Ich war vier Tage und vier Nächte im Gefängnis und hatte ein Verhör nach dem anderen. Sie schlugen mich mit einem Gummi-

[1] Studs Terkel, American Dreams: Lost and Found, New York, 1980, S. 282-83.

schlauch grün und blau. Immer direkt auf die Muskeln. In der Zelle waren sechs Leute. Einer sagte zu mir (er flüstert): »Sag nichts. Der in der Ecke kommt aus dem Elsaß. Er ist ein Informant.«

Sie setzten mich in einen Zug und brachten mich nach Deutschland. Ins Zwangsarbeitslager Delmenhorst. Das war im Jahr 1943. Meine Mutter sah ich bis 1945, bis zu meiner Befreiung, nicht wieder. Im Lager lagen Trümmer und Kadaver von den Bombenangriffen der Alliierten herum. Wir mußten sie wegräumen.

Wir stehen in einem Graben und sind damit beschäftigt, die Rohre neu zu verlegen. Die SS marschiert mit ihren Seitengewehren auf und ab. Ein deutscher Mann im mittleren Alter steht ganz in der Nähe und betrachtet die Auslage eines Photogeschäftes. Er hat ein großes Paket in der Hand. Ohne sich umzudrehen, spricht er uns auf Französisch an: »Jungs, es tut mir leid, wie ihr hier behandelt werdet. Ich bin im Ersten Weltkrieg in französischer Kriegsgefangenschaft gewesen. Die Leute auf dem Bauernhof haben mich sehr gut behandelt. Sie haben mir was zum Essen gegeben, und das werde ich nie vergessen. Ich werde jetzt jeden Tag herkommen und euch etwas bringen.« Als die SS uns den Rücken zukehrt, wirft er rasch das Paket in den Graben. Drei Tage lang kommt er und bringt uns etwas zu essen. Wir waren sehr, sehr hungrig. Diesen Mann werde ich nie vergessen.

Sie brachten die Leute immer dorthin, wo sie sie gerade brauchten. Ich wurde nach Schlesien in die Nähe der polnischen Grenze geschickt. In die Salzminen. Wir haben ununterbrochen gearbeitet, von morgens um halb sechs bis abends um sieben. Wir hatten eine Viertelstunde zum Essen. Das Brot konnte man sägen wie Holz. Ich wurde sehr krank. Ich sah viele Menschen um mich herum sterben. Nach meiner Befreiung sagte ein Arzt, es sei gut gewesen, daß ich vorher so gut ernährt gewesen war. Sonst wäre ich jetzt wohl auch tot.

Im Juni '44 mußten wir evakuiert werden, weil die russische Armee anrückte. Sie brachten uns an die Ruhr. Durch die Bombenangriffe der Alliierten wurden sämtliche Rohrleitungen im Lager zerstört. Wir mußten mitten im Winter hinausgehen und pumpen. Wir konnten die Piloten in ihren Spitfires sehen, wenn sie uns mit ihren Maschinengewehren unter Beschuß nahmen.

Die ganze Zeit über wurden wir geschlagen. Wir lagen zu zwölft in einer Zelle. In der Ecke stand der Latrineneimer und stank. Wenn man nur Suppe zu essen bekommt, muß man sehr oft aufs Klo. Morgens um fünf öffnete die SS die Tür und brüllte (er schreit): »Schnell, schnell, schnell! Raus!«[1] Sie ließen uns nur drei Minuten Zeit, um aufs Klo zu gehen. Dann mußten wir den Eimer mit rausnehmen, um ihn zu leeren. Er war sehr schwer. Immer mußten wir uns beeilen, beeilen, beeilen. Der letzte Mann in der Reihe wurde von der SS ständig mit einem Gummischlauch auf den Rücken geschlagen. Wir wechselten uns ab. Alle zwölf Tage kam man an die Reihe.

Heute bin ich dran. Herrgott, was kann ich nur tun, daß ich nicht so viel geschlagen werde? Ich habe eine Idee. Ich trage den Eimer hinter mir, anstatt ihn vor mir herzuschleppen. So trifft der Schlauch auf den Eimer und nicht auf meinen Rücken. Er ist zu schwer. Er fällt auf den SS Mann, und dieser ist von oben bis unten mit Kot bedeckt. (Er lacht.)

Ich konnte vier Tage nicht arbeiten, so sehr haben sie mich geschlagen. Es war die schlimmste Zeit meines Lebens. Sie zwangen mich trotzdem zur Arbeit. Ich weiß nicht, wie ich das überlebt habe. Wir kamen von der Arbeit zurück, zum Umfallen müde, und sie verlangten von uns, daß wir draußen spielten. Nackt. Es war sehr kalt, es schneite. Einer der SS-Männer hatte eine Trillerpfeife bei sich. Jedesmal, wenn er pfiff, mußten wir im Schnee einen Purzelbaum schlagen.

Ein Freund von mir hatte Asthma. Nach zwölf, dreizehn Runden ums Lager bekam er keine Luft mehr. Er blieb stehen. Die SS kam auf ihn zu: »Laufen! Laufen!« Er konnte nicht mehr. Er setzte sich in den Schnee, und sie schlugen auf ihn ein. Schlugen und schlugen. Als es ihnen draußen zu kalt wurde, gingen sie weg und ließen ihn einfach da liegen, um zu sterben. Wir hörten ihn die ganze Nacht schreien. Das werde ich nie vergessen. (Seine Stimme bricht.) Ich habe das Gefühl, daß ich ihn immer noch höre. Wenn wir nur gekonnt hätten, wir hätten die gesamte SS abgemurkst. Wir wußten, daß er stirbt, und wir konnten nichts dagegen tun. (Er schluchzt.)

[1] Deutsch im Original

Wir hatten nur eines im Kopf: Essen. Die Deutschen waren unheimlich gerissen. Sie gaben ihr Bestes, um uns leiden zu lassen. Sie gingen nie so weit, daß einer von uns an Unterernährung gestorben wäre. Wir bekamen immer gerade genug, um zu überleben. Ich war so schwach. Wenn ich etwas fallenließ, brauchte ich fünf Minuten, um es wieder aufzuheben.

In der Zelle konnten wir nichts anderes tun als reden. Und alles drehte sich ums Essen, Essen, Essen, Essen, Essen. Oh, wenn ich nach Frankreich zurückkehrte, dann würde ich meine Mutter bitten, mir Schweinekoteletts zu braten. Wir konnten das Fleisch beinahe schmecken.

Leute, die verzweifelten, sagten sich: »Dies ist das Ende!« – und sie starben. Leute, die sich sagten: »Ich werde zurückkehren!« – die kehrten auch zurück.

Im Lager waren auch italienische Soldaten, die Zwangsarbeit verrichteten. Das verstieß gegen die Vereinbarungen des Roten Kreuzes. Sie hatten alle möglichen Medaillons und Rosenkränze. Wenn die Alliierten ihre Bombenangriffe starteten, beteten sie. Diese Bombenangriffe waren fürchterlich. Die Erde wurde aufgewirbelt, und der Schmutz drang in unsere Haut ein. (Er zeigt seine Narben.) Als ich zurückkam, mußte ich operiert werden, damit die Splitter aus meiner Haut entfernt werden konnten.

Die Bombengeschwader kamen immer gegen sieben. Ich lag im Schützengraben, auf einem von diesen Italienern. (Er lacht.) Er hatte einen sehr dicken Mantel an. Jedesmal, wenn eine Bombe fiel, grub ich meine Zähne in diesen Mantel. Hinterher war er völlig zerbissen. Man bekommt eine solche Kraft, wenn man Angst hat.

Leute aus aller Herren Ländern waren in diesem Lager. Belgier, Holländer, Norweger, Dänen. Die einzigen, vor denen wir Angst hatten – oder sagen wir besser, daß wir ihnen mit Mißtrauen begegneten –, waren die Polen, die Esten und die Litauer. Die Deutschen setzten sie als Aufseher ein. Als die Russen Polen einnahmen, gaben die Deutschen ihnen Uniformen, und einige schrieben sich sogar bei der SS ein.

Zu diesem Zeitpunkt hatte der größte Teil Deutschlands sich bereits ergeben. Wir befanden uns in einer Nische des Widerstandes. Die amerikanische Armee stand auf der einen Seite und die russische auf der anderen. Am 5. Mai 1945 wurden wir befreit. Drei Tage vor der deutschen Kapitulation.

Ich wog nur noch achtzig Pfund. Während eines Bombenangriffs war eine Kuh getötet worden. Den ganzen Winter hindurch fiel Schnee. Im März, als der Schnee zu schmelzen begann, kam die Kuh wieder zum Vorschein. Wir aßen sie. Ich bekam die Ruhr.

Am 5. Mai hatten die Amerikaner das Lager umstellt. Die Wachen konnten nicht mehr entkommen. Ich befand mich im Lager. Ich war zu schwach, um zu gehen, aber ich war glücklich. Wenn ich doch nur genug Kraft gehabt hätte, um die Amerikaner zu begrüßen!

Da war ein *Captain*. Er sah dies alles. Ich sah sein Gesicht. (Er weint.) Er sagte: »Wie kann so etwas geschehen? Was haben sie euch angetan?« Die Leute waren genauso ausgehungert wie die in den Konzentrationslagern. Man hätte ihre Knochen zählen können. Er war so entsetzt.

Die SS-Leute waren jetzt alle Gefangene. Sie hielten die Hände über den Kopf. Der *Captain* sagte uns: »Ich werde mich jetzt für eine Weile zurückziehen. Ihr habt zwei Stunden Zeit. Macht mit ihnen, was ihr wollt. Ich habe nichts gesehen.«

Ich bin ein friedlicher Mensch. Ich würde niemandem etwas tun. Aber an diesem Tag habe ich es getan. Der ganze Haß stieg in mir hoch. Drei Jahre Zwangsarbeit stiegen in mir hoch. Ich sagte zu einem ganz speziellen SS-Mann: »Du hast mich leiden lassen, jetzt wirst du leiden. Ich habe nur zwei Stunden Zeit, aber ich werde es dir heimzahlen.« Ich hatte keine Kraft. (Er lacht.) Ich nahm einen Stein und schnitt ihm das Ohr ab. Es hing halb herunter. Doch, soviel Kraft hatte ich noch. Die anderen haben viel schrecklichere Dinge getan.

Der Lager-*Führer*[1], ein Oberstleutnant, wurde von ihnen in die Latrine gesteckt. Er stand bis zur Hüfte in den Exkrementen. Sie gaben ihm ein Wasserglas und forderten ihn auf, es zu leeren. Dann trieben sie alle zusammen und steinigten sie. Sie waren ein ziemlich blutiger Haufen. Sie müßten ihre Narben heute noch haben, wenn sie noch leben.

[1] Deutsch im Original

Ich lag schwerverwundet, beinahe im Koma, in einem Militärkrankenhaus in Paris. Ich wurde intravenös ernährt. Meine Mutter und meine Tante kamen mich besuchen. Sie sprachen über meine Beerdigung. Meine Tante fragte meine Mutter: »In welchem Anzug wirst du ihn begraben?« Nach drei Monaten ging es mir wieder gut. Ich sagte mir: »Wenn ich mich wieder richtig erhole, werde ich etwas tun, um Gott für alles zu danken, was er für mich getan hat.« Ich war befreit worden. Ich lebte, und ich war in Lourdes gewesen. Ich beschloß, Priester zu werden.

Wenn ich über den Krieg nachdenke, finde ich die Dinge immer schwieriger. Wenn wir Haß mit Haß vergelten, wird es nie enden. Für meine Generation ist es sehr schwer, zu vergessen.

Immer wieder hört man einen Deutschen sagen: »Das haben wir nicht gewußt.« Aber wer hat den Nazis denn die Möglichkeit gegeben, die Macht zu übernehmen? Sie waren sehr, sehr froh, als Hitler in Frankreich einmarschierte, als er Europa eroberte. Wir hatten Wachen in Delmenhorst, sie waren verheiratet, sie hatten Familien. Es kann mir keiner sagen, daß sie zu Hause nicht über diese Dinge sprachen. Die Leute aus Delmenhorst fuhren am Sonntag zum Lager hinaus. Es war ein Zeitvertreib. Sie beglotzten uns, als wären wir Tiere in einem Zoo.

Ist dies einzig und allein eine deutsche Eigenschaft?

Dies ist eine menschliche Eigenschaft. Es ist schon vorher vorgekommen. Die Spanier vernichteten während der Inquisition im Namen Gottes eine gesamte Bevölkerung. Und was war mit den Albigensern? Es kann wieder geschehen. Wir sind alle gute Menschen, aber wenn wir ein bißchen zu weit verführt werden, glauben wir alles, was man uns sagt. Wir sind ganz gewöhnliche Menschen, die jederzeit wieder zu Waffen eines bösen Hitler werden können.

Erich Lüth

Wir waren in Hamburg und sahen auf die Alster. »Das andere Deutschland, das Deutschland von Goethe, Heine, Thomas Mann, der Weimarer Republik, mußte immer gegen das romantische, überhebliche Deutschland ankämpfen«. Im Vor-Hitler-Deutschland war er der ›Benjamin‹, das jüngste Mitglied des Hamburger Stadtparlaments gewesen. »Ich war einer der ersten, die ›Mein Kampf‹ gelesen haben. Als ich meinen Ratskollegen den Text vorlas, lachten sie. Später hat es sie überrascht, daß sich diese schrecklichen Dinge wirklich zugetragen haben. Warum? Er hat das doch vom ersten Tag an alles angekündigt.« Das Gespräch fand im Jahre 1967 statt. Erich Lüth starb im Frühjahr 1989.

Unter Hitler bin ich ein Feigling gewesen. Feigheit unter einer Diktatur ist legitim. Man kann nicht jeden Tag tapfer sein. Ich habe versucht, mutig zu sein; aber ganz allein von morgens bis abends mutig sein, das kostet viel Kraft.

Im Dritten Reich mußte ich meinen Beruf als Journalist aufgeben. Ich wurde als Vorarbeiter in einer Nähmaschinenfabrik eingesetzt. Da waren Zwangsarbeiter und Kriegsgefangene aus Rußland und der Ukraine. Es gab dort auch deutsche Arbeitskräfte, zum größten Teil Frauen. Die Männer waren bei der Wehrmacht. Ich habe versucht, anständig zu bleiben. Ich versuchte zu protestieren, soweit es mir möglich war, aber ich habe zuwenig getan.

Ich war wirklich erstaunt, wie menschlich sich die Leute in dieser Fabrik verhielten. Die Russen waren besonders schlecht dran mit ihrer Ernährung und im Winter mit ihrer dürftigen Kleidung. Von seiten der Nazi-Partei war es verboten, sie mit Schuhen, Kleidern und Lebensmitteln zu unterstützen. Trotzdem haben einige deutsche Frauen ihnen diese Sachen mitgebracht, sogar Seife. Eine menschliche Solidarität, die etwas Wunderbares hatte.

Als Stalingrad verloren war, haben wir nichts davon erfahren. Die ukrainischen Arbeiterinnen waren jedoch im Bilde; ich weiß nicht, woher sie das hatten. Sie sind in ihre Baracken gegangen und haben vor Freude getanzt. Das wurde von einer Nazi-Spionin beobachtet und der Gestapo gemeldet. Mit Stahlhelmen und Karabinern rückten sie an und haben die Frauen derartig mißhandelt, daß sie ganz entstellt waren.

Am nächsten Morgen traf ich eine von diesen Frauen, und sie zeigte mir ihre Wunden. Ich habe das dann der Sekretärin des Geschäftsführers erzählt. Die ist ganz blaß geworden. In dem Augenblick trat ein SS-Mann ins Zimmer. Wir verstummten. Er fragte: »Warum seid ihr auf einmal so still? Was habt ihr da zusammen geredet?« Sie hat es ihm gesagt. Ich war überrascht. Dieses Mädchen – sie war noch ganz jung – sagte: »Ich schäme mich, daß ich eine Deutsche bin.« Was noch überraschender war: es passierte nichts. Er hat geschwiegen. Er hat sie nicht verraten.

Zu Hause hatten wir ständig Angst, bei jedem Stundenschlag der Uhr fuhren wir zusammen. Die ganze Zeit über habe ich befürchtet, sie würden herausbekommen, wie ich wirklich eingestellt war. Einer meiner Brüder saß schon in einem Konzentrationslager. Er war Buchhändler gewesen. Wissen Sie, bevor die Millionen Juden in die Konzentrationslager geworfen wurden, hatte man ja schon Hunderttausende von deutschen Demokraten, Dichtern, Ministern, Studenten und Arbeitern in Lager gesteckt.

Meine Vorgeschichte verfolgte mich, wohin ich auch ging. Dauernd wurde ich von den Nazis kontrolliert und verhört. Andererseits konnte ich nicht leben, ohne BBC London zu hören. Und die Stimme Amerikas: Ich habe die Ansprachen von Thomas Mann gehört. Nach der Kapitulation bin ich Thomas Mann in Zürich begegnet. Ich habe ihm gesagt, daß seine Worte es mir möglich gemacht hätten, weiterzuleben.

Für eine gewisse Zeit verschwand ich aus Hamburg und ging in den Untergrund.

Nach dem Krieg habe ich Bücher und Artikel über die Hitlerzeit geschrieben. Ich wurde von Neo- und Altnazis angegriffen. Auf einer ihrer Veranstaltungen sprach ich von dem Doppelleben, das jeder anständige Deutsche während des Dritten Reiches geführt hat. Da stand ein alter Marineoffizier auf und protestierte: »Ich bin ein alter Soldat, und ich habe nichts anderes getan als meine Pflicht. Von den Verbrechen habe ich nichts gewußt.« Ich unterbrach ihn: »Wenn Sie bei der Marine waren, dann hat man ja auch Ihren Gesundheitszustand, vor allem Ihre Sehfähigkeit geprüft. Sie waren also nicht blind. Haben Sie nicht den Rauch gesehen, der über den brennenden Synagogen aufstieg?« Darauf er: »Sicher, das hat doch jeder gewußt, daß die Synagogen brannten.« Ich habe ihm geantwortet: »Wenn Sie zu diesem Zeitpunkt kein Doppelleben angefangen haben, dann sollten Sie sich schämen. Wenn Sie keine Scham empfinden, dann schäme ich mich für Sie.«

Ich bin Soldat gewesen. Das war sicherer als ein verdächtiger Zivilist zu sein. Ich wollte jedoch nicht Offizier werden. Habe damals einen persönlichen Eid geschworen: Auf die, die gegen Hitler kämpften, würde ich nicht schießen. Die Alliierten haben zwar auf mich geschossen, aber ich konnte nicht zurückschießen. In dieser Beziehung war ich vielleicht ein schlechter Deutscher. Ich wollte mir keine Auszeichnung verdienen, auf der ein Hakenkreuz war.

Eine wunderbare Möglichkeit bot sich mir, als ich in Italien in amerikanische Gefangenschaft geriet. Ich war in einem Lager mit 140 000 Gefangenen, darunter auch Soldaten aus der Hitlerjugend. Ich habe die Zeitung der Kriegsgefangenen herausgegeben und über den Lagerfunk gesprochen. Die psychologische Kriegführung der Zeit zielte darauf ab, die Gefangenen umzuerziehen. Aber so etwas wird von außen gesteuert und ruft Widerstand hervor. Ich versuchte das anzuregen, was ich Selbsterziehung nenne. Sehen Sie, ich gehöre einer Nation an, die schon immer mit militärischen Helden reich gesegnet war, aber in puncto Zivilcourage unterentwickelt ist. Darüber und über das andere Deutschland habe ich gesprochen. Die jungen Menschen fangen an, das zu verstehen.

Joseph Levine

Fort Wayne, Indiana. Er ist Direktor des Museums für Jüdische Geschichte der Stadt. Er gehörte zu den ersten amerikanischen Sozialarbeitern, die nach Deutschland kamen, um sich von 1945 bis 1946 um die Überlebenden der Vernichtungslager zu kümmern.

Auf seinem Schreibtisch stapeln sich vergilbte Dokumente, ver-

blichene Photos, Zeitungsausschnitte, alte Briefe, Bücher mit eingerissenen Einbänden, zerknitterte Papiere. Während des Gespräches schaut er immer wieder hinein.

Mein Auftrag lautete, in München Hilfsmaßnahmen zu organisieren. Ich erfuhr, daß sich in der Kleinstadt Schwandorf, etwa vierzig Meilen nördlich, ungefähr 250 Juden aufhielten. Ich fand dort Frauen und Männer vor, die es hierher verschlagen hatte. Keine Kinder. Sie hausten in Scheunen, Kellern und auf Dachböden. Da sie nicht bei der *UNRRA* registriert waren, bekamen sie weder Lebensmittel noch Unterkünfte oder sonst etwas. Ich habe sie alle gemeldet.

Ich mußte erst den amerikanischen Bürgermeister der Stadt regelrecht zwingen, Häuser von Nazis zu requirieren. Als die Juden später ein Gebäude für ihre Gottesdienste brauchten, requirierte ich einen alten Bierkeller, der schon seit Jahren leer stand. Wir machten eine Synagoge daraus, die wir an Chanukka weihten.

Sie standen ganz allein auf der Welt. Auf meinen Fahrten von Stadt zu Stadt habe ich mir den Wagen immer mit sechs oder sieben Leuten vollgeladen und mir ihre Geschichten angehört. Da hat dann der eine erzählt, daß aus seiner Familie vierzig Angehörige von den Deutschen abgeschlachtet worden seien. Ein anderer sagte, das sei noch gar nichts, ich müsse erst mal seine Geschichte von sechzig Toten hören. Wenn mein Fahrer es nicht mehr ertragen konnte, fing er an, ein Lied zu summen, ein jiddisches, polnisches oder russisches Volkslied, das jeder kannte, und dann sangen sie alle mit.

Schwandorf war ein miefiges kleines Nest, wo es schon seit Jahrhunderten keine Juden mehr gab. Wenn dort früher einmal welche gelebt hatten, waren sie schon vor langer Zeit vertrieben worden. Nach und nach habe ich in vielen solcher gottverlassenen Nester Juden entdeckt, wo sie in Verschlägen über Misthaufen oder in verlassenen Häusern hausten. Vor diesen Städten gab es Massengräber, mitten in den schönen bayerischen Bergen.

Die Deutschen stellten ihnen zunächst keine Unterkünfte zur Verfügung. Ich bekleidete pro forma den Rang eines *Lieutenant Colonel* beim Hauptquartier der 4. Panzerdivision in Regensburg.

Ich mußte immer erst mit Eisenhowers Befehl winken, um zu beweisen, daß den Juden Häuser zustanden. Ich gab diesen hastig eingesetzten Bürgermeistern eine Frist von vierundzwanzig Stunden. So haben wir dann Unterkünfte bekommen.

Von den Hunderten von Deutschen, mit denen ich gesprochen habe, hat sich nicht einer zu irgendeiner eigenen Schuld bekannt. Sie schimpften nur auf »die bösen Nazis«. Erst an meinem allerletzten Tag, im Zug von Frankfurt nach Bremen, hat der Gepäckträger als erster und einziger zugegeben, daß die Deutschen im Unrecht waren.

Die Zahl der *displaced persons* wuchs. Nach dem Pogrom von 1946 in Kielce kamen auch Juden aus Polen.

'46?

Die Polen fingen an, Juden zu töten, die aus Deutschland zurückgekehrt waren. Sie wollten sie nicht mehr haben. Nach und nach kamen auch aus Rußland Juden in die amerikanische Zone. Allmählich trafen Lebensmittellieferungen aus Holland ein. Das war zu der Zeit, als die Russen Hunderttausende von Deutschen aus der Tschechoslowakei und von sonstwoher in die amerikanische Zone abschoben. Sie machten ihre Heilanstalten leer.

Eines Tages fand ich eine Nachricht vom General der 4. Panzerdivision vor. Er hatte beschlossen, die Juden in ein großes Lager zu stecken. Dabei lebten sie verstreut in einundzwanzig bayerischen Städten und fingen gerade wieder ein neues Leben an. Aber er wollte Effizienz. Ich habe daraufhin gesagt: »Sie sind wohl übergeschnappt! Bei so etwas mache ich nicht mit.« Was für eine Roheit – raus aus dem Vernichtungslager, rein in das nächste Lager.

Andererseits gab es wirklich keine Unterkünfte. Das Lager, das ihnen vorschwebte, lag in Pocking, wo Göring früher einen großen Luftwaffenstützpunkt gehabt hatte. Er sagte, daß dort Hunderte von Ungarn und ungefähr zweitausend Polen lebten. Die Polen waren ehemalige Zwangsarbeiter, aber die Ungarn, die mit ihren Frauen und Kindern hierher gezogen waren, hatten freiwillig für Hitler gearbeitet. Die ungarischen Frauen stolzierten in Pelzmänteln umher. Wir haben das Lager begutachtet und dem Militär gesagt, wenn sie die Ungarn und Polen loswerden könnten, würden wir es übernehmen. Innerhalb von sechs Monaten lebten dann neuntausend Juden in diesem Lager.

Kurz nach der Eröffnung rief mich der General an und sagte, es gebe Schwierigkeiten: Die Juden verbrannten ihre Betten. Ich fuhr hin, um mir ihre Klagen anzuhören. Es stellte sich heraus, daß die Polen bei ihrem Abzug das ganze Holz mitgenommen hatten. Wenn die Armee für das Lager Sägen und Beile requirierte, kamen sie nie dort an. Jemand hat das Holz auf dem Schwarzmarkt verkauft. Also mußten die Juden ihre Betten verbrennen, um sich warm zu halten.

Ich stieß auf dreißig Jugendliche, die auf Strohsäcken schliefen. Ein sechzehnjähriges Mädchen war ihre Anführerin. Ich habe sie gefragt: »Was brauchen diese Kinder?« Sie bat nicht um Kleidung. Sie bat nicht um Süßigkeiten. Sie sagte: »Die Kinder müssen zur Schule gehen. Wir brauchen Papier. Besorgen Sie uns Stifte.«

Das erste Kind, das ich in drei Monaten in Europa sah, war ein kleines Mädchen, das Ruthie hieß. Ihr Vater war tot, ihre Mutter hatte sie bei einer polnischen Familie versteckt. Sie war unterentwickelt und dünn wie ein Bindfaden. Man hatte sie in Kellern und auf Dachböden versteckt gehalten. Ich habe sie gefragt, was sie sich wünschte. Sie antwortete mir wörtlich: »Ich bin zehn Jahre alt. Ich bin noch nie zur Schule gegangen. Helfen Sie mir, in eine Schule zu kommen.«

Hunderte von Jugendlichen, die von christlichen Familien versteckt worden waren, stöberten wir in Klöstern und anderswo auf. Wir holten sie in die amerikanische Zone.

Einmal saß ein Mann neben einem etwa zehn Jahre alten Jungen. Er war im Krieg in Polen Partisan gewesen, in den Wäldern hatte er gelebt und auch getötet. Ich habe den Jungen gefragt: »Und was hast du gemacht?« Der Vater sagte, er sei ein *Partisantschik* gewesen, ein kleiner Partisan. Der Junge sagte auf Jiddisch: »Nachts habe ich mich mit anderen Kindern in die Stadt geschlichen und etwas zum Essen gestohlen. Wenn wir schießen mußten, haben wir geschossen.«

Ungefähr zwölfhundert Juden hatten Theresienstadt überlebt, das Vernichtungslager in der Tschechoslowakei. Sie wurden in die amerikanische Zone gebracht und landeten in Deggendorf. Eine meiner Aufgaben bestand darin, ihnen zu helfen, Verbindung zu ihren Angehörigen in anderen Teilen der Welt herzustellen. Die Juden kamen zu mir und sagten, sie hätten einen Onkel namens Sam Goldberg, der 1915 nach Amerika ausgewandert sei, oder Abe Silverstein, der entweder in Cleva-land oder in Nev York lebe. (Er lacht.) Ob ich wohl den Onkel finden könne?

Ich habe nach Amerika gekabelt und mir die Telefonbücher der größeren Städte kommen lassen. Nächtelang haben wir Briefe an die Goldbergs oder Cohens in Chicago geschrieben, ihnen gesagt, daß Sam Goldberg aus der und der Stadt, mit den und den Eltern nach Amerika kommen wolle. Sind Sie vielleicht zufälligerweise mit ihm verwandt? Auch nach Kanada und Argentinien haben wir geschrieben. Unsere größten Erfolgserlebnisse hatten wir, wenn ich einen Brief bekam, in dem stand: »Er ist mein verlorener Bruder.« Wir haben sie dann zusammengeführt.

(Er streckt mir eine alte Zeitung hin.) Das ist die erste jiddische Zeitung, die nach dem Krieg in Deutschland erschienen ist. Ich war dabei, als das erste Exemplar aus der Presse kam.

Im Winter '46 hatten mich drei Männer in meinem Büro in Regensburg aufgesucht. Einer von ihnen war Nathan Silberberg. Vor dem Krieg war er der Herausgeber des ›Moment‹ gewesen, der größten jiddischen Zeitung in Polen. Er sagte zu mir. »Ihr gebt uns Verpflegung, Kleidung, Unterkunft. Jetzt brauchen wir etwas für den Geist. Eine Zeitung. In Frankfurt gibt es einen Verlag, mit dem ich schon seit fünfundzwanzig Jahren geschäftlich zu tun habe. Ich weiß, wo sie die jiddischen Typen aufbewahrt haben. Wenn ich hinfahren könnte, würde ich sie bestimmt wiederfinden. Diese beiden Männer werden mit mir in ganz Deutschland nach jiddischen Setzern suchen. In Regensburg haben wir einen Deutschen gefunden, der uns seine Geräte benutzen lassen will. Wir haben einen Deutschen entdeckt, der Druckerschwärze vor der Armee versteckt hält. Wir haben ein deutsches Lagerhaus gefunden, wo es Papier gibt. Wir brauchen Geld für die Finanzierung und einen Requisitionsbescheid von der Armee.« Die Zeitung wurde gedruckt.

Von den Juden in der Gegend wurde sie regelrecht verschlungen. Es wurde über leidvolle Erfahrungen geschrieben, es gab Informationen für Leute, die Angehörige suchten. Auch das aktuelle Zeitgeschehen kam nicht zu kurz. Andere Lager brachten ihre eigenen Zeitungen heraus. (Unter dem Stapel kramt er ein anderes Blatt hervor.) Die kommt aus Bergen-Belsen: ›Our Word‹ (Unser Wort).

Ich bekam einen verzweifelten Telephonanruf: Am Bahnhof werden Juden ermordet. Ich eilte sofort hin und fand dort sechshundert Juden vor, die in Güterwaggons schliefen. Ich erfuhr, daß sie noch am Abend zuvor in einem Lager im österreichischen Linz gewesen waren. Man hatte ihnen eine Stunde Zeit gegeben, ein paar Scheiben Brot, kein Wasser und sie dann in den Zug gesteckt. Genau wie die Deutschen früher. Sie wurden auf amerikanische Anweisungen hin in ein Lager nahe der tschechischen Grenze verlegt. Die Lokomotive hatte eine Panne. In der Nacht ballerten ein paar GI-Idioten mit ihren Gewehren in der Luft herum, deshalb dachten die Juden in den Güterwaggons, man wolle sie ermorden.

Ungefähr um Mitternacht bekam ich einen Anruf von Silberberg, dem Herausgeber aus München: Drei Juden hätten sich von dem Transport abgesetzt. »Sie sind hier in meinem Zimmer. Sie haben keine Ausweispapiere. Kommen Sie sofort her.« Ich springe in einen Jeep, fahre hin und lerne die drei kennen. Einer war ein führender deutscher Romanschriftsteller gewesen. Der zweite war ein aufstrebender Dichter, der irgendwie in Deutschland und Rußland überlebt hatte. Der dritte war Essayist. Die Zeitung, sagte Silberberg, gehe morgen in den Druck. »Wenn Sie mir das Geld bewilligen, setze ich die Zeitung neu und veröffentliche von jedem dieser drei Männer einen Artikel, ein Gedicht oder einen Essay, damit die Welt erfährt, daß sie noch leben.«

Nicht einmal eine Woche später lief mir in Bamberg ein sonderbarer Junge über den Weg. Er hatte ein Exemplar dieser Zeitung in der Hand, wie das buchstäblich heiße Eisen. Er zitterte am ganzen Leib. Er sagte: »Mein Vater war Schriftsteller in Lodz. Er ist nach Warschau zu einer Besprechung bei seinem Verlag gefahren, und seither habe ich ihn nicht mehr gesehen. Ich habe den Krieg in fünf verschiedenen Arbeitslagern verbracht. Nach Kriegsende bin ich durch ganz Deutschland und Polen gezogen und habe meinen Vater gesucht. Gestern abend kam ich nach Hause und fand diese Zeitung in der Küche. Darin steht ein Artikel von meinem Vater. Wo ist er?« Wir haben Vater und Sohn zusammengeführt.

In Regensburg traf ich einen Mann, dessen zwei Söhne aus nur einem Buch beteten. Sie gehörten zu einer zutiefst orthodoxen Sekte. Er glaubte, daß er und seine beiden Söhne zu den nur fünfzehn Überlebenden von fünfzehntausend aus der Stadt Zalachov in Polen zählten. Das Buch hatte einhundertfünfzig Seiten. Sehen Sie, alles mit der Hand geschrieben. (Er klappt ein offensichtlich kostbares Buch auf, das sorgfältig in Druckbuchstaben mit der Hand geschrieben ist.) Dieser Mann hatte sich in einem polnischen Keller versteckt gehalten, der so niedrig war, daß er darin nicht einmal stehen konnte. Irgendwoher bekam er Tinte, ein Tintenfaß hatte er um den Hals hängen. Irgendwo hat er Papier aufgetrieben. Er wußte nicht, ob er überleben würde. Die Deutschen zerstörten alles in der Synagoge, sämtliche Spuren jüdischen Lebens. Sie zerrissen die Thorarollen. »Kinder müssen beten«, sagte er. Also schrieb er das ganze Gebetbuch mit der Hand, im Keller, im Dunkeln.

Es gab noch etwas, was ich tun mußte. Ich wußte, daß Dachau nicht allzu weit von München entfernt liegt. Also fuhr ich an einem herrlichen Oktobertag hin. Mein Fahrer brachte mich nur widerstrebend dorthin.

Hinter der Mauer spielten Deutsche in Uniform Fußball. Ich betrat nur ein Gebäude, mehr nicht. Ich stand in der Gaskammer. Heutzutage ist es ein Museum mit weißgetünchten Wänden. Damals waren die Wände noch voller Blut. Die Menschen waren im Todeskampf mit den Köpfen dagegen gerannt.

Im nächsten Raum waren zwei oder drei Verbrennungsöfen. Darüber hing ein großes Schild: »Sauberkeit ist eine deutsche Pflicht. Händewaschen.« Ich ging nach unten. Heutzutage wird niemand mehr in den Keller geführt. Aber schließlich schrieben wir damals das Jahr 1946, und es gab keine Wächter, gar nichts. Wir beide gingen umher. Ich befand mich plötzlich in einem Raum mit Regalen an den Wänden, auf denen Tongefäße standen. Es gab zwei Fässer mit menschlicher Asche. Ich war wie gelähmt. Ich wandte mich nach rechts ab und hielt mich an irgend etwas fest. Ich mußte wieder rauf, raus in die Sonne. Der Fahrer sagte. »Was haben Sie denn da in der Hand?« Die Deckel der Tongefäße waren an meinen

Händen wie festgeklebt. (Hält die zwei Stücke hoch.) Sehen Sie das Datum? 6. Oktober 1945, Dachau, Deutschland.

Ich fand auch heraus, wer diese fußballspielenden Deutschen wirklich waren. Bei der Befreiung Dachaus wurden viele Wärter getötet, andere gefangengenommen. Diese Kerle gehörten dazu. Die Armee verpflegte sie mit 4 000 Kalorien pro Tag. Die Juden in München, die Überlebenden der Vernichtungslager, bekamen 1 600 Kalorien.

Leise sagte der Fahrer zu mir: »Wissen Sie, warum ich nicht mitkommen wollte? Ich war in dem letzten Transport nach Dachau. Die Amerikaner rückten immer näher, und als mein Zug ankam, haben die Deutschen den ganzen Transport, ungefähr tausend Menschen, auf einen Todesmarsch getrieben. Sie haben ungefähr die Hälfte getötet. Mich hat es nach München verschlagen, wo Sie mich dann gefunden haben. Wer hätte gedacht, daß ich eines Tages durch die Gaskammer gehe und lebend wieder herauskomme?«

Im selben Monat nahm ich in Nürnberg an einer Hochzeit teil. Sie fand in einem Kibbuz statt, der früher Julius Streichers Bauernhof gewesen war. Am nächsten Morgen fuhr ich in das Stadion. Können Sie sich das vorstellen, wie ein einzelner Jeep in das Stadion fährt, in dem Hitler vor einer Viertelmillion Menschen Reden gehalten hatte? Ich kam auch am Gericht vorbei. Der erste Nürnberger Prozeß fand gerade statt.

Ich ließ den Wagen anhalten. Ich war noch immer in Uniform. Ich gab meinen Revolver dem Fahrer.

Warum waren Sie bewaffnet?

Aus Sicherheitsgründen. Ich bin viel nachts umhergereist. Ich hätte ausgeraubt und getötet werden können, von Deutschen oder von jemand, der einfach nur Hunger hatte. Die Straßen waren voll davon. Denken Sie daran, wir reden hier vom Nachkriegseuropa. (Er zeigt mir einen Ausweis und kramt noch einmal in dem Papierstapel herum.) Hier haben wir den Sitzplan, den Grundriß. Göring, Heß, Keitel, Ribbentrop, Rosenberg, Frank, Frick, Streicher, das ganze Pack. Ich sah sie alle vor mir. Eine Gruppe gutgekleideter Herren mit Aktentaschen, Zeitungen und Illustrierten in der

Hand. Man hätte meinen können, den Vorstand von IBM vor einer Sitzung vor sich zu haben.

Als Göring und Heß hereinkamen, fiel mir auf, daß einige Deutsche die Hacken zusammenschlugen und ihnen die Hand gaben. Ein paar haben ihnen aber auch den Rücken zugedreht. Göring hat sich eine große Decke um sein Hinterteil gewickelt, sich hingesetzt, den Kopf auf die Brust fallen lassen und die ein, zwei Stunden, in denen ich da war, durchgeschlafen. Heß, der neben ihm saß, fing an zu schreiben. Schacht starrte die ganze Zeit nur an die Dekke. Da sitzen sie, Keitel und all die anderen, und langweilen sich.

Im Zeugenstand beschrieb ein Überlebender, wie die Deutschen die Juden in die Synagogen getrieben hatten, die Gebäude in Brand steckten, draußen mit Maschinengewehren alles abriegelten und die Flüchtenden erschossen. Ich saß in der dritten Reihe. Ich sah mir diese gelangweilten Gesichter an, und ich kann ehrlich sagen, wenn ich meinen Revolver bei mir gehabt hätte, hätte ich bestimmt geschossen und wäre jetzt nicht mehr am Leben.

Eines macht mir heute noch zu schaffen; ich bin fünfundsiebzig Jahre alt und weiß Gott kein frommer Mensch. Trotzdem gehe ich zum Gottesdienst. Dafür hat jeder seine eigenen Gründe. Ich bete für den Frieden. Aber ich sehe auch, was auf der Welt vor sich geht, all das Leid. Was haben die Menschen eigentlich gelernt? Ich habe Menschen mit einem unerschütterlichen Lebenswillen kennengelernt. Aber solange manche Menschen nur auf Macht aus sind, solange wird es Kriege geben. Und alle Gebete...

Wendepunkt

Joseph Polowsky

25. April. Er steht auf der Michigan-Avenue-Brücke in Chicago. Manchmal hat er ein Schild bei sich. Manchmal verteilt er Flugblätter. Er will nicht nur mahnen, er hat eine Mission zu erfüllen. Seit zehn Jahren steht er an diesem Tag auf der Brücke. Er gedenkt eines entscheidenden Augenblicks in seinem Leben und, wie er meint, in unser aller Leben. Am 25. April 1945 traf eine amerikanische GI-Patrouille an der Elbe auf die Russen. Zu diesem Spähtrupp gehörte er.

Nach Kriegsende gründete er die Organisation ›American Veterans of the Elbe River‹. Gelegentlich hat er Freundschaftstreffen zwischen seinen Kameraden und den Russen arrangiert. Tausende handgeschriebener Briefe hat er an Präsidenten, Kongreßabgeordnete, Zeitungsredakteure und Kommentatoren verschickt. Unzählige Erklärungen hat er abgegeben. Er ist ein getriebener Mensch.

Früher war er Taxifahrer, jetzt ist der sechsundsechzigjährige Rentner. Er ist unheilbar an Krebs erkrankt.

Ich war Schütze, Gefreiter, Kompanie G, 273. Infanterieregiment, 3. Zug, 69. Division, 1. Armee. Wir hatten schon viele Kämpfe hinter uns. Wir lagen in einer ruhigen Gegend an der Mulde, einem Nebenfluß der Elbe. In einer Stadt namens Trebsen, zwanzig Meilen westlich der Elbe. Das war am 24. April.

Ich wurde ins Kompaniehauptquartier beordert. Dort wurden die Papiere von Deutschen überprüft, von Verdächtigen und ehemaligen Nazis und von denen, die sich um Ämter bewerben wollten. Ich war in der Kompanie der einzige mit ausreichenden Deutschkenntnissen.

Ein Telefonanruf vom Bataillonshauptquartier kommt herein. Unverzüglich soll ein Spähtrupp zusammengestellt werden, sieben Jeeps mit achtundzwanzig Mann; der sollte ungefähr fünf Meilen vor die Front fahren und nachschauen, ob schon irgend etwas von den Russen zu sehen war. Die wurden noch zwanzig, dreißig Meilen vor uns vermutet.

Der beste Zugführer in unserer Kompanie war nach übereinstimmender Auffassung *Lieutenant* Kotzebue, ein ruhiger junger Mann, ungefähr zweiundzwanzig Jahre alt. Ich war damals sechsundzwanzig. Rasch hat er die Jeeps und die Männer zusammengestellt. Er hat eine Landkarte von der Gegend mitgenommen. Ich war mit ihm im ersten Jeep, weil ich Deutsch konnte. Wir wurden vor dem Aufbruch gewarnt, daß Züge von anderen Kompanien in diesem Gebiet von den Deutschen schwer beschossen worden wären.

Wir waren siebzig Meilen von Berlin entfernt, genau im Süden. Die Schlacht um Berlin wurde nördlich von uns geschlagen. Jeder verfügbare deutsche Soldat war zur Verteidigung von Berlin aufgebracht worden. Allerdings sind wir vielen Deserteuren begegnet. Ein steter Strom. Ein paar waren sogar als Frauen verkleidet. Hauptsächlich haben wir aber Zivilisten gesehen, die vor den Russen flüchteten. Die haben ständig die Straßen verstopft. Zum größten Teil Frauen, Kinder und alte Männer.

Damit Sie sehen, wie langsam wir vorankamen, wir schafften gerade sieben Meilen, und dabei waren wir mittags losgefahren. Wir übernachteten im Städtchen namens Kübren. Kotzebue brütete den ganzen Abend über den Landkarten. Wir haben jeden befragt, der eine Ahnung hätte haben können, wo die Russen steckten.

Eigentlich sollten wir die Russen gar nicht treffen. Wenn wir trotzdem auf sie stießen, hatten wir die Folgen zu tragen, falls etwas schieflaufen sollte. In Eisenhowers Hauptquartier wurden genaue Pläne für das Treffen mit den Russen ausgearbeitet. Wir waren nur eine Patrouille. Man sagte uns, nach fünf Meilen rückten wir auf eigene Gefahr weiter vor. Wenn irgend etwas schiefging, waren wir keine Helden, uns blühte womöglich sogar das Kriegsgericht.

Man befürchtete, daß es bei einem ungebremsten Aufeinandertreffen der beiden Armeen Tote und Verletzte geben könnte. Wären die zwei Armeen, auch wenn sie verbündet waren, mit voller Wucht aufeinandergeprallt, wären sicher einige Kameraden zu Schaden gekommen. Deshalb beschlossen Eisenhower und Schukow, daß sie ungefähr fünfundzwanzig Meilen Abstand halten wollten. Darum blieben wir an der Mulde stehen und die Russen an der Elbe.

Als wir für die Nacht unterkamen, hatten wir erst ein Drittel des Weges hinter uns. Im Morgengrauen faßte Kotzebue einen Entschluß: Wir wollten weiter vorrücken. Es gab einen Riesenjubel. Wir sprangen in die Jeeps und fuhren los. Wir wußten nicht, was vor uns lag. Um die Mittagszeit sahen wir lange Züge von aus Konzentrationslagern befreiten Zivilisten, Zwangsarbeitern, befreiten alliierten Soldaten.

Würden Sie es für möglich halten? Es war ungeheuer, überall blühte der Flieder, als wir näher an die Elbe kamen. Diese Freude darüber, noch am Leben zu sein, nach all den Tagen, die man, wie in einer Falle, im Grabenkrieg gesteckt hatte. Es wurden sogar Witze gemacht, daß wir uns dem Jordan näherten, auf dem Weg ins Gelobte Land. Natürlich machte uns die Nachricht traurig, daß Präsident Roosevelt ungefähr zwei Wochen vorher gestorben war. Wir wußten auch, daß genau an diesem Tag in San Francisco die Vereinten Nationen aus der Taufe gehoben wurden, am fünfundzwanzigsten April. Können Sie sich das vorstellen? Am selben Tag, an dem wir an der Elbe auf die Russen stießen.

Der Anblick der Elbe war ein erhebendes Gefühl. Es war ungefähr halb zwölf Uhr vormittags. Die Elbe ist ein schneller Fluß, ungefähr 175 Meter breit. Kotzebue ließ zwei grüne Leuchtkugeln abschießen. Wir haben wohl zehn Minuten lang brüllen müssen, aber der Westwind trug unsere Stimmen dann doch ans andere Ufer. Die Russen winkten uns und gaben das Signal, zu ihnen hinüber zu kommen. Das Problem war nur, wie sollten wir den Fluß überqueren? Die Deutschen auf dem Rückzug, Bombardements der Alliierten, russischer Artilleriebeschuß: Diese drei Kräfte hatten keine einzige Brücke mehr stehen gelassen. Wir waren in Strehla, ungefähr sechzehn Meilen südlich von Torgau.

Auf der anderen Seite der Elbe, bei den Russen, standen noch die Überreste einer Stahlbrücke, die ragten ungefähr fünfzig Meter weit in den Fluß hinaus. Bei uns hingen an einer schweren Kette ein Kahn und zwei Segelboote. Mit einer Handgranate sprengte Kotzebue die Kette weg. Ungefähr sechs von uns drängten sich auf ein Segelboot. Wir fanden so etwas wie provisorische Paddel. Mit ungeheurer Mühe schafften wir es, das Boot in die Stahlträger auf der anderen Seite zu steuern. Als wir hochkletterten, kamen drei russische Soldaten auf das Ufer zu. Warum nur drei? Weiter vorne auf der Straße sahen wir doch noch viel mehr.

Folgendes war geschehen. Die Brücke war seit mindestens drei Tagen gesprengt. Eine gewaltige Welle von Zivilisten, hauptsächlich Deutsche, eine riesige Menschenmenge, war vor den Russen nach Westen auf die Brücke zu geflohen. Jetzt lagen sie wie Baumstämme aufgestapelt neben der Brücke, den ganzen Uferstreifen entlang. Fünfzig Meter auf jeder Seite waren buchstäblich von Leichen übersät, Frauen, alte Männer, Kinder. Ich erinnere mich noch heute an ein kleines Mädchen mit einer Puppe in der Hand – so lag sie vor mir. Sie wird nicht älter als fünf oder sechs gewesen sein. Mit der anderen Hand hielt sie die ihrer Mutter. Aufgeschichtet wie Holzscheite lagen sie am Ufer.

Wie das passiert ist? Wer weiß? Teilweise war es deutscher Beschuß gewesen, vielleicht auch alliierte Bombardierung des Brükkenkopfes. Wahrscheinlich auch die russische Artillerie aus einigen Meilen Entfernung. Es war so ein trauriger Anblick, man konnte nicht hinsehen. Ein Unglück. Wie so viele andere im Krieg.

Für die Russen war es richtiggehend schwierig, zu uns vorzudringen. Wegen der Leichen. Da stehen wir, eigentlich in Hochstimmung, aber vor uns ein Meer von Toten. Kotzebue, ein tiefreligiöser Mensch, war sehr bewegt. Er sprach kein Russisch. Die Russen konnten kein Englisch. Er sagte: »Joe, wir wollen etwas geloben, zusammen mit den Russen hier und mit denen am Ufer: Der heutige Tag soll als bedeutsamer Tag in die Geschichte unserer beider Völker eingehen, in Gedanken an die toten Zivilisten. Reden Sie Deutsch mit ihnen.« Während ich für Kotzebue ins Englische übersetzte, dolmetschte ein Russe, der Deutsch konnte, es den anderen. Es ging alles sehr zwanglos zu, aber es war ein feierlicher

Augenblick. Die meisten von uns hatten Tränen in den Augen. Vielleicht eine Vorahnung, daß die Dinge in Zukunft doch nicht ganz so vollkommen sein würden, wie wir uns das erhofften. Wir umarmten uns. Wir schworen uns, dies nie zu vergessen.

Als wir oben ans Ufer kamen, wartete da Oberstleutnant Gardead. Er begrüßte uns, und noch einmal legten wir einen Schwur ab. Kotzebues Hauptauftrag bestand darin, sofort die Amerikaner zu verständigen. Unsere Funkgeräte lagen in den Jeeps auf der anderen Seite der Elbe. Also sagte Gardead, wir sollten gehen und hinterher zurückkommen. Wir hatten getrunken, uns umarmt und Trinksprüche ausgebracht. Die Russen hatten ein bißchen Wodka dabei, deutschen Wein und Bier. Wir waren wirklich berauscht, aber nicht vom Alkohol. Gardead sagte: »Es ist wichtig, daß ihr es den anderen meldet. Wenn ihr das erledigt habt, springt in eure Jeeps, sucht euch eine Fähre, und dann feiern wir hier weiter.« Er hat uns zwei Russen zur Begleitung mitgegeben.

Sobald wir wieder drüben sind, setzt sich Kotzebue mit dem Hauptquartier in Verbindung. Er gab unsere genaue Position in Strehla durch. Aber wir hatten Funkstörungen. Wie es so oft vorkommt, an der Front funktionieren Funkverbindungen eben selten reibungslos. Eine Stunde verging. Wir wurden ungeduldig. Er will eine stabile Verbindung zu den amerikanischen Truppen herstellen. Damit entweder die Russen zu den amerikanischen Linien gebracht oder die Amerikaner hergeholt werden konnten.

Nachdem es mit der Verbindung geklappt hatte, kletterten wir mit den beiden Russen in die Jeeps. Wir fuhren ungefähr drei, vier Meilen nach Norden bis zu einer handbetriebenen Fähre und dann wieder hinüber zu den Russen. Als wir über die Uferböschung kamen, warf Kotzebue mir die Landkarte zu. Er sagte: »Sie haben Ihre Sache gut gemacht, hier ist ein kleines Dankeschön.« Ich habe sie als Andenken aufbewahrt. Man hat mir schon eine beträchtliche Geldsumme dafür geboten. Natürlich würde ich nicht im Traum daran denken, mich davon zu trennen. Sie ist nicht zu verkaufen.

Wie wir später erfuhren, gab es im amerikanischen Hauptquartier gemischte Gefühle. Wir sollten ja die Russen eigentlich nicht treffen. Insgeheim waren sie selbstverständlich froh, daß die Sache ohne Blutvergießen abgelaufen war. Sie haben auch tatsächlich einen Hubschrauber nach Strehla geschickt. Aber da waren keine sieben Jeeps zu finden. Irgend etwas war schiefgelaufen. Mittlerweile ist bei den Russen ein ungeheures Freudenfest im Gange.

Wir haben getrunken, es gab Akkordeons und Balalaikas, Musik und Tanz. Sie spielten amerikanische Lieder. Ein paar andere konnten Gitarre spielen. Es waren auch einige aus den Arbeitslagern hinzugekommen. Russische Mädchen tanzten. Es war ein eigenartiges Schauspiel. Mich hat dieses Erlebnis so beeindruckt, daß es mich mein Leben lang nicht mehr losgelassen hat. Es hat mein Leben bereichert, trotz der vielen Schwierigkeiten, die ich später hatte – allgemeine Gleichgültigkeit. Es wird einfach totgeschwiegen.

Ich war schon immer der Ansicht, daß das amerikanisch-russische Verhältnis von Anfang an vom Pech verfolgt war. Hätten wir mit unserem Schwur von der Elbe gleich richtig Schlagzeilen gemacht, dann wären engere Beziehungen möglich gewesen. Man braucht doch bloß an die Millionen Toten auf russischer Seite zu denken und an die gewaltigen amerikanischen Kriegsanstrengungen, und dazwischen all die toten Frauen und Kinder und das kleine Mädchen mit der Puppe im Arm. Nichts.

Er hält mir, seinem Gast, ein Foto hin, von amerikanischen GIs in einem Jeep, der von russischen Soldaten umringt ist. Lauter strahlende Gesichter. Auf dem Jeep steht, mit einer Zigarette in der Hand, der junge Joe Polowsky. Der müde sechsundsechzigjährige ehemalige Taxifahrer läßt das Gesicht seines Besuchers nicht aus den Augen.

Es gab noch eine andere Patrouille, die von *Lieutenant* Robertson. Er hatte mit drei anderen in einem Jeep den wichtigsten Kontakt zu den Russen hergestellt. Er kam nachmittags um halb fünf zur russischen Front. Vier Stunden nach uns. Er hatte dasselbe Problem mit verstreutem Beschuß über die Linien hinweg. Er fuhr nach Torgau, einer ruhigen Stadt mit ungefähr zwanzigtausend Einwohnern. Er bastelte sich behelfsmäßig eine amerikanische Flagge zusammen und stieg damit auf den Turm. Die Russen erkannten ihn. Er kam mit einem Einmannruderboot zu ihnen über den Fluß.

Es wurde groß gefeiert. Das war die einzige Patrouille, die in dem Kommuniqué von Truman, Churchill und Stalin erwähnt wurde. Er schaffte es, vier Russen in seinen Jeep zu kriegen und sie zu den amerikanischen Truppen mitzunehmen. Er raste nach Trebsen zurück. Dort gab es fast vierhundert amerikanische und alliierte Korrespondenten. Die scharrten schon ungeduldig mit den Hufen. Sie wußten, daß etwas im Busch war. Jetzt wollten sie nur noch die große Nachricht verkünden, auf die die Welt seit Stalingrad wartete. Und seit der Normandie. Es war schon bewegend und wunderbar (eine lange Pause), aber der Schwur von der Elbe hatte etwas Besonderes. Der wäre besser gewesen.

Wir waren immer noch hinten bei den Russen. Nach unserer Rückkehr wurde Kotzebue der Silver Star verliehen, wir anderen bekamen Bronze Stars.

Sie haben sich auch geärgert, als Roberts zurückkam. Aber sie sind schnell darüber hinweggekommen. Eine Nachrichtensperre war nämlich verhängt worden, weil zuerst die Erklärung von Truman, Churchill und Stalin abgewartet werden sollte. So wie es sich abgespielt hat, war es schon am besten. Wenn gewöhnliche Soldaten aufeinandertreffen, wie bei uns und bei Robertson, geht es lokkerer zu. Genau so sollten Armeen zusammentreffen.

Jetzt reicht er mir eine Ausgabe von ›Stars & Stripes‹ vom 28. April 1945 herüber. »Eine Gedenkausgabe, über eine Million Exemplare. Sie kam am Samstag heraus. Wir haben die Russen am fünfundzwanzigsten getroffen. Am siebenundzwanzigsten wurde die Erklärung der drei Parteien abgegeben. Am nächsten Tag erschien dieses Blatt.« Eine fett gedruckte Schlagzeile: YANKEE TRIFFT IWAN.

Der Leitartikel stammt von Andy Rooney, Redakteur bei ›Stars & Stripes‹. Die Überschrift lautet: GUTE SOLDATEN TREFFEN AUFEINANDER. HANDELSTAG AN DER ELBE:

»Am Ost- und Westufer der Elbe bei Torgau spielten sich überschwengliche Freudenszenen ab. Infanteristen der First U.S. Army unter Lieutenant General Courtney H. Hodges tauschten mit den Soldaten von Marschall Kornians Ukrainischer Armee eiserne Rationen gegen Wodka; trotz der Sprachbarriere beglückwünschte man sich zur gelungenen Vereinigung.

Die Männer der 69. Division saßen heute bei Wein, Cognac und Wodka im warmen Sonnenschein am Ufer der Elbe, weder von vorn noch von hinten durch den Feind bedroht; sie feierten mit ihren neuen russischen Freunden, die Akkordeon spielten und russische Lieder sangen.
Auch für die meisten russischen Soldaten war der heutige Tag an der Elbe bei Torgau ein außergewöhnliches Erlebnis. Sie sind wohl der lustigste Haufen Verrückter, der sich je in einer Armee zusammengefunden hat. Am treffendsten lassen sie sich so beschreiben: Sie sind genau wie wir Amerikaner, nur doppelt so sehr ... Ein Gefühl der Ausgelassenheit überträgt sich, eine ganze neue Welt tut sich auf... Andy Rooney berichtet.«

In Torgau gibt es ein Denkmal. Es muß gut ein Stockwerk hoch sein. Es zeigt Amerikaner und Russen beim Handschlag. Auf der einen Seite weht die amerikanische Flagge, auf der anderen die russische. Es steht auf einer schönen Wiese, rechts von der Elbe, wenn man flußabwärts blickt. Ich werde langsam alt. Ich möchte in Torgau begraben werden.

Dadurch, daß ich jedes Jahr am 25. April auf der Michigan-Avenue-Brücke stehe, will ich mein Anliegen verbreiten: Stoppt das atomare Wettrüsten. Wenn mich die Passanten fragen, wer ich bin, erzähle ich von der Begegnung an der Elbe. Die meisten haben überhaupt keine Ahnung, wovon ich rede. Im großen und ganzen bleiben sie höflich. Aber ich passe nicht mehr in diese Zeit. Ich bin eine ziemliche Unperson. Doch am nächsten 25. April stehe ich wieder an der Brücke, so Gott will. (Er lacht.) Hoffentlich schaffe ich das.

Joseph Polowsky starb am 18. Oktober 1983. Er wurde in Torgau beerdigt.

Michail Nikolewich Alexejew

Alexejew ist Autor und Herausgeber einer Zeitschrift. »In meiner literarischen Arbeit befasse ich mich entweder mit dem Krieg oder mit dem Leben auf dem Land.« Seine Frau Galina Alexejewa und er nahmen 1982 an einem Sowjetisch-amerikanischen Schriftstellertreffen in Kiew teil. Am Rande der Veranstaltung erzählten sie von ihren persönlichen Erfahrungen im Großen Vaterländischen Krieg, wie sie den Zweiten Weltkrieg bezeichneten.

Alexejew ist fünfundsechzig Jahre alt, aber noch sehr rüstig. Er ist mittelgroß und schwergewichtig und sieht aus wie ein x-beliebiger Stammgast in einer x-beliebigen Kneipe in einem Ausländerviertel in Amerika.

Der Dolmetscher war der zweiundzwanzigjährige Michael Kuzmenko.

Ich bin in einem Dorf in der Gegend von Saratow geboren. Meine Eltern waren Bauern und hatten ein durchschnittliches Einkommen. Mit sechs arbeitete ich schon auf dem Feld. Später ging ich in eine höhere Schule, um Lehrer zu werden, aber ich schaffte es nicht. Deshalb wurde ich eingezogen. Von 1938 bis 1955 diente ich in der Armee. Angefangen hatte ich als einfacher Soldat, und entlassen wurde ich als Oberst.

Der Krieg begann für mich hier auf ukrainischem Boden, in der Nähe von Sumy. Ich war bei der Artillerie, als die deutschen Truppen anrückten. Ich war in einer Spezialabteilung unter dem Kommando von General Chesnow. Wir kamen an die Front. In Poltawa, nicht weit von Kiew entfernt, mußte ich das erstemal in den Kampf. Das war Anfang Juli 1941.

Den Deutschen gelang es, unsere Truppen einzukreisen. Ich wurde schwer verwundet und kam in ein Krankenhaus. Später wurde ich in ein Krankenhaus nach Usbekistan verlegt. Im Dezember 1941 mußte ich dann bei einer neuformierten Einheit in der Nähe von Stalino antreten. Dieser Name hat nichts mit Stalin zu tun, sondern bedeutet ›unberührtes Land‹. Ich bekam den Befehl, eine Flugabwehrkompanie zusammenzustellen. Wir hatten 82-

Millimeter-Mörser. Im März 1942 wurde unsere Division in Tula stationiert, eine Stadt in der Nähe von Moskau. Die Deutschen starteten die Offensive im Süden und eroberten Charkow. Sie näherten sich dem Don in Richtung Stalingrad.

Stalingrad liegt am Mündungsgebiet der Wolga, vom Kaspischen Meer aus etwa vierhundert Kilometer flußaufwärts.

Die Deutschen waren von ihrem Sieg fest überzeugt. Sie dachten, sie könnten Stalingrad im Vorbeigehen einnehmen. Das war Ende Juli 1942. Unsere Division war auf einem Bahnhof in der Nähe des Don stationiert. Unser Regiment marschierte geradewegs zum Don, ohne auf die anderen Regimenter zu warten. Wir hatten die Aufgabe, den Fluß zu verteidigen und zu verhindern, daß der Feind den Fluß überquert. Das war an der Stelle, an der der Don Stalingrad am nächsten ist. Nach dem Krieg wurde dort ein Kanal gebaut, der den Don und die Wolga verbindet.

Meine Mörserkompanie lag in dem Dorf Nischny in Abwehrstellung, und wir verteidigten uns, so gut es ging. Wir mußten Niederlagen hinnehmen. Natürlich wurde Widerstand geleistet, und trotzdem mußte sich die sowjetische Armee zurückziehen. Wir versuchten den Feind am Don aufzuhalten, aber wir waren zahlenmäßig unterlegen. Unsere Armee wurde langsam nach Stalingrad zurückgedrängt. Besonders hart gekämpft wurde in der Nähe des Bahnhofs von Awgenjerowa. Die Dorfbewohner erzählten mir, daß sie noch jahrelang Skelette gefunden haben. Sie nannten es das weiße Feld, weil alles weiß war von Skeletten der sowjetischen und deutschen Soldaten.

Wenn wir angriffen, beschossen uns die Deutschen mit Maschinengewehren, und umgekehrt war es das gleiche. Am Anfang war der Boden noch eben, aber später türmten sich dort Berge von Leichen.

Die linke Flanke der Deutschen Armee näherte sich am 23. August Stalingrad nach einem massiven Bombenangriff der deutschen Luftwaffe. An diesem einen Tag, dem 23. August, wurde Stalingrad durch die deutsche Luftwaffe praktisch dem Erdboden gleichgemacht. Unsere rechte Flanke mußte sich in die Vororte von Stalingrad zurückziehen. Dort setzten wir uns fest und verteidigten unsere Stellungen bis zum 20. November. Angriffe und Gegenangriffe wechselten sich ab, es war eine schreckliche Schlacht, aber wir wichen nicht einen Millimeter zurück.

Am neunzehnten November griffen dann die sowjetischen Truppen an. Unsere Division griff einen Tag später in den Kampf ein. Am 23. November waren die Deutschen eingeschlossen. Ungefähr 330 000 deutsche Soldaten unter dem Oberbefehl von General Paulus waren umzingelt. Die Kämpfe gingen weiter, wir schnürten die Deutschen immer mehr ein. General Manstein versuchte von außen den Durchbruch. Er kam etwa dreißig, vierzig Kilometer vorwärts, aber am Bahnhof von Awgenjerowa wurde sein Panzerbataillon geschlagen. Es gab keine Chance mehr, die Umklammerung zu durchbrechen und General Paulus und seine Truppen zu befreien.

Jetzt begann der Todeskampf der Deutschen. Etwa um den 10. Januar 1943 machte der sowjetische General Rokossowsky ihnen den Vorschlag, zu kapitulieren. Er sah keinen Sinn darin, so viele Menschenleben zu vernichten. Unser Angebot war verhältnismäßig fair. Wir garantierten allen Deutschen das Leben. Wir boten ihnen medizinische Hilfe an und versprachen, daß die deutschen Offiziere ihre militärischen Rangabzeichen behalten dürften.

Die deutsche Heeresführung lehnte auf Befehl von Hitler das Angebot ab. Am 10. Januar begannen sowjetische Truppen mit der Generaloffensive. Nur wenige deutsche Flugzeuge erreichten die Eingeschlossenen. Wir hatten damals schon die Vorherrschaft in der Luft. Unsere Luftabwehr zerstörte die feindlichen Flugzeuge, noch bevor sie unsere Linien um Stalingrad erreichten.

Ab Mitte Januar konnte ich für meine motorisierte Einheit keinen freien Platz mehr finden, um eine Stellung zu errichten, so viele deutsche Waffen lagen auf dem Boden herum. Je enger die Umklammerung wurde, desto höher wurden die Berge der deutschen Gewehre.

Zu diesem Zeitpunkt hatten die Deutschen nur noch 100 000 Mann. Die anderen 230 000 waren gefallen oder gefangengenommen worden. Ich will Ihnen einmal die Verluste der Deutschen veranschaulichen. In der Nacht vor unserem entscheidenden Angriff suchte ich nach einem Platz, an dem ich mich bis zum Morgen verstecken und noch etwas schlafen konnte. Es gab viele deutsche

Stellungen, die sicher gewesen wären. Aber da war kein Platz frei, überall lagen die Leichen der deutschen Soldaten. Sie stapelten sich auf dem Feld und in den Unterständen. Und überall waren die Maden wegen der Leichen, und dann die Läuse; überall Läuse!

Ich sah einen Unterstand im Schnee. Ich hatte warme Kleidung, stieg hinein und stieß gegen etwas Steifes. Es war sehr dunkel, deshalb sah ich nicht, was es war. Ich dachte, es wären Säcke oder so was, also machte ich es mir bequem. Als es hell wurde, sah ich, daß ich auf den Leichen deutscher Soldaten geschlafen hatte.

Die Deutschen waren sehr ordentliche Leute. Wenn sie nicht genug Zeit hatten, ihre Kameraden zu begraben, legten sie sie fein säuberlich nebeneinander. Da lagen die Toten in langen Reihen wie Holzscheite nebeneinander.

Und das überraschendste war, daß ich nicht überrascht war, nicht geschockt durch die vielen Leichen, so sehr hatte ich mich schon an den Tod gewöhnt. Wenn ich heute eine Leiche sehe, wird mir mulmig. Damals sah ich jeden Tag Leichen, sie lagen überall herum, und ich gewöhnte mich daran.

Meine Kompanie lag nur dreihundert Meter von General Paulus' Hauptquartier entfernt. Als Paulus gefangengenommen wurde, kapitulierten die deutschen Streitkräfte. Das war am 2. Februar 1943.

Viele Tage lang zogen Kolonnen von deutschen Gefangenen vorbei. Die Kolonnen waren kilometerlang. Sie schienen niemals enden zu wollen. Es war sehr kalt. Die Gefangenen hatten nichts Warmes anzuziehen und wickelten sich in alles ein, was sie so fanden. Lumpen, Schals, alles. Sie waren sehr hungrig. Sie hatten alle Pferde des rumänischen Kavalleriekorps aufgegessen, kein einziges Pferd war mehr übrig. Es gab in dieser Gegend nichts mehr zu essen, weil es keine Bevölkerung mehr gab. Die meisten waren bei den deutschen Bombenangriffen getötet worden, andere hatte man evakuiert, als die Deutschen immer näher rückten. In Stalingrad fanden wir einmal ein paar Kinder, die sich versteckt hielten.

Die Deutschen hatten einen strategischen Fehler begangen. Sie hatten ihre besten Streitkräfte auf die Stadt Stalingrad konzentriert. Aber in den Straßenkämpfen kam ihre Stärke nicht zur Geltung, und ihre Flanken waren verwundbar, weil die ungarischen und rumänischen Hilfstruppen weniger gut ausgerüstet waren. Wir konzentrierten uns auf diese Flanken und brachen durch ihre Linien.

Als die Schlacht begann, glaubten die Deutschen, daß die russischen Streitkräfte in ein paar Tagen kapitulieren würden. Dann wurden daraus ein paar Monate... Viele Jahre später erfuhr ich, daß man unter den Trümmern eines Hauses in Stalingrad Säcke mit Briefen von deutschen Soldaten gefunden hatte. Die Soldaten hatten keine Zeit mehr gehabt, die Briefe abzuschicken. In den Briefen konnte man noch spüren, wie sicher sie sich waren, daß sie Stalingrad in wenigen Tagen einnehmen würden. Sie waren sehr optimistisch und siegesgewiß.

Ich will Ihnen die Wahrheit sagen. Es war auch sehr bitter und traurig für uns, als wir abzogen. Sie dürfen nicht vergessen, daß auch wir hohe Verluste hatten. Aber ich hätte es damals nicht fertiggebracht, einen Brief zu schreiben. Einmal schickte ich einen Umschlag nach Hause, in den ich nur einen Grashalm hineingelegt hatte. Einen besonderen Grashalm, Gras, das einen bitteren Geruch hatte. Meine Familie sollte dadurch verstehen, wie bitter das Ganze für mich war.

Wir waren mit Begeisterung in den Kampf gezogen. Aber jetzt, als wir die deutschen Gefangenen in ihrem bedauernswerten Zustand vorbeilaufen sahen, hatten wir fast Mitleid mit ihnen. Wir verstanden, daß auch sie Familien und Verwandte hatten, und daß sie von Hitler betrogen worden waren.

Ich werde nie vergessen, wie mich die ehemaligen Kriegsgefangenen willkommen hießen, als ich 1965 das erstemal Westdeutschland besuchte. Es war ein Treffen der Stalingradveteranen. Unser Gastgeber sagte: »Ihr habt uns zu essen gegeben, obwohl ihr selbst nichts zu essen hattet. Ihr habt uns das Leben gerettet.« Das war keine Übertreibung. Unser Volk hungerte und gab gleichzeitig diesen Gefangenen zu essen. Dadurch überlebten sie. Darüber hat bis jetzt niemand etwas geschrieben. Jeder ehemalige deutsche Kriegsgefangene wird Ihnen das bestätigen. Das russische Volk ist nicht nachtragend.

Galina Alexejewa

Sie ist Michail Alexejews Frau.

Als erstes sticht einem ihre Haarfarbe, ein verblüffendes Orangerot, in die Augen. Sie sind offensichtlich gefärbt. Im Gegensatz zu ihrem Mann ist sie dünn und hat hohe Wangenknochen. Während er langsam und schwerfällig wirkt, hat sie eine rasche, nervöse Art, sich zu bewegen. Sie ist Ende fünfzig.

Der junge Michael Kuzmenko ist wieder unser Dolmetscher.

Als der Krieg ausbrach, ging ich in Stalingrad zur Schule. Ich wohnte bei meiner Schwester, denn ich hatte keine Mutter mehr. Meine Schwester sagte mir, daß ich zu meinem Vater gehen solle, weil es dort sicherer sei. Ich ging zu ihm, um dort die Schule zu beenden.

Wir arbeiteten auch. Wir halfen, die Panzerabwehrgräben auszuheben, die die Deutschen behindern sollten. Alle Kinder taten das. Das geschah weiter südlich am Fluß, an der Wolga. Danach kehrten wir alle wieder nach Hause zurück.

Als wir zurückkamen, fanden wir unsere Klassenzimmer voll von verwundeten Soldaten. Wir machten uns daran, sie zu pflegen, uns um sie zu kümmern. Wir versuchten, ihnen auf jede Art zu helfen. Wir dachten nur daran, wie wir sie am Leben erhalten konnten. Wir jungen Mädchen trugen sie in den Raum, in dem operiert wurde. Das war ein langer Weg. Junge Mädchen mit sehr dünnen Beinen und sehr dünnen Fingern. Die Soldaten waren groß und sehr schwer, und ihre Knochen waren gebrochen.

Man konnte nicht zwischen die Betten gehen, so dicht standen sie zusammen. Wir mußten die Soldaten über unsere Köpfe heben und dann hinaustragen. Glauben Sie mir, sie waren sehr schwer. Wir hatten immer bloß einen Gedanken: wenn deine Hand bloß den Halt nicht verliert! Wenn wir ihn fallenlassen, stirbt er, denn er ist ja schon so schwer verwundet.

Wenn es Nacht wurde, wußte ich, daß viele von ihnen sterben würden. Sie waren so schwer verletzt. Ich dachte mir, daß es ihnen wahrscheinlich helfen würde, wenn ich diese verdammten Mikroben tötete. Also holte ich eiskaltes Wasser, und wenn sie schliefen, kroch ich unter ihre Betten und wischte den Boden sauber. So hatten sie wenigstens frische Luft ohne diese Mikroben.

Dies geschah in dem Dorf Nikolska, in der Nähe von Stalingrad. Dort, wo mein Vater lebte.

Leute kamen vorbei, die sich die Namen von Freiwilligen aufschrieben, die die Stadt Stalingrad verteidigen sollten. Ich erfuhr, daß sie Freiwillige ausbildeten, also ging ich hin. Ich sagte: »Mein Bruder ist bereits in der Nähe von Kiew umgekommen. Bringt mich an die Front, als Soldat.« Ich arbeitete in einem Krankenhaus, als ich die Aufforderung bekam, mich dort zu melden, wo sie sich versammelten. Sehen Sie, ich war schon Krankenschwester. Ich brauchte keine Prüfung zu machen. Sie verkündeten einfach: »Sie sind jetzt eine Krankenschwester.« Ich war also sechzehn Jahre, als ich mich freiwillig meldete.

Als ich meine Vorladung bekam, holte mein Vater einige Sachen zum Essen und stopfte sie in einen Sack. Mein Vater war ein sehr freundlicher Mann. Er wußte, daß in dem Ort, in dem ich unterwegs übernachten würde, drei Mädchen wohnten, die keine Eltern mehr hatten. Er trug mir auf, das Essen mit ihnen zu teilen.

Mein Vater fing an zu weinen und sagte: »Ich lasse dich nicht gehen.« Ich antwortete: »Wie kannst du so etwas sagen? Du bist während des Bürgerkrieges Guerillakämpfer gewesen.« So habe ich ihn in Erinnerung, wie er da stand und weinte.

Sie zeigt mir einen zerfledderten Ausweis. Er enthält ein fast verblichenes Foto von ihr in einer Uniform: ein junges Mädchen mit langen, schwarzen Haaren.

Zuerst setzten sie mich auf einen Posten, wo ich Nachrichten sammelte und Zigaretten austeilte. Ich wollte etwas aktiver sein. Also machte ich eine Ausbildung und fing an, im Nachrichtendienst zu arbeiten.

Dort war ich auch, als wir den Dnjepr überquerten, in der Schlacht von Kursk. So auch in Odessa. Die Siebenundzwanzigste Panzerbrigade brauchte jemanden für den Nachrichtendienst. Sie war in Kiew, und die einzigen Mädchen, die sie dort zur Verfügung hatten, sprachen Ukrainisch. Man mußte sehr präzise sein, wenn man im Nachrichtendienst arbeitete. Ich wurde also Offizier. Dies war ein ganz spezielles Panzerbataillon, das die am meisten befestigten deutschen Stellungen angriff.

Es gab noch ein paar Frauen wie mich, aber sie ließen uns nicht in die Panzer. Einmal schickten wir ein Mädchen in einem Panzer mit. Er wurde in Brand gesetzt, und dem Mädchen brannten die Haare ab. Danach hörten wir auf, Frauen mitfahren zu lassen.

(Mir kommt ein seltsamer Gedanke: Könnte sie dieses Mädchen gewesen sein? War das orangerote Haar eine Perücke?)

Ich meldete mich freiwillig zum Kampfeinsatz. In Stalingrad wurde sehr hart gekämpft. Zuerst sagten sie nein. Ich wurde erst gegen Ende der Schlacht rekrutiert. Unsere Panzer waren schwer beschädigt. Männer, die verwundet herumlagen, schrieben »Stalingrad« in den Staub.

Kinder versteckten sich in Kellern. Wenn sie nach den Schlachten wieder nach oben an die frische Luft kamen, sahen sie nicht mehr wie Kinder aus. Sie hatten die Gesichter von kleinen alten Leuten – ja, Zwergen. Der Ausdruck in ihren Augen hatte nichts Kindliches mehr. Es waren die Augen von alten Menschen. Einem Mädchen waren die Beine gefroren. Es war damals zwölf. Sie wollten es behandeln. Sie steckten die Beine in warmes Wasser, und – der untere Teil ihrer Beine, ihre Füße, sie fielen einfach ab.

Man könnte lange über diese Dinge erzählen und kein Ende finden. Ich habe so viele schwer verwundete Menschen gesehen. Wenn sie mich sahen, riefen sie: »Hilfe! Hilfe! Hilfe, Schwester!« Einmal fand ich einen Soldaten von der Geschützbedienung mit einer offenen Brust. Man konnte sein Herz schlagen sehen. Als ich das sah, wußte ich, daß man ihn nicht senkrecht hinstellen durfte, sonst würde sein Herz herausfallen. Er mußte an Ort und Stelle operiert werden. Er würde an seinem eigenen Blut sterben, er konnte nicht atmen. Manchmal sah man einen Mann im Bombenhagel ruhig dasitzen. Man dachte sich, der hat keine Angst. Man rannte zu ihm hin, und etwas fiel herunter. Er saß da ohne seinen Kopf.

Ich habe in Stalingrad und später auf den Straßen Kriegsgefangene gesehen. Sie taten mir leid. Wessen Söhne waren sie? Was fehlte ihnen in Deutschland? Warum waren sie hergekommen? Was gab es hier, das es nicht auch sonst auf unserem Planeten gibt? Wir haben Flüsse, Felder. Als ehemaliger Soldat, der Tausende von Toten gesehen hat, möchte ich nicht, daß es noch einmal einen Krieg gibt. Krieg und Frieden sind kein Cowboyfilm. Man darf damit nicht spielen.

Viktor Andrejewitsch Kondratenko

Während des Krieges war er als Berichterstatter bei der Roten Armee. Bei einem Treffen von fünf Veteranen, denen ein Glas Wodka oder zwei die Zunge gelöst hat, erinnert er sich an den Tag der deutschen Kapitulation bei Stalingrad.

Am Morgen des 2. Februar 1943 begann die Kapitulation. Es schneite leicht, der Tag war trübe. Plötzlich, nach zweihundert Tagen Dauerfeuer und Beschuß, trat Stille ein. Jeder fragte jeden: »Was ist los? Was gibt es?« So ruhig war es auf den Straßen. Niemand weiß etwas. Jemand sagt: »Die Deutschen ergeben sich.« Sie legen die Waffen hin. Berge von Waffen stapeln sich auf der Erde.

Dann sehe ich sie, die riesige Schlange der Verwundeten und Gefangenen. Die lange Linie wälzt sich voran. Grün und dreckig war die Schlange. Sie sahen auch aus wie Frösche in ihren zerlumpten Tarnanzügen, den grünen, weißen, schwarzen Uniformen. Die Linie bewegt sich auf den Horizont zu. Man sieht ihren Anfang und ihr Ende nicht. Es wird dunkel und immer dunkler. Überall liegt dreckiger Schnee.

Unsere Lastwagen begleiten den Zug und sammeln die verwundeten und erschöpften deutschen Gefangenen ein.

Fast am Ende des Zuges sah ich einen deutschen Leutnant, der vor Entkräftung zusammengebrochen war. Seine Freunde stapften weiter, er heulte wie ein Wolf. Er schrie: »Paul! Paul! Peter! Peter!«

Seine Kameraden schlugen sich nur die zerfetzten Mantelkragen hoch, zogen die Köpfe ein und gingen weiter. Sie haben sich nicht einmal mehr nach ihm umgedreht. Ich erinnere mich an diesen Soldaten, er hatte noch ein paar Orden an der Brust. Ein Lastwagen fuhr vorbei. Ein Soldat sprang ab, half ihm hoch und setzte ihn in den Wagen.

Ich bin ehemaligen deutschen Kriegsgefangenen begegnet, als ich in Weimar eine Kirche besichtigte. Der Fremdenführer war ein alter Herr, der ausgezeichnet Russisch sprach. Ich fragte ihn: »Woher können Sie die Sprache so gut?« Er sagte: »Stalingrad.«

Grigori Baklanow

Hotel Sowjetskaja, Moskau. Wir sitzen im Jar, dem weitläufigen Speisesaal, der früher einmal berühmt war für seine Eleganz und seine verschwenderischen Gäste. Dort sollen schneidige Offiziere der Zarenarmee und Handelsfürsten, so sagt man uns, fahrenden Zigeunermusikanten große Rubelscheine zugeworfen haben.

»Die Abende begannen im Slaganski Basar«, sagt Frieda Lurie, unsere Dolmetscherin. Ich nenne sie Figaro, unser Faktotum für alle Fälle. »Dann gingen sie bis in den frühen Morgen weiter, in diesem Raum, im Jar.«

Obwohl die Geschichte wahr ist, klingt sie apokryph in einer Zeit, in der hier Apparatschiks und ausländische Besucher ihren Geschäften nachgehen.

Er ist ein Held des Zweiten Weltkrieges, dessen Romane nur ein einziges Thema behandeln: den Krieg.

Aus meiner Familie gingen acht an die Front. Drei kamen zurück. Unsere Familie hatte Glück.

Wenn meine Kinder mich bitten: »Erzähl uns etwas über den Krieg«, kann ich ihnen nichts erzählen. Ich schwelge nicht gern in Erinnerungen. Viele Leute, die nach dem Krieg ziemlich alt geworden sind, fangen an, sich zu erinnern. Wie wunderbar, wie herrlich, wie tapfer wir damals waren, wie wir zusammengehalten haben. So etwas ist keine achtbare Beschäftigung für einen Menschen.

Aus meiner Generation kehrten von hundert, die in den Kampf zogen, drei zurück. Drei Prozent. Man soll uns Überlebende nicht fragen, was Krieg für uns bedeutet.

Ich lebe mein Leben, als hätte ich es geschenkt bekommen. Ich wundere mich noch immer, daß ich es nicht verloren habe. Ein Freund hat mich einmal gefragt: »Wie denkst du über den Tod?« Überhaupt nicht. Mit viel mehr Staunen und Begeisterung erfüllt mich die Tatsache, daß ich noch lebe. Wenn ich meine Kinder und Enkel ansehe, denke ich mir: »Nur Zentimeter haben darüber entschieden, ob es euch geben sollte oder nicht. Ob die Kugel hierhin ging oder dorthin.« Sie verstehen nicht, daß sie eigentlich rein zufällig auf der Welt sind. Es wäre ganz natürlich, wenn ich nicht mehr am Leben wäre. Aber ich habe überlebt, und so sind sie entstanden. Das können sie nicht begreifen.

Ich glaube, die Welt ist zweigeteilt. Die eine Hälfte lebt, die andere ist im Schatten. Sie lebt nur im Geiste fort. In meiner Kurzgeschichte erinnere ich mich an einen Satz: »Die Kugel, die uns heute tötet, trägt den Tod in spätere Jahrhunderte und Generationen hinein; sie tötet Leben, das noch nicht einmal entstanden ist.«

Von allen Jungen aus meiner Schulklasse, die an die Front gingen, war ich der einzige, der lebend aus dem Krieg kam. Was gibt es sonst noch zu sagen?

Gegenwind

Telford Taylor

Taylor war der amerikanische Chefankläger bei zwölf der dreizehn Nürnberger Prozesse. Er war der Nachfolger von Robert Jackson, der nach der Durchführung des ersten Nürnberger Prozesses an den Obersten Amerikanischen Gerichtshof zurückkehrte. Taylor war Colonel in der Army. Bei seiner Berufung nach Nürnberg »verliehen sie mir einen Stern, aber ich bin kein Berufssoldat. Ich habe die Rangbezeichnung nicht mehr getragen, seit ich die Army verlassen habe.« Er hat unter anderem die Bücher ›Sword and Swastika‹ und ›Nuremberg and Vietnam‹ geschrieben. Er praktiziert in New York als Anwalt und lehrt an der Columbia University Law School und der Benjamin Cardozo Law School.

Für die meisten Menschen meines Alters waren der Krieg und seine Nachwirkungen die intensivsten Erfahrungen im Leben. Viele Krisen, die ich durchmachte, waren direkt auf den Krieg zurückzuführen. Ich hatte keinerlei Berührungspunkte mit dem Militär, bevor ich in die *Army* eintrat. Ich glaube, ich hatte noch nie – außer am 4. Juli – einen amerikanischen Offizier in Uniform gesehen. Nach Pearl Harbor mußten alle Offiziere in Washington Uniform tragen. Das gehörte zum täglichen Erscheinungsbild. Unsere Generation hatte mit militärischen Dingen überhaupt nichts zu tun. Das Militär war für uns eine ganz andere Welt.

Während all dieser Jahre – der Normalisierung des Lebens unter

Präsident Harding, dem Aufschwung, der Pleite – war die *Army* nicht einmal hunderttausend Mann stark. Sie war einfach kein Bestandteil im Leben des Normalbürgers. Das Pentagon gab es noch nicht. Der Militärhaushalt war natürlich viel kleiner. Erst der Krieg hat die ganze Sache aufgeblasen und zu einem wichtigen Faktor des öffentlichen Lebens gemacht. Nach dem Zweiten Weltkrieg war die Stimme des Militärs nicht mehr zu überhören.

Ich verließ die Harvard Law School, als die Depression ihren Höhepunkt erreicht hatte und die Politik des New Deal aufkam. Aber ich ging nicht an die Wall Street, sondern nach Washington. Als der Krieg begann, war ich Generalanwalt der *Federal Communications Commission*.

1942 ging ich zur Army. Bei Kriegsende übergab Jackson dem Kriegs- und Marineministerium eine Liste von Rechtsanwälten, die er kannte und die er mit den Prozessen betrauen wollte. Es war nicht meine Entscheidung, nach Nürnberg zu gehen.

Das Gericht, das den ersten Nürnberger Prozeß durchführte, trat im Sommer 1945, noch vor Ende des Krieges mit Japan, zusammen. Zur gleichen Zeit war in San Francisco eine Einigung über die Charta der Vereinten Nationen erreicht worden. Nürnberg ist eigentlich ein Zwilling der Vereinten Nationen. Beide wurden zur gleichen Zeit und zum selben Zweck geboren. Zur Friedenssicherung.

Der Grundgedanke war, daß die Bestrafung von kriegerischer Aggression – indem man sie nach internationalem Recht als Verbrechen einstuft – helfen sollte, den Frieden zu sichern. (Trocken) Es hat aber nicht viel genutzt. Die vier Großmächte trafen sich in London und unterzeichneten das Londoner Abkommen, das die Durchführung der Prozesse ermöglichte.

Der erste Prozeß wurde von den vier Mächten getragen. Die Richter und Anklagevertreter kamen aus Frankreich, England, der Sowjetunion und den Vereinigten Staaten. Die übrigen zwölf Prozesse wurden ausschließlich von amerikanischen Richtern, Anklagevertretern und Verteidigern bestritten. Die anderen Länder hielten Prozesse in ihren eigenen Besatzungszonen ab.

Dieses internationale Gericht wurde nicht abgehalten, um konventionelle Kriegsverbrechen abzuurteilen, sondern es war auch von der Idee getragen, Angriffskriege als Verbrechen zu behandeln. Als vorsätzliche Straftat. Jackson und Henry Stimson, der Kriegsminister, hielten das für den wichtigsten Punkt.

Man mußte also das Verbrechen nicht selbst begangen haben, um dafür belangt werden zu können?

Die meisten von ihnen waren Funktionäre, die die Befehle nur ausgestellt oder erteilt hatten. Oder sie haben zumindest davon gewußt und sie nach unten weitergegeben.

In dieser Hinsicht gibt es einen großen Unterschied zwischen dem Tokioter Prozeß gegen *Tojo* und die anderen, und den Nürnberger Prozessen. Die meisten Kriegsverbrechen, die von Japanern begangen wurden, resultierten nicht aus Befehlen von Tokio. Es kam immer auf den jeweiligen Befehlshaber vor Ort an. Das konnte ein Dreckskerl oder ein Gentleman gewesen sein. Meine erste Frau stammte aus einer Missionarsfamilie, und viele ihrer Verwandten waren in japanischen Kriegsgefangenenlagern eingesperrt. Ihre Behandlung war je nach Lager sehr unterschiedlich. Das Verhalten japanischer Truppen, die in eine eroberte Stadt einmarschierten, war auch sehr unterschiedlich. Das war nicht auf Befehle von oben zurückzuführen.

Der Angriff auf Pearl Harbor hingegen war in der Tat von oben geplant. Er war eine staatlich geplante Aktion. Aber das Verhalten in besetzten Gebieten und die Behandlung der Menschen dort hing sehr stark von der jeweiligen Entscheidung des Befehlshabers ab.

Das Tribunal des Fernen Ostens, wie das Gericht in Tokio genannt wurde, war in vielen Hinsichten vom Nürnberger Vorbild geprägt. Aber während es zahllose Protokolle von Nürnberg gibt, finden sich, außer in ein oder zwei Bibliotheken, keine Abschriften der Tokioter Prozesse. Über die Prozesse ist in der Öffentlichkeit nur ganz wenig bekannt.

Vielleicht erinnern Sie sich daran, daß es in Militärkreisen einen großen Aufschrei gab, als die beiden deutschen Generäle Keitel und Jodl zum Tode verurteilt und hingerichtet wurden. Auch von Kommentatoren wurde diese Sichtweise der Militärs nachgebetet. Mit Ausnahme dieser beiden und eines dritten – General Dostler, der amerikanische Gefangene in Italien umgebracht hatte und dafür von einem amerikanischen Kriegsgericht verurteilt wurde – wurde nach dem Ende des Zweiten Weltkriegs von amerikanischer Seite gegen keinen anderen General die Todesstrafe verhängt.

Eine große Zahl japanischer Generäle, Admiräle, Obersten und Kommandanten wurde verurteilt und hingerichtet, ohne daß die Öffentlichkeit es zur Kenntnis nahm und ohne daß es zu Protesten von seiten der Militärs oder von irgend jemand anders kam. Es wurde nie offen ausgesprochen, aber ich glaube, das war Rassismus.

Haben Sie den australischen Film ›Breaker Morant‹ gesehen? Er handelt von Kriegsverbrechen während des Burenkriegs. Der Tenor des Films ist, daß die Spielregeln des Kriegs von Zivilisten aufgestellt werden, die keine Ahnung von den Problemen der kämpfenden Truppe haben. Da steckt vielleicht ein Körnchen Wahrheit drin, aber die Ansicht, daß der Krieg nach Regeln funktioniert, die von Zivilisten gemacht werden, ist einfach nicht richtig.

Wer verurteilte General Yamashita zum Tode? Ein Militärgericht, das aus sieben Berufsgenerälen bestand, und dessen Urteilsspruch General Mac Arthur mit seiner flammenden Anklage erst ermöglicht hatte.

Die Militärs gehen bei der Bestrafung solcher Regelverletzungen viel strenger vor als Zivilisten, wenn es sich bei dem Angeklagten um einen feindlichen Soldaten handelt. Und sind entsprechend entrüstet, wenn jemand ihre eigenen Soldaten bestrafen will. Es gab in unseren Militärkreisen immer eine gewisse Bewunderung für das deutsche Militär. Das erklärt vielleicht, warum Mac Arthur Yamashita anklagte und den Hinrichtungsbefehl schwungvoll und ohne zu zögern unterzeichnete, während zur gleichen Zeit von den Generälen der Aufschrei wegen der Verurteilung von Keitel und Jodl zu hören war.

Wir hatten Keitel im Prozeß als recht gefühllose und wenig nachdenkliche Person kennengelernt. Bei seiner Aussage erwies er sich als sehr hölzern. Aber in seiner letzten Stellungnahme vor Gericht sagte er: »Ich habe mir nie klargemacht, daß es nicht ausreicht, ein guter Soldat zu sein und Befehle zu befolgen. Das ist meine Schuld.«

Im ersten Nürnberger Prozeß gab es zweiundzwanzig Angeklagte, alles hohe Tiere. Wenn ich mich recht erinnere, erhielten dreizehn die Todesstrafe. Einer, Göring, beging bekanntlich am Vorabend seiner Hinrichtung Selbstmord.

Unser erster Prozeß nach Jacksons Ablösung befaßte sich mit deutschen Ärzten, die in Konzentrationslagern unmenschliche Experimente an Gefangenen durchgeführt hatten. Es waren ungefähr zwanzig Angeklagte, von denen sieben hingerichtet wurden. Es gab einen Prozeß gegen deutsche Richter, drei Prozesse gegen SS-Angehörige, zwei Prozesse gegen Militärpersonen und einen Prozeß gegen Diplomaten. Drei Prozesse befaßten sich mit der Industrie, mit Flick, der IG Farben und Krupp. Aber bald nahmen die Dinge einen anderen Lauf.

Mit dem ersten erfolgreich abgeschlossenen Prozeß änderte sich das gesamte politische Klima in der Besatzungszone. Der Eiserne Vorhang senkte sich, der Versuch, das besetzte Deutschland gemeinsam zu verwalten, war gescheitert. Dann kam die Berliner Luftbrücke, und die große Feindschaft zwischen Ost und West begann. Unsere Einstellung gegenüber Deutschland – was das Politische und auch das Militärische betraf – änderte sich von Grund auf. Wir wollten Deutschland auf unserer Seite sehen. Diese Haltung beeinflußte meiner Meinung nach die Urteilssprüche in den noch anstehenden Prozessen.

Es wurden eine ganze Menge Todesurteile verhängt, hauptsächlich gegen SS-Leute, die unmittelbar für die Judenvernichtung verantwortlich waren. Zahlreiche dieser Urteile waren noch nicht vollstreckt, als General Clay, der Chef der Militärregierung im besetzten Deutschland, abgelöst wurde. John McCloy, der seinen Platz als Hochkommissar einnahm, hob viele dieser Todesurteile auf. Nur noch fünf Personen wurden hingerichtet.

Warum ich geblieben bin? Die meisten Anwälte von Nürnberg waren im Krieg gewesen, trugen Uniform und dachten, es würde ein aufsehenerregender Prozeß werden und ihre Mitwirkung könnte sich für sie als nützlich erweisen. Nachdem sie dann eine Zeitlang mitgearbeitet hatten, fuhren sie nach Hause. Sie wollten ihre Aufgabe nicht zu Ende bringen. Andere, deren Glauben an die Sache fester war, blieben.

Anfangs ging ich ohne vorgefaßte Meinung an die Sache heran. Ich wollte abwarten, was passiert. Nach zwei oder drei Jahren hatte ich mehr und mehr Vertrauen in diese Art von Rechtsprechung gewonnen, die ihre Tücken hatte, die aber auch Ausdruck einer Hoffnung war. Es war eine Erfahrung, die man nur einmal im Leben macht. Beruflich hat es mir nicht viel genutzt.

Als ich 1949 wieder nach Hause kam, war ich bereits Anfang vierzig. Ich war sieben Jahre weg gewesen und war politisch nicht mehr auf dem laufenden. Ich dachte, in Washington wäre alles noch so wie 1942, als ich weggegangen war. 1949 hatte sich alles verändert. Ich hatte Washington verlassen, als Roosevelt regierte – Liberalismus, soziale Verantwortung und all diese Dinge. Als ich in den späten vierziger Jahren zurückkam, gab es das *Dies-Komitee* ... den kalten Krieg. Ich war hilflos, ich war wie vor den Kopf geschlagen.

Ich stieg als Sozius bei einer sehr gutgehenden Anwaltskanzlei in New York ein. Ich saß in meinem Büro, aber es kam niemand. Ich bekam keinerlei Aufträge. Jeder, der mich aus den Zeitungen kannte, dachte, ich wäre General und nicht Anwalt. Ich begann ein Buch zu schreiben, weil ich sonst nichts zu tun hatte.

Sehr bald schon geriet ich in Opposition zu einigen Kongreßausschüssen, einschließlich dem von McCarthy. Einige Leute, die vor die Ausschüsse geladen wurden, nahmen mich als Anwalt. Schließlich hatte ich also doch noch Aufträge bekommen.

Ich hielt einige Reden darüber. Zwei Kadetten, die im Publikum saßen, als ich im Sarah Lawrence College sprach, luden mich ein, vor den Kadetten zu reden. Das war damals, als McCarthy im Fort Monmouth, dem Signal Corps Research Center, ermittelte. In West Point sagte ich ziemlich offen meine Meinung über McCarthy und den Schaden, den er bei der Armee anrichtete. Zu meinem großen Erstaunen kam das sehr gut an. Es stand ganz groß auf der Titelseite der ›New York Times‹.

Mir persönlich brachte die Angelegenheit nur Nachteile ein. Ich wurde für meine Mandanten zunehmend zum Unsicherheitsfaktor. Andere wollten eine so umstrittene Person wie mich nicht weiter ihre Fälle bearbeiten lassen. Der Kommandant von West Point bekam eine Anfrage vom Kriegsministerium, warum er zugelassen hatte, daß ich vor den Kadetten sprechen konnte. Ich wurde im Kongreß öffentlich gerügt. Ich war nicht mehr der Racheengel von Nürnberg, sondern wurde als Roter denunziert.

Viele Jahre später, 1972, war ich während des Weihnachtsbombardements in Hanoi. Ich versuchte, die in Nürnberg festgelegten Prinzipien zu überprüfen und festzustellen, ob wir sie in Vietnam verletzt hatten. Ob wir uns an die eigenen Prinzipien hielten. Ich kam zu der Ansicht, daß vieles von dem, was wir in Vietnam taten, gegen das Kriegsrecht verstieß. Die Bombardierung Nord-Vietnams war wahrscheinlich nach dem Kriegsrecht nicht als Verbrechen einzustufen. Vielleicht hätte man es trotzdem machen sollen. Aber es gab keinen Präzedenzfall, der das gerechtfertigt hätte.

Warum sahen wir von der Bombardierung der Innenstadt Hanois ab? Vermutlich, weil die Öffentlichkeit sich in zunehmendem Maße bewußt wird, daß es bei der Kriegführung Grenzen gibt. Nürnberg hat eine Reihe von Gesetzen und Präzedenzfällen geschaffen, die ganz bemerkenswert sind. Warum gab es diese Empörung über die Massaker in den libanesischen Lagern? Ich denke, weil diese Gesetze in Nürnberg systematisch festgeschrieben wurden. Ich wäre niemals nach Hanoi gegangen, wenn ich nicht in Nürnberg dabeigewesen wäre.

Der Holocaust war ja vom ganzen Ausmaß her ohne Beispiel in der Geschichte. Unfaßbar? Ich weiß nicht. Ich fürchte, die Menschen stumpfen sehr schnell ab. Wenn man sich zwei, drei Tage lang die Zeugenaussagen angehört hatte, war es nichts Besonderes mehr. Wie bei kleinen Kindern, die alles als selbstverständlich hinnehmen. Ich weiß noch, wie meine eigenen Kinder, zwei kleine Mädchen mit fünf und sieben Jahren, nach Nürnberg kamen und ich ihnen die ausgebombten Häuser zeigte. »Die Häuser sind kaputt«, sagten sie. Als sie ein oder zwei gesehen hatten, interessierten sie sich nicht mehr weiter dafür.

Würden Sie die Nürnberger Angeklagten als ganz gewöhnliche Leute bezeichnen?

Ein Mann wie Hjalmar Schacht, der Bankier, war ein außerordentlich fähiger und intelligenter Mensch. Aber überhaupt nicht sympathisch. Wenn Sie von den KZ-Aufsehern und den Untergebenen sprechen, die diese blutigen und mörderischen Aktionen durchführten, dann haben Sie recht. Das waren ganz gewöhnliche Leute.

Warum haben sie so etwas getan? Weil es getan werden mußte. Die meisten waren Mitläufer. Moralische Grundsätze sind schnell vergessen. Nehmen wir Eichmann: ein kleiner Elektriker aus Wien. Er tritt der SS bei und wird Offizier und Gentleman. Das gefällt ihm. Er wird befördert. Er hat es zwar nie über den Oberstleutnant hinausgebracht, aber das war für einen Wiener Elektriker schon sehr gut. Solche Leute passen so gut in das von oben vorgegebene Schema, weil das der einfachste Weg ist. Sie sind liebevolle Ehemänner, nett zu ihren Kindern und Musikliebhaber. Sie gewöhnen sich schnell an moralische Grundsätze, die ihnen von einem autoritären Regime vorgeschrieben werden. Der einfachste Weg für ein bequemes Leben ist der, Befehle zu befolgen.

Als ich zurückkam, wurde ich sehr oft gebeten, über Nürnberg zu sprechen. Anfang 1950 hielt ich einen Vortrag vor der Gemeinde einer jüdischen Synagoge in Brooklyn. Ich sagte, daß man sich die für den Holocaust verantwortlichen Nazis nicht als einen Haufen von perversen Sadisten vorstellen dürfe. Die meisten wären ganz normale Leute wie du und ich. Sie hätten den Aufschrei erleben sollen, der durch das Publikum ging. Das gleiche ist mir letztes Frühjahr passiert. Ich erzählte dem Rabbi, daß ich ziemlich nüchterne Ansichten hätte, die für seine Gemeinde vielleicht nicht das richtige wären. Er sagte, sie wären eine sehr tolerante Gruppe. Es passierte aber genau dasselbe.

Wenn wir denselben Strömungen und Zwängen ausgesetzt wären wie die Deutschen, würden sehr viele von uns genauso handeln. Vielleicht nicht ganz so viele, weil wir nicht so autoritätshörig sind wie die Deutschen. Aber viele von uns würden genauso handeln. Wir haben zwar immer noch ein paar politische Schutzmechanismen eingebaut, aber die sind auch nicht bombenfest. Wenn die Depression schlimmer wird – und die jetzige Situation ist schon schlechter als noch vor ein paar Jahren –, sehe ich ganz ähnliche Entwicklungen auf uns zukommen. Aber es müßte schon einiges mehr passieren, als es momentan der Fall ist, bis eine solche Entwicklung eintritt.

Viele unserer Helden sind ganz gewöhnliche Leute gewesen. Der normale Mensch ist zu ungeheuren Heldentaten und zu ungeheuren Grausamkeiten fähig. Das ist die bittere Lektion von Nürnberg. Es ist sehr einfach, den Nazismus für die Grausamkeit dieser Leute verantwortlich zu machen. Wenn tausend Menschen durch ein Erdbeben getötet werden, ist das eine schreckliche Sache, aber es liegt keine Tragik darin. Es ist nichts Tragisches daran, weil kein menschliches Element dabei ist. Man kann nichts daraus lernen, außer daß man auf Erdbeben aufpassen muß. Die bittere Lektion und die wahre Tragödie ist die Erkenntnis, daß man ganz gewöhnliche Leute dazu bringen kann, solche unbeschreiblichen Dinge zu tun. Das ist die eigentliche Gefahr.

Erhard Dabringhaus

Dabringhaus war neunundzwanzig Jahre lang Professor für Germanistik an der Wayne State University. Er lebt jetzt im Ruhestand. Während des Zweiten Weltkriegs war er Offizier bei der Abwehr.

1944 wurde ich nach England geschickt, um Verhöre durchzuführen. Es gab bei uns in der Army nicht allzu viele Leute, die sich darin auskannten. Ich arbeitete mit den Briten zusammen, um Tricks zu lernen, wie man jemand zum Reden bringt.

Wir wußten, daß die Deutschen gute Familienväter waren. In ihren Brieftaschen hatten sie Bilder von Müttern, Frauen, Kindern. Beim Verhör sagte ich: »Du könntest dabei helfen, diesen Krieg ein paar Tage früher zu beenden, dann sind deine Frau und deine Kinder gesund und munter, wenn du nach Hause kommst. Sonst – werweiß? Sie könnten eine Bombe abkriegen.« Wir hatten damals gerade mit dem Bombardement deutscher Städte angefangen.

Wir benutzten Ketchup. Ein *Sergeant* verkleidete sich als Deutscher, wir schmierten ihm Ketchup ins Gesicht, und er rannte schreiend hinaus, während wir jemand verhörten, der nicht reden wollte. Wir durften die Leute ja nicht anfassen.

Wenn ein Deutscher besonders stur war, rief ich immer nach *Sergeant* Kaminski, und der Deutsche fing sofort an zu reden. Er wußte, daß Kaminski ein polnischer Name war, und er wußte, was in Warschau passiert war. Ich sagte: »Sergeant Kaminski, der Kerl will nicht reden«, und der Deutsche: »Lassen Sie ihn draußen, ich sag Ihnen alles, was Sie wissen wollen.«

Am Tag der Invasion landete ich im Abschnitt Omaha. Erste Infanteriedivision. Easy Red war der Codename für Omaha. Es war kein guter Tag. Wir hatten große Verluste.

An diesem ersten Tag brachte man mir zwei Gefangene, die gar nichts sagen konnten. Sie waren froh, noch am Leben zu sein. Später fand ich heraus, daß die deutschen Soldaten über die großen Zusammenhänge nicht viel wußten. Dazu mußte man Offizier sein. Der deutsche Soldat bekam keine Informationen. Er wußte absolut nicht, was los war. Ihm wurde nur gesagt, geh los, alles Weitere erfährst du später. Genau wie bei unseren GIs. Nur den Namen angeben, den Rang, die Nummer der Kennmarke.

Wir wollten immer wissen, welche Route sie genommen hatten, wie sie an die Front kamen, was für Waffen sie trugen. Taktische Informationen. Das war für den Vormarsch unserer Truppen von großer Bedeutung. Deshalb waren die Verhöre von Kriegsgefangenen wichtig.

Wir stießen über Paris nach Belgien vor und waren die ersten, die eine deutsche Stadt betraten, Aachen. Es war ein zäher Kampf. Die Deutschen wehrten sich wie verrückt. Kurze Zeit später kam es zur Ardennenschlacht, dem letzten Aufbäumen der Deutschen, um unseren Vormarsch zu stoppen. Fast wäre es ihnen gelungen. Wir hatten schreckliche Verluste.

Die deutschen Gefangenen glaubten immer noch an den Sieg. Wir jagen die Amerikaner zum Teufel, sagten sie. Sie sprachen von ihren Vergeltungswaffen, den V1 und V2, ihren Fernwaffen. Das war Ende '44, man stelle sich das vor. Als wir Aachen schließlich genommen hatten, brachten mir ein paar GIs einen Gefangenen. Ich erkannte ihn sofort, es war der Bischof von Aachen. Er trug die Uniform eines Militärgeistlichen. Er war bekannt dafür, daß er die Leute dazu aufhetzte, bis zum letzten Atemzug zu kämpfen.

Unser Divisionskaplan, ein *Colonel*, war zufällig anwesend. Er war Katholik, und als er den Bischof sah, kam er angerannt, kniete nieder und küßte seinen Ring. Eine halbe Stunde vorher hatte er unsere Truppen gesegnet und dafür gebetet, daß sie die Deutschen schlagen. Und der Bischof hatte die Deutschen aufgehetzt, damit sie mit Gottes Hilfe die Amerikaner schlagen. Es ist einfach nicht zu fassen. (Er lacht.)

Als der Krieg '45 vorbei war, war ich in der Tschechoslowakei, im Sudetenland. Die deutsche Wirtschaft war zusammengebrochen, das Geld nichts mehr wert, alles lief nur noch über Zigarettenkippen. Um zu überleben verwendete man Zigaretten, Kaffee und Speck als Zahlungsmittel. Drei Jahre lang nur Schwarzmarkt und Zigarettenkippen. Wenn wir rauchten, liefen uns die Kinder hinterher. Sie stürzten sich auf die weggeworfenen Kippen. Drei Kippen ergaben eine Zigarette, und dafür konnte man sich schon was zu essen kaufen.

Wir hatten nie zuvor ein Land besetzt. Wie sollten wir, verdammt noch mal, in Deutschland vorgehen? Wir machten so viele Fehler. Wir setzten *Colonels* ein, die kurz vor der Pensionierung standen, wir machten sie zu Militärgouverneuren in Bayern. Sie waren das erste Mal in Europa. Wir brachten ihnen in South Carolina ein paar Wochen lang bei, was für Bäume in Bayern wachsen.

Zu der Zeit trat ich aus der *Army* aus und schloß mich dem CIC an, dem Counter Intelligence Corps. Ich wurde nach Augsburg geschickt. Der Offizier, dem ich unterstand, teilte mir mit, daß ich einen gewissen Klaus Barbie treffen sollte. Alles streng geheim, fahr nach Memmingen bei Augsburg, geh zu dem und dem Haus, zeig deinen Ausweis her, dort erfährst du alles Weitere.

Ich klopf an die Tür, und der Mann sagt: »Sind Sie Dabringhaus? Ich habe Sie erwartet.« Ich sagte: »Sie sollen von jetzt an für mich arbeiten.« Sie dürfen nicht vergessen, daß mir niemand gesagt hatte, wer der Kerl war. Ich wußte, er war ein Offizier vom Sicherheitsdienst, Top-SS-Mann, Gestapo. Er sagte: »Sie müssen zwei Freunde von mir kennenlernen.« Kurt Merk und seine französische Freundin, Andrée Simone Rives. Sie war die Tochter eines Pariser Polizeioffiziers und versorgte Merk mit Informationen über die Pariser Polizei. Er und Barbie arbeiteten während der Besetzung Frankreichs von '42 bis '44 zusammen.

Ich besorgte Barbie ein nettes Haus in Augsburg, das von der Army beschlagnahmt worden war, mit Möbeln, Haushälterin und allem Drum und Dran. Er stellte mir einen Mann vor, einen gewissen Zarpf, der angeblich Professor für Anthropologie war. Er sagte, er wäre Mitglied des sogenannten Ost-Instituts. Nach der Invasion in Rußland bestand ihre Mission darin, sich zu überlegen, wie man alle 189 Millionen Russen, oder wieviel auch immer es damals waren, ausrotten könnte. Der Sitz des Instituts war in Königsberg in Ostpreußen. Lauter ausgewählte Leute, Rechtsanwälte, Professoren, Richter, SS-Offiziere, und ihr Job lautete, die Vernichtung aller Russen zu planen, wenn die Deutschen sie erst mal besiegt hätten. Ich sagte mir, um Himmels willen, was nutzt uns dieser Kerl? Ich habe keine Lust, mit ihm weiterzureden.

Mir wurde aufgetragen, Barbie als Informanten zu benutzen. Ich sagte zu meinem Führungsoffizier: »Ich hoffe, ihr habt euch gut überlegt, was ihr da tut.« Okay, wenn sie's so haben wollen, arbeite ich mit ihm. Normalerweise gehört so ein Kerl eingesperrt.

Ich hatte ein Büro in der Innenstadt. Ich stellte für Barbie einen Sekretär an. Ich sagte zu Barbie: »Ich will, daß Sie mindestens zwei, drei Seiten täglich abliefern.« Er behauptete, er hätte über hundert Informanten. Am Ende des ersten Monats unserer Zusammenarbeit bekam ich von meinem Boß einen Umschlag mit Geld, den ich Barbie aushändigen sollte. Ich öffnete ihn und zählte sage und schreibe siebzehnhundert gute amerikanische Dollar. Ich sagte mir, meine Herren, dieser Kerl wird wirklich nicht schlecht bezahlt, dafür muß er aber was liefern.

Eines Tages sah ich, wie er den Bericht einer jugoslawischen Nachrichtenagentur abschrieb. Ich sagte: »Hören Sie, Barbie, das hätte ich auch selbst lesen können. Ich will Informationen aus erster Hand.« Die einzig wichtige Information, die wir je von ihm bekamen, war die, daß die Russen in Ostdeutschland, nahe der tschechoslowakischen Grenze, Uran abbauten.

Während ich mit ihm arbeitete, erfuhr ich von seinem Freund Merk, daß ich es bei Barbie mit einem Kriegsverbrecher erster Güte zu tun hatte. Als Merk das Gefühl hatte, daß er bei der ganzen Sache nicht auf seine Kosten kam, rief er mich am nächsten Tag an: »Wenn Sie je herausfinden sollten, was Barbie in Frankreich während der Besatzungszeit getan hat, würden Sie ihn ausliefern. Ich weiß von einem Fall, wo er zweihundert Franzosen umgebracht hat. Er hat sie im Keller seines Hauptquartiers an den Daumen aufhängen lassen.« Er hatte einen bekannten Untergrundkämpfer verhaftet, Jean Moulin. Moulin wurde totgeprügelt. Barbies Job war, ihren Widerstand zu brechen und Informationen aus ihnen rauszuholen. Seine Hauptaufgabe bestand darin, die französische Résistance zu unterwandern. Merk erzählte mir, daß dieser Kerl während der Besatzung mindestens viertausend Franzosen umgebracht hat. Zu der Zeit wußten wir noch nicht, daß er Juden ins Konzentrationslager verschickt hatte. Und wir gewährten so jemandem Schutz.

Ich setzte mich mit dem Hauptquartier in Verbindung: »Wißt ihr eigentlich, daß ihr mit einem Kriegsverbrecher zusammenarbeitet?« Und die Antwort lautete: »Ja, wir wissen alles über ihn. Aber wir brauchen ihn noch. Wenn's soweit ist, liefern wir ihn an die Franzosen aus.«

Ich kann nicht begreifen, daß wir Amerikaner ihm zur Flucht verholfen haben. Während der ganzen Jahre seiner Flucht, die schließlich in Bolivien endete, sprach ich jeden französischen Konsularbeamten an, den ich traf. Es gab Cocktailparties an der Universität, bei denen der französische Generalkonsul anwesend war. Ich sagte zu ihm: »Barbie lebt in Bolivien. Warum holt ihr ihn euch nicht?« Er sagte: »Oh, da kommen wir nicht an ihn ran. Nichts zu machen.« So ein Blödsinn. Sie hätten jederzeit seine Auslieferung beantragen können. Einmal sah ich Barbie in den NBC-Spätnachrichten. Ich sagte zu meiner Frau: »Das ist der Kerl, mit dem ich acht Monate lang zusammengearbeitet habe.« Am selben Tag, an dem ich darüber Bericht machte, wurde Barbie tatsächlich an Frankreich ausgeliefert. Ich hoffe, sie leisten dort ganze Arbeit.

Ich hatte nicht gewußt, daß er der Schlächter von Lyon war. Ich wußte, er war ein hoher Offizier des Sicherheitsdienstes und hätte eingesperrt werden müssen. Wir haben diese Leute als Informanten benutzt, haben sie geschützt und bezahlt.

Am 1. Juni 1948 kam vom Hauptquartier eine neue Direktive. Es bestand kein Interesse mehr an ehemaligen Nazis. Uns interessierte jetzt die weitere Entwicklung hinter der Grenze zum Osten.

Unser Hauptinteresse richtete sich auf den Kommunismus. Wir wollten Kommunisten aufspüren. Wir wollten Informationen über die nach dem Krieg neugebildete Regierung in Frankreich. Wie viele Kommunisten waren dabei? Und Barbie hatte dort drei Jahre lang Vorarbeit geleistet. Er war über französische Kommunisten informiert. Das waren die Informationen, die wir von ihm wollten.

Wir waren so entsetzlich wild darauf, Kommunisten aufzuspüren... Bei der Raffinerie in Augsburg gab es eine Arbeitsniederlegung. Ich sollte Nachforschungen anstellen, wie viele Kommunisten am Streik beteiligt waren. Barbie und ich gingen zum Treffen einer kommunistischen Zelle. Ich trug einen in Deutschland gefertigten Anzug, meine 38er Spezial hatte ich im Schulterhalfter. Das Treffen fand im hinteren Teil eines Biergartens statt. Ich drückte meine Zigarette im Aschenbecher aus und vergaß, sie wieder in die Tasche zu stecken. Kein Mensch ließ einen Zigarettenstummel im Aschenbecher liegen. Barbie stieß mich mit dem Fuß an: »Nehmen Sie Ihre verdammte Zigarette da raus, sonst sind wir geliefert.«

Der Streik war nicht von Kommunisten organisiert. Eigentlich hatten die Leute nur Hunger. Sie waren nicht mehr in der Lage, die Kohlen in die Hochöfen zu schaufeln, weil sie nichts zu essen hatten. Wir brachten heraus, daß die Lieferung mit den Speckrationen, die an die Arbeiter verteilt werden sollten, auf dem Weg von Hamburg nach Augsburg irgendwo auf einem Nebengleis vergessen worden war. Hatte nichts mit Kommunisten zu tun.

Mein Boß sagte: »Hey, Dabringhaus, das ist 'ne schlechte Nachricht. Wir hätten lieber von Ihnen gehört, daß die Kommunisten dabei ihre Finger im Spiel haben.« Er sagte: »Es waren sicher Kommunisten, die den Streik angezettelt haben.« Ich sagte: »Nein, diese armen Schweine haben Hunger. Die brechen vor den Hochöfen zusammen, wegen der Hitze und weil sie nicht genug zu essen haben.« Wenn ich gesagt hätte, daß Kommunisten mit dem Streik angefangen hätten, wär mir sicher 'ne Medaille verliehen worden. Aber was soll's, ich mußte ihnen die Wahrheit sagen.

Im November '48 bat ich um Versetzung. Ich wollte mit Barbie nicht mehr zusammenarbeiten. Sie sagten: »Du mußt weitermachen. Wir brauchen ihn noch.« Es war die Zeit der Berliner Luftbrücke. Dennoch trat ich aus dem CIC aus und wurde der Polizeieinheit in Stuttgart zugeteilt, immer noch im Auftrag der Abwehr. Barbie wurde von meinem Nachfolger weiterbetreut.

Ich arbeitete jetzt hauptsächlich mit SS-Informanten. Ein Oberst namens Günther Bernau war der Verbindungsmann. Er sagte: »Ich habe Hunderte von Leuten im Einsatz, die mir per Telefon ihre Berichte durchgeben. Es sind alles gute Freunde, aber ich brauche Ihre Hilfe, damit sie überleben können.« Wir sagten: »Okay, liefern Sie uns Informationen über Rußland«, und er: »Unsere Informanten sitzen auch in Moskau.« In der Ostzone gab es eine Menge SS-Leute, und sie wurden gute Kommunisten, viele bekleideten später führende Positionen bei der Volkspolizei. Von einem Extrem ins andere zu fallen, ist nicht schwer. Die Russen haben auch mit SS-Leuten gearbeitet.

Der Mann, mit dem ich es zu tun hatte, gehörte der Fünften SS-Panzerdivision an, die sich Viking nannte. Die Division wurde bei den Nürnberger Prozessen freigesprochen, weil sie ständig an der russischen Front war und nie hinter den Linien gegen Partisanen und andere Widerstandskämpfer eingesetzt wurde. Das war die einzige der ungefähr dreißig SS-Divisionen, die freigesprochen wurde. – Die ganzen Leute, die heute noch von uns als Kriegsverbrecher gesucht werden, waren seine Freunde. Wir waren überhaupt nicht daran interessiert, sie hochgehen zu lassen. Sie sagten selber, sie würden von beiden Seiten gedeckt. Sie konnten sich nicht beklagen. Sie sind jetzt wahrscheinlich Millionäre oder sitzen in irgendwelchen Aufsichtsräten. Wir wußten alle, daß er nach Bolivien geflohen war. Das war allgemein bekannt. Wir haben ihn mit diversen Pässen versorgt.

Wer ist wir?

Der amerikanische Nachrichtendienst. Nachdem sie für Barbie keine Verwendung mehr hatten, wußte er aber schon zu viel über die Arbeitsmethoden unserer Abwehr, um ihn noch an die Franzosen ausliefern zu können. Für mich war das unverständlich. Wir waren doch eigentlich Verbündete.

Barbie bekam von uns die Ausreiseerlaubnis, fuhr nach Genua, wurde beim bolivianischen Konsul vorstellig, bekam ein Visum und besorgte für sich, seine Frau und seine zwei Kinder Plätze auf einem Dampfer nach Argentinien. Von da ging er nach Bolivien, wo er siebenundzwanzig Jahre lebte.

Der Mann ist Millionär. Wissen Sie, wie er schließlich aufgeflogen ist? Er hat offensichtlich zehntausend Dollar unterschlagen. Eine Zivilregierung löste die Militärjunta ab. Sie steckten ihn ins Gefängnis. Sein Anwalt zahlte am nächsten Tag das Geld zurück. Aber die neue Regierung hielt ihn für zu gefährlich und übergab ihn Frankreich. Die Franzosen hatten seit zehn Jahren die Auslieferung beantragt. Das Ehepaar Klarsfeld in Paris hatte sich sehr dafür eingesetzt, sie versuchten seit '72, ihn aus Bolivien zu holen. Dort nannte er sich Klaus Altmann, aber jeder wußte, es war Barbie.

Jetzt sind die Franzosen nicht zu beneiden. Sie müssen alles vorbehaltlos aufklären. Aber vielleicht gibt es ein paar Leute in hohen Positionen, die mit ihm kollaboriert haben, und Barbie wäre in der Lage, über sie auszupacken. Wenn die Franzosen es falsch anstellen, könnte es ein politisches Tauziehen um Barbie geben.

Unsere Archive müssen überfüllt sein mit Barbies Verhörprotokollen. Wo, zum Teufel, sind sie? Warum können wir nicht offen darüber reden? Alles streng geheim. Der Mensch, der ihn angeworben hat, muß sich denken, daß es ein verdammter Fehler war, Barbie 1 700 Dollar zu zahlen. Er hätte umsonst für uns gearbeitet, weil er wußte, daß wir ihn den Franzosen ausliefern könnten. Das sind alles Fehler, die unsere Dienststellen gemacht haben.

Vielleicht ist das die neue Politik. Der Gedanke ist mir unangenehm, daß meine Regierung diese Art von Politik betreibt. Ich weiß, daß wir auf die Russen ein Auge hatten, und ich verstehe auch, warum. Wir mußten herausfinden, was sie vorhatten.

Als der Krieg vorbei war, sagten die Deutschen, gebt uns Waffen, und wir marschieren nach Moskau. Früher oder später müßt ihr da ja doch hin. Heute kommen sie und sagen, seht ihr, wir haben's euch ja gesagt. Wenn ihr damals mit uns dorthin marschiert wärt, hätte es keinen kalten Krieg oder solche Probleme gegeben. Selbst unser General Patton war dafür.

Unsere GIs waren begeistert, als die Russen anmarschierten, sie wußten, daß wir ihnen verdammt viel verdanken, weil sie so viele

Deutsche erledigt hatten. Mein Gott, sie hatten selbst fünfundzwanzig Millionen Tote.

Und jetzt sollten wir unseren GIs erzählen, daß sie eine Kehrtwendung machen und gegen die früheren Verbündeten kämpfen sollten? In den ›Stars & Stripes‹ lasen sie täglich, wie die Russen die Nazis zurückdrängten, und jetzt sollten wir ihnen befehlen, auf sie zu schießen? Ein paar von den Kommandeuren wollten das.

In Stuttgart traf ich ein paar Jungs von der Ersten Infanterie Division, der ich im Krieg zugeteilt war. Ich bewarb mich als Abwehroffizier beim Divisionsstab. Wir waren auf Manöver in Grafenwöhr, einem Kaff in Nordbayern. Wir nannten den Feind nicht die Roten oder die Blauen, wie damals in Louisiana und Texas, sondern wir nannten sie die russischen Aggressoren. Das hat mich sehr getroffen.

Kaum vier Jahre nach dem Krieg haben wir sie plötzlich zu Feinden erklärt. Heute sind sie die einzigen, die uns Kopfzerbrechen bereiten. Anfangs waren die GIs ein bißchen verstört. Aber wenn es von einem verlangt wird, macht man es eben.

Im Januar '50 kam ich nach Hause. Die Ära McCarthy. Hinter jedem Baum vermuteten wir einen Russen. Beim Militär war es genauso. Irgend jemand gab die Anweisung, daß man den Russen, die im Krieg noch unsere Verbündeten waren, nicht mehr trauen konnte. Den Eisernen Vorhang kann man nicht nur den Russen anlasten, wir sind genauso dafür verantwortlich. Und auch dafür, daß einem die Nazis im nachhinein wie Propheten vorkommen müssen.

POSTSKRIPTUM: Auf dem Weg zum Detroiter Flughafen fällt ihm noch etwas ein.

Der Krieg war doch am 8. Mai aus? Am 12. April '45 bin ich in Deutschland durch ein kleines Dorf gefahren, Neidersachwerfen. Das liegt in der Nähe von Nordhausen im Harz.

Ein Mann im gestreiften Sträflingsanzug, der wie ein Skelett aussah, lief die Straße entlang. Er sagte: »Kennen Sie das Lager Dora?« Ich sagte: »Ich weiß nicht, wovon Sie reden.« Er sagte: »Kommen

Sie, ich zeig's Ihnen«, und er sprang in den Jeep und fuhr mich zu diesem Konzentrationslager.

Ich muß der erste Amerikaner gewesen sein, der dort hinkam. Es war ein großes Lager, in dem die Zwangsarbeiter wohnten, die eine Fabrik in den Berg bauten. Der Mann war einer der Häftlinge, ein Überlebender. Eine von den Baracken war mit großen Brettern zugenagelt. Ich riß sie weg, öffnete die Tür und fand Leichen. Leichen von Verhungerten. Das war das erstemal, daß ich einen Fall von Kannibalismus vor mir sah. Die Leichen lagen auf dem Boden, und einer der Männer hatte sich in das Hinterteil von seinem Nachbarn verbissen. So waren sie offensichtlich gestorben. Im letzten Augenblick versucht jeder, auf irgend eine Weise sein Leben zu retten.

Ich rief Militär, und wir umzingelten sofort das Lager. Außer diesen Leichen war niemand mehr da. Die Wachen waren alle abgehauen. Eisenhower besichtigte das Lager, und er brachte Patton und noch ein paar andere hohe Tiere mit. Er sagte: »Wenn ihr immer noch nicht wißt, warum wir gegen Hitler kämpfen, dann seht euch das an. Das ist der Grund.« Es stand damals in allen Zeitungen.

Es war ein riesiger Felsen aus weichem Kalksandstein. Sie bauten die Fabrik in den Berg hinein, eine Meile breit und drei Meilen lang. Es gab Aufzüge über zwölf Stockwerke.

Sie hatten Geschäfte, Krankenhäuser, Kaffees, und eine große Montagehalle, in der die Rümpfe dieser Vergeltungswaffen, die die Deutschen V1 und V2 nannten, gebaut wurden.

Die Ausgänge waren gut getarnt. Wir hätten sie nie bombardieren können.

Der Häftling sagte, beim Bau dieser Fabrik wären hunderttausend Arbeiter gestorben. Ab und zu hängten sie jemand am Kran auf und ließen ihn zwei, drei Tage baumeln, um von jedem Sabotageversuch abzuschrecken. Der Mann sagte, einmal hätte einer von ihnen ins Eck gepinkelt und dabei einen Raketenrumpf bespritzt. Das wurde als Sabotage betrachtet, und sie hängten ihn ein paar Tage lang an einer Kette auf.

Diese Fabrik wurde unglücklicherweise später den Russen zugesprochen. Sie liegt in der Sowjetischen Besatzungszone, der heutigen DDR.

Der Häftling hatte sich versteckt gehalten und war herausgekommen, als er den amerikanischen Jeep sah. Die Leute im Dorf wußten Bescheid, es war kein Geheimnis. Es gab nicht nur Auschwitz in Polen. Diese Menschen wurden mitten in Deutschland umgebracht. Und sie mußten diese Arbeiter jeden Tag in die Fabrik bringen. Die Leute aus der Gegend arbeiteten auf den Feldern und auf den Höfen. Da unterhält man sich doch darüber, wenn im Lager nebenan ein neuer Transport mit Arbeitern ankommt. Und die Arbeiter kamen zu Tausenden, weil die Fabrik auf dieses Arbeitsheer angewiesen war.

Natürlich ist es leicht zu sagen, ich habe nichts gesehen. Aber es ist eine Lüge. Jeder in der Gegend wußte von diesem Lager Dora. Es war kein Lager, in dem Juden vergast wurden, es war ein Lager, in dem die Leute Sklavenarbeit verrichten mußten.

Milton Wolff

»Die Geschichte wird zeigen, daß die sechs Monate zwischen dem Sieg der Faschisten in Spanien und dem Überfall auf Polen nur eine Waffenruhe in ein und demselben Krieg war – im Zweiten Weltkrieg.«

Claude G. Bowers, 1936-1939 Botschafter der Vereinigten Staaten im republikanischen Spanien

Er war Kommandeur des Abraham-Lincoln-Bataillons, das aus amerikanischen Freiwilligen bestand, die im Spanischen Bürgerkrieg auf seiten der Loyalisten kämpften. Zusammen mit anderen jungen Männern aus nicht-spanischen Ländern bildeten sie die Internationalen Brigaden.

Für mich hat der Zweite Weltkrieg am 18. Juli 1936 begonnen. An dem Tag fiel in Madrid der erste Schuß. Einige von uns kämpften aber schon viel länger. In den dreißiger Jahren, während der Großen Depression, wurde in New York die Hochbahn in der Sixth Avenue abgerissen. Der ganze Schrott wurde nach Japan verkauft, und wir haben immer gesagt, das kommt alles wieder als Bomben zurück. Japan hatte damals schon Mandschukuo überfallen. Wir sind nicht mehr mit Mädchen ausgegangen, die Seidenstrümpfe oder seidene Unterwäsche trugen (er lacht), weil die ganze Seide aus Japan kam. Es gab Proteste, Kundgebungen und Boykotte. Als die Italiener Äthiopien bombardierten, haben wir für Haile Selassie Geld gesammelt. Ich habe sechzig Stunden die Woche im ›Garment Centre‹ gearbeitet und nie ein Auge zugetan. Wir haben auf jede erdenkliche Weise gegen den Faschismus gekämpft.

Als wir die Möglichkeit bekamen, nach Spanien zu gehen, haben wir sie genutzt. Wir wollten versuchen, den Krieg aufzuhalten, den wir kommen sahen. Damals hatte sich auch schon Hitler eingemischt. Wir wußten alle verdammt genau, worauf ›Mein Kampf‹ hinauslief. Wir wußten, was die Juden erwartete.

Nachdem ich Spanien verlassen hatte, machte ich eine Zeitlang von Frankreich aus weiter. Mit ein paar anderen. Die spanischen Flüchtlinge waren an der Küste, interniert in französischen Konzentrationslagern. Sie sollten zu Franco zurückgeschickt werden. Vielen von ihnen stand die Erschießung oder eine Gefängnisstrafe bevor. Wir haben ihnen soweit wie möglich zu helfen versucht. La Guardia, der Bürgermeister von New York, hat ein Verbot erlassen, vor ausländischen Konsulaten zu demonstrieren. Wir haben es trotzdem gemacht. Direkt vor Saint Patrick's haben wir den Mittagsverkehr auf der Fifth Avenue zum Stehen gebracht. Fünfundsiebzig von uns wurden verhaftet.

Ich war mit Vincent Sheean[1] befreundet. Er und seine Frau standen sich sehr gut mit Wild Bill Donovan, der in der Wall Street eine Anwaltskanzlei betrieb. Inzwischen hatten die Deutschen Polen überfallen, und Donovan war Roosevelts Verbindungsmann zum britischen Geheimdienst. Er fragte: »Soll meine Kanzlei Sie kostenlos vertreten?« Ich antwortete: »Du großer Gott, ja!« (Er

[1] Ein zur damaligen Zeit berühmter Auslandskorrespondent. Er berichtete über den Spanischen Bürgerkrieg und über den Zweiten Weltkrieg.

lacht.) Ein Anwalt aus der Wall Street hatte uns noch nie verteidigt. (Er lacht.) Wir mußten für fünfzehn Tage hinter Gitter, und durch ihn geriet ich dann an den britischen Geheimdienst.

Ich habe angefangen, für die Briten Mitglieder der Internationalen Brigaden zusammenzutrommeln, von denen ich wußte, daß sie sich im Lande aufhielten. Wir befanden uns noch nicht im Krieg, aber wir wußten, er war unausweichlich. Es wurden Kerle gesucht, die hinter den Linien abspringen sollten, in Jugoslawien, Österreich, Italien, Polen und der Tschechoslowakei. Ich bin durchs Land gereist und habe die Leute rekrutiert. Wir arbeiteten alle für den britischen Geheimdienst und landeten schließlich als Berater bei den Partisanen in diesen Ländern.

Nach dem Angriff auf Pearl Harbor war ich für die OSS tätig. Die Nazis verfügten mit Hilfe des faschistischen Spanien über ein enormes Nachrichtendienstnetz, besonders am Golf von Mexiko und in der Karibik. Von dort aus bekamen sie Informationen über Geleitzüge. Verdammt viele von unseren Schiffen sind deshalb versenkt worden. Mit Kontakten aus dem Spanischen Bürgerkrieg und von der Kommunistischen Partei haben wir Gegenspionagenetze aufgezogen. Sie haben sehr viel ausgerichtet.

Eine Abmachung, die ich mit Donovan getroffen hatte, besagte, daß ich mit einer besonderen Einheit nach Spanien gehen und Franco stürzen sollte. Um die republikanische Regierung wieder einzusetzen, die vom Volk gewählt worden war. Aber dazu ist es nie gekommen. Franco war ein gerissener Mistkerl. Er hat sich immer alle Möglichkeiten offengehalten, und Roosevelt hat ihn nie wirklich in die Enge getrieben.

Ich verließ die OSS und meldete mich freiwillig zur Infanterie. Da ich im Spanischen Bürgerkrieg Maschinengewehrschütze gewesen war, kannte ich mich gut mit Flugbahnen, Feuerräumen und so weiter aus. Im Juni 1942 habe ich mich gemeldet, aber bis Ende 1943 habe ich nicht einen ernstgemeinten Schuß abgegeben. Die U. S. *Army* wollte mich eben nicht an die Front lassen. Mich nicht und viele andere Linke aus Spanien auch nicht.

In Camp Dix haben sie uns sechs Wochen lang schmoren lassen. Normalerweise kam und ging man innerhalb einer Woche. Mein Kumpel und ich kannten da bald alles so gut wie unsere Westentasche. Wir haben uns unsere Akten angesehen. Wir wurden unter PAF geführt – *premature anti-fascists* (frühreife Anti-Faschisten).

Schließlich wurden wir nach Camp Wheeler in Georgia verfrachtet. Das diente als eine Art Abladeplatz für deutsche und italienische Staatsangehörige, für Homosexuelle, Zuhälter, Gangster, Sträflinge sowie für meinen Kumpel und mich. (Er lacht.) Das Ganze nannte sich BI – *Branch Immaterial* – (Ausschuß-Kompanie). Unsere Flinten hatten keine Schlagbolzen und Schlösser. Zum Glück erfuhren wir von einem General da unten, der Schwierigkeiten hatte, genügend Freiwillige für die Infanterie zu finden. Er wollte, daß jeder Mann mit Infanterieerfahrung im Lagerradio einen Vortrag über die Vorzüge der Infanterie hielt. Mein Kumpel und ich haben uns eine geschlagene Stunde lang darüber verbreitet, daß Kriege nur durch Fußtruppen entschieden werden.

Der General meinte: »Ihr Jungs könnt doch wohl nicht im Spanisch-Amerikanischen Krieg mitgekämpft haben.« (Er lacht.) »Nein, nein, nein«, haben wir gesagt, »im Spanischen Bürgerkrieg.« – »Was macht ihr dann bei der *Branch Immaterial*? Habt ihr für Franco gekämpft?« – »Nein, auf Regierungsseite.« Er sagte: »Ich stecke euch sofort in den Infanteriekader.« Wir wurden *Corporals*.

Dort mußte man als erstes einen Intelligenztest machen. Wenn man einen IQ von über 120 erreichte, kam man in die Offiziersausbildung. Wir hatten über 120, also wollten sie uns haben. Ich wollte die Offiziersausbildung nicht machen. Ich wußte von ein paar Kameraden, die die dreizehn Wochen mitgemacht und sich sogar schon Uniformen gekauft hatten mit Streifen und allem Drum und Dran, und denen man dann in Washington ihre Offizierspatente für null und nichtig erklärt hatte. Das wollte ich mir nicht antun.

Der befehlshabende Offizier sagte: »Euch wird das nicht passieren, Jungs. Ihr seid zu gut.« Also gingen wir nach Fort Bennig und wurden Offiziersanwärter. Wir waren die Besten in der Klasse, weil wir schon alles wußten. Der Typ aus dem Bett neben mir hat sich mit mir angefreundet. Die Frau von einem anderen kam mit zwei Koffern Whiskey an, und wenn ich dienstfrei hatte, bin ich mit meinem Kumpel zu ihnen in die Wohnung gegangen. Nach vier oder fünf Wochen kommt er zu mir und sagt: »Ich kann es nicht.

Ich soll euch bespitzeln und über alles, was ihr tut, berichten. Ich habe keinen blassen Schimmer, was ich schreiben soll.« Also sage ich: »Soll ich das für dich machen?« (Er lacht.) Ich habe den Bericht tatsächlich geschrieben und uns in den höchsten Tönen gelobt; er brauchte bloß noch zu unterschreiben.

Ungefähr in der sechsten Woche wurde ich zum *Captain* gerufen. Der holte eine amerikanische Flagge aus der Schreibtischschublade. »Offiziersanwärter Wolff, ist das Ihre Fahne?« Ich sagte: »Yes, Sir.« »Sind Sie bereit, diese Fahne zu verteidigen?« – »Yes, Sir.« Er warf die Fahne wieder in die Schublade und schmiß sie zu: »Ich weiß auch nicht, was die Idioten in Washington sich dabei denken.« (Er lacht.) Er hatte keine Ahnung, was eigentlich los war. Aber mir war klar, daß für mich jetzt bald die letzte Runde eingeläutet wurde, dann stand ich draußen.

Sie warteten, bis wir bei einer Truppenübung waren. Dann haben sie mich mit einem Jeep abholen lassen. Die Jungs meinten, der Wolff kriegt jetzt ruckzuck sein Patent. Der muß den ganzen Mist nicht mehr mitmachen. Ich wußte es besser. Als ich hinkam, waren meine Koffer gepackt, und ich bekam den Befehl, mich wieder in Camp Wheeler zu melden, bei der chemischen Kriegführung. Mein Kumpel wurde in die Lazarettverwaltung gesteckt, zum Bettuchfalten. Das ist der Typ, der es später bis zum *Captain* brachte, der sich bei der Invasion Deutschlands hohe Auszeichnungen verdiente. Auf dem Heldenfriedhof Arlington ist er beerdigt, aber die haben ihn gezwungen, ein Jahr lang in Columbus, Georgia, Bettlaken zu falten.

Also mußte ich die Jungs auf Trab halten, sie ein bißchen am Senfgas schnuppern lassen, am Chlor, am Phosphor. Mußte sie durch die Tränengaskammer laufen lassen, damit sie ihre Gasmasken ausprobieren konnten. Der *Lieutenant Colonel* hatte viel für mich übrig. Er hat mich zum *Staff Sergeant* befördert. Er fragte mich mal: »Was wollen Sie machen?« Ich sagte: »Ich will nach Übersee.« Das wollte er auch, aber er war zu alt. Seine Frau war Spanierin, und er stand auf seiten der Republik. Er hat sich sehr für mich eingesetzt. Ich habe gesagt: »Tun Sie nicht soviel für mich. Schicken Sie mich bloß nach Übersee.« Er hörte, daß in England Unteroffiziere gebraucht wurden. Also hat er mich dahin in einen Infanteriekader versetzt.

Ich kam nach Camp Shenango in Pennsylvania. Mein *First Sergeant* war mit mir auf dem Offizierslehrgang gewesen. Er hatte die Ausbildung geschmissen. Er war froh, mich zu sehen. Hier kam ich, ein *Staff Sergeant*, also dachte er, ich hätte den Krempel auch hingeschmissen. Weil er wußte, daß ich zu den zehn Klassenbesten gehört hatte, fühlte er sich selber nicht mehr so mies. Er zeigte mir jedesmal die Verschiffungsliste, wenn sie reinkam. Einmal stand darin: *Staff Sergeant* Milton Wolff, Aleuten. Ich wollte nicht auf die Aleuten. (Er lacht.) Ich wollte nach Europa an die Front. Nach wochenlangen Verzögerungen hatte ich die Nase voll. Okay, was soll's. Dann schickt mich eben dahin. Als ich nach Fort Lawton in Seattle kam, war Attu gefallen. Sie brauchten keine Ersatztruppen mehr auf den Aleuten.

Ich hatte keine Ahnung von Schiffen, also wurde ich *Second Mate* auf einem Rettungsschiff (er lacht), wir haben abgeschossene Piloten aus dem Nord-Pazifik gefischt. Das war auch nichts für mich. Ich habe mich angestrengt wie Mist, um an die Front zu kommen. Es war ein echter Kampf.

Natürlich hatte ich da oben Narrenfreiheit. Die schlimmste Strafe, die sie einem verpassen konnten, war, nach Übersee geschickt zu werden. Dem *First Sergeant* ging es genauso. Jedesmal wenn sie gedroht haben, uns nach Übersee zu schicken, haben wir gesagt: »Hey, Mensch, da wollen wir ja hin.« Ein anderer *First Sergeant*, der über Spanien Bescheid wußte und für mich Verständnis zeigte, meinte: »Wenn Sie unbedingt rüber wollen, wir gehen nach England.« Ich mußte mich zum Gefreiten rückstufen lassen, nur um in seine Truppe zu kommen.

An dem Tag, an dem ich versetzt wurde, kam er nach Alaska. Wir kriegten einen regulären *Army*typ, der kein Verständnis für mich hatte. (Er lacht.) Das war mir egal, Hauptsache, wir kamen nach England. Tja, aber dann landeten wir in Nordafrika. Ich habe mich mit Donovan in Verbindung gesetzt: Holt mich zurück. Sie haben mir ein Flugzeug nach Nordafrika geschickt, aber als es ankam, waren wir schon auf dem Weg nach Indien.

Wir waren eine Küstentruppe mit zwei Schiffen. Das waren richtige Blechbüchsen, diese Schiffe, nichts als englische Teefrachter. Die Haut war so dünn wie nur möglich. Das Boot, auf dem ich nicht war, wurde von einer Raketenbombe versenkt. Ich glaube, die kam von irgendeiner Mittelmeerinsel, die die Deutschen erobert hatten. Über achthundert Mann sind in dem Ölteppich untergegangen. Alles Amerikaner.

Schließlich kam ich nach Kalkutta. Eines Tages sehe ich einen GI mit blauer Paspel an der Infanteriemütze. Ich schnappe ihn mir. »Was zum Teufel machen Sie hier?« Er sagte: »Ich bin bei Stilwells Verbindungstruppen zur chinesischen Armee. Wir gehen nach Birma.«

Genau zu dieser Zeit wurde bei unserer Einheit der Generalinspekteur erwartet. Bei ihm konnten die Mannschaften ihre Klagen loswerden. Das ist die einzige Gelegenheit, den normalen Dienstweg zu umgehen. Ich hatte böse Briefe geschrieben, von denen ich wußte, daß die Zensoren sie lasen und auch mein *Captain*. Ich war jetzt wieder *Sergeant*, weil ich gute Arbeit leistete. Meine Leute machten ihre Sache gut. Als der Generalinspekteur sein Büro aufmachte, stand ich als erster in der Schlange. »Ich möchte zu Stilwell.« – »Was haben Sie für Qualifikationen?« – »Ich bin ausgebildeter Infanterist, Infanterieoffizier, kann Karten lesen, kenne mich mit Elevationen und Waffen aus, weiß über Feuerräume Bescheid und so weiter.« Wunderbar. Er hat mich versetzen lassen. Ich wurde nach Assam geflogen, wo ich zu Stilwell stieß.

Wir begannen, weit hinter den japanischen Linien zu operieren. Einen Grabenkrieg gab es nicht, nur lauter Scharmützel. Manchmal waren wir vor ihnen, manchmal hinter ihnen. (Er lacht.) Das ging so weiter, bis wir runter nach Mindanao kamen. *Merrill's Marauders* waren bei uns. Und noch eine britische Einheit. Ich wurde dem chinesischen 88. Batallion als Verbindungsoffizier zugeteilt.

Bei Mindanao gerieten wir ins Stocken. Dort standen ungefähr zweitausend Japaner. Es waren nicht alles Kampftruppen, aber sie waren gute Kämpfer. Sie hatten zwei alte Artilleriegeschütze und ein paar Flugzeuge, die uns unter Beschuß nahmen. Sie haben sich verdammt tapfer geschlagen. Wir konnten sie nicht überwältigen. *Merrill's Marauders* waren alle krank und nicht mehr mit im Spiel.

Jedenfalls hat Stilwell mich zum Hauptquartier zurückgeholt und mir den Rang eines *Second Lieutenant* verliehen. Er meinte, ich bräuchte einen Haarschnitt, und er stellte mir seinen eigenen

Friseur zur Verfügung. Er wußte über uns und über Spanien Bescheid. Das war vielleicht ein Kerl.

Ich sollte mir in Kalkutta eine Uniform besorgen, und da bekam ich dann Malaria. Im Krankenhaus traf ich einen deutschen Arzt, der mit mir in Spanien gewesen war, einen Antifaschisten. Nach dem Spanischen Bürgerkrieg konnte er nicht mehr nach Hause zurückkehren. Zwölf Ärzte aus den Internationalen Brigaden – Tschechen, Deutsche, Österreicher – gingen nach China und dienten bei verschiedenen Armeen. Sie haben chinesische Frauen geheiratet, die Sprache erlernt und sind dort heimisch geworden.

Ich erinnere mich noch, wie ich einmal während des Kampfes um Mindanao einen Zug Verwundeter zurückbrachte. Da hörte ich ein Lied, das mir bekannt vorkam. Da war dieser kleine deutsche Arzt und brachte den chinesischen Sanitätern das Lied ›Freiheit‹ auf Chinesisch bei. Das hatten wir immer in Spanien gesungen.

Während ich mit Malaria im Krankenhaus lag, stöberte Donovan mich wieder auf. Sie verfrachteten mich nach Bari in Italien. Ich kam als Ausbilder runter nach Brindisi. Da hatten wir einen Franzosen, der Fachmann für Plastiksprengstoff war. Es gab auch einen Italiener, der auf einem anderen Gebiet Experte war. Wir hatten Brieftauben, die wir mit Nachrichten zu den jugoslawischen Partisanen auf den Inseln schickten. Für all das war ich verantwortlich. Ich dachte mir, ich sollte mich im Fallschirmspringen ausbilden lassen. Ich ging zu einer britischen Schule in Italien, machte meine fünf Absprünge und bekam mein Abzeichen.

Ich wollte einen Einsatz mitmachen. Ich war mein ganzes Leben lang marschiert und hatte die Schnauze gestrichen voll davon. Ich dachte mir, da ich jetzt nun mal zum Fallschirmjäger ausgebildet war, würden sie mich irgendwo abspringen lassen. Schließlich wurde eine Mission ins Leben gerufen, und ich gehörte dazu. Ansonsten waren fast nur Bankiers und Gewerkschaftsfunktionäre dabei. Wir waren ungefähr zu sechsunddreißig. Das haben sie nur gemacht, damit ich mal auf den Geschmack komme. Wir sollten nach Val d'Isère, im Grenzgebiet von Frankreich, Italien und der Schweiz. Ich hatte die Schnauze voll. Jetzt war ich schon Fallschirmjäger, und trotzdem mußte ich wieder marschieren.

Diese Kerle schleppten Tausende und Abertausende von Dollars mit sich herum. Sie wollten die faschistischen Kollaborateure beruhigen, daß ihnen nichts passieren würde. Daß sie durch amerikanische Dollars finanziell unterstützt werden würden. Die Hauptsache war, daß ein Wall errichtet wurde gegen Kommunisten, Sozialisten und die Garibaldinis, die in Spanien gekämpft hatten. So lautete ihr Auftrag. Das war im Winter '45. Roosevelt starb im April. Italien kapitulierte im Mai. Das war schon vorherzusehen gewesen, aber jetzt geschah es wirklich. Mein Führer wollte sich mit mir von diesen Typen absetzen, weil er wußte, worauf sie hinauswollten. Er kannte mich noch von Spanien her und wollte mich geradewegs zu Luigi Longo bringen. Der war beim Garibaldi-Bataillon in Spanien gewesen. Ein führender italienischer Linker. Also wollten wir unsere eigenen Wege gehen.

Dem Kommandeur dieser Industriellentruppe war das ganz recht. Der hatte nicht die blasseste Ahnung vom Krieg. Das einzige, was sie hatten, waren Geld, Armbanduhren, Gold und Dokumente.

Es hatte heftig geschneit. Der Kamerad, der mit mir zusammen war, sagte auf Spanisch, es wäre unmöglich. Die Deutschen hätten überall Aufklärungsflugzeuge. Die würden unsere Spuren sehen. Er schlägt vor, wir kehren um und arrangieren einen Fallschirmjägerangriff, statt hinzumarschieren. Diese anderen Figuren sind mit ihren Führern einfach weitergegangen, sie wurden alle gefangengenommen. Der ganze Trupp. Die Nazis konnten sich schön bereichern an der ganzen Sore. (Er lacht.) Sie wurden nicht getötet, weil Allen Dulles zu der Zeit schon von der Schweiz aus in Verbindung zu dem Nazi-Kommandeur stand; der hieß übrigens Wolf. (Er lacht.)

Und wen treffe ich in Frankreich? Einen Haufen Spanier, die in den Reihen des *Maquis* gekämpft hatten. Sie haben Lastwagen und Flinten und wollen über die Pyrenäen, Franco stürzen. Ich sage: »Spitze, das ist toll. Ich besorge euch Unterstützung.« Im Hinterkopf habe ich noch Donovans Versprechen, daß wir nach Spanien gehen und Franco absetzen.

Ich kabele dem Hauptquartier in Florenz, ich hätte ein Bataillon von diesen Spaniern; ich gebe eine Liste mit den benötigten Ausrüstungsgegenständen durch: Fahrzeuge, Maschinengewehre, Minenwerfer. Wir gehen über die Pyrenäen nach Spanien. Da kommt der Befehl: »*Lieutenant* Wolff nicht westlich der Rhone ziehen lassen. Wir schicken ein Flugzeug nach Grenoble, das holt ihn ab.« Der Befehl kam nicht von Donovan. Der war nicht da. Ich kam nach Italien zurück und erstattete Bericht. In Neapel wartete schon seit zwei Tagen die U.S.S. ›West Point‹, ein Truppentransporter, vollgestopft mit GIs, auf mich, einen mickrigen *Second Lieutenant*.

Die Kerle auf dem Schiff hatten keine Ahnung, auf wen sie da eigentlich warteten. Sobald ich an Bord war, wurde der Anker gelichtet. Andere Veteranen aus dem Spanischen Bürgerkrieg waren auch schon an Bord. Sie wollten keinen von uns mehr in Italien haben. Wer war denn damals in Italien? Auf der einen Seite Kollaborateure, auf der anderen Partisanen aus dem Untergrund. Wenn sich die *Army* der Vereinigten Staaten nicht eingemischt hätte, wenn sich die *OSS* nicht mit hohen Geldbeträgen eingemischt hätte, wäre Italien ein sozialistisches Land geworden.

Wir kamen zurück und wollten nach China. Wir haben eine Mission zusammengestellt. Sie haben gesagt: »Schön«, aber sie hatten nie die Absicht, uns dorthin zu schicken. Der kalte Krieg hatte bereits begonnen. Ich war wieder in Benning. Man meinte, ich hätte mir genug Abzeichen verdient, um aus der Armee auszuscheiden. Ich bekam einen ehrenhaften Abschied und einen netten Brief von Donovan, in dem er mir schrieb, was für ein toller Bursche ich doch wäre.

Der Zweite Weltkrieg hat bis auf die Tatsache, daß ich die *GI-Bill of Rights* bekam, weder mir noch den anderen Kämpfern aus dem Spanischen Bürgerkrieg das Leben leichter gemacht. Wir waren immer noch abqualifiziert als Frühreife Anti-Faschisten. Alle haben uns schikaniert: das *FBI*, das *Dies Committee*, das *McCarthy Committee*. Der Kontrollausschuß für subversive Aktivitäten hat mich ein Jahr meines Lebens gekostet, weil ich das Lincoln-Bataillon vor diesen Figuren in Schutz nehmen mußte. Ich will nie mehr einen verdammten Krieg erleben. Sicher, Leute wie ich werden in gewisser Weise glorifiziert, weil wir Kämpfer waren. Aber mir haben Kriegsdienstverweigerer immer mehr imponiert. Wir haben für eine gute Sache gekämpft, dafür sollte man uns ehren, aber nicht bloß, weil wir Kämpfer waren.

1960 bin ich nach Berlin gefahren. Ich stand in einem von diesen Mausoleen, die Speer gebaut hatte. Es lag teilweise in Trümmern und war ausgebrannt. Es war voll von Kot und Urin. Ich stand mitten in dieser vormals so großartigen Halle. Und ich war zufrieden. Ich war froh, daß ich meinen Beitrag dazu geleistet hatte. Weil ich mich an Guernica erinnere, an Madrid und Barcelona und noch viel mehr. Als ich in dieser großen Halle stand, fühlte ich mich prächtig, weil wir es diesen Schweinen gegeben haben.

Anthony Scariano

Anwalt; ehemaliges Mitglied der Legislative von Illinois.

Ich war ein junger Italo-Amerikaner, der auf Abenteuer aus war. ›Wild‹ Bill Donovan vom OSS suchte abenteuerlustige Burschen. Er brauchte Leute, die italienisch konnten, die jung waren, energisch und progressiv. Ich war bereits in Europa und sollte als Militärgouverneur von Reggio Emilia in Norditalien eingesetzt werden. Das war mir aber zu langweilig.

Ich wurde Nachrichtenoffizier für den OSS im toskanischen Archipel, nördlich von Korsika. Wir beherrschten alle schmutzigen Tricks. Wir sprengten Tunnels, Konvois und Kasernen hinter den Linien der Faschisten, der Deutschen und der Italiener.

Im Herbst '43 hatten wir Sizilien genommen, waren in Salerno gelandet und versuchten einen Brückenkopf in Anzio zu errichten. Im Winter '43 wurde ich nach Korsika geschickt, um die Torpedobootoperationen vorzubereiten. Wir hatten eine kleine Flotte von italienischen und amerikanischen Torpedoschnellbooten. Unser Auftrag lautete, hinter den feindlichen Linien Chaos zu stiften.

Wir setzten mehrere Aufklärungstrupps auf Elba ab. Wir bereiteten Aktionen gegen das Festland vor. Eine unserer ersten Operationen war die sogenannte ›Ginny Mission‹. Wir setzten dreizehn

Mann und zwei Offiziere vor der Küste Genuas ab. Sie sollten einen Tunnel sprengen, an den die Luftwaffe nicht herankam. Wir setzten die Männer mit Schlauchbooten ab und sie ruderten an Land. Wir sollten die Männer an Land bringen und, nachdem sie den Auftrag ausgeführt hatten, wieder an Bord nehmen. Wir hatten Walkie-Talkies. Plötzlich entdeckten wir auf unserem Radarschirm einige deutsche Landungs- und Torpedoschnellboote. Wir mußten schleunigst verschwinden, die hätten uns sonst fertiggemacht. Wir zerstreuten uns.

Als wir zurückkamen, um unseren Landungstrupp wieder an Bord zu nehmen, hatten wir den Funkkontakt verloren und konnten die Männer nicht mehr ausfindig machen. Dann erfuhren wir durch einen Funkspruch, daß sie geschnappt worden waren. Später bekamen wir heraus, daß alle dreizehn Mann und die beiden Offiziere hingerichtet worden waren. Die Nazis hatten den Gefangenen die Hände auf den Rücken gefesselt, die Füße verschnürt und die Augen verbunden, dann waren sie in einer Reihe aufgestellt, erschossen und in ein Massengrab geworfen worden. Das war ein klarer Verstoß gegen die Genfer Konvention, denn die Männer hatten Uniform getragen. Wenn man Militärangehörige hinter den eigenen Linien in Uniform aufgreift, darf man sie als Kriegsgefangene internieren, aber nicht so ohne weiteres erschießen.

Wehrmachtsgeneral Dostler, der die Hinrichtung angeordnet hatte, war im Herbst '45 der erste, der von den Alliierten als Kriegsverbrecher angeklagt wurde. Das war noch vor Nürnberg. Er wurde vor ein amerikanisches Kriegsgericht gestellt. Zu seiner Verteidigung sagte er, daß er nur auf Befehl des Führers gehandelt habe. Er legte Telegramme mit Instruktionen von Hitler vor. Die Rechtfertigung, nur auf Befehl des Führers gehandelt zu haben, sollten wir dann in Nürnberg noch oft zu hören bekommen. Es hat Dostler nichts genützt. Er wurde schuldig gesprochen und hingerichtet.

Wir standen in Verbindung mit der gesamten Partisanenbewegung in Norditalien. Sie hatten die Region unter Kontrolle. Von September '43 an setzten wir unsere Männer per Fallschirm in den Ligurischen Alpen ab. Unser Nachrichtendienst funktionierte so gut, daß unsere Männer bei der Landung schon erwartet wurden.

Dann fuhren die Partisanen sie ungehindert 30 Kilometer weit zu ihrem Hauptquartier in den Bergen.

Die Faschisten führten in dieser Gegend gerade eine Säuberungsaktion, ein ›rastrellamento‹ durch. Unsere Jungs mußten sich in den Bergen verstecken, weil sich überall faschistische Greiftrupps herumtrieben. Wir leisteten ganze Arbeit, bombardierten Munitionsdepots, jagten Kasernen in die Luft, griffen Konvois an.

Wir warfen Kriegsmaterial und medizinische Hilfsgüter mit dem Fallschirm ab. Das Essen holten sich die Partisanen auf dem Land. Sie lebten von Tauschgeschäften. Für eine Kiste GI-Seife oder eine Stange Zigaretten bekamen sie ein ganzes Kalb. Wir warfen auch Geld ab, Schweizer Franken, britische Pfund, amerikanische Dollar, italienische Lire, jedesmal so an die 16 000 Dollar.

Die Partisanen waren hervorragend organisiert. Wir trainierten sie im Umgang mit unseren Waffen. Die Panzerfaust war ihnen am liebsten. Anfangs waren es meistens Sozialisten und Kommunisten – Garibaldini nannten sie sich. Sie trugen rote Halstücher, so wie Garibaldi im italienischen Freiheitskrieg. Später schlossen sich ihnen die Monarchisten, die Christdemokraten und die Liberalen an. Das waren richtige Spätzünder. Sie wollten den Sozialisten und Kommunisten in den Nachkriegsjahren nicht den ganzen Ruhm überlassen. Sie wollten sich nicht nachsagen lassen, sie hätten das ›Movimento de la Liberazione‹ nicht unterstützt.

Wir arbeiteten mit ziemlich unkonventionellen Methoden. Die Nachrichtendienste von *Army* und *Navy* waren von Donovans Vorgehensweise nicht besonders begeistert. Er rekrutierte jeden, der gegen die Faschisten kämpfen wollte. Er sagte: »Es ist mir gleich, was einer für eine politische Einstellung hat. Ich nehme jeden, der gegen diese Dreckskerle kämpft und amerikanisches Leben rettet.« Er arbeitete mit Leuten wie Milton Wolff, der mit der Lincoln-Brigade im Spanischen Bürgerkrieg gekämpft hatte. Sie operierten hinter den feindlichen Linien und riskierten ständig ihr Leben. Donovan fragte nicht danach, ob jemand Kommunist war. Sie waren SI, Special Intelligence, sie trugen manchmal Zivilkleidung und nahmen an Partisanenaktionen teil. Wir waren OGs, ›Operational Groups‹, und trugen stets Uniform.

Gegen Ende des Krieges dachte Colonel Mac Cormick, der Herausgeber der ›Chicago Tribune‹, er hätte einen Riesenknüller auf Lager. Die Sache war natürlich jedem bekannt, der ein bißchen über den OSS Bescheid wußte. Der Colonel nannte ihn ›Oh-So-Secret‹. Er schmückte die Titelseite der ›Tribune‹ mit der Schlagzeile: OSS VON KOMMUNISTEN UNTERWANDERT! Das war die Höhe, Wolff und die anderen Jungs haben nämlich für den OSS hervorragende Arbeit geleistet.

MacCormick versuchte, daraus politisches Kapital zu schlagen, aber damit kam er nicht weit. Man darf nicht vergessen, daß es für die meisten Amerikaner keine Todsünde war, im Spanischen Bürgerkrieg auf der Seite der Republikaner zu kämpfen, es handelte sich immerhin um eine ordnungsgemäß gewählte Regierung. Wolff und die anderen wurden in der ›Tribune‹ richtig übel verleumdet.

Die meisten von unseren Jungs waren irgendwie liberal. Wir waren Italo-Amerikaner, die aus den Arbeitervierteln der großen Städte rekrutiert wurden, aus New York, Chicago, Cleveland, Boston und so weiter. Wir waren nicht interniert worden wie die Japaner, dennoch dachten wir, gerade als Italiener hätten wir etwas gutzumachen. Wir waren nicht sehr politisch, aber wir saßen oft zusammen und diskutierten über den Krieg. Würde er ein besseres Amerika schaffen? Würde er ein Ende der Ungerechtigkeit bedeuten? Wir hatten gerade vom Holocaust erfahren. Im Gegensatz zu Vietnam und Korea glaubten wir an diesen Krieg. Die Jungs glaubten wirklich, daß eine bessere Welt entstehen würde.

Die Kameradschaft war außerordentlich gut, und wir haben heute noch Kontakt zueinander. Wir haben einen Veteranenverein gegründet und uns einen kernigen Namen gegeben, ›Donovan's Devils‹. (Er lacht.) Für uns steht natürlich fest, daß wir den Krieg ganz alleine gewonnen haben. (Er lacht.) Es fragt sich, ob die jungen Leute heutzutage überhaupt noch wissen, was damals los war. Wir sind alle ein bißchen desillusioniert, aber wir glauben, alles in allem, daß es die Sache wert war.

Als der Krieg zu Ende war, schrieb ich die Geschichte unserer Kompanie auf und verfaßte die Lobreden auf die Männer. Jeder von unseren Jungs wurde ausgezeichnet. Die *GI–Bill* ermöglichte mir ein Studium der Georgetown Law School.

Ich habe mich im März '42 als 24jähriger freiwillig zum Militär gemeldet und schied im Februar '46 aus. Es waren vier der besten Jahre meines Lebens. Ich glaube immer noch, daß es sich gelohnt hat. Ich bin seither sieben Mal in Italien gewesen und habe einige der alten Partisanen besucht, mit denen ich zusammengearbeitet hatte. Man kann sich nicht vorstellen, welche Qualen sie erleiden mußten, wenn sie geschnappt wurden. Das sind die wahren Helden.

Irving Goff

Goff gehörte dem Abraham Lincoln Battalion an, einer Spezialeinheit für den Guerillakampf hinter den feindlichen Linien. Er könnte für Robert Jordan Pate gestanden haben, der Hauptfigur in ›Wem die Stunde schlägt‹, Ernest Hemingways Roman über den Spanischen Bürgerkrieg.

Ingrid Bergman habe ich aber nirgends entdecken können, sonst wäre ich wahrscheinlich immer noch dort. (Er lacht.) Wie Gary Cooper diese Brücke in die Luft jagt – als müßte er in einem Kohleflöz eine Präzisionssprengung vornehmen. Ich habe einige Brükken gesprengt. Man legt einfach die Sprengladung hin und ist dann besser zwanzig Meilen weit weg, wenn das Ding in die Luft fliegt. Wir haben Brücken und Eisenbahnschienen gesprengt. Dafür waren wir normalerweise fünf bis sechs Tage hinter den feindlichen Linien unterwegs.

Unsere erfolgreichste Guerillaaktion war die Befreiung von 315 asturischen Minenarbeitern aus einer Gefängnisfestung am Mittelmeer. Wir waren fünfunddreißig Mann und hatten nur Granaten dabei. Zwei Spanier, ein Amerikaner und ich wurden von unseren Leuten abgeschnitten. Es war wie im Kino, wir schwammen Richtung Afrika, und die Faschisten veranstalteten ein Zielschießen auf uns. Die zwei Spanier ertranken. Wir sahen ihre aufgedunsenen Leichen, als wir uns endlich an einem Felsen festklammern konnten.

Wir befanden uns in einer kleinen Felsspalte, wir waren splitternackt. Die Faschisten standen direkt über uns. Wir hörten sie reden. Es war vier Uhr morgens. Das Wasser war eisig. Wir drückten uns aneinander, um uns den letzten Rest Körperwärme zu erhalten. Wir warteten, bis die Nacht hereinbrach, dann schwammen wir weiter. In kleinen Höhlen verbrachten wir weitere vierundzwanzig Stunden, ohne Essen, ohne Wasser.

Die Faschisten standen auf der einen Seite und die Republikanische Armee auf der anderen. Es wurde ununterbrochen geschossen. Wir schwammen von Fels zu Fels, die Köpfe gerade so weit über Wasser, daß wir atmen konnten. Es dauerte drei Tage, bis wir die eigenen Linien wieder erreicht hatten.

Ich bin aus Brooklyn, ein Großstadtkind. Ich war vorher noch nie in den Bergen. Und von Guerillakrieg verstand ich auch nichts, woher auch? Ich lernte alles in Spanien, ich lernte vom Leben selbst. Einmal hatte ich Sprengstoff im Rucksack dabei, und ein Spanier erklärte mir, wie man damit umging. Zwei Tage später war ich hinter den feindlichen Linien und sprengte einen Zug in die Luft. Im Zug befanden sich italienische Soldaten, die nach Córdoba fuhren. Das war mein erster Einsatz. Bis zu meinem ersten Fallschirmabsprung bin ich noch nie geflogen, ich war damals beim *OSS*. Ein Glück, daß ich vorher als Akrobat gearbeitet hatte. Ich wußte, wie man fällt und sich abrollt, und hatte eine ganz gute Körperbeherrschung.

Kurz vor Pearl Harbor wollte Donovan, daß wir in Ägypten für die Briten arbeiten. Wüstenkrieg. Dann kam Pearl Harbor dazwischen, und der Einsatz wurde abgebrochen. Jetzt war Spanien unser Ziel, wir sollten ein Nachrichtennetz aufbauen, uns paramilitärisch organisieren und Gibraltar schützen. Franco hatte Streitkräfte in Marokko und hätte das ganze Mittelmeer absperren können. Das *State Department* hat dann die Aktion abgeblasen.

Erinnern Sie sich noch an den Kasserin-Paß in Nordafrika, an die große Schlacht? Ein paar vom Lincoln Battalion waren jetzt beim *OSS*. In einem Konzentrationslager am Kasserin-Paß war eine republikanische Einheit interniert, und aus den Lagern in Frankreich hatten die Faschisten eine ganze Menge Internationaler Brigadisten dorthin gebracht, die für die Deutschen eine Eisenbahntrasse quer durch die Sahara bauen sollten. Wir landeten und befreiten sie alle.

Zur selben Zeit brach Rommel durch, und ein massiver Rückzug setzte ein. Wir waren auf einmal hinter den Linien. Ich kannte das aus Spanien. Aber ohne Nachrichtenverbindungen tut man sich schwer hinter den feindlichen Linien. Man läuft orientierungslos herum. Ein britischer Major führte das Kommando. Mut allein hilft da nicht viel, man muß schon wissen, wie man sich zu verhalten hat. Eine Meile von Rommel entfernt wären wir fast in einen Flugplatz marschiert. Die hätten uns sofort einkassiert. Später waren wir noch einmal hinter den feindlichen Linien, das war kurz vor Tunis.

Alle, die die OSS-Ausbildung absolviert hatten, waren hinterher Lieutenant, Captain oder Major, nur wir vom Lincoln Battalion nicht. (Er lacht.) Für die waren wir Kommunisten. Aber in Spanien haben wir zehnmal mehr gelernt als die Jungs dort in der Schule.

Bei unseren ersten Einsätzen bekamen wir Beamtengehalt. Wir waren zwar reguläre Soldaten, aber wir bekamen Beamtengehalt. Wir schrieben einen Brief an das zuständige Ministerium, wir wären schließlich in der Armee und wollten nur den normalen Sold. In der Antwort hieß es: »Seid ihr verrückt?« Sie konnten nicht verstehen, daß wir keine Dollars scheffeln, sondern kämpfen wollten. Wir verstanden uns nicht als Söldner. Von einem Beamtengehalt hätte man während des Krieges gut und gerne dreißigtausend Dollar auf die Seite legen können. (Er lacht.) Aber Geld war nicht der Grund, warum wir kämpften. Der Major, der mit mir zusammen die Ausbildung gemacht hatte, unternahm nicht den kleinsten Schritt ohne uns. (Er lacht.) Bei jedem läppischen Problem fragte er uns um Rat.

In Nordafrika waren wir sieben Meilen hinter den deutschen Linien. Drei von den Lincolns und zwei andere Jungs. Plötzlich fliegen uns deutsche Granaten um die Ohren. Wir hatten keine Dekkung. Wäre aber besser gewesen. Und peng, eine Granate explodiert direkt neben Feldsen, einem aus dem Lincoln Battalion. Ich krame sofort ein Fläschchen Jod aus meinem Verbandszeug und schüttete es ihm auf die Wunde. Ich ziehe ihn in eine Senke, und schon tauchen die Panzer auf. Die Deutschen schreien: »Hände hoch!« Die ›Tiger‹ sind riesige Panzer. Es ist verdammt unangenehm, direkt vor einem 88er Geschütz zu sitzen. Ich hatte die Nase auf den Boden gepreßt – ich hatte praktisch keine Chance – und wickelte mich so gut es ging um einen Busch. Lasowski, auch ein alter Spanienkämpfer, tat das gleiche. Unser Major in seiner Abercrombie & Fitch-Jacke war meilenweit sichtbar. Er war zwar dämlich, aber mutig genug, aufzustehen und die Deutschen abzulenken. Er führte sie zu Feldsen. Die zwei wurden gefangengenommen, dann zogen sich die Deutschen wieder zurück. Nach dem Krieg erzählte mir Feldsen, es wären acht Panzer gewesen. Und dazwischen unser verlorenes Häuflein. (Er lacht.)

Als wir zurückkamen, schrieben Major Sage und andere an Donovan: »Bei unserer Ehre als Offiziere und Gentlemen, uns ist unverständlich, warum *Sergeant* Goff, *Sergeant* Lasowski und *Sergeant* Feldsen nicht zu Offizieren ernannt werden.« Donovan kam sofort an und ernannte uns noch an der Front zu *Second Lieutenants*. (Er lacht.) Wir waren als Rote verschrien. Später, als sie versuchten, mich als Kommunisten hinzustellen, verteidigte mich Donovan mit den Worten: »Für die wertvollen Dienste, die er uns in Afrika und Italien geleistet hat, ist er vom *OSS* ausgezeichnet worden.«

Rommel hatte nur drei Panzerdivisionen, keine Infanterie, und er schlug die Amerikaner vernichtend. Wir mußten Hals über Kopf fliehen. Wenn die Stukas noch gekommen wären, hätten sie uns völlig fertiggemacht. Wir waren einfach unfähig. Wir hatten Tanks und leichtgepanzerte Fahrzeuge. Sie sahen aus wie Spielzeugautos, und Rommel spielte wirklich mit ihnen. Ganz egal, was ich von den Nazis halte, aber militärisch gesehen war Rommel brillant.

Es gibt den Mythos, daß er von Montgomery und uns in die Zange genommen und geschlagen wurde. Alles Lüge. Seine ganzen Panzer und Flugzeuge wurden nach Stalingrad beordert. Der Himmel war immer voll von deutschen Flugzeugen, und von einem Tag auf den anderen sah man gar keine mehr. Man sah bis zum Kriegsende keine mehr. Alles ging nach Tunis und von dort nach Europa. Sehen Sie sich die Karte an, es ist nicht sehr weit bis nach Stalingrad. So war das damals jedenfalls in Nordafrika. Alles andere ist Blödsinn.

Von Nordafrika aus fuhren wir nach Sizilien. Donovan war auch auf dem Boot. Er war bei der Landung mit dabei, er lag mit uns im Schützengraben, er war immer bei seinen Leuten. Als wir in Anzio landeten, fuhr ich mit ihm im gleichen Torpedoboot. Ein deutsches Flugzeug kam an, Donovan stand aufrecht am Bug. Er war ein großartiger Kerl, aber er übertrieb's manchmal mit der Tapferkeit. Ich schrie: »Runter, General!« Er dachte nicht daran, runterzugehen. Und um uns herum hagelte es Bomben.

Wir landeten in Anzio, um Cassino zu umgehen. Vor Monte Cassino steckten unsere Einheiten fest. Das liegt zwanzig Meilen nördlich von Neapel. Eine riesige Bergkette. Die Deutschen waren schlau, sie kämpften niemals im flachen Gelände. Sie hatten Granatwerfer oben. Unsere Tanks kamen nicht hinauf, die Lastwagen nicht, keine Artillerie, nichts. Sechs Monate lang haben sie uns in Grund und Boden gebombt, wir hatten achttausend Mann Verluste.

Lasowski und ich haben den Jungs beigebracht, wie man durch die feindlichen Linien kommt und ein funktionierendes Nachrichtennetz aufbaut. Dann stellte ich ein Team zusammen und schleuste es durch die Linien. Nach ein paar Tagen kam ich zurück. Auf diese Weise brachten wir zweiundzwanzig Teams durch. Bis auf das erste waren alle erfolgreich.

Vorher hatten wir überhaupt keine Informationen, und plötzlich kamen von allen Seiten Lageberichte. Die Jungs von der Dritten Division waren begeistert. Das eine Team, das sie gefangengenommen hatten, wurde in ein Gestapo-Gefängnis gebracht. Die Nägel wurden ihnen ausgerissen, aber sie redeten nicht. Später trafen wir sie in Rom wieder. Wir verloren keinen einzigen Mann.

Als ich von Neapel nach Algier flog, war Donovan auch im Flugzeug. Er setzte sich neben mich und fragte mich nach meiner Verbindung zur Kommunistischen Partei. Das war kein Verhör, er war nur neugierig. »Wie stehst du dazu?« Er wußte, was ich für den OSS alles geleistet hatte, ich hatte bei ihm einen ziemlichen Stein im Brett. Wenn ich ihn um 'ne Million Dollar gebeten hätte, Mann, die hätte er mir ohne mit der Wimper zu zucken gegeben. Ich erzählte ihm, wie ich zur Kommunistischen Partei stand, und was ich zu tun beabsichtigte, nämlich Eisenbahnen in die Luft zu jagen. Er sagte: »Das ist ja interessant, mein Junge, wir arbeiten also mit den Kommunisten zusammen?« Er nannte mich immer ›mein Junge‹, er mochte mich. Dann sagte er: »Aber laß dir das mit der Kommunistischen Partei nicht zu sehr raushängen.« Ich sagte: »Keine Frage. Die wollen den Krieg gewinnen und wir wollen den Krieg gewinnen. Und dafür werde ich mein Bestes geben.« Er sagte »fein«, und ging.

Die Kommunistische Partei hatte in Neapel 150 000 Mitglieder. In den ganzen zweiundzwanzig Jahren, die Mussolini an der Macht war, bestand die illegale, linksgerichtete Eisenbahnergewerkschaft im Untergrund weiter. Während der Besatzung brachten die italienischen Partisanen die Nazis reihenweise um, und erst recht zu der Zeit, als sich die Deutschen auf dem Rückzug befanden. Sie schütteten heißes Wasser aus den Fenstern – haben Sie den Film ›Die vier Tage von Neapel‹ gesehen? An jedem Frontabschnitt führten Leute das Kommando, die in der Garibaldibrigade in Spanien gekämpft hatten. Der Mann, der Mussolini gefangennahm und ihn an den Füßen aufhängte, hieß Muscatalli und war auch ein alter Spanienkämpfer.

Nördlich von Rom gab es eine Guerillagruppe, die sich ›Garibaldi-Komitee für die Nationale Befreiung‹ nannte. Wir schickten ihnen per Fallschirm mehrere Funkerteams. Der Führer der Partisanen war der ehemalige Kommandant der Garibaldi-Brigade. Einer von den Italienern sprach lupenreines Oxford-Englisch. Er war grandios. Zusammen mit ein paar anderen nahm er in den Albaner Bergen eine deutsche Panzerdivision gefangen. Die Briten waren nur langsam vorangekommen. Er ging in seinen zerlumpten Klamotten zu ihnen hin und sagte im besten Oxford-Englisch: »Worauf wartet ihr? Wir haben schon alles erledigt, holt sie euch.« Er hatte keine Tanks zur Verfügung, nur Maschinengewehre. Er übergab den Briten die Gefangenen. Das sorgte damals für ziemliches Aufsehen.

Wir nahmen Rom ein, dann Florenz und Siena. Die deutsche Armee stand im Norden. Die Guerillaeinheiten waren eine massive Unterstützung. Wir hatten achtzehn Funkerteams, die täglich ihre Meldungen in Deutsch, Französisch, Englisch und Italienisch absetzten. Wir verloren kein einziges Team. Das Hauptquartier der

Alliierten nannte das Informationsmaterial, das wir lieferten, das beste, was je da war. Wir konnten jedes einzelne Haus orten. Unsere Jungs lieferten bergeweise Informationen. Wir hatten Detailkarten von allen deutschen Stellungen. Die amerikanische Armee wußte genau, wo sich jeder einzelne Deutsche gerade befand.

General Alexander, der britische Oberbefehlshaber im Alliierten Hauptquartier, gab ein Bulletin heraus, daß alle italienischen Partisanen nach Hause gehen und dort die Schlußoffensive abwarten sollten, die Alliierten würden jetzt selbst alle Aktivitäten koordinieren. Jeder, der auch nur ein bißchen was von Guerillakrieg versteht, weiß, daß so was unmöglich ist. Eine Guerillaarmee muß ständig in Bewegung bleiben. Es ist einfach dumm, sie nach Hause zu schicken und Däumchen drehen zu lassen. Man kann nicht mit einem Schlag eine inzwischen auf 300 000 Mann angewachsene Truppe zurückbeordern und erwarten, daß so was funktioniert. Das sagte ich auch dem *OSS*. Ich wußte nicht, daß Churchill und Roosevelt sich in Quebec getroffen hatten und meinten, das Ende des Krieges wäre in Sicht, und so weiter.

Ich setzte einen Funkspruch ab, die deutschen Stellungen sollten verstärkt angegriffen werden. Alle Eisenbahnlinien, alle Brücken, alle Munitionsdepots, jede einzelne Fabrik. Dafür brauchten wir jede Menge Informationen. Achtzehn Funkerteams! (Er lacht.) Mein Gott, ich kann's selbst kaum glauben.

Sie beorderten mich nach Caserta, wo sich die *OSS*-Zentrale befand. Sie wollten wissen, was das mit dem Funkspruch sollte. Ich sagte, ich wollte noch einmal alle Kräfte für den Sieg mobilisieren, und fragte, was es daran zu kritisieren gäbe. Der Major sah das ein, also fuhr ich wieder und vergaß die ganze Angelegenheit. Ich wußte nie, was in diesen hohen Offizieren so alles vorging. Da gab es einen, Scamperini, das war vielleicht ein Idiot. Für ihn war klar, daß alles, was ich tat, äußerst subversiv wäre und uns dem Sieg keinen Schritt näher brächte. Seien wir ehrlich, die wollten uns loswerden.

Gegen Ende des Krieges bat ich um Versetzung nach China. Das wurde sofort akzeptiert. Wir lagen ja noch im Krieg mit Japan. Donovan wollte dafür sorgen, daß wir mit dem nächstbesten Schiff losfahren konnten. Zwei Tage später begann die Schlußoffensive.

Man muß sich klar vor Augen halten, daß es die Partisanen waren, die die deutsche Armee zur Kapitulation zwangen. Kesselring ergab sich ihnen. Seine Kapitulation wurde mir durch zwei Funksprüche bestätigt. Ich schlug vor, daß ich und ein paar andere Jungs vom *OSS* mit dem Fallschirm abspringen und Kesselring rausholen. (Er lacht.) Sie gaben das an Allen Dulles weiter, der unser Schweizer Büro leitete, und der schickte dann jemand anders los. Uns wollten sie nicht dabeihaben. Das hatte ich nicht anders erwartet. Sechs Monate haben sie es herausgezögert, mich zum Captain zu befördern, das war wirklich das Letzte.

Donovan gab uns immer wieder Rückendeckung. Er ließ mich nach Washington kommen. Am 8. Mai war der Krieg vorbei, am 10. war ich schon auf der U.S.S. ›West Point‹. Milt Wolff war auch dabei. Von China war nicht mehr die Rede.

Donovan erzählte mir, daß im Kongreß darüber beraten würde, zweiundzwanzig Millionen Dollar für den *OSS* bereitzustellen, um die laufenden Operationen zu Ende zu führen. Ein paar Monate vorher sollten wir unsere Stellungnahme dazu abgeben, wie wir uns die weitere Zukunft des *OSS* vorstellten. Und dann entstand plötzlich daraus der *CIA*. Donovan sollte der Chef werden. Aber damals wurde er schwer angegriffen, weil es in seiner Organisation Kommunisten gab. Sie machten ihm die Hölle heiß.

Er ließ mich kommen: »Sie wollen die zweiundzwanzig Millionen nicht bewilligen. Wir können unsere Arbeit nicht zu Ende führen. Ich bin gezwungen, dich zu entlassen.« Außer mir wurden auch die anderen Spanienkämpfer vom *OSS* entlassen. Donovan händigte uns einen Schrieb aus, der unsere Loyalität bescheinigte. Ich habe ihn immer noch zu Hause.

Wir wurden nach Fort McQuade versetzt. Das war ein *AWOL*-Camp. Ich sollte die Jungs für den Einsatz in Japan ausbilden. Der befehlshabende Offizier las meine Akte durch und konnte sich beim besten Willen nicht vorstellen, warum ich ausgerechnet zu ihm geschickt worden war. Wir taten absolut nichts in McQuade. Wir saßen uns die Ärsche platt. Wir bildeten niemand aus. Nach dem Atombombenabwurf fragte mich der Typ: »Wollen Sie vielleicht vorzeitig Ihren Abschied nehmen?« Ich sagte: »Na klar«.

Sie zeichneten mich mit dem Verdienstorden aus. Und dann

wurde ich vom *FBI* und von allen möglichen Leuten, die sich wichtig machen wollten, angegriffen, weil ich bei der Lincolnbrigade war, ein Roter. Den anderen Jungs ging's genauso. Wo der Verdienstorden ist? Müßte ich jetzt suchen.

Hans Massaquoi

Er ist Redakteur bei der Zeitschrift ›Ebony‹. Lebt in Chicago.

Ich bin 1926 geboren. Meine Mutter war Deutsche, mein Vater Liberianer. Mein Großvater war liberianischer Generalkonsul in Hamburg.

Vor Ausbruch des Krieges entschloß sich mein Vater, Deutschland zu verlassen, denn er hatte erkannt, was da vor sich ging; und er drängte auch meine Mutter, mit mir fortzugehen. Meine Mutter hat sich auf Anraten unseres Hausarztes dagegen entschieden. Ich war sehr anfällig.

Ich bin in Deutschland aufgewachsen. Deutsch war meine Sprache. Lange Zeit hatte ich keine nennenswerten Schwierigkeiten. In der Nachbarschaft waren alle an mich gewöhnt. Ich hatte meine Freunde. Man behandelte mich wie jeden anderen deutschen Jungen. Sobald ich aber aus meiner engeren Umgebung herauskam, wurde ich dauernd angestarrt, da war ich plötzlich eine Sensation. Kleine Kinder zupften ihre Eltern am Ärmel: »Guck mal, ein *Neger.*« Das brachte mich wirklich auf die Palme.

Bevor mein Großvater aus dem Amt schied, haben wir relativ komfortabel gelebt. Hitler kam '33 an die Macht. Zunächst berührte mich das nicht. Ich war noch zu jung. Mir war nicht bewußt, daß meine Mutter, die Krankenschwester war, meinetwegen fristlos entlassen wurde. Damals fingen unsere Schwierigkeiten an.

Als ich 1932 in die Schule kam, war ich sechs Jahre alt. 1933 wurde meine erste Lehrerin aus politischen Gründen gefeuert. Ich weiß nicht, woran sie beteiligt war. Nach und nach wurden die alten Lehrer alle durch jüngere ersetzt, durch solche, die nazistisch ausgerichtet waren. Dann merkte ich allmählich, wie sich die Einstellung mir gegenüber änderte. Lehrer machten abfällige Bemerkungen über meine Rasse. Einer hat mich als Beispiel für die nichtarische Rasse angeführt. Eines Tages – ich muß ungefähr zehn gewesen sein – nahm mich ein Lehrer beiseite und sagte zu mir: »Wenn wir mit den Juden fertig sind, seid ihr dran.« Er hatte noch Hemmungen, denn er kündigte das nicht vor der Klasse an. (Er lacht.) Es war privat. Ein Anflug von Sadismus.

1939 brach der Krieg aus. Mein letztes Schuljahr. Ich habe mich, wie so viele andere Kinder auch, für den Krieg begeistert. Da tat sich etwas. Ein Umschwung. Ich hatte mich so mit den Deutschen und mit der Sache der Nazis identifiziert, daß ich ihren Einzug ins Saargebiet, in Österreich genauso bejubelte wie sie.

Ich war ein Deutscher. Ich hatte die Botschaft noch nicht kapiert. Es dauerte lange, bis ich erkannte, was die Nazis eigentlich vorhatten.

1935 hat Hitler zum erstenmal Hamburg besucht. Der Rektor ließ alle Kinder auf dem Schulhof zusammentrommeln und verkündete, das würde heute ein ganz historischer Tag, ein Tag, den wir nie vergessen würden. Zu der Zeit ahnte ich noch nicht, wie recht er hatte. An diesem Tag würden wir also unseren geliebten Führer erblicken. Eine einmalige Gelegenheit, ihn tatsächlich aus nächster Nähe zu sehen.

Der Unterricht fiel natürlich aus. Sie ließen uns auf der Zufahrtstraße zum Hamburger Flughafen aufmarschieren. Wir wurden in Reih und Glied aufgestellt, ein Heer von Kindern, die auf Hitlers Ankunft warteten.

Ich gehörte zu denen, die am lautesten riefen, als Hitler dann tatsächlich vorbeifuhr. Ich sah ihn, wie er da mit ausgebreiteten Armen in seinem schwarzen Mercedes saß. Können Sie sich diesen kleinen schwarzen Jungen vorstellen, der sich die Lunge aus dem Hals geschrien hat?

Mit einer Kampagne warb man für den Eintritt jüngerer Kinder in die Hitlerjugend. Ich wollte natürlich auch eintreten. Meine Mutter sagte unter vier Augen zu mir: »Sieh mal, Hans, du verstehst das vielleicht nicht, aber die wollen dich nicht.« Das konnte ich nicht begreifen. Alle meine Freunde hatten solche schwarzen kurzen Hosen und braunen Hemden sowie ein Hakenkreuz und einen kleinen Dolch, der Blut und Ehre bedeutete. Ich wollte genau dasselbe haben wie alle anderen. Ich wollte dazugehören. Das waren doch meine Schulkameraden.

Meine Mutter war keineswegs politisch versiert. Sie brachte mich sogar zu einem dieser Hitlerjugendzentren. Sie hat gedacht, die machten vielleicht eine Ausnahme. Die haben uns ausgelacht.

Diese ständige Zurückweisung machte mich schließlich stutzig. Die Lehrer mußten den Schülern die Minderwertigkeit anderer Rassen plausibel machen. Und da hatten sie nun ausgerechnet ein Kind in der Klasse, das immer die besten Noten bekam, das sich im Sport hervortat, das besser war als die meisten arischen Schüler. So konnten sie schwerlich sagen: Hier habt ihr Hans Massaquoi, ein minderwertiges Geschöpf. Für manche Lehrer war das ein solches Problem, daß sie anfingen, ein bißchen an den Zensuren zu drehen, die sie mir gaben. Die Kinder scharten sich um mich, weil ich meistens der Anführer war.

Im Jahre 1936 hatte unsere Klasse Gelegenheit, zu den Olympischen Spielen nach Berlin zu fahren. Nicht alle Deutschen waren von Hitlers Blödsinn überzeugt. Jesse Owen war nämlich für das deutsche Volk der unumstrittene Held. Er war der Liebling bei den Olympischen Spielen 1936. Diesem Schwarzen, der sich den Hintern abrannte, flogen alle Herzen entgegen, mit Ausnahme einer kleinen Nazi-Elite. Ich war stolz, daß ich dabeisein konnte.

Hier habe ich Hitler zum zweitenmal gesehen. Er legte Wert darauf, nicht anwesend zu sein, als Jesse Owen gewann. Er wollte nicht Zeuge sein, wenn ein Nichtarier den Sieg davontrug.

Im gleichen Jahr, 1936, ging Max Schmeling in die Vereinigten Staaten, um gegen Joe Louis zu kämpfen. Ich habe für Max Schmeling die Daumen gehalten. Als Louis ihn 1938 schlug, war ich niedergeschmettert. So habe ich mich mit den Deutschen identifiziert. Den Schwarzen, Hans Massaquoi, betraf das nämlich gar nicht. Ich war Hamburger, und Schmeling war mein Mann.

Mir ist klar, daß ich, wenn die Nazi-Führung von meiner Existenz gewußt hätte, in einer Gaskammer oder in Auschwitz geendet wäre. Was mich rettete, war die Tatsache, daß es in Deutschland keine schwarze Bevölkerung gab. Folglich gab es auch keinen Apparat, der darauf angesetzt gewesen wäre, Schwarze zu fangen. Die auf Juden spezialisierte Bürokratie verschickte an alle deutschen Haushalte Fragebogen, um ihren Auftrag erfüllen zu können. Die Frage lautete: jüdisch oder nicht-jüdisch? Ohne einen Meineid zu leisten, konnte ich jedesmal schreiben: nicht-jüdisch.

Meine Mutter war jetzt auf Stundenlohn angewiesen. In dem Krankenhaus, in dem sie gearbeitet hatte, war sie so beliebt, daß die Ärzte so freundlich waren, sie als Putzfrau zu beschäftigen. Das mußte sie machen, um zu überleben.

Meine Schulleistungen berechtigten mich dazu, aufs Gymnasium zu gehen. Ein linientreuer Lehrer rief mich zu sich und sagte: »Du mußt Mitglied bei der Hitlerjugend sein, wenn du dich qualifizieren willst. Du bist aber nicht als Hitlerjunge angenommen worden. Also ... tut mir leid.«

Das einzige, was mir offenstand, war eine Lehre. Das kam eine Familie teuer zu stehen, denn als Lehrling kriegte man keinen Lohn. Und man mußte das drei Jahre lang machen. Meine Mutter wollte, daß aus mir wenigstens ein gelernter Handwerker würde. So machte ich eine Lehre als Maschinenschlosser.

Wir bauten große Lastwagenanhänger für das Militär. Jeden Tag kamen Offiziere zur Inspektion in die Fabrik. Inzwischen sind alle um mich herum Nazis. Viele meiner alten Klassenkameraden wollten sich freiwillig melden. Mit sechzehn sind sie soweit.

Viele von den deutschen Jugendlichen, die dem Ruf zur Waffe folgten, hatten keinerlei politische Motive, zum Beispiel daß sie Juden oder Polen oder Russen vernichten wollten. Es war die alte Sehnsucht nach dem Abenteuer. Hitler machte das für sie auch sehr verlockend. Er steckte seine Truppen in tolle Uniformen. Hätte man mich nicht dauernd zurückgewiesen, wer weiß, was für ein begeisterter Freiwilliger ich vielleicht gewesen wäre. Die meisten Jugendlichen, die sich als Freiwillige meldeten, wußten nicht, auf was sie sich da einließen. Ich erlebte, wie ein Freund nach dem anderen zum Heer oder zur Marine ging. Einer meiner engsten Freunde meldete sich für die U-Boote. Ich war mächtig stolz auf ihn. Wenn er auf Urlaub kam, gingen wir häufig zusammen aus. Ich fühlte mich immer noch zurückgesetzt, weil inzwischen jeder in meinem Alter eine Uniform trug.

Plötzlich tauchte ein neues Phänomen auf. Es gab eine Gruppe Jugendlicher, die abgelehnt worden waren und die nun ihrerseits damit anfingen, das System abzulehnen.

Ihre Opposition gegen das Regime haben sie durch die Länge ihrer Haare kundgetan. Kurzes Haar war an der Tagesordnung. Die Nazis machten manchmal Razzien in einem Nachtlokal und griffen die jungen Leute heraus, die zu lange Haare hatten; die trieben sie dann zum Friseur. Diese Gruppe trug auch auffallend lange Jacken. Sie waren erbitterte Gegner von Hitler. Weiter konnte man natürlich nicht gehen.

Sie hatten eine Vorliebe für englische und amerikanische Schallplatten. Besonders Jazz. Wenn die Nazis jemanden mit diesen Platten erwischten, haben sie sie konfisziert oder den Betreffenden ins Gefängnis gesteckt und über Nacht dabehalten. Man erhielt eine Strafpredigt oder Prügel. Ich trat dieser Gruppe bei. Wir waren nur siebzehn oder achtzehn Leute. Trafen uns in bestimmten Nachtlokalen. Man sah uns an, daß wir Nazi-Gegner waren.

Die Nazis konnten uns auf den Tod nicht ausstehen. Bei jeder Gelegenheit, die sich ihnen bot, haben sie uns in den Hintern getreten oder uns das Leben sauer gemacht. Bei uns gab es nichts Ideologisches. Wir waren unpolitisch, einfach nur gegen die Reglementierung der Nazis. Es war eben eine totale Kehrtwendung. Wir wollten mit diesem Quatsch nichts zu tun haben.

Viele junge Soldaten ließen sich die Haare wieder ein bißchen wachsen, wenn sie auf Urlaub kamen. Dann zogen sie auch ihre Uniform aus und trugen Zivilkleidung. Manchmal haben sie sich den Swing-Boys angeschlossen – so wurden wir genannt. Es gab immer noch viele junge Leute, die aus dem einen oder anderen Grund nicht eingezogen waren. Gegen Ende wurde jeder eingezogen. Jedenfalls hegte unsere Gruppe da bereits die Hoffnung, daß Deutschland besiegt wird.

In dieser Zeit identifizierten wir uns mit englischer und amerikanischer Kultur, vor allem mit amerikanischer. Wir waren verrückt auf Jazz. Fast fanatisch. Jede zweite Nacht wurde eine Band verhaftet, weil Swing-Boys sie angestachelt hatten, ›Some of These Days‹ oder eine ähnliche Nummer zu spielen. Einer von der Gestapo, der im Publikum saß, nahm dann die ganze Band fest.

Eines Abends standen wir in der S-Bahn, nahe der Tür, wir waren zu dritt oder viert. Wir haben einige dieser Songs gesungen, die wir immer auf Englisch hörten. Ein paar Leute in diesem Zug wurden so wütend, daß sie uns beinah gelyncht hätten. Es gab immer noch einige stramm linientreue Deutsche in Hamburg. Aber viele waren auch abtrünnig geworden. Besonders die ärmeren Schichten wurden immer desillusionierter. Solange Hitler siegte, fand er begeisterte Zustimmung. Aber als der Krieg immer länger dauerte, waren diejenigen in der Mehrzahl, die sagten: Den können wir nicht gewinnen.

Im Jahre 1942 ging es mit den ersten Bombenangriffen auf Hamburg los. Die Razzien nahmen zu. 1943 war Hamburg praktisch ganz zerstört. In drei Nächten wurden 41 000 Menschen getötet. Meine Mutter und ich steckten mittendrin. In der Straße, in der wir wohnten, gab es einen öffentlichen Luftschutzbunker. Das war Vorschrift; in jeder Straße mußte ein Luftschutzbunker sein, der in fünf Minuten zu erreichen war.

Ich erinnere mich an einen ganz bestimmten Abend. Es war ungefähr neun Uhr. Die Sirenen heulten auf. Wir schnappten unsere Koffer und rannten hinunter. Wie viele, viele Nächte hatten wir schon in diesem Bunker gesessen. Er war gerammelt voll. Es müssen zweihundert Menschen darin gewesen sein, zum größten Teil Leute aus der Nachbarschaft, die wir kannten. Es verging keine Minute, in der die alliierten Luftstreitkräfte nicht über Hamburg waren. Das ging rund um die Uhr. Nachts haben uns die Briten angegriffen, am Tage waren es die US-Streitkräfte.

In dieser Nacht, so gegen zwölf Uhr, hörten wir, wie die Bomben fielen. Das Ganze hat ungefähr eine Stunde gedauert. Als es vorbei war, versuchten wir rauszukommen, aber wir konnten nicht. Das Gebäude über uns hatte eine Brandbombe abgekriegt und stand in Flammen. Die Außenwände waren eingestürzt und hatten die Ausgänge versperrt. Die Leute rannten herum, wurden hysterisch. Hier kommt keiner raus, riefen sie.

So gegen acht Uhr morgens hörten wir, wie draußen geschaufelt wurde. Man schaffte die Trümmer der Hauswände zur Seite. Wir waren halb erstickt. Da unten konnten wir nicht atmen. Als wir auf die Straße gelangten, war unser Viertel völlig niedergebrannt. Meine Mutter und ich machten uns auf den Weg zu einer Überführung der S-Bahn. Alle Überlebenden gingen dorthin. Lastwagen nahmen uns auf und brachten uns aus der Stadt. Damals konnten Flüchtlinge – und das waren wir ja alle – kostenlos mit den Zügen fahren.

Wir gingen für eine Zeit zu Verwandten meiner Mutter in den Harz. Es war eine kleine Stadt in der Nähe von Nordhausen. Als ich klein war und Onkel und Tante an Sonntagen hier besuchte, sind wir immer auf den Berg gestiegen. Jetzt war das ganze Gelände eingezäunt, und deutsche Militärpolizisten patrouillierten mit Hunden an den Zäunen entlang.

Ich fragte meine Tante, was da los sei. Sie sagte: »Ach, es soll etwas mit dem Krieg zu tun haben. Die lassen da eine ganze Menge Gefangene arbeiten.« Ich sah Lastwagen, beladen mit – wie wir heute wissen – Insassen von Konzentrationslagern; sie hatten diese gestreiften Anzüge an. Abgezehrte Gestalten. Vom Fenster meiner Tante aus konnte ich genau den Eingang zum Tunnel sehen.

Keiner schien das zu beachten. Da ist etwas im Gange, aber niemand erkundigt sich genauer danach. Verhielt man sich zu neugierig, lief man Gefahr, einen Kopf kürzer gemacht zu werden. Nun, ich habe herausbekommen, daß Wernher von Braun – wie sich nach Kriegsende herausstellte – mit diesen Zwangsarbeitern seine V1- und V2-Raketen gebaut hat. Viele Jahre später habe ich meine Tante dort wieder besucht. Das Gebiet gehört heute zur DDR. Auf dem Berg steht ein Museum. Damals standen dort Öfen, die für die Menschen bestimmt waren, die nicht mehr arbeiten konnten. Sie wurden dorthin geschleift und verbrannt. Ich habe von den Öfen damals nichts gewußt.

Wir kehrten nach Hamburg zurück, wo alles in Trümmern lag. Wir haben kein einziges heiles Haus mehr gesehen. Meine Mutter und ich wohnten in Notquartieren in einer großen Schule. Tausende von obdachlosen Menschen lebten so. Ich hauste mit einem Haufen alter Männer in einem Klassenzimmer zusammen. Meine Mutter war bei den Frauen im anderen Flügel untergebracht.

Zwei Wochen, bevor die Briten endgültig in Hamburg einmarschierten, blockierte das Militär die Straße vor der Schule und baute dort eine riesige Tank-Barrikade auf. Sie rissen alle Pflastersteine aus den Straßen und schichteten sie zu einer gewaltigen Mauer auf, die durch Stahlverstrebungen gestützt wurde.

Uns wurde verkündet, die Briten kämen am nächsten Tag in die Stadt. Der Oberbürgermeister von Hamburg, Karl Kaufmann, der am Anfang einer der getreuesten Verbündeten Hitlers gewesen war, widersetzte sich jetzt seinen Befehlen. Er weigerte sich, die Stadt zu verteidigen. Berlin war inzwischen völlig abgeschnitten. Wegen dieser einen guten Tat bringt man Kaufmann heute Sympathie entgegen, obwohl er vielfach schuldig geworden ist.

Am nächsten Morgen weckte mich einer in meinem Schulzimmer: »Hans, deine Freunde sind da.« Ich sah aus dem Fenster. Auf der einen Seite der Barrikade waren Panzer und Jeeps in großer Zahl aufgereiht. Und dann all die Soldaten mit den komischen Tommy-Helmen und den Tarnnetzen über den Gesichtern: die britischen Truppen. Sie können sich nicht vorstellen, wie unwahrscheinlich mir das vorkam: ausländische Truppen in Deutschland, das doch den Nazis gehörte, wie wir wußten. Ich sagte: »Mein Gott, das ist nicht zu fassen.«

Die Nazis hatten den Deutschen gesagt: Wenn die Alliierten kommen, machen sie euch fertig. Ihr werdet hingerichtet, eure Frauen vergewaltigt. Da, wo meine Mutter untergebracht war, versteckten sich die Frauen in Toiletten und Wandschränken. (Er lacht.) Jemand machte bei uns die Tür auf, und mehrere britische Soldaten kamen hereinmarschiert. Einer hatte einen mächtigen Walroßbart. Er erkundigte sich, ob jemand von uns englisch spräche. Ich sagte, ich könnte ein bißchen. Da sagte er: »Gut, dann wirst du das machen. Geh herum und sage den Leuten hier, sie sollen sich auf dem Schulhof versammeln.«

Ich ging von einem Raum zum anderen. Es war schwierig, auch nur die Hälfte von ihnen aufzutreiben. Sie hatten sich fast alle versteckt. Einige waren fest davon überzeugt, daß sie hingerichtet würden. Ich habe sie, so gut ich konnte, beruhigt. Habe ihnen gesagt: »Der Offizier will nur, daß ihr alle auf den Schulhof kommt.« Fünf bis zehn Minuten später standen wir etwa zu hundert draußen, ringsherum von Soldaten umgeben. Es sah bedrohlich aus. Aber der Offizier gab mir eine Zigarette, und da habe ich bei mir gedacht, daß wohl keine unmittelbare Gefahr bevorstünde.

Er sagte: »Erklär den Leuten, daß wir mit unseren Fahrzeugen durch diese Straße müssen. In zwei Stunden will ich die Barrikade hier weg haben. Sie kriegen von uns Schaufeln und Spitzhacken. Alle müssen mitmachen, Männer, Frauen und Kinder.« Ich habe sie zu einer Baufirma geführt, wo sie das Schloß aufbrachen; dann haben sie mehrere Lastwagen mit Schaufeln beladen.

Ich habe dem Offizier meine Mutter vorgestellt, und er hat zu ihr gesagt, sie brauchte die Barrikade nicht mit abzureißen. Das hat bei meinen früheren deutschen Freunden viel Feindseligkeit hervorgerufen, denn sie sahen mich als Verräter an. Der Abriß der Barrikade war wirklich eine unmögliche Aufgabe. Es hatte ja Wochen gedauert, bis sie aufgebaut war. Der Offizier machte mich zum Aufseher: »Paß auf, daß sie arbeiten.« Sie waren wütend auf mich. Ich sagte zu ihnen: »Hört mal, Leute, ich erzähl euch doch nur, was der Mann da sagt.«

Junge Soldaten strömten jetzt in Scharen zurück, Verwundete und Unversehrte. Alle versuchten, ihren Lebensunterhalt zu bestreiten. Rechtmäßige Geschäfte gab es nicht. Der Schwarzmarkt war das einzige florierende Geschäft. Jeder legte sich ins Zeug. Ich war im Vorteil. Mit meinem Aussehen gelang es mir mühelos, mich mit den Alliierten anzufreunden. Wenn sie mich ansahen, glaubten sie sofort, ich sei kein Deutscher. Kurze Zeit später liefen amerikanische Schiffe im Hamburger Hafen ein. Sie hatten alle Schwarze in ihrer Mannschaft. Ich brauchte nur raufzugehen und um eine Zigarette zu bitten. Schon war der Kontakt hergestellt. Dann sagte ich jedesmal: »Ich sitze hier auf dem trockenen. Ich will nach Amerika.« Dank meiner Hautfarbe hatte ich immer Zutritt. Ich passierte sogar die Militärpolizei ohne Ausweis und gelangte so auf die Schiffe.

Zu dieser Zeit begann ich mit einem Intensivprogramm in Englisch. Ich mußte die Sprache lernen, wenn ich als Amerikaner durchgehen wollte. Das war wie ein Empfehlungsschreiben für mich.

Während des Krieges hatte ich jeden Kontakt zu meinem Vater verloren. Ich schrieb die verschiedensten Briefe nach Liberia. Einige habe ich amerikanischen Soldaten mitgegeben, andere britischen und wieder andere dem Roten Kreuz. 1947 erhielt ich einen großen dicken Brief mit riesigen Briefmarken: Liberia. Darin stand: »Lieber Sohn, Gott sei Dank lebst Du.« Er schickte mir einen liberianischen Paß. Nun konnte ich Deutschland verlassen, denn mit diesem Paß wurde ich zum erstenmal als rechtmäßiges Mitglied der Alliierten anerkannt. Ich hatte mich in meinem Herzen schon immer mit ihnen identifiziert, aber jetzt hatte ich die entsprechenden Papiere.

Wenn ich an die denke, die wirklich unter den Nazis gelitten haben, dann ist meine größte Enttäuschung, daß die Alliierten diese Nazis so milde behandelt haben. Wir hatten angenommen, daß auf die Besetzung ein Großreinemachen folgen würde. Daß die Briten und Amerikaner ins Land kämen und – wie die Russen es gemacht haben – zuallererst die Nazi-Verdächtigen erfaßten. Und sicherstellten, daß diejenigen, die an der Macht gewesen waren, nicht wieder an die Macht zurückkehrten. Das Gegenteil war der Fall. In ganz kurzer Zeit erlebten wir, wie dieselben Leute, die die ganze Gegend terrorisiert hatten, wieder in Amt und Würden waren. Die Luftschutzwarte, die Blockwarte, all diese Gruppenführer, alle Ex-Funktionäre saßen wieder fest im Sattel. Viele meiner Freunde waren so desillusioniert, daß sie Deutschland den Rücken kehrten. Ein besonders brutaler Nazi, Chef einer Gummifabrik, für den ich während des Krieges gearbeitet hatte, wurde wieder in die Geschäftsleitung dieser Firma eingesetzt. Das lief überall so.

Ein anderes Phänomen der Zeit: Nazis, dic keine gewesen sein wollten. Man hat Bilder von Tausenden gesehen, die »Heil Hitler!« gebrüllt haben. Wenn man aber einen fragte: Bist du jemals ein Nazi gewesen? O nein, ich doch nicht. Fast alle früheren Funktionäre waren plötzlich wieder in ihren alten Positionen.

Ich glaube, die Amerikaner waren in dieser Beziehung die Schlimmsten. Sie fraternisierten bereitwillig. Die amerikanischen hohen Militärs, die herüberkamen – offensichtlich in dem Bemühen, alles reibungslos abzuwickeln –, haben sich sofort mit den alten Nazis angefreundet.

Ich glaube, das ging von Washington aus: Wir wollen lieber mit den Nazis verhandeln und sie auf unsere Seite ziehen. Laßt uns diese Entnazifizierung nicht zu ernst nehmen. Macht es der Form halber, aber tretet nicht auf zu viele Zehen. Schließlich brauchen wir sie noch.

Die Bombe

Philip Morrison

Eine Legende unserer Zeit: Die Physiker wurden von den Militärs angesprochen. Die Militärs sagten: Wir machen euch reich und berühmt. Wir geben euch die wunderbare Gelegenheit, die größte Explosion der Welt zu fabrizieren, und ihr braucht bloß zu vergessen, daß es dabei um eine Bombe geht, die sehr viele Menschen tötet. Ein faustischer Handel.

Aber so sah es ganz und gar nicht aus. Es ist eine völlig falsche Vorstellung. *Wir* gingen zur *Army*. Ich meine die wissenschaftliche Profession, Einstein, der Pazifist, vorneweg. Wir klopften an die Türen und sagten, man muß uns erlauben, diese Waffe zu bauen, sonst werden wir den Krieg verlieren. Und als wir einmal dabei waren, hörten wir nicht mehr auf. Ich arbeitete nicht vierzig Stunden in der Woche. Ich arbeitete siebzig Stunden. Nachts saß ich da und dachte nach. Morgens wachte ich auf und dachte nach. Alle meine Freunde taten das gleiche. Was können wir für diesen Krieg tun? Die Physiker haben die Bombe erfunden.

Sein Büro im Massachusetts Institute of Technology spiegelt eine unglaubliche Vielfalt von Interessen und Impulsen wider. Zerklüftete Berge von Büchern, Zeitschriften und Dissertationen türmen sich wie Kraut und Rüben auf dem Fußboden, vor dem Fenster, auf seinem Schreibtisch. Ohne Zweifel wird er manche rezensieren, andere kommentieren – Themen aus dem Bereich der theoretischen

Physik und darüber hinaus, einem Bereich, von dem er »vor rund zwanzig Jahren abgeschweift« ist, zur Astronomie, mit der er sich gegenwärtig beschäftigt. »Ich bin heute eigentlich Astronom.«

Während des Krieges war ich Kernphysiker. Genaugenommen Ingenieur. Wir machten Waffen.

Vor dem Krieg war ich in Berkeley, Kalifornien. Ich hörte die Reden aus Nürnberg, mitten in der Nacht. Hitler sprach im Radio. Ich war Student bei Oppenheimer. Meine Freunde waren in Spanien: Der Spanische Bürgerkrieg kam mir realer vor als der Zweite Weltkrieg. Ich kenne mehr Leute, die in Spanien gefallen sind, als solche, die im Zweiten Weltkrieg geblieben sind. Wir hielten ihn für ein Vorspiel zum Krieg in Europa. Wäre der Spanische Bürgerkrieg beendet und die deutsche und italienische Hilfe für Franco zurückgeschlagen worden, dann hätte der Weltkrieg sich vielleicht verhindern lassen. Dachten wir zumindest.

Die ganze Sache begann eigentlich für uns gegen Ende Dezember '38, gleich nach München. Der erste Aufsatz, der kam, war in deutscher Sprache, von Hahn und Straßmann. In diesem sonderbaren Aufsatz wurde dargelegt, daß Uran in Barium verwandelt werden konnte. Bevor wir ihn genau verstanden hatten, hörten wir Gerüchte aus Schweden: Robert Frisch und Lise Meitner hatten ihn verstanden. Frisch hat mir die Geschichte selbst erzählt. Sie war seine Tante. Sie gingen zusammen im Wald spazieren. Sie setzten sich auf einen Baumstamm. Er machte eine kleine Zeichnung und sagte: »Ich denke es mir so.« Sie machte auch eine kleine Zeichnung. Keiner verstand die Zeichnung des anderen. Und dann erkannten sie plötzlich und gleichzeitig, daß sie beide das gleiche gezeichnet hatten, nur aus verschiedenen Blickwinkeln. Das Uran-Atom, in zwei Hälften gespalten. Drei Tage später gaben sie der Sache ihren Namen: Fission. Bis Mitte Januar war es für jedermann klargeworden.

Wir, Oppenheimers Studenten, zeichneten allerlei phantastische Entwürfe für Atombomben an die Tafeln. Wir wußten nicht viel darüber. Ein Jahr später schrieb ich einen Artikel, aber er wurde nicht gedruckt. Niemand schien sich für Physik zu interessieren.

Leo Szilard war allen voraus; er hatte die Idee schon fünf Jahre früher gehabt. Er war noch in Europa, ein ungarischer Flüchtling. Dabei unterlag er dem Irrtum, hier zeige sich ein Weg zur Auslösung einer Kettenreaktion. Vier, fünf Jahre reiste er in Europa umher und versuchte, die Leute zu beschwatzen und eine Stelle zu finden, wo er daran arbeiten könnte. Er erwarb sich den Ruf des Verrückten, der sich in den Kopf gesetzt hatte, aus Atom Energie zu machen. Er dachte damals nicht so sehr an die Bombe, als vielmehr an eine Energiequelle. Er wurde eine Gestalt der Legende.

In die Vereinigten Staaten kam er, um Enrico Fermi zu besuchen, der gerade aus Italien gekommen war, und versuchte, ihn zur Arbeit daran zu überreden. Dann beschwatzten Szilard und Wigner Einstein, jenen Brief an Roosevelt zu schreiben: Die Deutschen sind schon weit voraus mit der Bombe. Lassen Sie uns etwas tun. Sie waren nicht besonders gut über Deutschland informiert, aber ihnen erschien es plausibel. Das war im Herbst '39. Der Krieg war bereits ausgebrochen. Mit dem Fall Frankreichs im Jahr 1940 rüsteten auch wir zum Krieg.

Ich war auf der Suche nach Arbeit. Der Ort, für den ich mich entschied, war Chicago. Ich bekam eine Stelle bei Fermi, am Tag nach der ersten Kettenreaktion, die am 2. Dezember '42 stattfand.

Ein Jahr lang war ich an der Universität von Illinois mit Kriegsarbeit beschäftigt gewesen. Jeder Physiker, der krauchen konnte, machte Kriegsarbeit. Es herrschte Totalmobilmachung in der Physik. Die USA befanden sich immer noch nicht im Krieg, und es gab jede Menge vorzubereiten. Nach Pearl Harbor wurde der Campus unverzüglich mobilgemacht. Die Seminare wurden beschleunigt. Die Studenten trugen Uniform. Sie marschierten in die Seminarräume und sangen ›Sixpence‹. Ich empfand wilde Begeisterung, denn ich war schon lange gegen die Nazis gewesen, und dies war der Krieg, den ich erwartet und gefürchtet hatte. Ich ließ mich spontan und naiv von diesem schrecklichen Krieg einfangen. Es war wie ein großer Kreuzzug.

Ich war Luftschutzwart in Illinois. Die Übungen verbrachte ich auf dem Dach des Physikgebäudes mit einem Eimer Sand zum Löschen der Brandbomben. Wir verfielen sogar darauf, daß die Deutschen einen kleinen Flugzeugträger in die Hudsonbay schicken und versuchen würden, Chicago zu bombardieren. Aber sie würden Chicago verfehlen, wegen der Verdunklung. Und vielleicht würden sie dann Urbana finden, das geradewegs hinter Chicago lag. (Er lacht.) Wirklich bizarr. Es herrschte ein großes Gefühl von Kameraderie, von nationaler Einheit. Jeder war davon erfaßt.

Der Tag, an dem ich zu Fermi nach Chicago kam, war erfüllt von Erregung. Mein Freund, der schon dort arbeitete, sagte: »Du weißt, was wir hier machen?« Ich äußerte die Vermutung, daß sie an der Kettenreaktion arbeiteten. »Das haben wir schon hinter uns«, sagte er. »Jetzt bauen wir eine Atombombe.«

Diese Bombe erfordert spaltbares Material. Eine Kettenreaktion nicht. Die läßt sich mit gewöhnlichem Uran bewerkstelligen. Man hatte sich in den Kopf gesetzt, Plutonium zu machen, chemisch trennbar von den anderen Elementen. Der Rest war Alchimie: Man verwandelte Uran in Plutonium.

In Oak Ridge, Tennessee, wurden zwei Fabriken gebaut, eine für die New Yorker Wissenschaftler der Columbia Universität unter Harold Urey, die andere für die Leute aus Berkeley unter William Lawrence. Die dritte Anlage, in Hanford, Washington, war für Fermis Chicagoer Labor.

Wir hatten einen vollgepackten Stundenplan. Wir mußten entscheiden, wie das Plutonium aussehen sollte, die Ingenieure von DuPont ausbilden, die Arbeit auf einen großen Maßstab übertragen und entwickeln: Alles mit dem Ziel, spaltbares Material zu bekommen. Das würde man dann woanders hinbringen und in eine Bombe verwandeln.

Das Ganze war ein einziges Unternehmen, äußerst verteilt, äußerst komplex: das ›Manhattan-Projekt‹, geleitet von General Groves.

Wir wußten, daß es darum ging, die zerstörerischste aller denkbaren Waffen zu bauen. Wir glaubten, daß Hitler uns weit voraus sei. Mein persönliches Erleben wurde von einer Idee beeinflußt, die mir ungefähr sechs Monate nach meinem Eintritt in das Projekt in den Sinn kam. Ich dachte mir, es gebe neben den schlichten Verhören und Befragen von Gefangenen noch andere Methoden, herauszufinden, was die Deutschen taten. Technische Mittel.

Sorgfältig verfaßte ich einen langen Brief und schickte ihn an General Groves. In derselben Woche, als er auf seinem Schreibtisch landete, erhielt er zufällig einen bemerkenswert ähnlichen Brief von einem Chemiker in New York. Wir beide hatten einander noch nie gesehen und auch noch nie voneinander gehört. Dieses zufällige Zusammentreffen fügte sich in General Groves eigene Gedanken. Er ließ uns kommen und sagte: »Fangen Sie an.« Er gab uns ein paar Offiziere, mit denen wir arbeiten sollten. Wir entwickelten einen Plan zur Ausforschung der deutschen Erkenntnisse. Bekannt wurde er schließlich unter dem Namen ›Elsaß-Projekt‹. Ich machte mich selbst zu einem Offizier des Nachrichtendienstes. Ich saß nur da und las ...

Wir leiteten eine schreckliche Serie von Operationen ein, wie man sie sonst nur in Büchern findet. Von meinem heutigen Standpunkt aus waren sie reine Verschwendung, aber unter den gegebenen Umständen wahrscheinlich gerechtfertigt. Wir sandten Flugzeuge auf allerlei schwierige Missionen. Wir betrauten junge Männer mit allerlei schwierigen Aufgaben. Manchmal kamen sie um unbedeutender Informationen willen zu Tode. Wir machten zahllose Photos und drangen dafür mit unseren schnellsten Flugzeugen bis weit hinter die deutschen Linien vor. Wir hatten Bilder von einem tschechoslowakischen Uranbergwerk: War es in Betrieb? Wir zählten die Lastwagen, die dort jeden Tag ein und aus fuhren.

Wir studierten die Literatur. Aus der Schweiz bekamen wir alle Zeitschriften, die in Deutschland erschienen. Wir sammelten die Instrumente aus ihren Flugzeugwracks, maßen ihre Radioaktivität. Wir veranlaßten sogar, daß Leute in sehr niedriger Höhe über den Flüssen in Österreich und Deutschland entlangflogen und Wattedochte durch das Wasser zogen, um damit Proben zu nehmen. War das Wasser radioaktiv?

Wir nahmen an, daß die Deutschen uns weit voraus seien. Sie waren unsere Lehrer. Sie waren gut organisiert in den Krieg gezogen. Wir hatten große Mühe, es ihnen nachzumachen. Ein Nachrichtendienst hat eine unerfüllbare Aufgabe, denn er wird immerfort durch falsche Informationen beeinträchtigt. Wir hatten unzählige Geschichten aus Schweden gehört, aus der Schweiz und von Kriegsgefangenen. Jawohl, die Deutschen testen Bomben. Jawohl, sie haben einen großen Vorsprung. Jawohl, sie haben Geheimwaffen. Aber jetzt erfuhren wir durch unsere anderen Methoden genau und in allen Einzelheiten, was sie taten. Wir hatten ihre Aufzeichnungen. Natürlich arbeiteten sie daran, aber sie lagen weit hinter uns zurück.

Im Dezember '44 erhielten wir im Rahmen des ›Elsaß-Projektes‹ bei der Besetzung Straßburgs – dabei geriet das Laboratorium eines bedeutenden deutschen Physikers, Fleischmann, in unsere Hände – von Leuten, die dort waren, um die Arbeit der Deutschen zu studieren, die unanzweifelbare Information, daß die Deutschen keine Bedrohung waren. Es stand zu lesen wie in einem offenen Buch. Sie lagen weit zurück und waren arrogant. Sie behaupteten: »Wir sind dem Rest der Welt weit voraus. Die Amerikaner können es nicht. Selbst wenn Deutschland den Krieg verliert, werden wir den Frieden gewinnen, denn wir allein beherrschen diese machtvolle Waffe.« Als wir das lasen, mußten wir laut lachen.

Die Arbeit in Chicago wurde mehr und mehr zu einem Ingenieursjob. Im Sommer '44 war die Anlage in Hanford startbereit. Ich sollte mit Fermi hin, um dieses gewaltige Kraftwerk in Gang zu bringen. Das größte Ding auf der ganzen Welt. Aber General Groves sagte: »Warten Sie.« Die Invasion in der Normandie hatte begonnen. Wir bereiteten uns darauf vor, in deutsches Territorium einzudringen und alle Informationen, die sie hatten, aus ihnen herauszuholen.

In Los Alamos kam es zu einer Krise. Hier, in der Wüste von New Mexico, sollten sie die Bombe zusammensetzen, sie bauen. Sie arbeiteten bereits, unter Oppenheimer; schon im Frühjahr '43 hatten sie angefangen. Die Anlage begann enorm zu wachsen, sehr viel mehr, als wir erwartet hatten. Sie brauchten Hilfe, um das Problem der Implosion zu lösen, als klar wurde, daß Plutonium sich in der Bombe nicht würde verwenden lassen, wenn man nicht eine neue Methode der Montage entwickelte. Man schickte also besser schleunigst Leute hin. Die Arbeit in Chicago ließ nach. Wir fingen an, von einer Welt nach dem Krieg zu reden, von einem friedlichen Einsatz der Atomenergie.

Ich war zunächst froh, nach Los Alamos zu kommen, denn ich empfand große Loyalität für Oppenheimer. Los Alamos war eine Gemeinschaft, die von starker Zielstrebigkeit und Intensität erfüllt war. Wir sahen uns als Kämpfer in vorderster Front. Wir standen in der Bresche zwischen Hitler und der Welt. Den Krieg konnten wir nur auf eine Weise verlieren, nämlich indem wir unsere Arbeit nicht taten.

Los Alamos war keine Stadt wie Chicago. Es war ein mit Physikern besetzter Armeeposten. Wenn ich die Straße hinunterging, kannte ich jeden persönlich. Noch nie zuvor hatten wir ein solches Gefühl der Brüderlichkeit in einer kleinen Gemeinschaft erlebt. Natürlich war die Anlage geheim. Sie war von Wachtposten umgeben. Wir durften nicht ohne Genehmigung hinaus. Unsere Post wurde zensiert, unsere Telephongespräche wurden abgehört. Wir waren mit all dem einverstanden. Die Bezahlung, die Oppenheimer dafür, daß wir uns der ständigen Kontrolle und Isolation fügten, klugerweise aushandelte, bestand darin, daß wir frei miteinander sprechen durften. Man wußte über alles Bescheid, was hier vorging. Innerhalb unserer Gemeinschaft herrschte völlige Offenheit. Fermi, Bethe, Neumann, Kistiakowski, Teller – sie waren alle da. Es gab kein Geheimnis, das nicht jedem zugänglich war. Wir erfanden ja die Geheimnisse. Wir schrieben das Buch.

»Teller? Wie Oppenheimer sagte: ›In Kriegszeiten ist er ein Hemmschuh. Im Frieden wird er zum Promoter werden.‹ Teller hatte eine fixe Idee. Er sagte: ›Meine Arbeit ist wichtiger; ich entwickle eine Thermonuklearwaffe.‹ Dabei war jedem klar, daß man zuvor die Fussionswaffe bauen mußte. Es war ganz offensichtlich die verkehrte Reihenfolge. Eine moralische Frage war es in diesem Augenblick nicht. Es war einfach unrealistisch.«

Wir nahmen uns viel Zeit und riskierten dabei viele Menschenleben. In meiner kleinen achtköpfigen Gruppe starben zwei. Wir verwandten zum erstenmal Sprengstoff und radioaktives Material in großen Mengen. Es gab eine Serie von Zwischenfällen, die uns erschütterten. Wir arbeiteten schwer, Tag und Nacht, um etwas zu vollbringen, was noch nie vollbracht worden war. Vielleicht würde es überhaupt nicht funktionieren.

Ich weiß noch, daß ich eines Abends spät mit meinem Freund Louis Slotin zusammen arbeitete. Er wurde durch einen Strahlungsunfall getötet. Wir teilten uns die Arbeit. Mich hätte es genauso gut treffen können. Aber an diesem Tag war er da. Es war ein Samstag. Wir holten uns das Material und arbeiteten von morgens neun bis drei Uhr früh am nächsten Tag, in einem abgeschirmten Labor, mit zwei Wachen vor der Tür. Schattendunkel die Nacht draußen. Ein oder zwei Soldaten, Techniker.

Eine sehr wichtige Rolle beim ›Los-Alamos-Projekt‹ spielten die jungen Männer und Frauen, die in der *Army* ausgelesen wurden, ausgesiebt bei der Rekrutierung: Examensstudenten der Chemie, Physik, Metallurgie. Sie kamen nach Oak Ridge, wurden selektiert und weiter nach Los Alamos geschickt. Ich war der leitende Physiker. Mit siebenundzwanzig. Das war genau das Durchschnittsalter der Wissenschaftler in Los Alamos. Wir waren alle jung.

Wie sollten wir uns richtig verhalten? Es war ein kritischer Augenblick. Der Krieg mit Japan war noch nicht zu Ende. Unsere Arbeit würde den Krieg vielleicht beenden, viele Menschenleben retten, der Anfang einer neuen Welt werden. Wir waren enttäuscht, daß die Vereinten Nationen nichts davon erfuhren. Niemand, der den UN auch nur flüsternd von den Möglichkeiten berichtet hätte. Acheson erwähnte mit keinem Wort die Waffe, die die Welt verändern konnte. Das wunderte mich.

Dann kam die schreckliche Nachricht vom plötzlichen Tode Roosevelts. Ich glaube, das war das Ende der Möglichkeit, daß es mit der Bombe noch irgendeine neue Wendung nehmen könnte. Aber auch wenn Truman am naheliegenden Lauf der Dinge – weitermachen, sie einsetzen – etwas hätte ändern wollen, hätte er dazu nicht mehr die Macht gehabt. Der Druck seiner Berater war zu stark.

Ich sage nicht, daß ich ein Gegner ihres Einsatzes war – ganz und gar nicht. Aber ich fragte mich: Ist es richtig? Der Gedanke, sie abzuwerfen, war implizit in dem Umstand enthalten, daß wir sie bauten. Wir wußten nicht genau, wie das gehen sollte. Unsere Aufgabe war es, die Bombe fertigzustellen und zu sehen, ob sie funktionierte. Die ganze Welt hing davon ab, glaubten wir.

Ich war einer von denen, die beauftragt wurden, sich um die Einzelheiten des Tests in der Wüste zu kümmern. Das war der ›Trinity-Test‹. Man sprach von der Möglichkeit, ihn über Japan durchzuführen. Es gab auch den Vorschlag, die Japaner zum Test einzuladen. Aber da war diese enorme Unsicherheit: Würde es klappen? Wenn es nicht klappen sollte, wäre das ziemlich peinlich. (Er lacht.) Am 16. Juli ging es in der Wüste los.

Die Zündung war für Montgmorgen angesetzt. Am Donnerstag davor fuhr ich hin, in einem gesicherten Autokonvoi, mit dem Kern, der kleinen Plutoniumkugel. Ich hatte diese Kugel entworfen. Es war erst das zweite Mal, daß wir die Bombe mit dem hochexplosiven Sprengstoff zusammengebaut hatten. Wir hatten alle Angst. Kistiakowsky hatte Angst um uns. Als wir es auf dem Berg ausprobierten, klappte es. Wir kamen hinunter in die Wüste und versuchten es noch einmal. Am Fuße des Turms steckten wir den Plutoniumkern in den hochexplosiven Sprengstoff. Damit war unsere Arbeit beendet. Wir waren fertig.

Wir fuhren ins Basiscamp, genau zehn Meilen weit entfernt. Da blieben wir zwei Tage, lebten unser Leben, bereiteten uns auf den Tag des Tests vor. Am Sonntagabend fing es an zu regnen. Es war unsicher, ob der Test stattfinden würde. Große Unruhe überall. Am Morgen, kurz bevor es hell wurde, hörte der Regen auf.

Ich hatte ein Kurzwellenradio und mußte den Funkverkehr der Leute abhören, die die eigentliche Zündung vornehmen würden. Fermi und all die anderen waren da. Aber diejenigen, die unmittelbar mit den Instrumenten zu tun hatten, waren überall in der Wüste verstreut, manche in Bunkern, andere weit entfernt. Ich hatte ein Mikrophon, und ich übermittelte den Countdown. Ich sagte an: Dreißig Sekunden, zwanzig Sekunden, zehn Sekunden, neun, acht, sieben, sechs...

Aus zehn Meilen Entfernung sahen wir den unglaublich strahlenden Blitz. Das war aber nicht das Eindrucksvollste. Wir wußten, daß es blendend hell werden würde, und deshalb trugen wir Schweißerbrillen. Was mich packte, war nicht der Blitz, sondern die gleißende Hitze eines strahlenden Tages auf unseren Gesichtern an jenem kalten Morgen in der Wüste. Es war, als öffne man einen glühenden Backofen, aus dem die aufgehende Sonne strahlte. Es war ein Gefühl von Ehrfurcht und Staunen und Bestürzung und Angst und Triumph zusammen. Das Geräusch kam eine Minute später. Die Explosion in der Totenstille, und dann ein mächtiger Donner.

Innerhalb weniger Tage kam ich von Los Alamos zum Air-Force-Stützpunkt Wendover in Utah. Die 509. Composite Group lag dort. Und unser Flugzeug. Mit dem Kern der Bombe flog ich nach Tinian. Dort waren die B-29-Bomber stationiert. Sie flogen ihre Angriffe gegen Japan seit einem Jahr.

Ich lud die Bombe in das Flugzeug, das ›Bock's Car‹ hieß; es waren zwei Würfel daraufgemalt, die Sechsen oben. Benannt war es nach Captain Bock. Jemand anderes verfrachtete die zweite Bombe in die ›Enola Gay‹. Der Start war gefährlich, denn es gab keine Möglichkeit der Sicherung. Die Flugzeuge mußten es einfach riskieren. ›Bock's Car‹ warf seine Bombe auf Nagasaki drei Tage, nachdem die Bombe der ›Enola Gay‹ auf Hiroshima gefallen war.

Die Nachricht von Hiroshima hörten wir vom Flugzeug selbst in einem verschlüsselten Funkspruch. Als sie landeten, bekamen wir sie nicht zu sehen. Die Generäle stürzten sich gleich auf sie. Aber dann kamen die Leute mit den Photos an. Ich weiß, daß ich sie mit Schauder und Entsetzen betrachtete. Wir wußten, daß da etwas Furchtbares entfesselt worden war. Die Männer feierten an diesem Abend eine große Party, aber wir gingen nicht hin. So gut wie keiner der Physiker ging hin. Wir hatten offensichtlich hunderttausend Menschen getötet, und das war kein Grund zum Feiern. Die Realität konfrontiert uns mit Dingen, von denen wir nichts ahnen können.

Bevor ich nach Wendover gekommen war, hatte ein englischer Physiker, Bill Penney, ein Seminar gehalten, fünf Tage nach dem Test in Los Alamos. Er hatte uns seine Berechnungen vorgetragen. Nach seinen Vorhersagen würde diese Bombe eine Stadt mit drei- oder vierhunderttausend Einwohnern in eine Grube für Katastrophenhilfe, Verbände und Lazarette verwandeln. Er hatte es uns in Zahlen absolut klargemacht. Es war Realität. Wir hatten es gewußt, aber wir hatten es nicht gesehen. Als wir sahen, was passiert war ...

Welchen Zweck sollte die Bombe auf Nagasaki haben? Hatte Hiroshima nicht gewirkt?

Darüber ist viel diskutiert worden. Vom Standpunkt der Führung aus war es dieselbe Sache. Zwei Bomben waren befohlen gewesen. Admiral Pernell wies General Groves darauf hin, daß die Japaner, wenn man nach vier Jahren Krieg eine einzige Bombe abwürfe, denken könnten, man sei nicht in der Lage, in dieser Zeit mehr als eine solche Bombe zu bauen. Warum also nicht zwei Stück kurz hintereinander? Dann würden sie nicht wissen, wie viele sie erwarten sollten. Und das paßte in den Projektplan: Die beiden Bomben wurden getestet. Es waren zwei ganz verschiedene Bomben, mit verschiedenen Mechanismen. Jede kostete Milliarden Dollar; also benutzte man sie beide. Als der Befehl herauskam, hieß es nicht: Werft eine. Es hieß: Werft erst die eine, und sobald ihr könnt, werft die zweite hinterher.

Ich war der Meinung, daß eine Warnung an die Japaner vielleicht genügen würde. Ich war enttäuscht, als die Militärs sagten: Ihr warnt nicht.

Man muß sich eines klarmachen: Bis zum Ende des Krieges hatte die *Air Force* sechsundsechzig japanische Städte bombardiert, große und kleine. Neunundneunzig große Luftangriffe, sechsundsechzig Ziele. Das Land war zerstört. Von unserem Standpunkt aus bildeten die Atombomben durchaus eine Kontinuität. Wir taten einfach weiter, was wir vorher getan hatten – nur war es viel billiger. Was diesen Krieg betraf, so war nur eine weitere Stadt zerstört worden. Sechsundsechzig hatten wir schon zerstört; kam es da auf zwei weitere an? Brand- und Sprengbomben hatten in Dresden und Hamburg und Leipzig nichts anderes getan.

Hätte man die A-Bombe auch auf Deutschland geworfen?

Oh, darauf können Sie wetten. Wir wären alle empört gewesen, wenn es nicht geschehen wäre. Wäre Roosevelt noch dagewesen, und hätte Deutschland nicht kapituliert, wäre sie auf jeden Fall eingesetzt worden. Die Libido der Physiker war darauf gerichtet, sie auf Deutschland zu werfen. Das empfand jeder Physiker so.

Im Laufe der Jahre ist gesagt worden, die Atombombe wäre niemals gegen ein kaukasisches Volk eingesetzt worden.

Ich glaube, wer das sagt, unterschätzt unseren Haß und unsere Bitterkeit gegen die Deutschen.

James Franck, ein wirklich wunderbarer Mann, verfaßte den Franck-Report: Werft die Bombe nicht auf eine Stadt. Werft sie zur Demonstration und als Warnung. Das war ungefähr einen Monat vor Hiroshima. Unter den Physikern kam eine Bewegung gegen die Bombe in Gang, aber mit wenig Hoffnung. In Chicago war sie stark, aber auf Los Alamos hatte sie keine Wirkung. Als die Bomben gefallen waren, glaubten die Wissenschaftler mit wenigen Ausnahmen, daß das Ende aller Kriege gekommen sei.

Zwei von sechsundsechzig ist nichts; aber für jede dieser beiden Großstädte war nur ein einziges Flugzeug nötig gewesen. Das war die eigentliche militäriche Bedeutung von Hiroshima und Nagasaki. Nicht, daß die Bomben so zerstörerisch waren. Nicht, daß sie Radioaktivität verbreiteten. Furchtbar, natürlich. Aber der springende Punkt ist, daß die Atombombe, also die Kernspaltungsbombe, billig ist. Darum sitzen wir so tief in der Tinte.

Auf dem Höhepunkt der Mobilisierung im Zweiten Weltkrieg waren die Vereinigten Staaten in der Lage, sechs- bis achthundert große Bomber zu bauen. Sie konnten eine Stadt heimsuchen und in einer Nacht großen Schaden anrichten. Wenn diese achthundert mehrere Nächte hintereinander zur selben Stadt kamen, konnten sie genauso viel Schaden anrichten wie eine Atombombe. Man konnte also, wenn man alle seine Kräfte einsetzte, pro Woche eine Stadt erledigen. Aber jetzt schaffte man tausend Städte in einer Nacht! Es sind die Zahlen. Es ist so billig.

Im Ersten Weltkrieg haben wir zum erstenmal gesehen, wie die Wissenschaft des zwanzigsten Jahrhunderts kriegerische Anwendung fand. In der Schlacht an der Somme, der schlimmsten, schafften es die Briten und die Deutschen zusammen, zehn Kilotonnen Sprengstoff zu mobilisieren; sie konnten gleichzeitig zehntausend Pfund, Kanonenschuß um Kanonenschuß, im Umkreis von fünfzehn Meilen in die Schützengräben schießen. Das macht zehn Kilotonnen pro Tag – zehntausend Tonnen. Eine Menge Bomben, eine Menge Granaten, nicht wahr?

Ein Güterzug transportiert vierzig Tonnen pro Waggon; zehn Kilotonnen ist vierzigmal zweihundertfünfzig. Ein Zug mit zweihundertfünfzig Güterwagen. Eine Meile lang. Fünfzigtausend schwitzende Kanoniere feuerten an einem Tag mehrere Güterzugladungen Granaten ab, eine nach der anderen.

1951 konnten die Vereinigten Staaten den ganzen Ersten Weltkrieg, der eintausend Nächte gedauert hatte, in einem einzigen Tag erledigen. 1952 gab es die Thermonuklearwaffe. 1958 schafften wir – nicht eine Kilotonne wie im Ersten Weltkrieg, nicht eine Megatonne wie im Zweiten Weltkrieg, sondern eine Gigatonne. Eine Milliarde Tonnen.

Eine Millarde Tonnen?

Tausend Millionen. Auf diesem Stand sind wir heute. Es ist dieser ungeheure Maßstab der Veränderung. Die Vernichtung ist so verfügbar und so billig. Das hat die Welt immer noch nicht begriffen.

Die Physiker haben damit nichts mehr zu tun. Es ist eine Industrie. Da wird gekauft und bezahlt. Tausende von Arbeitsplätzen hängen daran. Die Materialien sind teuer. Es ist eine hochtechnische Sache. Die Verfahren sind kompliziert. Und hochbezahlte Leute führen sie aus.

Das ist das Vermächtnis des Zweiten Weltkriegs, das unmittelbare Erbe Hitlers. Um die Nazis zu schlagen, haben wir ihnen nachgeeifert. Ich schließe mich da ein. Ich wurde gleichgültig gegen den Tod. Ich hatte die Bereitschaft, auf Krieg und Frieden alles zu setzen. Ich folgte meinen Führern begeistert und fast blind ...

Die Deutschen bauten die Rakete. Cruise Missile und ballistische Raketen sind deutsche Erfindungen; sie kamen aus Peenemünde. Sie hatten keine Atombombe, aber ich war davon überzeugt, daß sie sie haben würden. Ich war davon überzeugt, daß sie deshalb ihre Raketen bauten.

Als Nachrichtendienstler schrieb ich einmal einen Brief an jemanden in hoher Position: Lassen Sie nicht zu, daß Churchill und Roosevelt in Südengland zusammentreffen. Sie sind dort nicht sicher. Jeden Tag kann es geschehen, daß die Deutschen eine Atomrakete abschießen und jeden beliebigen Ort vernichten. Dann töten sie einfach die gesamte Führung auf einmal.

Man war davon überzeugt, daß es gerechtfertigt sei. Heute glaube ich natürlich nicht, daß es gerechtfertigt war. Aber wenn ich alles noch einmal tun müßte, würde ich es, ehrlich gesagt, genauso tun. Der Nationalismus ist eine furchtbare Kraft. Wir leben in Nationalstaaten, und die Menschen folgen ihren Führern. Freilich, es gibt eine internationale Gemeinschaft der Wissenschaftler, aber sie ist schwach im Vergleich zum nationalen Impuls. Das sieht man jeden Tag.

Wir haben diesen Krieg geführt, um den Faschismus zu stoppen. Aber er hat die Gesellschaften, die dem Faschismus entgegenstanden, verwandelt. Sie haben einige Attribute des Faschismus angenommen. All diese Klischees, all diese Slogans: Totaler Krieg. Keine Beschwichtigungspolitik. Nie mehr Pearl Harbor.

In kaltem, objektivem Licht betrachtet, war Pearl Harbor der größte amerikanische Sieg des Zweiten Weltkriegs. Er hat das Land mobilisiert. Ein paar Kriegsschiffe wurden versenkt, ein paar tausend Matrosen getötet. Sicher, das ist schlimm. Aber vom historischen Standpunkt aus betrachtet war keine Niederlage für die Japaner so schlimm wie ihr erfolgreicher Angriff auf Pearl Harbor.

In gleicher Weise, glaube ich, entspringt all dieses Rüsten und Vorbereiten demselben Syndrom: Wir können uns nicht leisten, überrascht zu werden, wir können uns nicht leisten, schwach zu sein. Das haben auch die Deutschen gesagt. Und getan. Sie haben zuerst mobilgemacht. Und sehen Sie, was aus ihnen geworden ist. Genauso wird es uns ergehen, wenn wir nicht bremsen.

Wie der eine von Samuel Becketts Landstreichern den anderen fragt: Was soll man tun?

Den Rüstungswettlauf beenden. Das klingt nach einem Slogan, aber zufällig ist es unsere letzte Hoffnung. Wir müssen ihn so schnell und so weit wie möglich reduzieren. Ich bin optimistisch. Ich glaube, es gibt einen starken Überlebensinstinkt. Trotz des kalten Kriegs, trotz aller bangen Unruhe – der Krieg ist kalt geblieben. Wir haben die Waffen seit achtunddreißig Jahren nicht mehr benutzt. Ich hätte damals nicht geglaubt, daß es auch nur fünfundzwanzig werden würden. Also haben wir, wie ich es sehe, schon dreizehn Jahre der Gnade erlebt. Vielleicht kommen die Menschen jetzt zu dem Schluß, daß wir davon noch viel mehr haben wollen.

Viele Leute traten in den Dienst der Regierung, arbeiteten an der Entwicklung dieser Waffen und stiegen wieder aus, weil sie sagten, es sei falsch. Die Leute, die die H-Bombe entwickelt haben, sagen, es sei ein Fehler gewesen. Ich habe nur die A-Bombe gebaut. Ich habe nur eine Lektion gebraucht, um zu lernen, daß es ein Fehler war. Ich weiß nicht, was die Zukunft bringt. Aber ich weiß, daß wir anfangen, das Klima zu verstehen, die Meere, die Zelle, den Zellkern. Wir fangen an, Dinge zu verstehen, die wir früher nicht verstanden haben. Es ist einfach nicht mehr möglich, Kriege und Nationalstaaten nach alter Art zu haben – nicht mit dieser Art von Wissen, dieser Art von Technologie. Bis ins nächste Jahrhundert hinein kann das nicht mehr gutgehen.

Marnie Seymour

Eine zufällige Begegnung im Foyer eines New Yorker Hotels. Zum Glück war ein Kassettenrecorder zur Hand.

Sie und ihr Mann haben vier Söhne im Alter zwischen siebenundzwanzig und vierunddreißig Jahren. »Die geburtenstarken Jahrgänge, müssen Sie wissen. Die Mädchen, mit denen ich zur Schule ging, wünschten sich alle eine große Familie. Wir kamen aus Kleinfamilien der Depressionsjahre und hätten alle gern selbst viele Geschwister gehabt.«

Ihr Mann, Harry, war einberufen worden. Er durfte zunächst seine Ingenieurausbildung beenden. »Wir waren die einzigen jungen Leute, die es in der Stadt noch gab. Alle anderen, die wir kannten, waren beim Militär.« Der Ort war Benton, Illinois. »Die Hauptstadt von Little Egypt, einem Bergbaurevier.« Er versuchte, zur kanadischen Royal Air Force zu kommen, wurde aber wegen seiner schlechten Augen abgelehnt. Zum Schluß »haben sie auch Leute eingezogen, die halb blind waren.«

'44 wurde mein Mann aus dem Ingenieurkorps herausgeholt und nach Oak Ridge in Tennessee versetzt. Ohne den Grund dafür zu wissen. Er wurde mit einem ganzen Trupp von Chemotechnikern nach da unten geschickt. Keiner wußte etwas über Oak Ridge. Er hat mir geschrieben, aber es gab ein ganz ausgeklügeltes Zensursystem. Die ganze Sache war ein streng gehütetes Geheimnis.

Man mußte drei Referenzen beibringen. Wir haben die prominentesten Leute der Stadt angegeben. Bis in die sechziger Jahre hinein hat uns das *FBI*, wenn wir umgezogen sind, immer noch überprüft. Wo wir auch hinkamen, erzählten uns die Nachbarn, daß das *FBI* schon vor uns da gewesen war und Erkundigungen über uns eingezogen hatte. Es machte wirklich einen ausgezeichneten Eindruck, wenn man in eine andere Stadt zog und das *FBI* die Nachbarn befragte. Äußerst hilfreich. (Sie lacht.)

Sie haben ihre *FBI*-Marken gezückt und gesagt: »Wir möchten Ihnen einige Fragen über Ihre neuen Nachbarn stellen.« Unsere ursprünglichen Referenzgeber meinten dann: »Oh, Marnie, Harry, was habt ihr denn jetzt vor? Wir haben gerade wieder vom *FBI* gehört.« Wir haben ihnen immer erklärt, wir wären unten in Oak Ridge, um Amerika zu retten. Damit war dann alles in Ordnung.

Es war wirklich ein richtiges Loch. Hölzerne Gehsteige, und der ganze Ort wimmelte nur so von Ratten. Es gab mehr Ratten als Menschen. Es war eine eingefriedete Stadt. Ein hoher Zaun lief ringsum. Die hatten diesen Ort einfach mit dem Bulldozer in die Berge gepflanzt. Lange gab es für verheiratete GIs keine anständigen Unterkünfte. Man mußte sich außerhalb der Stadt selbst etwas suchen. Wir haben draußen in einem Motelzimmer gewohnt. Da haben wir auch alle selbst gekocht.

Dort arbeiteten Tausende von Leuten,GIs und Zivilisten. Auch ein paar Offiziere. Die meisten GIs waren Ingenieure. Es gab drei Werke, die wurden nach Buchstaben und Zahlen benannt: Y-12, K-25, und das dritte habe ich vergessen. Sie haben drei verschiedene Methoden entwickelt, das U235 aufzubereiten – keiner wußte, welches Verfahren funktionieren würde, wenn überhaupt eines. Sie haben natürlich rund um die Uhr gearbeitet.

Ich hatte eine ganz verrückte Arbeit. In einem Labor mußte ich ein Massenspektrometer bedienen. Ich habe die Proben auf Unreinheiten hin untersucht. Wir mußten es mit Asbesthandschuhen anfassen. Ich habe nie verstanden, wie es eigentlich funktionierte. Ich glaube, das wußte kaum jemand, mit Ausnahme der Leute, die es entwickelt hatten. Es war ein sterbenslangweiliger Job. Keiner konnte das Gerät einstellen, nur irgendein Bursche in Washington. Wir haben viel herumgehangen, Illustrierte gelesen und darauf gewartet, daß er kam. (Sie lacht.)

Ich war sehr stolz auf Harry, richtig eingebildet. Mir kam es so vor, als gehörten wir zur Elite, weil wir diese Riesenbombe bauten. Dafür schäme ich mich heute. Ich war nur dankbar, daß er nicht an der Front war, daß nicht auf ihn geschossen wurde und er selbst nicht auf Menschen schießen mußte. Mein Bruder ist bei der Ardennenoffensive verwundet worden. Deswegen hat er heutzutage noch Alpträume. Mußte die Jagd aufgeben. Früher hat er gern gejagt, Enten und Wachteln. Aber er spricht nie darüber.

Die GIs haben Seite an Seite mit den Zivilisten gearbeitet. Nur haben sie 50 Dollar im Monat verdient, oder wieviel es damals war. Die Zivilisten bekamen 450 Dollar, plus Überstundenzulage. Darüber haben sich alle geärgert, weil sie doch dieselbe Arbeit machten. Pete, unser Trauzeuge, hatte vorher bei Dow Chemical in Midland, Michigan, gearbeitet. Wegen dieser Tätigkeit war er zurückgestellt worden; aber er war ein patriotischer Mensch und ging trotzdem zum Militär. Er wurde aus der Infanterie herausgeholt und runter nach Oak Ridge geschickt. Da hat er dann für den GI-Sold die gleiche Arbeit getan, die er auch als Zivilist gemacht hätte, wenn er bei Dow geblieben wäre. (Sie lacht.) Er ist an Leukämie gestorben.

In jedem Büro lag ein Physikbuch herum. Alles über Atomenergie. Anscheinend kannten sich alle gut aus mit dem, was sie da taten, nur eines hatten sie nicht herausbekommen: Wie man diese Riesenbombe entschärfen konnte. Keiner wußte, was für einen Schaden sie anrichten würde. Sogar Oppenheimer hatte keine Ahnung. Ich glaube, sie haben sich nie Gedanken gemacht, daß sie eines Tages tatsächlich gegen irgend jemand eingesetzt werden könnte.

Wir bekamen einen Dreitagepaß für eine Fahrt nach St. Louis. Das war die einzige Großstadt in der Nähe von unserem Heimatort. Wir saßen im Ratskeller vom Mayflower Hotel und aßen zu Mittag. Harry in seiner Armeeuniform springt plötzlich auf, rast durch den Saal und reißt einem Mann die Zeitung aus der Hand. Er warf sie wieder hin und lief die Treppe hinauf. Wir dachten, er wäre durchgedreht. Kriegskoller. Wir saßen sprachlos da. Er hatte die Schlagzeile gesehen: Atombombenabwurf auf Hiroshima. Mit einer Zeitung kam er wieder zurück. Aufgeregt war er, gestottert hat er. Er sagte: »Jetzt darf ich euch verraten, woran ich gearbeitet habe. Daran.« Und: »Heute ist der Tag, an dem ich wirklich gerne in Oak Ridge wäre.« Er war so froh, daß er endlich erzählen konnte, wo er die ganzen Jahre gesteckt hatte, daß er nicht einfach nur auf der faulen Haut gelegen hatte. Ich glaube kaum, daß er damals Gewissenskonflikte hatte.

Sein Vater war Vorsitzender der Musterungskommission und hatte sich wahrscheinlich schon gewundert, wieso sein Sohn nicht draußen auf dem Pazifik gegen die Japsen kämpfte. Er war sehr kriegsbegeistert. Jetzt konnte er sich brüsten: »Mein Sohn war da unten und hat die Bombe gebaut.« Großer Gott, wie stolz kann man eigentlich noch sein? Unsere kleine Stadt war völlig aus dem Häuschen. Diese wunderbaren GIs in Oak Ridge, Tennessee, wie sie mit ihrer Bombe den Krieg im Alleingang beendet haben. Mein Vater war sehr aktiv im Amerikanischen Frontkämpferverband und natürlich auch furchtbar stolz.

Ich dachte immer, nach dem Krieg würden die ganzen Werke in Oak Ridge geschlossen. Ich meinte, es würde zur Geisterstadt verfallen. Hätte nie geglaubt, daß es immer so weitergeht. Fahren Sie mal hin, und sehen Sie es sich heute an.

Später im Herbst, als der Krieg schon vorbei war, fanden die Atomwaffenversuche auf dem Bikiniatoll statt. Viele unserer Freunde sind hingefahren und haben es sich angesehen. Schon allein die Reise fanden sie aufregend. Damals sind die Leute noch nicht so viel verreist wie heute. Da war noch keiner in der Südsee gewesen. Von den Oak-Ridge-GIs wäre jeder gern mitgefahren. Wir waren noch nicht sehr lange verheiratet, und ich wollte Harry nicht auf eine zweimonatige Vergnügungsreise lassen. Soweit wir wissen, leiden die meisten Männer, die damals als Beobachter dabei waren, heute an Krebs oder sie sind schon an Krebs gestorben.

Ich möchte wetten, alle haben sich so nah wie möglich um die wunderbare Explosion herum geschart. Sie waren der Strahlung ausgesetzt und sind schließlich daran gestorben. Ein paar Hinterbliebene haben die Regierung auf Schadenersatz verklagt. Von den achtzehn Paaren aus dem Motel, in dem wir wohnten, haben die meisten keine Kinder bekommen können. Wir hatten mehr Glück. Wir haben vier Kinder, zwei von ihnen mit Geburtsfehlern.

Je älter und erfahrener ich wurde, desto mehr habe ich mich gegen Röntgenuntersuchungen gesträubt, sogar gegen ganz normale Durchleuchtungen beim Arzt. Man hat mich immer nach dem Grund dafür gefragt. Ich sagte dann bloß: »Ich war in Oak Ridge und weiß nicht, welchen Strahlendosen ich dort ausgesetzt war.«

Ob man uns jemals gewarnt hat? Aber nein, natürlich nicht. Es war bestimmt keine böse Absicht. Sie wußten bloß selbst nicht Bescheid. Ich glaube, alle waren völlig ahnungslos.

Wir sind mit dem Bus zur Arbeit gefahren, die meisten der arbeitenden Ehefrauen. Manche waren Sekretärinnen, manche Krankenschwestern. Auf dem Weg haben wir hier und da angehalten und Zivilarbeiter mitgenommen, aus den Bergen. Bei uns hieß der Bus nur die Abgangslinie, weil so viele von den Mädchen, die schwanger wurden, eine Fehlgeburt hatten. Junge Frauen, gesunde junge Frauen verlieren doch nicht einfach so ihre Kinder. Kaum eine, die in dem Bus mitgefahren ist, hat ihr Kind ausgetragen. Jede achtzehnte vielleicht. Alle dachten, es läge an dem holprigen Kopfsteinpflaster.

Wir sind nie auf einem Flughafen, ohne daß Harry jemand trifft, den er noch von Oak Ridge her kennt. Ich habe mir schon oft gewünscht, daß mal jemand eine Studie über die GIs finanziert, die da unten waren, um herauszufinden, wie viele überhaupt keine Kinder haben konnten und wie viele von ihnen behinderte Kinder haben.

Als Harry wieder an die Universität zurück wollte, brauchte er nur zu sagen: »Ich habe am ›Manhattan-Projekt‹ mitgearbeitet«, und schon standen ihm sämtliche Türen fürs Studium offen. Er hatte alle möglichen wissenschaftlichen Erfahrungen gemacht, von denen die anderen nur träumen konnten. Wir haben uns einiges darauf eingebildet.

Wissen Sie, was uns passiert ist? Als wir in New Canaan, Connecticut wohnten, brachte Norman Cousins ein paar Hiroshima-Mädchen in die Stadt. Jede Woche begegneten wir diesen entstellten, verbrannten Frauen. Ich habe sie im Supermarkt gesehen und gedacht: Mein Gott, das, worauf wir uns soviel eingebildet haben, hat so etwas angerichtet. Manchmal muß ich weinen...

Wir waren nun mal kein weltoffenes Volk. Wir waren ein abgekapseltes großes Land. Wir wußten nicht viel über die Japaner oder über die japanische Kultur. Sie waren eben gelb, hatten Schlitzaugen und sahen böse aus. Im Film waren sie immer die Bösen, die mit dem Messer herumgeschlichen sind und Leute abgestochen haben. Auf die Dauer hält man sie dann eben nicht mehr für Menschen, sondern für kleine gelbe Biester, die ausgemerzt gehören. Sie sahen auch anders aus als die Deutschen. Wenn man mich vor die Wahl gestellt hätte: »Sie können nur eine bestimmte Anzahl von Gefangenen durchbringen, und Sie haben, nehmen wir einmal an, fünfzig Japaner und fünfzig Deutsche, wen würden Sie verhungern lassen?« Ich hätte den Deutschen zu essen gegeben. Sie waren einfach zivilisierter, wenigstens meines Wissens nach.

Ich kann mich noch an die fünfziger Jahre erinnern, an die Luftschutzkeller in New Canaan. Wir wohnten in einer ziemlich noblen Gegend, in einem Vorort, von dem aus die Leute nach New York zur Arbeit pendelten. Unsere Nachbarn hatten vor, sich einen Atombunker zu bauen, mit ausreichend Nahrungsmittelvorräten und allem Drum und Dran. Wir sollten ihn mit ihnen teilen. Wir würden gut miteinander auskommen. Harry hat ihnen das ausgeredet. Er hat gesagt: »Ihr würdet bei lebendigem Leibe gebraten. Und es bliebe nichts stehen, für das es sich wieder rauszukommen lohnte. Ihr würdet nicht überleben wollen, denn sonst müßtet ihr langsam und qualvoll zugrunde gehen.«

Es waren unsere Kinder, die sich immer unter die blöden Schulbänke ducken mußten. Statt Feueralarmübungen mußten sie Atomschutzübungen machen: Wenn ihr die Explosion seht, duckt euch unter das Pult. Das haben sie ständig geübt. Es war so grotesk. Oft wurden sogar Witze darüber gemacht. Wo ich aushilfsweise unterrichtet habe, meinten die Lehrer zum Beispiel: »Um Gottes Willen, hoffentlich passiert es nicht ausgerechnet in meiner

Stunde, sonst muß ich tagelang mit den Bälgern in der Schule herumhocken, bis wir sie wieder heim schicken können.« Als ob wir dann in der Schule sitzen würden, und kaum hätte die Strahlung nachgelassen, könnten die Kinder einfach nach Hause gehen.

Das war während der McCarthy-Zeit. Mir kam er vor wie eine gräßliche Witzblattfigur. Ich hatte keine Ahnung, wie ernst ihn die Leute nahmen. Ich kann mich nicht erinnern, daß ich mich jemals gefürchtet hätte. Allen habe ich gesagt, wie schrecklich ich ihn finde. Ich habe mich schon oft gewundert, wieso das *FBI* mich nicht erwischt hat, wo es doch all diese Nachforschungen über uns angestellt hat. (Sie lacht.) Ich habe noch nie ein Blatt vor den Mund genommen. So bin ich nun einmal.

Die Frauen von Harrys Arbeitskollegen halten mich für fehlgeleitet. Ich bin ihnen zu belesen, habe mich zu sehr mit intellektuellem Kram beschäftigt. Einmal nahmen wir an einem Vorbereitungswochenende teil – wir sollten nach Saudi-Arabien –, und ich habe ein paar Fragen gestellt. Hinterher beim Picknick meinten die Frauen: »Ach, Sie waren doch die, die soviel wissen wollte.« Sie haben sich umgedreht und mich einfach stehenlassen.

Wir haben fast alle unsere Freunde verloren. Nie hat uns auch nur einer wenigstens geschrieben: »Jetzt begreife ich, wie Ihr empfunden habt.« Sie haben nur gesagt: »Was ihr da von euch gebt, ist schrecklich. Dafür könntet ihr ins Gefängnis kommen.«

Ich glaube, viele Veteranen aus dem Zweiten Weltkrieg haben ihren Kindern stillschweigend erlaubt, nein zum Militär zu sagen. Wenn man sie fragte, würden sie es abstreiten, aber sie wissen, daß es damals eine andere Art von Krieg war.

Die Nachkriegsgeneration glaubt nicht, daß sie alt wird. Einer von meinen Jungen ist Schreinermeister. Er sorgt überhaupt nicht vor, obwohl er schon vierunddreißig ist. Er zieht einfach los und läßt sich treiben. Und was das Heiraten oder ein Haus kaufen angeht, er meint einfach, es gibt keine Zukunft. Er ist eben einer von Tausenden junger Leute, die sich als Kinder bei den Atomschutzübungen immer unter die Schulbänke ducken mußten. Warum sollten sie an eine Zukunft glauben? Ihr ganzes Leben lang haben sie zu hören bekommen, daß eines Tages die Bombe herunterkommt. Was für eine traurige Art zu leben.

John H. Grove

Ein Haus unter Bäumen in Berkeley, gleich neben dem Campus. »Zum Strahlenlabor ist es nicht weit, es heißt jetzt Lawrence Livermore Laboratory.«

Während des Zweiten Weltkriegs war das die Versuchsanlage. Wir bildeten Leute für Los Alamos und Oak Ridge aus. Unsere Aufgabe bestand darin, das ganze Uran zu reinigen und Uran 235 von Uran 238 zu trennen. Dabei gab es keine Richtlinien, wir mußten uns etwas ausdenken und improvisieren. Ich war Chemiker. Wir arbeiteten alle am sogenannten Manhattan Project.

Aus zwei Gründen wurden wir in verschiedene Gruppen aufgeteilt. Einmal wegen der Geheimhaltung: die einen sollten nicht wissen, was die anderen taten. Der zweite Grund war die Effizienz. Wir sprachen nicht von Oak Ridge und Los Alamos, sondern immer nur von X und Y, Washington war W. In Hanford, Washington, gab es ein großes Werk, wo sie Plutonium herstellten.

Als mein Vorgesetzter, Dr. Segré, einer der drei großen italienischen Physiker, die für uns arbeiteten, nach Los Alamos geschickt wurde, dachte ich mir schon, daß sich im Südwesten etwas Wichtiges anbahnte. Damals hörte ich auch zum ersten Mal von X. Überall liefen die *Tennessee-Eastman*-Leute mit ihren Dienstausweisen am Jackett herum. Ich konnte mir nicht vorstellen, was die mit unserem Projekt zu tun hatten. Niemand sagte mir etwas, und Fragen durfte man keine stellen, so geheim war die Sache.

Schließlich bekamen wir die Order, unseren halben Mitarbeiterstab nach Oak Ridge zu schicken. Uns wurde nicht mitgeteilt, wozu, aber wir mußten uns an die Order halten. Ein paar von uns warfen Münzen, um auszulosen, wer gehen sollte. Später schrieben uns die Jungs: »Wir sind jetzt in Dogpatch.« Wir vermuteten, daß das irgendwo in Kentucky oder Tennessee war.

Wir nannten es das ›Tube Alloy Project‹. Das war natürlich ein Tarnname, und wir rissen immer unsere Witze darüber. Nach ungefähr zwei Wochen begriff ich – mein Gott, das ist Uran. Dann kapierte ich langsam, worum es ging, ohne daß ich mit jemand darüber gesprochen hätte. Wir beschäftigten uns mit Atomenergie, wir waren dabei, die Atombombe zu entwickeln, das war offensichtlich. – Manche waren etwas leichtsinnig. Ein junger Physiker, ein Riesentalent und neu im Projekt, rief mich über das Universitätstelefon an und wollte ein paar streng geheime Daten. Ich hätte fast die Beherrschung verloren. Ich sagte: »Ist Ihnen klar, daß jeder, der auf dem Campus zufällig den Hörer abhebt, mithören kann?«

Als ein Kollege von Oak Ridge zurückkam, fragte ich ihn, welche Größenordnung das Ganze habe. Er sagte, ich sollte das, was wir in Berkeley tun, mit zehn hoch fünf multiplizieren. Das Hunderttausendfache. Er sagte, die Beschleunigungsbahn der Teilchen wäre unglaublich lang, genauso lang wie der Verwaltungsweg. (Er lacht.) Einmal schickte er ein Telex und bat mich um eine meiner kleinen Erfindungen, es hatte was mit Glasbläserei zu tun. Ich sagte: »Warum machst du es nicht selbst?« Er sagte: »Wir bekommen nicht mal das Glas dafür. Da hast du kilometerweise Lagerhallen direkt vor der Nase und kommst nicht an das Zeug ran.«

Grundsätzlich kann man Wissenschaftler nicht zur Geheimhaltung verpflichten. Manche Regierungen versuchten da scharf durchzugreifen, besonders Nazideutschland war sehr auf Geheimhaltung bedacht. Ebenso die Sowjetunion. Und auch das *State Department* hat neulich in Stanford allen sowjetischen Wissenschaftlern den Besuch untersagt. Aber die Wissenschaft ist universell, und es ist sehr schwierig, neue Erkenntnisse geheimzuhalten. Ich glaube offen gestanden nicht, daß es während des Kriegs in diesem Bereich viel Spionage gab.

Am 6. August 1945 arbeitete ich in Arroyo Seco, einem großen Canyon direkt über der ›Rose Bowl‹ in Pasadena, an einem Raketenprojekt. Meine Assistentin kam zehn Minuten zu spät zur Arbeit. »Ich habe Nachrichten gehört«, sagte sie, »und jetzt weiß ich, an was Sie die ganze Zeit gearbeitet haben, an der Atombombe, stimmt's?« Sie hatten gerade den Abwurf der Hiroshimabombe gemeldet.

Meine spontane Reaktion war Begeisterung. Aber dann dachte ich mir: (Er flüstert.) Mein Gott! Auf eine Stadt! Ich ging zu meinem Chef. (Das Flüstern wird zu einem Schreien.) »Die haben eine

A-Bombe auf eine Großstadt mit hunderttausend oder noch mehr Einwohnern geworfen. Warum nicht auf den Hafen von Tokio oder auf diesen großen Marinestützpunkt in Truk? Warum auf die Zivilbevölkerung?« Mein Chef war Jude, er wußte vom Holocaust. Er sagte: »Verdammtnochmal, was soll's, sind doch nur Japsen.« Ich war sprachlos. Ich verlor jeglichen Respekt vor ihm.

Der Grund für meine spontane Begeisterung war der: mein Chef hatte uns gedroht, wir kämen alle nach Leavenworth[1], wenn das Projekt scheiterte. Wir hatten drei Millionen Dollar verpulvert – 1945 war das eine Riesensumme. Wenn das Projekt schief ginge, würde es nach dem Krieg im Kongreß eine Untersuchung wegen Korruption und Verschwendung von Steuergeldern geben. Dann würden viele von uns todsicher in Leavenworth landen. Das bekam ich immer wieder zu hören, besonders dann, wenn ich versuchte, für meine Assistenten eine Gehaltserhöhung durchzusetzen. Wir arbeiteten alle wie verrückt. Ich verdiente durchschnittlich hundert Dollar in der Woche, Überstunden wurden keine bezahlt. Meine Assistenten bekamen einen Hungerlohn.

Wir glaubten, daß die Deutschen vier Jahre Vorsprung hätten. Wenn sie so gute Arbeit leisteten wie wir, würde dies das Ende der Vereinigten Staaten als freies Land bedeuten. Wir machten uns wirklich Sorgen. Es ist zwar nicht dazu gekommen, aber bei der ganzen Geheimhaltung konnte man das nicht genau wissen.

Am 30. Juni 1945 hatten wir unsere Arbeit abgeschlossen, zwei Wochen später war die Probezündung in Los Alamos. Einer unserer Los-Alamos-Leute kam zu Besuch und sagte: »In euren wildesten Phantasien könnt ihr euch so was nicht vorstellen.« Er sagte, die Sache wird ein Erfolg werden.

Einer meiner Brüder hatte zwei Jahre lang P-38-Maschinen im Südpazifik geflogen und sich freiwillig für den Einsatz in Japan gemeldet. Alle aus seiner Flugstaffel hielten ihn für verrückt. Er war äußerst patriotisch gesinnt. Ein paar Wochen nach dem *V-J Day* sagte er: »Jetzt weiß ich, woran du gearbeitet hast. Du hast mir das Leben gerettet. Nach unserer Schätzung hätte es bei einer Invasion mindestens eine Million Tote gegeben.« Ich sagte: »Ja, aber ich fin-

[1] Amerikanisches Bundesgefängnis am Missouri in Nordost-Kansas.

de es nicht richtig, daß zwei Städte bombardiert wurden.« Er sagte: »Ja sicher, das ist schrecklich, aber weißt du, was wir vorher gemacht haben? Wir haben massenweise Brandbomben über Tokio und Yokohama abgeworfen und versucht, die Japaner bei lebendigem Leib zu rösten.« Er fand, daß die Atombombe auch nicht schlimmer wäre. Er sagte: »Oder nimm Dresden, wo ist da der Unterschied zur Atombombe?« Da war ein großer Unterschied, wenn man an die radioaktive Strahlung denkt. Wir haben sozusagen die Büchse der Pandora geöffnet.

Manchmal frage ich mich, ob ich es bereue, an der Atombombe mitgearbeitet zu haben. Die Antwort ist nein. So wie die Dinge damals lagen, stand unser Überleben als Nation und Demokratie auf dem Spiel. Ich hatte vor der japanischen Bedrohung weniger Angst als vor den Nazis. Die *Hearst*-Blätter redeten fast nur von der japanischen Gefahr. Hearst wollte, daß wir unsere Anstrengungen mehr auf den Pazifik konzentrieren. Vielleicht versprach er sich etwas davon, wenn man dadurch mit Deutschland zu einer gewissen Verständigung gekommen wäre. Ich war der Ansicht, wir mußten überall aufs Ganze gehen.

Ich bedaure noch immer, auf welche Art und Weise das geschah. Mir ist klar, daß die Drohung allein nicht ausreichte. Die Bombe mußte irgendwo abgeworfen werden. Aber es gab auch andere Orte, an denen die Bombe nicht so schrecklich vielen Menschen das Leben gekostet hätte.

Natürlich wollten einige Leute das als Warnung an die Adresse der Sowjetunion verstanden wissen. Wir sind die längste Zeit Alliierte gewesen, kommt also bloß nicht auf dumme Gedanken. Wir sind stärker als ihr.

Heutzutage überstürzen sich die Ereignisse. Unsere führenden Militärs und Politiker scheinen sich nicht darüber im klaren zu sein, was sie tun. Sie glauben, wenn unser Rüstungsvorsprung vor der Sowjetunion nur groß genug ist, wäre ein für allemal Ruhe. Ich sehe das anders. Wenn jemand bedroht wird, wehrt er sich. Je mehr wir die Russen bedrohen, desto mehr werden sie aufrüsten, und je mehr sie uns bedrohen, desto mehr werden wir aufrüsten. Das könnte letztendlich für beide Seiten den Untergang bedeuten. Wir könnten uns gegenseitig von der Landkarte verschwinden lassen.

Bill Barney

Wir befinden uns in der Küche einer Farm in Indiana, gut dreißig Meilen von Fort Wayne entfernt. Es ist ein wunderbarer Herbstmorgen, wir sehen auf fruchtbares Ackerland. »Wir bauen nur noch Mais, Weizen und Bohnen an.

Früher gehörte die Farm meinem Vater, und ich übernahm sie von ihm. Ich hatte vorher nie etwas Eigenes gehabt. Die Situation hat sich seither sehr verändert. Viele Farmer stehen kurz vor dem Ruin. Ich unterhielt mich gestern mit einem Auktionator aus der Gegend. Im September und Oktober bringt er jeden Tag eine Farm unter den Hammer. Wir haben kein einziges Stück Vieh, nur einen Hofhund. Wir können uns nicht selbst versorgen, wir müssen das Fleisch kaufen. Heutzutage kann man nicht mehr unabhängig sein.«

Es wird sofort Kaffee gereicht, eine Aufmerksamkeit, die vermutlich jedem Besucher zuteil wird. Man stößt bei Barney auf eine gewisse Schüchternheit, eine Zurückhaltung. Er ist nicht gerade ein großer Redner. Aber seine knorrigen Hände und sein wettergegerbtes Gesicht – und das gepflügte Land ringsum – sprechen eine deutliche Sprache. Beim Film wäre er die Idealbesetzung für ›den Mann der Scholle‹.

Barney gehörte zu der Flugzeugbesatzung, die am 9. August 1945 die Atombombe auf Nagasaki abwarf.

Gott, ich weiß auch nicht, was mir als erstes dazu einfällt. Vielleicht die Erinnerungen an die Kumpel, mit denen ich damals zusammen war, an die Zeit, die wir gemeinsam verbrachten. Wenn sie nicht gewesen wären, hätte für mich vieles anders ausgesehen.

Ich war fertig mit der High School und trat im Januar 1943 den Militärdienst an. Bis dahin hatte ich mir noch nie viele Gedanken machen müssen. Zuerst war ich beim Veterinär-Korps. (Er lacht leise vor sich hin.) Wir mußten uns um die Wachhunde kümmern und machten auch die Fleischbeschau. Das interessierte mich alles nicht so sehr, und ich ließ mich versetzen. Zur Luftwaffe, einem Luftwaffenkorps. Ich meldete mich zu den Kadetten. Zu diesem

Zeitpunkt war aber alles belegt, und man schickte uns zur Bordschützenausbildung nach Laredo in Texas.

Wir wurden für die B-24-Bomber ausgebildet. Danach schickten sie uns nach Nebraska. Dort stellten sie gerade Mannschaften für die B-29-Bomber zusammen. Sie wählten einige von uns aus, und wir mußten noch eine Bordschützenausbildung für die B-29 machen. Kaum war ich damit fertig, sagten sie mir, ich sollte das Radar bedienen. Die B-29 war damals das größte Kampfflugzeug.

Unser Geschwader war auf den Einsatz in Europa vorbereitet worden, und plötzlich hing eines Abends am Schwarzen Brett der Befehl, daß unsere Einheit nach Wendover in Utah ausrücken sollte. Wir hatten keinen blassen Schimmer, wo das sein sollte. Was das Ganze überhaupt sollte. Wir wußten nicht, was da vor sich ging.

Die Ausbildung dort war so ähnlich wie vorher, nur etwas anspruchsvoller. Man sagte uns, daß es sich um eine streng geheime Sache handelte. Als erstes nahmen sie aus unseren Flugzeugen die gesamten Bordwaffen, mit Ausnahme des Heckgeschützes, heraus. Dadurch wurden die Flugzeuge schneller, und man konnte höher gehen.

Wir experimentierten mit großen Bomben. Wir absolvierten viele Übungsflüge. Wir nahmen an, die Bomben würden sehr schwer sein. Es gab jede Menge Gerüchte, aber wir wußten nicht genau, was wir an Bord hatten, bis wir die erste Bombe abgeworfen hatten.

Sie mußten erst ausprobieren, wie man diese Bomben zündet. Sie hatten noch keine Ahnung, wie das funktionieren sollte. Wir versuchten sogar, die Dinger vom Boden aus zur Explosion zu bringen. Wir sollten die Bomben abwerfen und auf dem Boden würde jemand die Zündung auslösen. In den Bergen wurden einige Versuchsbomben abgeworfen, aber man gab diese Idee wieder auf und beschloß, alles vom Flugzeug aus zu machen.

Die größten Kaliber, die wir bis dahin im Krieg abgeworfen hatten, waren Fünfhundert-Pfund-Brandbomben. Wir wußten nicht, wie groß die anderen sein würden, aber wenn man dafür einen ganzen Bombenschacht brauchte, mußten sie ganz schöne Brummer sein. Uns war klar, daß das Ding einige Tonnen wiegen würde.

In Omaha übernahmen wir neue Maschinen, in die die ganze neue Ausrüstung installiert wurde. Wir flogen mit diesen Maschinen in den Südpazifik, auf eine Insel namens Tinian.

Wir flogen reguläre Einsätze auf Japan und warfen sieben Tonnen schwere TNT-Bomben ab. Einmal ließen wir eine auf Tokio fallen. Wir flogen normalerweise auf sechsundzwanzig-, siebenundzwanzigtausend Fuß, und man konnte die Dinger sehen. Große Explosion, Trümmer. Ich selbst sah nie besonders viel, weil ich mit dem Radar beschäftigt war. Aber ab und zu ging ich auch ans Fenster.

Wann waren Sie sich das erste Mal über Ihre eigentliche Mission im klaren?

Das war nach dem Abwurf der ersten Bombe. Die Jungs der Besatzung der ›Enola Gay‹ haben es uns erzählt. Wir wußten es auch nicht eher, als es in der Zeitung stand. Es war das erste Mal, daß wir etwas Genaueres erfuhren, da war ich schon in Tinian. Wir wußten, daß die Sache ›Manhattan-Projekt‹ genannt wurde, wir wußten aber nicht, was das bedeutete.

Es gab fünfzehn Besatzungen, die immer wieder diesen Bombenabwurf trainieren mußten. Unser Geschwader hieß ›509th Composite Group.‹ Jede Besatzung bestand aus neun Mann.

Haben Sie die Jungs getroffen, als sie vom Einsatz zurückkamen?

Als sie aus dem Flugzeug stiegen? Nein. Man kam nicht an sie ran. Es war viel zuviel Trubel. Ich sprach erst später mit ihnen. Sie waren genauso begeistert wie wir. Aber was hieß das damals schon?

Wir flogen am neunten August los. Gegen zwei Uhr nachmittags hatten wir den Befehl bekommen, am Abend zu starten. Drei Maschinen sollten losfliegen. Die dritte war mit Kameras ausgerüstet. Ich war nicht in der Maschine mit der Bombe, ich war in der zweiten. Unsere Maschine sollte die genaue Geschwindigkeit der Bombe messen, das war meine Aufgabe bei diesem Einsatz.

Wir flogen auf ungefähr siebenundzwanzig-, achtundzwanzigtausend Fuß – ich glaube das Ziel war Kokura, aber ich bin nicht ganz sicher. Nagasaki war nicht unser Hauptziel. Insgesamt hatten wir drei Ziele. An zweien flogen wir vorbei, Nagasaki war das dritte.

Warum sind die anderen beiden nicht ...?

Wir konnten nichts sehen. Als wir dort ankamen, war es völlig bedeckt. Wir schickten drei Wetterflugzeuge voraus, die kamen zurück und meldeten, Kokura wäre klar. Als wir dann hinkamen, war es bedeckt. Wir hatten die Order, nur bei guter Sicht abzuwerfen. Wir hätten auch mit Radar arbeiten können, aber das wollte man bei dieser Bombe nicht riskieren. Man wollte nicht mehr Menschenleben opfern als unbedingt nötig.

Mit Radar war die Zielgenauigkeit nicht so groß. Man hätte womöglich einen Wohnbezirk getroffen. Sie wollten das Radar nur im Notfall einsetzen. Aber wir mußten die Bombe loswerden, weil sie scharf war und wir damit nicht mehr landen konnten. Wir wußten, daß wir mit dem Treibstoff knapp waren. Das Ziel, auf das wir zuflogen, lag zwischen uns und Okinawa. Also steuerten wir Okinawa an. Wir bereiteten alles vor, die Zeit war schon sehr knapp. Sobald das Anflugziel in Sicht war, übernahm die erste Maschine das Kommando und klinkte die Bombe über dem Ziel aus.

Nagasaki.

Richtig. Sie hätten uns Okinawa gar nicht bombardieren lassen, das hatten sie nämlich bereits eingenommen. Zum Glück hatten wir über Nagasaki klare Sicht. Chuck Sweeny, der das erste Flugzeug flog, sagte: »Wär auch schade gewesen, das Ding ins Meer zu schmeißen.« (Er lacht.)

Wir hatten kaum noch Treibstoff, Sweeny fast keinen mehr. Sein einer Innenbordmotor starb auf der Landebahn ab, so knapp war der Sprit. Natürlich hatte er auch mehr Ladung an Bord als wir.

Die dritte Maschine, die mit der Kamera, tauchte nie mehr auf. Wir hatten aber selbst genug Kameras an Bord, um Aufnahmen zu machen. Alle Bilder stammen von unserer Maschine.

Als die Bombe auf Nagasaki gefallen war, haben Sie da gesehen, was sich unter Ihnen abspielte?

O ja. Man konnte überall Feuer sehen, ein richtiges Flammenmeer. Wir waren bis auf zwanzigtausend Fuß runtergegangen.

Erinnern Sie sich noch an Ihre erste Reaktion?

Ich könnte jetzt übertreiben wie die anderen und sagen, ich hätte »O, mein Gott« oder so etwas ausgerufen. Aber ehrlich gesagt, ich weiß es nicht mehr.

Es war mir klar, daß es eine große Sache war. Wir schwatzten ein bißchen über den Bordfunk miteinander, daß die Bombe viel größer war als eine konventionelle, daß sie weit mehr Zerstörung anrichtete, und solche Sachen.

Wenn eine dritte Bombe abgeworfen worden wäre, hätten wir sie abgeworfen, unsere Besatzung. Wir waren schon beim Einladen der Bombe, als die Meldung kam, daß der Krieg zu Ende war. Meines Wissens wurden nur vier Bomben fertiggestellt, eine war in den Vereinigten Staaten. Unser Pilot hieß Fred Bock. Deshalb hieß unsere Maschine ›Bock's Car‹. Die ›Enola Gay‹ wurde nach Paul Tibbets Mutter benannt. Das war die Hiroshima-Maschine.

Haben Sie die Jungs jemals wieder getroffen?

Vor ein paar Jahren haben wir uns in Chicago gesehen. Dort veranstalten sie alle zwei, drei Jahre ein Treffen. Aber dieses verdammte Treffen findet immer mitten im Sommer statt, wenn ich nicht von der Farm weg kann. Unser Bombenschütze kam neulich mal vorbei. Wir schauten uns Fotos an und redeten über die alten Zeiten.

Ich weiß, daß Sie das jedesmal gefragt werden, wenn es um dieses Thema geht: Haben Sie oder irgendeiner von den Jungs irgendwelche Gewissensbisse gehabt?

Die hat, soweit ich weiß, keiner gehabt. Bis auf einen, der ja dann auch jede Menge Publicity hatte. Er ist inzwischen gestorben. Ich weiß aber nicht, ob das irgendwas mit der Sache zu tun hatte. Eatherly.

Claude Eatherly.

Richtig. Buck und ich waren früher mal gute Freunde. Ich weiß nicht, ob ihm das so zusetzte. Er war aus Texas. Ich habe ihn vor ein paar Jahren getroffen. Damals hieß es, er wäre verrückt geworden, aber mit mir hat er ganz vernünftig geredet.

Er hat ein Buch geschrieben, ›Burning Conscience‹.

Ich hab's gelesen. (Pause.) Er war sehr sprunghaft. Eigentlich war er ganz normal, aber er konnte sehr schnell an die Decke gehen. Als Pilot war er ein As. Er hatte seine eigene Besatzung und flog damals über Hiroshima. Seine Crew war eine der fünfzehn Bomberbesatzungen.

Wir waren ja mehr oder minder in die Sache hineingeschliddert. Ich habe nie erfahren, warum gerade unsere Einheit dazu ausgesucht wurde. Wir hätten genausogut woanders eingesetzt werden können. Wir hatten eigentlich keine Wahl. Ich war ziemlich froh, als die Sache vorbei war.

Zuerst denkst du dir, Mensch, da war ich dabei. Ich bin einer von denen, die das direkt miterlebt haben. Dieser Gedanke geht einem immer wieder durch den Kopf.

Macht es Ihnen etwas aus, wenn Sie die ganzen Geschichten darüber lesen?

Ja. Aber nicht mehr so viel wie früher. Direkt nachdem es passiert war, wurde sehr viel Widersprüchliches geschrieben. Eine ganze Zeit lang durfte ich mit niemand darüber sprechen. Ich hätte mich nicht mit Ihnen unterhalten dürfen, zumindest was diese Sache angeht – dazu hatten sie uns verpflichtet.

Die Bomben von damals sind doch Spielzeuge im Vergleich zu denen, die wir heute haben. Ich glaube aber nicht, daß sie jemals eingesetzt werden. Das ist meine ganz persönliche Meinung. Ich glaube, das wäre der Untergang, wenn sie jemals zum Einsatz kämen. Es gäbe nur Verlierer. Nehmen wir mal an, sie würden heute über Chicago eine Bombe zünden, dann würden wir hier durch die ganzen Dämpfe auch draufgehen, und wahrscheinlich alle Leute bis runter nach Cincinnati. Ich glaube, man braucht inzwischen gar keine Flugzeuge mehr dazu, man kann sie sogar mit Raketen abschießen.

Wir haben die Menschen von Nagasaki nie gesehen. Darüber habe ich oft nachgedacht, über den Bürgerkrieg und solche Sachen. Der eine versteckt sich hinter dem einen Baum, der andere hinter dem anderen, und dann schießt man aufeinander. Man konnte sich noch richtig sehen. Heutzutage liest man erst hinterher, was passiert ist.

Während des Vietnamkriegs habe ich mir manchmal überlegt, ob es nicht besser wäre, die Bombe einzusetzen. Aber wissen Sie, da bin ich inzwischen anderer Meinung. (Er lacht.) Ich habe Fortschritte gemacht.

Ich bin direkt von der Schule zum Militär. Da denkt man noch nicht viel nach. In der Schule wird einem gesagt, was man tun und lassen darf. Beim Militär ist man einen Tag hier und am nächsten woanders. Man kriegt seine Befehle und macht seinen Job. Erst nach der Entlassung, wenn man auf sich selbst gestellt ist, entwikkelt man seine Persönlichkeit und bekommt eine andere Sicht der Dinge. Man wird reifer, wenn man angefangen hat, sich selbst seine Gedanken zu machen.

Ich verstehe, warum die erste Bombe abgeworfen wurde. Warum die zweite?

Ich sehe das so, die Japaner wußten, daß wir die Bombe hatten. Sie bekamen von uns die Chance, sich zu ergeben. Sie wußten, daß es sonst zur Invasion kommen würde. Wir hätten sie vernichtend geschlagen, aber eine Invasion hätte sie und uns viele Opfer gekostet, mal ganz abgesehen von dem Geld. So hat es nur die Japaner getroffen.

Manchmal fragen mich Leute, ob es mich belastet. Nein, es belastet mich nicht. Wenn ich mich an etwas erinnere, dann eher an die

Leute, mit denen ich zusammen war, und die guten Zeiten, die wir hatten.

Es laufen 'ne Menge Weltverbesserer rum, die uns als Mörder beschimpfen, weil so viele Menschen getötet wurden. Ich glaube, wenn ich die ganze Zeit nur darüber nachdenken würde, würde ich wahrscheinlich auch verrückt werden. Das würde Ihnen genauso gehen.

POSTSKRIPTUM: Wenn der Krieg länger gedauert hätte, wäre die Bombe in Europa eingesetzt worden, das weiß ich. Wir haben öfters Simulationsflüge durchgeführt, die über zwei-, dreitausend Meilen gingen. Der Bombenschütze, ich und der Navigator, wir flogen diese Einsätze. Das war alles für Deutschland geplant, darauf waren wir die ganze Zeit eingestellt. Daß es die Japaner treffen sollte, war, glaube ich, eine Entscheidung, die Truman in der letzten Sekunde gefällt hat.

Pater George Zabelka

Graubärtig, zierlich und wendig, wirkt er wie eine Mischung aus Kobold und zwergenhaftem Propheten. Auf seinem T-Shirt steht ›Bethlehem Peace Pilgrim‹.

Flint, Michigan. Eine Arbeiterstadt; das klassische Notstandsgebiet. Als er 1941 als Gemeindepfarrer zum ersten Mal dort hinkam, florierte die Stadt.

»Dreiundvierzig ging ich zum Militär und wurde dort Geistlicher.«

Er arbeitet zwar nicht mehr, aber »ich bin Friedenspilger.« Zusammen mit Kollegen, die streckenweise mitgingen, marschierte er für den Frieden von Seattle nach Washington, D.C. »Dieses Jahr gehen wir am 17. März in Irland los und sind hoffentlich bis Weihnachten in Bethlehem.«

Sein klappriges altes Auto ist mit Aufklebern tapeziert. Auf dem Rücksitz liegen Bücher, Broschüren und Zeitschriften verstreut.

Eine Stunde vor unserer Unterredung hatte er bei einer Veranstaltung der örtlichen Freimaurerloge gesprochen. An die hundert Mitglieder, kleinere Kaufleute und Ladenbesitzer aus Flint, waren anwesend. Obwohl der Diskussionsteil sehr temperamentvoll verlief, war das Publikum bemerkenswert freundlich und wohlgesonnen. Man hörte konzentriert zu.

Bei der Ausbildung zum Militärgeistlichen in Harvard brachten sie uns bei, wie wir unsere Schützlinge seelsorgerisch betreuen sollten, und wie man Messen hält. Kurz: wie man bessere Soldaten aus ihnen macht. Und was ist ein Soldat? Ein bezahlter Berufskiller.

Sie brachten uns bei, die jungen Männer innerlich zu festigen, ihre Moral zu stärken, uns ihre Sorgen anzuhören – was ist daran verkehrt? Damals klang das alles so gut. Das war 1943. Ich war achtundzwanzig. Diese Jungs waren meine Gemeinde, egal an welchem Ort auf der Welt. Wright Field in Dayton, Fort Jackson in North Carolina; Übersee. Gut, sie waren an Kämpfen beteiligt, auch an Kämpfen mit tödlichem Ausgang, aber das zählte nicht. Ich fand das völlig in Ordnung.

Mein Vater hatte in der österreichischen Armee gedient, und darauf war ich stolz. Das war eine glorreiche und herrliche Sache. Ein Soldat wurde hoch geschätzt. Ich freute mich darauf, Militärseelsorger zu werden, die Uniform zu tragen und war stolz auf die Flagge. Man verteidigt sein Land und seine Lieben. Der Gedanke, daß man dafür andere Menschen umbringen muß, die von ihrer Sache ganz genauso überzeugt sind – die Familien, Freundinnen und Frauen haben – spielte dabei anscheinend keine Rolle.

Ich wollte zum Einsatz kommen. Bei der Luftwaffe. Auf ins stürmische Blau dort oben. Eigentlich sollte ich mit einer Sanitätseinheit nach Deutschland gehen, aber dann kam der *V-Day* in Europa dazwischen. Man schickte uns zum Kriegsschauplatz im Pazifik. Um den Juni 1945 herum landeten wir auf der Insel Tinian.

Damals bestand der Plan, in Japan einzumarschieren. Wir waren als ›Insel-Hüpfer‹ von Guadalcanal über die Marshall-Inseln und weiter über Guam unterwegs, nach Saipan und Tinian. Flugplätze wurden gebaut. B-29er warfen Napalm und bombardierten die Städte im Akkord. Tokio brannte zu 75 Prozent aus.

Eine weitere Gruppe stieß zu uns, die 509. Composite Group. Es war eine besondere Gruppe mit einer besonderen Bombe. Wir wußten, daß sie größer als alles andere war, was bisher abgeworfen wurde. Wir nannten sie die Wunderwaffe.

Wir hatten noch keine Verwundeten, und ich hatte Zeit. So wurde ich der katholische Seelsorger für die 509. Composite Group. Auf die Weise lernte ich Paul Tibbets[1] kennen. Nicht sehr gut, denn er war der befehlshabende Offizier und außerdem nicht katholisch. Aber Charles Sweeney[2] lernte ich näher kennen.

Ich weiß noch, wie er und General Farrell, einer der höheren Ränge, in die Messe gingen. Ganz großartige Männer. Ich bewundere immer noch viele von den Armeeleuten. Genauso wie ich damals, meinten sie ehrlich, daß der Krieg zwar furchtbar sei, aber notwendig. Natürlich, denn die Japaner hatten ziemlich üble Seiten.

Wir wußten, daß sie eine große Bombe hatten, mehr nicht. Jeden Tag wurden Bombenattrappen abgeworfen. Wohl zur Übung. Mögliche Ziele wurden überflogen. Selbst die Mannschaft der ›Enola Gay‹ wußte nicht, daß sie eine echte Bombe an Bord hatte, bis sie in der Luft war. Am 6. August verkündete Paul Tibbets über Funk: Es ist soweit, wir werfen die erste Atombombe ab. Da erfuhren wir alle erst, daß es überhaupt eine Atombombe, eine Nuklearwaffe gab. Der Befehl kam direkt aus Washington. Er durchlief keinerlei Kommandokette.

Ich habe den ersten ›Time Magazine‹-Artikel darüber aufgehoben: Das Tor zu einer neuen Welt. Wir wissen nicht, was die Zukunft bringt. Sie verspricht entweder Schreckliches oder eine der größten menschlichen Errungenschaften: die Atomenergie.

Es war üblich, die Mannschaft zu segnen. Nicht das Flugzeug. Und nicht die Bombe. Das wurde mir oft vorgeworfen. Aber die Mannschaft gehörte zu unserer Gemeinde. Sie ging auf eine gefährliche Mission. Das waren doch unsere Jungs, unsere Männer, in Todesgefahr. Ich wußte nicht, daß sie überhaupt eine Bombe abwer-

[1] Der Pilot der ›Enola Gay‹, des Flugzeugs, das die Atombombe auf Hiroshima abwarf.

[2] Der Pilot der ›Great Artiste‹ auf dem Flug, bei dem die Atombombe auf Nagasaki abgeworfen wurde.

fen sollten, bis wir es aus dem Inselfunk erfuhren. Dann der Schock. Plötzlich wurde uns klar, daß achtzigtausend Menschen bei dieser einen Explosion zu Tode gekommen waren.

Wir lebten auf einer Insel, von der täglich Hunderte von Flugzeugen starteten, um ganze Napalmteppiche abzuwerfen, Hunderttausende von Menschen auszubrennen. Einmal befanden sich fünfhundert Flugzeuge in einer Mission über japanischen Städten. Wir hatten von Dresden und Berlin, Coventry und London gelesen. Auf einem Friedensmarsch irgendwo in Oregon habe ich einmal einen B-17-Bomberpiloten kennengelernt, der uns über mehrere Meilen hinweg begleitet hat. Er hatte eine B-17 über Dresden geflogen und schilderte uns, was er gesehen hatte. Brandbomben. Eine ganze Stadt in Schutt und Asche. Der Schock bestand darin, daß hier plötzlich ein einziges Flugzeug geschafft hatte, was Hunderte von Bombern nicht vermocht hatten. Ein Flugzeug und eine Bombe hatte eine Stadt dem Erdboden gleichgemacht.

Statt daß ich Entsetzen empfunden hätte, wie es sich für mich als Christ, noch dazu als Pfarrer gehört hätte, rauschte das einfach an mir vorbei. Von anderen Piloten, die von Luftangriffen zurückkamen, hatten wir gehört, wie sie Feuerstürme in Tokio gesehen hatten, wie Hunderttausende verbrannten. Wir hätten damals entsetzt darüber sein sollen, daß das Zivilisten waren. Eigentlich hingen wir der Theorie von Augustinus über den ›gerechten Krieg‹ an: Zivilpersonen durften nicht in Mitleidenschaft gezogen werden. Aber darauf kamen wir überhaupt nicht.

Daß das alles so an uns vorbeiging, liegt wohl daran, daß von den kirchlichen Autoritäten keinerlei Stimmen laut wurden. Über die Verwerflichkeit wahlloser Bombardements. In Dresden genauso wie in Japan. Kardinal Spellman besuchte uns in Tinian. Ich weiß es noch genau, die große Messe gegen Ende des Krieges. Er ermahnte uns eindringlich, weiterzukämpfen. Wir kämpften ja für Frieden und Gerechtigkeit, und dafür, daß die Greuel der Japaner von Pearl Harbor getilgt würden. Genau wie wir eben gekämpft hatten, um Hitler zu beseitigen.

Achtzigtausend in Hiroshima. Fünfundvierzig- bis fünfzigtausend in Nagasaki. Charles Sweeney ist diese Maschine geflogen. Ich weiß nicht, warum er sie ausgerechnet ›The Great Artiste‹ (Die große Künstlerin) genannt hat. Diese zweite Bombe am 9. August kam für uns auf der Insel überraschend. Viele von uns hofften wohl, daß nicht noch einmal eine Bombe eingesetzt würde, daß Japan mit dem Krieg aufhören würde. Tat es aber nicht.

Wie verhielten sich die anderen Seelsorger? Kam das Thema je zur Sprache?

Um die moralische Bewertung der Bombardements ging es nie. Wir fanden sie wohl alle entsetzlich, aber unvermeidlich. Denken Sie auch daran, daß wir damals ja die bedingungslose Kapitulation verlangten. Das verstößt ebenfalls gegen die Prinzipien der Theorie des Augustinus vom ›gerechten Krieg‹: Man darf nicht weiterkämpfen, wenn die gegnerische Seite zur Kapitulation bereit ist. Von ›bedingungslos‹ ist nicht die Rede. Hätte man auf diesen Begriff verzichtet, wäre die Bombe nicht nötig gewesen. Es gab schon Friedensansätze. Sie lagen doch auf den Knien.

Und die Sowjets wollten gerade in diesem Gebiet eingreifen?

Das war wahrscheinlich einer der Gründe für den zweiten Abwurf. Damit sie aufgeben, bevor die Russen kommen.

Als ich das mit Hiroshima erfuhr, reagierte ich gespalten. Mein Gott, wie schrecklich, aber auch, mein Gott, jetzt hört der Krieg auf. Endlich kommen die Jungs nach Hause. Millionen Leben sind gerettet. Bei einem Einmarsch in Japan hätten wir eine Million Soldaten verloren. Als Geistlicher hätte ich jedoch auch so denken sollen: Wir morden kleine Kinder und alte Menschen – wir verbrennen sie. Ich kann mich nicht erinnern, damals irgendeine Schuld empfunden zu haben. Ein wenig anders verhielt es sich, das muß ich zugeben, als ich herausfand, daß Nagasaki katholisch war. Die Bombe fiel direkt auf Urakami, einen Vorort. Sie verfehlte die große Kirche in der Innenstadt nur um ein paar hundert Meter. Es war eine fast vollkommen katholische Siedlung. Vierhundert Jahre zuvor hatte der heilige Franziskus den Glauben nach Japan gebracht. Die Shogune haben hier versucht, den Glauben auszumerzen, und Tausende von Christen wurden ermordet.

Und da saß nun Charles Sweeney, ein gläubiger irischer Katholik aus Boston, in dem Flugzeug, warf die Bombe ab und brachte unsere christlichen Brüder und Schwestern um. Brüder und Schwestern morden Brüder und Schwestern.

Ich habe einen japanischen Priester kennengelernt, im Gefangenenlager auf Tinian. Ein paar katholische Seabees[1] hatten mir von ihm erzählt. Wir bauten ihm eine Kapelle auf dem Lagergelände. Einen kleinen Chor haben wir auch eingerichtet. Der japanische Priester las die Messe, und ich las sie mit ihm. Damals war ja alles noch auf Lateinisch. Wir gingen alle zur Kommunion, die GIs und die japanischen Gefangenen. Das muß wohl einfach so eine Nissenhütte gewesen sein.

Am 15. August war der Krieg zu Ende. Wir feierten eine große Messe. Das war an Mariä Himmelfahrt. Begonnen hatte der Krieg am 8. Dezember – die Japaner sind uns einen Tag voraus –, am Fest der Unbefleckten Empfängnis. Wir feierten also die Messe, alle waren froh, aber irgendwie still. Es gab kein großes Jubelgeschrei oder so was. Alle liefen so herum, der Krieg ist aus, jetzt kommen wir heim. Keine Kamikazes mehr, keine Gefahr mehr.

Im Oktober wurde unsere Lazaretteinheit nach Japan zur Besatzung abkommandiert. Auf die Insel Kyushu im Süden. Kurz darauf lösten wir das Lazarett auf. Das Material – Jeeps, Lastwagen, medizinische Ausrüstung, alles sollte wieder mit zurückgebracht werden. Normalerweise hätten sie das alles im Meer versenkt.

Versenkt?

Genau. Ich kannte all die wertvollen Medikamente, die wir dabeihatten. Drum habe ich also ein paar Lastwagen mit Medikamenten und allem möglichen vollgeladen und sie rüber ins Waisenhaus und Krankenrevier der Barmherzigen Schwestern geschafft. Da gab es überall genügend Hungernde und Kranke.

Sie haben gegen Kriegsrecht verstoßen?

[1] Mitglieder eines Pionierbataillons (von engl. C. B. für Construction Battalion)

Allerdings habe ich gegen Kriegsrecht verstoßen. Ich habe mir sogar stangenweise Zigaretten von der *Navy* beschafft und an die Bischöfe da weitergegeben, die sie verkauft haben, damit sie und die anderen was zu essen hatten. Da hatte ich aber ein schlechtes Gewissen. (Er lacht.)

Die amerikanischen GIs in Europa und Japan waren wirklich gute Menschen. Aber als wir in der Gegend von Sasebo auf dem Weg weiter nördlich nach Fukuoka durch einige Dörfer kamen, rannten die Kinder immer vor uns weg. Die GIs verteilten daraufhin Süßigkeiten, und bald kamen die Kinder in Scharen wieder an. So ging es mir auch mit diesen Medikamenten. Die GIs haben mir also geholfen, das ist ja das Absurde daran.

In Kyushu traf ich einige Schwestern und Missionare, die gerade aus Hiroshima kamen. Ich war bereits in Nagasaki gewesen, hatte die Trümmer gesehen und mit einigen Überlebenden gesprochen. Tausende litten an der sogenannten Atombombenkrankheit. Damals wurde es mir zum ersten Mal langsam bewußt. Da waren diese Kinder, die ja mit dem Krieg nichts zu tun hatten, und die starben vor sich hin, viele ganz ruhig, ganz still. Sie waren einfach still und starben. Der Wurm des Gewissens fing an zu nagen.

Nach der Auflösung unserer Sanitätseinheit hätte ich eigentlich nach Hause fahren können. Aber im Norden der Insel wurden Kaplane gebraucht, also habe ich mich gemeldet. Im Lauf der Besatzung lernte man die Japaner kennen und man begriff langsam, daß sie gar nicht so schlimm sind.

Und wieder nagte dieser Wurm. Mensch, das waren doch auch Kinder Gottes. Sie hatten Hunger. Vielleicht hing es mit dem einen Mal zusammen, als ich diese zwei Soldaten im Dreck liegen sah, einen Amerikaner und einen Japaner, beide tot. Das war zu der Zeit, als sie die Japaner aus Tinian heraushaben wollten. Da waren Wälder, Berge und Höhlen, und ich stieß auf diese zwei. Ich weiß noch, wie mir in den Sinn kam, Mensch, dieser Japaner kam wahrscheinlich gerade aus der Apotheke oder vom Reisfeld, und er hat eine Mutter und einen Vater, genauso wie der amerikanische Soldat. Hätte ich statt Flint irgendeine reiche Gemeinde betreut – wer weiß, was aus mir geworden wäre.

Wissen Sie, als Vertreter der Siegermacht passieren einem schon seltsame Sachen. Besonders als Offizier, und ich war damals Captain. Man kam sich vor wie ein Gott. Wir fuhren zum Beispiel mit dem Jeep irgendwohin. Da fuhr man dann einfach zum Bahnhof und verlangte, »Hey! Lad mir den Jeep auf.« Man konnte überall hin. Da war diese Fähre rüber nach Sapporo, und ich kam zu spät. Die Fähre war schon halb drüben. Da stellst du dich einfach an den Pier, winkst, und sie dreht wieder um. Macht ist schwer zu erklären, vor allem für einen Kaplan. Sie ist so verführerisch. Man nimmt sie plötzlich selbstverständlich. Sie waren ein besiegtes Volk. Du warst freundlich, aber wehe, wenn einer nicht spurte, dann gnade ihm Gott.

Nach dem Krieg kam ich wieder heim und wollte darüber reden, aber keiner wollte etwas hören. Der Krieg ist vorbei, vergiß es. Und dann Korea. Einige von meinen engen Freunden kamen um. Und ich habe ihnen noch zugeraten. Klar müssen wir unser Land verteidigen. Zu Dick Sheridan habe ich das gesagt. Er ging rüber, und eine Woche drauf war er tot. Jetzt nagte der Wurm aber wirklich. Irgend etwas stimmte da doch nicht. Was haben wir in Korea verloren?

Und dann Vietnam. Die verrückten Bombardements. Mir kommen Hiroshima und Nagasaki wieder in den Sinn. Da ist Martin Luther King, und ich schlage mich auf die Seite der Schwarzen, der Armen und der Militanten. Da fingen dann die Herzinfarkte an. Ich habe den Fehler gemacht, mir selber alle Schuld zuzuschreiben. Drei Tage setzte mein Gedächtnis völlig aus. Ein paarmal hatten sie mich schon aufgegeben. Na ja, ich kam durch. Und jetzt marschiere ich.

Hajimi Kito und Hideko Tamura (Tammy) Friedman

Sie sind hibakisha[1], *Überlebende von Hiroshima. Er lebt in Japan. Sie ist mit einem Amerikaner verheiratet und wohnt in einem Vorort von Chicago. Bei dieser Gelegenheit begegnen sie einander in einem Chicagoer Radiostudio zum ersten Mal.*

Sie hören sich die Ausführungen einer jungen Japanerin an, die ebenfalls eine hibakisha *ist. Es handelt sich um eine Tonbandaufzeichnung aus dem Jahre 1960. Sie erinnert sich an den 6. August 1945.*

FRAUENSTIMME: Ich schaute zum Himmel hoch, weil ich das Flugzeug sehen wollte. Dann sah ich einen großen Blitz am Himmel und warf mich mit dem Gesicht auf den Boden. Ich weiß noch, daß mich die Explosion weggeschleudert haben muß. Als ich wieder zu Bewußtsein kam, konnte ich meine Freunde nicht mehr finden. Sie waren entweder zerfetzt oder verbrannt. Meine ganze Kleidung war weggerissen, bis auf die Unterwäsche. Meine Haut hatte sich abgeschält und hing mir um den Körper. Sie klebte mir an den Armen, den Beinen und im Gesicht.

Die Hitze war so stark, daß ich in den nahen Fluß gesprungen bin, in das Flüßchen, das durch die Stadt lief. Alle meine Freunde waren im Fluß ... (Sie weint. Die Dolmetscherin bricht mitten im Satz ab, sie unterdrückt ein Schluchzen: »Ich glaube, ich kann es nicht sagen...«)

KITO (nach einer langen Pause): Wenn ich die Stimme der jungen Frau höre, muß ich sofort an jenen Augenblick vor siebenunddreißig Jahren denken. Ich war dort damals bei der Armee, als die Bombe fiel – ein neunzehnjähriger Soldat. Kleine Kinder rannten auf

[1] *hibakisha* (der Kranich) – ein Papierkranich – ist das japanische Symbol für Hoffnung und der Name, den man den Überlebenden der Atomexplosion gegeben hat. Es gibt vier Kategorien von *hibakisha*: (1) unmittelbar Betroffene; (2) Menschen, die später in die Stadt kamen; (3) Menschen außerhalb der Stadt, die sich um die Bombenopfer kümmerten; (4) Menschen, die damals noch im Mutterleib waren.

mich zu. Ich erinnere mich an viele Stimmen, Grundschulkinder suchten bei uns Hilfe. Am deutlichsten höre ich noch die Schreie nach Wasser. So viele Menschen, man konnte nicht einmal einem Bruchteil von ihnen Wasser geben. Das war einfach unmöglich. Sie sind gestorben. Wir mußten die Toten wegbringen und verbrennen, sie irgendwie einäschern. Es waren ja jetzt Leichen. Ich höre die Stimmen immer noch sehr deutlich.

FRIEDMAN: Ich war daheim und hatte das Glück, daß sich unser Haus als sehr stabiler Schutzraum erwies. Mein Großvater war Unternehmer, wir wohnten in einer riesigen Villa mit sehr dicken Wänden und Balken. Sie ist nicht eingestürzt. Die dicken Mauern haben mich vor den Folgen der Strahlung geschützt. Obwohl ich auch betroffen war, habe ich nicht soviel abbekommen, wie wenn ich in einem kleineren Haus gewohnt hätte.

Ich war elf Jahre alt. Ein paar Tage nach dem Bombenabwurf suchte ich nach meiner Mutter. Ich wanderte umher, zwischen den Menschen hindurch, denen niemand half. Wir bekamen nur sehr, sehr wenig Hilfe. Alle Gemeinden ringsum waren völlig überfordert. Außerdem war unsere Versorgungslage schon von vornherein ziemlich schlecht gewesen.

Die Menschen hatten fast nichts zu essen und anzuziehen. Ich selbst hatte nur fünf getrocknete Bohnen in der Hand, die ich den ganzen Tag nicht losließ. Mir ging es immerhin so gut, daß ich auf den Beinen war, aber fast alle anderen, die ich sah, lagen auf dem Boden, auf Schulhöfen und anderen öffentlichen Plätzen.

Ich ging immer weiter und rief nach meiner Mutter: »Wenn du da bist, antworte mir doch, bitte.« Ich hätte es nicht verkraftet, wenn tatsächlich jemand geantwortet hätte, weil ich nicht gewußt hätte, was ich tun sollte. Aber als kleines Mädchen sucht man eben verzweifelt nach der Mutter. Weil ich mir so hilflos vorkam, habe ich mir etwas ausgedacht, eine Art Zauber.

Ich dachte mir, ich würde ein paar Schlaflieder singen, die sie gern mochte, die sie mir oft vorgesungen hatte. Im Geiste sagte ich: Gott, ich bitte dich, würdest du wie der Wind dieses Lied zu ihr tragen und sie trösten, als ob sie es hören könnte? Ich weiß noch, daß ich geweint und geschluchzt habe, während ich sang.

In der Nähe von Tokio gibt es einen Strand, Kamakura. Obwohl wir damals in Hiroshima waren, kamen wir eigentlich aus Tokio. Wir sind dort immer am Strand spazierengegangen und haben Muscheln gesammelt. Dabei hat sie mir dieses Lied vorgesungen. (Sie singt es. Mr. Kito fällt leise ein.)

Haben Sie Ihre Mutter gefunden?

Nein, sie wird immer noch unter den Vermißten geführt, obwohl mein Vater eine Frau traf, die zu wissen glaubte, wo meine Mutter vielleicht ums Leben gekommen ist. Meine Mutter mußte zu einer Wohnviertelgruppe gehen, denn es wurden Nachbarschaftsgruppen gebildet, weil es eine Massenevakuierung geben sollte. Aus unserer Familie war meine Mutter diejenige, die hingehen mußte.

Sie hat das Haus ungefähr um halb acht Uhr morgens verlassen. Sie mußte zu einer Stelle, die sehr nahe am Zentrum der Explosion war. Als die Bombe explodierte, stand diese Frau nicht weit von ihr entfernt. Die Frau hatte kleine Kinder, und sie beugte sich herunter, um sie zu schützen. Meine Mutter hat sich bei dem Blitz die Ohren zugehalten und ist ins Haus gerannt. Dann sah sie, wie der Beton auf meine Mutter herunterbrach. Das hat mein Vater ungefähr einen Monat nach der Explosion erfahren.

Die Frau brachte meinen Vater zu dieser Stelle. Er sagte, es gab einige menschliche Überreste. Sie waren so verkohlt, daß man nur schwer vermuten konnte, welche davon von meiner Mutter stammten. Deshalb hat er von jedem Leichenrest kleine Knochen aufgesammelt und mit nach Hause genommen, wo wir sie gewissermaßen als meine Mutter beerdigt haben.

KITO: Meine ganze Familie war in der Stadt Nagoya, deshalb kam keiner von ihnen durch die Bombe zu Schaden. Aber meine Freunde bei der Armee, sie sind spurlos verschwunden.

Ich würde sagen, vom 7. August an waren die Wunden der Tausenden von Verletzten, die ich sah, von Tausenden von Maden befallen. Die Maden krochen über die Wunden, was für die Überlebenden sehr qualvoll war. Sie haben geschrien und uns angefleht: »Bitte, macht uns doch die Maden weg.« Aber ihre Körper waren von Kopf bis Fuß mit Maden bedeckt, und mir, einem einzelnen Soldaten, war es unmöglich, so vielen Menschen zu helfen.

Wir haben einen Militärarzt in der Nähe um Rat gefragt. Alle Medikamente waren aufgebraucht, es war nichts mehr übrig. Was sollten wir tun?

Der Arzt sagte: »Es ist unmöglich. Wir können gar nichts tun.« Er sagte: »Sterilisiert die Wunden mit Salzwasser.« Also haben wir einen großen Topf Wasser abgekocht und einen ganzen Krug Salz hineingeschüttet. Da die Körper über und über infiziert waren, haben wir es mit einem Besen gemacht. Wir hätten unmöglich jeden Körperteil mit der Hand sterilisieren können. Wir nahmen einen Besen, tauchten ihn in das Salzwasser und bestrichen die Körper damit.

Die Kinder, die auf dem Boden lagen, die sich nicht rühren konnten, sprangen auf. In ihrem Dialekt sagten sie: »Ich renne weg. Ich muß rennen.« Daran kann ich mich noch sehr gut erinnern.

Eine Frau im Studio unterbricht ihn. »Das Wort, das Mr. Kito gebraucht hat, lautet hashira. *Das bedeutet: ›Es tut weh‹.« Die Dolmetscherin korrigiert sie, im lokalen Dialekt bedeute das ›Danke‹.*

Da ich aus Nagoya kam, verstand ich den Dialekt nicht. Ich dachte, sie sagten, sie müßten weglaufen. Also habe ich versucht, sie festzuhalten, sie zu beruhigen. Bald darauf sind sie gestorben.

Natürlich hatten diese Kinder keine Angehörigen mehr, die ihre Leichen abgeholt hätten. Mit Holz aus den Ruinen in der Nähe haben wir einen Scheiterhaufen aufgeschichtet und die Leichen verbrannt.

FRIEDMAN: Und genau an solchen Szenen bin ich auf der Suche nach meiner Mutter vorbeigekommen.

Etwas Schreckliches geht in einem vor. Es hält längere Zeit an. Man steht unter Schock. Um überhaupt noch weitermachen zu können, muß man sich desensibilisieren. Möglicherweise bewegt man sich automatisch vorwärts, allein vom Überlebenswillen getrieben. Man hat nicht das Gefühl, sich in einer realen Situation zu befinden. Man fühlt sich, als ob ... Ich kann nicht glauben, daß das mit mir geschieht. Als säße man vor dem Fernsehapparat und sähe etwas Fremdes, was außerhalb der eigenen Gefühlswelt liegt.

KITO: Ich habe mich auch nicht als Träger von Leichen gesehen, wenn ich sie zum Einäschern bringen mußte. Ich habe einfach ein Ding geschleppt. Ich dachte: Okay, heute habe ich soundso viele Leichen getragen, das war heute meine Arbeit. So nüchtern habe ich es betrachtet. Jedes Gefühl des Mitleids, der Trauer für diese Menschen, war einfach wie weggeblasen. Ich tat lediglich meine Pflicht. Ich brauchte sehr lange, um wieder ein einigermaßen normales Gefühlsleben zu bekommen.

Haben sich die Überlebenden – vielleicht auch Sie selbst – jemals schuldig gefühlt, weil sie überlebten?

FRIEDMAN: Aber ja. Wegen diesem Tag habe ich sehr, sehr lange unter großen Schuldgefühlen und Depressionen gelitten. Mir hat Hypnose darüber hinweggeholfen. Ich habe mich selbst hypnotisiert und das Geschehene, die Explosion von Hiroshima, noch einmal durchlebt. Vorher hatte ich immer nur daran denken können wie an eine Bühnenaufführung, nur die lauten Geräusche wie explodierende Munition hatte ich gehört, aber dann begann ich allmählich, auch leisere Töne und leisere Stimmen im Hintergrund zu hören, die um Hilfe riefen. Die ich gar nicht wirklich gehört hatte. Dinge fielen mir viel deutlicher wieder ein, als ich sie im Gedächtnis hatte. Dann wußte ich, weshalb ich mich wirklich schuldig fühlte. Weil ich ihnen nicht helfen konnte.

KITO: Ich bin mittlerweile zu der Überzeugung gelangt, daß die Toten von uns Überlebenden verlangen, ihrem Sterben einen Sinn zu geben. So war es mir möglich, Schuldgefühle in Handlung umzusetzen.[1]

[1] Mr. Kito hat eine Unterschriftenkampagne für die Abschaffung von Atomwaffen ins Leben gerufen. Bis heute hat er dreißig Millionen Unterschriften gesammelt.

POSTSKRIPTUM: In Japan sind die *hibakisha* erheblichen Diskriminierungen ausgesetzt. Diese betreffen häufig auch ihre Nachkommen, und zwar sowohl in gesellschaftlicher als auch in wirtschaftlicher Hinsicht. »Nicht nur den *hibakisha* selbst, sondern auch ihren Kindern gibt man keine Arbeit«, sagt Mr. Kito. »Deshalb verschweigen viele, daß sie *hibakisha* sind.«

John Smitherman

»In den ersten Testjahren – besonders in der Nordpazifikregion der Marshallinseln – mußten Militärangehörige einen Vertrag unterschreiben, in dem sie sich verpflichteten, nicht über ihren Einsatz zu sprechen. Vertragsbrüchige wurden mit einer Geldbuße von 10 000 Dollar und/oder zehn Jahren Gefängnis bestraft. Nicht selten war beim Unterzeichnen bewaffnetes Personal anwesend. Ein Teilnehmer erinnert sich gewarnt worden zu sein, daß er nie wieder die Welt außerhalb von Leavenworth zu sehen bekäme, falls er den Vertrag brechen sollte. In ihrer Angst vor Vergeltung nahmen Männer ihre Geschichte mit ins Grab, ohne jemandem – nicht einmal ihren Familien – enthüllt zu haben, daß sie an Atomwaffentests teilgenommen hatten.«

Thomas H. Saffer und Orville E. Kelly
›Countdown Zero‹

Mulberry, Tennessee, fünfundachtzig Meilen von Nashville entfernt. Es ist ein altes, zweistöckiges Haus. Bei unserem Eintreten bellt ein Hund. Unser Gastgeber ruft von drinnen. Der Blick fällt sofort auf sein großes, gutaussehendes Gesicht. Gleichzeitig entdeckt man, daß er keine Beine mehr hat. Seine linke Hand, die auf der Armlehne seines automatischen Rollstuhles ruht, lenkt zögernd die Aufmerksamkeit auf sich. Sie ist fünfmal so groß wie eine normale Hand; die Haut zerfurcht, wellig, gräulich. Sie ähnelt einem Elefantenrüssel.

Er ist der Präsident der ›National Association of Atomic Veterans‹. »Um die fünfzehntausend Mann. Sie waren in verschiedenen Testgebieten eingesetzt. Wir waren zweiundvierzigtausend Veteranen, die an der ›Operation Crossroads‹ teilgenommen hatten. Siebenundzwanzigtausend sind inzwischen gestorben.«

In der Ecke steht eine alte Großvateruhr, sie schlägt die halbe Stunde. Auf einem kleinen Beistelltisch eine Fotografie: ein stämmiger, muskulöser junger Mann – ein Athlet vielleicht? Er ist eine Mischung aus einem jungen Jack Dempsey und Robert Mitchum. Unser Gastgeber vor einer Reihe von Jahren.

Seine Stimme ist erstaunlich sanft: »Das hier ist Jack Daniels Gebiet. Haben Sie Gelegenheit gehabt, sich die Gegend anzusehen?

Ich war Farmer. Ich wurde in der östlichsten Spitze von Tennessee, in den Cumberlands, geboren, und dort bin ich auch aufgewachsen. Mein Vater war über vierzig Jahre lang Kumpel im Bergbau.«

Noch als Kind, ich war siebzehn Jahre alt, bin ich zur *Navy* gegangen. Es war an meinem Geburtstag, im Juli 1945. Ich habe ein paar meiner glücklicheren Tage in der *Navy* verbracht. Gestern bin ich fünfundfünfzig geworden.

Ich meldete mich in Norfolk, Virginia. Am letzten Juli wurde ich auf der U.S.S. ›Randall‹ ausgeschifft. Wir waren auf dem Weg nach England. Unterwegs wurden wir von einer Mine getroffen. Wir stiegen auf einen Zerstörer um, fuhren durch den Kanal und kamen nach Kalifornien. Wir waren gerade auf dem Weg nach Japan, als der Krieg aus war. Wir hatten zwei kleine Schlachten bei den Philippinen mitgemacht, aber das war nichts Besonderes. Wir fuhren zurück nach Pearl Harbor und von dort wieder in die Staaten. Dann erhielten wir die Nachricht, daß wir für einen weiteren Test zurückfahren würden.

Alle redeten damals nur von den großen Bomben, die sie über Japan abgeworfen hatten. Niemand wußte etwas Genaues darüber. Aber aus diesem Grund, sagten sie uns, mußten wir zurückfahren. Wir würden wahrscheinlich mit diesen Bomben zu tun bekommen. Das Ganze lief unter dem Decknamen ›Operation Crossroads‹. Sie würde bei den Marshallinseln und dem Bikini-Atoll stattfinden. Das war alles, was man uns sagte. Wir hatten keine Ahnung. Wir waren auf einem Zerstörer namens U.S.S. ›Alan M. Sumner‹. Man verständigte uns, daß nichts Gesundheitsschädliches passieren würde. Wir würden nur eine Menge Spaß haben und Aufregendes erleben.

Wer hat das gesagt?

Die Lautsprecheranlage auf dem Schiff. Oh, ja, daran erinnere ich mich genau. Ich weiß auch noch, daß wir etwas unterschreiben mußten, bevor wir da ankamen, vor dem eigentlichen Bombentest. Sie nannten das einen Treueschwur.

Der Schwur lautete, daß wir nichts enthüllen durften, mit keinem über jedwede Explosion der Bombe oder irgend etwas, das wir auf den Inseln zu sehen bekamen, sprechen durften. Wenn wir das tun würden, dann bedeutete das, nun ja, daß wir eine lange Zeit in Leavenworth absitzen oder eine riesige Geldstrafe bezahlen müßten. Das hat so junge Burschen wie mich natürlich zu Tode erschreckt.

Danach, also am 1. Juli 1946, wurde die erste Bombe aus einem Flugzeug abgeworfen. Wir hatten uns in der Bucht herumgetrieben und waren früh am Morgen zu unserem Flaggschiff, der U.S.S. ›Mount McKinley› gefahren. Auf diesem Schiff waren all die hohen Tiere. Auch die Wissenschaftler waren dort. Wir waren gerade dabei, die ›Mount McKinley‹ zu umkreisen, als die Bombe explodierte.

Die ›Mount McKinley‹ war neun Meilen davon entfernt und wir drei Meilen von der ›Mount McKinley‹. Wir hätten also sechs oder auch zwölf Meilen von der Sprengung entfernt gewesen sein können.

Wir standen in Shorts da. Ich hatte ein T-Shirt an, so wie dieses hier, eine kleine Matrosenmütze und Turnschuhe. Die hohen Tiere auf dem Flaggschiff, ja, die blieben die ganze Zeit unter Deck. Sie hatten dicke Kleidungsstücke an und waren die ganze Zeit über geschützt. Sie hatten uns gesagt, daß es eine große Bombe sein würde, also standen wir kleinen Jungs aus den Bergen an der Reling und guckten gespannt nach dieser Monsterbombe aus. Ganz plötzlich sahen wir einen riesigen Feuerball aus der Tiefe aufsteigen und in die Luft gehen. Ich weiß nicht, wie ich diesen Ball aus Feuer beschreiben soll. Wir spürten die Hitze, wir spürten die Druckwelle. Dann fuhren wir weg.

Innerhalb von zehn Stunden kamen wir wieder bei unserer Ausgangsbasis an. Wir fuhren an den Zielschiffen vorbei. Ihre Farbe war völlig abgeschält. Einige der Kanonenrohre waren in der Mitte gespalten und hatten sich zurückgerollt. In den Schotten waren riesige Löcher, und die U.S.S. ›Independence‹ brannte. Sie hatten fünfundsiebzig Zielschiffe.

Ich war an Deck. Sie fragen nach Freiwilligen, die auf die ›Independence‹ rübergehen sollten, um das Feuer zu löschen. Wir gingen an Bord und kämpften eine Stunde lang gegen das Feuer an. Zwei Stunden löschten wir dann. Wir waren vielleicht sechzig, siebzig Leute.

Haben sie etwas darüber gesagt, daß das gefährlich sei?

Ach wo! Sie wollten nur, daß das Feuer aus war, damit sie die Tiere untersuchen konnten, die sie an Bord hatten. Ich half drei Stunden lang, das Feuer zu löschen, dann ging ich auf das Landungsschiff zurück. Inzwischen waren wir an einer Stelle angekommen, die sie Kontrollpunkt nannten. Ein Wissenschaftler stand da mit einem Geigerzähler und untersuchte uns, so wie wir an ihm vorbeigingen, auf Strahlung.

Hat der Wissenschaftler irgend etwas gesagt?

O nein! Wir wußten nicht, wonach er uns untersucht hat. Hatten keine Ahnung. Sie haben uns nie etwas gesagt. Während dieser Tage durften wir überall herumlaufen, schwimmen. Wir tranken das Wasser aus der Destillationsanlage auf dem Schiff. Wir wuschen unsere Kleider darin. Als wir auf die ›Sumner‹ zurückgekehrt waren, tranken wir das Wasser, das dort aus der Lagune kam. Wir schwammen. Sie erlegten uns keinerlei Beschränkungen auf. Und nie wurde auch nur irgend etwas zu uns gesagt.

Ich war einer von den Männern, die ihnen auf Bikini geholfen haben, die Kameras von den Türmen herunterzuholen. Die Türme waren aus Stahl und glühend heiß von der Sonne, die den ganzen Tag draufknallte. Ich wußte ja nicht, daß Stahl die Strahlung ganz besonders einfängt.

Überhaupt wurde das Wort ›Strahlung‹ in der ganzen Zeit, in der wir da waren, nie erwähnt.

Am 25. Juli sagte man uns, daß sie eine weitere Bombe detonieren lassen würden. Diese sollte 90 Fuß unter dem Wasser gezündet werden. Wir fuhren wieder zur ›Mount McKinley‹ raus und fingen an, sie zu umkreisen. Wir sahen die Bombe hochgehen. Ihr Deckname war ›Baker‹. Also, diese war noch viel größer. Als sie explodierte, hatte sie eine Art Vakuum um sich. Sie sah aus wie ein riesiger Pilz, der aus dem Ozean herauswuchs. Er ging steil in die Luft und sog Wasser, Sand, Geröll aus dem Meer mit sich. Dann bildete er über uns eine riesige Wolke. Wir standen genau in seiner Windrichtung und bekamen an Deck ab, was er versprühte. Hinterher mußten wir abgewaschen werden.

Die Wissenschaftler kamen mit ihren Geigerzählern an Bord. Wir wußten immer noch nicht, was sie da machten. Nach zehn Stunden waren wir wieder an der Ausgangsbasis. Dort herrschte große Aufregung. Eine Gruppe von Jungs war am zweiten Tag beim Schwimmen erwischt worden, und man hatte sie deswegen bestraft. Und trotzdem gab es noch immer keine Beschränkungen für uns. Wir hatten eine Menge Spaß dort drüben, wirklich, das hatten wir. Uns kam gar nicht in den Sinn, daß etwas nicht in Ordnung sein könnte.

Ende August entdeckte ich einige rote Flecke an meinen Beinen und Füßen, ungefähr so groß wie ein Silberdollar. Ich ging zur Ersten Hilfe, und sie schmierten mit einem Holzstäbchen weiße Salbe drauf und verbanden es mit Mull. Dann verordneten sie mir Bettruhe. Die Flecken verschwanden. Ungefähr eine Woche später fingen meine Beine und Füße an zu schwellen. Sie verordneten mir wieder Bettruhe, und auch das ging weg. Aber es kam immer wieder, noch während ich auf dem Schiff war. Ich konnte wegen der Schwellung der Füße und Beine keine Schuhe tragen.

Ende November kamen wir nach Pearl Harbor zurück. Sie wiesen mich in ein Krankenhaus ein. Dort führten sie einige Untersuchungen durch und sagten, daß meine Nieren nicht in Ordnung wären. Sie verlegten mich nach Kalifornien. Das war 1947. Ich wurde aus medizinischen Gründen entlassen. Sie schickten mich nach Hause und sagten, wenn die Schwellung nicht aufhörte, sollte ich mich einfach ins Bett packen und die Beine hochlegen, bis sie abgeklungen ist. Aber es wurde mit jedem Mal ein bißchen schlimmer. Die Schwellung kroch immer weiter meine Beine hoch. Bis es so ernst wurde, daß ich ins ›Veteran's Administration‹-Krankenhaus eingewiesen werden durfte. Das war 1976.

Im März '77 wurde mein linkes Bein amputiert. Es war an so vielen Stellen aufgeplatzt, daß es einfach zu schmerzhaft war. Einen Monat, nachdem ich entlassen worden war, wurde ich wieder ins Krankenhaus eingewiesen, mit einer Schwellung des rechten Beines. Im August '77 war mein rechtes Bein vom Knie bis hinunter zum Knöchel aufgebrochen. Auch das mußte amputiert werden. Kurz bevor ich das Krankenhaus verließ, fing mein linker Arm zu schwellen an.

Während der letzten zwei Jahre haben sie mich dazu überreden wollen, den linken Arm ebenfalls amputieren zu lassen. Ich bin in den letzten sechs, sieben Monaten ziemlich krank gewesen. Als ich im März aus Washington, D.C., zurückkam, habe ich versucht, ins VA-Krankenhaus zu gehen, um meinen Arzt zu sehen. Man weigerte sich, mich reinzulassen, oder, besser gesagt, man erlaubte mir nicht, den Arzt zu sehen, weil ich nicht zu einem vorher abgesprochenen Termin gekommen war.

Ich ging hier unten in ein Privatkrankenhaus. Nachdem man mich zweimal innerhalb von dreißig Tagen notoperiert hatte, stellte sich heraus, daß ich Krebs habe. Im Dickdarm und in der Leber. Und er ist unheilbar. Mittlerweile kämpfe ich mit der ›Veteran's Administration‹, um wenigstens eine Kriegsversehrtenrente aus der ganzen Angelegenheit herauszukriegen. Sie haben mich schon zum sechsten Mal abgewiesen.

Sie geben zwar zu, daß ich Strahlungen ausgesetzt gewesen wäre, als ich drüben war, doch das würde nicht ausreichen, um meine Krankheiten zu verursachen. Der einzige Arzt, den sie haben, sagte aus, daß es ein Ding der Unmöglichkeit sei, daß ich dort so viel Strahlung abbekommen hätte, um jetzt so krank zu sein. Drei

Ärzte, die in meinem Auftrag aussagten, gehen davon aus, daß ich einer Belastung von 1 000 bis 1 800 Rads ausgesetzt gewesen sein muß. Ihr Arzt von der Stanford-Universität behauptet, daß die Schwellungen, die ich noch während des Militärdienstes hatte, nichts mit den Schwellungen von heute zu tun hätten.

Ich bin ihnen deswegen nicht böse. Ich verzeih ihnen. Aber ich verstehe nicht, warum sie den Krebs in mir nicht entdeckt haben. Krebs kommt doch nicht einfach so über Nacht.

Eine Zeitlang hatte ich wirklich Vertrauen zu den Leuten im VA-Krankenhaus. Aber sie haben dort nur zwei Arten, einen Kranken zu behandeln. Entweder ist man für sie ein Alkoholiker, oder man ist drogensüchtig. Ich trinke keinen Alkohol. Ich bin, was man einen gutchristlichen Menschen nennt. Ich weiß, das ist nicht immer so gewesen, aber trotzdem. Ich habe in den letzten fünfzehn Jahren nicht getrunken. Ich bin seit 1975 im VA-Krankenhaus gewesen. Wenn sie damals schon den Krebs in mir gefunden hätten, dann könnte ich jetzt noch ein paar Tage länger auf dieser guten, alten Erde bleiben.

Nein, ich bin nicht verbittert. Ich bin stolz auf unsere Lebensart. Ich bin stolz auf unsere Verfassung und würde jeden Tag wieder für sie kämpfen. Wenn sie mich morgen rufen würden, ich würde wieder gehen. Darum geht's nicht. Mir geht es darum, daß die VA allen Veteranen versprochen hatte, sich um sie zu kümmern, wenn – sie krank werden oder den Halt im Leben verlieren sollten.

Die Ärzte in diesen VA-Krankenhäusern sind überarbeitet und unterbezahlt. Wenn man privat mit ihnen spricht, merkt man, daß sie der Regierung gegenüber sehr verbittert sind. Man darf sie nicht verurteilen. Ich habe das Gefühl, daß sie tun, was sie können. Aber sie übertreiben es auch nicht. Dort ist man eben nur eine Nummer. Oder, wie gesagt, entweder Alkoholiker oder drogensüchtig.

Der Fehler liegt meiner Meinung nach bei der ›Veteran's Administration‹ und beim Kongreß. Der Kongreß hat sich seit 1946 nicht um eine Gesetzesänderung gekümmert. Weil – ich weiß es nicht. Vielleicht haben sie Angst, in ein Wespennest zu stechen und noch mehr Probleme zu schaffen, als sie ohnehin schon haben. Wir ›Atomic Veterans‹ wollen nur, daß diejenigen, die krank sind, behandelt werden. Wir wollen ein bißchen Gerechtigkeit.

Ich beziehe eine Rente wegen, wie sie es nennen, wehrdienstbedingter Erwerbsunfähigkeit. Sie beträgt 5 Dollar im Monat.

Fünf Dollar im Monat?

Das liegt daran, daß meine Frau arbeitet und über das Maximum von 4 800 Dollar im Jahr verdient.

Der Verlust Ihrer beiden Beine wird also nicht mit dem Militärdienst in Verbindung gebracht?

Das ist eine Tatsache. Jetzt wollen sie meinen linken Arm abnehmen, weil er schon fünfmal so groß geschwollen war, wie er jetzt ist. Er war schwer, furchtbar schwer. Und er war entstellt, er sah so scheußlich aus. Im Moment beobachte ich ihn sehr genau, aus Angst, daß Brand einsetzen könnte. Ich hab in letzter Zeit 'ne Menge abgenommen. Bei der letzten Operation verlor ich achtzig Pfund. Ich bin mal ein stämmiger, großer Kerl gewesen. Mit einer breiten Brust. 1,83 groß, und ich habe mal 225 Pfund gewogen. Jetzt wiege ich nur noch 123.

Als sie mich in Bethesda abwiesen, hörten die Japaner davon. Ich erhielt einen Brief von einem japanischen Arzt, in dem er mir schrieb, daß er, wenn ich eine Möglichkeit fände, nach Japan zu kommen, mich nach seinem besten Wissen und mit den besten Mitteln, die sie zur Verfügung hätten, behandeln würde. Die Lokalzeitungen hier und der regionale Radiosender bekamen Wind davon. Sie setzten eine Sammlung in Gang: Wir schicken John Smitherman nach Japan. Die Menschen aus dem Lincoln und dem Moore County übertrafen sich selbst in ihren Spendengeschenken. Zum Schluß hatten sie um die 8 200 Dollar zusammen.

Am 28. Juli '82 flog ich nach San Francisco und traf mich dort mit einer Ärztin aus dem Strahlungsforschungszentrum. Sie hatten in Kalifornien genug Geld aufgebracht, um sie mit mir zu schicken, damit sie etwas über die japanischen Behandlungsmethoden lernte. Ich blieb 31 Tage dort und bekam insgesamt zweiundzwanzig Behandlungen.

Als ich drüben war, nannten sie mich einen *hibakisha*. Ich habe, während ich dort war, viele *hibakishas* kennengelernt. Sie lagen in ganz verschiedenen Arten von Betten. Einigen ging es so ähnlich wie mir. Einige hatten schlimme Verbrennungen, einige waren blind. Bei manchen war der halbe Körper verschwunden, aber sie blieben am Leben.

Die *hibakisha* waren so nett zu mir. Die, die stehen konnten, standen auf. Die, die sich aufsetzen konnten, setzten sich auf. Die, die nur ihre Hand heben und mir winken konnten, winkten. Die anderen lagen in ihren Betten und sahen mich nur an. Es war eine erdrückende, atemberaubende Situation. Es machte mich stolz, zu ihnen zu gehören.

Ich glaube, nicht einmal der Präsident der Vereinigten Staaten hätte besser behandelt werden können als ich, während ich dort war. Leute, die mich auf der Straße sahen, kamen auf mich zu, nur, um mich zu berühren. Ich erfuhr viele Ehrungen. Die größte Ehre war jedoch, daß ich der erste amerikanische Veteran war, der nach Japan kam, um sich behandeln zu lassen. Sie hatten ein Boot gehabt, das ›Der glückliche Drachen‹ hieß. Auf diesem Boot waren einige Matrosen in die Windrichtung der Strahlung geraten und gestorben. Alle Fische, die sie an Bord hatten, waren hochgradig verstrahlt.

Sie forderten mich auf, das Logbuch dieses Schiffes zu unterzeichnen, und machten mich zum Ehrenmatrosen auf diesem Boot. Der Bürgermeister von Hiroshima gewährte mir eine siebenundvierzigminütige Unterredung.

Zu Hause hat mich nicht einmal der Gouverneur des Staates Tennessee anerkannt. Es ist schwer zu verstehen, daß ich gerade in dem Land, das wir zu zerstören versuchten, solche Wohltaten empfing und nicht eine Spur von Feindseligkeit spürte. Überhaupt keine. Ich bekam dieselbe Behandlung, die sie bekamen. Als ich Japan verließ, sagten die Ärzte dort zu mir, es wäre eine Schande, wenn sie mir hier nicht erlauben würden, dieselben Behandlungen fortzusetzen. Denn wenn ich sechs Monate darauf warten müßte, würde das, was sie mit mir unternommen hatten, nichts mehr nützen. Nachdem ich zurückgekehrt war, versuchte man, mich für diese Behandlung in verschiedene Kliniken einzuweisen. Aber die Regierung erlaubte es nicht. Wenn sie zugelassen hätte, daß ich in diesem Land wegen Strahlungsschäden behandelt worden wäre, hätte ich meinen Fall gewonnen. Es wäre das Eingeständnis ihrer Haftbarkeit gewesen.

Das Problem ist teilweise auf einen Gentleman namens Taft zurückzuführen. Auf seine Aussage vor dem Kongreß, der das öffentlich-rechtliche Gesetz 9572, das Vietnamveteranen helfen soll, verabschiedete. Das Gesetz hatte einen Zusatz, aufgrund dessen auch den Atomic Veterans geholfen werden sollte. Taft sagte damals, daß sich dies als ein Nachteil auf unsere europäischen Unternehmungen auswirken würde. Wenn die da drüben Wind davon bekämen, würden wir alle Atomwaffen wieder entfernen müssen.

Ich bin der Regierung nicht böse. Ich habe mich freiwillig gemeldet, weil ich ein stolzer Matrose sein wollte. Aber gleichzeitig bin ich doch ärgerlich, denn sie hätten uns auf die Risiken aufmerksam machen müssen. Ich bin stolz auf unsere Regierung. Ich bin stolz auf die Freiheit, die wir genießen. Ich bin stolz auf unser Volk. Jeder kann in die Kirche gehen, die ihm gefällt. Wir haben so viele Rechte. Man kann gehen, wohin man will. Ich bin einfach stolz auf unsere Gesellschaft und würde jeden Tag wieder kämpfen, um diese Gesellschaft zu beschützen. Ich habe zwei Töchter und zwei Enkelkinder. Ich werde ganz bestimmt ihre Rechte verteidigen, so wie meine Vorväter gekämpft haben, um meine Rechte durchzusetzen. Egal, was sie uns heute antun.

In den letzten vier, fünf Monaten haben wir einen eindeutigen Beweis gefunden. Er lag in den Kellergewölben einer Bibliothek versteckt, die dem Los-Angeles-Zweig der Männer gehört, die an der ›Operation Crossroads‹ beteiligt waren. Die Wissenschaftler, die daran teilgenommen hatten, hatten ausgesagt, daß dies noch ein großes Nachspiel von den Männern geben würde, die diesen Tests ausgesetzt wurden. Wir unterbreiteten diese Dokumente einem Rechtskomitee in Washington, aber sie gelangten nie an die Öffentlichkeit.

Für diese Männer, die der Strahlung ausgesetzt waren, war es genauso, als hätte der Feind aus kürzester Entfernung mit dem Gewehr auf sie gezielt und sie erschossen. Aber unsere Verletzungen zeigten sich ja erst dreißig, vierzig Jahre später. Jetzt ist es sehr schwer für mich, hinzugehen und zu sagen: »He, *Uncle Sam*, du hast mir, als ich noch ein Kind war, großes Unrecht getan. Du hast mich dieser Strahlung ausgesetzt. Sie hat sich in meinen Körper eingefressen und für mein ganzes Leben dort eingenistet.« In Japan haben sie einen Chromosomentest mit mir gemacht. Die Blutzellen haben es gezeigt. Warum führen sie hier in den Vereinigten Staaten keine Chromosomentests bei den ›Atomic Veterans‹ durch?

Ich habe an den Präsidenten geschrieben. Ich habe nie eine Antwort von ihm erhalten. Er gibt sowas einfach an die Veteranenbehörde weiter. Und die Veteranenbehörde sagt sich: »Schicken wir es doch einfach an das lokale Veteranenbüro zurück.«

Die Bibel lehrt uns, nicht zu verbittern. Sie lehrt uns ebenfalls, die andere Wange hinzuhalten. Hatte ich unrecht? Ich habe meine Seele erforscht. Nein, ich glaube nicht, daß ich im Unrecht war. Während ich im Dienst war, habe ich das getan, was man mir aufgetragen hatte. Mein Bericht spiegelt das wider. Sie werden keinen Makel darin finden, jedenfalls nicht, was Kriegsgerichtsverhandlungen oder Ordnungsvergehen angeht.

Ich war ein kleiner Junge vom Lande. Ich kam aus den Bergen. Als mein *Uncle Sam* mir auftrug, etwas für ihn zu tun, habe ich es getan. Ich habe meinen Treueeid unterzeichnet, jawohl, Sir. Wir haben nie etwas von diesen Dingen auch nur erwähnt. Selbst meiner Frau habe ich, als ich zurückkam, nichts davon gesagt. Ich habe mit meiner Mutter nie darüber gesprochen. Doch als dann diese Probleme bei mir anfingen, sagte ich mir: »Was kann dir jetzt noch geschehen? Das Schlimmste hat man dir schon angetan. Also laß alles ans Licht kommen.« Ich finde, *Uncle Sam* hat die Pflicht, für seine Veteranen zu sorgen.

Wenn mein Hund, der bellend auf Sie zukam, als Sie das Haus betraten, Sie gebissen hätte, wäre es doch meine Pflicht, mich um Sie zu kümmern. Ich für meinen Teil habe gewußt, daß der Hund Sie nicht beißen würde. Aber wenn er es getan hätte, hätte ich Ihnen gegenüber eine Verpflichtung. Wenn also *Uncle Sam* so ein Monster bei sich eingesperrt hat und er läßt es raus, und es beißt die Menschen, warum sollte er dann nicht dieselbe Verpflichtung haben? Ich bin dagegen nicht immun, aber er ist es.

Sie meinen, er wußte, daß sein Hund beißen würde?

O ja, keine Frage. Die allererste Bombe haben sie 1945 in New Mexico getestet. Am 16. Juli. Die Bombe war unheimlich stark, sie wußten gar nicht, was sie da in die Luft gehen ließen. Nur einen Monat später zündeten sie zwei weitere Bomben. Das war hier. Zwei Bomben, die zwei Städte zerstörten. Sie beschädigten keine militärischen Einrichtungen, aber alte Männer, Frauen und Kinder. Dann, nur sieben oder acht Monate später, machten sie einfach weiter, ohne überhaupt Daten zu sammeln. Sie ließen zwei weitere Bomben explodieren. Sie hatten nicht mal die richtige Ausrüstung, um die Alpha- und Betastrahlung messen zu können, der ich, zum Beispiel, ausgesetzt war. Diese Tests waren ganz gewiß nicht gut für die Männer, die daran beteiligt gewesen waren. Ich persönlich habe das Gefühl, daß wir alle nur als Versuchskaninchen benutzt worden sind.

Er deutet auf ein Bild an der hinteren Zimmerwand. »Sehen Sie das Bild, das da hinten über dem Fernseher hängt? Sehen Sie, wer es signiert hat? Das hat meine Frau gemalt.« Der stolze Ehemann.
Auf dem Kaminsims steht eine kleine, goldene Statuette. Sie stellt den jungen John Smitherman dar, flott mit übereinandergeschlagenen Beinen. Darunter die Inschrift: »Mein erster Alleinflug. 9. September, 1965.«

Ich bin stolz darauf, daß ich meine Frau kennengelernt und für mich als Partnerin gewonnen habe. Ich bin stolz darauf, daß ich hier in diesem alten Haus lebe, das 1820 gebaut worden ist. Ich freue mich darüber, daß die Türen so breit sind, daß ich mit meinem Rollstuhl von Zimmer zu Zimmer fahren kann. Ich bin ganz fürchterlich stolz, wenn ich sie durch eine dieser Türen hereinkommen sehe. Und ich bin stolz darauf, daß ich jeden Morgen meines Lebens aufwachen und lächeln kann, um dasselbe Lächeln von ihr zu empfangen. Aber, wenn ich weg bin, was wird dann aus ihr? Deshalb kämpfe ich mit jeder Faser meines Wesens und bis zu meinem allerletzten Atemzug darum, daß sie das, was sie mit mir und mit all den anderen Veteranen da draußen, die in weit größerer Not sind als ich, machen, ändern. Wenn *Uncle Sam* seine Haltung nicht korrigiert und meiner Frau und all den anderen Frauen keine Unterstützung bezahlt, bevor ich die Erde verlasse, dann glaube ich wirklich, daß diese ganze Regierung so viel gesündigt hat, daß sie sich eines Tages vor einer höheren Stelle verantworten muß.

John Smitherman starb am 11. September 1983.

Erinnerung an vergangene Zeiten

Paul Edwards

Zur Zeit des New Deal war er Leiter der National Youth Administration in South Dakota. »Die Depression war eine prägende Erfahrung in meinem Leben. Dann – peng! – kam der Zweite Weltkrieg und damit die zweite.« Als ich ihn kennenlernte, war er Direktor des Informationsbüros bei UNICEF. *Inzwischen ist er pensioniert.*

Ich habe damals in Winner gewohnt, einem Cowboynest in South Dakota, wo der Teufel los ist (er lacht), westlich vom Missouri. Wir hatten Samstagabend gerade ziemlich wüst gefeiert und gezecht. Drum stand ich Sonntag spät auf, und mit Kopfweh. Ein Freund kam vorbei und sagte: »Mach das Radio an. Die Japaner haben Pearl Harbor bombardiert.«

Im Herbst war ich zum Leiter des Jugendrotkreuzes in unserem Bezirk ernannt worden. Am 8. Dezember fuhr ich nach St. Louis und verpflichtete mich als Truppenbetreuer des Amerikanischen Roten Kreuzes. Man schickte mich sofort nach Fort Riley, Kansas, und zwar als Leutnant. Die 8. und 9. Kavallerie waren dort stationiert, alles Schwarze. Die Offiziere waren alles Weiße. Die Regimenter waren jahrelang die Attraktion bei Truppenparaden gewesen. Sie konnten fabelhaft reiten und exerzieren. Das waren alles alte Hasen mit einer eigenen Moral. Und sie waren stolz. Mann, wenn diese alten Sergeants an der Spitze einer Truppe ritten, auf

Rappen oder Braunen, bei einer Parade, das war einfach umwerfend. Und sie genossen es auch.

Man hatte sie aus den ärmsten Familien im Mittelwesten eingezogen. Die meisten schickten fünfzehn von ihren einundzwanzig Dollar im Monat an ihre Familien, die von der Sozialhilfe lebten. Sie haben ihnen immer einundzwanzig Dollarmünzen ausbezahlt. Da stand so ein stämmiger Kerl von einem Schwarzen an die Mauer gelehnt und spielte mit den Münzen – klick klick klick. »Ha, ich bin reich. Hörst du's in meiner Tasche klimpern?« So viel Geld hatte der noch nie besessen.

In den Einberufungsausschüssen saßen meistens wohlsituierte Durchschnittsamerikaner aus allen Teilen des Landes. Die haben die Fürsorgeempfänger gern benachteiligt. Das war vor dem 7. Dezember, bevor man die Freiwilligen aufgerufen hatte. Die meisten dieser Jungs rechneten damit, nach einem Jahr Dienst wieder entlassen zu werden. Viele hatten Pläne. Und plötzlich wurden sie in einen totalen Krieg geworfen. Es gab Selbstmorde. Nachts wurden Wachen aufgestellt. Es wurde keine Munition ausgegeben. Ich bekam mit, wie der Friede in den Krieg überging.

Das Rote Kreuz hatte eine eigenartige Stellung. Man war weder Fisch noch Fleisch. Man war bei der *Army*, gehörte aber nicht dazu. Man unterstand dem Militär, aber man hatte nicht die Privilegien der anderen Offiziere. Durch den Job mußte man oft gegen die *Army* und für den Einzelnen Partei ergreifen. Die Befehlshaber waren natürlich nicht begeistert von so einer Instanz. Mit denen wohnte und aß man zusammen, und so saß man oft zwischen den Stühlen.

Die Expansion der *Army* brachte rasche Veränderungen mit sich. Ich landete schließlich in Ford Meade in Sturgis, South Dakota, gleich bei mir zu Hause. Das ist das Hauptquartier der alten Seventh Cavalry, von Custer. Tausende von Pferden wurden hier und in Nebraska gezüchtet. Und auf einmal waren sie nicht mehr gefragt: nun gab es den Jeep und die Panzerspähwagen. Die Kavallerieromantik war immer noch spürbar. Die Offiziere wollten sie nicht aufgeben. Ich kann mich noch an den alten Colonel Hooker erinnern, in der Remontenstellung in Nebraska. Er haute mit der Faust auf den Tisch, als die Japaner zwei englische Kriegsschiffe vor der Küste von Singapur versenkten: »Ich kenne mich aus da unten. Zum Teufel, die werden keine Handbreit Land einnehmen, bis unsere Männer runterkommen, und zwar mit Pferden und Eseln.« (Er lacht.) Da gab es ziemlichen Unmut, als wir von Pferden auf Motoren umstiegen.

Auf einmal wurde ich nach Camp Barkley, Texas, runtergeschickt. Die Nöte der Soldaten hingen eng mit der Depression zusammen. Man reißt so einen Jungen aus seiner Familie, und dann stirbt plötzlich sein Vater. Wer ernährt jetzt die Familie? Oder einer ist frisch verheiratet, seine Frau stirbt, und er steht da mit einem Kind. Da hatte man einerseits die Sache mit dem »unerlaubten Entfernen von der Truppe« und dann die Situation in den Familien. Ein junger Schwarzer in Fort Riley kam eines Tages mit einem Telegramm zu mir: »Daddy gestern abend gestorben. Komm sofort heim. Bring einen Mantel.« Das schlichte Bedürfnis: Bring einen Mantel.

Damals herrschte in der *Army* strikte Rassentrennung. Es gab Hunderte von rein schwarzen Arbeitsbataillonen, natürlich unter weißen Offizieren. Eine abgrundtiefe Schande für die Nation, wenn das bekannt wäre. Sie hatten ein festes Arbeitspensum, volle sieben Tage in der Woche. Fast wie im Gefängnis. Es war kalt, sie arbeiteten im Dreck, und es regnete. Bei uns betonierten sie Flugplätze für die 8. Air Force. Es war die Hölle, Startbahnen im strömenden Regen zu betonieren. Und kein Urlaub, nichts. Damals gab es keinen einzigen schwarzen Truppenbetreuer beim Roten Kreuz.

Camp Barkley lag gleich bei Abilene, einer aufrechten Baptistenstadt, wo sich die Prohibition gehalten hatte. Wir waren vierzigtausend Soldaten um diese Kleinstadt mit dreißigtausend Einwohnern. Kein Wunder, daß die Soldaten nicht gern gesehen waren.

Eine Interessengemeinschaft zwischen Baptisten und Taxifahrern sorgte dafür, daß die Stadt trocken blieb. Die Hotelbesitzer hätten das Verbot gern gelockert, aber reiche Baptisten und die Taxifahrer hielten der Prohibition den Rücken frei. Weil die Taxler den Schnaps an uns verkauften – zu fünf Dollar den halben Liter. (Er lacht.) Natürlich hatten sie für Schwarze nicht viel übrig. Einmal kam so eine kleine schwarze Sängerin zu uns, als Unterhaltungsprogramm für die Soldaten. Da waren an die zehntausend Jungs, und dieses Mädchen legte eine umwerfende Show hin. Am Schluß klatschten und sangen alle mit, bis zur Ekstase. Sie bekam kein Hotelzimmer. Wir mußten ihr eine Unterkunft besorgen.

Aus heiterem Himmel wurde ich nach Dallas gerufen. Man benötigte sofort einen leitenden Rotkreuzler für Großbritannien. Für einen Jungen vom Land, aus South Dakota, war das der Griff nach den Sternen.

Am 7. Dezember 1942 fuhr ich los, am Jahrestag von Pearl Harbor. Wir wurden alle auf die ›Queen Mary‹ gepfercht, eine ganze Division. 15 000 Leute müssen da auf dem Schiff gewesen sein. Damals war gerade eine Phase strengster Geheimhaltung. Wie zum Teufel man die Wege einer ›Queen Mary‹ geheimhält, möchte ich mal wissen. (Er lacht.) Aber wir mußten eben Gespenster spielen.

Die Überfahrt war stürmisch. Die ›Queen Mary‹ neigte sich auf zweiundvierzig Grad, und vierzig war eigentlich ihre absolute Grenze. Eine Riesenwelle hob uns wieder in die richtige Position. Wir wechselten uns ab, die einen schliefen nachts, die anderen tagsüber. Zweimal am Tag gab es etwas zu essen, meistens englischen Kochfisch. Was auch nichts mehr machte, weil sowieso allen schlecht war.

Das Rote Kreuz hat zwei Seelen in seiner Brust. Bei Ausbruch des Krieges war die Leitung extrem konservativ, abhängig von reichen Stiftern. Die Tendenz ging in Richtung Oberschicht und Snobs. Es gab einen deutlichen Unterschied zwischen denen und dem Personal. Das professionelle Personal gewann schließlich die Oberhand, durch die Dimensionen unserer Aufgaben.

Die einen verdammen das Rote Kreuz, und die anderen verherrlichen es. Die Führung strotzte nur so vor Vorurteilen, gegenüber Schwarzen, gegenüber Juden. Als ich dazukam, gab es praktisch keine Juden. Ein Gentleman's Agreement. Man sprach nicht darüber. Ich weiß noch, wie die ersten jüdischen Truppenbetreuer ankamen. Komisch, wenn man bedenkt, daß wir gegen Hitler kämpften.

Bis weit in den Krieg hinein herrschte auch beim Blutplasma strikte Trennung zwischen Weißen und Schwarzen. Ich muß sagen, daß in diesem Fall das Rote Kreuz die Dinge ins Rollen gebracht hat, denn das war nicht nur vom wissenschaftlichen Standpunkt aus völliger Unsinn, sondern die Versorgungslage war auch schlecht. Da war immer dieses doppelte Dilemma. Es gab keine schwarzen Truppenbetreuer. Viele Städte durften von schwarzen Soldaten nicht betreten werden. Andere nicht von Weißen. Wir hatten schwarze und weiße Städte. Viele Probleme kamen von dieser Rassensache, und das Rote Kreuz stand mittendrin. Historisch gesehen haben wir uns auf die richtige Seite geschlagen.

Nie werde ich den ersten Schwarzen vergessen, den ich als Truppenbetreuer in England bekam. Er war so ein richtiger amerikanischer Junge, fast zwei Meter groß, ein wahrer Prachtkerl. Ich führte ihn ein und übergab ihm sein Kommando. Und kriegte einen Schwall der Empörung von den Offizieren ab. »Wie kommst du dazu, uns diesen Nigger runterzuschicken?« Ich sagte: »Ihr kriegt den oder keinen.« Sie nahmen ihn. Innerhalb von sechs Wochen war der Mann ein Held. Sogar diese Offiziere ... Er hat einfach ganze Arbeit geleistet, heldenhaft, mit der Moral der schwarzen Soldaten.

Wir richteten diese Clubs auf dem Fliegerhorstgelände für die 8. Air Force ein. Ich bilde mir immer gern ein, daß ich da meine Hand mit im Spiel hatte. Sobald ein Soldat Ausgang in die Stadt hatte, war für Erholung und Freizeit praktisch gesorgt. Problematisch war die Zeit auf dem Stützpunkt selber, wenn die Kameraden abgeschossen wurden; der Dreck und die Kälte, man ist mit diesen Jungs zusammen, und am nächsten Tag fliegen sie einen Einsatz – und am übernächsten sind sie nicht mehr da. Das machte einen fertig.

Ich kam am 14. Dezember 1942 dort hin und blieb bis März '44.

Als das erste Truppenkontingent nach Nordafrika verlegt wurde, ließen sie eine Reihe von schwangeren Mädchen und Heiratsversprechen zurück. Man darf ja nicht vergessen, daß die Amerikaner etwas hermachten und Geld in der Tasche hatten. Die Fabrikarbeiterinnen kamen aus kleinen Provinznestern. Ich versuchte, Ferntrauungen zu organisieren. Ich probierte es bei der anglikanischen Kirche, besuchte den alten Bischof. Ob wir vielleicht eine Ausnahmegenehmigung für diese Ferntrauungen bekommen könnten? Der Mann war ungefähr neunzig und seine Sekretärin fünfundachtzig. Er hatte so ein altmodisches Hörrohr. Ich brüllte hinein, aber er gab mir eine Abfuhr.

Dann fuhr ich zu Churchills Bruder, der in Südengland lebte. Ich erzählte ihm von meinem Fehlschlag. Er sagte: »Unsinn, mein Junge, mach dir nichts draus. Diese Soldaten aus Ihrem Land sind doch in bester körperlicher Verfassung, oder? Sind alle untersucht?« Ich bejahte. »Na, dann sagen wir den Mädels, sie sollen die Kinder austragen und dann adoptieren wir sie, nennen sie die Königskinder und ziehen sie groß. Das wird dem Land guttun, ein wenig frisches Blut. Wir haben viele unserer besten Männer im Krieg verloren.« Klang irgendwie nach Pferdezucht (er lacht), aber eigentlich war es vernünftig. Er war nicht so bombastisch wie Churchill, aber ein Original.

Im Frühjahr '44 stellten wir das Personal für die Invasion der Normandie auf. Welche Aufgaben hatten wir? Sollten wir Waffen tragen? Bei der Landung dabeisein? Jawohl, wir verloren vier Männer bei der Landung. Und später hatten wir noch sehr hohe Verluste.

Wenn man beim Roten Kreuz angestellt war, dann war man für den Kriegsdienst untauglich. Sie nahmen Männer, die entweder zu alt oder nicht vollkommen gesund waren. Ich habe alles mögliche probiert, um zum Dienst zu kommen, aber ich hatte diese Verletzung vom Football. Bei uns waren Lehrer, Trainer, alle möglichen Leute. Die meisten hatten Familie. Und wir waren bloß mit 2 000 Dollar versichert.

Inzwischen hatten sie mich in die Staaten zurückgeschickt, ich sollte überall Reden halten und für Spenden werben. Dort hörte ich von den vier Männern, die wir verloren hatten. In Minnesota und Iowa traf ich zwei der Frauen von ihnen. Beide waren Lehrer gewesen. Beide hinterließen eine Frau, zwei Kinder und eine Versicherungspolice von 2 000 Dollar. Ich ging nach Washington zurück und fragte: »Wie wär's mit einer Erhöhung der Police? Sie gehen mit der *Army* in den Krieg, warum können sie dann nicht unter der GI-Versicherung mit 10 000 Dollar laufen?«

Ich brachte Senator Chan Gurney so weit, die entsprechende Verordnung vorzuschlagen. Sie wäre locker durch den Kongreß gegangen. Ich dachte, da hätte ich einen dicken Fang gemacht, fuhr zurück in unsere Zentrale und erstattete meinen Vorgesetzten Bericht. Und, es ist nicht zu fassen, sie lehnten ab. Da wurde ich fuchsteufelswild. Sie hatten überhaupt keinen Grund. Das war nur wieder diese snobistische Haltung. Sie meinten: »Tja, wir hatten Bedenken, daß die Army dann zuviel Kontrolle über unsere Leute hätte.« Das war natürlich bloßes Gewäsch, denn was kann man bei einem Toten schon kontrollieren?

Ich hatte so eine Wut – die Uniform hatte ich noch an –, daß ich mein Käppi nahm und zu meiner Frau sagte: »Ich hau hier ab.« Ich fuhr nach South Dakota und ging auf die Jagd, mit alten Freunden. Und ich trank zuviel. Dann riefen sie mich an, ich sollte zurückkommen. Ich bin wieder hin und stand wieder vor derselben Haltung. Als ich dann einen Job bei *UNRRA* kriegen konnte, habe ich gekündigt.

Mein alter Chef meinte: »Gehen Sie jetzt zu dieser weltweiten Fürsorge?« Da war sie wieder, diese abschätzige Haltung gegenüber der Fürsorge. Dieses Wort, mit dem man die Armen ins Gesicht schlägt, seit Roosevelts Zeiten.

UNRRA – die United States Relief and Rehabilitation Administration – hat sich zur Aufgabe gemacht, in den kriegsgeschädigten Gebieten der Welt ohne Ansehen der Verhältnisse Hilfe zu leisten. Für Leute, die immer die ausgetretenen Pfade gehen, stellt so eine Unternehmung eine Bedrohung ihres Wertesystems dar. Die Organisation wurde offiziell bei einer Konferenz in Atlantic City 1943 ins Leben gerufen, von Nationen, die gegen den Faschismus kämpften. Ihr Zweck war, Länder, die unter verheerenden Kriegsfolgen litten, wiederherzustellen.

Ich war einer der ersten Angestellten, wir waren vielleicht fünfzig oder sechzig. Als erstes sollte ich in den Nahen Osten gehen und dort Flüchtlingslager leiten. Da waren Tausende von Jugoslawen, fünfzig-, sechzigtausend. Wir brachten noch so um die fünfzigtausend Griechen herein, die über die Inseln durch die Türkei gekommen waren. Ich hatte ein griechisches Lager bei Gaza. Das war mein Standort. Mein Gebiet erstreckte sich geradeaus nach Norden zur türkischen Grenze. Die türkische Armee ließ sie rein, schlug ihnen die Goldzähne aus, riß ihnen die Goldohrringe ab und stieß sie über die Grenze nach Syrien. Wir hatten Camps am Suezkanal, in Ägypten. Palästina war voll von Flüchtlingen.

In Palästina hatten wir königstreue Jugoslawen und weiter im Suez 38 000 rote Jugoslawen, Tito-Anhänger. Wir mußten sie trennen. Sie waren Todfeinde.

Wir hatten Areale für Tuberkulosefälle. Wir hatten Typhus und Scharlach. Sie waren in fürchterlicher Verfassung, verhungert, am Sterben. Jeden Abend mußten wir eine Massenverbrennung in einem großen Graben vornehmen.

Ich habe die Jugos sehr bewundert. Sie waren zäh und unverwüstlich. Einmal stürzte in der Nähe ein Flugzeug ab. Sie schnappten sich die Schrotteile und bastelten daraus Kochgeschirr. Aus den Reifen machten sie Schuhe mit Gummisohlen.

Ich habe ab und zu mit dem *Joint Distribution Committee*, einer jüdischen Organisation, zusammengearbeitet. Als die Deutschen Griechenland einnahmen, brachten sie viele Juden in eines der Vernichtungslager. Das *JDC* und andere intervenierten bei Franco, der seinerseits bei Hitler, und sie wurden freigelassen, unter der Bedingung, daß die Amerikaner sie ihnen vom Hals schaffen würden. Sie brachten sie in Güterwaggons runter nach Spanien. Von dort holten die Amerikaner sie nach Casablanca. Wir fuhren sie dann per Schiff nach Alexandria, setzten sie in den Zug und brachten sie in mein Camp, sechs Meilen nördlich der Stadt Gaza.

Wir hatten einen neunzigjährigen Mann da. Seine Frau war achtundachtzig. Ihre Tochter und der Schwiegersohn kamen ins Lager, aus der Nähe von Tel Aviv, mit einem kleinen Auto. Sie waren durch Rumänien und die Türkei entkommen. Ob ich das alte Ehepaar wohl entlassen würde und ihnen in Obhut nach Hause geben? Sobald sie ein wenig Platz gemacht hätten. Platz war damals sehr rar. Wir brauchten eine Ausnahmegenehmigung, um sie nach Palästina zu bringen. Die Engländer hatten es ja für sämtliche Juden gesperrt. Aber ich sagte ja. Ich habe mich noch nie um unsinnige Regeln gekümmert. Also fuhren sie froh und erleichtert wieder ab. Und jetzt stellen Sie sich vor, sechs Meilen nördlich von Gaza kommt plötzlich ein Sturm auf und ein Riesenbrecher reißt dieses junge Paar ins Meer. Und da soll man noch an was glauben. Wie bringt man das nun dem alten Ehepaar bei?

UNRRA geriet im Kongreß bald unter Beschuß. Weil die Sowjetunion mit von der Partie war. Herbert Lehmann war mein Chef. Er hatte überhaupt kein Profil, stand aber immer auf der Seite der Geldgeber. Es war ein ständiger Kampf. Ich schickte meine letzte Gruppe im Herbst '45 heim nach Griechenland.

Ich wurde als stellvertretender Gebietsleiter von *UNRRA* in die Tschechoslowakei abgesandt, unter einem russischen Einsatzleiter: General Peter Alexander Alexejews Wiederaufbauprogramm für die Industrie. Wir schafften die erste Baumwolle die Donau hinauf. Wir brachten die Rohstoffe ins Land, damit ihre Textilindustrie wieder ins Laufen kam. Wir holten Ersatzteile für die Maschinen, die die Deutschen über Gebühr beansprucht hatten. Wir halfen die Holzindustrie wieder aufzubauen. Und die Landwirtschaft.

Ich stand der Slowakei vor. Das war seltsam. Die Slowakei hatte unter Tito kollaboriert. Ich war bei seiner Hinrichtung dabei. Mein Gott, ich habe Hitler und seine ganzen Lakaien von Anfang an gehaßt. Schon in South Dakota. Da hatte man in der lutheranischen Kirche sehr viel für ihn übrig. Das waren keine schlechten Menschen, aber der deutsche Einfluß war schon sehr groß. Der Präsident von meinem College, gerade aus Deutschland zurück, hielt eine Rede: »Ich habe gesehen wie eine Nation, die soviel Armut und schwere Zeiten durchgemacht hat, ein Wirtschaftswunder auf die Beine gestellt hat. Alle haben Arbeit. Und das zu einer Zeit, wo es in unserem Land Millionen Arbeitslose gibt.« Du liebe Zeit. Was Rußland betrifft, da gab es immer eine latente Feindschaft. Das russische Bündnis mit uns kam nie von Herzen. Es war nur eine berechnende Strategie, um Hitler zu besiegen, mit Hilfe der amerikanischen Technologie. Russische Generäle haben mir erzählt, daß für sie der alte Studebaker-Lastwagen den Krieg gewonnen hätte. Der war ein geniales Transportmittel. Ausdauernd und wendig. Als wir '45, '46, aus Österreich abzogen, sah ich da einen langen Zug dieser amerikanischen Lastwagen herauskommen, uralt, rostig, hustend und spuckend. Aber sie fuhren noch.

Für mich war das mit den Russen so, wie wenn man als Kind auf die Güterzüge aufgesprungen ist. Ab und zu erwischte man einen Waggon, bei dem das Rad kaputtging. Erst dreht es sich perfekt und dann plötzlich – boing. Als ich aus der Tschechoslowakei weg und nach Deutschland gegangen bin, um die *displaced-persons*-Aktion zu koordinieren, da gaben die Tschechen ein großes Abschiedsessen. Alexejew kam her und hat mich umarmt ... (Er wird plötzlich wütend) Ach, verdammt, wir haben es verpaßt. Das ist ein Teil der Tragödie an Roosevelts Tod. Da gab es einen schwachen Punkt. Jetzt stehen wir am Rande der Katastrophe, weil es nicht geklappt hat.

Ich bin kein Kommunist und war auch nie einer. Ich habe im Gegenteil sogar meinen Posten verloren, weil ich Leuten bei der Flucht vor den Kommunisten geholfen habe, als die in die Tschechoslowakei einmarschiert sind. Ich war dabei, als sie gekommen sind. Eine kommunistische Revolution war genau das, was der Tschechoslowakei gerade noch gefehlt hatte. Mehrere Freunde von mir wurden unter Hausarrest gestellt und verfolgt. Deshalb habe ich mit meinen Pässen siebzehn Menschen über die Grenze geholfen, darunter zwei Kabinettsmitgliedern. Ich hatte ein System: einen gefälschten Stempel, der so aussah wie die tschechische Genehmigung zur Ein- und Ausreise. Wir haben die Flucht bis München organisiert. Ein Auto fuhr immer wieder hinüber und herüber. Dann habe ich den Paß meiner Frau im Niemandsland zwischen der tschechischen und der deutschen Grenze verloren. Ein deutscher Bauer hat ihn gefunden und an die amerikanische Botschaft geschickt. Die zitierten mich zu sich. Ich hätte meinen amerikanischen Paß mißbraucht. Ich mußte zurücktreten und fuhr im Oktober '48 heim, in Unehren. Dabei habe ich Menschen geholfen, genau dem zu entrinnen, was die Amerikaner angeblich so verabscheuten. Das war eben einer der Widersprüche unserer Zeit. Später, in der McCarthy-Ära, hat mich das dann im Berufsleben verfolgt. Ich wurde als unzuverlässig geführt.

Das ist nur wieder ein bißchen Fallout aus dem kalten Krieg. Ich bin immer noch der Meinung, daß es nicht so hätte kommen müssen. Ich war schon öfters in Rußland. Die haben so eine Heidenangst vor uns, das kann man sich nicht vorstellen. Von der russischen Überlegenheit reden heißt völlig außer acht lassen, daß die Maschinen nicht richtig funktionieren, die Kenntnisse fehlen, überhaupt die ganze Ineffektivität. Und zwanzig Millionen Menschen im Zweiten Weltkrieg verloren. Wenn man das weiß, dann kriegt man eine Wut.

Und dann komme ich wieder nach Amerika, und da ist Walter Winchell, der Ober-Angstmacher. Der hatte die Amerikaner in Angst und Schrecken versetzt. Ich hab mir dieses Zeug angehört und konnte es gar nicht fassen. Zu der Zeit habe ich gerade in der Tschechoslowakei gelebt. Ich weiß noch, wie ich einmal von Prag nach Berlin durch die russische Zone gefahren bin. Da fuhr ein Oberstleutnant in einem Wägelchen, gezogen von einem Pferd und einer Kuh. Die Güterknappheit, all das ... es macht mich krank, wenn ich an das verzerrte Bild denke, auf dem sich die Russenphobie aufbaut.

In Griechenland ist uns das auch begegnet, als wir mit der Repatriierung da anfingen. Churchill mußte ja unbedingt König Georg wieder auf den Thron heben, und die Leute wollten den Kerl nun mal nicht. Das waren einfach Leute, die sich nicht alles gefallen ließen. Die Engländer haben ihn mit Gewalt wieder eingesetzt, und dann hatten sie ihre kommunistische Revolution. Erst wird geschürt, und dann wundert man sich, wenn es brennt.

Fiorello LaGuardia war Lehmanns Nachfolger als *UNRRA*-Chef. Einer von seinen Männern bot mir die Leitung der *DP*-Aktion in der amerikanischen Besatzungszone von Deutschland an. Zu der Zeit gab es ungefähr sechs Millionen Displaced Persons. Ich wollte eigentlich nicht. Man hatte Verantwortung ohne Entscheidungsbefugnis. Die Army war für alles zuständig. Ein Beschluß von denen konnte dich fertigmachen. Was sie auch taten.

Das war im Dezember '46. Wir hatten immer noch an die viereinhalb Millionen in der amerikanischen Zone: Polen, Russen, Ukrainer, Litauer, Esten und Letten. Und ein paar Juden; es gab nur noch etwa 280 000. Während ich in der Tschechoslowakei war, haben wir eine ganze Reihe von Juden aus Rußland rausgebracht. Sie kamen durch Polen und an der Grenze entlang durch die Slowakei nach Wien und dann rauf in die US-Zone. Mit dem JDC zusammen habe ich das organisiert. Wir haben Lebensmittel und Arzneien von dem tschechischen Programm abgezweigt. Man konnte das ja nicht mitansehen.

Ich bin erst einmal drei Wochen lang untergetaucht, bevor ich als

Leiter anfing. Ich bin einfach mit meinem Privatauto in die Lager gefahren, habe geschaut, wer sie leitet, wo der Wind so herweht, und wer bei wem die Oberhand hat. Und dann bin ich zurück nach Heidelberg, in unser Hauptquartier. Wir hatten vierzehntausend Mitarbeiter. Und wir kümmerten uns um Millionen von Menschen, um alles, von der Kinderbetreuung über Lebensmittel, Unterkunft, Kleidung, Transport, bis zum Tod. Manche der Sozialarbeiter versuchten es mit Lehrbuchmethoden. Das hat nicht funktioniert. Ich habe einfach bei den Grundlagen angefangen. Unterkunft, Essen, Krankheit. Das war es doch, oder?

Damals war der Krieg nun längst vorbei. Die ganze Haltung gegenüber den Deutschen hatte sich geändert. Der kalte Krieg hatte begonnen. General Lucius Clay wurde zum Militärgouverneur der US-Besatzungszone ernannt. Er sah es als seine Aufgabe an – wie er mir einmal erzählt hat –, »diese verdammten Juden hier rauszukriegen, denn mein Job ist, die deutsche Wirtschaft wieder aufzubauen, und die fressen uns die Lebensmittel weg.«

Es ging darum, Deutschland als Bollwerk gegen die Russen aufzubauen, und die *DPs* strapazierten die Wirtschaft.

Natürlich hatte man auch einen ziemlichen antirussischen Faktor durch die *DPs*. Viele Letten, Litauer und Esten hatten für den Anschluß ans Dritte Reich gestimmt. Und glauben Sie bloß nicht, daß sie gezwungen wurden. Sie wollten es. Sie haben ihre Juden schon selber umgebracht, die brauchten keine Hilfe. Das waren üble Kerle.

Die Esten und die Letten vor allem, sind ein sehr schönes Volk, und die Deutschen waren ganz verrückt nach ihnen. Blaue Augen, blondes Haar. Praktisch jeder Offizier hatte eine dieser Frauen bei sich im Bett. Das waren ja Superfrauen, verstehen Sie? Tänzerinnen, Sängerinnen, und was weiß ich. Und sie hatten unser Kommando infiltriert. Bei uns war eine G-5-Abteilung, die mit den *displaced persons* und den Kriegsgefangenen zu tun hatte. Sie war extrem russenfeindlich. Und das hatte einfach damit zu tun, mit wem man ins Bett ging. Ich kann Ihnen gar nicht sagen, was das Schlafzimmer für einen Einfluß auf Militär und Politik hat.

Als ich in Prag war, stand das Pankratz-Gefängnis unter der Leitung von einem SS-Trupp aus Lettland. Die haben ihre Schauergeschichten erzählt, und wahrscheinlich war das nicht gelogen. Die Russen waren nicht zimperlich, das können Sie mir glauben. Die waren gnadenlos, vor allem, wenn sie einen als Kollaborateur ansahen. Ich weiß, daß die Russen ihre Leute repatriieren wollten. Sie hatten Teams, die versucht haben, die Leute zur Rückkehr zu bewegen. Wir haben niemanden zwangsweise repatriiert. Die *Army* schon, wir nicht. Ungefähr drei von den viereinhalb Millionen sind innerhalb von eineinhalb Jahren heim.

Wurden die DPs *von uns überprüft?*

Mit als allererstes habe ich einen Fragebogen entworfen. Wo waren Sie an dem und dem Tag? Was war Ihre Arbeit? Ich wollte sie durchsieben. Die *Army* war dagegen. Sie haben ein Riesentheater aufgeführt, mich nach Frankfurt zitiert und mir die Leviten gelesen. Ich habe eine Pressekonferenz einberufen, und da stand es dann im alten Pariser ›Herald Tribune‹ und in der ›New York Times‹. Von da an war ich für die *Army* ein rotes Tuch. Zwischen uns herrschte Krieg.

Zu der Zeit waren die Kampftruppen schon abgezogen, und die zweite Garde hatte sie abgelöst. Sie lagen alle in den deutschen Betten und haben sich vor allem so übel zu den jüdischen *DPs* verhalten, das glaubt man gar nicht. Das grenzte schon fast wieder an Verfolgung.

Wer sind denn »sie«?

Die U. S. *Army*. Da waren doch die Kriecher, von denen die meisten kollaboriert hatten, oder? Die Juden kamen aus den Öfen und sagten: Jetzt leckt mich am Arsch. Sie hatten keine Angst mehr vor dem Tod, vor Feuer, Höllenqualen und Verdammnis, denn da waren sie ja schon durch. Plötzlich war der Krieg vorbei, und sie fühlten sich den Siegern zugehörig. Ich habe da Sachen erlebt, das haut einen um.

In diesem einen Lager haben sie so einen Rotschopf – einen pokkennarbigen, zähen drahtigen kleinen Juden, der die Öfen überlebt hat – gefragt: »Denken Sie denn daran, nach Israel zu gehen?« Er antwortete: »Ich denke nicht, ich gehe.« Er sprach richtig ungehobelten GI-Slang, den hatte er inzwischen aufgeschnappt. Sie meinten: »Und wenn wir Sie nicht lassen?« Er sagte: »Sie wollen mich abhalten? Wie zum Teufel wollen Sie mich abhalten?« Als wir rauskamen, brach er zusammen und weinte.

Seine Geschichte: Er war den Öfen entronnen, wog gerade noch 30 Kilo. Er päppelte sich wieder hoch, heiratete und wurde Vater. Eines Tages ging er mit einem Freund durch das Lager, durch die Straßen der Stadt, wo Hitler ›Mein Kampf‹ geschrieben hatte. Zwei GIs, ziemlich besoffen, gingen mit ein paar deutschen Mädchen vorbei, und eines der Mädchen schimpfte ihn *Judensau*, weil die beiden nicht vom Fußweg heruntergegangen waren. Die GIs schubsten sie herum und diese beiden Jungs gaben kontra, schließlich gab es eine Schlägerei, und die Militärpolizei kam, nahm sie fest und steckte den Mann ein Jahr lang ins Gefängnis. Und diese Wut hatte er noch in den Knochen, als ich ihn traf.

Er schloß sich der Haganah an, aus der dann die israelische Armee wurde, und fuhr über Italien hinunter. Seine Frau und seinen Sohn ließ er im Lager zurück. Dann brach der Krieg mit den Arabern aus. Ich wußte gar nicht, daß er weg war. Eines Morgens in Heidelberg, um sieben in der Früh, kam eine Frau zu mir. Die Frau von diesem Mann. Sie hatte einen Brief. Ihr Mann war bei Gaza gefallen. Ich habe sie bei der ersten Gelegenheit offiziell nach Israel geschickt. Auf illegale Weise haben wir Tausende hingebracht, über Frankreich und Italien.

Was gibt es jetzt noch zu sagen? Nachdem sie mich wegen meines tschechoslowakischen Abenteuers rausgeschmissen hatten, habe ich eine Ski-Lodge in Vermont betrieben. Dann haben sie mich wieder geholt, als Leiter der Informationsbüros für die Inseln und Besitzungen der Vereinigten Staaten. Das waren damals Hawaii, Alaska, Puerto Rico und der Panamakanal. Eines Tages rief man mich zu sich und meinte: »Keine Angst, Mr. Edwards. Wir haben uns nur entschlossen, Sie doch nicht zu nehmen. Es sind einige Fragen aufgetaucht.« Vier Jahre hat es gedauert, bis ich herausgebracht habe, was gegen mich vorlag. Es wurde geklärt und ich kam wieder zur UN, mit absoluter Unbedenklichkeitsbescheinigung. Die Chronik eines erfüllten Lebens. Und davon, wie verrückt uns dieser kalte Krieg macht.

Für viele brachte der Krieg die Erkenntnis, daß es kein Entrinnen gibt. Daß die Menschheit in Freud und Leid verbunden ist. Zwanzig, fünfundzwanzig Jahre lang waren wir ein großartiges Land, das dem Rest der Welt zu Hilfe kam. Manches dabei war dumm, manches verschwendet, manches ein Irrtum. Aber wir hatten die Arme ausgebreitet. Wir haben fünfzehn, achtzehn Millionen Männer über den Ozean geschickt. Zum erstenmal haben sie Leid und Armut in zuvor nie erlebten Dimensionen gesehen. Im Grunde war es für die Amerikaner eine Epoche unglaublicher Großherzigkeit gegenüber dem Rest einer Welt, von der sie bis dahin wenig wußten. Sie waren regelrecht beseelt.

Inzwischen verhärmen wir wieder, zu Krämerseelen einer neuen Mittelschicht, die wie ich aus der Armut kam. Vorher sind wir vor Mitleid schier zerflossen. Aber wenn man genau hinschaut, ging es ja nicht bloß um Mitleid. Du kannst den Lauf der Zeit nicht aufhalten. Du kannst die weltweite Kommunikation nicht mehr aufhalten. Du kannst die weltweite Verbundenheit der Gesellschaften untereinander nicht mehr aufhalten. Das geht einfach nicht.

Während der Rest der Welt verwundet, voller Narben und fast vernichtet aus dem Krieg kam, standen wir hinterher da mit einem unglaublichen Maschinenpark, Werkzeugen, Arbeitskraft und Geld. Für Amerika war der Krieg ein Spaß, verzeihen Sie meine Bitterkeit. Ich rede nicht von den armen Kerlen, die Söhne und Töchter im Krieg verloren haben. Aber für uns andere war der Krieg doch prima. Farmer in South Dakota, denen ich Corned Beef plus vier Dollar die Wochen gegeben hatte, damit sie ihre Familie ernähren konnten, die hatten eine Viertelmillion, als ich nachher wiederkam. Und so war es doch in ganz Amerika. Errungenschaften, von denen sie sich vorher nicht haben träumen lassen. Reisemöglichkeiten, Urlaub für die breite Masse und alles kam durch den Krieg. Und der Rest der Welt lag in Trümmern. Aber daran denkt man jetzt nicht mehr.

Der Zweite Weltkrieg? Da würde ich jederzeit wieder hin.

Nachwort

Einige Bemerkungen zur oral history

Einige Bemerkungen zur ›oral history‹

Der mündliche Bericht ist die Urform geschichtlicher Überlieferung. Aus den Erzählungen, die von den Angehörigen einer Generation an die nächste weitergereicht werden, entsteht die kollektive Erinnerung einer Familie, eines Stammes, eines Verbunds von Stämmen, die Erinnerung an Ursprünge und Herkunft, an Wanderungen, an Zeiten des Glücks und Zeiten der Not, an lang währende Feindschaften und Freundschaften. »Die Alten sagen so!« lautet die Antwort, wenn nach den Quellen eines solchermaßen gewachsenen historischen Bewußtseins gefragt wird. Die Formen, in denen die Weitergabe geschieht, sind vielfältig: An erster Stelle steht naturgemäß die schlichte Erzählung, doch spielt unter Umständen die kunstvollere Verarbeitung einer Begebenheit oder einer Ereignisreihe in Sage und Lied eine noch wichtigere Rolle; auch in Sprichwörtern und Redensarten wird Vergangenheit in die Gegenwart transportiert, ja selbst in Kinderreimen – man braucht nur an ›Maikäfer flieg ...‹ zu denken – erscheinen und behaupten sich Fragmente geschichtlicher Erfahrung. Es versteht sich, daß dabei häufig Legenden geboren und vererbt, daß immer wieder auch die Grenzen zwischen historischer Wirklichkeit und Mythos gestreift, verwischt, überschritten werden. Letzteres ist eine natürliche Erscheinung, solange Geschichtsbewußtsein allein von mündlicher Überlieferung erzeugt und bestimmt wird, also in Zeiten, Gesellschaften und gesellschaftlichen Gruppen, denen die Fähigkeit oder die Möglichkeit zur Produktion schriftlicher Geschichtsquellen und zu deren Verarbeitung in wissenschaftlicher Geschichtsforschung fehlt. Erst wenn sich diese Fähigkeit und diese Möglichkeit einstellen, wenn sie weiterentwickelt und verfeinert werden, wenn sie schließlich die Überlieferung vergangenen Geschehens beherrschen und die Gesellschaft ›Historiker‹ genannte Spezialisten für die Schaffung von Geschichtsbildern hervorbringt, verringert sich auch die Gefahr der Legenden- und Mythenbildung. Allerdings sollten die Historiker nie in dem naiven Wahn leben, sie allein formten das Geschichtsbewußtsein der Gesellschaft und der Nation, in denen sie tätig sind. Auch heutzutage wirkt die Summe der ohne die Hilfe der Gelehrten von einer Generation zur anderen gegebenen mündlichen Berichte tief und dauerhaft auf das kollektive Gedächtnis einer Nation oder der verschiedenen Teile einer Gesellschaft, nicht selten gegen und mächtiger als die Resultate wissenschaftlichen Bemühens. Gelegentlich ist dabei durchaus die Frage erlaubt – und gar nicht immer einfach zu beantworten –, wer geschichtliche Wirklichkeit und Wahrheit genauer trifft und bewahrt, jene Schichten – manchmal die Mehrheit – einer Bevölkerung, die bockbeinig an einer »Legende« festhalten oder der Historiker, der da ruft: »Ihr irrt! Ich weiß es besser!«

Indes ändert sich, grundsätzlich gesehen, zweifellos die Funktion mündlicher Berichte, sobald Historiker Geschichte erforschen und Geschichte schreiben. Aus eigenständigen und monopolistischen Transportmitteln geschichtlicher Überlieferung werden Werkzeuge des Spezialisten, von diesem als Quellen seiner Arbeit neben anderen Quellen benützt, und zwar nicht im Sinne allerletzter Reflexe längst vergangener Ereignisse, sondern nur noch als Aussagen von Augen- und Ohrenzeugen, also als Aussagen von Zeugen relativ naher Vorgänge, kritisch zu handhaben und an den Aussagen weiterer Zeugen zu messen. Der mündliche Bericht wird mithin zu einem der Rohstoffe jener Historiker, die sich mit Zeitgeschichte befassen, d.h. mit der Erforschung und Darstellung von Handlungen und Verhältnissen, von Handlungszusammenhängen und Zustandsveränderungen, die noch in die »Epoche der Mitlebenden« fallen, wie Hans Rothfels das Feld der Zeitgeschichte definiert hat, für die folglich noch Zeugen zur Verfügung stehen. In frühen Beispielen der Zeitgeschichte, geschrieben in Zeiten noch spärlichen schriftlichen Niederschlags der historischen Entwicklung, spielen mündliche Auskünfte von Zeugen und oft auch die persönlichen Kenntnisse und Erlebnisse des Historikers eine überaus wichtige Rolle, etwa in der Geschichte des Peloponnesischen Krieges von Thukydides, einem Athener Strategen, oder in den ›Gesta Friderici I. imperatoris‹, die Otto von Freising begonnen hat, ein Onkel Friedrich Barbarossas. Aber auch in unseren Tagen, da die Zeitgeschichtsforscher bei vielen Themen eine Überfülle schriftlicher Quellen zu bewältigen haben, ist auf die mündlichen Aussagen von Zeugen nicht zu verzichten. Sie sind gewiß nicht in der fröhlich unschuldigen Weise zu sammeln und zu archivieren, wie das in der ersten Blütezeit der ›oral history‹, nach dem Zweiten Weltkrieg, geschehen ist, als in den Vereinigten Staaten – im Gefolge von Anregungen, die dort Allan Nevins schon zuvor gegeben hatte – zahlreiche Projekte in Gang gesetzt wurden, um, ohne spezifische Fragestellungen und genauere methodische Überlegungen, das Erinnerungspotential sozusagen aller historisch irgendwie bedeutenden und wichtigen Zeitgenossen von Historikern durch Interviews konservieren zu lassen. Die Hauptschwäche dieser wahllosen Anhäufung von autobiographischen Bruchstücken und Skizzen lag darin, daß noch nicht recht darüber nachgedacht worden war, welchen Zwecken ›oral history‹ tatsächlich dienen kann und welchen nicht. Jedoch steht außer Frage, daß für bestimmte Zwecke nach wie vor die Aussagen von Zeitzeugen in vielfältiger und unterschiedlichster Weise gebraucht werden. Zur Illustration einige Beispiele.

Da ist einmal die erklärende und erhellende Ergänzung der schriftlichen Überlieferung. Bei der Erforschung wichtiger politischer Aktionen und Abläufe bleiben ja oft, trotz der Akten, der Tagebücher, der Briefe und der nachträglich geschriebenen Memoiren, Lücken und Zweifel. Wenn der Historiker noch beteiligte Akteure finden und gesprächsbereit stimmen kann, muß er versuchen, die Lücken zu schließen und die Zweifel aufzulösen; durch Fragen, die auf Grund bereits breiter eigener Kenntnisse genau gezielt und sinnvoll sein können. Die Gefahren solcher Versuche sind gleichwohl groß. Sie lassen sich vielleicht am besten durch einen Blick auf ein eng verwandtes Unternehmen verdeutlichen. In einer Gerichtsverhandlung sollen der Hergang einer Tat rekonstruiert und Schuld oder Unschuld von Angeklagten ermittelt, sollen die Umstände, die das Verbrechen ermöglicht haben, festgestellt und die Motive, von denen die Beteiligten geleitet waren, freigelegt werden, und zwar, von der Würdigung sonstiger Beweismittel abgesehen, nicht zuletzt durch die Befragung von Angeklagten und Zeugen. Nun ist klar, daß nicht nur die Antworten von Angeklagten, die sich reinwaschen oder doch rechtfertigen wollen, oft von der Wahrheit abweichen, sondern auch die Antworten von Zeugen. Mangelhafte Wahrnehmung und Erinnerungsfehler führen zu ungewollten, Vorurteile, ob in Form von Sympathien oder Antipathien, zu gewollten Falschaussagen. Der eine Zeuge sagt, weil er ein diskreter und zurückhaltender Mensch ist oder weil er sich nicht selbst belasten will, weniger als er weiß, ein anderer Zeuge sagt, aus Geltungssucht oder einfach aus Geschwätzigkeit, weit mehr als er tatsächlich weiß. Mit ganz ähnlichen Gefährdungen der Wahrheitsfindung hat es der Historiker bei der Befragung von Politikern, Diplomaten, Soldaten, Beamten und Funktionären irgendwelcher Verbände zu tun, die Akteure oder Beobachter bei den Verhandlungen über einen internationalen Vertrag waren, bei der Entstehung eines Gesetzes, bei einem Arbeitskonflikt oder bei großen politischen und militärischen Entscheidungen. Auch seine eigene Subjektivität kommt ins Spiel. Er ist nicht gegen die Versuchung gefeit, in die Rolle eines Anklägers oder Verteidigers zu schlüpfen und von der jeweiligen Rolle seine Fragen beeinflussen zu lassen, ebensowenig gegen die Versuchung, Antworten nur deshalb zu verwerfen, weil der Befragte sich unglücklich verhält, und Antworten vornehmlich deshalb zu akzeptieren, weil der Befragte mit Charme und Plausibilität agiert. Aber alle Gefahren dürfen nicht zum Verzicht auf die Befragung verleiten. Wenn z.B. die Vorgänge erhellt werden sollen, die in der Bundesrepublik Deutschland 1969 zum Wechsel von der Großen Koalition zur Sozialliberalen Koalition geführt haben, wenn es darum geht, Ursprünge und Verwirklichung der Ostpolitik des Kabinetts Brandt-Scheel zu untersuchen, kann man sich nicht mit der schriftlichen Überlieferung der Koalitionsparteien und mit den Akten von Bundeskanzleramt und Auswärtigem Amt begnügen, dann muß vielmehr die Erinnerung der Handelnden aufgeschlossen werden, von Willy Brandt, Herbert Wehner und Egon Bahr bis zu Walter Scheel, Dietrich Genscher und Wolfgang Mischnick. In bestimmten Stadien politischer Aktivität und zwischen bestimmten Akteuren wird außerdem schon seit geraumer Zeit viel Wichtiges übers Telefon abgewickelt, und häufig wird der Inhalt eines solchen Gesprächs keineswegs auf Band genommen oder in einer Aktennotiz schriftlich festgehalten.

Im übrigen gibt es auch in der Geschichte unseres Jahrhunderts, eines Jahrhunderts ständig wachsender Bürokratien und mithin ständig gesteigerter Aktenproduktion, Ereigniskomplexe, die nur sehr dürftig schriftlich dokumentiert sind, entweder weil das in der – dunklen – Natur der Sache lag oder weil die schriftlichen Quellen in einer der politischen Katastrophen untergegangen sind. Um ein Beispiel aus dem Dritten Reich zu nehmen: Auf Grund eines relativ breiten Adressatenkreises und einer entsprechend großen Überlebenschance ihrer Berichte sind wir über die Aktivitäten der sogenannten Einsatzgruppen in der Sowjetunion, vor allem über ihren Versuch, die dort lebenden Juden auszurotten, gut unterrichtet, während die Dokumente zu anderen Bereichen des SS- und Polizeiapparats bei Kriegsende weitgehend zerstört wurden, so zum Geschehen in Konzentrations- und Vernichtungslagern wie Auschwitz und Treblinka. Hier hat erst die Sammlung vieler Aussagen, von Tätern wie von überlebenden Insassen, Abhilfe geschaffen. Die der Sühne derartiger Verbrechen dienenden Ermittlungs- und Gerichtsverfahren gerieten der Justiz zugleich zu geradezu klassischen – ebenso gigantischen wie erfolgreichen – Unternehmen der ›oral history‹.

Das Beispiel weist auch schon darauf hin, daß ›oral history‹ als eine Methode der Zeitgeschichtsforschung ihren eigentlichen Wert und ihre wahre Bedeutung in Gestalt der Massendokumentation gewinnt, als »systematische Befragung eines Personenkreises mit gleichartigem Erlebnishorizont oder gemeinsamem Schicksal, zur Fixierung kollektiver Erinnerung« (W. Benz/M. Müller). In dieser Gestalt kann sie nicht nur zu eindrucksvollen Ergebnissen führen, sondern zu Ergebnissen, die allein ihr erreichbar sind. Wie anders sollte die Geschichte von sogenannten Unterschichten hörbar, sichtbar und verstehbar gemacht werden, von Schichten, die sowohl in normalen wie in anormalen Zeiten lediglich karge schriftliche Zeugnisse hervorbringen und sich auch mündliche Zeugnisse in genügender Zahl bzw. in einer für die übrigen Schichten vernehmbaren Form nur durch eine bewußte Anstrengung von außen entreißen lassen? Wie anders sollte die Geschichte von Teilen einer Gesellschaft, einer Nation, nachträglich erschlossen werden, die plötzlich verstummen müssen, weil ihnen eine politische Katastrophe mit einem Male fast jede Möglichkeit zur Äußerung, ob mündlich oder schriftlich, nimmt, so 1933 die Machtergreifung der Nationalsozialisten den politischen Parteien, den gewerkschaftlichen Organisationen und den kulturellen Einrichtungen der deutschen Arbeiterbewegung? In mehreren Bänden, in denen sie, gestützt auf Hunderte von Interviews, die Erfahrung der Arbeiterbevölkerung des Ruhrgebiets unter der nationalsozialistischen Herrschaft und die verändernde Wirkung dieser Erfahrung zu erfassen und zu vermitteln suchen, haben Lutz Niethammer, Alexander v. Plato und die Mitarbeiter an den von ihnen herausgegebenen Sammelwerken überzeugend bewiesen, wie fruchtbar ›oral history‹ sein kann, wenn sie den eben skizzierten Zielen dienen will.

Hier wird zudem deutlich, daß ›oral history‹ in Gestalt der Massendokumentation vielleicht nicht die einzige, aber doch die ideale Methode der Zeitgeschichtsforschung ist, um in einem weiteren Sinne die Geschichte Betroffener zu erkennen und zu artikulieren. Historische Ereignisse und Erscheinungen wie die Liquidierung politischer Opposition und die Errichtung eines autoritären oder totalitären Herrschaftssystems, wie die nationalsozialistische Judenverfolgung, wie Zwangsarbeit, wie Vertreibung werden ja in schriftlicher Form zunächst fast ausschließlich aus der Sicht der Täter überliefert, als deren Ansichten, Ziele, Argumente, Entschlüsse, Befehle, Gesetze und Verordnungen, als Schriftverkehr der Angehörigen des Zwangsapparats. Wenn die andere Seite aus dem Dunkel geholt werden soll, wenn ihre Leidensgeschichte in den Entwicklungsphasen nachgezeichnet, als Erfahrung anschaulich gemacht und hinsichtlich ihrer Wirkung verstanden werden soll, ist der beste Weg die Sammlung einer möglichst großen Anzahl von Zeugenberichten aus dem Kreis der Betroffenen.

Der Stoff oder der Inhalt solcher Berichte ist naturgemäß stets ein Erlebnis, das der Befragte mitzuteilen hat. ›Oral history‹ ist, sofern es sich um die Spielart der Massendokumentation handelt, ihrer Natur nach Erfahrungs- und Erlebnisgeschichte. Mit Fug und Recht haben Lutz Niethammer und Alexander v. Plato im Untertitel ihrer Sammelbände die Wendung ›Auf der Suche nach der Erfahrung des Volkes‹ gebraucht. Gerade deshalb ist aber ›oral history‹ nicht zuletzt eine treffliche Methode zur Erkenntnis des Wesens historischer Phänomene oder doch zur Annäherung an solche Erkenntnis. Wenn wir etwa große politische und wirtschaftliche Erschütterungen unseres Jahrhunderts wie die Inflation in Deutschland Anfang der zwanziger Jahre oder die Massenarbeitslosigkeit in den Industriestaaten Ende der zwanziger und in der ersten Hälfte der dreißiger Jahre nehmen, so ist klar, daß wir mit Hilfe der schriftlichen Überlieferung politischer und wirtschaftlicher Eliten und mit den sonstigen Quellen normaler Zeitgeschichtsforschung wohl die Entstehung, die Verschärfung und die Überwindung dieser Krisen rekonstruieren und erklären können. Doch wissen wir dann immer noch nicht, was das eigentlich war, die Inflation oder die Weltwirtschaftskrise. Wollen wir derartige Erscheinungen in ihrem Wesen verstehen, annäherungsweise, ist es daher vielleicht sogar unumgänglich, uns von vielen Betroffenen erzählen zu lassen, wie die Zerstörung der Währung und die steppenbrandartig über die Gesellschaften fegende Vernichtung von Arbeitsplätzen auf die Existenz der Erzähler und ihrer Familien eingewirkt haben, auf ihre materielle Lage, ihr Empfinden, ihr Denken, ihr Handeln. Das gilt in ähnlicher Weise für ein Phänomen menschlicher Geschichte, wie es der Krieg darstellt. Auch hier ist es möglich, aus den Akten der Regierungen und der militärischen Führungsstäbe, dazu aus den Memoiren von Politikern, Diplomaten und Soldaten, die Geschichte des Ausbruchs oder der Entfesselung eines Krieges herauszuschälen, seine politische und militärische Verlaufsgeschichte, die Faktoren, die über seinen Ausgang entschieden, seine Wirkung auf die politische, wirtschaftliche und kulturelle Nachkriegsentwicklung. Aber wiederum wissen wir dann noch nicht, was das eigentlich ist, ein Gefecht, eine Schlacht, ein Krieg in all seinen vielfältigen Aspekten, und wiederum ist davon nur in der Weise eine Ahnung zu gewinnen, daß wir Erlebnisberichte von Teilnehmern bündeln.

In solchem Zusammenhang kann man natürlich auch für einen bestimmten Krieg herauszufinden suchen, in welchem Geiste die beteiligten Nationen diesen Krieg erlebt und geführt haben. Dabei gibt es Glücksfälle. Es ist ein derartiger Glücksfall, daß es Studs Terkel unternommen hat, durch die Befragung eines Querschnitts der Zeitgenossen zu entdecken, wie denn die Gesellschaft der Vereinigten Staaten von Amerika – in ihren verschiedenen Gruppen und Schichten – den Zweiten Weltkrieg erlebt, in welchem Geiste sie ihn geführt haben. Studs Terkel ist ein Veteran der ›oral history‹. Freilich ist er kein Mann wissenschaftlicher Teamarbeit. Er ist ein Solist dieser Methode, Geschichte zu erkennen und zu vermitteln, ein Solist, der sich wenig um Theorien und methodische Probleme schert, der bei der Befriedigung seiner edlen Neugier nach Erkenntnis einfach seiner Nase folgt. Er läßt sich nicht zum Gefangenen einer wissenschaftlichen Disziplin wie der Soziologie oder einer Sparte der Geschichtswissenschaft wie der Sozialgeschichte machen, obschon er beider Regeln, Methoden und Ziele virtuos handhabt. Seine Suche gilt dem Menschen und Menschlichem. Sofern seine Suche auch Politischem im engeren Sinne des Begriffs dient, ist es die Frage danach, ob es ihn in der Wirklichkeit gibt, den amerikanischen Traum, wie er in der Verfassung und in der Bill of Rights beschworen und verheißen ist, das politische Fundament erhalten hat. Studs Terkel ist im Grunde ein Künstler, und sein mit den Mitteln der ›oral history‹ erarbeitetes Buch über die USA im Zweiten Weltkrieg ist denn auch weit mehr als eine wissenschaftliche Leistung, es ist ein Kunstwerk, und zwar nicht nur ein faszinierendes Kunstwerk, sondern ein Kunstwerk, das uns verstehen lehrt.

Das Mosaik der Interviews gibt uns zunächst ein ebenso genaues wie bewegendes Bild vom Zustand der USA im Herbst 1939, als der Krieg in Europa begann, und im Winter 1941, als die japanischen Trägerflugzeuge Pearl Harbor überfielen. Wir sehen sie förmlich, die düsteren Schatten der Großen Depression, die noch über weiten Teilen des Landes lagen, und wir begreifen, wie der Krieg in vielen Städten und Regionen, in denen noch Not oder doch Stagnation herrschte, geradezu als Befreiung empfunden werden konnte. Da das Buch jene selbstkritische Offenheit und Ehrlichkeit auszeichnen, die zu den wertvollsten Leistungen des politischen Systems der USA gehören, wird auch keine der bösen Schwächen ausgespart, mit denen die damalige amerikanische Gesellschaft geschlagen war: Nicht die Spannungen zwischen höchst unterschiedlichen ethnischen Gruppen, nicht die Konflikte zwischen den noch absolut dominierenden Weißen und den Farbigen. Es wird sehr deutlich, wie hysterisch und gnadenlos eine demokratische Gesellschaft, wenn sie sich bedroht fühlt, im Zeichen der mit solchen Konflikten verbundenen Vorurteile zu handeln vermag. Zu den erschütterndsten Schicksalen, die hier geschildert werden, gehört die Zerstörung vieler amerikanischer Familien japanischer Herkunft durch objektiv völlig unbegründete Maßnahmen der Regierung in Washington und lokaler Behörden. Nicht weniger abstoßend – wenngleich grotesker Züge nicht entbehrend – war der Versuch von Armee, Luftwaffe und Marine, die Schwarzen des Landes zwar zur Kriegsanstrengung heranzuziehen, gerade auch in Uniform, sie aber gleichwohl in jenem Status zwischen Sklaverei und Gleichberechtigung zu halten, der bis Kriegsbeginn auch ihre Situation in der Gesellschaft charakterisiert hatte.

Auf der anderen Seite sind die Zeugnisse für positiven Wandel in der amerikanischen Gesellschaft nicht weniger beredt. Die temporäre Selbständigkeit etwa, die zahllose bislang strikt an Heim und Familie gebundene Frauen erlebten, konnte nach Kriegsende nicht mehr ganz zurückgenommen und vergessen werden. Ohne diesen mächtigen Impuls wäre die Emanzipationsbewegung, die bis heute die Gleichberechtigung der Frau immerhin weitgehend durchgesetzt hat, entweder gar nicht oder doch erst wesentlich später in Gang gekommen. Selbst in der Rassenfrage kam es während des Krieges zu Fortschritten, die trotz aller Anstrengungen, sie wieder rückgängig zu machen, in die Zukunft wirkten. Daß es schwarze Soldaten nicht allein beim Nachschub und ähnlichen Einrichtungen gab, sondern auch in den Fronteinheiten einer Armee der allgemeinen Wehrpflicht, das blieb – anders als im Falle der schwarzen Berufssoldaten in der US-Army der späten sechziger und der siebziger Jahre des 19. Jahrhunderts – politisch relevant. Die schwarzen Jagdflieger, die für zahllose Bomberbesatzungen weißer Hautfarbe Begleitschutz flogen, gehören ebenso in die Geschichte der Bürgerrechtsbewegung wie später Martin Luther King.

Studs Terkel hat seinem Buch den Titel ›Der gute Krieg‹ gegeben. Damit ist – da Krieg an sich nicht gut sein kann – gemeint, daß die Vereinigten Staaten im Zweiten Weltkrieg für eine gute Sache gekämpft haben. Tatsächlich ist es faszinierend, bei der Lektüre zu erleben, wie die Summe der Zeugnisse die Erkenntnis vermittelt, daß nahezu alle der befragten Amerikaner der Meinung waren und sind, an einem notwendigen Krieg teilgenommen zu haben und daher auf eine sinnvolle Investition an Lebenszeit, Entbehrungen und Leiden zurückschauen zu können. Ob Diplomat oder Rüstungsmanager, ob Frontsoldat oder Entertainer, ob Farmer, Arbeiter oder Student, ob angelsächsischer, irischer, italienischer, jüdischer oder selbst schwarzer Herkunft – alle glaubten an ihre Sache, an die Sache der Vereinigten Staaten. Da die Gemeinsamkeit dieser Überzeugung aus der bewußt begriffenen oder instinktiv gefühlten Teilhabe an allen gemeinsamen politischen Werten erwuchs, die verteidigt werden mußten, wie gebrochen und unvollkommen sie auch bislang verwirklicht sein mochten, erfuhren sich die Amerikaner im Zweiten Weltkrieg als Nation in der Tat im Zeichen ihrer Verfassung und im Zeichen der Bill of Rights. Zumindest in der Abwehr seiner Bedrohung durch Nationalsozialismus, Faschismus und japanischen Imperialismus ist der amerikanische Traum einige Jahre lang Realität gewesen. Wir Deutsche haben allen Grund, den Amerikanern dankbar zu sein, die damals diesen Traum gelebt und für ihn gekämpft haben, denn ohne sie wäre es uns schwerlich gelungen, aus den antidemokratischen, freiheitsfeindlichen und antihumanistischen Irrtümern herauszufinden, deren Gefangene wir in den Kriegsjahren gewesen sind. Und wir müssen Studs Terkel dafür dankbar sein, daß er uns mit seinem Buch so eindrucksvoll, so überzeugend und so unaufdringlich an unsere Dankesschuld erinnert.

Hermann Graml

Erläuterungen

Erläuterungen

ACLU: American Civil Liberties Union – Bürgerrechtsorganisation

American Federation of Labor: Gewerkschaftsorganisation

Army: amerikanische Armee

AWOL: absent without leave – sich unerlaubt von der Truppe entfernen (nicht: desertieren)

Captain: Hauptmann

Colonel: Oberst

Congress of Industrial Organisation: Gewerkschaftsdachverband

Corporal: Unteroffizier

D-Day: Tag der Invasion

Dies-Komitee: nach Martin Dies benannt, dem ersten Vorsitzenden des ›House Committee‹ gegen unamerikanische Umtriebe (1938–1945)

CIA: Central Intelligence Agency – amerikanischer Nachrichtendienst

Dow-Jones-Index: Aktienindex

DP: displaced person – Verschleppter, Zwangsarbeiter

Ex-Marine: amerikanischer Kriegsveteran

FBI: Federal Bureau of Investigation – amerikanische Bundespolizei

FDR: Franklin Delano Roosevelt, amerikanischer Präsident (1933–1945)

Federal Communications Commission: Staatliche Stelle, die die drahtlose und kabelgebundene Kommunikation regelt und überwacht

First Sergant: Hauptfeldwebel

GI-Bill: Gesetz, das die Wiedereingliederung der Soldaten regelte, u.a. wurde das Studium mitfinanziert

Guadalcanal: größte der Salomoninseln im Pazifik

Harry: gemeint ist Harry Truman, amerikanischer Präsident 1945–1953

Hearst-Blätter: nach William Randolph Hearst, amerikanischer Zeitungs- und Zeitschriftenverleger (1863–1951)

hibakisha (der Kranich) – ein Papierkranich – ist das japanische Symbol für Hoffnung und der Name, den man den Überlebenden der Atomexplosion gegeben hat. Es gibt vier Kategorien von Hibakisha: (1) unmittelbar Betroffene; (2) Menschen, die später in die Stadt kamen; (3) Menschen außerhalb der Stadt, die sich um die Bombenopfer kümmerten; (4) Menschen, die damals noch im Mutterleib waren

HUAC: House Un-American Activities Committee – Repräsentantenhaus-Ausschuß zur Untersuchung unamerikanischer Umtriebe

JDC: Joint Distribution Committee – Organisation für die Unterstützung der europäischen Juden

Jim Crow: Stereotyp für die farbige Bevölkerung

Lieutenant: Leutnant (Second Lieutenant: Oberleutnant)

Lieutenant Colonel: Oberstleutnant

LST: Land ship tank – ein großes Landungsboot, das u.a. Panzer transportierte oder Evakuierte aufnahm

Marine: amerikanischer Soldat

J.P. Morgan & Co.: Morgan Guaranty Trust Company of New York. J.P. Morgan sen. gründete das gleichnamige Bankhaus. J.P. Moregan jun. finanzierte als Bankier die Alliierten im Ersten Weltkrieg und den Wiederaufbau Europas in beträchtlichem Umfang

MP: Militärpolizei

NAACP: National Association for the Advancement of Colored People – Vereinigung zur Förderung der schwarzen Minderheit; die klassische Bürgerrechtsorganisation der USA

National Defense Advisory Committee: nationales amerikanisches Verteidigungskomitee
Navy: Kriegsflotte
New Deal: Wirtschafts- und sozialpolitisches Reformprogramm F.D. Roosevelts, mit dem ab 1933 in den USA die Folgen der Wirtschaftskrise bekämpft wurden (u.a. mit Arbeitsbeschaffungsprogrammen, Drosselung der Überproduktion, inflationärer Wirtschafts- und dynamischer Außenhandelspolitik, Stärkung der Gewerkschaften)
OSS: Office of Strategic Services – amerikanischer Nachrichtendienst, Vorläufer des CIA
OWI: Office of War Information – bekannt unter dem Namen Stimme Amerikas
PW: prisoner of war – Kriegsgefangener
PX: Post Exchange – Verkaufsstellen der US-Army für ihre Angehörigen
RAF: Royal Air Force – die britische Luftwaffe
Rosie the Riveter: Figur aus einer amerikanischen Komödie (›wartime comedy‹); vier Fabrikarbeiterinnen stehen vier männlichen Rollen gegenüber
Second Liutenant: Oberleutnant
Sergeant: Oberfeldwebel
Signal Corps Research Center: Fernmeldeaufklärungszentrum
Staff Sergant: Feldwebel
Stalag: Straflager
State Department: amerikanisches Außenministerium
Tennessee Eastman: Tennessee Eastman Corporation, eine Abteilung der Eastman-Kodak Company, 1920 gegründet, um chemische Produkte wie Garne, fasern usw. herzustellen
›*Terry and the Pirates*‹: amerikanische Fernsehserie zur Zeit des Zweiten Weltkriegs, basierend auf einem Comic strip. Die Abenteuer eines U.S. Air Force Colonels im Orient
Tojo: Tojo, Hideki; zuerst japanischer Ministerpräsident, dann Generalstabschef (1941 – 1944)
Tokio Rose: Name eines japanischen Propagandasenders
Uncle Sam: entstanden aus der Abkürzung U.S. für United States

UNRRA: United States Relief and Rehabilitation Administration – amerikanische Behörde für die Veteranenbetreuung

Uniform Code of Military Justice (UCMJ): Gesetzeskodex, der dem Soldatengesetz entspricht das 1951 den UCMJ ablöste

USO: United Service Organisations – Organisation zur Truppenbetreuung

V-E Day: Tag des Sieges in Europa, Kapitulation der deutschen Armee

V-J Day: diese Abkürzung steht für zwei Daten. a) Tag, an dem die Kämpfe zwischen den USA und Japan im Zweiten Weltkrieg zuende ging (15.8.1945). b) Tag, an dem die Japaner die Kapitulation unterschrieben (2.9.1945)

Bitte lesen Sie weiter ...

Johannes Steinhoff / Peter Pechel / Dennis Showalter (Hrsg.)

Deutsche im Zweiten Weltkrieg
Zeitzeugen sprechen

752 Seiten · Leinen · 64,– DM

Dieses Buch, immerhin 750 Seiten dick, ist ganz ungewöhnlich, weil seine Autoren jenen Versuchungen widerstehen. Da berichten 161 Zeitzeugen mit je einzelnen Geschichten, was sie in diesem oder jenem Zusammenhang empfunden, erlebt, reflektiert haben (auf Tonbandprotokollen verzeichnet): Jagdflieger und U-Boot-Kommandanten, SS-Männer, Widerstandsleute, einfache Mitläufer, Menschen im Untergrund, Juden, Generale, Flak-Helfer ... Herausgegeben wurde das Buch von dem früheren Luftwaffengeneral Steinhoff, dem Journalisten Pechl, dem amerikanischen Professor Showalter. Helmut Schmidt schrieb das Geleitwort, durchaus im Blick auf die nachfolgende und nun schon Nach-Nach-Generation.

Diese mag ein wenig Zeitgeschichte gelernt haben. Aber die Geschichten der Väter und Großväter, deren Triumphe und Niederlagen, ihre seltsame Loyalität und deren Herkünfte, ihre Tapferkeit des Kämpfens oder Erleidens bis in die letzten Stunden des Desasters hinein, dies in einem Buch auszubreiten, es zu lesen, ist denn doch überaus aufregend, betroffen machend – nicht bloß für die, die noch dabei waren, sondern auch für die Nachkommenden. (...)

Wen das alles angeht? Nicht die professionellen Historiker. Doch alle diejenigen, die jene Zeit noch »in den Knochen« haben, zumal aber jene, die nicht dabei waren und denen die Verführungen und Leiden ihrer unmittelbaren Vorfahren ganz fremd und ferne sind.

Süddeutsche Zeitung

161 Dokumente aus der dunkelsten Zeit der Deutschen, Zeitzeichen, die so bunt wie ein Ölfleck auf stillem Wasser schillern, verströmen eine seltsame Faszination. Man frißt sich mit wachsendem Appetit von Zitat zu Zitat der Zeugen, die ihre ganz persönlichen Geschichten, subjektiv und spontan, aus jenem »Reich« erzählen, welches 1000 Jahre halten sollte, doch schon nach zwölf zerstob.

Es formt sich ein facettenreiches Bild von den Deutschen unter der Herrschaft der Nazis, im Strudel eines Krieges, der für sie zur schlimmsten Prüfung ihrer Geschichte wurde. Dieses Bild ist auch und gerade für die »Spätgeborenen« einer Betrachtung wert. Denn es hilft ihnen mehr als jedes staubtrockene Geschichtsbuch zu verstehen, warum die einen in dieser Zeit ihre Würde bewahrten, gar zu Helden emporwuchsen, die anderen aber festklebten im Sumpf, gar zu Mördern verkamen.

Neue Ruhr Zeitung

Bis jetzt gibt es so etwas auf dem deutschen Buchmarkt nicht. Wir kennen Memoiren einzelner Personen, die etwas zu berichten oder zu rechtfertigen haben. Aber noch nie wurden über 160 deutsche Zeitzeugen aus der Epoche des Dritten Reiches und des Krieges nach Erlebnis, Eindrücken und Denken befragt, und in eigenen Worten, im eigenen Stil, mit der eigenen Meinung zur Darstellung gebracht.

Das Buch, für das der General Johannes Steinhoff, der Journalist Peter Pechel und der amerikanische Historiker Dennis Showalter als Herausgeber zeichnen, ist »gesprochene Geschichte«.

Die Intimität der persönlichen Befragung (mit Tonband) raffte die Zeit hinweg, die so vieles zudeckt und legte die Erinnerung frei.

Den Menschen, die erzählen, begegnen wir auf der Straße, manchen noch bei der Arbeit und im gesellschaftlichen Leben. Aber kaum jemals geschieht es, daß einer von den furchtbaren Bombennächten in Hamburg oder Dresden, von der Eiswüste Stalingrads, aus dem Konzentrationslager oder von den letzten Tagen der Reichshauptstadt Berlin erzählt.

Das Verschüttete, das Verdrängte liegt in den Kellern der Seele vergraben, und man fragt sich, wie dieselben Menschen heute so sein können, wie sie sind. (...)

Die Deutschen heute sind mit ihren Blicken auf die Gegenwart fixiert, gerade deshalb ist es verdienstlich, daß im Originalton gesammelt wurde, was sonst unweigerlich verloren gehen würde: die Begegnung mit unserem historischen Schicksal.

Welt am Sonntag

Schneekluth